KB260383

현실사회윤리학의 토대 놓기

한승진 지음

박문사

이 책을 2013년 1월 21일 출생한
외조카 김찬들_{김현창, 한승애의 장남}에게 외삼촌의 사랑을 담아 줍니다.
앞으로 찬들이가 살아가면서 자신의 도덕성만이 아니라
성숙한 사회윤리의식을 갖고 살아가기를 바랍니다.

추천사

20세기 기독교윤리학계의 거장인 라인홀드 니버Reinhold Niebuhr가 1932년에 화두로 던진 '도덕적 인간과 비도덕적 사회Moral Man and Immoral Society'라는 멋들어지던 책 제목은 어찌 보면 21세기 현대 사회에서는 그리 멋지지도, 썩 어울리지도 않는 듯하다. 개인윤리가 되었건 사회윤리가 되었건 그 어떤 윤리적 주제들도 다소 심하게 말하면 모두 '비도덕적'이라는 표현에만 걸맞는 것 같기 때문이다. 보다 적나라하게 표현하자면 '비도덕적 인간과 비도덕적 사회'가 바로 지금의 현실이다. 그러나 이러한 도덕적 암울기에 야심차게 내놓은 한승진 박사의 새 책『현실사회윤리학의 토대 놓기』는 마치 부정을 다시 부정함으로써 가려졌던 긍정을 다시금 찾아낼 수 있는 어떠한 힘 혹은 돌파구를 모색하도록 해준다.

이 책이 그러한 힘 혹은 돌파구를 모색하도록 해주는 이유는 첫째로 신학뿐만이 아니라 그동안 여러 분야를 섭렵해온 그의 학문적 넓이와, 둘째로 학문적 연구에서만이 아니라 실제 생활 속에서 겪어온 그의 도덕적 삶의 깊이에서 우러나왔음이 분명하다. 이러한 점에서 이 책은 이제껏 그가 쌓아온 학문적 연구의 모음집이면서 동시에 그의 도덕적 삶의 지침서이다. 풀어 말하면 생태계환경, 자살, 장애, 노동, 쉼안식, 고령화, 성보화, 바로 이 윤리적 주제들이 그의 다양한 학문적 관심인 동시에 그의 깊이 있는 도덕적인 삶 자체이다. 부디 그동안의 그의 학문적 노고와 도덕적 삶의 고민들이 우리의 마음에도 맞닿아, 이 책의 제목이

화두로 던지는 현실사회윤리학의 토대가 우리 삶 가운데 놓이기를 기대
해 본다.

연세대학교 교목 겸 연합신학대학원 교수
김동환

책을 내면서

이 책은 필자가 공주대학교 대학원 윤리교육학과 박사 학위과정에 재학하면서 여러 학술지에 투고하여 게재된 논문들을 모아 낸 논문모음집이다. 그러니 하나의 통일된 주제로 각각의 논문들이 유기적으로 치밀하게 연결되지는 않았다. 이런 문제를 잘 알면서도 하나의 단행본으로 책을 내놓는 것은 박사 학위 과정에서 치열하게 고민했던 주제들이 크게 보면 하나의 주제로 범주화가 가능하고, 이는 필자가 지향하는 학문성과도 맞아떨어지기 때문이다.

이 책은 현실사회윤리학의 핵심 주제인 생태, 생명, 노동과 같은 주제들을 담아내면서 생태 문제를 기독교사회윤리적 시각에서 다루었다. 오늘날 생명윤리로서 심각성을 더해가는 자살 문제를 종교적 차원의 구원성과 사회 윤리적 측면에서, 장애문제를 실제적인 교회공동체에서 어떻게 이해해야 하는지 우리 삶의 실질적 차원에서 살펴보았다. 그리고 노동이 갖는 의미를 성서적 측면과 자기표현의 시각에서 다룸으로써 바람직한 노동관을 정립하는 하나의 단초를 제공해 보려고 하였다. 여기에 하나 덧붙여서 오늘날의 시급한 과제인 고령화사회의 현실에 따른 노인 일자리 창출을 논제로 삼았다. 마지막으로 진리탐구의 산실이요, 사회를 이끌어 가는 직업인을 양성하는 대학에서 정보화가 갖는 이미를 탐구해 보았다. 이렇듯 이 주제들은 각각의 독립된 주제이기도 하지만 우리가 직면한 현실사회의 문제를 다루는 사회윤리적 측면에서 연계점들을 갖고 있다.

결국 이 모든 주제들은 인간의 문제이고 삶과 사회의 문제이고 종교의 문제이기도 하다. 이런 점에서 필자는 옛 사람들이 문文·사史·철哲을 함께 공부하는 전인 학습을 지향한 것처럼 오늘날의 윤리, 사회윤리, 윤리교육은 인문학의 여러 학문적 성과들을 통섭統涉해 나가야 한다고 본다. 그러기에 필자는 언뜻 보면 딱히 전공이 무엇인지 모를 정도로 여러 가지 공부를 해왔고, 하고 있고, 앞으로도 계속할 것이다.

이 책에 실린 글들은 기독교 대학이나 기독교 학회를 염두에 두지 않고 작성되었다. 대부분 국가 학술연구기관한국학중앙연구원이나 일반대학공주대, 경희대, 성신여대, 순천향대, 한국방송대 인문학연구소에서 간행하는 학술지에 게재된 것들이고, 신학분야 종합대학교한신대, 한일장신대에 게재된 논문도 기독교적인 측면에서 논의되기는 하지만 그 논의가 기독교 내로 제한되기를 바라지는 않는다. 이처럼 이 책의 연구는 기독교인은 물론 비기독교인이나 일반 인문학 분야에서도 논의가 가능한 주제들이다.

박사 학위 과정 초기의 학술지 발표 당시보다는 공부도 더 하였고, 시간도 지났으니 연구의 깊이를 더하여 수정·보완하여 단행본을 내리라 마음먹었으나 제대로 작업에 임하지 못하였다. 그야말로 의욕은 넘치나 역량이 부족한 탓에 깊이를 더하지 못하였다. 이제 시작한 초보 학자로서 학문의 길에 들어선 서생書生의 공부 방향을 가늠해보는 정도의 의의를 두고 부족함은 부지런함으로 차후에 채워갈 것을 다짐하면서 서툰 대로, 엉성한 대로 글을 세상에 내놓는다.

탈고하면서 가슴 깊이 아쉬움이 남는다. 필자는 생각지도 않은 일들로 커다란 인생 공부를 할 수 있었다. 이를 중요한 연구 주제로 삼고 싶었는데 차일피일 미루다보니 그렇게 하지 못하였다. 이 작업이야말로 꼭 하고 싶은 과제들이었음에도 이 책에 완전히 녹여내지 못한 것이 못

내 아쉽다.

필자는 '폐동맥판협착증'이라는 선천적 심장질환을 갖고 출생하였다. 병약한 몸에 가난한 집안의 장남으로 출생하고 보니 자라면서 열등의식이 참 많았다. 그러면서 삶과 죽음, 생명과 종교에 대해 많이 생각하게 되었다. '도대체 인간의 고난과 고통의 원인은 무엇이며 신의 뜻은 무엇인가' 이러한 물음은 쉽게 해답을 찾기 어려운 난제였다.

그리고 필자는 2004년 6월 2일, 잊지 못할 사건을 경험하게 된다. 사랑하는 딸한사랑이 아내의 임신중독증으로 인해 임신 7개월 만에 제왕절개로 세상에 나와 대학병원 신생아 중환자실로 보내지는 아픔을 겪었다. 그때 딸의 몸무게는 920그램이었다. 그날부터 98일간 피를 말리는 긴장과 두려움 속에서 신생아 중환자실에 있는 딸의 생명과 건강, 병원비를 걱정하며 어찌할 바를 몰라했었다.[1] 명색이 목사라고 하지만 때로는 가녀린 딸의 아비로서, 또 가장으로서 참으로 견디기 어려운 시간을 보내면서 사랑과 생명, 종교에 대해 고뇌했었다.

이 일이 결정적 계기가 되어 필자는 2008년생한겨레, 2010생한가람, 2012생한벼리 아들을 연이어 입양하여 양육하게 되었다. 장애를 갖고 있는 아이를 양육하기에는 필자의 건강과 경제력 등의 여건이 여의치 않아 이를 제외한 성별, 혈액형 등 어떤 조건도 내걸지 않고 그저 홀트아동복지회 전주지회의 연결에 따라 입양 절차를 밟았다. 입양시 많은 사람들이 여자아이들을 원하거나 혈액형을 고려한다고 하는데 이를 고려하지 않는다고 하자 입양을 신청한 지 얼마 지나지 않아 생후 1-2개월 정도 된 남자 아기들을 입양하게 되었다. 그러다 보니 세 아들의 혈액형이 모두 다르다. 이 다름이 틀림이 아니라 나양성, 풍성함으로 이어지는

---

[1] 이때의 고통을 필자가 육아일기 형식의 책으로 엮었다. 졸저, 『사랑한다 내 딸 사랑아』(다산글방, 2010) 참조.

삶이 되기를 바란다.

필자는 형편 상의 이유로 장애아를 양육하지 못했다는 마음의 부담 때문인지 나름 장애에 대한 관심을 지속적으로 가져왔기 때문인지 올해 공주대 특수교육대학원 중등특수교육학과에 진학하였다. 박사 과정을 마치고 남다른 가방끈으로 학위를 수집한 듯 학사 및 석사 학위도 많은 데다 교사자격증도 1급 정교사만 5가지임에도 굳이 특수교육을 공부하고자 한다. 그 이유는 재직하는 학교에서 수년간 특수교육업무장애를 담당해오면서 학교에서 이 아이들을 좀 더 전문적으로 도와줄 수 있는 법과 제도 및 교육방법을 알고 싶었기 때문이었다. 또 학교에 특수학급을 신설하여 그 반을 담임하고 특수 업무 담당자로서의 역할을 분명히 하고자 했다.

특수교사 자격증을 취득하면 특수교사로 전환할 수 있고, 필자가 재직 중인 학교는 특수교육 대상자가 4명으로 특수학급 신설이 가능하다. 12년째 교직 생활을 해오다 갑자기 특수교사로 전직하고자 하니 스스로 '과연 잘하는 일인가, 안 해도 될 일을 굳이 먼 거리의 대학원에 운전면허증도 없이 대중교통으로 다니면서까지 할 필요가 있는가' 하는 의문이 들기도 했다. 하지만 이제 마음을 굳혀 이 일을 진행해 나가고 있다. 이런 결단의 밑바탕에 어쩌면 세 아이를 입양하면서도 믿음과 사랑이 부족하여 장애아를 한 명도 입양치 않았던 부분을 학교에서 장애아들을 돌보는 일로 채우려는 마음이 있는지도 모른다.

필자가 목사요 선생이요 기독교 신앙인으로 살아가는 이상 사랑의 실천을 단순한 구호나 지식이 아닌 필자의 삶 자체로 실현해야 하는 고귀한 부담감이 있다. 누가 뭐라고 하는 것이 아님에도 이 부담은 늘 마음 한 켠에 남아 있다. 이것이 입양과 특수교육에 관심을 갖게 한 원인일 수도 있다.

그러나 이는 그저 필자의 생각과 삶일 뿐, 다른 이들에게 이렇게 살라고 왜 이렇게 살지 않느냐고 말하려는 것은 아니다. 사실 이런 이야기를 꺼내는 것이 조심스럽고 겸연쩍지만 그대로 드러냄은 필자의 윤리학에도 이런 경험과 삶이 직·간접적으로 녹아들었기 때문이다. 필자는 앎과 삶이 동전의 양면처럼 하나가 되도록 노력해야 한다고 본다. 앎으로만 그치거나 실천은 배제한 채 타인과 사회만을 향해 외치는 구호와 설교는 자기기만일지도 모른다. 또한 필자가 말하는 윤리는 혼자 가는 열 걸음보다는 여럿이 함께 가는 한 걸음이 더 소중함을 일깨워 주는 것이다. 이러한 차원에서 현실사회윤리학의 토대를 놓기를 시도해 본다.

필자는 사회윤리학, 윤리교육학을 공부하는 이로서 인간의 고통과 난치병·불치병에 대한 연구, 미숙아·조산아와 같은 연약한 어린 생명에 대한 사회적 공유를 가능케 하는 사회 윤리적 토대 놓기를 위한 연구, 입양에 대한 실증적 연구를 통한 입양과 고아와 미혼모 등에 대한 현실 사회 문제들에 대해 연구하고 싶었다. 사실 이들 주제를 늘 염두에 두면서도 시도조차 하지 못한 데는 생각만 해도 가슴이 저려오기에 객관적으로 치열하게 연구에 몰입하기 어려운 점과 필자의 삶이 드러나는 것만 같은 부끄러움과 겸연쩍음, 조심스러움이 크게 작용했다. 이와 같은 주제들을 다루는 것은 쉽지 않은 시도였으며, 때로는 이 주제들을 부둥켜 안고 씨름할 용기가 없는 것처럼 느껴질 때도 있었다. 부디 필자가 과제로 삼고있는 이 주제들을 이 책을 읽는 독자들도 함께 고민해 주기를 바란다. 그래서 혹 그들 중 누군가는 이 주제들을 보다 심도 있게 연구해 주기를 기대해 본다. 그러면 필자는 기쁜 마음으로 정성을 다해 그 글을 읽을 것이나. 혹여 필자의 딸과 아들들이 이 주제들에 대한 탐구를 이어준다면 얼마나 좋을까…….

매번 그랬듯이 이번에도 감사한 분들의 사랑에 힘입어 책을 내게 되었다. 늘 마음 넉넉한 웃음으로 존중해주고 격려해주는 한신대학교 신학대학원 기독교윤리학전공 동기 김동환 목사가 추천사를 써 주었다. 김동환 목사는 현재 자신의 모교인 연세대학교의 국제캠퍼스 전담 대학교회 담임목사교목 겸 연세대학교 연합신학대학원 기독교윤리학 분야 교수로서 중책을 담당하고 있다. 그가 이 두 가지 일에 지치지 않고, 늘 그래온 것처럼 때로는 진지하게 때로는 여유 있게 모든 일을 잘 헤쳐 나가기를 바란다.

또한 학술지 투고시, 논문 초고의 엉성함을 마다않고 자신의 전공과는 전혀 다른 분야의 글임에도 난해하고 완성도가 떨어지는 글을 교정하기 위해 애써 준 황등교회 청년들 김민경, 변세미, 정유리, 황진희에게 고마움을 전한다. 선생의 개인적인 작업을 귀찮아 하지 않고 지난한 워드 작업을 도와준 사랑하는 딸 한사랑, 황등중학교 1학년 나한웅, 2학년 권민혁, 3학년 김도혁과 김진현 그리고 이번에 단행본으로 엮어내는 작업을 도와준 고마운 친구 국경희와 황등교회 김순자 권사님과 서지안, 정대인 청년들에게도 고마움을 전한다. 이들의 사랑에 힘입어 부족한 부분들을 보완하고 어눌한 글꼴을 수정해 나갈 수 있었다.

어려운 교육여건에서도 그 사명을 다하느라 노고를 아끼지 않으시는 황등중학교 변정수 교장 선생님 이하 교직원들, 같은 재단 성일고등학교 이석일 교장 선생님과 교직원들, 학교법인 황등기독학원 김기성 이사장님과 이사님들 그리고 황등교회 정동운 담임목사님과 교인들, 황등교회 아동부 김연희 부장님과 여러 선생님들께도 감사의 마음을 전한다. 또한 어려운 출판 여건에도 책을 낼 수 있도록 해주신 박문사 윤석현 대표님과 이 책을 만드는 과정에서 노고를 아끼지 않은 노동의 일꾼들께도 진심으로 감사드린다.

끝으로 어쩌다보니 이래저래 가방끈을 늘려가며 책을 내온 남편의 별난 취미에 뽀로통하면서도 늘 제 자리를 지켜주고 위로와 격려와 사랑으로 함께해 주는 사랑하는 아내 이희순과 소중한 아이들한사랑, 한겨레, 한가람, 한벼리에게도 고마운 마음과 사랑을 담아 이 책을 내는 기쁨을 함께 나누고 싶다. 무더위에 무거운 주제들을 가볍게 해보려고 애쓰다보니 어느새 가을을 맞게 된 기쁨에 함박웃음 지어본다. 글을 마치면서 은사님이신 신영복 선생님의 말씀을 떠올려본다.
　"여럿이 함께라면 험한 길도 즐거워라."

한 승 진

차례

제1부

생태계 위기와 윤리적 생태신학[*]

🦆 들어가는 말

우리가 살고 있는 지구는 매년 예기치 않은 지각변동과 환경변화를 일으키며 몸살을 앓고 있다. 그러나 이러한 환경변화는 이미 오래전 예견된 것이었다. 사람들은 하나님이 만든 자연을 아무렇지도 않게 파괴하기 시작했다. 오직 자신들의 편리와 욕심을 위해. 숲이 하나 둘 사라지고, 아파트 단지가 들어섰다. 이제는 그나마도 부족해 하늘 높은 줄 모르고 건물들이 점점 위로 치솟고 있다. 기름 한 방울 나지 않는 나라에서 넘쳐나는 차들로 아침저녁으로 출퇴근 대란을 겪고 있다. 또 거기서 나오는 매연과 1년 365일 공사장에서 나오는 먼지 등을 고스란히 우리 몸속으로 들어간다. 전문가들은 이로 인한 지구온난화로 전문가들은 당대에 종말이 올 수도 있다는 무시무시한 발표도 서슴지 않는다.

지난 2004년 인도네시아를 강타한 쓰나미는 단 몇 초 만에 세계지도의 모양을 바꿔놓고 30만 명의 사망자와 500만 명의 이재민을 발생시켰다. 이로 인해 재산피해도 엄청났다. 이는 분명 자연재해였지만, 사람

* 이 글은 한신대학교 종교문화연구소에서 간행하는 한국연구재단 등재후보 학술지 『종교문화연구』, 12호(2009)에 게재한 것을 수정·보완한 것이다.

들은 이를 인재로 보고 그 심각성을 다각도로 알리기 시작했다. 이때의 피해가 유독 컸던 이유는 분명 사람이 예측할 수 있었음에도 불구하고 아무런 제도적 장치가 마련돼 있지 않았던데 있었던 것이다. 이러한 악순환은 전 세계에 확산되고 있다. 매년 증가하고 있는 중국의 황사현상은 우리의 목숨까지 위태롭게 하며 지난 연말에는 때 아닌 겨울황사로 불편을 겪었다. 남극과 북극의 빙하가 녹는 현상, 지난해 북한의 엄청난 홍수피해, 빠르게 확산되고 있는 아프리카 지역의 사막화 현상 등. 세계는 국가간 대륙간 인종과 종교는 다르지만, 결국 지리상 모두 하나의 연결고리처럼 묶여있다. 나 하나만, 우리 국가만으로는 가속화되고 있는 지구 파괴를 멈추거나 늦출 수 없다.

때문에 쓰나미 사고 발생 1년 뒤 UN총회에서는 보다 건강하고, 안전하고, 풍족한 지구촌을 이루려는 지구과학자들의 노력이 법으로 정책화 될 수 있도록 2008년을 '국제 지구의 해'로 선언했다. 결국 '국제 지구의 해' 선정의 제일가는 목표는 모든 국제사회가 지구변화와 환경에 지속적인 관심을 갖고, 민감하게 대처할 수 있도록 인식을 달리하고자 함이다.

오늘날 우리는 생태계[1] 위기에 직면해 있다. 인간의 유일한 삶의 공간인 생태계가 파괴되어 생존의 필수조건인 공기, 물, 땅이 오염되고 있기 때문이다. 각종 대기가스로 공기가 오염되어 대기권에 온실막이 쳐졌고

---

1 흔히 '자연', '환경', '생태'라는 말이 혼재되어 사용된다. 이 말들은 같은 뜻이 아니다. '자연'이라는 말은 인간이 인위적으로 만들어 놓은 것을 제외한 모든 것을 지칭하는 것으로 쓰이는데, '자연보호' 같은 단어에서 의도하는 자연은 인간에 의해 사회적·역사적으로 제한적으로 정의된 자연을 가리킨다. 우리 일상 의식에는 솔잎혹파리, 황소개구리, 장티푸스균 같은 것은 자연보호의 대상에서 제외된다. 오히려 자연의 파괴자로 간주되는 경향이 더 강하다. 그래서 자연의 한 부분인데도 자연이 아닌 것으로 인식된다. '환경'도 '자연'보다는 포괄적인 개념이지만 '환경보호', '환경운동' 등 인간이 중심적인 역할로 시혜적 차원에서 쓰이는 경우가 많다. 이에 반해 '생태(生態)'라는 말은 인간적인 영역에서는 조금 벗어난 느낌을 주는, 생명체 자체를 지칭하는 듯한 느낌을 준다. 이러한 이유로 이 글에서는 가급적 용어를 '생태'라는 말로 통일하여 사용할 것이다.

생활 오수汚水와 쓰레기, 산업 폐수와 폐기물, 농약의 남용 등으로 물과 땅이 오염되고 있다. 또한 폭발적인 인구증가, 자원 고갈, 핵의 공포와 위협 등 인간의 생존을 위협하는 현상 등 이러한 생태계 파괴문제는 이제 우리의 삶에 직접적인 영향을 미치는 절박한 문제가 되었다. 이렇게 인류 최대의 관심사로 등장한 생태계 위기 극복에 대해 적극적으로 대처해 나가야 한다.

그런데 생태계 위기 시대를 맞이하면서 기독교는 생태계 위기를 극복하기 위한 어떠한 정신문화적 토대도 가지고 있지 못하다는 비판에 직면해 있다.[2] 뿐만 아니라 생태학자들은 기독교 신앙이 생태계 위기의 주된 요인으로 몰아붙인다. 그 이유는 기독교는 지나치게 인간중심적 세계관으로 생태계에 대해 무관심하거나 적대적인 입장인 반反생태적 종교라는 것이다.[3] 생태학계는 기독교가 물질의 이용과 영적인 고양을 위하여 생태계를 지배 또는 훼손하는 것을 옹호한다고 비난한다. 결과적으로 기독교는 새로운 종교나 다른 종교를 위해 자리를 내어주든지 폐기되어야 하며 아니면 적어도 철저하게 바뀌어야한다는 비판이다.[4] 이들의 비판에 대하여 기독교는 어떠한 답변을 할 수 있을까? 그리고 기독교는 오늘의 생태계 위기 극복을 위한 윤리적 대안을 제시할 수 있을까?

이 글은 시대적 문제의식에서 기독교에 대한 생태학계의 비판을 정리하면서, 기독교 신앙의 전거典據로서 성서[5]가 말하는 생태계의 모습을 고찰하고, 오늘 우리에게 요청되는 새로운 의미의 윤리적 생태신학을 정립해보려고 한다.

---

2 H. Paul Santmire, *Travail of Nature: The Ambiguous Ecological Promise of Christian Theology* (Minneapolis. Fortress, 1905), p.1을 정원범, 「생태학적 위기와 기독교」, 『신학과 문화』, 제11집 (2002), 267쪽에서 재인용.
3 정원범, "위의 논문", 267쪽.
4 제임스 A. 내쉬, 이문균 역, 『기독교 생태윤리』(한국장로교출판사, 1997), 103쪽.
5 『공동번역 성서』(대한성서공회, 1991).

이 책의 모든 성서 구절은 현재 우리나라에 번역 출간되어 있는 성서 중『공동번역성서』에서 인용한 것이다. 필자가 수많은 성서번역본 중에서『공동번역성서』를 선택한 이유는『공동번역성서』는 가톨릭과 개신교 성서신학자들이 공동으로 번역작업에 참여하고 국문학자들이 감수한 것으로서, 비교적 원어에 가깝게 번역되었다는 것과 우리말 어법에 가장 적합한 번역 성서라는 것 그리고 현재 우리나라의 모든 가톨릭 성당과 개신교 여러 교단에서 사용하는 유일한 번역 성서라는 의의가 있기 때문이다. 그러므로 앞으로 전개하는 글에 등장하는 모든 성서 구절은『공동번역성서』를 기반으로 한다. 또한『공동번역』에 따라 현재 우리나라에서 혼용되고 있는 기독교의 신명神名도 직접인용의 경우를 제외하고는 "하느님"과 "야훼"로 제한하여 사용한다.

과연 기독교는 생태계 위기의 주범인가?

1. 기독교의 인간중심적 세계관

생태계 위기의 근본 원인은 어디에 있는가? 기독교가 생태계 위기의 주범이라는 비판은 여러 가지 차원에서 논의되고 있다. 킨슬리D. Kinsley는 기독교가 생태계 위기의 주범으로 비판 받게 되는 이유를 세 가지로 정리하여 말하였다. 첫째, 생태계를 비신성화시켰다. 둘째, 지나치게 인간중심적으로 인간은 모든 생태계를 지배하라는 하느님의 명령위임을 받았다. 셋째, 서구적인 이원론에 따라 거룩하고, 영적인 것에 비해 생태계와 물질계를 낮은 위치에 있다.[6] 그러나 이를 하나의 틀로 이해하면 지나친 인간중심주의 세계관에 의한 생태계에 대한 지배 개념이다.

화이트L. White, Jr.는 기독교가 특히 서구의 기독교는 이 세상에 있는 그 어떤 종교보다도 인간 중심적인 종교라고 지적하였다.[7] 그녀는 「생태계 위기의 역사적 기원The Historical Roots of our Ecological Crisis, 1967」이라는 논문에서 기독교 창조신앙과 신학이 인간의 생태계 지배와 착취의 토대를 제공했다고 주장하였다.[8] 이 글은 생태계 위기의 근본적인 원인을 현대과학 기술에서 찾는다. 서구의 과학기술이 표면적인 생태계 파괴의 역할을 한 실제적인 범인이라면, 기독교의 창조신앙은 그것을 이론적으로 지지해준 배경이 된다고 하였다. 그러므로 기독교야말로 생태계를 파괴하는 데 궁극적인 이론적 배경이 되었다.[9]

그녀는 기독교가 생태계 안에 깃들어 있다고 믿는 영적인 세계관을 거부했다고 말한다. 즉, 기독교가 생태계의 모든 사물에 영혼이 있다고 믿는 원시 신앙의 한 형태인 애니미즘animism[10]을 무너뜨리고 생태계를

---

6 David Kinsley, *Ecology and Religion: Ecological Spirituality in Cross-Cultural Perspective* (Upper Saddle River, N. J.: Prentice-Hall, 1995), p.103.

7 L. Jr. 화이트, 이유선 역, 「생태계 위기의 역사적 기원」, 『과학사상』, 창간호(1992, 봄), 284- 285쪽(화이트의 논문 본래의 서지는 다음과 같다. "The Historical Roots of our Ecological Crisis," Science. Vol. 155 (March 10, 1967).

8 "위의 논문", 283쪽의 역자 글.

9 "위의 논문", 284쪽.

10 애니미즘(animism)이란 무생물계에도 영혼이 있다고 믿는 세계관을 말한다. 물신숭배(物神崇拜)·영혼신앙(靈魂信仰) 또는 만유정령설(萬有精靈說)이라고도 번역되는 애니미즘이라는 말은 라틴어의 아니마(영혼)에서 나온 말이다. 영국의 인류학자 E. B.타일러가 〈원시문화〉(1871)에서 이 말을 처음 사용하였는데, 애니미즘적 사고방식은 '야만인의 철학'으로써 종교의 기원을 설명하는 동시에, 나아가서는 종교의 근본원리가 되었다고 주장한 데서 비롯된다. 타일러에 의하면 애니미즘적 사고방식은 꿈과 죽음의 경험에서 추리되어 성립되었을 것이라고 한다. 가령 잠자고 있는 동안 몸은 원래의 자리에 그대로 있는데도 멀리 떠나 있는 꿈을 꾼다거나, 또는 죽음 직후에는 외관상 아무 변화는 없으나 살아 있을 때의 상태와는 다른 것을 느낀다. 그래서 육체와 유리되어 활동하는 원리, 즉 영혼을 상정(想定)하게 되었다. 수면과 가사(假死)는 영혼의 일시적 부재(不在)상태이며, 죽음은 그 영원한 부재상태이나. 그러나 사람이 죽고 난 뒤에도 영혼은 독립히서 활동하기 때문에 그것을 숭배하는 데서 종교가 비롯되었으며, 동물이나 나아가서는 자연물에까지 영혼을 인정함으로써 신의 관념이 생겨났다고 한다. 이와 같은 타일러의 학설은 주지주의적(主知主義的) 종교관을 갖고 있는 사람들의 비판을 받기도 하고, 또한 원시인에게서 꿈이 그처럼 중대한 경험인가 아닌가의 문제를 두고 논란도 있었으나, 이원론(二元論)의 사고양식

비신성화함으로써 과학기술 발전의 토대를 마련하였으며 동시에 생태계를 이용하고 착취하는 길을 열어 놓았다는 것이다. 예를 들면, 오늘날 생태계 파괴의 원인은 과학기술에 있으며 과학기술 발전의 배경에 기독교의 비신성화된 생태계관이 있다고 말한다. 생태계는 인간에게 이바지하는 것 외에는 아무런 존재 이유가 없다고 보는 기독교의 인간중심주의가 결국은 생태계 위기의 원인이 되었다는 것이다.[11]

화이트와 함께 기독교가 생태계 위기의 중요한 역할을 했다고 보는 생태론자에는 아메리C. Amery가 있다. 그는 『섭리와 종말』에서 '하느님의 계약사상'을 논지의 출발점으로 삼아 기독교의 창조론을 비판하였다.[12] 기독교가 하느님과 모든 피조물 사이의 '계약'을 하느님과 인간 사이의 계약으로 축소시킴으로 그들을 하느님의 축복과 보호의 대상으로 간주하지 않고 단지 인간을 위한 대상으로만 취급했다. 이로 인해 인간 이외의 다른 피조물을 경시하는 생각과 태도를 형성하였다. 기독교는 생태계의 짐승들, 물고기, 새, 풀과 나무 등을 하느님의 축복과 보호에서 배제하였으며 단지 인간을 위한 대상으로만 간주하여 생태계의 위기를 초래하였다.[13]

내쉬J. A. Nash 또한 대부분의 신학적 초점이 죄와 구원, 타락과 구속,

을 설명하는 양식으로서 아직도 그 가치를 잃지 않고 있다. 대표적 애니미즘으로 지령(땅의 정령)이 있다. 미개민족 사이에서는 지령(지신)은 토지의 지배자·수호자로 여겨져 주민의 소유지는 지령이 지배·관리하는 범위의 토지라고 믿는 일이 많다. 어떤 토지의 주민 이외의 사람이 그 토지에 어떤 관계를 맺으려면 먼저 지령을 달래고 그 승인을 얻어야 한다. 신화 등에서 토지가 지닌 풍요성·비옥성과 결합된 지모신(地母神)의 관념은 지령 관념과 관련이 있으며 각지에 널리 보인다.

11 화이트는 생태학적 위기의 뿌리가 역사적으로 종교적인 토양 속에 깊이 자리 잡고 있기 때문에 그 해결책 또한 기본적으로 종교적일 수밖에 없다고 주장한다. "위의 논문" 294쪽.

12 조용훈, 「지구환경 위기의 원인 논쟁과 기독교」, 『한국기독교윤리학논총』(한국기독교윤리학회, 1997), 199쪽.

13 Carl Amery, *Das Ende der Vorsehung: Die gnadenlosen Folgen des Christentums* (Hamburg, 1972), p.15을 오영석, 『조직신학의 이해』(대한기독교서회, 1992), 353-354쪽에서 재인용.

전체 생태계를 배제한 신-인 관계에 맞춰져 왔고, 그 초점은 생태계의 역사를 외면하고, 심지어 생태계 역사가 인간 역사에 끼쳤던 엄청난 영향을 잊었다고 해도 좋을 만큼 압도적으로 인간 역사에만 집중되어져 왔음을 지적하였다.[14] 그러므로 이 초점이 자주 이 세계에 대한 기독교의 태도에 있어서 심각한 이분법적 관점과 관련을 맺어 왔다고 본다.

센트마이어H. P. Santmire 역시 "19세기와 20세기 초 개신교 신학은 전반적으로 생태계와 관계를 끊었고 그로 인하여 생태계를 마음대로 처리하고자 했던 근대 산업주의의 정신을 사실상 허용했다."[15]고 지적했다.

2. 다른 원인들

그러나 오늘날 일어나고 있는 생태계 위기에 대한 원인을 기독교의 창조신앙에서만 발견하는 것은 타당하지 못하다는 견해도 있다. 근대 과학기술 발전과 산업화가 기독교만을 토대로 해서 이루어졌다고 하는 것은 논리적으로 타당하지 않다. 이러한 논리적인 오류를 두 가지로 설명해보면 다음과 같다. 먼저 '허수아비 공격의 오류Straw Man'가 있다. 이는 원래 논지를 심하게 변형·왜곡해서 자신이 반박하기 쉽고 상대가 방어하기 어렵게 만드는 수법이다. 즉 상대방의 원래 주장을 왜곡되고 과장된 주장으로 만들어서 공격한 다음 원래 주장을 반박하려는 오류이다. 기독교가 생태 문제의 주점이라고 규정하는 것은 기독교 정신의 전거典據로서 성서를 깊이 이해하거나 성서가 기록될 당시의 배경과 형성사는 물론 그 깊은 의미를 파악하려고 하지 않고 기독교의 영향에 따라 나타난 현상을 기독교의 본질이요, 대표요, 전부라고 규정하고 공격하

---

14 제임스 A. 내쉬, "앞의 책", 111쪽.
15 Santmire, *The Travail of Nature*, p.122을 정원범, "앞의 논문", 271쪽에서 재인용.

는 오류이다. 그러다보니 이들은 하나의 오류를 더하게 되는 문제를 지니게 된다. 이것은 '성급한 일반화의 오류hasty generalization'이다.

이는 불확실한 증거를 기반으로 둔 귀납적 일반화에 도달하는데 귀납적 오류의 논리적 오류를 일컫는 말이다. 일반적으로 모든 개체군 중에 비효율적이게 일부 집단만을 통계로 조사해서 그것을 바탕으로 폭넓은 결론에 도달하는 것을 말한다. 반대말은 나태한 귀납이라고 하며 혹은 귀납 추론의 논리적 결론을 거부하는 것이다. 예를 들어 "저건 그냥 타이밍이 맞았을 뿐이라고……."와 같은 논증형식의 추론을 말하기도 한다. A는 X다. B도 X다. C도 X다. D도 X다. 그러므로 어떠한 경우라도 X 다. 이 형식은 논리적으로 타당하지 않다. 왜냐하면 적은 사례에서 일반적인 결론을 도출하려고 한 것으로 이것이 성급한 일반화가 되기 때문이다. 즉, X를 만족하는 것이 존재한다는 것 중 일부의 사실로부터 전체를 판단하고 있기 때문에 이것은 틀린 것이다.

더욱이 치밀한 해석학적 검증도 거치지 않은 창세기의 몇 구절을 일방적으로 해석하여, 거기서 생태계 파괴의 모든 원인을 찾는다는 것에는 많은 한계를 드러내는 것으로 논리적으로 불충분한 근거의 오류이다.[16] 기독교권 이외 지역에서도 생태계의 위기가 존재하기 때문이다.

종교와 문화의 상관관계는 그렇게 단순한 것이 아니다. 서구문화와 기독교의 관계에 있어서 비판가들이 전제하는 만큼 그렇게 절대적으로 기독교가 문화에 관계된 것도 아니다. 생태계 파괴의 원인으로 지적되고 있는 산업화나 과학기술의 발전은 기독교에 의해 이루어졌다고 말하기보다는 철학적인 바탕이 훨씬 더 크게 작용했다고 보는 것이 타당하다.[17] 대표적인 철학자로 데카르트R. Descartes가 있다. 그의 세계관은

---

16 강성열, 「구약성서의 창조신학」, 『신학이해』, 제18집(1999), 23쪽.
17 제레미 리프킨, 이정배 역, 『생명권 정치학』(대화출판사, 1996), 55-71쪽 참조.

참으로 존재하는 실재를 정신과 물질, 둘로 보는 이원론이다. 따라서 인간은 사유하는 존재인 반면, 생태계는 연장된 존재일 뿐이다. 그의 철학에서는 인간의 주체화와 생태계의 대상화가 명확하다. 뎀보프스키 H. Dembowski는 인간을 '생태계의 주인과 지배자'로 보는 이러한 데카르트의 인간중심적인 세계관이 생태계의 위기를 촉진시켰다고 말하였다.[18] 그러므로 오늘날 생태계 위기는 데카르트, 베이컨 등 근대 철학자들에게서 발견되는 이원론적, 주객 도식적, 인간중심적 생태계관 속에 그 원인이 있다고 말할 수 있다.

이러한 생태계관 내지 세계관에 있어서 인간은 인식하고 행동하는 주체로서 그가 속한 생태계로부터 분리되며 생태계는 인간에 의하여 자유롭게 처리될 수 있는 '대상'으로 간주되어, 생태계의 필요에 따른 목적을 부여하며 변형시킨다. 이른바 '진보의 신앙'에 매료된 인간은 과학기술을 통하여 생태계를 점점 더 인공적인 세계로 만들어 버린다. 특히 데카르트의 정신적 인간res cogitas과 연장적 물질res extensa의 인간중심적 이원론적 실재관은 근대과학문명의 철학적 근간이 되어 왔다. 듀보R. Dubos는 생태계 파괴가 기독교 이전의 고대 문명국가들 안에도 이미 존재했음을 지적하였다.

> 고대의 풍요로웠던 메소포타미아, 페르시아, 이집트, 서 파키스탄 등 문명의 보금자리들이 불모지로 변했다. 그것은 외적인 요인도 있었지만 인구의 증가와 자원의 관리 능력의 부족으로 땅의 생산력이 소모되었고 자원이 고갈된 데서 찾아진다.[19]

---

18 김균진, 『생태학의 위기와 신학』(대한기독교서회, 1992), 45-46쪽 참조.
19 르네 듀보, 김용준 역, 『내재하는 신』(탐구당, 1975), 224쪽.

이어지는 그의 말이다.

> 땅의 침식, 동식물의 멸종, 생태계 자원의 과도한 착취, 생태학적 재난은 기독교 세계에만 일어나는 독특한 현상이 아닌 전 세계적인 현상으로 간주했다. 성경이 쓰이기 오래 전에 그리고 기독교 신앙이 전파되기 훨씬 전에도 인간은 생태계를 파괴하고 훼손했다.[20]

몰트만J. Moltmann도 생태계에 대한 현대의 공격적 윤리는 창조신앙의 결과가 아니라 르네상스와 아메리카, 아프리카, 아시아에 대한 근대 서구세계의 정복의 산물이라고 하였다.[21] 그러므로 창세기 1장 28절의 "땅을 정복하라"는 구절이 땅을 지배하고 착취하라는 의미로 과학기술문명에 영향을 미쳐, 생태계 파괴가 일어난 것이 아니라 과학기술문명의 시각으로 성서를 그렇게 오해한 것으로 보는 것이 올바른 지적이다.[22]

현대인들은 '소유'와 '소비'와 '향락'에 삶의 의미가 있다고 생각하는 경향이 강하다. 보다 더 많이 소비하고 삶을 향유하며 이를 위하여 보다 더 많이 소유하며 풍요로운 삶을 누리게 되는 것을 '발전' 혹은 '진보'라고 말하고, 이것을 기본 가치로 생각한다.[23] 보다 더 소유하고 소비하기 위해서는 보다 더 많은 생산이 있어야 한다. 자연히 생태계 자원을 보다 더 많이 소모할 수밖에 없다. 소유와 소비와 향락을 최고의 가치로 보며 이를 얻기 위하여 힘의 획득과 확장을 끝없이 추구하는 현대사회의 기본 태도는 특히 강대국들의 경제적, 군사적, 정치적 확장욕으로 집단화되어 나타난다. 이런 관점에서 볼 때, 오늘날 생태계의 위기는 자연과학

---

20 목창균, 「생태학적 신학과 창조신학」, 『목회와 신학』, 제38호(1992), 75쪽.
21 김균진, "앞의 책", 30쪽.
22 제임스 A. 내쉬, "앞의 책", 117-119쪽 참조.
23 김균진, "앞의 책", 35쪽.

과 과학기술의 배면에서 작용하고 있는 기업들과 국가의 경제적 정치적 군사적 팽창욕에 있다. 보다 더 새로운 물질, 보다 더 많은 물질의 소비·풍요·행복·힘의 획득과 유지·자기 확장 등 이러한 가치관이 자연과학을 조종하고 생태계의 위기를 초래한다.[24] 몰트만은 생태계 위기를 극복하는 길은 세계열강들의 경제적 군사적 정치적 팽창욕망을 제어하는 데 있다고 주장하였다.

또 다른 중요한 원인으로 자연과학의 연구방법이 있다. 자연과학은 연구의 대상 곧 생태계를 객관화시키고 분석하며 개체화시키고 가장 작은 부분으로 환원시키는 방법을 사용하고 있다. 이러한 자연과학의 방법은 대상에 대한 '지배'와 대상의 '이용'을 그 목적으로 하고 있다. 이러한 관찰에 있어서 각 대상은 구체적으로 살아 있는 존재, 삶의 과정으로부터 추상화된 존재로 파악된다. 그것은 분석되고 파악될 뿐이며 '내가 그것을 어떻게 이용할 수 있느냐', 그것이 '나에게 줄 수 있는 것이 무엇이냐'의 관점에서만 분석되고 파악될 뿐이다. 사랑과 사귐의 관심이 아니라 소유와 지배의 관심이 지배한다.[25]

이상에서 살펴본 바와 같이 생태계 위기의 근본적인 원인과 책임을 기독교 창조신앙에서만 찾는 주장은 설득력이 약하다. 가능한 한 많이 소유하며 소유를 통하여 자기를 확장하려는 인간의 무한한 욕망이 근본 원인일 것이다. 인간의 본성 속에 깊이 뿌리박고 있는 이 욕망은 소유와 소비와 향락과 힘의 소유를 최고의 가치로 삼는 현대인의 가치관에 나타나며, 기업과 국가들의 팽창욕망에 드러난다. 어떤 이데올로기, 정치 경제체제를 채택하든 인간의 무한한 이기적 욕망이 방치되거나 통제 불가능하게 될 때 생태계 위기는 당연한 결과일 것이다.[26]

---

24 "위의 책", 37쪽.
25 "위의 책", 49-50쪽 참조.

🦆 새롭게 이해하는 성서해석

위에서 생태계 위기와 그것의 사상적 요인들, 곧 생태신학이 대두될 수밖에 없었던 근거에 대해 살펴보았다. 이제 생태신학의 본격적인 주제로 들어가는 길목에서 성서적 정황 속에서 생태신학의 자리는 어떤 것인지 알아볼 필요가 있다. 여기서 한 가지 전제해 둘 것은 성서 자체가 오늘의 생태학적 위기 상황에 대해서 이미 완성된 해답을 주지는 못한다는 것이다. 오히려 이런 위기 상황에 대한 현실적 인식Context이 성서Text로부터 새로운 해답을 요구하는 의미에서 성서적 근거를 찾아야 한다.

1. 새롭게 읽는 성서적 창조신앙

기독교 창조신학은 생태계에 정령精靈이 들어 있다고 생각하며 숭배하는 원시인들의 정신을 깨뜨리고 생태계를 비신성화 시키는 데 큰 공헌을 하였다.[27] 창세기 1장 26-28절은 기초로 하여 생태계 숭배를 거부하고 생태계를 인간의 발아래 두는 정신적 혁명을 일으키는 작용을 하였다. 기독교 창조신학이 없었다면 어쩌면 인류는 아직도 생태계 숭배의 그늘에서 벗어나지 못했을지도 모른다. 이런 관점에서 본다면 기독교 창조신학은 인간을 원시적인 정신에서 해방시키고 문명을 발전시키고 오늘의 기술사회가 오도록 만든 공헌이 크다.[28] 그러나 이러한 공헌

---

26 "위의 책", 49-50쪽 참조.
27 Ian G. Barbour, Religion in an Age of Science(San Francisco: Harper and Row, 1990), p.128.
28 김명용, 「창조의 보전과 새로운 창조신학」, 『장신논단』, 제6집 (1990), 294-295쪽 참조.

과 함께 문제도 드러난다. 생태계를 비신성화시키고, 비악마화시킨 인간은 생태계를 정복하고 이용할 수 있게 된다. 즉, 인간만이 하느님의 창조의 궁극적인 목표요 완성인 것처럼 생각하며, 인간이야말로 모든 세상의 중심적인 것처럼 이해하기 쉽다. 사실 이러한 세계관이 서구문화의 우주관을 이루는 근간이 되었다. 이렇게 되어 인간이 생태계를 정복하고 지배하는 것은 당연한 것처럼 여겨졌으며 이러한 인간중심적 사고가 오늘날의 과학기술문명과 자본주의적 삶의 패턴과 결합하여 생태계 위기를 가속화 시켜왔다고 볼 수 있다.

그러나 성서에 나오는 창조신앙을 인간중심적인 세계관으로만 해석하는 것은 문제가 있다. 성서가 말하는 창조신앙은 세계의 중심을 분명히 한다. 이 중심은 인간이 아니라 하느님이며 창조 완성은 인간 창조가 아니라 하느님의 안식이다. 인간은 생태계를 지배하고 착취하는 폭군이 아니라 생태계를 잘 보존하고 다스리는 관리자로서 하느님으로부터 위탁 받은 청지기요 대리자이다.[29] 인간은 하느님으로부터 생태계에 대한

---

29 고대 히브리어에는 '생태계'라는 개념이 없다. '생태계'에 해당하는 말을 굳이 찾는다면 '피조물'이다. 통합윤리학회 편, 『21세기의 도전과 기독교문화』(예영커뮤니케이션, 1998), 57-58쪽 참조; 문시영은 생태계를 피조물로 인식함을 지적하면서 이에 대한 피조물과 인간의 관계설정을 말하였다. "성서는 자연이라는 말보다는 피조물이라는 단어를 선호한다. 자연이란 '스스로 그러한 것'이라는 의미에서 일종의 도교적 관념 혹은 범신론적 입장을 다소간 반영하는 것처럼 들린다. 성서는 오히려 생태계를 피조물로 인식하도록 함으로써 인간과 생태계가 경쟁 혹은 뒤엉키는 관계에서 더불어 사는 파트너십의 관계로 재인식되기를 의도한다. 혹은 보다 정확히 말해 정원관리사로서의 인간의 역할을 강조한다." 문시영, 『기독교윤리 이야기』(한들출판사, 1996), 107쪽; 이에 대해 아들러는 생태계에 대한 관리자로서 인간을 자리매김하는 기독교의 생태학적 재해석은 여전히 인간이 자신을 생태계의 한 가족으로 볼 수 있게 하지는 못한다는 점을 비판한다. 즉, 인간을 생태계 밖에 서 있는 관리자로서 인식하는 것까지도 넘어서서 생태계 안의 한 부분으로 보는 시각이 필요함을 말하였다. Joseph A. Alder, "Response and Responsibility: Chou Tun-i and Confucian Resources for Environmental Ethics," in Mary Evelyn Tucker & John Berthrong, eds., *Confucianism and Ecology: The Interrelation of Heaven, Earth, and Humans*(Cambridge: Harvard University Press, 1998), p.26; 이런 점에서 레오나르도 보프의 윤리적 생태신학은 주목을 끈다. 그는 생태학은 존재하는 모든 것과 갖는 관계이며 대화라고 정의하여, 세상 어떤 것도 절대적 자율성을 갖지 못하며 세상 안의 모든 존재는 모두 상대적 자율성만을 갖고 있기에 인간만이 강한 존재가 되어 홀로 생존하려 해서는 안 되는 것으로 말하였다. 레오나

소유권이 아니라 관리권을 부여 받았으며 모든 만물은 인간과 더불어 하느님의 종말적 영광에 참여할 날을 기다려야 한다.[30]

2. 윤리적 생태신학을 위한 구약 성서의 근거

▮1▮ "다스리고 정복하여라"

자연과학의 발달과 철학 사조의 인간 긍정의 흐름 못지않게 기독교신학 또한 생태학적 위기에 직면하고 있다. 현대 공업 국가들은 기독교 문화 속에서 생성되었고 이 국가들의 가치체계와 의미체계는 오랫동안 기독교와 연관을 맺어 왔다. 몰트만은 "다스리고 정복하여라"창세기 1장 26-28절는 명령을 잘못 이해한 서구신학이 오늘의 생태학적 위기에 대한 정신적 기초가 되었으며, 그것으로 무제한의 살육, 지구의 과잉 인구, 생태계의 착취가 일어나게 되었음을 지적하였다.[31] 그의 지적대로 이 본문을 좀 더 깊이 살펴보면, 이것이 성서해석학주석학의 무지에서 나온 것임을 알 수 있다.

성서해석학이란 성서 해석의 일반적인 원리를 연구하는 학문으로, 역사를 통해 볼 때 유대교도와 기독교도가 해석학과 해석에 사용한 성서 주석 방법의 일차적인 목적은 성서의 진실과 가치를 발견하는 것이었다. 유대교와 기독교에서 성서가 신성한 책이라는 것은 그것이 신의 계시를 기록한 것이라는 확신에 근거한다. 그러나 이처럼 성서를 하느님의 말씀으로 이해함으로써 성서를 해석하는 데 있어 하나의 일치된 해석학적 원리를 가질 수 없었다. 어떤 사람들은 하느님의 말씀은 명료하

르도 보프, 『생태신학』(가톨릭출판사, 1996), 59-60쪽 참조.

30 윤철호, 「환경문제에 대한 교회적 대응」, 『교육교회』, 제204권(1993), 25-26쪽 참조.

31 위르겐 몰트만, 김균진 역, 『창조 안에 계신 하느님』(한국신학연구소, 1991), 45쪽.

고 완전하기 때문에 성서에 대한 해석은 항상 문자 그대로 해석해야 한다고 주장해왔다. 또 어떤 사람들은 하느님의 메시지와 진실은 심오한 것이기 때문에 성서의 말씀은 항상 깊은 '영적' 의미를 가진 것으로 해석해야 한다고 주장해왔다. 여전히 어떤 사람들은 성서에서 일부는 문자적으로, 일부는 비유적으로 해석해야 한다고 주장해왔다. 성서 해석의 역사에서 4가지 유형의 해석학이 등장했는데, 문자적 해석, 도덕적 해석, 우의적 해석, 신비적 해석이 그것이다. 첫째, 문자적 해석이다. 이는 성서 본문을 문법적 구조와 역사적 상황에 의해 전달되는 '순수한 의미'에 따라 해석해야 한다고 주장한다. 문자가 갖는 뜻은 바로 저자가 의도하는 바와 일치한다는 것이다. 이런 유형의 해석학은 반드시 그런 것은 아니지만 종종 신의 메시지를 전달하는 각각의 문자는 신이 선택한 것이므로 성서의 용어는 영감을 받은 것이라는 믿음과 관련이 있다. 이같은 견해의 극단적인 형태는 다양한 성서 저자들에게서 발견되는 문체와 단어의 뚜렷한 개성에 대해 적절히 설명할 수 없다는 이유에서 비판받아왔다. 4세기 영향력 있는 성서학자인 히에로니무스제롬는 그가 지나친 우의적 해석이라고 간주한 것에 반대하면서 성서의 문자적 해석을 옹호했다. 문자적 의미의 우수성은 훗날 토마스 아퀴나스Thomas v. Aquin, 리라의 니콜라스Nicholas, 존 콜릿John Colet, 마르틴 루터Martin Luther, 장 칼뱅Jean Calvin과 같은 다양한 인물들에 의해 옹호되었다. 둘째, 도덕적 해석이다. 이는 성서의 여러 부분에서 이끌어낼 수 있는 윤리적 교훈에 의해 성서 해석의 원리를 설정하려는 것으로, 종종 우의적 해석과 연관되어 사용된다. 예를 들어 「바르나바의 서신」100경은 「레위기」에 나오는 음식에 관한 율법을 어떤 동물의 살을 먹지 말라는 것이 아니라 그런 동물과 관련해 상상할 수 있는 악을 멀리하라는 것으로 해석한다. 셋째, 우의적 해석이다. 이는 성서의 이야기들이 본문에 분명히 언급된 사람·사물·사건의 이면에 2차적인 뜻을 갖고 있는 것으로 해석하는 것으로, 우의적 해석의 특별한 형태가 대표론적인 해석방법이다. 대표론적인 해석방법에 따르면 『구약성서』에 나오는 주요인물들, 중요한 사건들, 중요한 관습들을 '예표들', 즉 『신약성서』에 나오는 인물·사건·대상들의 전조로 본다. 이 이론에 따르면 노아의 방주는 처음부터 하느님이 의도한 기독교 교회의 '예표'로 해석된다. 유대교 철학자인 필론은 유대교 성서를 해석하는 데 플라톤 철학 및 스토아 철학의 범주를 사용했다. 그의 일반적인 방법들은 성서본문의 우의적 의미를 찾은 알렉산드리아의 기독교도 클레멘스에 의해 채택되었다. 클레멘스는 성서의 교훈 및 평범하게 들리는 이야기에서 깊은 철학적 진실을 발견했다. 그의 후계자인 오리게네스는 이같은 해석학적 원리들을 체계화했다. 오리게네스는 문자적 의미, 도덕적 의미, 영적 의미로 구분하면서 영적 의미(우의적 의미)를 최고의 것으로 인정했다. 중세에 와서 오리게네스의 3가지 의미는 영적 의미를 우의적 의미와 신비적 의미로 세분함으로써 4개의 의미로 확대되었다. 넷째, 신비적 해석이다. 이는 이 해석 방법은 성서의 사건들을 앞으로 올 세상과 관계되거나 예시하는 것으로 설명한다. 성서에 대한 이런 접근 방법은 히브리 문자와 용어의 수數値에 대한 신비적 의미를 알아내려고 한 유대교 카발라에 의해 행해졌다. 유대교에서 그런 신비적 해석을 한 중요한 예가 『조하르Zohar』이다. 기독교에서는 마리아론과 관련된 해석의 대부분이 신비적 해석에 속한다. 다른 시대에서와 마찬가지로 현대에서도 성서 해석학의 조류는 폭넓은 학문적·철학적 경향을 반영한다. 20세기에는 역사비평적·실존적·구조적 해석이 지배적으로 나타났다. 일부 그룹은 비학문적인 수준에서 성서의 자료들을 현재의 사건들과 관련해 예언적이고 묵시적으로 해석하기도 한다.

창세기 1장 26절의 "다스리다"는 히브리어 רדה radah로, 이는 억압하고 파괴하는 것을 뜻하는 것이 아니라 다스림을 받는 자의 행복을 위해 '돌보다'는 의미이다. 원래 이 말은 고대 이집트와 바빌론의 궁중 언어에서 쓰였다.[32] 이집트 왕이 어떤 영역을 자기 소유로 삼고 그것을 다스리게 되었을 때, 그는 그 땅의 주민들이 행복하게 살 수 있도록 그것을 돌보아야 한다. 그러므로 인간이 생태계를 다스리는 자로 창조되었다는 것은 생태계의 행복과 평화를 위해 돌보고 가꾸어야 할 존재로 창조되었음을 의미한다.[33]

그리고 창세기 1장 28절의 '정복하다ונטה; kabash'라는 말에 대하여 김균진은 "하느님께서는 그들에게 복을 내려 주시며"창세기 1장 28절라는 구절과 결합되어 있다고 보면서, 인간이 생태계를 착취하고 파괴하면서 하느님의 복을 받을 수 없기 때문에 생태계의 착취와 파괴를 뜻하지 않음을 지적하였다.[34] 그리고 몰트만은 "온 땅에 퍼져서 땅을 정복하여라"[35]는 구체적인 성서의 표상은 신학의 전통이 수 백 년 동안 '땅의 통치dominum terrae'로서 가르쳐 온 지배의 명령과는 관계없으며, 그것은 음식물에 대한 명령이라고 보았다.[36] 즉, 인간은 동물들과 함께 땅의 식물들과 나무들이 생산하는 열매로 살아야 한다는 것이고, 그러기에 여기서 생태계에 대한 지배권의 의미는 없다.

"다스리고 정복하여라"는 명령이 착취와 파괴의 뜻이 아니라는 것은

---

32 김균진, "앞의 책", 101쪽.
33 김균진, 「생태계의 위기 앞에 서 있는 창조신학」, 『기독교사상』(1991년 9월호), 61쪽.
34 김균진, "앞의 책", 103쪽.
35 하느님께서는 그들에게 복을 내려 주시며 말씀하셨다. "자식을 낳고 번성하여 온 땅에 퍼져서 땅을 정복하여라. 바다의 고기와 공중의 새와 땅 위를 돌아다니는 모든 짐승을 부려라!"(창세기 1장 28절)
36 위르겐 몰트만, "앞의 책", 16쪽과 228쪽; 슈테(O. H. Steck)은 이 명령을 P문서 기자의 신학에서 이해해야 한다고 했다. P문서 기자가 말하는 "짐승들에 대한 지배"는 인간이 짐승보다 상위에 있는 의미로 사용된 것이 아니라 생물들의 공동생활에서 전체의 안녕과 존속을 위해 늘 질서를 만들고 실현시키는 것을 뜻한다. 오딜 H. 슈텍, 박영옥 역, 『세계와 환경』(한국신학연구소, 1990), 97-103쪽 참조.

성서를 좀 더 깊게 문맥의 흐름에 따라 살펴봐도 알 수 있다. 1장 26-28절에는 하느님이 "다스리고 정복하여라"고 명령하지만 2장 15절에는 "돌보라שמר; 보존하다"고 한다.[37] 그러므로 다스림과 정복은 '돌보는' 명령과 상응해야 한다. 몰트만은 창세기 2장 15절의 야웨스트의 창조의 기록에 대해서 관심을 가지면서 현대문화를 형성하는 힘과 성장과 진보의 의미는 성서의 창조신앙을 빌어 신학적으로 정당화 되었지만 이것은 성서 자체 안에서는 아무 근거도 가지고 있지 않음을 지적한다.[38] 그러므로 창세기 1장이 말하는 "다스리고 정복하여라"의 새로운 해석은 인간의 지배권을 의미하는 것이 아니라, 오히려 생태계를 위한 인간의 돌봄의 명령이다.

❚2❚ 하느님의 모습

성서에 의하면 인간은 하느님의 모습으로 창조되었다.

> 하느님께서는 "우리 모습을 닮은 사람을 만들자! 그래서 바다의 고기와 공중의 새, 또 집짐승과 모든 들짐승과 땅 위를 기어 다니는 모든 길짐승을 다스리게 하자!" 하시고[39]

지금까지의 신학은 하느님을 우주 위에, 우주를 넘어 서는 '초월자'로

---

37 창세기에는 두 가지의 창조기사가 나온다. 뒤에 나오는 창조기사가 더 오래된 원래적인 의미이다. 즉, 1장 1절-2장 4절a는 P문서(제사본문 또는 제사문서)로 이는 하느님의 모습에 따라 하느님의 말씀으로 인간을 창조하여 생육하고 번성함을 강조한 반면, 2장 4절b-25절의 J문서(야웨스트 문서)는 일반적으로 이 보다 2세기 또는 그 이상 고대에 기록된 것으로 추정된다. 여기서는 전자에 비해 인간은 단지 피조물의 하나일 뿐이라는 점이 좀 더 강조된 것으로 보인다. 도한호, 「생태계 위기와 창조신학의 재정립」, 『복음과 실천』, 제16집 (1993), 75쪽.
38 몰트만, "앞의 책", 46쪽.
39 창세기 1장 26절.

인식해왔다. 이에 따라 하느님의 모습으로 창조된 인간도 '생태계 위에 있는 인간'으로 이해하여 존재론적 차원에서 인간과 생태계가 주체와 대상의 관계로 규정되었다. 그러면 이 하느님의 모습의 진정한 의미는 무엇일까?

여기서 '모습'이라는 단어는 히브리어 צֶלֶם chalam; image인데 이 단어의 어원은 불확실하다. 베스터만C. Westermann은 צֶלֶם의 기본적 의미가 추상적·구체적적인 의미를 다 포함하는 넓은 의미의 '대표성representation'이라고 말하였다.[40] 이 개념은 원래 메소포타미아와 이집트에서 쓰이던 것인데 이집트에서는 신적인 지위나 속성을 나타내는 단어로 쓰였으며, 가끔 '신의 모습images of god'으로 특별한 사람을 나타내는 경우가 아니면 '왕'을 가리킬 때 사용하였다. 왜냐하면 그 당시의 이집트 백성들이 파라오를 땅에 있는 신의 현현顯現으로 신의 대리자라고 믿었기 때문이다.

성서의 '하느님의 모습image of God'은 아마도 이런 고대 근동의 왕정사상에 근거하고 있는 것으로 보인다. 시편 8편에서도 비록 '하느님의 모습'이라는 단어는 쓰이지 않으나 이런 왕적인 개념이 나타난다.[41] 그러므로 창세기 1장 26절의 인간이 하느님의 모습으로 지음 받았음은 인간이 땅위에 있는 하느님의 대리자라는 의미가 그 핵심에 놓여 있다. 하느님의 모습인 인간은 땅 위에서 하느님을 대리하며, 그를 닮음으로써 하느님을 증언한다. 여기서 하느님의 모습을 단지 지배권의 신적 위탁만을 강조하는 것으로 보는 견해는 지나치게 단편적인 이해이다. 하느님의 뜻에 따라 생태계를 잘 돌보는 사명으로 이해해야 한다.[42] 그러므로 이제는 이원적 존재론으로 구분하는 신학에서 벗어나 하느님의 모습으

---

40 Edward M. Curtis, *"Image of God", in David Noel Feedman, ed., Anchor Bible Dictonary (ABD)*, Vol. 3 (New York: Double day, 1992), p.389.
41 *Ibid.*, pp.390-391 참조.
42 몰트만, "앞의 책", 261쪽.

로서 생태계를 돌보고, 협력하는 관계적 차원으로 이해해야 한다.

▮3▮ 안식일, 안식년, 희년

기존의 신학은 인간을 창조의 면류관, 하느님의 최고 걸작으로 이해하였다. 이러한 인간관은 오랜 서구 문명사에 큰 영향을 주었다. 그러나 창조 기사에 의하면, 창조의 면류관은 인간이 아니라 마지막 날의 '하느님의 안식'에 있다. 이러한 하느님의 안식에 대해 이정배는 안식일의 하느님이 인간만을 위한 것이 아니라 동물과 식물, 무생물적 자원의 하느님도 된다는 것을 나타낸다고 하면서, 오늘날 생태학자들이 제공하는 생태학에 관계되는 네 가지 법칙 중 첫 번째로 으뜸가는 법칙이라고 말하였다. 그가 말하는 생태계의 네 법칙은 다음과 같다. 첫째, 모든 것은 다른 모든 것과 관계된다. 둘째, 어떤 것도 완전히 소멸되어 버리는 것이 아니라 지구상 어딘가에 머물러 있다. 셋째, 생태계가 인간보다 훨씬 상황을 잘 인식한다. 넷째, 생태계 회복을 위해서 공짜로 되는 법은 없다.[43] 구약성서의 안식일 계명은 노동으로부터 휴식의 권리를 인간에게 부여하고 있다.

> 너희는 엿새 동안 일을 하고, 이레째 되는 날에는 쉬어라. 그래야 너희 소와 나귀도 쉴 수가 있고, 계집종의 자식과 몸 붙여 사는 사람도 숨을 돌릴 것이 아니냐?[44]

이 날은 인간만이 쉬는 날이 아니라, 가축도 쉬는 날이다. 이것은 노동으로 지친 인간을 회복시키는 치료적 재충전의 의미를 지닐 뿐만 아

---

43 이정배, 『토착화와 생명문화』(종로서적, 1991), 255쪽.
44 출애굽기 23장 12절.

나라 인간에 의해 가공된변형된 생태계를 회복시키는 윤리적 생태학적 의미를 지닌다.[45] 안식일 계명[46]은 안식년의 계명으로 확대된다. 7년 째 되는 해에 땅을 묵히고 소출을 그대로 두어 가난한 사람들이 먹게 하고 남은 것은 들짐승이 먹게 해야 한다.

> 너희는 육 년 동안은 밭에 씨를 뿌려 그 소출을 거두어들이고, 칠 년째 되는 해에는 땅을 놀리고 소출을 그대로 두어 너희 백성 중에서 가난한 자들이 먹게 하고 남은 것은 들짐승이나 먹게 하여라. 너희 포도원도, 올리브 밭도 그렇게 하여라.[47]

이러한 안식년 계명은 사회적 약자에 대한 사회윤리적 관심뿐만 아니라 생태윤리적 관심도 있다.

> 칠 년째 되는 해는 야훼의 안식년이므로 그 땅을 아주 묵혀 밭에 씨를 뿌리지 말고, 포도순을 치지도 말라.[48]

농경사회에 있어서 땅이 생명의 근거라는 점에서 안식년은 하늘과 땅의 창조자인 하느님의 생태윤리적 지혜이며 하느님의 생태윤리학적 전

---

45 김균진, "앞의 책", 114쪽.
46 야훼께서 시나이 산에서 모세에게 말씀하셨다. 너는 이스라엘 백성에게 이렇게 일러주어라. 너희는 내가 주는 땅으로 들어가서 야훼의 안식년이 되거든 그 땅을 묵혀라. 너희는 육 년 동안 밭에 씨를 뿌리고 육 년 동안 포도 순을 쳐, 그 소출을 거두어라. 칠 년째 되는 해는 야훼의 안식년이므로 그 땅을 아주 묵혀 밭에 씨를 뿌리지 말고, 포도 순을 치지도 마라. 너희가 거둘 때 떨어진 데서 절로 자란 것을 거두지 말고, 순을 치지 않고 내버려둔 덩굴에 절로 열린 포도송이를 따지 말며 땅을 완전히 묵혀야 한다. 너희 땅을 묵히는 것은 너희 뿐 아니라 너희 집에 머무는 너희 남종과 여종과 품꾼과 식객까지 모두 먹여 살리기 위한 것이다. 그러면 너희 가축과 너희 땅에 사는 짐승도 땅에서 나는 온갖 소출을 먹고 살 수 있을 것이다(레위기 25장 1-7절).
47 출애굽기 23장 10-11절.
48 레위기 25장 4절.

략이다. 이것은 또한 희년 계명으로 확대되고 하나로 결합한다. 땅을 쉬게 해야 하고, 땅을 본래의 주인에게 돌려주어야 하며, 가난하여 종이 된 이들을 해방시켜 주어야 한다. 이 계명으로 땅의 권리와 인간의 권리, 모든 생태계의 권리가 회복되어야 한다.[49] 이에 대해 게제Gese는 안식일·안식년·희년법이 모두 하느님의 창조질서 회복에 의한 것임을 말한다.[50] 그러므로 이 세 가지는 인간만을 위한 법이 아니라 땅과 모든 생명체를 위한 하느님의 법이다.

2. 윤리적 생태신학을 위한 신약 성서의 근거

▌1▌ 예수와 생태윤리신학

공관복음서[51]에 나오는 예수는 인간과 상호 연관된 의미로서 생태계를 여러 차례 언급하고 있다. 이는 예수의 비유에서 잘 드러난다. 그의 언어와 표현 속에는 창조주 하느님이 만든 하늘과 땅의 만물들이 자연스럽게 등장한다.[52] 몇 가지 예를 들면, 모든 것이 해와 비에 의존함마태오의 복음서 5장 45절, 보호받는 새와 비에 의존함마태오의 복음서 6장 25절 이하, 지대와 기후 조건에 맞는 건축마태오의 복음서 7장 24절 이하, 여우의 굴과 새

---

49 김균진, "앞의 책", 116-118쪽 참조.
50 김명용, 「창조신학」, 조성노 편, 『최근신학개관』(현대신학연구소, 1993), 310쪽.
51 신약성경의 첫 세 권을 지칭하는 용어이다(마태오의 복음서, 마르코의 복음서, 루가의 복음서). 거의 내용이 유사하고 동일한 관점에서 쓰였다 하여 붙여진 말로 18세기 후반부터 학문적 용어가 되었다. 4복음서 모두가 예수의 생애와 그 가르치심을 전하는데 있어서는, 대체로 동일하지만, 그 중 특히 처음 세 복음서는 자세한 점에 이르기까지 유동점(類同鮎)이 많고, 거의 같은 관점(共通觀 Synopsis)을 보이는데서 공관복음이라 부르게 되었다. 이들의 유동점(類同鮎)을 비교하면, 마가의 약 91%가 마태, 누가의 어느 것에, 또는 쌍방에서 발견된다. 다시, 마태의 약50%,누가의 40%는, 마가와 대체로 공통항목이라고 할 수가 있다. 그것도 다만 재료뿐 아니라, 사건의 순서, 문체, 예수의 교훈의 내용과 방법까지가 거의 비슷하다.
52 오딜 H. 슈텍, "앞의 책", 218-219쪽 참조.

의 깃들 곳마태오의 복음서 8장 20절, 양과 늑대, 뱀의 교활함과 비둘기마태오의 복음서 10장 16절, 참새마태오의 복음서 10장 29절, 경작마태오의 복음서 13장 1절 이하, 마르코의 복음서 4장 26절 이하, 고기잡이루가의 복음서 5장 1절 이하, 목가적 생활마태오의 복음서 18장 12절 이하 등이다.

특히 공중의 새와 들의 백합화와 들풀을 보며 그들을 먹이고 입히는 하느님의 모습[53]이라는 표현은 하느님이 얼마나 주의 깊게 생태계를 돌보는지 알 수 있게 해준다. 그러므로 예수에게서 구약성서처럼 생태계에 대한 직접적인 돌봄의 말은 찾기 힘들지만 그의 비유 가운데 구약의 창조신앙이 자연스럽게 전제되어있음을 알 수 있다. 이를 김지철은 예수의 교훈과 행동으로 나누어 말하였다.[54] 그는 예수의 말에서 창조주 하느님이 발견된다기보다는 하느님이 아버지로서 인간을 사랑하고 자유롭게 하고 구원하려는 계시의 빛 아래에서 생태계를 바르게 볼 수 있다고 말하였다.

이렇게 하여 구약의 창조신앙이 예수에게서 자연스럽게 구속신학과 연결되며, 예수의 축사와 병치유의 기적 등을 통해서 생태계와 인간을 손상시키는 악한 세력들을 쳐부수고 하느님의 창조질서 회복을 통한 구원 행위를 발견해 볼 수 있다.[55] 그러므로 예수의 생태윤리 신학은 구약의 창조신앙을 계승한 구원론의 의미를 지닌다.

---

53 공중의 새들을 보아라. 그것들은 씨를 뿌리거나 거두거나 곳간에 모아들이지 않아도 하늘에 계신 너희의 아버지께서 먹여주신다. 너희는 새보다 훨씬 귀하지 않느냐? 너희 가운데 누가 걱정한다고 목숨을 한 시간인들 더 늘일 수 있겠느냐? 또 너희는 어찌하여 옷 걱정을 하느냐? 들꽃이 어떻게 자라는가 살펴보아라. 그것들은 수고도 하지 않고 길쌈도 하지 않는다. 그러나 온갖 영화를 누린 솔로몬도 이 꽃 한 송이만큼 화려하게 차려 입지 못하였다. 너희는 어찌하여 그렇게도 믿음이 약하냐? 오늘 피었다가 내일 아궁이에 던져질 들꽃도 하느님께서 이처럼 입히시거든 하물며 너희야 얼마나 더 잘 입히시겠느냐?(마태오의 복음서 6장 26-30절)
54 김지철, 「예수에게 나타난 창조신학」, 『장신논단』, 제8집(1992), 83-101쪽 참조.
55 "위의 논문", 86-97 참조.

▌2▐ 바오로와 생태윤리신학

로마서 8장에는 인간과 생태계의 결합과 기독교인이 피조물에 대해 가지는 책임이 언급되어 있다.

> 모든 피조물은 하느님의 자녀가 나타나기를 간절히 기다리고 있습니다. 피조물이 제 구실을 못하게 된 것은 제 본의가 아니라 하느님께서 그렇게 만드신 것입니다. 그러나 거기에는 희망이 있습니다. 곧 피조물에게도 멸망의 사슬에서 풀려나서 하느님의 자녀들이 누리는 영광스러운 자유에 참여할 날이 올 것입니다. 우리는 모든 피조물이 오늘날까지 다 함께 신음하며 진통을 겪고 있다는 것을 알고 있습니다. 피조물만이 아니라 성령을 하느님의 첫 선물로 받은 우리 자신도 하느님의 자녀가 되는 날과 우리의 몸이 해방될 날을 고대하면서 속으로 신음하고 있습니다.[56]

프리드리히G. Friedrich는 로마인들에게 보낸 편지 8장을 해석함에 있어, 생태계의 구원이 본래적인 주제는 아니지만, 생태계의 고통과 그에 대한 종말론적인 구원의 기대를 말하였다.[57] 그리고 그는 생태계와 인간이 현재의 똑같은 고통 아래에서 슬퍼하고 있고, 그 둘에게 있어서 중요한 것은 해방과 구원이므로 생태계와 인간은 새롭게 될 의무와 기대로 서로 연결되어 있기 때문에 우주론과 인간학은 서로 분리될 수 없다고 하였다.[58]

슈텍은 이 본문에서 바오로가 생태계를 하느님의 창조활동으로, 인간에 의해 같이 고통 받는 것으로 이해하면서, 믿는 사람들과 함께 종말의

---

56 로마에 보낸 편지 8장 19-23절.
57 게르하르트 프리드리히, "생태학과 성서: 새로운 인간과 옛 우주", 이정배 편저, 『생태학과 신학』(서울: 종로서적, 1989), 92-93쪽 참조.
58 "위의 논문", 98쪽.

때에 하느님의 영광에 이른다는 희망을 가질 수 있음을 말하면서 아직
도 신음하고 있는 생태계를 구원에 포함시켰다.[59] 생태계가 인간과 함께
종말론적인 구원을 바란다는 점에서 이 본문은 윤리적 생태신학으로서
종말론적이고 구원론적인 측면에서 살펴보아야한다. 여기서 한 가지 눈
여겨 볼 것은 본문과 바클레이의 해석이 모든 만물이 하느님의 현현 뿐
만이 아니라 독특하게 성자요, 로고스 곧 예수로서 성육신하고 그리스
도로서의 위격의 현현을 품고 있다고 본다는 것이다. 바오로는 그리스
도의 우주적인 화해와 구속 가운데 있는 생태계의 구원을 여러 번 강조
하였다.

그리스도께서는 보이지 않는 하느님의 형상이시며 만물에 앞서 태
어나신 분이십니다. 그것은 하늘과 땅에 있는 만물, 곧 보이는 것은 물
론이고 왕권과 주권과 권세와 세력의 여러 천신들과 같은 보이지 않는
것까지도 모두 그분을 통해서 창조되었기 때문입니다. 만물은 그분을
통해서 그리고 그분을 위해서 창조되었습니다. 그분은 만물보다 앞서
계시고 만물은 그분으로 말미암아 존속합니다. 그리스도는 또한 당신
의 몸인 교회의 머리이십니다. 그분은 모든 것의 시작이시고 죽은 자
들 가운데서 살아나신 최초의 분이시며 만물의 으뜸이 되셨습니다. 하
느님께서는 당신의 완전한 본질을 그리스도에게 기꺼이 주시고 그리
스도를 내세워 하늘과 땅의 만물을 당신과 화해시켜 주셨습니다. 곧
십자가에서 흘리신 예수의 피로써 평화를 이룩하셨습니다.[60]
당신의 심오한 뜻을 알게 해주셨습니다. 이것은 그리스도를 시켜 이
루시려고 하느님께서 미리 세워놓으셨던 계획대로 된 것으로서 때가
차면 이 계획이 이루어져서 하늘과 땅에 있는 모든 것이 그리스도를

---

59 오딜 H. 슈텍, "앞의 책", 237쪽.
60 골로사이인들에 보낸 편지 1장 15-20절.

머리로 하고 하나가 될 것입니다.[61]

이에 대해 김명용은 골로사이인들에게 보낸 편지 1장 15-20절[62]에 주목하면서 하느님이 인간과 더불어 전체 생태계를 구원해서 새 하늘과 새 땅을 만들기를 원한다는 사상은 본질적으로 그리스도의 우주적 화해를 전제한다고 말하였다.[63] 카모디J. Carmody는 이 본문의 주된 흐름은 구원사적인 것으로 바클레이의 해석도 강한 우주적인 함축을 담고 있다고 소개하였다.[64] 바오로는 그리스도를 통한 우주적인 구원의 경륜이 나타났음을 말한다.

때가 차면 이 계획이 이루어져서 하늘과 땅에 있는 모든 것이 그리스도를 머리로 하고 하나가 될 것입니다.[65]

하느님은 생태계를 그리스도를 통해서 하나 되게 한다. 그러므로 하느님의 구원사역을 인간론적 지평으로만 제한하면 안 되고, 우주론적 지평으로 확대하는 것이 새로운 창조신학의 터전이 될 것이다.[66]

---

61 에페소인들에게 보낸 편지 1장 9-10절.
62 그리스도께서는 보이지 않는 하느님의 형상이시며 만물에 앞서 태어나신 분이십니다. 그것은 하늘과 땅에 있는 만물, 곧 보이는 것은 물론이고 왕권과 주권과 권세와 세력의 여러 천신들과 같은 보이지 않는 것까지도 모두 그분을 통해서 창조되었기 때문입니다. 만물은 그분을 통해서 그리고 그분을 위해서 창조되었습니다. 그분은 만물보다 앞서 계시고 만물은 그분으로 말미암아 존속합니다. 그리스도는 또한 당신의 몸인 교회의 머리이십니다. 그분은 모든 것의 시작이시고 죽은 자들 가운데서 살아나신 최초의 분이시며 만물의 으뜸이 되셨습니다. 하느님께서는 당신의 완전한 본질을 그리스도에게 기꺼이 주시고 그리스도를 내세워 하늘과 땅의 만물을 당신과 화해시켜 주셨습니다. 곧 십자가에서 흘리신 예수의 피로써 평화를 이룩하셨습니다.
63 김명용, "창조신학", 311쪽.
64 John Carmody, *Ecology and Religion: Toward a New Christian Theology of Nature* (Ramsey: Paulist Press, 1983), p.94.
65 에페소에 보낸 편지 1장 10절.
66 김명용, "창조신학", 312쪽.

▌3▌ 예수와 바오로 이외의 신약성서에 나오는 생태윤리신학

생태계에 대한 하느님의 구원 사역의 완성은 새 하늘과 새 땅을 통해서도 볼 수 있다. 요한묵시록 17장은 종말 사건의 과정을 말하였다. 종말 사건의 이런 과정에는 하늘과 땅도 포함되지만 제3이사야[67]특히 이사야 65장와 에제키엘특히 40장 이하에 나오는 예언적 예시와 관련하여 궁극적인 구원은 적대적인 모든 세력과 악을 결정적으로 쫓아낸다는 것과, 현재 삶에서 경험한 모든 재난과 손실이 사라진 참으로 유익한 삶이 이루어짐을 밝혔다.[68]

---

67 이사야(Book of Isaiah). Isaias라고도 한다. 『구약성서』 대예언서들 가운데 하나이다. 「이사야」의 머리글은 이사야를 아모스의 아들로 밝히고, 이사야가 쓴 책을 "이사야가 받은 계시…… 유다 왕 우시야·요담·아하즈·히즈키야의 시대에 유다와 예루살렘이 어찌 될 것인지를 내다본 것"으로 소개한다. 6장 1절에 따르면 이사야는 '우시야 왕이 죽던 해'(BC 742)에 소명을 받았고, 그의 마지막 활동은 BC 701년에 이루어진 것으로 기록되어 있다. 그러나 이 기간에 해당되는 본문은 1-39장뿐이다. 40-66장은 훨씬 후대에 작성되었으며, 제2이사야(Deutero-Isaiah)로 알려져 있다. 때로는 제2이사야를 제2이사야(40-55)와 제3이사야(56-66)로 세분하기도 한다. 1-39장은 이사야 자신의 많은 이야기와 기록들로 이루어져 있으며, 이사야의 제자들이 기록한 것으로 생각되는 예언자에 대한 몇 가지 이야기가 함께 수록되어 있다. 이 책의 1-39장은 점진적인 발전의 형식에 따라 전개되고 있으며, 자료들의 배열과 후대의 첨가로 보아 BC 5세기라는 늦은 시기에 완성된 것으로 추측된다. 「이사야」는 길고 복잡한 역사를 거쳐 문학작품으로 형성되었지만, 이사야가 전하려고 하는 메시지는 분명히 알 수 있다. 이사야는 예루살렘에서 행해지던 제의(祭儀)에 많은 영향을 받았으며, 시온 전승들에 담겨 있는 야훼에 대한 숭고한 시각이 그의 메시지에 반영되어 있다. 이사야는 정치적·군사적 동맹을 믿지 않고 오직 야훼를 흔들림 없이 의지할 때에만 유다와 예루살렘이 그들의 원수(특히 이 시기에는 아시리아)의 침략을 받지 않을 수 있다고 굳게 믿었다. 이사야는 야훼의 주권을 인정하라고 외쳤고, 사회적인 불의에서부터 무의미해진 제의준수에 이르기까지 야훼의 뜻을 거역하고 모호하게 만드는 일을 질타했다. 이사야는 유다와 예루살렘의 신실하지 못함을 들어 야훼의 심판을 선언하면서도, 야훼를 의지하는 사람들에 대해서는 새로운 앞날을 선언하기도 했다. 제2이사야(40-55장)는 바빌론 유수 때(BC 6세기) 쓰인 것으로, 신탁·노래·대화로 이루어져 있다. 이 책을 쓴 예언자는 포로로 잡혀간 곳에서 자기 민족의 구원을 내다보았다. 그는 바빌로니아의 멸망을 예언하고, 포로들이 자기 고향으로 돌아갈 것을 약속한다. 제2이사야에 나오는 야훼의 종의 노래들(42장 1-4절, 49장 1-6절, 50장 4-9절, 52장 13-53장 12절)은 학자들 사이에 논란을 불러일으켰지만, 그 노래들에 담겨 있는 사상은 이 노래들이 제왕 이데올로기의 영향 아래서 씌어졌음을 시사한다. 기름부음을 받은 자가 이로운 통치로 자기 백성을 구원할 능력을 갖게 된다는 것이다. 제3이사야(56-66장)는 훨씬 더 후대에 쓰인 것으로, 팔레스타인의 시각을 담고 있으며, 특히 마지막 몇 장은 회복된 공동체의 제의적 관심사를 다룬다. 이 마지막 장들에는 다양한 자료들이 섞여 있는데, 이는 저자들이 그만큼 많았음을 암시한다. 이 3권의 이사야들이 어떻게 1권이 되었는지는 알려져 있지 않다.

이상으로 살펴본 것처럼 생태계와 인간의 관계는 결코 독립된 주제로서 등장하지 않는다. 오히려 예수 그리스도의 다시 오는 것을 통해서 하느님이 새롭게 인간만이 아니라 생태계도 함께 구원한다는 것을 알 수 있다. 그래서 이 세상의 모든 생명체는 하느님의 종말론적인 구원사적 의미 안에 있다. 그러므로 생태계는 하느님의 창조노동의 공간인 동시에 하느님의 모습으로 창조된 인간이 생태계를 위해 돌보고 사랑하는 공간이다. 또한 인간의 타락에 의해 왜곡되어버린 생태계에 하느님의 모습을 그리스도 안에서 다시 회복하는 종말론적 구원의 대상이 된다.

3. 성서가 말하는 생태계의 모습

그러면 성서가 말하는 생태계는 어떤 모습일까? 첫째, 하느님을 증명하는 매개물로 나타난다. 하느님의 영광과 능력을 증명하는 놀라운 기능이 있음을 증언한다.

> 하늘은 하느님의 영광을 속삭이고 창공은 그 훌륭한 솜씨를 일러 줍니다. 낮은 낮에게 그 말을 전하고 밤은 밤에게 그 일을 알려 줍니다. 그 이야기, 그 말소리 비록 들리지 않아도 그 소리 구석구석 울려 퍼지고 온 세상 땅 끝까지 번져 갑니다.[69]

이점에 대해 바오로 역시 생태계가 하느님의 영원한 능력과 신성과 같은 보이지 않는 특성을 보여준다고 말한다.

> 사람들이 하느님께 관해서 알만한 것은 하느님께서 밝히 보여 주셨

---

68 오딜 H. 슈텍, "앞의 책", 242-243쪽 참조.
69 시편 19편 1-4절.

기 때문에 너무나도 명백합니다. 하느님께서는 세상을 창조하신 때부터 창조물을 통하여 당신의 영원하신 능력과 신성과 같은 보이지 않는 특성을 나타내 보이셔서 인간이 보고 깨달을 수 있게 하셨습니다. 그러니 사람들이 무슨 핑계를 대겠습니까?[70]

둘째, 모든 생명을 유지하기 위한 자원이다. 하느님이 생태계의 만물을 창조한 목적 가운데 하나는 다른 생태계를 서로 섬기고 협력하게 하려는 데 있다. 시편 104편을 보면 다음과 같은 구절들이 나온다.

> 하느님은 들의 짐승들10-11, 새들12과 나무들16의 갈증을 풀게 하기 위해서 샘을 만들었다. 가축을 위해 풀을 만들었고14, 새가 둥지를 만들도록 하기 위해 나무를 마련하였으며17, 야생 산양을 위해 산을 만들었고18, 오소리를 위해 바위를 만들었다.18

여기서 생태계의 만물이 인간을 위해서만 창조되었다는 인간중심주의는 성서적이지 않다는 사실을 확인하게 된다. 분명히 모든 것이 인간을 위해서만 창조된 것은 아니다. 또한 혈육 있는 모든 생물을 각기 암수 한 쌍씩 방주로 이끌어 들이라는 하느님의 명령은 노아를 위한 그들의 가치와는 상관없는 것이었다.

> 그리고 목숨이 있는 온갖 동물도 암컷과 수컷으로 한 쌍씩 배에 데리고 들어가 너와 함께 살아남도록 하여라. 온갖 새와 온갖 집짐승과 땅 위를 기어 다니는 온갖 길짐승이 두 마리씩 너한테로 올 터이니 그것들을 살려주어라.[71]

---

70 로마에 보낸 편지 1장 19-20절.
71 창세기 6장 19-20절.

그 가운데 많은 동물들은 부정한 것으로 분류된 동물들이었으며 그 짐승들은 노아나 그 가족들을 위해 이용할 가치를 조금도 가지고 있지 않았다. 그럼에도 모든 동물들이 구원을 받았다. 어떠한 동물도 하느님 보기에 하찮다거나 무가치하다고 하지 않았다. 이를 주의 깊게 살펴보면, 매우 흥미로운 모습이 보인다.

노아의 홍수는 인간의 죄악에 대한 하느님의 심판사건이다. 이 때, 하느님은 노아에게 방주[72]를 만들게 하여 방주 안에 들어온 것을 제외한 모든 것을 쓸어버린다. 그런데 주목할 사실은 방주 안의 생물들 외에 물 속이나 공기 중에서 살 수 있었던 생명체들은 살아남았다. 어쩌면 지구 상에서 물 있는 부분이 증가됨으로서 수중 생물들에게는 좋은 시절이었을 지도 모른다. 오늘날 생태계 파괴의 현장에서도 세균이나 미생물 등은 강인한 생명력에 따라 존재한다. 즉 인간에게는 도움이 안 되건 해롭건 간에 그것들은 그 나름대로 '생태계'를 형성한다. 그런 의미에서 인간의 생태계 파괴가 계속된다면 인류가 먼저 사라질 것이고, 생태계가 사라지는 것이 아니라 파괴된 생태계 속에서 새로운 생태계가 형성될 지도 모른다. 그만큼 생태계는 인간보다도 생명력이 강하고 더 포괄적인

---

72 『공동번역 성서』에서는 배 한 척(창세기 6장 14절)으로 번역되어 있으나. 『개역 성경』, 『개역개정 성경』에서는 '방주'(方舟)라고 번역되어 있다. 방주라는 말은 의미 전달 측면에서 적합하지 않아 보인다. 성서 기록에 의하면, 커다란 상자 모양의 이 배는 항해하기 위한 것은 아니었고 단지 뜰 수 있게 만든 것으로 모두 3층으로 크기는 길이 300규빗(1규빗을 46cm로 볼 때 138m), 너비가 50규빗(23m), 높이 30규빗(14m)이었다(창세기 6장 15-16절). 이를 근거로 산출해 본다면 배의 크기는 20,000톤 정도 되었을 것이다. 방주의 재료는 잣나무로, 가볍고 신축성이 좋은 나무였다. 후에 이 나무는 베니게인들이 배를 만들 때 사용하였다. 배의 안과 밖에는 역청을 칠해서 물이 들어오는 것을 막았으며, 위에는 빛이나 공기가 들어오게 하는 창을 만들었다. 이는 오늘날의 화물선과 비슷한 비율로 건조된 것으로 볼 수 있다. '방(方)'이라는 말은 방향, 사각 등의 방위를 말하는 의미로 배의 모양이 사각형의 상자 형태였음을 말하는 것이고, '주(舟)'라는 말은 배의 단위에서 작은 형태를 말한다. 그러므로 방주라는 말은 배의 크기를 감안해 볼 때, 오늘날의 배의 크기를 지칭하는 '선'(船)이나 '함'(艦)이라는 말이 더 적합할 것이다. 이런 측면에서 성서 번역에서 『개역 성경』, 『개역개정 성경』의 방주라는 말은 배의 크기를 감안하지 않고 번역한 것 같다. 이렇게 볼 때, 『공동번역 성서』의 번역이 무난해 보인다.

차원을 지닌다고 볼 수 있다.

셋째, 하느님을 찬양하는 존재이다. 창조주 하느님에 대한 생태계의 찬양은 특히 시편에서 많이 보인다.

> 해와 달아, 찬양하고 반짝이는 별들아, 모두 찬양하여라. 하늘 위의 하늘들, 하늘 위에 있는 물들아, 찬양하여라. 야훼의 명령으로 생겨났으니, 그의 이름 찬양하여라. 지정해 주신 자리 길이 지키어라. 내리신 법은 어기지 못한다. 땅에서도 야훼를 찬양하여라. 큰 물고기도 깊은 바다도, 번개와 우박, 눈과 안개도, 당신 말씀대로 몰아치는 된바람도, 이 산 저 산 모든 언덕도, 과일나무와 모든 송백도, 들짐승, 집짐승, 길짐승, 날짐승, 세상 임금들과 모든 추장들도 고관들과 세상의 모든 재판관들도 총각 처녀 할 것 없이 늙은이 어린이 모두 함께 야훼의 이름을 찬양하여라. 그 이름, 그분 홀로 한없이 높으시고 땅 하늘 위에 그 위엄 떨치신다.[73]

생태계는 그저 인간을 위한 이용의 대상으로 존재하지 않는다. 하느님은 생태계의 찬양을 귀하게 여긴다. 그러기에 생태계를 파괴하는 것은 찬양의 통로를 가로막는 것이요, 하느님에게 무례를 범하는 것이다. 넷째로, 하느님이 미적 가치를 두어 즐기는 대상이다.

> 나는 붙어 다니며 조수 노릇을 했다. 언제나 그의 앞에서 뛰놀며 날마다 그를 기쁘시게 해 드렸다. 나는 사람들과 같이 있는 것이 즐거워 그가 만드신 땅 위에서 뛰놀았다.[74]

---

73 시편 148편 3-13절.
74 잠언 8장 30-31절.

하느님이 그의 생태계를 즐거워하였다는 것은 생태계의 영역이 인간의 필요를 채워주는 것과 상관없이 그 존재 자체로서 중요한 가치를 지닌다는 것을 말한다. 이런 점에서 생태계의 아름다움에 감탄하고 탐미적 자세를 갖는 것은 하느님의 숨결을 따라 살아가는 영성수련의 지표이다.

4. 윤리적 생태신학의 의미

윤리적 생태신학은 생태학적 관점을 신학에 도입하여 생태계 위기를 극복할 수 있는 대안을 모색하려는 실천적 신앙의 결단적 삶이다. 그러므로 창조론이 그 중심 내용이며 전통적인 창조신학에 대한 반성과 비판이 그 출발점이다.

베스터만은 새로운 창조론을 제시하면서 생태계에 대한 흥미로운 주장을 하였다. 그는 창조를 세 단계로 분리하였다. 이 세 단계는 창세기 1-11장은 본래적 창조, 12-50장에 걸쳐 기록된 역사적 · 지속적 창조, 예수 그리스도의 도래와 함께 이루어지는 새 창조이다. 즉, 창조는 천지창조에서 끝난 것이 아니라, 지금도 계속진행형이고 예수 그리스도의 재림에 의해 모든 생태계가 해방되는 것으로 완성된다. 몰트만도 창조의 계속성을 말하나 입장은 조금 다르다. 그는 원창조가 새 창조 또는 창조의 완성을 위한 진화론적인 첫 단계로 이해하는 데서 출발하는데 반해 베스터만은 창조의 완성을 창세기에 나오는 온전한 원창조로 회귀하는 것으로 이해하였다. 즉, 베스터만이 말하는 생태계 극복의 최종목표는 에덴동산으로 돌아가는 것이었다.[75] 죌레Dorothee Sölle도 창조가 태초에

75 고재성, 「환경신학과 교회적 실천」, 『성산논총』(성산효도대학원대학교 성산학술연구원, 2003), 138-139쪽 참조.

단 한 번 일어났던 일로 축소시키는 것은 창조에 대한 오해이며, 기독교 신앙이 아닌 이신론理神論이라고 보았다.[76] 서남동은 새로운 생태계를 제시하면서 하느님의 창조를 생성하는 신a becoming God으로 보면서, 만물을 통하여 일하는 '진화의 신성'과 만물 안에 있는 '범신론적인 신성'도 지닌 하느님으로 이해하였다.[77]

윤리적 생태신학은 생태계를 인간의 지배와 이용의 대상으로 간주하는 서구신학의 인간 중심적 세계관이 생태계 위기를 초래했다고 비판하고 성서의 창조 본문을 새롭게 해석하여 그 본래적인 의미를 파악하려고 하는 것이다. 그러므로 인간과 생태계의 분리를 부정하고 상호공존의 사귐과 화해에 강조점을 두며, 신학적 관심의 초점을 인간중심에서 우주론으로 전환한다. 그러므로 윤리적 생태신학은 그 동안 등한시되었던 창조론을 신학의 주제로 새롭게 부각시켜, 오늘의 생태계 위기를 진단하고, 해결하기 위한 이론적 해석의 틀을 제시하려고 한다.[78]

나오는 말

현대 인류 문명은 최첨단의 문화 속에서 장밋빛 미래를 꿈꾸고 있다. 그러나 그 꿈의 이면에는 많은 부분에서 심각한 문제를 안고 있다. 이 중에서도 생태계 파괴 문제는 빠른 시일 내에 반드시 극복해야만 하는 인류 공동의 과제가 되었다. 왜냐하면 생태계 파괴 문제는 인류문명이 아무리 발달한다 할지라도 땅을 그 존재의 기반으로 삼고, 공기를 호흡

---

76 도로테 죌레, 박재순 역, 『사랑과 노동』(한국신학연구소, 1993), 68쪽.
77 서남동, 「환경위기와 신학」, 〈크리스챤신문〉(1972년 1월 8일).
78 목창균, "앞의 논문", 79쪽.

하며, 물을 섭취하고, 하늘의 조화 속에서 살 수 밖에 없는 인류에게 있어서 인간 삶의 존립기반을 송두리째 뒤흔드는 것이기 때문이다.

이러한 위기들 앞에 '소박한 과학기술주의'로 불리는 해결책이 있다. 즉 더욱 효과적인 대체 에너지 개발 또는 엔진의 완전 연소를 위한 기술을 개발 또는 핵융합기술 등이 있다. 아니면 생명유전공학의 발전으로 지속 가능한 생산적 기술을 개발할 수도 있다. 그리고 오염지수를 낮추기 위한 경제적 인센티브를 책정할 수도 있다. 이와 같이 과학기술을 문제해결을 위한 유일한 희망으로 받아들인다. 이들의 입장은 생태계 위기는 과학기술의 문제를 함축하고 있기 때문에 그 해결 또한 과학 기술을 통해서 가능하다는 믿음에 기초하고 있다. 더 나아가 이들은 과학은 감정과 같은 모순된 질서가 지배하는 것이 아니라 객관성이 지배하기 때문에 생태계 위기극복에 유리하다는 것이다.

과학이 객관적 해석 틀로서 생태계 위기를 극복하는 방안이 될 수 있다고 주장하는 견해에 대해서는 논의의 여지가 있다. 자연과학적이거나 기술공학적인 정보들은 중립적으로 간주되어서 탈규범적으로 간주되고 행위의 지침이 안 된다는 입장이 있다. 그러나 이러한 입장은 제한되어야 한다. 자연과학 중에서 우리 인간의 실존에 연관된 생물학이나 생태학은 비이데올로기적이라고 말할 수 없다. 예를 들어, 생물학의 근간을 이루는 진화론은 인간의 존재이유를 우연한 것으로 만들고, 생태계를 진화의 단계별로 가치를 규정할 수 있다. 또한 공학기술도 아도르노나 하버마스에 의해서 간파되었듯이 합목적성을 띤 지배적인 성격을 떨쳐버릴 수 없다.[79]

이처럼 문제를 해결하는 데 있어 과학기술에 입각한 낙관주의는 문제

---

79 고재성, "앞의 논문", 124쪽.

가 신속하게 해결되기를 바라는 사람들의 소망과 함께 우리 시대의 지배적인 흐름이 되었다. 특히 과학기술에 대한 의존은 전문가 집단의 영향력을 더욱 증대시켜 온 요인이 되기도 하였다. 그러나 이러한 문제해결은 생태계 위기의 근본적인 문제에 대한 인식이 결여된 그야말로 소박한 과학주의 종교라고 말할 수 있다. 오늘날 최첨단 과학기술의 발전이 과연 생태계 위기를 근본적으로 해결할 수 있을까? 하는 물음에 쉽게 그렇다고 말하기는 어려울 것이다. 그 이유는 근시안적이고 단편적인 과학만능주의로는 결코 생태계 위기를 해결할 수 없기 때문이다.

생태계 위기의 본질은 인간의 가치관과 연관되어 있다. 이것은 인간의 존재론에 대한 근본적인 질문이고, 우리가 어떻게 살아야 하는가와 같은 실제적 삶의 문제이며, 그리고 생태계의 지위에 대한 문제이자 인류가 꿈꾸는 바람직한 세상에 대한 문제이다. 그러므로 생태계 위기는 인간론의 근본적인 질문을 탐구하는 종교적·철학적·윤리적 차원 등에서 다룰 문제이다. 보다 깊은 인간론의 심층적 문제의식에 의한 성찰이 없는 과학기술의 객관성은 소박한 신화에 불과하다.

이런 점에서 인류는 생태적 위기를 직면하면서 종교와 생태의 문제를 함께 생각할 수밖에 없다. 생태계를 위협하는 것은 인간의 태도이고, 인간이 다른 생물체나 생태계를 경시하는 태도를 갖게 되는 것은 종교적 가르침에서 유래한다는 점이 지적되고 있기 때문이다. 인간의 욕망과 신화, 도덕체계, 책임감, 종교적 비전 등이 모두 인간과 생태계 이해에 연결되어 있다. 그러므로 생태계에 대해 인간이 갖는 교만과 자만심을 극복하는 일은 오늘날 종교에게 맡겨진 사회윤리적 과제이다. 생태계 문제는 종교적 의미가 가장 중심을 이루고, 핵심적이다.[80] 이런 점에서

---

80 Kinsley, *op. cit.*, pp.vi-x.

윤리적 생태신학은 서구 전통신학의 이해와 해석에 대한 비판과 성찰을 통한 새로운 창조 신학의 수립이 필요하다고 본다.

하느님의 동산으로서 세계에 대한 인식과 하느님 모습에 대한 올바른 이해, 청지기적 과제 등 새로운 신학적 개념을 수립해야 하며 생태계와 세상에 대한 올바른 인식 전환을 해야 할 것이다. 윤리적 생태신학은 인식으로만 그쳐서는 안 되며, 실천의 적극적 이행이 필요하다. 이에 대해 인식의 전환을 근간으로 한 생명력 있는 실천으로 나아가야 할 것이다.

참고문헌

국내물

고재성, 「환경신학과 교회적 실천」, 『성산논총』(성산효도대학원대학교 성산학술연
　　　　구원, 2003).
강성열, 「구약성서의 창조신학」, 『신학이해』, 제18집(1999).
김균진, 「생태계의 위기 앞에 서 있는 창조신학」, 『기독교사상』(1991년 9월호).
______, 『생태학의 위기와 신학』(대한기독교서회, 1992).
김명용, 「창조의 보전과 새로운 창조신학」, 『장신논단』, 제6집(1990).
김명용, 「창조신학」, 조성노 편, 『최근신학개관』(현대신학연구소, 1993).
김지철, 「예수에게 나타난 창조신학」, 『장신논단』, 제8집(1992).
도한호, 「생태계 위기와 창조신학의 재정립」, 『복음과 실천』, 제16집(1993).
목창균, 「생태학적 신학과 창조신학」, 『목회와 신학』, 제38호(1992).
문시영, 『기독교윤리 이야기』(한들출판사, 1996).
이정배, 『토착화와 생명 문화』(종로서적, 1991).
이정배 편저, 『생태학과 신학』(종로서적, 1989).
오영석, 『조직신학의 이해』(대한기독교서회, 1992).
정원범, 「생태학적 위기와 기독교」, 『신학과 문화』, 제11집 (2002).
조용훈, 「지구환경 위기의 원인 논쟁과 기독교」, 『한국기독교윤리학논총』(한국기독
　　　　교윤리학회, 1997).
윤철호, 「환경문제에 대한 교회적 대응」, 『교육교회』, 제204권(1993).
통합윤리학회 편, 『21세기의 도전과 기독교문화』(예영커뮤니케이션, 1998).

신문류

서남동, 「환경위기와 신학」, 〈크리스챤신문〉(1972년 1월 8일).

국내번역물

제임스 A. 내쉬, 이문균 역, 『기독교 생태윤리』(한국장로교출판사, 1997).
르네 듀보, 김용준 역, 『내재하는 신』(탐구당, 1975).
제레미 리프킨, 이정배 역, 『생명권 정치학』(대화출판사, 1996).

위르겐 몰트만, 김균진 역, 『창조 안에 계신 하느님』(한국신학연구소, 1991).

레오나르도 보프, 『생태신학』(가톨릭출판사, 1996).

오딜 H. 슈텍, 박영옥 역, 『세계와 환경』(한국신학연구소, 1990).

도로테 죌레, 박재순 역, 『사랑과 노동』(한국신학연구소, 1993).

L. Jr. 화이트, 이유선 역, 「생태계 위기의 역사적 기원」, 『과학사상』, 창간호(1992, 봄).

국외물

Joseph A. Alder, "Response and Responsibility: Chou Tun-i and Confucian Resources for Environmental Ethics," in Mary Evelyn Tucker & John Berthrong, eds., *Confucianism and Ecology: The Interrelation of Heaven, Earth, and Humans* (Cambridge: Harvard University Press, 1998).

Ian G. Barbour, *Religion in an Age of Science* (San Francisco: Harper and Row, 1990).

John Carmody, *Ecology and Religion: Toward a New Christian Theology of Nature* (Ramsey: Paulist Press, 1983).

Edward M. Curtis, "*Image of God*", in David Noel Feedman, ed., *Anchor Bible Dictonary* (ABD), Vol. 3 (New York: Double day, 1992).

David Kinsley, *Ecology and Religion: Ecological Spirituality in Cross-Cultural Perspective* (Upper Saddle River, N.J.: Prentice-Hall, 1995).

제2부
인간과 생태계의 화해를 위한 창조신앙의 새로운 해석[*]

들어가는 말

세계 곳곳의 기상이변과 자연재해는 인간에게 계속 경고 메시지를 보내고 있지만 인간들은 이를 소홀히 여기거나 그 심각성을 아직 깨닫지 못하고 사는 것 같아 안타깝다. 2025년까지 세계인구 3분의 1이 물 부족에 시달릴 것이라고 한다. 갯벌의 생태훼손은 이미 심각한 상태이고 금세기 말까지 조류의 10%가 멸종될 것이라는 경고도 나오고 있다. 남극의 빙하가 녹아내린다. 북극도 환경이 오염되고 있다. 이런 환경위기의 '빨간등'에도 아랑곳하지 않고 자동차 매연은 날이 갈수록 증가하고 지구온난화는 가속화되는 추세다. 특히 한반도의 온난화는 지구평균 2배나 된다고 한다.

극심한 지구온난화로 지구촌 곳곳이 이상 폭염과 폭우, 가뭄으로 타들어가는 비상상황이다. 기후변화를 방치할 경우, 기상이변이 더 이상 이변이 아니라 일상화될 것으로 예상된다. 과학자들은 온실가스 배출을

[*] 이 글은 한국방송대학교 통합인문학연구소 간행하는 학술지 『통합인문학연구』 2권 2호 (2010)에 게재한 것을 수정·보완한 것이다.

억제하지 않을 경우 전 세계 평균기온은 21세기동안 1.1~6.4℃ 상승할 것으로 전망하고 있다. 이는 산업혁명이후 2005년까지 지구 평균 기온 상승폭0.80℃의 최대 8배 수준에 해당되는 엄청난 수치다. 지구 평균기온은 그동안 1750년 13.96℃에서 2005년 14.76℃로 약 1℃정도 상승했다.

만약 인류가 기후변화문제 해결에 나서지 않는다면 기상이변으로 막대한 경제적 피해도 발생할 것이라는 전망이 과학자와 경제학자들로부터 제기된 상태다. 건설업의 경우, 기상이변이 발생하면 안전사고에 노출되고 인건비 등 각종 비용이 증가하게 되며, 수송업은 기상이변으로 항공기와 선박이 결항되고 도로 교통체증이 발생한다. 또 기상이변으로 식량위기가 닥쳐올 것으로 우려하는 이들도 많다.

지구촌의 기상이변은 해가 갈수록 더욱 심화되고 있는 형편이다. 지난 2010년 1월 서울에는 25.8cm의 기록적인 폭설이 내려 교통이 마비된 적이 있다. 당시 영국 런던에도 25cm의 눈이 내렸고, 스코틀랜드에서는 50년만의 한파로 휴교령이 내려졌다.

러시아 시베리아는 영하 50도까지 떨어졌고 모스크바도 영하 25도의 날씨가 계속됐다. 브라질에서는 극심한 가뭄이 발생해 수많은 가축이 죽는 피해를 입었고, 호주에는 120여 년 만의 최악의 폭염이 일어나 40도를 넘나드는 심각한 더위가 이어졌다. 유럽지역은 자연재해가 크게 증가하고 태국에서는 3달 동안 계속된 50년만의 폭우로 국토의 30%가 침수되고 수백 명이 목숨을 잃었다. 또한 오늘날 지구 상에는 기후변화로 많은 사람이 깨끗한 물을 마시지 못하고 있고, 심지어 수해로 투발루처럼 국가를 포기하거나 방글라데시처럼 매년 큰 피해를 입는 국가마저 생겨나고 있다.

생태계가 이렇게 위기에 처해있는데도 지구촌의 대처는 너무 미온적이라는 한탄이 여기저기서 터져 나오고 있다. 최근 덴마크 코펜하겐에서 열린 국제 기후변화 과학회의에 참가한 80여 개국 2500여명의 경제학자들도 성명을 통해 이미 2년 전 보고된 최악의 기후변화 시나리오가 현실화 되고 있는데 각국 정부가 부적절한 대응으로 위험을 높이고 있음을 비판한 바 있다. 유엔 기후변화위원회도 지구온난화로 지구에 살고 있는 생물의 20%~30%가 멸종위기에 취할 것이라 경고한 바 있다.

생태계 위기에 대한 논의는 그 긴박성과 범위에 있어서 지금까지 인류가 경험해 온 위기와는 차원이 다르다. 최근에 와서야 그 긴박성에 눈 뜨게 되면서 수많은 사상가에 의해 인식과 발상의 전환을 위한 이론들이 제안되었고 지금도 지속되고 있다. 이러한 논의는 내용을 이해하기도 어렵고, 분류작업도 간단하지 않다. 생태계 위기는 크게 이론적 또는 인식의 차원과 실천의 차원으로 구분지어 접근할 필요가 있다. 여기에는 종교와 철학, 인문사회과학적 접근을 포함하여 정치와 경제, 시민운동에 이르는 다양한 제안과 의견들이 마치 파노라마와도 같이 펼쳐진다. 이는 하나의 학문적 흐름이자 학제적 논의의 주제가 되고 있다.

지금까지 생태계 위기 논의는 마르크스K. Marx의 변증법적 유물사관이 생태계를 지배 또는 생태계 소외를 수단으로 하느냐 혹은 생태계와 인간의 동질성 회복을 목표로 세우고 있느냐 하는 문제를 놓고 블로흐E. Bloch, 슈미트A. Schmidt, 바이체커C. F. von Weizsäcker 등 수많은 학자들이 논쟁을 펼쳐왔다. 생태계 위기의 책임소재에 대하여도 화이트L. White와 듀보R. Dubos가 기존의 창조신앙이 생태계를 인간과 같은 피조물의 하나로 보지 않고 대물화對物化하여 정복과 지배의 대상으로 규정해 온 데 있지 않았느냐 하는 문제로 논쟁하였고, 이를 카데G. Kade, 슈미트W. H. Schmidt, 고가르텐Fr. Gogarten, 베스터만C. Westermann, 몰트만J. Moltmann 등이 논의를 진척시켜 나갔다.

화이트와 킨슬리 같은 이들은 기독교가 생태계 위기의 주범이라는 주장을 펼쳐왔다. 그러나 이러한 관점에 대한 비판도 많다. 위기의 근원은 실제로 근세 이후에 시작되었고 특히 19세기에 와서 과학과 기술의 결합에 있다는 반론이 있다. 에트빌트는 구약과 신약성서를 자세히 분석하여 화이트의 이러한 견해가 사실이 아님을 밝혀냈다.[1]

기독교에 대한 비판적 생태론자들의 주장은 기독교 신앙의 전거인 성서의 맨 첫 장에 나오는 창세기에 대한 비판에서 시작되었다. 즉, 창세기 1장 1절 "한 처음에 하느님께서 하늘과 땅을 지어내셨다"는 기독교 신앙고백이 생태계를 탈신성화하고 탈마법화함으로써 인간을 생태계로부터 해방시키고 자연과학의 발달을 가능하게 했다고 본 것이다. 그리고 기독교 창조신앙은 생태계에 대한 인간의 존재론적 우위성을 인정함으로써 인간의 생태계 지배와 착취를 정당화했다고 보았다.[2] 이들의 주장대로 기독교는 인간중심적이고, 반생태학적인 것인가? 오늘의 생태계 위기를 극복하기 위하여 기독교 창조신앙은 포기되거나 폐기되어야 하는 것인가?

이 글은 이러한 물음에서 출발한다. 오늘의 생태계 위기에 대해 기독교는 어떤 변호가 가능한가, 또한 소극적인 변호를 넘어서 생태계 위기 극복을 위한 윤리적 토대를 제시할 수 있는가에 대하여 논의를 전개해나가고자 한다. 이를 위해 먼저 기독교신앙의 전거典據로서 성서가 말하는 생태계와 그에 따른 인간과의 관계성에 대하여 살펴보고자 한다. 이러한 작업을 통해 바람직한 인간과 생태계의 관계를 제시하고, 인간과 생태계가 상생하는 윤리적 방안으로서 창조신앙을 새롭게 이해하는 틀을 제시해보려고 한다.

이 글은 성서를 주요 텍스트로 삼아 논의를 진척시켜 나갈 것이다.

---

1 로빈 에트빌드, 구승희 역, 『환경윤리학의 제문제』(따님, 1997) 참조.
2 노먼 K. 고트왈드, 김상기 역, 『히브리성서1』(한국신학연구소, 1993), 178쪽.

그러나 성서 구절의 어원을 깊이 파고들어 어원을 분석하거나 주석을 다는 작업에 집중하지 않고, 누구나 이해할 수 있는 성서 구절을 인용하고자 한다. 이것이 이 글의 성서 활용의 범위이고 한계이다. 보다 깊은 성서 구절의 심층적 어원분석과 배경사 혹은 해석사는 성서학자들의 몫으로 하고, 이 글에서는 기독교생태윤리관을 정립하는 하나의 시도로서 새롭게 창조신앙을 이해하는 데 초점을 두고자 한다.

성서가 말하는 생태계

성서의 첫 구절을 보면, 하느님이 '하늘과 땅'을 창조하는 이야기가 나온다.[3] 여기서 하느님이 하늘과 땅을 창조했다는 것은 어떤 마력을 지닌 존재로 여겨졌던 생태계가 창조에 의해 혼돈에서 질서로 이행된 것을 말하는 것이다. 이는 자연과학 발전을 위한 절대적인 전제조건이 된다. 즉, 그것은 그때까지 만물에는 영이 깃들어 있다고 생각하여 숭배하였던 원시종교에서 생태계 혹은 이 세계가 하느님에 의해 창조되었다고 선언한 것이다. 이로써, 인간은 세계와 생태계를 신비로운 존재로 숭배하던 존재에서 탐구하고 조작할 수 있는 대상으로 대치하게 되었다.[4] 그러므로 기독교는 생태계를 신성시하거나 숭배의 대상으로 인식하지 않는다. 파스모어John Passmore는 유대교와 기독교를 구별한다. 그에 의하면, 구약은 인간과 생물 사이에 연결될 수 없는 간극을 만들지 않는다. 구약은 절대적으로 신 중심이어서 생태계는 인간을 위해서가 아니라 신의 영광을 위해 존재한다. 한편, 기녹교는 인간과 동물을 분리하고 생태

---

3 한 처음 하느님께서 하늘과 땅을 지어 내셨다.(창세기 1장 1절)
4 Ian G. Barbour, *Religion in an Age of Science* (San Francisco : Harper, 1990), p.128.

계가 인간을 위해 만들어졌다고 보는 데서 순수한 구약보다 더 오만한 태도의 씨를 볼 수 있다.[5] 이는 그의 말대로 구약이 모든 점에서 하나의 관점을 가진 책으로 보기 어려운 다양한 해석이 가능하다는 점과 기독교는 구약과 신약을 통전적으로 이해함을 전제로 하기에 구약과 신약의 구별이 기독교에 큰 반향을 일으키지 못한다는 점과 신약을 깊이 살펴보면 생태중심적 세계관을 보여주고 있기 때문이다. 알츠는 신약의 생태윤리와 영성에 대해서 명확하게 제시한다.[6]

문시영은 기독교가 생태계에 대한 맹목적이고 일방적인 숭배나 범신론에 기울지 않으며, 생태계의 인격성을 주장하기보다는 생태계의 의의를 창조의 질서와 연관 지어 해석함으로써 생태계의 자리매김을 시도하는 것으로 보았다.[7] 이에 대해 몰트만은 하느님의 노동으로 말하였다.

> 하느님은 자신을 드러내는 노동의 표현으로 세계를 만들었다. 그러므로 모든 피조물은 신적인 창조의 결과이다. 모든 피조물은 하느님이 기뻐하는 노동의 결과로, 그 이상도 그 이하도 아니다. 피조물은 창조자를 통하여 긍정됨으로써 그들의 현실적 존재가치를 갖는다.[8]

이와 같이 창세기 1장에 나오는 창조이야기는 혼돈Chaos으로부터 질서Cosmos를 부여하는 행위로 창조를 말하고 있다. 그러나 이러한 성서의 창조이야기가 고대 바빌론의 창조이야기와 비슷하고, 그 영향 하에서

---

5 John Passmore, *Man's Responsibility for Nature*, Second Edition (London : Duckworth, 1980), p.10; 그러나 인간과 생태계의 관계에 대한 파스모어의 철학적 연구도 많은 비판을 받았다. 이에 대해서는 Robert Eliot and Arran Gare (eds.), *Environmental Philosophy* (Milton Keynes : Open University Press, 1983). pp.201-293 참조.
6 프란츠 알트, 손성현 역, 『생태주의자 예수』(나무심는 사람, 2003) 참조; 이 글에서는 구약과 신약을 통전적으로 이해함을 전제로 한다.
7 문시영, 『기독교윤리이야기』(한들출판사, 1996), 107쪽.
8 위르겐 몰트만, 김균진 역, 『창조 안에 계신 하느님』(한국신학연구소, 1996), 96쪽.

형성되었다고 주장하는 견해가 있다. 그러나 성서의 창조이야기가 고대 바빌론의 창조 이야기와 다른 점은 하느님의 주권과 초월성 그리고 인간의 존엄성에 대해 명확히 한다는 점이다.

고대 바빌론의 창조이야기에서 인간은 신의 노예로 창조되었으나, 창세기의 인간은 하느님의 계획 안에서 특별한 지위가 주어졌으며, 다른 창조물보다 우월한 존재였다. 또한 창조된 세계는 아름답고 조화롭게 그려진다. 이 세상에 대해 하느님은 "보시니 참 좋았다"고 말한다.[9] 하느님이 창조를 끝냈을 때, 이 세계는 하느님의 마음에 드는 그야말로 아름답고, 조화로운 세계였다.

> 이렇게 만드신 모든 것을 하느님께서 보시니 참 좋았다. 엿샛날도 밤, 낮 하루가 지났다.[10]

성서는 여러 곳에서 인간의 타락으로 인한 하느님과 인간의 관계 단절이 인간과 피조물의 분리를 가져왔으며, 인간과 생태계 사이의 평화를 파괴했다고 증언한다.[11] 인간이 하느님의 계명을 어겼을 때, 하느님은 인간에 대해서만이 아니라 생태계에 대해서도 저주의 심판을 내렸다.[12] 가인은 그의 동생 아벨을 살해함으로써 하느님의 아름답고 조화로운 창조세계를 파괴했다. 하느님은 아름답고 조화로운 관계를 폭력으로 깨버린 가인에게 벌을 내린다.

---

9 Ian G. Barbour, *op. cit.*, pp.129-131 참조.
10 창세기 1장 31절.
11 창세기 3장 15절, 3장 17-19절, 9장 2-3절, 신명기 28장 38-40절, 역대하 7장 13-14절, 이사야 24장 4-6절, 아모스 4장 7-9절, 예레미야 4장 22-27절, 요엘 1장 10-12절, 호세야 4장 2-3절 등.
12 창세기 3장 17-19절.

네가 아무리 애써 땅을 갈아도 이 땅은 더 이상 소출을 내지 않을 것이다. 너는 세상을 떠돌아다니는 신세가 될 것이다.[13]

노아홍수 이야기는 하느님에 대한 인간의 교만과 반역이 생태계에 대하여 어떤 결과를 초래하는가를 분명히 보여주고 있다.

야훼께서는 세상이 사람의 죄악으로 가득 차고 사람마다 못된 생각만 하는 것을 보시고 왜 사람을 만들었던가 싶으시어 마음이 아프셨다. 야훼께서는 '내가 지어낸 사람이지만, 땅 위에서 쓸어버리리라. 공연히 사람을 만들었구나. 사람뿐 아니라 짐승과 땅 위를 기는 것과 공중의 새까지 모조리 없애버리리라. 공연히 만들었구나!' 하고 탄식하셨다.[14]

이러한 구절을 통해, 죄는 인간이 짓지만 죄의 결과, 곧 하느님의 심판은 인간은 물론 생태계까지 이른다는 것을 알 수 있다. 그야말로 인간의 죄로 인하여 모든 생태계가 고난을 당해야만 했다. 하느님은 인간의 타락 이후, 땅을 내려다보고 세상이 속속들이 썩고, 인간의 행위가 악하여 땅에서 이들을 다 쓸어버리기로 하였다.

하느님 보시기에 세상은 너무나 썩어 있었다. 그야말로 무법천지가 되어 있었다. 하느님 보시기에 세상은 속속들이 썩어, 사람들이 하는 일이 땅 위에 냄새를 피우고 있었다. 그래서 하느님께서는 노아에게 이렇게 말씀하셨다. 세상은 이제 막판에 이르렀다. 땅 위는 그야말로 무법천지가 되었다. 그래서 나는 저것들을 땅에서 다 쓸어버리기로 하

13 창세기 4장 12절.
14 창세기 6장 5-7절.

였다.[15]

성서는 인간이 죄로 타락한 것인데 죄에 대한 심판은 생태계에까지 이른다는 사실을 분명하게 제시한다.

밭에 씨를 아무리 많이 뿌려도 메뚜기 떼가 먹어버려 거둘 것이 얼마 되지 아니하겠고, 아무리 애써서 포도원을 가꾸고 심어도 벌레가 갉아먹어, 마실 포도주도 저장해 둘 포도주도 없으리라. 또 너희 온 지경 안에 올리브 나무들이 있어도 그 열매가 떨어져서 몸에 바를 기름이 없으리라. 아들딸을 낳아도 너희 앞에 하나 남지 않고 모두 포로로 붙잡혀 가리라. 너희가 가꾸는 나무나 밭에 익은 곡식은 해충이 모조리 갉아먹으리라.[16]

죄에 대한 심판은, 인간은 물론 땅과 그 위에 있는 모든 것까지 포함된다.

민족들아! 가까이 와서 내 말을 들어라. 부족들아! 내 말을 귀담아들어라. 땅과 그 안에 가득히 차 있는 것들아, 지구와 거기에서 돋아난 만물들아, 귀를 기울여라. 야훼께서 모든 민족들에게 노하신다. 그들의 모든 군대를 향해 크게 노하신다. 그들을 전멸하시고, 몰살시키시려 하신다.[17]

생태계가 황폐하게 된 이유는 인간의 죄에 있다는 사실을 예레미야서는 기록하고 있다.

---

15 창세기 6장 11-13절.
16 신명기 28장 38-42절.
17 이사야 34장 1-2절.

> 땅을 내려다보니 끝없이 거칠고 하늘을 쳐다보니 깜깜합니다. 산을 바라보니 사뭇 뒤흔들리고 모든 언덕은 떨고 있습니다. 아무리 돌아봐도 사람 하나 없고, 하늘에 나는 새도 모두 날아갔습니다. 아무리 둘러봐도 옥토는 사막이 되었고, 모든 성읍은 허물어져, 야훼의 노여움에 불타 모조리 사라졌습니다. "온 세상은 잿더미가 될 것이다. 나는 세상을 멸망시키기로 하였다." 하시더니, 마침내 야훼 말씀대로 되고 말았습니다.[18]

이렇게 되어 모든 피조물은 하느님의 구원을 간절히 기다리게 되었다. 그러므로 인간에게는 타락한 죄로 인해 파괴된 하느님의 창조세계를 회복해야 할 일차적인 책임이 있다. 이러한 의미에서 요나스H. Jonas가 주장하는 '책임성의 원칙'에 주목할 필요가 있다. 그의 책임윤리는 현재의 행위에 대해 관심을 집중하는 전통윤리와는 달리 그 시야와 지평을 미래로 확장시킨다. 즉, 미래를 예측하는 책임윤리로서 사적인 행위에 대한 관심을 넘어 장차 이 환경에서 성장해 나갈 아기들, 후세에 대한 배려와 미래에 대한 희망의 관점에서 책임의 의의를 강조한 것이다.[19] 김명용도 인간의 창조적 노동을 책임의 차원에서 이해하였다. "인간의 소유욕과 정복욕에서 기인된 창조세계의 황폐라는 상황 앞에서 우선 원상부터 회복해야 하는 절실한 과제를 갖고 있다. 그러므로 하느님의 계속적 창조행위에 상응하는 인간의 창조행위는 역사책임적이고 미래책임적인 창조행위여야 한다."[20]

이렇듯 인간의 타락으로 인해 신음하고 있는 생태계를 회복시킬 책임은 전적으로 인간에게 있다. 기독교는 무엇보다도 종말과 미래를 염두

---

18 예레미야 4장 23-27절.
19 한스 요나스, 이진우 역, 『책임의 원칙 : 기술 시대의 생태학적 원리』(서광사, 1994), 374쪽.
20 김명용, 『현대의 도전과 오늘의 조직신학』(장로회신학대학교 출판부, 2005), 209쪽.

에 둔 책임적 관점에서 환경문제를 다룬다. 환경을 보호하는 것이 단지 인간이라는 종種의 보존을 위한 관심에서가 아니라 창조자의 뜻이라는 보다 초월적인 관심을 표명한다.[21]

오늘날 많은 생태론자들이 주장하는 것처럼 인간의 생태계 파괴가 창세기 1장 28절의 영향이라는 것은 역사적 상황성을 무시하고 성서 구절을 형식적으로만 해석하는 관념론적 발상이라고 말할 수 있다. 창세기가 쓰였던 고대 사회의 인간 존재는 그야말로 허약하고 위태로운 존재였다. 인간이 감히 생태계를 지배하려고 하기는커녕 오히려 생태계의 위력에 압도되어 숭배하고 있었던 것이다. 이런 상황에서 하느님이 인간에게 생태계 만물을 다스리라고 명령한 것은 생태계의 위력 앞에 겁먹지 말고, 숭배하는 어리석음에서 벗어나라는 즉, 인산의 주체적 도전을 촉구하는 해방과 희망의 복음으로 해석할 수도 있다. 그러므로 모든 생태계 파괴의 원인을 창세기 1장 28절로 몰아붙이는 것은 이러한 고대 사회의 상황을 무시한 관념론적 해석이라는 비판을 할 수 있다. 창세기 1장 28절에 대하여 구약성서 학자들은 두 가지 창조설화 중, 하나인 제사장(P) 문서로 보고, 저작연대를 바벨론 포로 말기나 수복 초기인 B.C.E. 550-450경으로 본다.

🕊 새로운 창조신앙

생태계는 하느님의 아름다운 창작품으로 이해해야 한다. 즉, 생태계를 하느님이 사랑하는 대상으로 인식해야 한다. 그러기에 박재순은 생

---

21 문시영, "앞의 책", 110쪽.

태계의 만물을 존중하고, 긍정해야 함을 말한다. "하느님이 천지를 지었고 보기에 좋았다고 한 것처럼 우리는 천지 만물에 대한 깊은 애정을 가져야 하고 물질세계를 긍정해야 한다. 물질세계를 천시하거나 악한 것으로 보는 것은 창조 신앙과는 거리가 멀다."[22]

신약성서 요한복음 3장 16절에 의하면, 하느님은 이 세상을 극진히 사랑하여 그의 외아들을 보낸다.[23] 이렇듯 새로운 창조신앙은 생태계의 신음을 들어야 함을 요구하고 있다. 전통적 창조신앙은 신음하고 있는 인간의 구원에만 관심을 갖고, 신음하는 생태계에 대한 관심이 없었다. 그러나 로마인들에게 보낸 편지 8장 19-23절은 허무 속에서 굴복된 상태로 신음하는 생태계를 언급하면서 생태계와 인간이 함께 해방되어야 한다고 말한다.

> 모든 피조물은 하느님의 자녀가 나타나기를 간절히 기다리고 있습니다. 피조물이 제 구실을 못하게 된 것은 제 본의가 아니라 하느님께서 그렇게 만드신 것입니다. 그러나 거기에는 희망이 있습니다. 곧 피조물에게도 멸망의 사슬에서 풀려나서 하느님의 자녀들이 누리는 영광스러운 자유에 참여할 날이 올 것입니다. 우리는 모든 피조물이 오늘날까지 다 함께 신음하며 진통을 겪고 있다는 것을 알고 있습니다. 피조물만이 아니라 성령을 하느님의 첫 선물로 받은 우리 자신도 하느님의 자녀가 되는 날과 우리의 몸이 해방될 날을 고대하면서 속으로 신음하고 있습니다.[24]

하느님은 그가 만든 생태계를 포기하지 않는다. 하느님의 구원은 모

---

22 박재순, 『예수운동과 밥상공동체』(천지, 1998), 163쪽.
23 하느님은 이 세상을 극진히 사랑하셔서 외아들을 보내주시어 그를 믿는 사람은 누구든지 멸망하지 않고 영원한 생명을 얻게 하여주셨다.
24 로마에 보낸 편지 8장 19-23절.

든 생태계의 새로운 창조를 말한다. 그러므로 창조질서를 파괴하는 폭력은 하느님의 사랑과 구원의 뜻과 하느님의 노동을 거역하는 것이며, 반역행위라고 말할 수 있다. 이러한 하느님이 행하는 구원은 인간에게만 국한되지 않는다. 하느님은 인간과 더불어 생태계 만물을 구원해서 새로운 하늘과 새로운 땅을 만들기를 원한다. 이는 본질적으로 그리스도를 통한 우주적 화해를 전제한다.

> 그리스도를 내세워 하늘과 땅의 만물을 당신과 화해시켜 주셨습니다. 곧 십자가에서 흘리신 예수의 피로써 평화를 이룩하셨습니다.[25]

그리스도의 화해는 우주적 차원을 갖고 있다. 그리스도를 통해 하늘과 땅에 있는 모든 것이 하느님과 화해된다. 성서는 또한 그리스도를 통한 우주적인 구원의 경륜이 나타났음을 언명하고 있다.

> 당신의 심오한 뜻을 알게 해주셨습니다. 이것은 그리스도를 시켜 이루시려고 하느님께서 미리 세워놓으셨던 계획대로 된 것으로서 때가 차면 이 계획이 이루어져서 하늘과 땅에 있는 모든 것이 그리스도를 머리로 하고 하나가 될 것입니다.[26]

하느님은 생태계 만물을 그리스도를 통해서 하나의 일치와 화해를 이루려고 한다. 하느님의 구원 완성인 새로운 하늘과 새로운 땅은 인간의 해방과 구원뿐만 아니라 생태계 만물의 해방과 구원의 상징을 함께 지니고 있다. 새로운 하늘과 새로운 땅에는 사자가 어린 양을 잡아먹는 피조세계의 비참함이 없다.

---

25 골로사이인들에게 보낸 편지 1장 20절.
26 에페소인들에게 보낸 편지 1장 9-10절.

"늑대와 어린 양이 함께 풀을 뜯고 사자가 소처럼 여물을 먹으며 뱀이 흙을 먹고 살리라. 나의 거룩한 산 어디에서나 서로 해치고 죽이는 일이 없으리라." 야훼의 말씀이시다.[27]

이사야 11장 6-9절에서는 메시아 왕국 속에서 생태계 만물의 화해와 평화를 매우 극명하게 보여주고 있다.

늑대가 새끼양과 어울리고 표범이 수염소와 함께 딩굴며 새끼사자와 송아지가 함께 풀을 뜯으리니 어린아이가 그들을 몰고 다니리라. 암소와 곰이 친구가 되어 그 새끼들이 함께 딩굴고 사자가 소처럼 여물을 먹으리라. 젖먹이가 살모사의 굴에서 장난치고 젖 뗀 어린 아기가 도사의 굴에 겁 없이 손을 넣으리라. 나의 거룩한 산 어디를 가나 서로 해치거나 죽이는 일이 다시는 없으리라. 바다에 물이 넘실거리듯 땅에는 야훼를 아는 지식이 차고 넘치리라.[28]

하느님의 나라는 하느님과 인간, 인간과 생태계, 동물과 동물, 하느님과 생태계 만물 사이의 화해가 이루어지는 참된 평화의 세계이다. 이에 대해 서남동은 생태계를 상실한 인간은 하느님을 상실하게 되고, 하느님을 상실한 인간은 생태계를 상실하게 되는 것으로 하느님과 인간과 생태계는 하나의 생태계로 짜여 있어서 하나의 유기체적인 현상으로 생태계와 인간의 상호의존성을 말해야한다고 지적하였다.[29] 그러므로 그리스도의 우주적 화해는 이 평화의 세계를 위한 전제이다. 하느님은 허무 속에 굴복되어 있는 인간과 생태계 전체를 해방해서 하느님의 자녀

---

27 이사야 65장 25절.
28 이사야 11장 6-9절.
29 서남동, 『전환 시대의 신학』(한국신학연구소, 1976), 294쪽.

들이 누릴 영광과 자유를 분여分與하기를 원한다. 성서는 모든 생태계의 종국적인 희망에 대해 말한다.

> 곧 피조물에게도 멸망의 사슬에서 풀려나서 하느님의 자녀들이 누리는 영광스러운 자유에 참여할 날이 올 것입니다.[30]

이사야 11장 6-9절에 나오는 메시아 왕국의 상징은 인간과 생태계 사이의 조화를 상징적으로 잘 표현해주고 있다. 메시아 왕국은 어린아이가 사자와 짐승과 함께 뛰노는 세계이고 독사와 어린아이가 함께 사는 세계이다. 생태계와 인간 사이의 종국적 관계는 생태계와 인간 사이의 사랑과 화해와 조화이다. 그러므로 오늘 우리에게 요청되는 새로운 창조신앙은 생태계에 대한 인간의 다스림창세기 1장 28절을 사랑과 조화를 위한 다스림으로 재해석해야 한다. 인간은 생태계 위에 군림하는 독재자가 되어서는 안 된다. 태초의 창조부터 오늘에 이르기까지 생태계는 끊임없이 변천되어 오고 있다. 그리고 현존하는 생태계 역시 새 하늘과 새 땅을 향하여 변천되어야 한다. 이 생태계의 긴 역사 속에 인간의 역사가 출현한 것이다. 따라서 엄밀한 의미에서 정리해 보면 인간의 역사는 생태계의 역사의 일부이다. 창세기를 보면 하느님은 엿새 동안 천지를 창조한다. 하느님은 모든 생태계만물을 닷새 동안 창조하고 마지막 날 인간을 창조하였다. 그러므로 인간은 생태계의 긴 역사 속에서 마지막에 출현한 것이다.

생태계와 인간 사이의 갈등은 종식되어야 하고, 대신 조화로운 사귐이 그 중심에 있어야 한다. 인간이 하느님의 모습이라는 것은 인간이 하느님을 대신하는 책임성을 의미한다. 하느님의 모습으로서 인간은 하느

---

30 로마인들에게 보낸 편지 8장 21절.

님의 창조에 상응하는 창조신앙을 자신의 삶의 자리sitz im leben에서 실천해야 한다. 인간은 하느님의 창조의 완성을 위한 하느님의 동반자이다. 생태학적 해결점을 모색할 때, 인간의 역할을 강조하는 것은 오해를 불러일으킬 수도 있다. 이는 생태계를 침탈의 대상으로만 삼아 온 인간중심적 가치관의 폐해 때문이다. 그러나 오늘 우리는 절박하게 새로운 공감대를 형성하게 된 생태학적 전망 안에서 인간의 지위를 다시 생각해 보아야한다. 대상으로서 생태계와 주체로서 인간이라는 인식을 극복하면서도, 의식을 지닌 존재로서 인간의 책임적 역할을 재조명해 볼 필요가 있다. 이에 대해 샤르뎅은 인간의 출현으로 인해서 생태계가 "자기를 의식한 유기체로 생성된 것"으로 말하였다.[31] 장회익도 "온 생명의 의식 주체로서 인간"을 재평가하였다.[32] 이러한 견해들은 생태학적 전망 자체가 인간의 적극적인 역할을 폐기하지 않는다는 것을 보여주며, 오히려 인간과 생태계의 공존·공영을 위한 인간의 책임을 더욱 부각시킨 것이다. 이런 점에서 요나스가 말하는 인간의 생태계에 대한 역할로 제시되는 책임 윤리적 대안에 주목할 필요가 있다. 그의 책임윤리는 현재의 행위에 대해 관심을 집중하는 전통윤리와는 달리 그 시야와 지평을 미래로 확장시킨다. 또한 사적인 행위에 대한 관심을 넘어 장차 이 생태계에서 성장해 갈 아기들, 즉 후세에 대한 배려와 미래에 대한 희망의 관점에서 책임의 의의를 말한 것이다.[33]

하느님은 이 생태계와 인간 역사의 주인공이다. 하느님은 태초의 창조부터 종말론적 세계 완성에 이르기까지 기나긴 생태계의 역사를 창조하고 있다. 하느님의 모습으로서 창조된 인간은 하느님의 뜻에 따라

---

31 P. T. 샤르뎅, 양명수 역, 『인간현상』(한길사, 1997) 참조.
32 장회익, 『삶과 온 생명』(솔출판사, 1999) 참조.
33 문시영, "앞의 책", 111쪽.

생태계의 역사를 책임져야 한다. 인간이 책임져야 하는 영역은 인간의 역사만이 아니다. 생태계는 하느님의 자녀들이 나타나기를 고대하고 있다.

> 모든 피조물은 하느님의 자녀가 나타나기를 간절히 기다리고 있습니다.[34]

인간은 생태계를 해방해서 하느님의 영광이 빛나는 아름답고 조화로운 본래의 모습으로 만들어야 한다. 그러므로 창조세계의 완성은 인간 역사만의 완성이 아니다. 인간의 역사가 포함된 생태계만물의 완성이 창조세계의 완성이다. 이로써 새로운 창조신앙은 생태계에 대한 인간의 윤리적 책임을 신앙적 책임으로 승화시키고 있다. 김균진은 생태계 위기를 극복하는 방안으로 본래적인 창조신앙을 회복할 것을 말하였다.

> 생태계 위기를 초래하는 요인을 유대-기독교의 창조신앙에 있다고 보는데, 이는 본래적인 창조신앙이 아닌, 생태계를 지배하고 세계를 정복하고자 하였던 근대 서구의 제국주의적 지배 이데올로기에 적응하고 이를 조장하기 위하여 교회와 신학이 만들어 낸 것임을 지적한다. 그러므로 인간중심의 세계관에서 하느님 중심의 세계관으로 전환해야 정의로운 창조의 공동체를 형성할 수 있다.[35]

서남동은 창세기 6장을 생태학적 관점에서 해석하였다. "노인인 노아는 이 생태학적 위기에 처해서 '생명의 보존Survival of the species'이라고 하는 지상명령, 윤리적 규범을 듣게 된다.19절 그래서 모든 생물, 곧 지금까

---

34 로마인들에게 보낸 편지 8장 19절.
35 김균진, 『생태계의 위기와 신학』(대한기독교서회, 1991), 29-32쪽 참조.

지의 인간 중심주의적인 가치관을 넘어서 '생명의 보존'에 나선다."[36] 조용훈은 기독교 창조신앙을 재해석하고 재강조해야 한다고 말한다. "기독교 창조신앙은 인간의 윤리적 책임영역을 자기 자신이나 다른 인간만이 아니라 생태계 세계에 대한 책임으로까지 확장시킨다. 그리고 질적인 면에서도 윤리적 책임을 인간의 양심이나 법적 책임으로부터의 자유만이 아니라 하나님 앞에서의 책임으로 심화시킨다."[37] 죌레도 화해적 차원에서 노동의 새로운 인식을 역설力說하였다.

> 자연은 적대적인 위협으로 보이지 않는다. 또한 노동은 무분별하게 착취해야 할 대상이 아니다. 오히려 자연은 인간과 자연이 서로 인간 삶의 표현인 이 노동의 틀 안에서 운동할 때만 자발적으로 그 열매를 맺는 것이다. 인간의 욕구를 지향하는 모든 생산적인 노동은 자연과 인간사이의 화해, 그리고 결코 다함이 없는 땅의 지속적인 '창조'의 성격을 지니고 있다. 이러한 맥락에서 노동자는 땅과 동물과 광물과 지하자원, 식물과 다른 생명체를 돌보는 사명을 위임받은 일종의 하느님의 청지기로 이해된다.[38]

생태계에 대한 인간의 윤리적 책임은 하느님이 부여한 은총이라고 말할 수 있다. 이러한 시각에서 죌레는 인간 타락 이후의 노동을 긍정적으로 보았다. "타락 이후의 고된 여건에서의 노동이라 하더라도 노동은 인간의 교만 때문에 모욕을 당한 하느님의 보복규정이 아니고 인간을 위해서 이 세계에 도전해 보라는 하느님의 인도주의적 계명이다."[39] 그리고 김철영은 책임적 직무수행으로 보았다. "창조주는 자신과 같은 형상

---

36 서남동, "앞의 책", 283쪽.
37 조용훈, 『동서양의 자연관과 기독교 환경윤리』(대한기독교서회, 2002), 192쪽.
38 도로테 죌레, 박재순 역, 『사랑과 노동』(한국신학연구소, 1993), 175쪽.
39 위의 책, 125쪽.

을 지닌 인간에게 그의 피조물을 선물로 부여한 것이다. 인간은 선물을 준 하나님 앞에서 책임을 지고 그의 직무를 수행해야 하는 것이다."[40] 브라켈만Günter Brakelmann도 하느님의 수임자의 역할로서 보았다. "인간은 그의 노동 안에서 하느님의 수임자가 된다. 이로써 노동은 가혹한 법칙의 일반적인 명령 아래 서있지 않고 자신의 세계와 더불어 하느님의 인도주의적인 의도를 위한 사역이다."[41]

인간의 노동을 통해 생태계와 화해하려는 희망은 땅을 지배하려는 일반적인 인간의 노력에 대한 거부를 수반한다. 오늘날 생태학적인 위기와 수많은 동식물 세계의 멸종에 직면해서 이러한 새로운 세계에 대한 희망이 일깨워졌다. 노동을 통한 생태계와의 화해는 우리 앞에 놓인 인간의 커다란 과업 중의 하나이다. 이렇게 보면 생태계는 적대적인 위협의 원천이 아니다. 노동은 생태계를 굴복시키는 것이 아니라 생태계와의 교제이다. 만일 인간과 생태계가 인간적인 삶의 표현인 노동의 범주 안에서 상호 작용할 수 있다면 노동자는 땅과 동물, 광물, 지하자원, 식물, 그리고 여러 생물들을 관리하는 하느님의 청지기로 이해될 수 있다.

창조질서의 보전에 대한 하느님의 뜻과 명령을 구체적으로 알기 위해서는 세계교회협의회World Council of Churches에서 주관한 1990년 3월 서울에서 개최된 '정의와 평화와 창조질서의 보전을 위한 세계대회JPIC'[42]에서 최종문서로 채택된 신학적 확언들을 살펴볼 필요가 있다.[43] 창조의

---

40 김철영, 『믿음과 삶의 윤리학』(장로회신학대학교 출판부, 1994), 378쪽.

41 귄터 브라켈만, 편집실 역, 「노동과 인권」, 『신학사상』(1977년, 겨울), 66-67쪽 참조.

42 세계교회협의회(WCC)가 서울에서 열렸는데 이 때 주제가 "정의, 평화, 창조질서의 보전"(Justice, Peace, Integrity of Creation)이었다. 한국기독교사회문제연구원 편, 『정의·평화·창조질서의 보전 세계대회 자료집』(민중사, 1990), 211쪽.

43 열 가지의 확언 중에서 "7. 창조자로서 하나님은 우주 전체의 근원과 유지자이다. 8. 우리는 땅이 하나님께 속해 있다고 확언한다."는 것은 창조질서의 보존을 위한 인간의 책임을 규정하고 있다. 박창빈, 「한국교회와 사회선교」, 『현대교회와 사회선교』(대한예수교장로회 총회출판국, 1991), 27쪽.

본질은 죽음과 무감각이 아니라 생명 즉, 완전한 생명이며, 창조과정의 참여는 생명을 위한 것이며, 좋고 생산적이며 소외되지 않는 노동을 요청한다는 것을 알 수 있다. 이러한 노동으로부터 새로운 생명, 오늘날 산업사회 속에서 영위하는 생명과는 전혀 다른 생명이 태어나며, 이 생명은 죽음의 지배아래 있지 않으며 죽음을 추구하지도 않아야 한다. 이제 노동하는 사람들은 자신의 공동체가 요구하는 것을 위해서, 그리고 생태계에 폭력을 가하지 않으면서 노동과 피조물의 관계를 회복하게 된다. 이에 대해 박재순은 인간의 가치를 왜곡하는 현실을 지적하였다.

> 오늘날 산업 사회에서 공통적인 사실은 그 사회에서 가치 있고 유용한 사람이 아니면 낙오되고 버림받는다는 것이다. 이것은 실질과 능률을 숭상하는 복잡한 산업 문명 속에서는 불가피한 일이다. 인간의 능력만을 존중하다 보면 인간 존재의 소중함을 잊게 된다. 한 인간이 능력이 있고 쓸모 있으면, 그 인간이야 아무래도 좋고 얼마든지 다른 인간으로 대체할 수 있다.[44]

죌레는 생태계와 관련해서 말하였다. "노동은 파괴된 자연을 복구시키는 것이므로, 자연을 파괴하고 가난하며 기술적으로 저개발 상태인 민족들을 위협하는 것은 하나의 동일한 폭력이다."[45] 서양 근대화의 역사는 "땅을 정복하여라. 바다의 고기와 공중의 새와 땅 위를 돌아다니는 모든 짐승을 부려라!"[46]는 창조자의 명령을 잘못된 시각으로 받아들여 생태계를 파괴하고 멸절시켰다. 화이트는 생태계 위기의 근본 원인을 현대 과학기술의 발전에서 찾았다. 그녀는 현대 과학기술은 서양적인

---

44 박재순, "앞의 책", 49쪽.
45 도로테 죌레, "앞의 책", 192쪽.
46 창세기 1장 28절.

것으로서, 그 근본 뿌리는 기독교의 창조신앙에 있다. 이러한 기독교 창조신앙은 인간을 하느님적인 초월에 참여한 존재로 파악하였고, 하느님의 창조목적을 오직 인간 구원에만 두고 있다고 비판하였다.[47] 즉, 그녀는 기독교가 생태계를 파괴한 것이 "다스려라, 부려라"창세기 1장 26-27절는 구절에 따른 것으로 보았다. 그러나 창세기의 이 구절은 인간이 만물의 주인이 아니라 하느님의 명령에 따라 일종의 청지기로서 만물을 관리하는 권한을 가진 존재임을 분명히 한다. 결코 하느님이 인간에게 임의로 생태계를 훼손할 수 있는 권한을 부여한 것이 아니다. 성서는 생태계가 인간의 것이 아님을 분명히 한다. 창조세계에 대한 성서의 정신은 모든 창조세계가 하느님의 것이라는 데서부터 출발한다.

> 그렇다. 하늘과 하늘 위의 또 하늘, 그리고 땅과 그 위에 있는 것 모두가 너희 하느님 야훼의 것이다.[48]

땅도 하느님의 것이다. 생태계의 모든 것이 하느님의 것이다. 그러므로 인간은 생태계의 주인이 아니다.

> 땅은 아주 팔아넘기는 것이 아니다. 땅은 내 것이요, 너희는 나에게 몸붙여 하는 식객에 불과하다.[49]

오히려 기독교는 창조질서의 보전이라는 대전제를 충실히 가르친다. 인간은 청지기적 관리자일 뿐이며 그 몫을 다해야 한다. 하느님은 인간

---

47 린 화이트, 이유선 역, 「생태계 위기의 역사적 기원」, 『과학사상』, 창간호 (1992, 봄), 283쪽; 문시영, "앞의 책", 108쪽 참조.
48 신명기 10장 14절.
49 레위기 25장 23절.

에게 생태계의 권리를 인정하고, 생태계권의 보호를 위해 노력해야 함을 명령한다. 인간에게 인권이 있듯이 생태계에도 생태계권이 있다.

> 너희는 엿새 동안 일을 하고, 이레째 되는 날에는 쉬어라. 그래야 너희 소와 나귀도 쉴 수가 있고, 계집종의 자식과 몸 붙여 사는 사람도 숨을 돌릴 것이 아니냐?[50]

이와 같이 안식일은 인간만 쉬는 날이 아니다. 동물들도 안식일에는 휴식할 권리가 있다. 소와 양의 어린 새끼는 칠일 동안 어미와 함께 있을 권리가 있다.

> 너희 소나 양도 그렇게 하여야 한다. 이레 동안은 어미 품에 두었다가 여드렛날에는 나에게 바쳐야 한다.[51]

땅도 칠년마다 한 번씩 휴경해야 한다. 땅도 쉴 권리를 갖는다.

> 칠 년째 되는 해는 야훼의 안식년이므로 그 땅을 아주 묵혀 밭에 씨를 뿌리지 말고, 포도순을 치지도 말라.[52]

> 칠 년째 되는 해에는 땅을 놀리고 소출을 그대로 두어 너희 백성 중에서 가난한 자들이 먹게 하고 남은 것은 들짐승이나 먹게 하여라. 너희 포도원도, 올리브밭도 그렇게 하여라.[53]

---

50 출애굽기 23장 12절.
51 출애굽기 22장 29절.
52 레위기 25장 4절.
53 출애굽기 23장 11절.

하느님은 동물도 사랑의 눈으로 주의 깊게 바라보며, 동물권을 중시한다. 인간관계와는 별개로 동물을 도와주어야 한다.

> 너희를 미워하는 자의 나귀가 짐에 깔려 있는 것을 보면 내버려 두지 말고 그 일으켜 세우는 것을 반드시 도와주어야 한다.[54]

> 소와 양도 새끼와 같은 날 죽이지 말아야 한다. "소나 양을 그 새끼와 함께 같은 날 죽이지 말라."[55]

새끼염소를 어미의 적으로 삼는 잔인함을 그쳐야 한다.

> 너희 밭에서 난 만물 중에서 제일 좋은 것을 너희 하느님 야훼의 집으로 가져와야 한다. 또 새끼 염소를 그 어미의 젖으로 삶아도 안 된다.[56]

기독교 창조질서의 개념은 환경을 비신성화함으로써 오히려 환경에 대한 올바른 안목을 길러주는 부분이 더 크다고 말할 수 있다. 그러므로 화이트가 지적한 기독교의 영향에 따른 자연과학의 발달에 의한 생태계 파괴라는 인식은 재고되어야 한다. 이에 대해 조용훈은 철학적 입장에서 정리해주었다.

> 근대서구사상가들은 자연을 '기계론적 자연관'으로 생각하였다. 그로 인해 자연은 죽은 것, 결정론적으로 운명 지워진 것, 인과적으로 규정된 것, 그리고 정적인 폐쇄 체계로 보았다. 또한 자연과 인간을 대립

---

54 출애굽기 23장 5절.
55 레위기 22장 26절.
56 출애굽기 23장 19절.

적으로 보았고, 자연을 인간이 이성을 통해 정복해야 할 것으로 파악했다. 예로써 밀J. S. Mill은 "자연의 힘은 종종 인간의 적으로 나타나며 인간은 힘으로든 지혜로든 그것과 싸워야 한다"라고 말했으며, 프로이트S. Freud는 '나머지 인간 공동체와 연합하여 자연을 공격하여, 그것을 과학의 지도를 받으며 인간의 의지에 굴복시켜야 한다'라고 주장했다.[57]

이제 우리는 창조질서 본연의 모습으로서 노동의 신성함을 통하여 생태계를 가꾸고 보존해야 한다. 이렇게 하는 가운데 생태계의 순환질서는 다시금 회복될 것이며, 노동은 인간의 창조성의 표현에 의한 본연의 임무로 돌아갈 것이다. 창조의 협력을 위한 전제는 태초의 창조가 완성되지 않았다는 통찰에 있다. 창조는 계속되고 있는 과정으로 이해해야 한다. 이에 대한 죌레의 말에 주목할 필요가 있다.

시계제작자로서의 하느님의 표상이 오늘날에도 많은 사람들의 머릿속을 지배하고 있다. 이것은 자동적으로 작동하는 정교하고 거대한 시계로서 세상을 제작했던 그리고 나서 영원 속으로 자취를 감춰버린 하느님이다. 이것은 이신론理神論이며 기독교적 신앙이 아니다. 창조신앙을 진지하게 받아들이는 사람은 신적인 시계제작의 빈틈없는 솜씨에 대한 이러한 안이한 신앙과는 전혀 다른 것을 필요로 하는 것이다.[58]

서남동도 새로운 창조신앙을 제안하였다. 그는 하느님의 창조를 생성하는 신a becoming God으로 보면서, 이 생성하는 하느님의 생성활동이 곧 그의 창조활동이며, 그 창조는 계속되는 창조라고 보았다. 그러기에 서

---

57 조용훈, "앞의 책", 91쪽.
58 도로테 죌레, "앞의 책", 68쪽.

남동은 에베소서 4장에 주목하여 하느님을 "생태계 만물 위에 있는" 창조의 신성만이 아니라 "생태계 만물을 통하여 일하는" 진화의 신성과 '만물 안에 있는' 범신론적인 신성도 지니고 있는 존재로 말하였다.[59] 이렇게 만물우주을 창조하고, 만물을 통하여 노동하며, 만물 안에 내재하는 하느님은 곧 우주생명이고 신적 생명이다. 이 우주생명은 목적지향적인 '발전하는 우주evolving universe'로서, 그것은 내면적·정신적 느낌을 가지고 있다. 그러므로 우주는 살아있는, 진화하는 생명체이며, 하느님은 곧 우주생명의 창조력이다. 이러한 창조의 계속적인 표현은 성서에서도 찾아볼 수 있다.

내가 기뻐하는 단식은 바로 이런 것이다. 주 야훼께서 말씀하셨다. "억울하게 묶인 이를 끌러주고 멍에를 풀어주는 것, 압제받는 이들을 석방하고 모든 멍에를 부수어버리는 것이다. 네가 먹을 것을 굶주린 이에게 나눠주는 것, 떠돌며 고생하는 사람을 집에 맞아들이고 헐벗은 사람을 입혀주며 제 골육을 모르는 체하지 않는 것이다. 그렇게만 하면 너희 빛이 새벽 동이 트듯 터져 나오리라. 너희 상처는 금시 아물어 떳떳한 발걸음으로 전진하는데 야훼의 영광이 너희 뒤를 받쳐 주리라. 그제야, 네가 부르짖으면, 야훼가 대답해 주리라. 살려달라고 외치면, '내가 살려 주마.' 하리라. 너희 가운데서 멍에를 치운다면, 삿대질을 그만두고 못된 말을 거둔다면, 네가 먹을 것을 굶주린 자에게 나누어 주고 쪼들린 자의 배를 채워준다면, 너의 빛이 어둠에 떠올라 너의 어둠이 대낮같이 밝아 오리라. 야훼가 너를 줄곧 인도하고 메마른 곳에서도 배불리며 뼈 마디마디에 힘을 주리라. 너는 물이 항상 흐르는 동산이요 물이 끊어지지 않는 샘줄기, 너의 아들들은 허물어진 옛 터전을 재건하고 오래오래 버려두었던 옛 터를 다시 세우리라. 너는 '갈라

---

59 서남동, 「환경위기와 신학」, 〈크리스챤신문〉 (1972년 1월 8일).

진 성벽을 수축하는 자', '허물어진 집들을 수리하는 자'라고 불리리라"[60]

이렇듯 인간은 하느님의 공동창조자가 되고 창조의 과정에 능동적으로 참여하는 존재이다. 이는 억울하게 묶인 자를 끌러 주고, 모든 멍에를 부수어버리는 것, 압제받는 이들을 석방하는 것 등의 정의를 실현하기 위한 실천적 노동이다. 그렇게 하면 우리의 빛이 새벽 동이 트듯 터져 나온다는 말이다. 자신을 위해 저축하기보다는 굶주린 사람들을 위해 베푸는 사람들의 빛이 어둠 속을 비춘다. 인간은 이와 같이 과거에 완결됨이 아니라 참된 미래를 보증하는 과정으로 창조에 동참하라는 촉구를 받고 있다. 이러한 이해는 하느님에 대한 이해를 관계의 측면에서 파악하는 것과 그 맥을 같이한다. 이것은 성서적인 근거를 지니고 있다. 성서에서 '거룩'이란 개념은 하느님을 창조적 상호관계로 볼 수 있게 한다. 이 말은 하느님과 인간에게 모두 적용된다. 십계명과 관련해서 하느님은 그가 선택한 이스라엘 민족에게 자신과 같은 성품을 지니라고 명령한다.

너는 이스라엘 백성 온 회중에게 이렇게 일러주어라. "나 야훼 너희 하느님이 거룩하니, 너희도 거룩한 사람이 되어라"[61]

이 명령에 의하면 분명히 인간은 거룩하도록 규정되어 있다. 인간은 하느님과 일치하도록 촉구된다. 인간은 정의를 수행함으로써 하느님의 고유한 거룩에 도달하도록 초대를 받는다. 그러므로 하느님의 거룩에

---

60 이사야 58장 6-12절.
61 레위기 19장 2절.

동참한다는 것은 곧 정의를 실천한다는 것을 의미한다. 인간은 하느님의 모습대로 창조되었기에 하느님의 모습대로 살아갈 수 있다.

> 하느님께서는 "우리 모습을 닮은 사람을 만들자! 그래서 바다의 고기와 공중의 새, 또 집짐승과 모든 들짐승과 땅 위를 기어 다니는 모든 길짐승을 다스리게 하자!" 하시고, 당신의 모습대로 사람을 지어내셨다.[62]

인간은 하느님을 본받도록 부름 받았다. 예수는 산상설교에서 "하느님의 완전함을 이루라"[63]고 명령한다. 쬘레는 하느님의 완전함에 이르는 것에 대해 다음과 같이 말하였다. "성서적 이해에 의하면, 신의 '거룩'과 '완전함'은 신이 만든 창조의 이상적인 상태를 말한다. 이는 신의 창조에 협력하여 세상에서 정의를 위해 일함을 나타내는 말이다."[64]

🐦 나오는 말

이 글은 종교와 생태계라는 커다란 철학적 주제의식에 따라서 기독교와 생태계의 관계설정에 대해 논의를 전개해보았다. 기독교와 생태계라는 주제에 문제의식을 제기한 이는 '화이트'였다. 그 이후로 다양한 논의들이 전개되었고, 지금도 활발하게 진행되고 있다. 이러한 논의에 대해, 기독교를 변호해가면서, 한걸음 더 나아가 적극적인 대안으로서 기독교

---

62 창세기 1장 26-27절.
63 하늘에 계신 아버지께서 완전하신 것같이 너희도 완전한 사람이 되어라(마태오의 복음서 5장 48절).
64 도로테 쬘레, "앞의 책", 73쪽.

와 생태계의 관계설정을 위한 기독교의 생태학적 가치들을 발굴해 내고자 하였다. 이러한 시도들의 핵심은 바로 '새로운 창조신앙'이라는 개념이다. 이것은 기존의 창조신앙이 인간을 생태계로부터 구분할 뿐만 아니라, 생태계의 지배자로 파악하였던 것에서 벗어나 새롭게 이해하는 창조신앙을 말한다.

인간은 생태계의 지배자가 아니라 함께 살아가야 하는 운명공동체로, 생태계의 일부분이다. 그에 따라 인간은 생태계 안에 살며, 생태계 없이는 생존할 수 없다. 생태계는 인간이 없어도 얼마든지 생존이 가능하지만, 인간은 생태계의 혜택이 없이는 생존이 불가능하다. 그러므로 생태계는 인간 생존의 조건이요 토대이지, 인간의 필요에 따라 수단으로 활용되는 단순한 재료가 아니다. 성서에 따르면, 인간이 다른 동물들처럼 여섯째 날에 지음 받았고,[65] 똑같이 흙으로 지어졌으며,[66] 인간이 죽게 되면 다시 흙으로 돌아간다는 표현,[67] 그리고 인간과 동물이 땅을 그들의 공통된 삶의 토대로 사용해야한다[68]는 것들은 인간이 생태계와 대립하는 존재라기보다는 생태계의 일부로서 생태계와 상호의존 관계를 맺고 있다는 윤리적 의미를 전해준다. 그러므로 인간은 자신이 생태계의 일부임을 자각해야 한다. 인간이 자신의 생태계성을 망각하거나 생태계

---

65 이렇게 만드신 모든 것을 하느님께서 보시니 참 좋았다. 엿샛날도 밤, 낮 하루가 지났다.(창세기 1장 31절)

66 야훼 하느님께서 진흙으로 사람을 빚어 만드시고 코에 입김을 불어 넣으시니, 사람이 되어 숨을 쉬었다.(창세기 2장 7절)

67 그리고 아담에게는 이렇게 말씀하셨다. "너는 아내의 말에 넘어가 따 먹지 말라고 내가 일찍이 일러 둔 나무 열매를 따 먹었으니, 땅 또한 너 때문에 저주를 받으리라. 너는 죽도록 고생해야 먹고 살리라. 들에서 나는 곡식을 먹어야 할 터인데, 땅은 가시덤불과 엉겅퀴를 내리라. 너는 흙에서 난 몸이니 흙으로 돌아가기까지 이마에 땀을 흘려야 낟알을 얻어먹으리라. 너는 먼지이니 먼지로 돌아가리라."(창세기 3장 17-19절)

68 하느님께서 "땅은 온갖 동물을 내어라! 온갖 집짐승과 길짐승과 들짐승을 내어라!" 하시자 그대로 되었다. 하느님께서는 이렇게 온갖 들짐승과 집짐승과 땅 위를 기어 다니는 길짐승을 만드셨다. 하느님께서 보시니 참 좋았다.(창세기 1장 24-25절)

와 관계 맺지 못할 때, 이 둘의 관계는 불행하게 되어, 양자 모두 파멸과 직결된다.

인간과 생태계는 하나의 공동체로서 공존공생의 운명을 같이 한다. 이러한 새로운 이해의 틀은 하느님의 창조가 끝난 것이 아닌, 미완이라는 개념설정이다. 이러한 새로운 창조신앙의 이해를 통해 인간은 하느님의 창조 완성에 동참하는 공동창조자로서 상처투성이의 생태계를 바라보면서 반성하고, 치료하고, 진정한 화해를 이루어가는 새로운 창조신앙의 실천자로 나아가야 한다.

그런데 아직도 생태계 문제를 자신의 일이 아닌 것으로 여기면서 안일하게 생각하는 이들이 많다. 우리나라에서는 지구의 날Earth Day[69]이나 환경의 날[70]이 잇는 것조차 모르는 사람들이 많다. 이제 생태계를 살리는 일에는 너와 내가 따로 없다. 가정, 학교, 직장은 물론 종교계에서도 녹색운동이 활발하게 전개되어야한다. 생태계를 보전하고 살리는 길이 곧 사람의 생명을 살리는 것이다. 그것이 곧 지구를 구하는 길이다. 하느님이 만드신 생태계를 살리고 보호하는데 너와 내가 따로 없다. 누가

---

69 지구의 환경을 보호하자는 취지로 제정한 날이다. 1970년 4월 22일 미국에서 게이로드 넬슨 상원의원이 주창하고 당시 대학생이던 데니스 헤이스가 조직한 환경보호촉구 워싱턴 집회에 환경운동가를 비롯해 국회의원, 시민, 각 지역단체, 각 급 학교 학생 등 2,000만여 명이 자발적으로 참여해 대규모 시위를 벌인 데서 비롯되었다. 미국에서는 이 날을 기념해 매년 4월 22일마다 전국에서 각종 행사를 개최하고 있다. 이 행사는 1980년대 들어 다른 나라에서도 기념하기 시작하여, 1990년에는 140개국에서 2억 명 이상이 행사에 참가했으며 2002년에는 184개국 5,000여 단체가 참가하여 명실공히 세계적인 기념일이 되었다. 한국에서는 시민단체 주도로 1990년에 남산에서 처음으로 지구의 날 행사가 개최된 이래 '차 없는 거리' 행사와 같은 다양한 환경문제를 주제로 매년 기념행사를 열고 있다.

70 1972년 스웨덴 스톡홀름 회의의 의미를 기념하기 위해 설정한 기념일이다. 산업과 과학기술의 급속한 발달에 따라 생태계 파괴가 심화되면서 세계 각국들은 국제협력을 통해 이에 대해 공동대처할 필요성을 인식해 1968년 제23차 국제연합(UN) 총회 제2398호에 의해 UN 환경회의를 개최할 것을 견의했다. 이에 따라 1972년 6월 5일부터 스웨덴의 스톡홀름에서는 한국을 비롯한 113개국의 대표가 참가한 가운데 UN 인간환경선언이 채택되었고 세계환경의 날 제정이 건의되었다. 이 건의에 따라 1972년 제23차 UN 총회에서 UN 환경회의 개최일인 6월 5일을 세계환경의 날로 지정했으며, 각국 정부는 매년 이날을 기념하는 행사를 개최함으로써 환경보전에 대한 인식이 전 세계에 확산되었다.

먼저랄 것이 없이 우리는 앞장서서 작은 것부터 실천해야한다. 숲이 사라지고 사막화되는 현상의 주범은 무분별하게 사용되는 종이의 수요가 한몫을 하고 있다. 그러므로 불필요한 종이 사용을 자제하고, 재생용지를 사용해야한다. 그리고 나무 심기, 일회용품 자제하기, 대중교통 이용하기, 냉난방 절제하기, 음식물 남기지 않기, 에너지 절약, 물 아껴 쓰기 등에 적극 나서야한다.

글을 마치면서 나름 잘된 점과 아쉬운 점 그리고 이를 통한 차후의 과제를 제시하면 다음과 같다. 우리 시대에 심각한 문제로 학문적 접근이 요구되는 인간과 생태계의 문제를 기독교윤리적 관점에서 다룬 점이 시의적절하다고 판단된다. 인간과 생태계의 화해를 위한 기독교생태윤리의 단초로서의 역할을 기대한다. 그러나 글을 마치고 보니 아쉬운 점들이 눈에 띤다. 그 동안의 연구를 검토하면서 다양한 연구들이 나열되고 있지만, 각 연구의 맥락을 검토하여 비판적이고 생산적인 논의를 펼치고 있다고 보기에는 부족하다. 창세기 3장의 해석과 관련하여 인간의 죄로 인해 저주를 받은 것이 무엇인가를 놓고 혼란스러운 결론에 이르기도 하였다. 생태계 위기의 유대-기독교적 뿌리로 지목된 창세기에 나타나는 지배의 위임을 재해석하려는 시도는 좋지만, 이를 뒷받침하는 성서 주석이 보다 엄격하게 참고가 되어야 하는데 성서해석학적 지식의 부족으로 이를 제대로 수행해내지 못하였다.

차후의 과제로 인간과 생태계의 '화해'가 무엇을 가리키고, 이와 관련하여 어떤 과제들을 설정할 수 있는가를 밝혀 논의의 지평을 넓히고자 한다.

참고문헌

국내물

김명용, 『현대의 도전과 오늘의 조직신학』(장로회신학대학교 출판부, 2005).

김철영, 『믿음과 삶의 윤리학』(장로회신학대학교 출판부, 1994).

문시영, 『기독교 윤리 이야기』(한들출판사, 1996).

박재순, 『예수 운동과 밥상 공동체』(천지, 1988).

박창빈, 「한국 교회와 사회 선교」, 『현대 교회와 사회 선교』(대한예수교장로회총회
　　　　출판국, 1991).

장회익, 『삶과 온 생명』(솔출판사, 1998).

서남동, 『전환 시대의 신학』(한국신학연구소, 1976).

서남동, 「환경위기와 신학」, ‹크리스챤신문›(1972년 1월 8일).

조용훈, 『동서양의 자연관과 기독교 환경윤리』(대한기독교서회, 2002).

통합윤리학회 편, 『21세기의 도전과 기독교문화』(예영커뮤니케이션, 1998).

한국기독교사회문제연구원 편, 『정의·평화·창조질서의 보전 세계대회 자료집』(민
　　　　중사, 1990).

국내번역물

프란츠 알트, 손성현 역, 『생태주의자 예수』(나무심는 사람, 2003).

로빈 아트필드, 구승희 역, 『환경윤리학의 제문제』(따님, 1997).

권터 브라켈만, 「노동과 인권」, 『신학사상』(1977년 겨울).

노먼 K. 고트왈드, 김상기 역, 『히브리성서1』(한국신학연구소, 1993).

한스 요나스, 이진우 역, 『책임의 원칙 : 기술 시대의 생태학적 원리』(서광사, 1994).

위르겐 몰트만, 김균진 역, 『창조 안에 계신 하느님』(한국신학연구소, 1996).

P. T. 샤르뎅, 양명수 역, 『인간현상』(한길사, 1997).

도로테 죌레, 박재순 역, 『사랑과 노동』(한국신학연구소, 1993).

L. Jr. 화이트, 이유선 역, 「생태계 위기의 역사적 기원」, 『과학사상』, 창간호(1992, 봄).

국외물

Ian G. Barbour, *Religion in an Age of Science* (San Francisco : Harper, 1990).

Robert Eliot and Arran Gare(eds.), *Environmental Philosophy* (Milton Keynes : Open University Press, 1983).

David Kinsley, *Ecology and Religion : Ecological Spirituality in Cross-Cultural Perspective* (Upper Saddle River, N. J. : Prentice-Hal, 1995).

John Passmore, *Man's Responsibility for Nature*. Second Edition (London : Duckworth, 1980).

Lynn Jr. White, *The Historical Roots of Our Ecologic Crisis*. in Science. No. 155(1967).

제3부
자살과 구원의 상관성에 대한 소고[*]

들어가는 말

인간은 정말로 생각하는 동물인가 보다. 어느 날 문득 의문이 들 때
가 있다. '나는 왜 사는 걸까', '나는 어떻게 살아야할까', '나는 바르게 사
는 걸까' 그런데 가끔은 '이렇게 살아서 뭐하나' 하는 생각도 들고, 생각
의 끝자락에선 '정말 자살하면 안 되는 걸까', '자살하면 지옥 간다는 게
맞을까'하는 생각도 든다. 오늘날 자살보도가 연이어 보도되다 보니 충
격으로 받아들이던 것이 무덤덤해진 것 같다. 마치 자살이 우리 일상사
에 당연한 것처럼 느껴지는 것 같다. 그러나 살아가다보면 버겁게 느껴
지는 그 무엇이 있고, 도대체 삶이 뭔지 모르겠다는 회의에 빠져들곤 한
다. 이렇게 삶과 죽음에 대한 궁극적인 물음을 묻게 되는 순간, 이러한
물음은 인간의 삶을 송두리째 결정짓는 의미를 지니게 된다. 자신이 살
아있다는 것에서 더 이상의 의미를 찾지 못할 때, 삶이 아무런 의미가
없다고 느낄 때 인간은 자살을 선택하게 된다.

[*] 이 글은 성신여자대학교 인문학연구소에서 간행하는 한국연구재단 등재후보학술지 『인문
과학연구』 28집(2010)에 게재한 것을 수정·보완한 것이다.

그런데 자살이라는 선택이 쉽지 않은 것은 돌이킬 수 없는 결정이라는 문제이다. 또한 자살이라는 행위자체는 그야말로 개인적인 것인데 이 행위에 대해 사회적 제재와 종교적인 심판이 가해진다는 점이다. 기독교 교리에 의하면, 자살은 용서받지 못할 죄이다. 자살한 사람은 기독교 공동체에서 죄인 취급을 당하며, 믿음 없는 사람으로, 미성숙한 사람으로, 비도덕적이며 무책임한 사람으로 낙인찍힌다. 그에 따라 기독교에서는 자살한 사람에 대한 장례 문제의 논란이 있고, 이에 따라 유가족이 느끼는 신앙적 혼란과 충격이 크다. 죽은 사람의 피가 채 식기도 전에, 죽음의 방식만을 문제 삼으면서 그의 삶 전체와 그의 신앙적 깊이를 무시하는 것은 상식을 벗어난 지나친 폭력일 수 있다. 기독교계는 '자살 공화국'으로 불리는 현실 앞에 자살에 대한 입장을 표명해야만 할 것이다.

이 글은 자살에 대한 기독교의 논의를 진척해 나가기 위한 시도로 자살에 대한 기독교 윤리적 이해와 성서가 말하는 자살과 궁극적인 물음인 구원에 대해 논의를 제기해보려고 한다.

자살의 기독교 윤리적 의미

자살의 기독교 윤리적 의미를 파악하기에 앞서 자살에 대한 기본 이해를 살펴보고자 한다. 자살自殺은 스스로 목숨을 끊는 행위이다. 자살을 하는 까닭은 우울증, 약물 중독, 불명예 등 다양하며, 고통에서 벗어나거나 절망에서 벗어나려고 시도하기도 한다.

자살에 대한 관점은 문화, 종교, 법, 사회제도에 따라 다양하다. 이는 대부분의 종교에서 죄나 부도덕한 행위로 여겨지며, 일부 법에서는 범죄로 보고 있다. 때로는 어떤 문화에서는 수치에서 벗어나야 하거나 희망이 없는 상태에서 명예로운 행위로 보는 경우도 있다. 자살하는 사람은 유서를 남기기도 한다. 종교나 명예, 삶의 의미는 자살의 중요한 원인이 되기도 한다. 대개 서유럽과 아시아에서는 자살을 부도덕한 행위로 여긴다. 서구에서는 기독교 등의 영향으로 삶의 소중함을 중요하게 여겨 범죄로 여기는 이들도 있다. 이슬람교와 불교, 힌두교에서는 자살을 부정적으로 여긴다. 그러나 일본의 사무라이는 자신들의 실수나 실패를 불명예로 여겨 할복하는 것을 명예로 여겼다. 이러한 생각은 2차 세계대전 때에 사용된 가미가제에서도 잘 나타난다. 이러한 영향으로 인해 일본은 현재도 자살률이 아주 높은 나라들 중 하나이다.

죽음을 택하는 동기와 죽음이 미치는 영향에 따라서 자살의 의미는 전혀 다르게 이해되기도 한다. 스스로 목숨을 끊는 행위라는 넓은 의미에서는 자살과 자결이 같지만, 죽음의 동기에서 바라보는 좁은 의미에서는 자살은 자결과 다른 의미로 사용하고 있다. 자결은 적극적이고 긍정적인 행위로서 죽음을 선택하지만 통념적인 자살은 소극적이고 부정적인 행위로서 죽음을 선택한다. 자결은 정의로움에 대한 자신의 메시지를 전달하는 강력한 마지막 소통 수단이며 때로는 희생이 되지만, 자살은 환경에서 벗어나며 자신을 설명하는 소극적인 행위이며 대속의 희생이 되기도 한다. 자살한 사람은 바보로 불리지만, 자결한 사람은 열사로 기억되는 것도 죽음의 동기와 그 결과가 미치는 영향이 크게 다르기 때문이다. 고통이 극에 달하거나 편안하게 죽고 싶어할 때, 시행하는 안락사는 현재까지도 도덕에서 문제가 되고 있다. 자기희생은 보통 자살로 여기지 않는데, 그 까닭은 죽음의 목적이 자살이 아니라 남을 구하는 것이기 때문이다.

자살이 발생하는 원인이나 자살을 선택하는 이유로는 여러 가지가 제시되었으며, 자살자들이 직접 남긴 유서를 통해서도 추측할 수 있다. 구체적으로는 정신질환, 고통, 짝사랑, 스트레스, 비탄, 철학적이거나 이념적인 이유, 처벌이나 견디기 힘든 환경을 피하기 위해, 죄책감이나 부끄러움, 심각한 상해, 금전 손실, 자기희생, 군사 및 사회 전략의 일부로서,[1] 삶에 아무런 가치도 없다는 생각,[2] 종교적 컬트의 일부로서,[3] 외로움, 명예를 회복하기 위해[4] 등이 있다. 현대 의학은 자살을 정신건강의 문제로 보고 있다. 정신건강 전문가들은 환자의 자살 신호를 감지하기 위한 훈련을 받으며, 자살을 시도했거나 심각하게 고려하고 있는 사람을 응급 진료의 대상으로 판단한다. 특히 도파민이나 세로토닌 같은 두뇌화학물질과 연관된 우울증이 있는 사람은 자살 위험이 높은 것으로 본다.

고대 아테네에서는 국가의 승인 없이 자살을 행한 사람에 대해 일반적인 장례의 명예를 박탈했다. 자살자의 시체는 도시 변두리에 비석 없

1 사회 혁명을 위한 자살 같은 예이다. 유대 독립 전쟁당시 마사다에서 로마제국의 지배에 맞서 항전하던 혁명당원들이 전원 자결한 바 있다. 1970년에는 모친 이소선 여사의 영향으로 독실한 기독교인이었던 고 전태일 열사가 자본가들의 노동자들에 대한 억압과 착취에 바보회 결성, 노동환경 설문조사, 노동자들의 열악한 인권문제에 관심을 갖고 있던 일부 기자들의 신문기사 작성으로 투쟁하였으나 박정희 정권의 자본가와의 결탁으로 노동자들의 인권문제가 해결되지 않자, 이에 항거하여, "노동자는 기계가 아니다."라고 외치며 분신자살을 하였다. 중국으로부터의 독립을 주장하는 티벳 불교의 승려들이 분신자살을 하기도 하였다.
2 부조리주의, 비관주의, 허무주의와 같은 세계관에 따른 결단의 예이다.
3 사이비종교로 인한 집단 자살의 예이다. 1978년 가이아나 인민사원사건이나 1987년 오대양 집단자살 사건, 1994년과 1995년에 연달아서 두 차례씩 발생한 태양사원 사건, 1997년 천국의 문, 1998년 영생교회 집단소사 사건 등과 같이 사이비종교에서 교주까지 포함한 신도들이 집단 자살을 하는 경우도 있다. 이는 보통 교주의 신격이 깨지거나, 교주의 비리가 드러나 더 이상 사이비 종교가 유지될 수 없게되었을 때, 혹은 종말론으로 인해 이러한 일이 발생한다고 볼 수 있다.
4 명예를 위한 것으로, 수치를 면하기 위한 자살이다. 고대 로마와의 전쟁에서의 패배로 로마군에게 쫓기던 한니발 장군의 자살이나 네로 황제가 스승인 세네카에게 자살을 명한 사건을 명예를 지키기 위한 자살의 사례로 볼 수 있다. 소설 『쿠오바디스』에도 저명한 예술가이자 네로 황제의 측근인 페트로니우스가 자신이 모시던 황제에게 숙청당하기 전에 미리 자살했다는 내용이 나온다. 또 하나의 대표적인 예로 일본의 할복자살을 들 수 있다. 사무라이가 주군을 잘못 모셔 주군에게 피해가 갔을 때, 혹은 주군이 패배해 다른 주군을 모셔야 할 때 원래 주군의 명예를 지키기 위해 할복하는 경우도 있다. 일본의 전국 무장 오다 노부나가도 반란군에 잡혀 수치를 당하기 전에 자결하였다.

이 홀로 매장되었다. 프랑스의 루이 14세는 1670년에 보다 엄한 처벌을 명하는 법령을 발표했는데, 자살한 자의 몸을 얼굴이 땅에 닿은 채로 길거리에 끌고 다니고, 그 뒤에는 쓰레기 더미에 매달거나 던져 버리라 하였다. 또한 자살자의 모든 재산은 몰수되었다. 현대에는 대체로 자살을 범죄로 보지 않지만, 여기에도 국가나 경우에 따른 예외가 있다. 영국은 1961년에 자살 시도를 범죄에서 제외하기 전까지 자살을 재산 몰수로 처벌하였으며, 이는 1961년 자살법이 제정됨으로써 사라지게 되었다. 그 뒤로 영국에서는 그동안 널리 사용되던 'commit suicide자살을 저지르다'라는 표현이 점차 사용되지 않게 되었는데, 이는 commit라는 동사가 'commit murder살인을 저지르다' 등의 표현에서처럼 범죄를 연상시키기 때문이다. 미국에서도 역사적으로는 몇몇 주에서 자살이 중죄로 규정된 적 있지만, 실제 재판이나 처벌은 거의 이루어지지 않았다. 1963년까지도 노스다코타, 사우스다코타, 워싱턴, 뉴저지, 네바다, 오클라호마 등 여섯 개 주는 자살 시도를 범죄로 취급했으나, 1990년대 초반에는 두 주만이 자살을 범죄로 보았으며, 그 뒤로 이들 두 주도 해당 법률을 폐지했다. 몇몇 주에서는 여전히 자살이 불문화된 "보통법적 범죄"로 여겨진다. 그러나 많은 사법권에서 남의 자살을 돕는 행위는 범죄로 취급된다. 직접적인 도움만을 제한하는 경우도 있고, 간접적이거나 언어적인 도움도 제한하는 경우도 있다. 그러나 허용된 절차에 따라 돕는 행위는 범죄이며, 주 법은 어떤 사람이든 다른 사람의 자살을 막기 위해 "정당하게 필요할 수 있는 완력"을 사용할 수 있다고 명시적으로 허용하고 있다. 조 2항 자살교사방조죄와 형법 253조 위계위력살인죄를 처벌하고 있다. 자살교사방조죄는 타인이 자살하도록 교사하거나 방조하는 것을 말하며, 위계위력살인죄는 위계나 위력으로 자살을 교사 또는 방조하는 경우를 말한다.

보편적인 종교의 관점에서 자살은 범죄행위로 간주되며, 내세에서 불이익을 받게 된다. 특히 유대교에서는 생명을 하느님의 주권아래 있다고 보는 교리에 따라 자살을 회개가 불가능한 대죄로 여기고 있으며, 불교 역시 자살을 할 경우 내세가 지옥, 아귀도나 축생계로 정해질 정도의 중대한 범죄행위로 간주한다. 한편, 자이나교에서는 예외적으로 자살을 허용하고 있으며, 자살을 용인하는 사실 때문에 고대 때부터 불교의 비판을 많이 받아왔고, 육사외도로 분류되는 결정적 원인이 되었다.

기독교는 전통적으로 자살을 매우 부정적으로 이해해 왔다. 중세 때는 법에 따라 자살을 시도한 것만으로도 처벌하였으며, 자살한 사람은 교회에서 장례식이 거부되었다. 신은 살아있는 생명뿐만 아니라 죽음에 대해서도 절대적인 주관자이다. 인간은 자신의 생명을 신으로부터 대여받았을 뿐, 자신의 생명에 대한 결정권을 부여받지 못했다. 아퀴나스는 중세 후기, 세 가지 이유에서 자살을 반대했다. 첫째, 인간의 자기 사랑과 자기 보전은 자연으로부터 주어진 의무이다. 둘째, 인간은 공동체에 소속되어 있다. 셋째, 생명의 처리 권한은 인간에게 있지 않고 신에게만 있다는 것이 그것이다.[5] 가톨릭교회 법은 자살을 시도한 사람에게는 사제 서품에서 제외한다. 정상적인 정신 상태에서 자살한 사람은 교회에서 장례식을 하는 것과 교회묘지에 묻는 것을 허락하지 않기도 한다.[6]

제 6계명 위반

신은 인간에게 반드시 지켜야하는 열 가지 계명을 주었다.[7] 이 열 가

---

5 이진홍, 『자살』(살림, 2006) 32-33쪽 참조.
6 현대사회와 기독교편찬위원회 편, 『현대사회와 기독교』(계명대학교 출판부, 2001) 211쪽.

지 계명 중 제 6계명이 "살인하지 말라"[8]이다. 이 계명은 살인을 금지하는 유일한 구절이면서 동시에 가장 강력하게 말하는 구절이다. 이 구절의 히브리어 원문을 직역하면 "살인하지 못한다 לא תרצח"이다. 이 표현은 구약성서에 47번이나 나오는 표현으로 단순명료하다.[9] 이 구절의 특징으로는 목적어가 없다. 이에 대해, 신성종은 다른 사람과 자신이라는 목적어가 생략된 것으로 본다.[10] 대부분의 경우 이 동사는 잘못 죽이는 경우에 대하여 사용되었다.[11] 본문에서 이 단어를 채용한 이유는 의도적인 것 같다. 즉, 살인의 행위에 대한 범위가 매우 광범위함을 나타내기 위함이다. 그렇다면 살인의 범위는 어디까지일까?

이 계명은 다른 사람의 생명을 빼앗는 행위를 금지한 것이다. 더 나아가서 이웃에 대한 존중심이 이 계명 안에 들어 있다. 생명에 대한 경외심과 신의 형상으로 만들어진 이웃에 대한 존중심도 포함하고 있다.[12] 자살은 바로 이 6계명을 위반하는 큰 죄이다. 자기 자신을 살해하는 것은 생명에 대한 신의 주권을 거부하는 것일 뿐만 아니라 생명의 신성성에 대한 공격이다.[13] 사람의 생명은 모두 신이 부여한 것으로, 신의 모습을 반영하는 소중한 것이다. 신은 살인의 죄가 사형의 벌로 엄하게 징계

---

7 출애굽기 20장 1-17절, 신명기 5장 1-21절 참조.

8 출애굽기 20장 13절, 신명기 5장 17절.

9 일반적으로 '살인하다'는 히브리어는 하라그(הרג)가 165회, 히미트(המית)가 201회 사용되었다. 이 동사들은 전쟁 상황에서 적군을 살해, 법에 따른 처벌 혹은 신의 심판에 따라 사람을 처형하는 경우를 묘사할 때 사용하였다. 차준희, 『출애굽기 다시 보기』(프리칭아카데미, 2004) 193쪽.

10 신성종, 「자살과 안락사에 대한 성경적 고찰」, 『신학지남』(통권 제171호, 1995), 97쪽.

11 Nahum M. Sarna, "Exodus", *The JPS Torah Commentary* (Jerusalem : The Jewish Publication Society, 1991) p.113; 여기서 사르나는 다음의 세 가지 경우에는 해당되지 않음을 말하였다. 첫째, 평화를 이룩하기 위해서 전쟁을 하는 가운데 사람을 죽이는 것이다. 둘째, 사형선고를 내리는 것이다.(출애굽기 21장 12절; 레위기 20장; 신명기 13장) 셋째, 사람이 식용을 위해서 동물을 살해하는 것이다.(창세기 9장 3절)

12 W. H. 기스펜, 최종태 역, 「출애굽기」, 『반즈 주석』(크리스천서적, 1989) 278-279쪽 참조.

13 Norman L. 가이스러, 위거찬 역, 『기독교윤리학』(기독교문서선교회, 1991) 209쪽.

되어야 할 것을 말한다.

> 사람은 하느님의 모습으로 만들어졌으니 남의 피를 흘리는 사람은
> 제 피도 흘리게 되리라.[14]

즉, 다른 사람의 생명을 죽이든 자신의 생명을 끊든 그것은 동일한 살인 행위라고 본 것이다.[15]

웨스트민스터 신앙고백서[16] 제 69문에도 십계명 제 6계명에 따라 스스로 자신의 생명을 끊거나 혹은 다른 사람의 생명을 불의하게 빼앗는 등의 모든 살인행위를 금하고 있다. 이것은 다른 사람을 죽이는 것만 살인이 아니라, 자신을 죽이는 것도 명백한 살인이라고 이해한 것이다. 인간의 생명은 신의 것이다. 신은 생명의 생존권을 보호하기 위하여, 생명

---

14 창세기 9장 6절.

15 R. McQuikin, *An Introduction to Biblical Ethics* (Tyndale House Publishers, Robertson Wheaton, 1995) p.328.

16 웨스트민스터 신앙고백(Westminster Confession)은 영어권 장로교회들의 신앙고백이다. 이 신앙고백은 웨스트민스터 종교회의에서 만들어졌는데, 웨스트민스터 종교회의는 영국 내란(청교도혁명)중인 1643년에 장기(長期)의회와 함께 소집되었으며, 1649년까지 웨스트민스터 대수도원에서 정기적으로 열렸다. 이 신앙고백은 1646년에 완성되어 의회에 제출되었고, 의회는 약간의 수정을 한 후 1648년 6월 이를 승인했다. 1660년 왕정복고 때 주교제 교회정치 형태가 복귀되었고, 장로교 신앙고백은 영국에서 공식적인 지위를 상실했다. 1647년 스코틀랜드 교회가 이 신앙고백을 채택했고, 이 외에도 미국과 영국의 여러 장로교파가 약간의 수정을 가하여 채택했으며, 일부 회중교회와 침례교회도 이 신앙고백을 채택했다. 아일랜드 국교회 대강령(1615)을 본떠서 작성한 것인 만큼 이 신앙고백은 유럽 대륙의 개혁 전통과 초기 기독교 교회로부터 물려받은 신조에 크게 의존했다. 사실상 범세계적인 칼뱅주의의 신학적 내용을 고전적인 논술의 형태로 요약한 이 신앙고백은 33장으로 되어 있는데, 아주 조리 있고 엄숙한 문체로 씌어졌으며, 그 시대의 정통교리 범위 안에서 인정되는 약간의 견해 차이를 허용하고 있다. 웨스트민스터 신앙고백은 교리의 유일한 근거가 성서라고 단언하며, 초대 교회의 신조들로부터 나온 삼위일체 교리와 그리스도론에 동의하며 그것을 재진술하고 있다. 이 신앙고백에는 성례, 목사의 임무, 행위와 은혜의 두 언약에 대한 개혁교회의 입장이 나타나 있다. 이 신앙고백에 따르면, 영원한 판결(예정)은 "어떤 사람은 영원한 생명을 받도록 예정되고 어떤 사람은 영원한 죽음으로 미리 정해진다"는 것이지만, "하느님은 죄의 창시자가 아니며 피조물의 의지도 침해하지 않는다"고 되어 있다.

을 보존하기 위한 의무의 결과로 자살이나 살인을 금지한다.[17] 기독교는 구원받은 신자의 생명이 예수 그리스도의 십자가의 희생을 통해 생명의 소유권이 그리스도에게로 옮겨졌음을 말한다.

> 여러분의 몸은 여러분이 하느님께로부터 받은 성령이 계시는 성전이라는 것을 모르십니까? 여러분의 몸은 여러분 자신의 것이 아닙니다. 하느님께서는 값을 치르고 여러분의 몸을 사셨습니다. 그러므로 여러분은 자기 몸으로 하느님의 영광을 드러내십시오.[18]

자살의 금지는 6계명에 의한 생명 보호적 관차원이나 신의 모습을 지닌 인간 생명의 가치와 고귀함으로도 알 수 있다.

> 하느님께서는 "우리 모습을 닮은 사람을 만들자! 그래서 바다의 고기와 공중의 새, 또 집짐승과 모든 들짐승과 땅 위를 기어 다니는 모든 길짐승을 다스리게 하자!" 하시고, 당신의 모습대로 사람을 지어내셨다. 하느님의 모습대로 사람을 지어내시되 남자와 여자로 지어내시고[19]

신의 주권침해

자살은 신의 생명 주권에 대한 침해이다. 그러므로 자살은 큰 죄이다. 이를 좀 더 깊게 살펴보면 다음과 같다. 첫째, 자살은 신의 주권에 대한

---

17 J. P. 랑게, 김진홍 역, 『출애굽기』(백합출판사, 1986) 275쪽.
18 고린토인들에게 보낸 첫째 편지 6장 19~20절.
19 창세기 1장 26-27절.

엄청난 도전이다. 오직 신만이 인간의 육체에서 영혼을 분리시킬 권리를 갖는다. 성서는 모든 생명의 주인이 신임을 분명히 한다.[20]

신만이 만물에 대한 절대적 소유권을 행사할 수 있다. 이 말은 모든 인간의 생명종결권이 오직 신에게만 있다는 의미이다.

> 야훼께서 사탄에게 이르셨다. "좋다! 이제 내가 그의 소유를 모두 네 손에 부친다. 그러나 그의 몸에만은 손을 대지 마라." 이에 사탄은 야훼 앞에서 물러 나왔다.[21]

> 어느 동물의 목숨이 그의 손을 벗어날 수 있으며 어느 사람의 숨결이 주의 손을 벗어날 수 있겠는가?[22]

자살은 신에게 속한 생명을 스스로 제거하는 것이므로 신의 생명 주권에 대한 중대한 거역행위이다.

> 당신의 모습대로 사람을 지어내셨다. 하느님의 모습대로 사람을 지어내시되 남자와 여자로 지어내시고[23]

> 야훼 하느님께서 진흙으로 사람을 빚어 만드시고 코에 입김을 불어

---

20 이제 알아라. 내가 바로 그다. 나 외에는 신이 없다. 죽이는 것도 나요 살리는 것도 나며 찌르는 것도 나요 고쳐주는 것도 나다. 내 손에 잡은 것을 빼낼 자 없다.(신명기 32장 39절), 이 세상과, 그 안에 가득한 것이 모두 야훼의 것, 이 땅과 그 위에 사는 것이 모두 야훼의 것,(시편 24편 1절), 생명의 샘 정녕 당신께 있고 우리 앞길은 당신의 빛을 받아 환합니다.(시편 36편 9절), 나의 백성은 두 가지 잘못을 저질렀다. 생수가 솟는 샘인 나를 버리고 갈라져 새기만 하여 물이 괴지 않는 웅덩이를 팠다.(예레미야 2장 13절), 이스라엘의 희망은 야훼께 있습니다. 주님을 저버리고 어느 누가 부끄러운 꼴을 당하지 않겠습니까? 맑은 물이 솟는 샘 야훼를 저버리고 어느 누가 땅에 쓴 글씨처럼 지워지지 않겠습니까?(예레미야 17장 13절).
21 욥기 1장 12절.
22 욥기 12장 10절.
23 창세기 1장 27절.

넣으시니, 사람이 되어 숨을 쉬었다.[24]

기독교는 죄 중에 가장 큰 죄를 신의 주권을 거역하는 것으로 본다. 모든 생명은 인간이 아니라 창조주에게 속한 것이다. 인간이 스스로 목숨을 끊는 행동은 피조물이라는 자신의 위치를 망각하고, 창조주의 권한을 침범하는 교만이 그 행동의 동기가 되는 것이다. 신은 모든 피조물에게 생명을 주기도 하고,[25] 다시 거두기도 한다.[26] 인간의 생명을 인간이 종결시키는 행위는 자기 자신을 신의 자리에까지 높이는 교만이다.[27]

생명권은 인간의 권리 중 가장 중요하게 여겨진다. 그러나 기독교 관점에서 볼 때, 이것은 생명을 좌지우지할 수 있는 권한이 있는 것처럼 인간 스스로 결정하겠다는 발상이다. 생명결정권은 생명의 시작과 생명의 마지막을 인간 스스로 결정하겠다는 발상이다. 즉, 생명을 만들어 내거나, 주어진 생명을 마감할 권리를 인간이 가진다는 것이다. 생명결정권이 인간에게 있다고 주장할 때, 인간은 자신의 마음대로 인간을 복제할 수 있으며, 자기 멋대로 생명을 해치거나 죽일 수도 있게 된다. 자살은 이 두 가지 권리를 오해하는 데에서 비롯된다. 인간은 그 누구도 의도한 대로 태어나지 않은 것처럼, 마지막도 마음대로 결정해서는 안 된다. 그러므로 기독교는 어떤 이유가 있다고 해도 어떤 형태로든 자살을 금지한다. 신은 인간을 자유로운 존재로 창조하였다. 그러나 인간 스스

---

24 창세기 2장 7절.

25 한 처음에 하느님께서 하늘과 땅을 지어내셨다. 땅은 아직 모양을 갖추지 않고 아무것도 생기지 않았는데, 어둠이 깊은 물 위에 뒤덮여 있었고 그 물 위에 하느님의 기운이 휘돌고 있었다.(창세기 1장 1-2절), 그 빛이 하느님 보시기에 좋았다. 하느님께서는 빛과 어둠을 니누시고(1절), 창세기 2장 4절-25절 참조

26 그러다가 당신께서 외면하시면 어쩔 줄을 모르고 숨을 거두어들이시면 죽어서 먼지로 돌아가지만,(시편 104편 29절)

27 Henry T. Close, 1973 "Suicide: A Theological Perspective", *Journal of Pastoral Care*, vol. 27(March) p18.

로 자신의 생명까지 끊을 수 있는 자유까지 준 것은 아니다. 자살은 자기 몸에 폭력을 행사한다는 점에서 자유를 남용하는 것이다. 기독교인은 그 어떤 경우에도 자의적인 결정에 의하여 자살해서는 안 된다.[28]

자살과 구원의 관계

자살은 분명 신의 명령인 "살인하지 말라"를 위반하는 것이고, 신의 생명질서를 파괴하는 죄이다. 그러나 자살의 죄를 특별한 범죄 행위로 취급하여 구원 문제와 연결시키는 것은 지나친 논리적 오류이다. 흔히 자살하면 지옥 간다는 식의 종교적 가르침도 다시금 깊이 생각해 보아야한다. 이상원은 교회가 자살이 신 앞에서 심각한 죄임을 분명히 가르쳐야 하지만, 궁극적인 구원의 문제로 성급하게 연관 짓는 것에 대해서 주의를 기울여야 함을 여섯 가지 이유를 들어 제시한다.[29]

첫째, 성서는 '자살하면 지옥 간다'는 통설通說을 명시적으로 드러내지 않고, 윤리적인 판단도 하지 않는다.

둘째, 종교개혁[30]의 전통을 잇는 개혁신학의 전통은 자살한 기독교인

---

28 H. van Oyen, *Ethik des Alten Testaments* (Gütersloh, 1967) 122p.을 김형민, 「제 6계명의 윤리」, 『신학이해』, 통권 35집 (2008) 86쪽에서 재인용.

29 이상원, 「'자살하면 지옥 간다'는 통설」, 『복음과 상황』, 통권 제 226호(2009년 8월호) 70-75쪽 참조.

30 이상원의 인용이라 부득이 종교개혁(Reformation, 宗敎改革)이라고 하였다. 필자는 엄밀한 의미에서 종교개혁이 아니라 기독교개혁이 맞는 표현이라고 생각한다. 기독교개혁은 16세기 로마 가톨릭 교회에서 일어난 기독교 혁명이다. 기독교개혁은 16세기에 가톨릭교회의 타락 특별히 교황의 면죄부 발행 사건이 도화선이 되어 루터에게서 시작된 큰 개혁이 마침내 개신교를 탄생케 한 운동을 일반적으로 일컫는 말이다. 이는 엄밀히 말하면 잘못된 말이다. 이 말에 대한 영어는 'The Reformation'으로, 문자 그대로 '개혁'이란 말이지, 거기에 '종교'라는 말은 전혀 없다. 이 말이 동양에서는 한자어로 중국에서 썼고, 같은 한자를 쓰는 일본과 우리나라가 그것을 따라 '종교개혁'으로 쓰고 있는데, 우리로서는 그렇게 쓸 이유가 없다. 왜냐하면 서양에서는 그 당시 종교라면 그대로 기독교(넓은 뜻)를 의미했지

이 지옥에 간다는 통설을 가르치거나 제시한 바 없다. 자살을 사후의 구원 문제와 관련시켜서 제시하는 생각은 신플라톤주의[31]에 기인한 것이다. 루터는 자살자가 구원을 잃는다는 견해를 거부하고, 자살한 사람을 언급하면서 그가 건전한 마음과 평온한 모습으로 떠나간 것을 보니 아마도 그는 마지막 순간에 회개했을 것이라고 말하여 자살자가 정죄 받는다는 견해를 거부하였다. 칼뱅도 자살이 신의 주권을 침해하는 심각한 죄라고 말하고 심지어 악마의 분노에 사로잡혀 행하는 행동으로까지 말했으나, 자살을 성령훼방죄로 말한 적이 없고, 자살을 사후의 구원 문제와 연관하여 말한 적이 없다.

셋째, 의도성과 계획성이 지배적으로 나타나는 고의적 살인인 타살의 경우와 달리 기독교인들에게서 나타나는 자살은 대체로 우울증과 같은 일종의 정신질환 상태에서 결행되는 경우가 많고, 정신질환 상태에서

만, 동양으로 말하면 불교, 유교, 도교 등 여러 종교가 있으므로 그 의미를 분명하게 나타내기 위해서는 '기독교개혁'이라 함이 옳다. 이 혁명의 가장 중요한 지도자는 마르틴 루터와 장 칼뱅이다. 광범위한 정치적·경제적·사회적 영향을 미친 기독교개혁은 기독교의 3가지 주요 분파 중 하나인 개신교를 세우는 기초가 되었다.

31 신플라톤주의(Neoplatonism)는 3세기의 플로티노스가 발전시키고 그 후계자들이 수정해 나간 그리스 철학의 마지막 형태로서, 6세기 후반 비기독교적인 철학이 금지될 때까지 지배적인 위치를 점유했다. 신플라톤주의자들의 핵심 개념은 다음과 같다. 첫째, 존재의 위계질서가 있으며, 가장 낮은 단계는 시공 속에 존재하고 감각에 지각되는 물리적 세계이다. 둘째, 각 단계의 존재는 그보다 상위 단계로부터 파생된다. 그러나 이것은 시공 속에서 일어나는 과정이 아니다. 셋째, 각각의 파생된 존재는 그보다 상위 단계로 귀환하려는 관상적 욕구의 운동 속에서 자신의 실재성을 확립한다. 이러한 욕구는 상위 단계로부터 받은 유출의 창조적 힘 속에 이미 잠재해 있는 것이다. 따라서 세계는 유출과 귀환이라는 이중의 운동으로 설명된다. 넷째, 각 단계의 존재는 낮은 단계에 비친 그보다 상위 존재의 영상 혹은 표현이다. 다섯째, 존재의 등급은 단일성의 정도를 보여주는 등급이기도 하다. 물리적 세계의 원자적 개별화에 이를 때까지 존재의 단계를 따라 내려가면, 다수성과 분리성, 그리고 한계는 더욱 증가한다. 여섯째, 최상위의 존재는 모든 실재성을 초월하는 궁극적 원리로부터 도출되기 때문에 '존재 너머의 것'이라고 말할 수 있다. 또한 어떤 한계도, 어떤 속성도, 어떤 부분도 갖고 있지 않으므로, 실제로는 이름 붙여질 수 없으며 존재라고 말할 수도 없지만, 완전한 단일성을 지칭하기 위해 '일자'라고 불릴 수는 있다. 그리고 모든 완전성의 원천이자 귀환의 종착점이기 때문에 '선'이라고 불릴 수 있다. 일곱째, 이러한 최상의 원리는 하나의 대상(분리되고, 규정되고, 제한되는 사물)이 아니며, 어떠한 술어도 그것에 적용될 수 없기 때문에, 마음이 그것 자체와 직접 합일될 때만 알 수 있는 것이다.

자살이 결행될 경우에 윤리적인 비판의 대상이 되기보다는 질병치료의 관점에서 접근해야 한다.

넷째, 기독교인에게 나타난 어떤 한 순간의 비상한 사태를 보고 그 신자의 전 생애를 예단하는 위험에 빠질 수도 있기 때문이다.

다섯째, 자살이라는 죄에 대하여 회개할 시간을 갖지 못하고 죽기 때문에 구원받지 못한다는 생각도 옳지 않다. 오직 예수 그리스도를 믿음으로 의롭게 된 인간은 회개했느냐의 여부가 아닌 그리스도의 공로로 구원받는다.

여섯째, 청소년들에게 교육적 효과가 있다는 이유로 가르치는 것도 자제해야 한다. 충격효과에 기대어 성서적 근거가 불분명한 관점을 청소년들에게 가르치는 것보다는 기독교인이 자살을 해서는 안 되는 이유를 윤리적으로 차근차근 설명해 주어야한다.

초기 기독교회도 순교행위로 행해지는 자살에 대해서는 정당한 것으로 인정하였다. 자살이 큰 범죄가 된 것은 어거스틴에 의해 시작되고, 533년 즈음 몇 개의 교회협의회에서 자살을 정죄하게 되고, 아퀴나스는 자살이 죄라고 보는 견해를 다시 인정하고 확인하였다.[32]

🪢 성서가 말하는 자살

성서에는 '자살'이라는 용어가 등장하지 않는다. 성서관련 사전에도 자살이란 개념의 항목이 없다. 성서 전체에서 자살 행위에 대한 기록은 6회 정도 등장한다. 이들의 자살에 대한 상황적 이해와 유형 그리고 그

32 P. W. Pretzel, "Suicide: Ethical issues", In R. J. Hunter(Ed.), *Dictionary of Pastoral Care and Counseling* (Abingdon Press, Nashville TN, 1990), pp.1233-1234 참조.

것이 갖는 신과의 관계적 측면을 중심으로 살펴보면 다음과 같다.

⚲ 아비멜렉의 자살[33]

그는 세겜 사람 기드온이 첩을 통해 낳은 아들이다.[34] 그가 오브라에 있는 아버지 집으로 가서 이복異腹 형제 70명을 죽인 것은 아마 자신의 출생에 대한 상처로 인한 증오 때문인 듯하다. 그가 이스라엘을 통치할 때, 세겜 사람들이 그를 배반하게 되었다. 성서는 그들의 배반이 신이 그와 세겜 사람들 사이에 보낸 악령에 의한 것이라고 말한다.[35] 이러한 기록은 그의 자살이 이복형제 70명을 죽인 그의 행위에 대해 신의 징벌임을 시사한다.

그가 정권을 잡은 지 3년 후, 데베스 성읍을 점령하려고 할 때 백성들은 견고한 망대 안으로 도망쳤다. 이에 그는 그 망대를 불사르려고 했다. 그런데 그 망대 위에 있던 한 여인이 던진 맷돌이 그의 머리 위에 떨어져 두개골이 깨지는 부상을 입게 되었다. 그는 병기 잡은 소년을 급히 불러 '나를 죽이라'고 명령하여 죽었다. 그는 스스로 목숨을 끊은 것은 아니지만 자청하여 죽음을 맞이한 것이기에 넓은 의미에서 자살한 것이다. 그는 병사에게 자신을 죽일 것을 명령할 때 이렇게 말한다.

> 내 칼을 뽑아 나를 죽여라. 여자한테 죽었다는 말을 들을 수는 없다.[36]

---

33 판관기 9장 53-54절.
34 판관기 8장 31절.
35 판관기 9장 22-24절.
36 판관기 9장 54절.

이것은 남들에게 무시당하는 것을 견디기 힘들어하는 그의 내면의식을 보여주는 것 같다. 아마도 첩의 아들로 자란 내면의 상처와 연관된 것일 수 있다. 그의 아버지 기드온은 이스라엘의 전쟁 영웅이었지만, 가정에서는 일부다처를 이루어 가정의 불화와 갈등을 초래하였다. 이로 인한 처첩의 갈등과 이복 자녀들 간의 갈등과 반목으로 아비멜렉은 역기능 가정 속에서 자랐다. 성서는 그의 비참한 최후가 그의 악행에 대한 신의 공의로운 심판으로 묘사한다.[37]

삼손의 자살[38]

성서에서 그야말로 최후의 모습이 드라마틱한 장면으로 나오는 사람이 바로 삼손의 경우이다. 그의 삶은 전형적인 사사의 것과는 판이하게 달랐다. 그에 따라 그에 대한 평가는 논란이 많은데 그의 죽음 또한 그렇다. 성서는 그가 스스로 목숨을 끊음으로써 살아있을 때보다 블레셋[39]

37 판관기 9장 56-57절.
38 판관기 16장 23-31절.
39 해양민족으로 알려진 블레셋인들은 어디에서 왔는지는 분명치 않지만, 성서에서는 그리스 밑에 위치한 갑돌(크레테) 섬에서 유래했다고 이야기하지만, 이를 그대로 받아들이기는 어렵다. 현재까지의 학자들의 연구 결과에 따르면, 기원전 2000년대 후반에 지중해 연안과 유럽 남동부 지역에서 대대적으로 민족 이동이 있었다. '바닷백성들(Sea Peoples)'인 이들은 에게 해의 동부 지역을 비롯하여 소아시아, 시리아, 이집트까지 침략의 손길을 뻗었다. 그러나 이집트의 라므세스 3세에 의해 격퇴된 후 일부는 다시 바다를 건너가 크레타, 시실리, 사르디니아로 향했고, 일부는 가나안의 남부 해안지방에 정착하여 다섯 도시국가로 이루어진 블레셋을 세웠다. 불레셋 사람들의 다섯 추장은 가자, 아스돗, 아스클론, 갓, 에크론의 추장들이다. 오랜 용어인 갑돌인(Caphtorium) 대신 쓰이던 '블레셋사람(Philistin)'이라는 용어는 그 지역 사람들이 자신들을 부르는 말이었을지도 모른다. 이집트 비문들에는 그들을 플레사테 Pulesoti 라고 했고, 히브리어로는 플리쉬팀(Pelishtim)이고 플리쉬팀이 사는 지역의 히브리어 이름은 플렙셋(Pheleseth)이다. 우리말 성서 공동번역판의 불레셋은 이 히브리어 이름을 따른 것으로 그리스어로는 필리스티노이(Philistinoi)가 된다. 이후 블레셋은 기원전 11-12세기에 영토 팽창 정책을 펼쳤다. 바다에서는 가나안의 시돈, 띠로,

사람들을 많이 죽였다는 기록이 있다. 그 때에 삼손이 주께 부르짖으며 간구하였다.

> 주 야훼여, 한 번만 더 저를 기억해 주시고 힘을 주시어 제 두 눈을 뽑은 불레셋 사람들에게 단번에 복수하게 해 주십시오.[40]

삼손은 신전을 버티고 있는 가운데의 두 기둥을 하나는 왼손으로, 또 하나는 오른손으로 붙잡았다. 그는 "블레셋 놈들과 함께 죽게 해 주십시오."[41]라고 외치며, 있는 힘을 다하여 기둥을 밀어내, 신전이 무너져 내려 통치자들과 모든 백성이 돌무더기에 깔렸다. 그는 나실인답지 않은 나실인이었다.[42] 그는 긴 머리카락에서 나오는 힘을 가지고 사사로서 이스라엘을 건지는 영웅이었지만 '들릴라'라고 하는 블레셋 여성의 유혹에 빠져서 머리카락이 밀리고 포로로 잡혀서 두 눈이 뽑히고, 연자 맷돌을 돌리는 신세로 전락하고 말았다. 그러던 중 블레셋이 다곤 신전에 모여서 제사를 지내고 만찬을 하던 중 삼손을 붙들어서 두 기둥 사이에 묶었다. 그러자 삼손이 마지막 기도를 하고 다곤의 신전 안에 있는 두 기둥을 손으로 밀어서 그 안에 있던 삼 천 명의 사람이 다 죽고 자기도 죽고

비블로스와 해상무역의 주도권을 다투었고, 내륙에서는 이스라엘의 12지파 연합체와 크고 작은 싸움을 끊이지 않았다. 블레셋에서는 철기문화가 일찍부터 발달했지만, 고유의 독창적인 문화를 살리지 못하고 가나안 문화에 점차 동화되어 버렸다. 고유의 말도 잃어버린 채 가나안어의 한 방언으로 보이는 아스돗 말을 사용하게 되었다. 그러나 블레셋인들의 땅이라는 뜻의 팔레스타나(Palestina)란 이름은 오늘날까지 전해져 내려온다. 이는 블레셋이 위세를 떨쳐서가 아니라, 로마인들이 유대독립전쟁(AD 132-135)에 승리한 후 유대인들과 적대관계에 있었던 블레셋의 이름을 따 가나안 땅에 붙여 주었기 때문이다. 월간『성서와 함께』228호(1995년 3월호) 참조.

40 판관기 16장 28절.

41 판관기 16장 30절.

42 나실인에 관한 규정이 있는 민수기 6장 1~21절에 의하면, 나실인은 종신직과 한시적인 것이 있는데 삼손은 종신직이었다. 나실인의 금지조항에 관한 규정은 초기에는 잘 지켜졌으나 후기로 갈수록 잘 지켜지지 않은 것으로 보인다. 김남일, 『29가지 구약문화 이야기』(살림출판사, 2006) 참조.

말았다. 성서는 이 사건 마지막에 "삼손이 죽으면서 죽인 사람이 살아서 죽인 사람보다도 더 많았다."[43]는 말을 첨가함으로서 그의 죽음을 비교적 긍정적으로 보고 있다. 그렇다면 삼손의 이 행위는 정당한가? 이슬람의 지하드Jihad[44]와 유사한 성격을 가진 삼손의 죽음은 분명히 자살이었다. 다른 사람에 의해서 죽임당한 것이 아니라 자의에 의한 자살이다. 그렇다면 자살의 정당성은 확보될 수 있는가? 이에 대한 논란을 살펴보면 다음과 같다.

삼손의 죽음에 대한 비판적인 견해들이 있다. 삼손의 이러한 모든 행동은 신을 위한 것이 아니라 개인적인 것이다. '한 번만'이라는 표현도 신의 장기적인 계획안에 들어 있지 않은 그야말로 일시적인 것이기에 그의 죽음을 미화시킬 수는 없다.[45] 이러한 견해는 삼손의 기도 내용이 철저하게 자기의 억울함을 풀어 달라는 이기적인 것으로 삼손의 행위를 평가 절하한다.[46]

---

43 판관기 16장 30절.

44 (영) jihad/jehad. 이슬람교도에게 전쟁에 의해 이슬람을 전파하도록 하는 종교적 의무. 지하드는 원리나 신앙을 위해 벌이는 투쟁을 의미하게 되어 종종 '성전(聖戰)'으로 번역된다. 이슬람은 지하드의 의무수행을 마음·혀·손·칼에 의한 4가지 방법으로 구분하고 있다. 첫째는 악마와 싸워 악으로 이끄는 그의 유혹을 이겨내어 자신의 마음을 정신적으로 정화하는 데 있다. 혀와 손을 통한 이슬람의 전파는 옳은 것을 지지하고 잘못된 것을 바로잡는 것으로 대부분 달성된다. 의무를 수행하는 4번째 방법은 이슬람 신앙을 믿지 않는 적들에 대항하여 몸소 전쟁을 치르는 것이다. 신의 계시에 대한 믿음을 고백한 사람들(특히 기독교도들과 유대교도들)은 특별한 고려의 대상이 되었다. 그들은 이슬람으로 개종하거나 적어도 이슬람 통치에 순종하여 인두세와 토지세를 물 수 있었다. 만약 두 선택이 모두 거부된다면 지하드가 선언되는 것이다. 현대 이슬람은 자기 자신과의 내면적 전쟁을 특별히 강조하며 다른 국가와의 전쟁은 이슬람이 위험에 처했을 때 방어적 수단으로 허용된다. 이슬람 역사에서 비이슬람교도와의 전쟁은 비록 정치적인 의미가 강하다 하더라도, 종교적 의미를 부각시키기 위해 지하드라는 이름으로 불렀다. 이러한 경향은 18, 19세기 사하라 이남의 이슬람권 아프리카에서 특히 심하여 이곳에서는 종교적·정치적 정복을 지하드로 본다. 가장 두드러진 예는 우스만 단 포디오의 지하드로 이것에 의해 지금의 북부 나이지리아 지역에 소코토 칼리프 체제를 세웠다(1804).

45 Daniel I. Block, "Judge, Ruth," *The New American Commentary* (Broadman & Holman Publisher, Nashville, 1996), pp467-468 참조.

46 J. Clinton McCann, Judges (John Knox Press, Louisville, 1989), p.109; Daniel I. Block, The New American Commentary : *Judges*, Ruth (Broadman & Homan Publishers,

그러나 대부분의 신학자들은 삼손의 죽음을 자살로 분류하기를 거부하였다. 심지어 그의 죽음을 순국선열로 격상하고, 믿음의 영웅담으로 이야기한다. 윤철원은 삼손의 죽음을 그리스도의 자기희생에 대한 상징적 유형으로 해석할 만큼 중요한 의미가 있다고 보았다.[47] 권성수도 적군을 무찌르기 위해 자신의 몸을 던진 용사의 장렬한 전사와도 같고, 급류에 떠내려가는 자신을 구출하기 위해 몸을 던진 어머니의 죽음과도 같다고 말하였다.[48] 김지찬도 삼손의 죽음이야말로 일 년 된 수양을 대신해서 드리는 순전한 제물로, 이러한 행위가 주님께로 돌아가는 것이라고 보았다.[49] 박윤선도 신이 삼손의 기도에 응답해 준 것은 삼손을 향한 진노가 끝나고 불쌍히 여김으로 사랑을 회복한 증거라고 말하였다.[50] 신성종도 삼손의 죽음을 자살로 볼 수 없다고 말하였다.[51] 스톤K. Stone도 삼손이 이스라엘을 위해서 할 수 있는 최선의 길은 자기 자신을 희생하는데 것으로, 그의 희생은 이스라엘을 위한 마지막 순국이라고 보았다.[52] 발Bal도 삼손의 죽음을 가장 위대한 성취로 보았다.[53] 던Dunn도 이 이야기가 블레셋의 신인 다곤Dagon 신전神殿에서 일어났다는 사실을 강조하면서, 신의 계획에 의해 블레셋의 신을 낮춘 신학적인 의의가 있다고 보았다.[54] 해밀턴도 삼손의 복수가 개인적인 것이기보다는 신의 영광

Nashville,1979), p.468; Terry L. Bresinger, *Judges* (Herald Press, Scottdale, 1984), p.166; K. Lawson Younger Jr. *Judges, Ruth* (Zondervan, Grand Rapids, 2002), pp.322-323 참조.

47 윤철원, 「자살에 대한 성찰-성서 시대의 이해」, 『활천』(통권 585호, 2002년 8월호), 21쪽.

48 권성수, 「성경 속의 자살」, 『상담과 선교』(통권 26호, 1999년 겨울호), 7쪽.

49 김지찬, 『요단강에서 바빌론 물가까지』(생명의 말씀사, 1999), 217-218쪽 참조.

50 박윤선, 『성경주석 : 여호수아·사사기·룻기』(영음사, 1984), 303쪽.

51 신성종은 삼손의 죽음을 만일 자살로 본다면 주님의 십자가 사건과 사도들의 순교도 자살로 보아야 하는 오류를 범할 수 있다고 주장함으로 강력하게 삼손의 죽음을 자살로 보려는 의견에 반대하였다. 신성종, "앞의 논문", 95쪽.

52 K. Stone, "*From Tribal Confederation to Monarchic State: The Editorial Perspective of the Book of Judges*", Ph. D. (Yale University, New Haven, 1988) pp.383-385 참조.

53 M. Bal, "*Lethal Love: Feminist Literary Readings of Biblical Love Stories*" (Indiana University Press, Bloomington, 1987) pp.37~67 참조.

을 위한 것이라고 보았다. 그는 히브리어 '나캄'נקם에 주목하여, 이 뜻이 '앙갚음'보다는 '복수'[55]를 의미하는 것으로 신이 이에 동의를 한 것으로 보았다.[56] 이와 같이 삼손의 죽음에 대한 입장은 비교적 긍정적으로 보는 경우가 많다. 신약성서 히브리서는 삼손을 아브라함·모세·다윗과 같은 믿음의 선진이요 구름 같은 증인으로 언급한다.

> 내가 무슨 말을 더 하겠습니까? 기드온, 바락, 삼손, 옙타, 다윗, 사무엘, 그리고 예언자들의 이야기를 일일이 다 하자면 시간이 모자랄 것입니다.[57]

이것은 던의 말대로 다곤 신앙에 대한 야훼 신앙의 승리라고 하는 신명기 역사가의 신학적 견해가 널리 받아들여진 결과일 것이다.[58] 신명기 역사가에게 삼손의 행위는 숭고한 결단인 것이다. 그러나 이러한 견해는 자살을 신학적으로 미화하는 위험을 초래할 수도 있다. 만약 그렇게 된다면 해석자의 관점이나 자살하는 사람의 의도에 따라서 자살을 자의적으로 해석할 수 있는 여지를 줄 수 있게 된다. 분명 사건 자체로 볼 때, 그의 죽음은 자살일 수밖에 없다. 그의 죽음에 대한 지나친 미화는 윤리적 판단의 혼선을 주는 위험을 초래할 수 있다.

---

54 빅터. P. 해밀턴, 강성열 역, 『역사서 개론』(크리스챤다이제스트, 2005), 374-375쪽 참조.
55 인과율의 정의를 실현하기 위한 한층 더 높은 법적인 권위에 호소하려는 태도.
56 "앞의 책" 212쪽.
57 히브리서 11장 32절.
58 '신명기 역사가'는 성서를 기록하는 중요한 사관(史觀)중의 하나를 말하는 것으로. 모세가 신명기에서 강조한 기본정신에 따른 성서기록의 흐름으로 이스라엘이 신의 계명을 준수하면 복을 받으나, 그렇지 않으면 벌을 받는다는 역사기록의 한 방식이다. 이러한 성서 역사의 기록방식은 인과응보의 사상으로 신명기에 이어, 여호수아·사사기·사무엘서·열왕기서가 이에 해당한다. 장일선, 『신학자와 떠나는 구약여행』(생명나무, 2003), 135-140쪽 참조.

⚰ 사울과 병사의 동반자살[59]

자살의 유형 중, 동반자살의 경우가 사울 왕의 경우이다.[60] 사울 왕이 길보아 전투에서 패하고 크게 부상하자 자신의 무기 당번 병사에게 칼로 자기를 찌르라고 명령했다. 그러나 그 병사가 두려워하면서 실행을 꺼리자, 자신이 그 칼 위에 엎드려 죽고 말았다. 아마도 칼을 땅에 세우고 그 위에 엎드려서 죽은 것 같다. '엎드러진다'는 히브리어 '나팔느느'은 전쟁 중에 적군의 칼로 쳐서 죽게 한다는 의미도 있다. 그래서 이 본문을 가지고 참모가 사울을 죽이고 자기도 죽었다고 주장을 하기도 하나 본문의 히브리어가 능동태로 나타나는 것으로 볼 때 이것은 분명한 자살이라도 할 수 있다.

사울이 무기 당번병에게 자기를 죽이라고 한 것은 고대 근동의 풍습을 연상케 한다. 고대 근동의 전쟁에서는 패전한 적장의 목을 잘라서 전과를 자랑했다.[61] 그러기에 그는 이렇게 말했다. "저 오랑캐들에게 붙잡혀 욕을 당할 수는 없다. 차라리 네가 칼을 뽑아 나를 찔러라."[62] 사울은 민족적 자긍심으로 적군에게 치욕적으로 죽느니 그의 부하에게 죽는 것이 낫다고 생각한 것이다. 사울은 이미 적군 궁수에 의해서 심각한 부상을 입은 상태였고 이미 전쟁은 패했으므로 살아남는다고 해도 수치스러운 죽음을 당하게 된다. 사울 왕은 무기 당번병이 왕을 살해하는 것을 꺼리자, 급박한 지경에서 자살을 결행하였다. 이를 본 무기 당번병도 자결하였다.[63] 판관기 9장 54절에서도 한 여인이 던진 맷돌을 맞고 죽어가

---

59 사무엘상 31장 1 7절, 여대상 10장 3-4절.
60 사무엘상 31장 4절.
61 Robert D. Bergen, 1 · 2 "Samuel", *The New American Commentary* (Broadman & Holman Publisher, Nashville, 1996) p.282.
62 사무엘상 31장 4절.

던 아비멜렉이 그의 무기 당번병에게 자기를 죽일 것을 명령하는 장면이 나온다. 앞서 살펴본 아비멜렉도 "내 칼을 뽑아 나를 죽여라. 여자한테 죽었다는 말을 들을 수는 없다"[64]고 말했다. 이들은 당시 한 나라의 지도자로서 여인에게 죽임을 당하는 것과 오랑캐에게 죽임을 당하는 것을 극도의 수치로 여기고 있었던 것 같다.[65] 역대기상 10장 13절은 사울의 죽음이 자살이라는 점을 특별히 언급하지 않고, 다만 사울의 죽음이 신에게 죄를 범한 삶에 대한 징계였다고 말한다.[66]

성서는 사울의 죽음이 자살인가, 타살인가 하는 문제를 중요하게 다루지 않는다. 중요한 것은 신에게 죄를 범한 것에 대한 징계로써 사울이 죽게 되었다는 것이다.[67] 성서는 이처럼 사울과 무기 당번병의 자살에 대한 언급보다는 사울이 죄를 범한 것에 대한 형벌로서 신이 죽인 것이라는 것에 초점을 둔다.

사울의 자살에 대하여 다양한 학자들의 견해가 있다. 클라인R. W. Klein은 블레셋이 신의 기름부음 받은 사울을 '희롱하는 것'에 대해 그가 분개하여 자살한 것으로 볼 수 있다고 말하였다.[68] 해밀턴V. P. Hamilton도 그

---

63 사무엘상 31장 5절, 역대상 10장 4절-5절.

64 판관기 9장 54절.

65 블록(Daniel I. Block)에 의하면, 그 당시에는 여인에게 맞아 죽는 일은 오랑캐(할례 받지 않은 자)들에게 맞아 죽는 일보다 더 수치스러운 일이라고 보았다. Daniel I. Block, *op. cit.*, p.333.

66 많은 성서학자들이 이 점에 초점을 맞춘다. 박윤선,『성경주석 : 사무엘서, 열왕기, 역대기』(영음사, 1978), 152쪽; S. Zalewski, "The Purpose of the Story of the Death of Saul in 1 Chronicles X", in *Vetus Testament*, 39(1989), pp.449-467 참조; Martin J. Selman, *1 Chronicles*(IVP, Downers Grove, 1994), p.136; 로디 브라운은 역대기의 관심은 사울의 삶 전체가 불신앙이었음을 강조하는 데 있다고 본다. Roady Braun, *1 Chronicles* (Word Books, WACO, 1986), pp.151-152 참조.

67 역대기의 기록은 세 가지의 예로 사울이 신 앞에서 죄를 범한 인간임을 드러낸다. 첫째, 신의 말을 지키지 않았다. 이는 사울이 제사장 이외에는 집례하지 못하도록 되어 있는 제사를 직접 행한 일(사무엘상 13장 9-13절)과 아말렉 족속을 다 진멸하라는 명령을 어기고 아말렉 왕 아각과 전리품을 탈취한 물건 중에서 좋은 것 일부를 남겨둔 것(사무엘상 15장)이다. 둘째, 신접한 사람에게 가르침을 청함(사무엘상 28장 8-25절)으로 신의 명령을 어김(신명기 18장 9-14절). 셋째, 신에게 묻지 않고 실행하는 삶이다.

의 죽음이 신에게 죄를 범한 삶의 귀결이지만, 원수로 하여금 죽이지 못하게 하려는 점에서 명예롭다고 말하였다.[69] 그러나 스미스H. P. Smith는 고전적인 학자들이 그의 마지막 구원에 관하여 매우 부정적으로 보고 있기에, 사울의 죽음이 적절하지 않은 죽음이라는 사실을 제시하였다.[70] 비록 사울의 죽음이 고대 근동의 전쟁에서 패장敗將이 당하는 수치를 벗어나기 위하여 자살했다고 하지만 그 윤리적 정당성을 얻기에는 어렵다.

성서가 이 죽음에 대하여 다른 언급을 하고 있지 않기에, 정확한 의미를 부여하기는 어렵다. 다만 신정론神正論[71]의 입장에서 보면, 신은 사울을 버리기로 작정하였고, 그 의지가 전쟁의 참패로 인한 자살로 성취된다. 건D. M. Gunn은 신이 블레셋 사람들을 이용해서 사울을 죽인 것과 같다고 본다. 즉, 사울의 죽음은 신이 블레셋이라고 하는 매개를 이용해서 죽인 것이라는 입장이다.[72] 사울에 대한 성서의 평가는 냉엄하다. 다윗을 끈질기게 죽이려고 했고, 악신惡神에 사로잡혔고, 신의 말에 불순종하여 아말렉을 진멸하지 않았고, 급기야 무당에게 신의 뜻을 물었다.

68 Ralph W. Klein, "1 Samuel", *World Biblical Commentary*, vol. 10 (World Books Publisher, WACO, 1983), p.288.

69 빅터. P. 해밀턴, "앞의 책", 374-375쪽 참조.

70 Henry Preserved Smith, "The Book of Samuel", *The International Critic Commentary* (T.&T. Clark, Edinburgh, 1977), pp.252-253 참조.

71 신정론(theodicy, 神正論)이란 그리스어로 '신'이라는 뜻의 theos와 '정의'라는 뜻의 dikē에서 유래한 말로 신의 옳음을 인정하는 이론을 말한다. 이는 신의 선함과 올바름을 현세의 악과 고통에 관한 관찰 가능한 사실과 조화시키려 한다. 고트프리트 빌헬름 라이프니츠는 『신정론』(1710)에서 악이 존재함에도 신은 올바르다고 변호했다. 라이프니츠에 의하면, 신은 논리적으로 가능한 일을 할 수 있다는 의미에서만 전지전능하다. 어떤 요소들은 따로따로는 가능한 것이지만 상호양립할 수는 없는 경우가 있는데 신은 이런 제한된 상황에서 세계를 창조했기 때문에 이 창조된 세계는 '최선이 가능한 세계'이다 신정론은 대부분 악이라는 신학 문제를 해결하는 것이 목표이다.

72 David M. Gunn, *The Fate of King Saul : An Interpretation of a Biblical Story* (The University of sheffield, Sheffield, 1990), p.157; 장해경, 「죽은 자들이 어떤 몸으로 오는가?」, 『성경과 신학』(한국복음주의신학회 논문집, 제26권, 도서출판 하나, 1999) 63-132쪽 참조.

그런데 성서는 동정심을 불러일으키는 듯한 기록도 보여준다.[73] 사울의 경우는 비참한 최후의 측면도 있지만, 영웅적 행동으로 그려지고 있다. 윤철원은 구약 성서에서 자살한 인물들이 통치자의 자존심과 존엄성이라는 구체적인 목적을 달성하려는 마지막 수단으로 자살을 선택한다는 점에서 그들의 자살 선택과 현대인들의 자살 이해는 질적으로 다르다고 말한다.[74] 사울은 악인의 참담한 마지막이 아니라 일국의 왕으로서 품격을 유지하기 위한 방편으로 묘사되기도 한다. 분명한 것은 성서가 사울과 그의 무기 당번병이 택한 죽음의 방법으로서 자살에 대해서는 관심을 두지 않는다.[75]

아히도벨의 자살[76]

아히도벨은 다윗 왕의 아들인 압살롬을 지지하고 그의 편에 선 장군이다. 다윗의 부하였다가 배신한 후새의 권유를 받아들여 압살롬이 다윗에게 모욕을 주고자 할 때, 다윗의 후궁들과 동침을 하라고 권한 사람이 아히도벨이다. 그는 다윗을 죽이기 위해 군사 12,000명을 데리고 다윗의 뒤를 쫓으려는 계획을 압살롬에게 보고했으나, 이 계획이 거절당하고 오히려 후새에 의해서 다윗 왕에게 보고된 사실을 알고는 자기 집에서 목매서 죽었다. 이른바 교살絞殺이다. 교살은 율법에도 금하고 있다. "이렇게 나무에 달린 시체는 신에게 저주를 받은 것이니, 그 시체를

73 Ralph W. Klein, *op. cit.*, p.290.
74 윤철원, "앞의 논문", 22쪽.
75 클라인은 성서가 사울의 자살에 대한 어떠한 윤리적 평가도 제공하지 않음을 말한다.
　　Ralph W. Klein, *op. cit.*, p.288.
76 사무엘하 17장 23절.

나무에 단 채 밤을 보내지 말고 그 날로 묻어라. 그렇게 두어서 너희 하느님 야훼께 유산으로 받은 너희 땅을 더럽히면 안 된다."[77]

물론 이 구절은 죽을죄를 지어 처형된 사람의 시체를 매 다는 것을 의미하지만, 사람의 시체를 매달아 둔다는 것은 신의 저주를 받은 상태를 의미하는 것으로 매우 금기로 여겨졌다. 이러한 의식은 신약성서에서도 볼 수 있다. 베드로가 예루살렘 회의에서 "목 졸라 죽인 짐승도 먹지 마시오."[78]라고 말하면서 목 졸려 죽인 것을 꺼리라고 말한다. 또한 바오로도 갈라디아인들에게 보낸 편지에서 "'나무 달린 자는 누구나 저주 받을 자다'라고 성서에 기록되어 있듯이 그리스도께서는 우리를 위하여 십자가에 달려 저주받은 자가 되셔서 우리를 율법의 저주에서 구원해 내셨습니다."[79]고 말한다. 성서는 목매어 죽는 사람과 동물은 가장 불경한 죽음으로 여긴다.[80]

그러나 성서는 아히도벨의 자살을 아주 담담한 필체로 기록하고 있다. 그의 죽음을 사실적으로 짧게 묘사할 뿐, 특별히 가치 평가적 언어를 사용하지 않는다.[81] 대부분 성서학자들도 이에 대한 자세한 해설을 하고 있지 않다. 베겐Bergen은 아히도벨의 자살에 관한 윤리적인 판단이

---

77 신명기 21장 23절.
78 사도행전 15장 29절.
79 갈라디아인들에게 보낸 편지 3장 13절.
80 성서 전체에서 목매어 죽은 사람에 관한 기사는 단 두 곳 밖에 나오지 않는다. 물론 아이 왕(여호수아 8장 29절), 다섯 왕(여호수아 10장 26절), 하만(에스델 7장 9절, 10절), 하만의 아들들(에스델 9장 13절, 25절)이 사형을 당한 후에 시체를 매달아두는 벌을 받았으나 직접적으로 목을 매서 죽는 교살(絞殺)에 관한 기사는 두 군데 밖에 없다. 이것은 교살에 대한 확고한 신명기의 법률이 있었기에 금기시하고 있었음을 알 수 있다. Raymond Westbrook, "Punishment and Crimes", *The Anchor Bible*, vol. 5 (Double Day, New York, 1992), p.555.
81 앤더슨의 말이다. "그가 아버지의 무덤에 장사되었다는 것은 그 당시에는 자살이라는 행위가 어떤 불명예(stigma)가 아니었음을 의미한다. 비록 일부 후대의 유대교 전통에서 자살을 죄로 정하였지만, 초기 저자들은 명시적으로 어떠한 부정적인 논평을 하지 않는다." A. A. Anderson, 2 Samuel, *WBC 11* (Word Books Publisher, WACO, 1989), pp.215-216 참조.

이 기사의 주된 목적이 아님을 강조하였다.[82] 헤르츠버그Hans W. Hertzberg 역시 아히도벨이 자신의 운명도 압살롬과 같이 될 것을 미리 알고 자살할 정도로 지혜로운 사람으로 볼 수 있음을 말하였다.[83] 그는 아히도벨이 비록 자살을 하기는 했으나, 그의 시신이 아버지의 묘에 장례되었다고 성서에 기록된 것을 볼 때 그의 자살이 윤리적인 문제를 떠나서 그 당시 통념으로 볼 때 그리 보기 힘든 것도, 비난 받을 일도 아니라고 말하였다.[84] 그러나 켁L. E. Keck은 가리옷 유다의 예를 들면서 교살로 인해서 죽은 경우는 신의 기름부음 받은 자가 신에게 버림받은 경우에 해당되는 것이라고 말하였다.[85]

성서는 목을 매달아 죽이는 교살絞殺의 경우에 관해서 더욱 더 부정적인 인식을 보여주고 있으나, 이는 죽음의 방법으로 교살에 대한 부정적인 시각은 드러낸 것일 뿐, 자살에 대한 언급은 중요하게 제시하지 않고 있다.

시므리의 자살[86]

시므리는 이스라엘의 왕 엘라의 신하였다. 그는 엘라 왕이 디르사에 있는 궁내대신 아르사의 집에서 술 취해 있는 사이에 자기의 군대를 일으켜서 쿠데타로 정권을 잡은 사람이었다. 그러나 그가 왕이 된 지 7일

---

82 Robert D. Bergen, *op. cit.*, pp.415-416 참조.
83 Hans W. Hertzberg, "I & II Samuel", *Old Testament Library* (SCM Press, London, 1964), p.353.
84 Henry Preserved Smith, op. cit., pp.354-355 참조.
85 L. E. Keck, "2 Samuel", *The New Interpreter's Bible* (Abingdon, Nashville, 1998), p.1332.
86 열왕기상 16장 18-19절.

만에 오므리가 이끄는 이스라엘 군대에 의해서 포위당하자 왕국에 불을 지르고 불길 속에서 죽고 말았다. 그는 왕궁이 이미 포위되었고 다른 방법을 선택할 시간적인 여유가 없었음으로 이 방식을 택한 것으로 보인다. 성서의 기록은 시므리의 평소 악행惡行에 대한 신의 징벌에 의한 당연한 결과라고 되어 있다.

> 그가 이러한 최후를 마친 것은 그가 야훼의 눈에 거슬리는 일을 하고 여로보암이 걸었던 길을 따라 같은 죄를 지었을 뿐 아니라 나아가서 이스라엘 백성을 죄에 빠뜨렸기 때문이었다.[87]

신명기 역사가는 시므리의 짧은 통치 기간(7일)에 관한 평가를 하는 것이 아니라 그의 일생과 행적 전체에 대한 평가를 하고 있으므로 그의 자살은 당연한 결과이다.[88] 그러므로 그의 죽음은 당연하다. 여기서 여로보암의 길이란 신앙의 정통성을 가지고 있는 남왕국과는 다른 길을 걸어간 것, 즉 야훼의 길דֶּרֶךְ יהוה을 떠난 것을 의미한다. 그는 야훼를 대적하는 자였고, 그런 시므리가 자살을 한 것은 당연한 결과이다.

⚖ 욥의 자살하려는 마음[89]

욥은 성서에서 자살을 고려하는 듯한 모습을 보이는 인물이다. 욥기 7장 15-16절은 뜻하지 않은 육체의 병과 자녀들의 죽음 등의 상황에서

---

87 열왕기상 16장 19절.
88 Paul R. House, "1, 2 kings", *The New American Commentary* (Broadman & Holman Publisher, Nashville, 2001), p.201.
89 욥기 7장 15-16절.

괴로움 속에서 욥이 자기를 감시하는 신의 눈을 피하고 힘들게 사는 것보다 차라리 죽는 것이 낫다고 고백하는 내용이다. 이미 앞에 제시한 인물들의 자살 사건이 일어날 수밖에 없는 괴로운 심정과 같다고 할 수 있다.

드로지A. J. Droge는 이 구절의 표현을 보면서 고대인들에게 있어서 자살은 자연스러운 것이며 운명적인 것으로 볼 수 있게 만든다고 보았다. 그러나 이 구절이 과연 자살을 의도하는 것인가에 대해서는 의문이 생긴다. 우선 욥이 과연 "견딜 수 없는 이 고통을 당하느니 차라리 숨통이라도 막혔으면 좋겠습니다."[90]고 했는데 이것이 진심으로 죽고 싶은 의도를 가진 것인가에 대해서 회의적이다. 본문에 의하면 욥의 육체는 종양으로 인해서 엄청나게 쇠하여졌음을 알 수 있다. 이로 인해서 그의 정신마저 쇠약해졌으며 그 결과 차라리 죽는 것이 낫다고 고백하고 있다. 그러나 그는 죽는 것이 낫다는 고백을 하기는 했지만 자살을 시도하지는 않았다. "언제까지나 살 것도 아닌데 제발 좀 내버려 두십시오. 나의 나날은 한낱 입김일 따름입니다."[91]라고 고백하는데 이 고백은 그가 현재 겪고 있는 육체적·정신적 고통으로 인해서 신에게 절규하는 소리지만 그는 결코 죽음을 실행하지는 않았다.

이에 대해서 바네스Albert Barnes는 죄와 고통이 가득 찬 세상에서 살기 싫고 영원한 신의 나라에 들어가기를 사모하는 고백으로 보았다.[92] 하트리John E. Hartley는 이 구절을 해석할 때 인생의 궁극적인 목적에 대한 욥의 이 질문은 인자하신 신에게 자신의 고통과 아픔의 해답을 얻기 위한 절규라고 함으로써 그의 이 절규가 결코 자살을 암시하는 독백이 아니

---

90 욥기 7장 15절.
91 욥기 7장 16절.
92 알버트 반즈, "욥기(上)", 『반즈 주석』, (크리스찬서적, 1996), 299쪽.

라 인생의 해답을 찾기 위한 한 과정임을 분명하게 하였다.[93] 그러므로 이 구절은 문맥context의 전반적인 이해로 볼 때 자살을 암시하는 표현이 아니라 괴로운 인생의 문제를 신에게 절규함으로써 그 문제의 해답을 신으로부터 받으려고 하는 진지한 자아성찰의 고백이라고 할 수 있다. 욥기 전체의 내용이 이와 유사한 형식으로 전개되고 있음이 이를 증명하고 있다.

욥은 그야말로 하루아침에 자신의 가족, 재산, 건강 모든 것을 잃었다. 그러나 그는 그 참혹한 현실과 아내와 친구들의 비난 속에서 오히려 역설적이게도 하느님께 감사를 외치며 이를 감내해나가는 성숙한 믿음과 사람됨의 이야기를 전해주고 있다. 그는 자신의 고난을 직면하고는 이에 굴복하지 않고 이를 통한 하느님의 깊은 뜻을 갈망하고 자신을 돌아보는 계기로 삼았다. 그의 감사의 고백은 그저 주어진 현실에 대한 체념이나 순응이 아니었다. 오히려 그는 세 명의 친구로 대변되는 값싼 위로와 가식적인 힐링을 온몸으로 뿌리치며 저항하였다. 그리고 고난의 폭풍 한가운데 온몸으로 서서 하느님과 단독자로서 대면하였다.

이런 그가 하느님을 만나고 소통하고 화합하는 핵심은 감사였다. 그의 감사는 인간적인 말이 아니었다. 피맺힌 가슴으로 외치는 뜨거운 기도요, 하느님을 향한 순결한 믿음이었다. 그래서 그는 결국 고난과 시련의 삶 앞에 무릎 꿇지 않고 당당하게 맞서 싸워 이긴 위대한 승리자로 기억되고 있다.

요즘 흔한 말이 힐링, 치유, 위로이다. 그만큼 살아가기가 참 어렵다. 여기저기에서 살기 어렵다고들 하고 우울증과 자살률이 높은 것이 사실

---

93 John E. Hartley, "The Book of Job", *The New International Commentary on the Old Testament* (Grand Rapid : William B. Eerdmans Publishing Company, 1988), pp.149-150 참조.

이다. 그래서 교회와 교육 현장과 사회단체에서 위로와 격려를 강조한다. 그러나 이와 같은 것으로만 그친다면 문제가 있다. 어려움은 어제나 오늘이나 내일이나 언제나 있다. 오늘 이 시대의 어려움이 어제나 내일의 어려움보다 더 할지는 몰라도 분명 어제나 내일도 어려움은 있다. 아니 가만히 생각해보면 지난 날 어려움은 지금 보다 더했다.

우리 옛 사람들은 나라 없는 설움에 치를 떨며 살아왔고 동족간의 치열한 전쟁의 비극을 온 몸으로 감내했고, '보릿고개'라는 말처럼 기본적인 식사조차 해결하기 어려웠다. 그러나 지금은 이런 어려움은 없다. 고난에 직면한 사람이나 우울한 사람들에게 위로와 격려가 필요하다. 그러나 이것에 더하여 이들이 자기 스스로 어려움을 이겨나가는 정신력과 강한 의지와 열정과 신념도 갖도록 도와주어야 한다. 이런 사람들과 사례를 제시해주어, 험한 세상을 이겨나가도록 방향을 제시해 주어야한다.

욥의 경우는 아무리 상황이 힘들고, 괴롭다고 해도 결코 돌이킬 수 없는 결정을 하지 말아야함을 일깨워 준다. 고통 속에서 인간 실존은 참담함을 고백할 수밖에 없지만 어렵고 힘든 상황 너머를 바라보면 자살에 이르지 않을 수 있음을 보여준다.

가리옷 유다의 자살과 구원논쟁

신약성서에서 유일하고, 가장 극명하게 자살한 사람이 가리옷 유다이다. 가리옷 유다의 죽음이 자살이라는 것에 대해서는 대부분의 학자들이 동의한다. 다만 가리옷 유다가 목을 매고 죽었다는 마태오의 복음서

27장 5절의 기록과 몸이 곤두박질하여 배가 터져 창자가 흘러 나왔다는 사도행전 1장 18절의 기록의 차이에 대해서는 해석이 분분하다. 두 본문의 차이에 중점을 두는 학자들은 마태오의 복음서 기록은 무시하고 가리옷 유다가 언덕에서 뛰어 내리는 도중 날카로운 물체에 부딪쳐서 배가 터진 것으로 해석하고 있는 반면[94] 두 본문을 진정한 기록으로 보고 조화를 중시하는 대다수의 학자들의 일치된 견해는 가리옷 유다가 힌놈의 골짜기 위에 있는 절벽의 나무에 목매달아 죽은 이후에 목을 매달았던 줄이 끊어져서 절벽 아래로 곤두박질쳐서 배가 터져 창자가 흘러나온 것으로 해석한다.[95] 사도행전 1장 25절은 가리옷 유다가 "제 갈 곳"으로 간 것으로 기록하는데 여기서 "제 갈 곳"을 지옥으로 해석하는 경우가 많은데, 성서는 가리옷 유다가 지옥으로 갔다는 직접적인 언급이나 가야할 이유에 대해서 언급하지 않는다.

'가리옷 유다는 자살했으니 지옥 갔다.' 많은 사람들의 생각이다. 자살은 생명의 주인인 신의 주권을 침해한 것으로 돌이킬 수 없는 큰 죄이다. 그러나 한 영혼의 운명에 대하여, 더욱이 사후세계인 천국행과 지옥행에 대해 지나치게 단정적으로 규정하는 것은 그것 자체가 창조주인 동시에 심판자인 신의 주권에 개입하는 것일 수 있다. 우리는 가리옷 유다와 같은, 아니 더한 죄를 지은 죄인임에도 용서하는 신의 큰 사랑 안에서 감격해야 한다. 그러므로 자살이 분명한 죄이지만 자살을 기준으로 삼아 지옥행을 단정하는 것에는 무리가 따른다.

필자가 제기하고자 하는 것은 자살이 죄이기는 하지만, '단정적으로 지옥에 가야할 죄인가'하는 문제이다. 기독교 구원 교리로 볼 때, 예수

---

94 C. K. Barret, *International Critical Commentary* : Acts 1-14 (T & T Clark, New York, 2004), p.99.
95 F. F. Bruce, *The Book of Acts* (Eerdmans, Grand Rapids, 1988), p.45.

그리스도의 십자가를 통한 죄 사함의 구원의 완결성을 무위로 돌릴만한 죄가 성립한다고 하기는 어렵다. 기독교에서 가리옷 유다의 지옥행을 당연시하는 것이 명확한 성서적 또는 신학적인 근거를 갖는 것도 아니다. 아마도 십자가를 짊어지고 희생한 예수의 숭고한 사랑과 스승을 돈 받고 팔아버린 파렴치범으로서, 가리옷 유다의 이미지가 합쳐져 감정적인 미움으로 단정하는 것이 아닐까 싶다.

만약 가리옷 유다가 지옥에 갔다고 말한다면, 그 가능성은 그의 자살에 있지 않고 다른 것의 문제로 회개悔改의 유무有無일 것이다. 회개 repentance란 마음의 변화나 후회, 가책 등의 감정을 뜻하는 것으로 기독교에서는 죄로부터 벗어나 신에게 되돌아감을 의미하는 말로 매우 중요한 개념이다. 기독교적인 의미에서 회개라는 말은 이제까지의 잘못을 뉘우치는 것과 적극적으로 선을 행함이라는 이중의 의미를 지닌다. 『구약성서』에서 예언자들은 하느님과 이스라엘 민족과의 관계가 개인적인 것이며 죄는 하느님과의 잘못된 관계에 근거해 있다고 강조하였다. 따라서 회개 역시 개인적인 것으로서 전인격의 방향을 새로 잡고 야훼에게 돌아가는 것이다. 『구약성서』의 경우에는 예언자들이 하느님이 기적을 일으킬 때를 고대하는 것과는 달리, 『신약성서』의 예수는 그때가 이미 다가왔다고 선포한다. 즉, 예수에게 회개는 이미 요구가 아니라 가능성이며, 회개의 완성은 신앙 속에서 이루어지는 것이다. 한편 초대교회 이후 회개라는 말은 이교도異敎徒에서 기독교로 개종改宗을 의미하기도 했으며, 이로부터 회개에서 세례가 중요한 의미를 갖게 되었다.

기독교의 가르침은 지옥이 죄를 지은 사람이 가는 곳이 아니며, 천국도 선을 실천하는 사람이 가는 곳이 아니다. 지옥은 죄를 지은 사람이 가는 것이 아니라 회개하기를 거부한 사람의 자리이다. 그렇다면 가리옷 유다는 회개했을까? 마태오의 복음서는 가리옷 유다의 뉘우침이 기록되어 있다.

> 그 때에 배반자 유다는 예수께서 유죄 판결을 받으신 것을 보자 자기가 저지른 일을 뉘우쳤다. 그래서 은전 서른 닢을 대사제들과 원로들에게 돌려주며, "내가 죄 없는 사람을 배반하여 그의 피를 흘리게 하였으니 나는 죄인입니다" 하였다. 그러나 그들은 "우리가 알 바 아니다. 그대가 알아서 처리하라"라고 말하였다. 유다는 그 은전을 성소에 내동댕이치고 물러가서 스스로 목매달아 죽었다.[96]

그러나 두 가지 점에서 그의 뉘우침은 회개에 미치지 못한 것으로 보인다. 여기서 가리옷 유다의 뉘우침μεταμελομαι은 진정한 의미의 회개μεταμελοεω와는 거리가 멀다. 이는 단순히 과거의 어떤 행동에 대한 뉘우치는 감정이다. 뉘우침이 회개의 한 요소인 것은 사실이나, 진정한 회개는 신과의 관계를 회복하고 삶의 실천으로 드러나야 한다.[97]

첫째, 회개란 한자로 뉘우칠 회悔와 고칠 개改로 이루어져 있다. 잘못된 길, 잘못된 삶을 뉘우치고 본래의 길로 가기 위해 고치는 것이 회개이다. 신약성서에서 방탕한 둘째 아들이 자신의 잘못을 깨닫고 아버지에게로 돌아왔다.[98] 참된 후회는 구원에 이르게 하는 회개[99]인데, 가리옷 유다는 멸망에 이르는 후회만 했을 뿐이다.

둘째, 그의 행동이다. 마태오의 복음서는 성품과 행동이라는 열매를 강조한다. 그가 진실로 회개했다면, 그의 행동은 곧바로 자살로 연결되

---

96 마태오의 복음서 27장 3-5절.
97 이상근, 『신약주해 마태복음』(대한예수교장로회총회교육부, 1975) 381-382쪽 참조.
98 루가의 복음서 15장 11절-32절.
99 하느님의 뜻을 따라서 겪는 상심은 회개할 마음을 일으켜 구원에 이르게 합니다. 이것을 후회할 사람이 어디 있겠습니까? 그러나 세속적인 상심은 죽음을 가져올 뿐입니다.(고린토들에게 보낸 둘째편지 7장 10절)

지는 않았을 것이다. 예수 그리스도를 만나 회개한 사람의 변화된 삶은 실천적 삶으로 표현된다. 시각장애인 바디매오는 눈을 치료 받고는 예수를 따랐다. 앉은키 장애와 고리대금업자로 살았던 자개오는 자신의 재산을 가난한 사람들에게 나누어 주었다. 성전 미문의 앉은뱅이는 펄쩍 펄쩍 뛰면서 신을 찬양했다. 다시 말해 회개한 사람은 그의 삶으로 드러난다. 베드로의 뉘우침이 구원과 새로운 사명에 이른 것과 비교할 때, 가리옷 유다의 자살은 그의 후회가 진정한 회개가 아니라는 증거이다. 그러나 가리옷 유다의 지옥행과 구원에 대한 논쟁은 결코 쉬운 것이 아니다. 자살한 사람은 용서 받을 수 없을까? 가리옷 유다의 자살은 용서에 대한 논쟁을 불러일으킨다.

만약 가리옷 유다가 용서받지 못한다면, 신의 구원은 어디까지가 되는 것인가? 반대로 가리옷 유다가 용서받는다면 이 세상에 심판받을 사람이 누가 있겠는가? 만약 가리옷 유다가 용서 받지 못한다면 아무도 용서 받지 못할 것이다. 그렇다면 예수 그리스도의 사랑은 무력해진다. 반대로, 가리옷 유다가 용서 받는다면 누구나 용서가 가능하다는 결론으로 치닫게 되어, 그리스도의 십자가는 무용지물이 되고 말 것이다.

나오는 말

자살한 사람에 대하여, 자살 행위 자체만으로 구원받지 못한다고 규정하는 것은 성서적이지 않다. 앞에서 살펴 본 바와 같이 성서는 자살을 다른 범죄와 동일한 범죄의 차원에서 다룬다. 어떤 사람들은 다른 범죄는 죽기 전에 회개할 수 있지만 자살하는 사람은 자살 행위를 회개할 기회가 없다는 것을 자살자가 구원받지 못하는 이유로 제시한다. 이러한 생각 또한 성서적이지 않다. 기독교가 말하는 구원은 오직 예수 그리스도를 믿음으로 주어지는 것일 뿐, 구원받은 후에 행한 어떤 죄를 회개했느냐, 회개하지 않았느냐를 기준으로 결정되는 것이 아니다. 즉, 구원이 회개한 공로를 근거로 하여 결정되는 것이 아니라 예수 그리스도에 대한 믿음을 가졌느냐에 따라서 결정될 뿐이다. 구원의 유일한 기준은 예수 그리스도이다. 어떤 것도 이 순수한 구원의 기준에 끼어들어올 수 없다. 자살한 사람은 신의 뜻을 위반한 행위자로 죄인이다. 그러나 성서는 자살한 사람이 자살한 행위 자체만으로 구원받지 못한다거나 지옥으로 간다는 직접적인 언급을 하지 않는다. 성서는 자살 자체에 대하여 어떤 평가도 내리지 않고 있다. 이렇게 성서가 자살에 대하여 함구하고 있기 때문에 이 필자도 확정적인 결론을 내리기보다 추론적인 결론을 내릴 수밖에 없다.

그러나 성서가 자살을 논평하지 않고 있지만 자살은 제 6계명을 어기는 것이고, 신의 생명 주권에 도전하는 것이다. 자신 혹은 다른 사람의 생명을 취하는 것은 인간에게 반영된 신의 모습을 해치는 것이다. 이는 신의 절대적 소유권을 부정하는 것이기 때문에 창조주의 권위를 침해한 것이고, 인간의 주권으로 신의 주권을 부인하며 창조의 목적을 훼손하는 행위다. 또한 자살은 남을 죽이는 살인 행위만큼이나 중대한 범죄이다. 또한 성서는 자살 사건이 일어나게 된 배경을 통해, 죄를 지은 후 혹은 잘못을 한 후에 그 일에 대한 심판의 결과로 발생한 것으로 말한다.

오늘도 수많은 자살들이 사람들의 눈과 마음을 잡고 있다. 청소년 자살 급증, 노인 자살 증가, 자살 사이트를 통한 동반 자살, 연예인들의 자살, 사회시노층의 자실 등 사회적으로 주목을 받고 있는 자살들은 몇 가지 공통점을 가지고 있다. 첫째, 자살하는 사람들은 상처를 입고 절망하고 좌절하고 있으면서도 가슴 아픈 이야기를 나눌 이웃이 없다. 둘째,

그들은 신이 창조한 생명 존엄에 대한 인식이 부족하거나 생명에 대한 경외감을 가지고 있지 않다. 셋째, 자살하는 사람들은 자살을 단순히 자기 개인의 문제로 착각하고 있다. 자살은 자기 개인의 생명을 죽이는 죄일 뿐 아니라, 그 자살은 수많은 사람들에게 슬픔과 상처를 주고 또 다른 자살로 이어질 수 있는 엄청난 파괴력을 가지고 있다는 것을 알아야 한다.

인간의 욕구 중에서 가장 강력한 것은 살고 싶은 욕구이다. 살고 싶은 욕구는 건강한 사람에게는 다 있다. 그런데 살고 싶은 욕구가 죽고 싶은 욕구로 바뀌었다. 이것을 우리는 질병이라고 한다. 특별히 우울증[100]이란 질병은 죽고 싶은 욕구를 일으킨다. 우울증으로 자살한 사람은 우울증이란 질병이 그를 죽인 것이다. 그래서 많은 사람들이 자살에 대해서 자살은 질병이라는 결론을 내렸다. 정신적인 질병이 자신을 죽이려고 하는 것이다.

자살에 대하여 우리가 할 일은 정죄하고 심판하는 것보다는 자살을 예방하기 위한 생명의 소중함을 일깨워주어야 한다. 또한 자살이 얼마

---

100 우울증(depression, 憂鬱症)이란 슬픔, 정신운동 저하, 의욕상실 등이 특징인 기분이나 감정상태를 말한다. 우울증에 빠진 사람은 슬픔·절망·비관·자기비하·자기비난·식욕감퇴·수면장애·불면증과 일상생활의 보람·흥미가 감소 또는 상실되고, 열정·활력이 감소되며 사고·행동이 느려지는 등의 증상을 경험한다. 우울증은 소중한 사람이나 물건을 잃었을 때 나타나는 슬픔이나 비통과는 다르다. 어떤 사람에게 불행을 초래한 사건이 있을 경우, 우울한 기분이 그 사건에 걸맞지 않게 심하거나 오래 계속된다면 우울증으로 간주된다. 조증(mania)과 번갈아 나타나는 경우를 조울증(躁鬱症)이라 한다. 우울증은 가장 흔한 정신질환이며, 히포크라테스가 울증(melancholia)이라는 이름으로 증상을 기술해놓았을 정도로 오래 전부터 알려져 있었다. 증상이 나타나는 형태는 사람에 따라 다양한데 일시적이거나 항구적인 경우, 가볍거나 심한 경우, 급성적이거나 만성적인 경우 등이 있다. 우울증은 남성보다 여성에게서 더욱 흔한데, 발생빈도는 남성의 경우 나이가 들면서 점차 늘어나며, 여성의 경우 35~45세 사이가 가장 높다. 우울증은 여러 가지 원인으로 인해 나타난다. 부모를 잃는 것과 같은 어린 시절의 상처나 고난은 나이가 든 후에 우울증에 걸릴 확률을 높일 수 있다. 일상생활의 여러 가지 스트레스가 우울증을 유발시키는 강력한 원인이기는 하지만, 사회심리학적인 원인과 생화학적 원인 또한 중요한 원인으로 작용할 수 있다.

나 불행한 일인지를 가르쳐야 한다. 자살하면 안 되는 이유를 제대로 가르쳐야 한다. 성서는 우리에게 강력하게 명령한다. "내가 네 곁으로 지나갈 때에 네가 피투성이가 되어 발짓하는 것을 보고 네게 이르기를 너는 피투성이라도 살아 있으라. 다시 이르기를 너는 피투성이라도 살아 있으라."[101] 오늘 우리는 피투성이가 되어서라도 살아야 할 이유를 분명히 알아야 한다.

글을 마치면서 나름 잘된 점과 아쉬운 점 그리고 이를 통한 차후의 과제를 제시하면 다음과 같다. 이 글은 전체적으로 짜임새 있는 구성과 내용전개에 무리가 없어 가독성可讀性이 장점으로 보인다. 그러나 아쉬운 점은 글에서 가장 많은 부분을 차지하는 핵심 부분인 성서가 말하는 자살의 7가지 예가 설명에 치우쳐 있어 자살과 구원의 상관성에 관하여 필자 자신의 독자적인 논증전개를 충분히 볼 수 없다. 이것이 이 글을 전문적 학술논문이라기보다는 오히려 에세이에 가깝게 보이도록 만드는 점에서 아쉬움이 또한 남는다.

자살의 기독교적 의미를 다루고 있다는 점에서 한편으로는 대단히 흥미로운 주제이면서도, 다른 한편으로는 성서 속에 나오는 자살의 사례를 그대로 나열하고 있는 것 같은 인상 때문에 다소 진부한 내용이 되고 말았다는 아쉬움이 있다. 이런 점에서 글의 주제인 자살과 구원의 상관성에 대한 기독교윤리적인 해석이 좀 더 자세하고 구체적으로 제시되어야한다. 이를 위해 차후 과제로 성서 속에 나오는 자살을 유형별로 먼저 소개한 뒤 필자가 이에 대한 기독교적 해석을 덧붙인다면 글의 메시지를 일목요연하게 파악하는데 도움이 될 것 같다.

---

101 『개역개정판 성서』, 에스겔 16장 6절.

참고문헌

국내물

『개역개정판 성서』(대한성서공회, 2008).

권성수, 「성경 속의 자살」, 『상담과 선교』(1999년 겨울호).

김남일, 『29가지 구약문화 이야기』(살림출판사, 2006).

김지찬, 『요단강에서 바빌론 물가까지』(생명의 말씀사, 1999).

김형민, 「제 6계명의 윤리」, 『신학이해』, 35집(2008년).

박윤선, 『성경주석 : 여호수아 · 사사기 · 룻기』(영음사, 1984).

박윤선, 『성경주석 : 사무엘서, 열왕기, 역대기』(영음사, 1978).

신성종, 「자살과 안락사에 대한 성경적 고찰」, 『신학지남』(1975).

이상근, 『신약주해 마태복음』(대한예수교장로회총회교육부, 1975).

이상원, 「'자살하면 지옥 간다'는 통설」, 『복음과 상황』(제226호, 2009년 8월호).

이진홍, 『자살』(살림, 2006).

윤철원, 「자살에 대한 성찰 : 성서 시대의 이해」, 『활천』(2002년 8월).

월간 『성서와 함께』228호(1995년 3월호).

장일선, 『신학자와 떠나는 구약여행』(생명나무, 2003).

장해경, 「죽은 자들이 어떤 몸으로 오는가?」, 『성경과 신학』(한국복음주의신학회 논문집, 제26권, 1999).

차준희, 『출애굽기 다시 보기』(프리칭아카데미, 2004).

현대사회와 기독교편찬위원회 편, 『현대사회와 기독교』(계명대학교 출판부, 2001).

국내번역물

W. H. 기스펜, 최종태 역, 「출애굽기」, 『반즈 주석』(크리스천서적, 1989).

노르만 L. 가이슬러, 위거찬 역, 『기독교윤리학』(기독교문서선교회, 1999).

J. P. 랑게, 김진홍 역, 『출애굽기』(백합출판사, 1986).

알버트 반즈, 「욥기(上)」, 『반즈 주석』(크리스챤서적, 1996).

빅터 P. 해밀턴, 강성열 역, 『역사서 개론』(크리스챤다이제스트, 2005).

국외물

A. A. Anderson, *2 Samuel*, WBC 11 (WACO : Word Books Publisher, 1989).

M. Bal, "*Lethal Love: Feminist Literary Readings of Biblical Love Stories*" (Bloomington: Indiana University Press, 1987).

C. K. Barret, *International Critical Commentary* : Acts 1-14 (New York : T & T Clark, 2004).

Robert D. Bergen, 1, 2 "Samuel", *The New American Commentary* (Nashville: Broadman & Holman Publisher, 1996).

Daniel. I. Block, The New American Commentary : *Judges, Ruth* (Nashville: Broadman & Homan Publishers, 1979).

Daniel. I. Block, "Judge, Ruth," *The New American Commentary* (Nashville: Broadman & Holman Publisher, 1996).

Roady Braun, *1 Chronicles* (WACO : Word Books, 1986).

Terry. L. Bresinger, *Judges* (Scottdale : Herald Press, 1984).

F. F. Bruce, *The Book of Acts* (Grand Rapids : Eerdmans, 1988)

Henry T. Close, "Suicide: A Theological Perspective", *Journal of Pastoral Care*, vol.27 (1973, March).

David M. Gunn, *The Fate of King Saul : An Interpretation of a Biblical Story* (Sheffield : The University of sheffield, 1980).

John E. Hartley, "The Book of Job", *The New International Commentary on the Old Testament* (Grand Rapid : William B. Eerdmans Publishing Company, 1988).

Hans W. Hertzberg, "I & II Samuel", *Old Testament Library* (London : SCM Press, 1964).

Paul R. House, "1, 2 kings", *The New American Commentary* (Nashville : Broadman & Holman Publisher, 2001).

L. E. Keck, "2 Samuel", *The New Interpreter's Bible* (Nashville : Abingdon, 1998).

Ralph W. Klein, "1 Samuel", *World Biblical Commentary*, vol. 10 (Waco : World Books Publisher, 1983).

J. Clinton McCann, *Judges* (Louisville : John Knox Press, 1989).

R. McQuikin, *An Introduction to Biblical Ethics* (Robertson Wheaton: Tyndale House Publishers, 1995).

P. W. Pretzel, "Suicide: Ethical issues", In R. J. Hunter(Ed.), *Dictionary of Pastoral Care and Counseling* (Nashville, TN : Abingdon Press, 1990).

Nahum M. Sarna, "Exodus", *The JPS Torah Commentary* (Jerusalem : The Jewish Publication Society, 1991).

Martin J. Selman, *1 Chronicles* (Downers Grove : IVP, 1994).

Henry Preserved Smith, "The Book of Samuel", *The International Critic Commentary* (Edinburgh : T.&T. Clark, 1977).

K. Stone, "*From Tribal Confederation to Monarchic State: The Editorial Perspective of the Book of Judges*", Ph. D. (New Haven : Yale University, 1988).

Westbrook. Raymond, "Punishment and Crimes", *The Anchor Bible*, vol. 5 (New York : Double Day, 1992).

K. Lawson Younger Jr., *Judges, Ruth* (Grand Rapids : Zondervan, 2002).

S. Zalewski, "The Purpose of the Story of the Death of Saul in 1 Chronicles X", in *Vetus Testament*, 39 (1989).

제4부
자살을 부추기는 사회와 기독교 생명 윤리[*]

들어가는 말

우리나라는 학교나 종교교육 현장에서 자살에 대하여 가르치거나 논의하는 것이 일반적이지 않고, 용어를 떠올리는 것조차 금기시 되어 왔다. 그러나 최근 우리의 현실은 자살이라는 단어에 쉽고 가깝게 직면해 있다. 종교는 개인의 신앙 차원을 넘어 사회통합이나 규범의 측면에서 중요한 의미를 갖는다. 최근 자살에 대한 사회적 관심이 커지는 만큼, 기독교는 우리 사회에 진정한 삶의 의미를 제시하고 삶의 기준이 되는 가치관과 규범을 효과적으로 제시할 수 있어야함을 요청받고 있다. 최근, 청소년들에게 영향력을 미치는 연예인들이 자살을 하였는데, 이들 중 상당수가 기독교인이었다. '자살하면 지옥 간다'는 가르침을 받아온 기독교인들이 왜 이렇게 자살을 많이 하는 것일까?

현재 자살에 관한 연구는 다양한 시각에서 조명되고 있다. 학계에서 자살을 이렇듯 심각하게 다루는 이유는 인간생명이 그 무엇보다도 중요

* 이 글은 경희대학교 인문학연구원에서 간행하는 한국연구재단 등재후보학술지 『인문학연구』, 18호(2010)에 게재된 것을 수정·보완한 것이다.

한 것이기 때문이다. 학문의 목적이 인간의 행복과 평화의 유지에 있다고 할 때, 자살의 태도는 가장 경계해야 할 부정적인 언어이다. 이 글은 이른바 '자살공화국'으로 불리는 오늘의 사회적 위기 속에서 기독교생명윤리관에 초점을 두고 자살 문제와 그에 대한 의미를 살펴보려고 한다.

⚲ 우리의 현실, 자살공화국

　전 세계는 심각한 공중 보건 및 정신보건 상의 문제인 자살에 직면하였다. 세계보건기구의 보고에 의하면, 2000년 한 해 동안 약 100만 명이 자살하였다. 이러한 자살에 의한 피해는 자살한 사람뿐만 아니라 최소한 6명 이상의 주위 사람들에게 심리적·정서적인 영향을 미쳐, 자살할 위험을 내포한다.[1] 자살, 이것은 아동후기부터 노년기까지 거의 전 생애에 걸쳐 나타나는 심각한 문제이다. 자살은 돌이킬 수 없는 결정에 따른 치명적인 결과를 가져온다. 자살은 그야말로 가족, 주변사람들, 사회 전반에 미치는 파급효과가 크다. 자살이 심각한 사회문제인 것은 전염의 위험성이다. 가족 중 누군가 자살을 했을 때, 나머지 가족 구성원들이 자살을 선택하는 경우가 많고, 가까운 사람의 자살을 경험한 사람이 자살할 가능성이 높다.[2] 그러므로 자살행위를 유발하는 위험요인들에 대해 체계적으로 연구하고, 이에 대한 예방책을 강구하는 것이 매우 중요할 것이다. 아울러 인간의 삶과 죽음, 그리고 자살과 같은 극단적인 인간적 물음에 대한 생명윤리적인 논의가 요청되는 시대를 맞아 우리가 할 일은 좀 더 분명해졌다.

1 교육과학기술부 편, 『학생자살예방교육 및 위기관리』(교육과학기술부, 2008년 10월), 21쪽.
2 폴 퀴네트, 육성필·이혜선 공역, 『자살, 돌이킬 수 없는 결정』(학지사, 2006), 28쪽.

최근 몇 년 사이, 우리 사회는 수많은 유명인사의 자살, 군복무중인 군인들의 자살, 경제난으로 인한 자살 등 수많은 사건들을 접하였다. 그 중 유명 연예인들의 잇단 자살보도는 자라나는 청소년들에게 미칠 영향을 고려해야한다. 또한 그러한 죽음을 부추기는 우리사회의 현실에 대해 다시 한 번 심각하게 생각해야한다. 상황은 갈수록 악화되는데 우리 현실은 자살에 대한 깊은 연구나 교육 등은 미비한 실정이다. 자살에 대한 논의는 그 어떤 논제보다 절박한 문제이다. 이제 우리사회도 자살에 대한 보다 본격적인 연구와 예방교육을 위한 논의를 심도 있게 진행해 나가야 할 것이다.

우리나라의 자살률이 경제협력개발기구OECD 30개 회원국 평균의 1.6배에 달하면서 3위에 해당하는 것으로 나타났다. 특히 여성의 경우 1위에 올랐다. 2007년 9월 통계청이 발표한 '2005년 사망원인통계결과'를 보면 자살한 사람은 한 해 동안 12,000명으로 하루에 33명꼴이다. 이것은 암, 뇌질환, 심장질환에 이어 사망 원인 4위이다. 간 질환, 고혈압 등 각종 성인병으로 인한 사망보다 높다. 연령별로 보면 자살률은 20대, 30대의 사망원인 중 1위이며, 10대와 40대의 사망 원인 중 2위이고, 60대 사망원인 중 5위를 차지한다. 이런 통계조사 결과 중에서 눈여겨 보아여 할 점이 있다면 우리 사회의 중추적인 역할을 담당하는 30-50대의 자살률이 높다는 것이고, 50대의 자살률을 합치면 50%가 넘게 된다는 것이다. 한국 사회의 최근 자살 경향을 보면 장년층 그리고 여성보다 남성의 자살률이 높다.[3]

2009년 4월 6일 OECD가 발간한 2009 OECD 통계연보에 따르면 우리 나라의 자살률인구 10만 명당 자살자수 · 이하 2007년 기준은 18.7명으로 OECD

---

3 김복경, 「자살 예방, 교회가 유일한 대안이다」, 『목회와 신학』(2007년 8월호), 54쪽.

평균11.88명을 크게 앞지르며 헝가리, 일본에 이어 3위에 올랐다. 특히 여자 자살률은 11.1명으로 OECD 평균5.4명의 두 배를 훌쩍 넘어서면서 회원국 중 가장 높았다. 28.1명인 남자는 4위를 기록했다.[4] 이 얼마나 불명예스러운 일인가. 이제는 '자살 도미노', '자살 베르테르 효과'라는 말이 남의 나라 이야기가 아니라 바로 우리의 현실이 되었다. 우리나라는 대통령을 지낸 사람도 자살하고 목사도 자살한다. 그야말로 상상도 못할 일이 지금 우리나라에서 벌어지고 있다. 그래서 우리나라를 '자살공화국'이라고까지 혹평하기도 한다. 최근 몇 년 사이에 국내 자살자들의 숫자가 기하급수적으로 늘어나고 있다. 자살의 이유도 성적 비관, 취업 실패, 카드 빚 등 다양하고, 자살의 연령대도 청소년에서 노년에 이르기까지 다양하다.

요즘 우리 사회는 '자살'이라는 문제가 사회적인 관심을 불러일으키고 있다. 사회 저명인사들이 너무나 쉽게 자살을 한다. 2003년에는 현대아산의 정몽헌 회장, 2004년에는 안상영 부산시장, 박태영 전남지사가 자살을 했다. 대중적인 인기를 얻고 있는 연예인들의 연이은 자살과 전직 대통령의 자살[5]은 우리를 큰 슬픔과 충격으로 몰아넣었을 뿐만 아니라 우리 사회에 생명경시 풍조가 만연되거나 아직 가치관이 형성되지 않은 청소년들에게 매우 부정적인 영향을 줄 것이라는 우려를 낳고 있다. 그런데 주목해볼 것은 유명인사의 자살보도에 대한 문제이다. 대중매체는 유명인사의 자살보도를 하나의 뉴스거리로 보도할 뿐 그에 따른 파급효과나 사회문제에 대해서 관심이 없다. 연이어 보도되는 자살 관련 보도를 보면서 청소년들은 마음속으로 자살을 끝없이 되뇌었을지 모른다.[6]

---

4 「한국 자살률 OECD 3위」, 〈서울신문〉(2009년 4월 7일).
5 노무현 전 대통령의 자살에 대한 사회적인 충격은 엄청났다. 조문정국 1주일 동안 301개 분향소에 다녀간 추모인원은 500여 만 명으로 자발적 추모행렬이었다. 대한민국 건국 이후 가장 큰 애도의 물결(백범 김구 선생 150만 명)을 이루었다.

세계보건기구who는 유명 인사의 자살이 일반인 자살에 영향을 미친다며 자살보도기준을 제정해 언론의 신중한 보도를 권고한 바 있다. 우리나라는 기자협회, 자살예방협회, 보건복지부 공동으로 2004년 자살보도 지침을 제정했다. 이 지침에는 다음과 같은 것들이 명시되어 있다. 자살한 사람과 유족의 사생활이 침해되지 않도록 해야 한다. 유명인이라도 장소와 방법, 자세한 경위를 묘사하면 안 된다. 불충분한 정보로 자살 동기를 판단해선 안 된다. 속보 및 특종 경쟁의 수단으로 다뤄선 안 된다. 그러나 자살도구 및 구입처 공개, 장례식 생중계 등의 몇몇 보도는 이 같은 지침을 무색케 한다. 독일은 가십거리를 다루는 기자들도 장례식장에서는 인터뷰하지 않는 것을 관례로 여긴다. 이를 지키지 않으면 법적 제재를 받을 수도 있다고 한다. 1983-86년 지하철 자살이 급증했던 오스트리아는 자살 기사를 보도하지 않거나 매우 작은 기사로 처리하는, 보도 자제를 통해 지하철 자살 빈도를 매우 낮춘 전례가 있다.

그러나 우리나라 언론은 이러한 자살 보도에 대한 윤리적인 고민이나 사회적 영향에 대한 의식이 느껴지지 않는다. 이른바 ‘언론고시’라고 불릴 정도로 어려운 시험을 통과한 신문이나 방송 매체의 기자는 자타가 공인하는 수재들이다. 그런데 이러한 자살의 심각한 문제를 다룸에 있어, 그에 따른 문제를 고려하지 않는 보도는 지식인으로서 비윤리적인 직무유기이다. 그러나 더 큰 문제는 이러한 언론 보도의 자세를 깊이 살펴보고, 지적해내는 종교계의 지적과 감시활동이 잘 드러나지 않는 현실이다.

얼마 전 탤런트 안재환 씨의 자살을 보도하면서 그 현장을 자세하게

---

6 차정섭, 「유명인 자살 대대적 보도, 청소년에 악영향」, 〈세계일보〉(2008년 10월 15일).

오랜 시간 보여주면서 그의 자살 방법이 고통 없이 죽을 수 있는 방법이고 시신의 훼손이 없다는 등 불필요한 정보를 알려주었다. 그 결과는 즉각적으로 이와 같은 방법으로 자살하는 사람들의 보도로 이어졌다. 근래의 연예인 자살은 위험수위를 넘어섰다.

1996년 서지원(20)과 김광석(32), 2005년 이은주(25), 2007년 유니(26)와 정다빈(28), 2008년 안재환(36)과 최진실(40)과 장채원(26), 2009년 장자연(29), 2010년 최진영(39)과 박용하(33)와 최윤희(54), 2011년 채동하(30), 2012년 우종완(46), 2013년 조성민(40), 김수진(38), 김종학 감독(61)이 자살했다. 심지어 2009년에는 대통령을 지낸 노무현(54)의 자살도 있었다. 자살에 대한 심층적인 원인규명이나 가족 및 주위사람들에게 미치는 영향이나 유명인사의 자살보도에 의해 자살률이 높아진다는 연구결과에 관심조차 없다.[7]

자살을 결정하게 되는 이들은 심리적으로 이런 생각을 할 수 있다. '유명인사도 문제를 해결하지 못해 자살을 선택하는데 나는 어떻게 해결할까?' 더욱이 청소년들은 자신들의 우상을 따라 자살을 선택하는 위험한 결과를 초래하기도 한다. 이를 이른바 '베르테르 효과Werther effect' 또는 '동조자살copycat suicide', '모방자살'이라고 한다. 이 말은 독일의 문호 괴테Johann Wolfgang von Goethe가 1774년 출간한 서한체 소설 『젊은 베르테르의 슬픔Die Leiden des jungen Werthers』에서 유래하였다. 이 작품에서 남자 주인공 베르테르는 여자 주인공 로테를 열렬히 사랑하지만, 그녀에게 약혼자가 있다는 것을 알고 실의와 고독감에 빠져 끝내 권총 자살로 삶을 마감한다. 이 소설은 당시 문학계에 새로운 바람을 일으키면서 유럽

---

7 마릴린 먼로 같은 유명인사가 자살을 하면 자살률이 높아진다. 폴 퀴네트, "앞의 책", 27쪽; 지난해의 경우 최 씨 사건으로 인한 모방 자살이 크게 늘어난 것으로 분석됐다. 최 씨가 자살한 지난해 10월2일 이후 자살자가 예년보다 큰 폭으로 증가한 것이다. 「최진실 모방 자살 급증」, 〈연합뉴스〉(2009년 8월 30일).

전역에서 베스트셀러로 자리 잡았다. 그러나 작품이 유명해지면서 시대와의 단절로 고민하는 베르테르의 모습에 공감한 젊은 세대의 자살이 급증하는 사태가 벌어졌다. 이 때문에 유럽 일부 지역에서는 발간이 중단되는 일까지 생겼다.

베르테르 효과는 이처럼 자신이 모델로 삼거나 존경하던 인물, 또는 사회적으로 영향력 있는 유명한 사람이 자살할 경우, 그 사람과 자신을 동일시해서 자살을 시도하는 현상을 일컫는다. 1974년 미국의 사회학자 필립스David Phillips가 이름 붙였다. 그는 20년 동안 자살을 연구하면서 유명인의 자살이 언론에 보도된 뒤, 자살률이 급증한다는 사실을 토대로 이런 연구 결과를 이끌어 냈다.[8]

공인이며 대중들의 모범이 되어야할 연예인의 잇따른 자살, 대체 그 원인은 무엇일까? 네티즌들의 악성댓글, 경제적 상황, 근거 없는 소문들, 사생활 문제, 불규칙한 수면, 팬과 회사의 기대 등인 심적인 부담감과 스트레스가 근본적인 원인으로 볼 수 있다. 이러한 심적 부담감이 심각한 우울증으로 이어진다. 이러한 우울증은 삶에 대한 의욕을 감소시키며 정신, 신체적인 기능을 저하 시키게 된다. 우울증 초기는 스스로 쉽게 극복할 수 있지만 방치해 둔다면 결국 부정적인 사고와 감정들이 모든 것을 포기하게 만들어 비관하게 된다. 연예인들의 자살과 죽음은 한 개인의 삶일지는 몰라도 대중들과 그들을 사랑하고 지지했던 팬들에게는 크나큰 충격을 안겨주었다. 특히 성공의 위치에서 행복해 보이던 유명 연예인이 자살을 했을 경우 그 충격이 더욱 심각하였다. 연예인들의 자살에 대한 대중의 반응이다.

첫째, 의구심을 깆세 된다. 내가 보기에는 돈도 잘 벌고 나보다두 잘

---

8 조성돈·정재영, 『그들의 자살, 그리고 우리: 한국사회 자살의 경향을 말한다』(예영커뮤니케이션, 2008), 25-26쪽 참조.

먹고 잘 사는 것 같은데, TV나 잡지 보면 행복해만 보이는데, 무엇 때문에 자살을 했는지 그이유가 무엇인지 궁금해 한다. 연예인들의 사생활을 일거수일투족 감시하지 않는 이상 정확한 사유를 알 수는 없겠지만 평소 유명했던 연예인이 자살을 한다면 도대체 왜? 라는 의구심을 유발시킨다.

둘째, 상실감과 불안감을 느낀다. 갑자기 있었던 사람이 잠시 떠나면 우리는 허전함을 느끼는 것처럼 내가 사랑하고 동경하던 사람을 잃어버리면 큰 상실감을 느끼게 된다. 내가 좋아했던 연예인의 첫 데뷔와 지금까지의 생활을 TV, 신문 등 대충매체로 지켜봐왔던 많은 팬들은 그들은 잃은 가족, 가깝게 지내는 사람들보다는 아니지만 자신의 삶의 일부였던 사람을 잃게 되면 상실감을 느끼게 된다. 행복전도사로 여러 사람들에게 희망과 긍정적인 삶을 알리던 고 최윤희 씨 같은 경우 대중들은 당연히 행복하고 멋진 인생을 살겠구나 생각해 그녀의 말을 새겨듣고 본받으려 했다. 하지만 동반자살을 했다는 소식을 듣고 대중들은 행복을 전도하던 사람이 자살을 했다고? 그런 사람이 자살을 했다면 우린 이제 어떡하지? 라는 삶에 대한 불안감 느낄 수 있다.

셋째, 모방심리를 유발시킨다. 연예인의 죽음은 사회적인 동조를 이끌었으며 그들을 보고 모방하려는 사람들이 나타났다. 일명 베르테르 효과로 동조자살 또는 모방 자살 이라고도 하며 자신이 모델로 삼거나 존경하던 인물, 또는 사회적 영향이 있는 유명인이 자살할 경우 자신과 동일시해 자살을 시도하는 현상이다.

2009년 사망통계원인을 보면 고 최진실이 사망한 후 자살이 1,000건을 넘어갔으며 유명 연예인들의 자살이후 자살률이 급증하고 있는 것을 확인할 수 있었다. 실제로 연예인 자살이 국민 3명중 한 명에게 영향을 미치는 것으로 나타났다. SBS 라디오 김어준의 '뉴스앤조이'가 여론조사

전문기관 리얼미터에 의뢰해 조사한 결과, 연예인들의 연이은 자살 사건 이후, 힘든 일이 있을 때 이들처럼 자살을 고민해 본적이 있다는 응답이 32.9%였으며, 생각해본 적이 없다는 응답은 67.1%로 조사됐다. 지역별로는 전남과 광주 응답자는 과반이 넘는 51.7%가 자살 유혹을 느낀 적이 있다고 응답했고, 성별로는 여성이 34.7% 남성은 31.1%로 나타나 여성이 3% 가량 높았다. 연령별로는 50대 이상이 35.8%로 1위를, 40대 33.7%, 20대33.1%, 30대28.6% 순으로 나타났다.[9] 이처럼 연예인 자살은 사회적인 측면에서에도 문제가 되지만 개인적 차원에서도 문제를 일으킬 수 있으며 많은 혼란을 야기 시킨다. 연예인뿐만 아니라 모든 사람들이 자살을 하지 않도록 사전 예방 또는 치료를 받기를 권하며 극단적인 선택은 하지 않기를 바란다.

우리나라의 자살은 대중적으로 알려진 사람들에게만 국한된 것은 아니다. 우리나라는 이미 2000년에 고령화사회가 되었고 앞으로 10년 뒤인 2018년에는 고령 사회에 진입할 것으로 예상하고 있다. 우리나라의 고령화 현상은 세계에서 가장 빠르게 진행되고 노인들의 자살 또한 급격하게 증가되고 있음을 쉽게 짐작 할 수 있다. 자료에 따르면 우리나라의 65세 이상 노인 인구 10만 명당 자살률은 1998년 38명에서 2007년에는 73.6명으로 2배 정도 증가 하였으며, 이는 65세부터 74세의 자살률이 64.9명으로 가장 낮은 그리스의 4.9명에 비해 13배가 많은 것이다. 나이가 들수록 자살률은 더욱 상승하는 것으로 나타났는데, 75세 이상의 경우 우리나라의 노인자살률은 106.1명으로 그리스 6.3명의 17배에 이른다. 이는 OECD 국가들 중 우리나라의 노인 자살률이 월등히 높은 수치임을 나타낸다. 이 조사는 우리나라의 노인 자살률이 높은 이유가 정년

---

9 「연예인 자살, 국민 33%에 '악영향' 미쳐」, 〈조이뉴스〉(2007년 2월 23일)

퇴직 연령이 선진국보다 낮고 연금과 같은 복지 혜택이 상대적으로 미흡하며, 우리나라의 전통적 미덕인 긴밀한 가족 관계가 약화되고 있는 점 등이 노인의 생활을 힘들게 하는 주요 요인으로 분석하였다.[10]

심지어 우리나라는 군부대 사망 사고의 절반이 자살이라고 한다. 지난 10년 동안 군대 사망자의 절반 이상이 '자살'로 인해 숨진 것으로 드러났다. 국회 정보위원회 소속 이철우한나라당 의원은 국방부로부터 제출받은 군대의 사망사고 현황을 분석한 결과 지난 2000부터 올 해 8월말까지 군에서 발생한 각종 사건·사고로 숨진 현역병 1374명 가운데 717명52%이 자살해 사망했다고 밝혔다.[11]

미국질병관리센터CDC에 따르면 미국 청소년의 자살률이 지난 15년 사이에 급증하고 있다고 발표했다. 그런데 이제는 우리나라 청소년도 예외가 아니다. 한국청소년상담원의 최근 자료에 의하면 10명중 중 6명이 자살을 심각하게 고민해 본적이 있는 것으로 조사되었고, OECD국가 가운데 청소년 자살률은 1위를 차지하여 '자살공화국'이란 불명예를 안고 있다.[12] 이원희 한국교총 회장은 위기 청소년들에 대한 문제는 과거에 비해 더욱 복잡하고 다양해지고 있고 특히 자살과 관련된 상담건수가 2005년 34건에서 2008년 895건으로 25배나 증가해 실질적인 대처방안이 시급한 것으로 말했다.[13]

또한 우리나라는 도박 산업을 정부가 양성화하고 있다. 이중 가장 대표적인 것이 강원랜드이다. 주식회사 강원랜드는 석탄산업 사양화에 따른 폐광지역 경제회생을 위해 관광산업을 육성할 목적으로 폐광지역개발지원에 관한 특별법에 의거 1998년 6월 지식경제부 산하 공공기관으

---

10 홍기숙, 「노인들의 자살, 왜?」, 〈한국기독공보〉(2009년 6월 24일).
11 「군대 내 사망사고, 절반이 자살」, 〈한겨레신문〉(2009년 10월 1일).
12 정재민, 「대중스타의 자살과 청소년」, 〈기독신문〉(2008년 10월 14일).
13 「자살 상담 25배 증가」, 〈한국교육신문〉(2009년 4월 16일).

로 설립되었다. 대한민국에서 유일하게 내국인이 출입 가능한 카지노를 운영하고 있다. 정선군에 있기 때문에 정선 카지노라고도 불린다. 강원랜드는 대한민국 지식경제부 산하의 한국광해관리공단과 강원도에서 설립한 강원도 개발공사, 그리고 폐광지역의 지방자치단체 등 공공부문이 약 51%의 지분을 보유하고 있다.

'도박 산업규제 및 개선을 위한 전국 네트워크'는 정부와 강원랜드를 향해서 강력하게 비판하는 성명서를 발표하였다. 이 성명서에는 정부가 사행산업에서 나오는 기금의 단맛에 취해 무책임한 자세로 일관함을 강하게 비판하면서, 강원랜드 측이 계속되는 자살에 대한 특별대책을 마련할 것을 촉구하였다. 성명서 내용에는 강원랜드가 개장한 이후 수많은 사람들이 도박중독자로 빚더미에 오르게 되었고, 지금까지 17명이 자살했음을 지적했다.[14]

국회 문화체육관광방송통신위원회 소속 한나라당 한선교 의원이 강원정선경찰서 및 강원랜드로부터 제출받은 자료에 따르면, 강원랜드가 개장한 2000년부터 2010년 8월까지 정선군 관내에서만 37명이 도박중독으로 고통 받는 자신을 비관하거나 불어난 빚을 갚지 못해 자살한 것으로 조사됐다.[15]

그러나 이런 비판의 소리에도 지금까지 정부나 강원랜드는 이렇다 할 대책마련을 하지 않고 있다.

---

14 「자살책임, '정부에 있다'」, 〈기독신문〉(2005년 12월 27일).
15 「교인들도 도박중독 비상, 예방교육 나서야」, 〈한국기독공보〉(2010년 12월 4일).

⚰ 자살의 세계관

우리나라는 '우리 몸은 부모에게서 받았으므로 건강하게 지켜야 함'을 강조해 왔다.[16] 성서는 피투성이가 되는 고통 속에서도 반드시 살 것을 강조한다.[17] 이처럼 생명은 우주의 원천적 개념으로 존중의 대상이었다. 생명이란 완전하면서도 동적이고, 불변하면서도 끊임없이 변화하는 신비한 존재다. 종교적인 의미에서 생명은 개인의 것이 아니라 자연의 일부이며 신의 것이다. 현실 세계의 생명은 죽음으로 끝나지만 영원세계에서는 신과 함께 하는 삶이다.

그러나 우리는 지금 문명을 조롱하듯 생명경시 풍조가 급증하는 시대에 살고 있다. 낙태, 유괴, 인신매매와 자살, 살인 등 생명을 위해하는 범죄들이 연일 뉴스를 장식하고 이제는 그런 현상들이 무감각 할 지경이다. 기독교에서 자살은 가장 무의미하고 불미스런 죽음으로 신에게 죄를 범하는 것으로 여긴다. 그럼에도 기독교가 급성장했다는 우리나라에서 이처럼 불미스런 생명경시 현상이 늘어나는 까닭은 무엇인가?

뒤르켐Durkheim은 자살이 개인적 행위로 보이지만 사실은 사회의 특정한 상태를 반영하는 것이라고 보았다. 사회가 심한 아노미현상[18]을 겪

---

16 이는 '신체발부 수지부모 불감훼상(身體髮膚 受之父母 不敢毀傷)' 부모로부터 물려받은 몸의 터럭 하나라도 감히 훼손해선 안 된다는 『효경(孝經)』 첫 장에 나오는 유명한 구절이다.

17 내가 네 곁으로 지나갈 때에 네가 피투성이가 되어 발짓하는 것을 보고 네게 이르기를 너는 피투성이라도 살아 있으라 다시 이르기를 너는 피투성이라도 살아 있으라 하고(개역개정판 성경 에스겔 16장 6절).

18 아노미(anomie), anomy라고도 한다. 가치관이 붕괴되고 목적의식이나 이상이 상실됨에 따라 사회나 개인에게 나타나는 불안정 상태. 이 말은 프랑스의 사회학자 에밀 뒤르 의 자살 연구에서 유래한다. 그는 사람들이 자신의 행동을 규제하는 사회적 기준의 붕괴로 인해 나타나는 자살의 한 형태, 곧 아노미적 자살이 있다고 믿었다. 한 사회체제가 아노미 상태에 있을 때는 공통의 가치관과 의미가 더 이상 이해되거나 받아들여지지 않으며, 더구나 새로운 가치관이나 의미도 나타나지 않는 상태에서 대다수 사회구성원들은 무기력, 목적의식의 결여, 감정의 공허함과 절망 등을 경험하게 된다. 따라서 무엇이 바람직한 것인가에 대한 기준이 없어지게 되므로 열심히 일할 필요가 없다고 생각하게 되기까지 한다.

으면 사회적 결속력이 약해져 자살률이 높아지고, 반대로 가족, 종교 단체 혹은 여타의 사회그룹과 강한 유대는 자살률을 낮추는데 기여한다.

뒤르켐의 주장에 따르면 진정한 친구 한 사람만이라도 곁에 있으면 그 사람은 자살을 감행하지 않는다고 한다. 자살은 관계의 단절을 의미한다. 자살을 예방하는 길은 우리가 서로 진정한 이웃이 되어주는 것이다. 우리는 부버의 말대로 나I는 너thou 속에 존재한다. 우리가 만들어갈 공동체는 나와 네가 하나 되는 것을 말한다.[19]

개인 간에 응집력이 강하고 사회 유대관계가 형성된 사회는 정서적으로 안정감을 주고 치료의 효과를 유발한다. 그러나 그렇지 않은 사회는 사회적 지원을 받지 못하고 스스로 소외된다. 주변 사람들과의 감정교류의 유대가 단절되고, 이로 인해 고독감을 느끼고 있으며 최후의 순간 죽음과 삶의 충동의 갈등 속에서 한 가닥 구원마저 호소할 곳이 없는 상황에서 결행으로 옮겨진다. 평소에 주변 사람들과 마음을 주고받는 친근한 사람이 있다면 그들의 지원을 받을 수 있을 텐데 그러한 사람이 아무도 없다.

자살의 충동요인으로 대인관계의 어려움을 통해서 오는 경우가 있다.

미국의 로버트 K. 머턴은 아노미(무질서 상태)의 원인을 연구했는데, 그에 의하면 이러한 현상은 자신의 문화적 목적을 달성하기 위한 정당한 방법을 갖고 있지 않은 사람들에게 가장 심각하게 나타난다고 한다. 목적달성이 매우 중요해졌기 때문에 그 사회의 기준에 의해서 받아들여지는 제도화된 방법, 수단들로 그 목적을 달성할 수 없다면 그들은 비합법적인 수단을 동원하게 된다. 이와 같이 수단보다 목적을 지나치게 강조하게 되면 사회통제 구조를 붕괴시키는 아노미가 일어난다. 아노미 개념이 사회나 사회집단의 상대적인 무규범 상황을 의미하고 있지만 다른 학자들은 이 개념을 개인 수준의 상태에까지 적용해서 사용하고 있다. 이러한 심리학적인 적용을 통해서 아노미는 기준·일관성·의무감 상실 및 모든 사회적 연대를 거부하는 개인의 마음 상태를 나타내는 말로 사용되기도 한다. 개인은 사회의 지도자가 자신들의 요구에는 관심이 없으며 사회는 기본적으로 예측할 수 없고 질서가 상실되어 있으며 목적은 실현되고 있지 않다고 생각하게 된다. 이러한 상태에 이르면 그들은 무력감을 느끼며 동료들조차 자신들이 의지할 만한 대상이 되지 못한다는 확신을 갖게 된다.

19 강대기, 「시론」 잇따른 지도층 자살을 보는 시선」, 〈기독신문〉 (2004년 7월 6일).

자살을 생각하고 있는 사람은 대인관계가 원만하지 못하므로 평소에 외톨이로 있으며 조용하고 말이 없기 때문에 잘 드러나지 않는다는 어려움이 있다. 집단 따돌림에 시달리는 청소년들 중에 자살률이 증가하고 있다. 집단 따돌림은 두 명 이상이 집단을 이루어 특정인을 그가 속한 집단 속에서 소외시켜서 그 집단의 구성원으로서의 역할 수행에 제약을 가하거나 인격적으로 무시하고 음해하는 언어적, 신체적 행위를 이야기한다. 이런 현상은 청소년뿐만 아니라 대학생이나 성인에서도 일어난다. 양상은 따돌리는 특정인과 대화하기를 거부한다든가 상대방의 약점을 들춰내거나 모함을 한다거나 혹은 은근히 공개적으로 비난을 하기도 한다. 왜 이런 사회현상이 발생하는 것인가? 이를 사회심리적 차원에서 살펴보면 다음과 같은 분석이 가능하다.

우리 사회는 지나치게 경쟁적이다. 그로 인해 힘 있고 우월한 사람만이 인정받고 그렇지 않은 사람은 패배자로 낙인찍히게 된다. 그러다보니 사람들은 어느 순간, 자신이 패배자가 될 지도 모른다는 불안감을 가지게 된다. 자기 스스로 패배자가 되는 것이 두려운 사람들은 무의식적인 자기방어기제로 자신이 무서운 존재가 되면 더 이상 패배자가 될 지도 모른다는 두려움을 느끼지 않아도 되기 때문에 다른 사람을 가해하는 역할을 하는 것으로 볼 수 있다.

우리나라는 얼마 전까지만 해도 자살이 한두 가지 특별한 이유 때문에 나타나는 행동으로 간주되었고, 어느 정도는 예측이 가능했다. 예를 들어, 남녀관계에서 실연의 상처가 깊다든가, 우울증과 같은 특별한 정신병을 앓아 왔다든가, 배우자를 사별로 잃은 슬픔을 견디지 못하는 것과 같은 이유들이 자살을 촉발하는 요인이라고 보편적으로 인정되어 왔고, 따라서 자살에 대한 예측과 대비가 어느 정도 가능했다. 더욱이 나라가 경제적으로 한참 어려웠던 시절에는 경제적 궁핍은 오히려 가족의 결속을 강화시키고, 생존의 욕구를 심화시키는 동인動因이 되어 경제적 궁핍 때문에 자살하는 일은 극히 드물었다.

그러나 이와 같은 자살에 대한 인식은 최근에 들어와서 크게 바뀌고 있다. 자살이 극히 예외적인 경우에 나타나는 행동이 아니라 일상적으로 선택할 수 있는 위기해결의 방법으로 대두되고 있다. 남편이 실직하고 난 이후에 가족들의 생계가 막막해진 가정주부가 아이들과 함께 고층 아파트에서 뛰어내려 자살하는가하면, 차에 온 가족을 싣고 강물에 들어가든지, 아들의 카드빚을 힘겹게 갚아 나가던 아버지가 자살로써 빚 갚기의 부담으로부터 벗어나고자 한다. 군에서 고참들의 괴롭힘을 견디다 못해 이로부터 벗어나기 위하여 목숨을 끊기도 하고 성적을 비관해 아들이 자살하자 아들을 잃은 슬픔을 견디다 못한 아버지가 또 자살을 한다. 정치적 대의를 위하여 자살하기도 하고, 정치적인 부담을 이기지 못해 자살하기도 한다.

최근 잇따른 지도층 인사의 자살은 우리사회에 큰 충격을 던져주었다. 그들이 왜 그 같은 극단의 길을 택했을까? 그들의 죽음은 우리 사회에 어떠한 영향을 미칠 것인가? 이러한 사회적 불행을 예방할 길은 없는가? 그들도 훌륭한 우리의 이웃이었기에 우리는 그들의 죽음에 무관심할 수 없다. 얼핏 보면 그들은 극단의 길을 선택할 만큼 불행해 보이지는 않는다. 대기업의 총수로서 민족의 숙원인 분단극복에 혼신의 노력을 다한 사람이 투신자살을 했다. 거대한 행정기관의 장으로서 막강한 정치적 영향력을 행사하던 사람도 스스로 목숨을 끊었다. 최근에는 성공한 듯이 보이는 부부의사가 또 다시 동반자살을 했다. 무엇 때문에 소중한 생명을 스스로 끊었을까? 누구도 그 사연을 소상히 알 수 없다. 그러나 분명한 사실은 비슷한 상황에 처한 모든 사람들이 극단의 길을 택하지는 않는다는 것이다. 이런 면에서 자살은 일차적으로 개인적 동기에서 출발하는 것으로 볼 수 있다.

그러나 주의 깊게 살펴보면 그러한 개인적 선택이 상당부분 사회적 압력에 의한 것임을 알 수 있다. 고기가 물을 떠나서 살 수 없듯이 인간은 사회를 떠나 살 수 없다. 모든 인간은 사회적 지지와 격려 속에서 주어진 사회적 역할을 수행한다. 주어진 역할을 성공적으로 수행한 사람들에게는 사회적 명예가 주어진다. 재화와 권력이 명예획득의 가장 중요한 수단이 되면서 사람들은 이를 획득하기 위한 경쟁에 뛰어든다. 그래서 삶의 수단인 재화와 권력획득이 궁극적인 삶의 목표가 되어 버렸다. 경쟁에서의 실패는 곧 자신의 사회적 존재가치의 상실로 받아들이게 되었다. 이러한 착각 속에는 대중의 압력 또한 크게 작용하고 있다. 대중은 지도층이 우리 사회를 이끌어 가기를 기대하고 있다. 그래서 높은 고위직은 더 큰 기대에 따른 심리적 압박을 받게 된다. 이러한 기대를 이기지 못하는 사람은 자살을 선택한다. 이러한 면에서 지도층의 잇따른 자살은 단순한 개인의 문제가 아니라 사회문제인 것이다. 우리 모두는 그들의 죽음을 부추긴 공범인 것이다.

사회지도층의 자살은 우리사회의 가치체계를 흔들어 놓을 수 있다. 서민들은 지도층의 생활모습을 보고 자신들의 삶을 설계한다. 지도층의 생활모습은 서민들에게 무엇을 위해 살며 어떻게 살아야 할 것인가에 대한 모델이 된다. 지도층의 가치혼란은 사회적 아노미를 초래한다. 존경받는 지도자의 자살행위는 인명을 경시하는 풍조까지 낳게 된다. 과연 그들의 사회적 명예실추가 생명보다 더 중요한가? 왜 그들의 궁극적 삶의 목표가 사회적인 기대를 초월할 수 없는가? 충격적인 지도층의 자살사건은 우리가 무엇을 위해 어떻게 살아갈 것인가에 대한 해답을 요구하는 과제를 남겨주었다. 이처럼 삶의 과정 중에 만나는 어려움을 해결하기 위한 방편으로 자살을 선택하는 우리 시대의 현실은 그저 우발적이고 충동적으로 나타나는 일시적인 유행에 불과한 것인가? 결코 그렇지 않다. 우선 우리는 인간에게 죽음을 향한 본능적인 충동이 있으며, 이 본능적인 충동이 외적인 자극을 받아 깨어나면 인간은 자살을 결행하게 된다는 결정론적인 자살관에 대하여 생각해 볼 필요가 있다.

오늘날 현대인들이 쉽게 자살의 충동을 느끼게 하는 세계관의 실체는 무엇인가? 필자는 이 세계관의 실체를 '생명경시풍조에 의한 물질만능주의'로 생각한다. 이러한 모습은 여러 영역에서 드러난다. 종교에서는 신의 실재를 인정하지 않는 무신론으로 표현되고, 철학에서는 가시적인 결과를 중시하는 공리주의로 표현되며, 경제학에서는 보다 많은 경제적 이익을 가져다주는 행위를 정당화하는 효율성으로 표현되며, 생물학이나 의학에서는 인간의 모든 정신현상을, 생명유전공학에서는 유전자를 가지고 정신현상을 포함하는 모든 인간의 정신 및 사회활동까지를 다 해명하고자 하는 유전자 결정론으로 표현되기도 한다. 이런 세계관에 빠져든 사람에게는 현세 안에서 얻을 수 있는 물질적인 것들이 인생에서 얻을 수 있는 것의 전부로 인식된다. 그러므로 이것들을 상실하면 남는 것은 아무 것도 없게 되며, 결국 살아야 할 이유 그 자체가 없어져버리고 만다. 이때 자살의 충동을 느끼는 것은 어쩌면 자연스러운 결과일 수도 있다. 인간에게 돈 버는 것, 연애에 성공하는 것, 사회적 신분을 얻는 것과 같은 것들이 삶의 전부일 때, 이런 것들의 상실은 모두 잃는 것이기에 죽음 밖에는 다른 선택의 여지가 없게 만들어버린다.

우리는 전 세계가 급속한 정보화사회로 변하면서 드러나는 많은 사회적 문제를 경험하였다. 이런 사회문제는 국지적인 것이 아니라 전 지구적인 현상이다.[20] 경제성장이라는 일치적 목표의 달성을 위하여 수많은

---

20 경제의 지구화가 급속도로 진행되면서 각 나라마다 인구의 80%가 빈곤해지고 있다. 경쟁력을 높이기 위한 구조 조정 과정에서 실업자가 늘고, 근로 소득에 의존하는 소시민의 세

정신적 가치의 손상을 감수해야 하는 것이 지난 날 우리의 현실이었다. 경제성장이라는 목표는 국민 일반의 생활수준의 향상으로 달성되었지만 재벌을 중심으로 한 부의 집중화는 경제적 양극화인 빈익빈부익부 貧益貧富益富의 사회기형을 낳게 되었으며, 이 일차적 목표달성을 위하여 독재라는 절대 권력을 용납하고 인권은 억압되었다. 이러한 정치체제는 자연히 민주주의의 가치와 절차를 외면하고 사회적 갈등을 평화적으로 관리하는 능력마저 잃었다. 산업사회와 사회의 근대화는 그 목표를 달성하기 위하여 생명을 경시하게 되었으며 인간의 삶의 질quality of life[21]이라는 가치보다 삶의 양quantity of life이란 물질적 가치관을 가지게 만들었다.

우리 사회는 치열한 경쟁에 의한 자본주의를 강조한다. 경쟁력을 상실한 사람들은 생존 자격을 상실한 사람으로 사회적 도태를 경험하게 되고, 그로 인한 자존감의 상실은 결국 스스로 생존을 포기하게 된다. 최근 심각한 경제 불황으로 많은 사람들이 자살하였다. 이러한 경쟁적 사회구조는 결국 사람들로 하여금 생명을 경시하게 하고 경쟁에서 낙오된 사람들로 하여금 자살을 유도하는 위험으로 빠져들게 한다. 치열한

금 부담이 늘며, 공공복지 부분의 재정 축소로 사회적 불안이 증폭되고 있다. 중산층이 붕괴되면서 사회적 통합 능력도 함께 약화되고 있다. 조용훈, 「21세기의 사회윤리 전망」, 한남대학교 기독교문화연구소 편, 『21세기와 목회』(한들, 1999), 37쪽.

21 삶의 질은 물리적이고 객관적인 삶의 조건과 함께 인간이 주관적으로 만족을 느낄 수 있는 삶의 지표를 말한다. UN은 '행복도 객관적으로 측정 가능하다'란 가정 아래 각 국가의 국민에게 주관적 설문조사를 실시하였고, 2012년 4월 '세계행복보고서'에서 그 결과를 발표하였다. 여기서 한국은 10점 만점에 5점을 받아 156개국 중 56위를 차지하였다. 점수가 높은 국가는 덴마크·핀란드·노르웨이 등 사회복지가 잘 갖춰진 북유럽 국가들이었다. 한국은 과거에 비해 1인당 국민소득은 높아졌으나 지나친 경쟁과 높은 실업률, 비싼 집값, 사회안전망의 부재, 오랜 근로시간과 부족한 여가 등으로 삶의 질이 높다고 할 수 없다. 2011년 OECD에서 34개 회원국을 대상으로 '더 나은 삶 이니셔티브'를 조사했을 때 한국은 26위로 하위권에 머물렀다. 이때에도 주거환경, 보건, 일과 삶의 균형, 공동체 생활에서 비슷한 경제력의 국가에 비해 점수가 낮게 나왔다. 최근에는 국민소득 등 경제적 지표보다 '삶의 질'을 나타낼 수 있는 지표를 추가한 행복지수의 중요성이 더 커지고 있다.

경쟁을 통한 사회발전을 지향하는 사회는 결국 인간 생명의 존엄이라는 절대적인 가치를 외면하고 있다.

자본주의는 다윈주의Darwinism[22]를 기초로 한다. 그야말로 적자생존適者生存의 원칙이 자본주의의 사회를 작동시키는 추동인推動因이다. 자유로운 경쟁력을 통하여 힘을 가지며 소유가 있고, 자유로운 경쟁력이 있는 사람들이 생존할 수 있다. 우리는 지금 자본주의 사회에서 경쟁력이 얼마나 생존에 필수적인가를 뼈저리게 체험하고 있다. 세계화시대에 경쟁력이 없으면 국가도 외국의 자본에 의하여 여지없이 무너지고 파산하는 것이 현실이다. 현재 세계는 약육강식弱肉强食의 정글법칙으로 운영되고 있다. 이에 따라 경쟁에서 밀려난 사람들의 좌절감은 심각한 지경에 이르게 된다.[23]

22 찰스 로버트 다윈의 주요 저서인 『종의 기원』(1859)년)에서 주장한 생물진화론에서 나온 용어이다. 생물에는 다양한 변이(동종 생물에서 보이는 형질의 차이)가 있는데 생존경쟁을 통하여 환경에 더 적합한 것이 살아남는다(적자생존). 이처럼 유익한 형질을 가진 개체가 자손을 남기는 것을 인위 선택(재배 식물이나 가축의 품종 개량)에 비교하여 자연 선택이라 하였다. 당시는 근대 유전자가 형성되기 이전이므로 다윈 자신은 '획득형의 유전'을 부정하지 않았다. 이를 사회적으로 적용시킨 것을 '사회적 다위니즘(Social Darwinism)'이라고 한다. 이 이론은 다윈의 생물진화론(특히 생존투쟁·적자생존이라는 생물계의 원리)을 그대로 인간 사회에 적용시킨 견해이다. 생물계에서 발견되는 적자생존의 법칙이 인간사회도 지배하기 때문에 우수한 자가 열등한 자를 정복한다는 이 생각은 자본주의 사회에 고유한 불평등 및 전쟁과 식민지 정복을 합리화하려는 동기에서 생겨났다. 허버트 스펜서에서 비롯돼 현대에는 미국의 사회학자 일부가 맬서스주의와 함께 이 이론을 채택하고 있다.
23 흔히 아담 스미스를 '보이지 않는 손'을 주장한 『국부론』 정도로만 이해하는데 바로 그 아담 스미스가 『도덕 감정론』도 함께 썼다는 것을 아는 사람이 드문 것 같다. 『도덕 감정론』에 따르면, 인간 개인은 다른 사람의 인정과 존중을 갈망한다. 이것이 시장에서 도덕적으로 정당하게 인정될 때 시장 법칙도 제대로 작동한다. 도덕법칙이 무너진 시장은 그야말로 약육강식이 지배하는 정글일 뿐이다. 이승훈, 「시민사회 사상의 역사와 딜레마」, 조성돈·정재영 편, 『시민사회 속의 기독교회』(예영커뮤니케이션, 2008), 62쪽 참조; 오늘 우리의 현실은 도덕법칙이 제대로 작동하지 못하는 신자유주의 경제구조 속에서 수많은 사람들이 노동의 소외와 위기에 직면해 있고, 경제구조의 현실은 효율성으로 사람의 가치를 규정한다.

⚰ 자살과 기독교생명윤리

대부분 유신론적 종교는 자살은 신에 대한 죄이며, 벌 받을 행동으로 판단한다. 왜냐하면 사람이 스스로 생명을 얻은 것이 아니기 때문에 스스로 생명을 거둘 권리 역시 없기 때문이다. 이는 기독교도 마찬가지이다. 기독교는 전통적으로 자살을 매우 부정적으로 이해해왔다. 중세 시대 때는 법에 따라, 자살을 시도한 것만으로도 처벌하였으며, 자살한 사람은 교회의 장례식이 거부되었다. 이런 교리전통은 아퀴나스에 근거하여, 창조주인 신은 생명에 대해서만이 아니라 죽음에 대해서도 절대적인 주인으로, 인간은 자신의 생명을 신으로부터 대여 받았을 뿐, 자신의 생명에 대한 결정권을 부여받지 못했다고 주장한다. 아퀴나스는 중세 후기, 세 가지 이유에서 자살을 반대했다. 첫째, 인간의 자기 사랑과 자기 보전은 자연으로부터 주어진 의무이다. 둘째, 인간은 공동체에 소속되어 있다. 셋째, 생명의 처리 권한은 인간에게 있지 않고 신에게만 있다는 것이 그것이다. 심지어 기독교는 자살자에게는 구원이 없다고 보았다. 그렇다면 기독교는 어떤 근거로 자살을 거부하고, 자살자에게는 구원이 없다고 가르쳐왔는지 살펴보면 다음과 같다.

첫째, 자살은 신의 주권에 대한 중대한 도전이다. 오직 신만이 사람의 육체에서 영혼을 분리시킬 권리를 가졌다. 성서는 모든 생명의 주인이 신임을 분명히 한다.[24] 신만이 이 세상 만물에 대한 절대적 소유권을 행

---

24 이제 알아라. 내가 바로 그다. 나 외에는 신이 없다. 죽이는 것도 나요 살리는 것도 나며 찌르는 것도 나요 고쳐주는 것도 나다. 내 손에 잡은 것을 빼낼 자 없다.(신명기 32장 39절), 이 세상과, 그 안에 가득한 것이 모두 야훼의 것, 이 땅과 그 위에 사는 것이 모두 야훼의 것,(시편 24편 1절), 생명의 샘 정녕 당신께 있고 우리 앞길은 당신의 빛을 받아 환합니다.(시편 36편 9절), 나의 백성은 두 가지 잘못을 저질렀다. 생수가 솟는 샘인 나를 버리고 갈라져 새기만 하여 물이 괴지 않는 웅덩이를 팠다.(예레미야 2장 13절), 너희가 가서 사는 곳은 어디든지 죄뿐이어서 내가 벌을 내리면 나의 산은 적에게 짓밟혀 재물과

사할 수 있다. 이 말은 모든 인간의 생명종결권이 오직 신에게만 있다는 의미이다.[25] 자살은 신에게 속한 생명을 스스로 해하는 것이므로 신의 생명 주권에 대한 중대한 거역행위이다.[26] 기독교는 죄 중에 가장 큰 죄를 신의 주권을 거역하는 것으로 본다. 모든 생명은 인간이 아니라 창조주에게 속한 것이므로, 인간이 스스로 목숨을 끊는 행동은 피조물이라는 자신의 위치를 망각하고 창조주의 권한을 침범하는 교만이 그 행동의 동기라고 이해한다. 신은 모든 피조물에게 생명을 주기도 하고,[27] 다시 거두기도 한다.[28] 인간의 생명을 인간이 종결시키는 행위는 자기 자신을 신의 자리에까지 높이는 교만이다.[29] 인간이 가진 권리 중 가장 소중한 것은 생명권이다. 생명권이 주어진 생명을 지켜내는 권리라면, 생명 결정권은 마치 인간에게 생명을 좌지우지할 수 있는 권한이 있는 것처럼 오판하는 권리개념이다. 생명권은 신에 의해서 시작된 인간의 생명이 계속 그 생명을 누리도록 기능을 하는 반면, 생명 결정권은 생명의 시작과 생명의 마지막을 인간 스스로 결정하겠다는 발상이다. 다시 말하면 생명을 만들어 내거나, 주어진 생명을 마감할 권리를 인간이 가진

보화를 털릴 것이다.(예레미야 17장 3절)

25 야훼께서 사탄에게 이르셨다. "좋다! 이제 내가 그의 소유를 모두 네 손에 부친다. 그러나 그의 몸에만은 손을 대지 마라." 이에 사탄은 야훼 앞에서 물러 나왔다.(욥기 1장 12절), 어느 동물의 목숨이 그의 손을 벗어날 수 있으며 어느 사람의 숨결이 주의 손을 벗어날 수 있겠는가?(욥기 12장 10절)

26 당신의 모습대로 사람을 지어내셨다. 하느님의 모습대로 사람을 지어내시되 남자와 여자로 지어내시고(창세기 1장 27절), 야훼 하느님께서 진흙으로 사람을 빚어 만드시고 코에 입김을 불어넣으시니, 사람이 되어 숨을 쉬었다.(창세기 2장 7절)

27 한 처음에 하느님께서 하늘과 땅을 지어내셨다. 땅은 아직 모양을 갖추지 않고 아무것도 생기지 않았는데, 어둠이 깊은 물 위에 뒤덮여 있었고 그 물 위에 하느님의 기운이 휘돌고 있었다.(창세기 1장 1-2절), 그 빛이 하느님 보시기에 좋았다. 하느님께서는 빛과 어둠을 나누시고(4절), 창세기 2장 4절-25절 참주

28 그러다가 당신께서 외면하시면 어쩔 줄을 모르고 숨을 거두어들이시면 죽어서 먼지로 돌아가지만,(시편 104편 29절)

29 Henry T. Close, *Suicide: A Theological Perspective*, Journal of Pastoral Care, vol. 27(1973, March), p.18.

다는 뜻이다. 생명결정권이 인간에게 있다고 주장할 때, 인간은 자신의 마음대로 인간을 복제할 수 있으며, 자기 멋대로 생명을 해치거나 죽일 수도 있게 된다. 자살은 이 두 가지 권리를 오해하는 데에서 비롯된다. 인간은 그 누구도 의도한 대로 태어나지 않은 것처럼, 마지막도 마음대로 결정해서는 안 된다. 왜냐하면 생명은 신의 것이며 신의 주권 아래 있는 것이기 때문이다. 그러므로 기독교는 어떤 이유가 있어도 그리고 어떤 형태로도 자살을 금지한다. 신은 인간을 자유로운 존재로 창조한 것은 사실이다. 그러나 그것이 인간 스스로자신의 생명까지 끊을 수 있는 자유까지 준 것은 아니다. 자살은 자기 몸에 폭력을 행사한다는 점에서 자유를 남용하는 것이다. 신의 공동체에 속한 사람들은 신의 계약의 보호를 받는 사람들이기에, 그 어떤 경우에도 자의적인 결정에 의하여 자살해서는 안 된다.[30]

둘째, 자살은 살인죄이다. 신이 부여한 법인 십계명에 의하면, 분명하게 '살인하지 말라'는 선언을 찾을 수 있다. 자살은 제 6계명을 어기는 중대한 범죄다. 타인의 생명을 죽이든 자신의 생명을 끊든 그것은 동일한 살인 행위다.[31] 웨스트민스터 신앙고백서 제69문에도 십계명의 제6계명에 따라 스스로 자신의 생명을 끊거나 혹은 다른 사람의 생명을 불의하게 빼앗는 등의 일체의 살인행위를 금하고 있다. 이러한 견해는 다른 사람을 죽이는 것만 살인이 아니라, 자신을 죽이는 것도 명백한 살인이라고 이해하는 것임을 알 수 있게 해준다. 성서는 살인자는 불과 유황으로 타는 못에 참여하며[32]살인하는 자마다 영생이 그 속에 있지 않다

---

30 H. van Oyen, Ethik des Alten Testaments (Gütersloh, 1967), p.122을 김형민, 「제 6계명의 윤리」, 『신학이해』(2008년, 35집), p.86에서 재인용.

31 R. McQuikin, *An Introduction to Biblical Ethics* (Wheaton Illinois, 1995), p.328.

32 그러나 비겁한 자와 믿음이 없는 자와 흉측스러운 자와 살인자와 간음한 자와 마술쟁이와 우상 숭배자와 모든 거짓말쟁이들이 차지할 곳은 불과 유황이 타오르는 바다뿐이다. 이것이 둘째 죽음이다.(요한계시록 21장 8절)

고 증거하고 있다.[33]

셋째, 자살자에게는 회개의 기회가 없다. 회개는 구원의 필수조건이다. 성서는 구원이 단지 믿음으로만 주어지는 것이 아니라 믿고 회개함으로 얻는 것이라고 한다.[34] 자살은 신의 주권에 대한 거역이자 살인죄에 해당하는 중죄이므로 반드시 회개가 필요하다. 그런데 스스로 목숨을 끊으면 이와 같은 회개의 기회가 없어진다. 회개가 믿음의 열매라고할 때, 자살은 믿음을 배반하는 행위가 된다.

넷째, 자살은 사탄의 유혹에 빠지는 것이다. 사탄은 가능한 많은 인간을 지옥으로 데려가고 싶어할 것이다. 왜냐하면 지옥은 바로 사탄이 사는 곳이며 그가 다스리는 곳이기 때문이다. 그래서 사탄은 인간의 마음을 충동질하여 스스로 목숨을 끊도록 유혹한다. 가롯 유다가 자살로 비극적인 최후를 맞게 된 것도 사탄의 유혹을 받았기 때문이다. 성서는 가롯 유다가 예수를 팔게 된 것은 사탄이 그를 유혹했기 때문이라고 보도한다.[35]

자살이 허용될 수 없다는 입장이 확고하기 때문에 자살한 사람에 대한 기독교의 처벌도 엄격했다. 기독교는 자살을 시도한 사람을 교회에서 추방한 적도 있었다. 지금도 로마 가톨릭교회의 법은 자살을 시도한 사람을 사제로 서품하지 않고 정상적인 정신상태에서 자살한 사람을 교회에서 장례식을 하는 것과 교회묘지에 묻는 것을 허락하지 않는 경향이 강하다.[36]

---

33 자기 형제를 미워하는 자는 누구나 다 살인자입니다. 여러분이 아시다시피 살인자는 결코 영원한 생명을 누릴 수 없습니다.(요한일서 3장 15절).

34 "때가 다 되어 하느님의 나라가 다가왔다. 회개하고 이 복음을 믿어라." 하셨다.(마르코의 복음서 1장 15절), 아니다. 잘 들어라. 너희도 회개하지 않으면 모두 그렇게 망할 것이다. (루가의 복음서 13장 3절)

35 그런데 열두 제자 가운데 하나인 가리옷 사람 유다가 사탄의 유혹에 빠졌다. 그는 대사제들과 성전 수위대장들에게 가서 예수를 잡아 넘겨줄 방도를 상의하였다.(루가의 복음서 22장 3-4절)

그러나 이러한 이해가 '기독교의 근본정신인가' '과연 성서적 근거를 갖고 있는가'하는 논란이 제기되기도 한다. 자살을 특별한 범죄 행위로 취급하여 구원 문제와 연결시키는 것은 옳지 않다. 흔히 자살하면 지옥 간다는 식의 종교적 가르침은 다시금 깊이 생각해 보아야한다. 이에 대해 이상원은 교회가 자살이 신 앞에서 심각한 죄임을 분명히 가르쳐야 하지만, 자살을 인간의 궁극적인 구원의 문제로 성급하게 연관 짓는 것에 대해서 주의를 기울여야 함을 여섯 가지 이유를 들어 제시한다.[37]

첫째, 성서는 '자살하면 지옥 간다'는 통설을 명시적으로 가르치지 않고, 윤리적으로 판단하지 않는다.

둘째, 건전한 개혁신학의 전통은 자살한 기독교인이 지옥에 간다는 통설을 가르치거나 제시한 바 없다. 자살을 사후의 구원 문제와 관련시켜서 제시하는 생각은 신플라톤주의에 기인한 것이다. 루터는 자살자가 구원을 잃는다는 견해를 거부하고, 자살한 사람을 언급하면서 그가 건전한 마음과 평온한 모습으로 떠나간 것을 보니 아마도 그는 마지막 순간에 회개했을 것이라고 말하여 자살자가 정죄 받는다는 견해를 거부하였다. 칼뱅도 자살이 신의 주권을 침해하는 심각한 죄라고 말하고 심지어 악마의 분노에 사로잡혀 행하는 행동으로까지 말했으나, 그래도 자살을 성령훼방죄로 말한 적이 없고,[38] 자살을 사후의 구원 문제와 연관

---

36 현대사회와 기독교편찬위원회 편, 『현대사회와 기독교』(계명대학교 출판부, 2001), 211쪽.
37 이상원, 「'자살하면 지옥 간다'는 통설」, 『복음과 상황』, 제226호(2009년 8월호), 70-75쪽 참조.
38 이에 대한 이상원의 말이다. "성령을 훼방하는 죄(마태복음 12장 31절; 마가복음 3장 28-29절)는 히브리서 10장 29절이 말하고 있는 것처럼 예수 그리스도의 구속의 피를 거부하고 받아들이지 않는 불신앙적인 행동을 뜻한다. 예수 그리스도가 하나님의 아들이요 하나님이며, 인간의 죄를 대속시키기 위하여 십자가 위에서 죽으셨다는 진리를 받아들이지 않는 것이 성령을 훼방하는 죄다. 죽을 때까지 이 죄를 회개하지 않고 예수 그리스도를 거부한 채 죽음을 맞이하면 그 후에는 영원히 돌이킬 기회가 없다. 자살을 성령을 훼방하는 죄에 관련시키는 것은 성경적인 근거가 전혀 없다." 이상원, 「기독교윤리의 주제에서 본 자살」, 『신학지남』, 제 298호(2009년 봄호), 77쪽.

하여 말한 적이 없다.

셋째, 의도성과 계획성이 지배적으로 나타나는 고의적 살인인 타살의 경우와 달리 기독교인들에게서 나타나는 자살은 대체로 우울증과 같은 일종의 정신질환 상태에서 결행되는 경우가 많고, 정신질환 상태에서 자살이 결행될 경우에 윤리적인 비판의 대상이 되기보다는 질병치료의 관점에서 접근해야 한다.

넷째, 상기한 통설을 가르쳐서는 안 되는 이유는 기독교인에게 나타난 어떤 한 순간의 비상한 사태를 보고 그 신자의 전 생애를 예단하는 위험에 빠질 수도 있기 때문이다.

다섯째, 상기한 통설에는 자살이라는 죄에 대하여 회개할 시간을 갖지 못하고 죽기 때문에 구원받지 못한다는 생각도 옳지 않다. 오직 예수 그리스도를 믿음으로 의롭게 된 인간은 회개했느냐의 여부가 아닌 그리스도의 공로에만 의지하여 구원받는다.

여섯째, 상기한 통설로 청소년들에게 교육적 효과가 있다는 이유로 가르치는 것도 자제해야 한다. 충격효과에 기대어 성서적 근거가 불분명한 관점을 청소년들에게 가르치는 것보다는 기독교인이 자살을 해서는 안 되는 이유를 윤리신학적으로 차근차근 설명해 주어야한다.

신구약성서를 살펴보면, 신은 자살에 대해 어떤 특정한 가치적 판단을 하지 않는 것 같은 인상을 준다.[39] 초기 기독교회도 순교행위로서 자살을 인정하는 경향이 당연시 되었다. 자살이 큰 범죄가 된 것은 어거스틴에 의해 시작되고, 6세기 초 즈음533.A.D 몇 가지 교회협의회에서 자살을 정죄하게 되고, 토마스 아퀴나스는 어거스틴이 자살은 죄라고 보는

---

39 신구약성서에는 '자살'이라는 술어는 등장하지 않는다. 때문에 주요 성서신학 사전들에도 자살이란 개념 항목이 빠져 있다. 하지만 자살 행위에 대한 기록은 신구약에 걸쳐서 7회 정도 등장한다.

견해를 다시 인정하고 확인하였다.[40]

물론 자살은 구원받지 못한 사람에게 나타나는 중요한 특징 가운데 하나이며 중대하고 심각한 죄다. 그러나 자살 때문에 구원받지 못한다는 생각은 성서적인 것이 아니다. 앞에서 살펴 본 바와 같이 성서는 자살을 다른 범죄와 동일한 범죄의 차원에서 다룬다. 어떤 사람들은 다른 범죄는 죽기 전에 회개할 수 있지만 자살하는 사람은 자살 행위를 회개할 기회가 없다는 것을 자살자가 구원받지 못하는 이유로 제시하기도 한다. 이 생각 또한 성서적이지 않다. 기독교가 말하는 구원은 오직 예수 그리스도를 믿음으로 결정되는 것일 뿐, 구원받은 후에 행한 어떤 죄를 회개했느냐, 회개하지 않았느냐를 기준으로 결정되는 것은 아니다. 즉, 회개한 공로를 근거로 하여 구원이 결정되는 것이 아니라 예수 그리스도에 대한 믿음을 가졌느냐에 따라서 결정될 뿐이다. 구원은 오직 은혜로 받는 것이다. 구원의 유일한 기준은 예수 그리스도이다. 어떤 것도 이 순수한 구원의 기준에 끼어들어올 수 없다.

예를 들어, 어떤 신자가 거듭난 후에 알게 모르게 많은 죄를 범하는 생활을 하다가 교통사고를 만나 급사急死함으로써 그가 거듭난 후에 지은 죄를 회개하지 못한 채 죽었을 경우에 이 신자는 구원받지 못한다고 말할 수 있을까? 이 신자는 신의 심판대 앞에서 호되게 책망을 받겠지만, 그렇다고 해서 구원받지 못한다고 단정할 수는 없다. 우리는 자살의 심각한 범죄적 요소를 강조함으로써 경각심을 갖게 하되, 자살을 구원 문제에 연결시키는 일은 그야말로 신중을 기해야만 할 것이다.

만약 평소 독실한 신앙인으로 구원의 확신을 가지고 있던 교인이 우울증과 같은 정신질환을 앓다가 일순간 잘못 생각해서 자살했고, 그로

---

40 P. W. Pretzel, "Suicide: Ethical issues", In R. J. Hunter (Ed.), *Dictionary of Pastoral Care and Counseling* (Nashville, TN:Abingdon Press, 1990), pp.1233-1234 참조.

인해 회개할 기회가 없이 죽었기 때문에 구원을 받지 못한다고 한다면 이것이 윤리적으로 정당한가? 그렇다면 구원론에 큰 문제가 있는 것은 아닐까? 왜냐하면 이것은 믿음으로만 구원이 이루어진다는 기독교의 기본교리에 위배되는, 인간 행위에 따라 좌우되는 것이 되기 때문이다. 그러므로 모든 자살자를 구원받지 못한다고 성급하게 단정 짓는 것은 재고해야하지 않을까? 적어도 '정신 질환'에 의한 자살과 '인간의 연약성'에 의한 자살을 구별해야 할 것이다. 구원의 주권은 신의 고유하고도 절대적인 권한이다. 자살자라도 그가 예수 그리스도를 참으로 믿은 사람이며 구원 받기로 예정된 사람이라면 예수 그리스도는 어떤 방식으로든 용서하고 간섭하여 구원할 것이다. 왜냐하면 예수 그리스도의 용서는 인간의 그 어떤 죄악보다 클 수 있기 때문이다.[41]

교회는 자살한 사람이 생겼을 때, 장례를 집례해 주고, 유가족을 위로하여 구원과 부활에 대한 소망을 확증해나갈 수 있다. 교회에서 단순하게 "자살하면 지옥 간다"고 가르치면 자살을 예방하는 효과가 전혀 없다고 말할 수는 없지만, 자살에 대한 접근이 생각처럼 단순하지 않다.[42] 퀴네트Paul G. Quinnett는 종교가 자살을 증상으로 보는 것이 아니라 신의 뜻에 위반하는 큰 죄로 보면서 얼마나 많은 자살자들의 문제를 처리해왔는지 알려준다. 언뜻 생각해보면 기독교나 유교나 불교 등 종교에서 자살을 크게 죄악으로 여겨 자살을 하지 않도록 방지하는 것 같지만 실제로는 자살한 이들을 엄청난 죄인으로 몰아갈 뿐 자살자의 상한 감정이나 그 가족이나 주변 사람들이 지닐 충격이나 상처에는 관심이 없다.

---

41 이 글에서 필자는 인간이 구원받은 이상 그 어떤 잘못을 해도 좋다는 구원의 선취(先取)를 말하려 함은 아니다. 다만, 자살자의 구원에 대해 단회적인 행동 하나마으로 구원을 결정 지으려는 교리적 이해를 제고해야함을 제기하려는 것임을 밝혀 둔다.

42 '자살하면 지옥 간다'는 말이 자살 상황에 들어간 사람에게는 더 위험할 수도 있다. 우울증 상황에서는 이성적인 판단을 할 수 없기 때문에, '신이 나를 버렸다'고 생각하게 된다. 신이 나를 버렸다고 판단하고 점점 더 상태가 악화되는 경우도 있다.

이로 인해 자살자나 가족과 주변사람들은 종교적인 위로나 지지 혹은 치료는커녕, 엄청난 죄인으로 낙인 찍혀버리는 결과를 초래한다. 그러므로 종교적인 자살예방은 진정한 의미에서 자살을 예방한다고 보기는 어렵다.[43]

그러나 이 말이 '자살해도 구원을 보장 받을 수 있으니 괜찮겠구나'는 하는 의미는 아니다. 자살은 성서적으로 옳거나 정당화되기는 어렵다. 우리는 자살이라는 겉으로 드러난 현상과 결과로 자살자의 구원을 판단해서는 안 된다. 우리가 정말 해야 할 일은 돌이킬 수 없는 결정에 대한 보다 깊은 인간 이해를 통한 접근, 남은 사람들에 대해 상한 마음을 어루만지는 사랑의 다가감에 대한 인간적인 노력이다.

자살 유가족들은 다른 교인들로부터 정죄 받는다는 느낌으로 장례과정을 서둘러서 처리하려고 하는데 이는 정상적인 애도과정을 경험하지 못하게 하는 요인으로 작용한다. 그래서 자살 유가족들 중에 또 다시 자살을 감행하게 되는 안타까운 일들이 발생하곤 한다. 자살의 경우도 다른 장례예배와 마찬가지로 유가족들에 대한 돌봄에 초점을 두어, 심판적인 분위기가 아닌 신의 돌보심과 위로하심이 전달되도록 포용하고 안아주는 분위기를 만들 필요가 있다.[44] 또한 자살 유가족들이 과도한 죄책감에 시달리는 데 이들에게 '사후개입'의 한 방법으로 심리적인 용서를 주고받는 '용서프로그램' 등을 통해 자살이후 유가족들에 대한 돌봄이 필요하다.

이러한 난점에도 기독교는 어떠한 근거에서 자살을 거부하고 있는가?

---

43 폴 퀴네트, "앞의 책", 38-39쪽 참조.
44 필자가 제시하는 기독교 장례예식이 남은 유가족을 위한 예배로 인간적인 측면이 강조되다보니 자칫 예배본연의 기능인 신에게 드리는 제사가 아닌 지극히 인간을 위한 예배라는 문제라는 비판을 받을 수 있다. 이에 대한 문제제기는 자살자의 장례예식에 대한 논의를 더 깊게 해줄 것이다. 그러나 필자의 입장은 장례예식의 전체적인 틀은 신에게 드림으로 하고, 설교에서 유가족을 위로하고 아픔을 어루만지는 내용은 가능한 것이라고 본다.

그 이유는 바로 기독교의 복음에 대한 이해이다. 자살에 대한 비난은 어떤 교리나, 교회법에서부터 제기되는 것이 아니다. 그것은 예수 그리스도 안에 있는 신의 은혜에 대한 기쁜 소식에 근거하고 있다. 기독교인은 이 세상 운명의 힘의 지배를 받는 예속으로부터 이미 해방되었고, 자신의 죄의 짐으로부터 해방되어 구원한 이에게 속해 있다. 기독교인은 예수 그리스도에게 속한 때부터 세상적인 세계관에 따라 살지 않는, '그리스도 안에서 새로운 피조물'[45]이다. 그러므로 삶이란 신의 은혜 가운데 아름답다.

뒤르켐은 자살을 자신이 일어날 결과를 알고서 실행하는 적극적 또는 소극적 행동의 직접적 또는 간접적 결과로 발생하는 모든 죽음의 사례들로 말한다. 즉, 자살자 스스로 의식적으로 죽음을 선택한다는 것이다.[46] 자살의 원인은 다양하지만 자살의 책임은 전적으로 자살자 자신에게 있다. 그러나 자살자는 이미 자살을 통하여 윤리적으로 책임질 위치에 있지 않다. 그럼에도 자살은 다른 사람들과의 관계에서 무거운 상처를 주고, 신과의 관계에서는 구원의 은혜를 포기하는 것이기 때문에 책임적 인간이 취할 마지막 선택이라고 볼 수는 없다. 생명은 신이 준 선물이라는 기독교의 근본적인 생명이해는 인간이 살 권리만이 아니라 죽을 권리도 가지고 있다고 주장할 수 없게 한다. 인간의 삶은 권리만이 아니며, 또한 자신만의 소유가 아니다. 인간의 삶은 태어나면서부터 관계 속에 있기 때문에 권리만이 아니라 의무이기도 하다.

프로이트S. Freud는 자살이 자기 자신 속에 있는 죽음 본능의 활동요소가 극적으로 표현되는 것이라고 말한다.[47] 그러나 인간에게 죽음의 본능

---

45 고린토인들에게 보낸 둘째 편지 5장 16절.

46 Emile Durkheim, *Suicide: A sociogical study* (Glencoe, IL: Free Press, 1975) 참조;

47 Sigmund Freud, Mourning and Melancbolia, in General Psychological Theory, Edited by Philip Riff (New York: Simon & Schuster, 1991), p.164. All subsequent references will

이 있다는 것에 대해 현대윤리학자들의 견해는 다르다. 이러한 견해의 대표자로서 슈바이처Albert Schweitzer는 '생명의 경외'라는 개념으로 "나는 살려고 하는 생명의 한가운데에 존재하는 생명이다"라는 말을 하였다. 이 말은 모든 생명은 살려고 하는 본능을 지닌다는 것이다. 요나스도 철학적으로 생명의 윤리적 가치를 증명하기 위해 내재적 목적론Immanente Teleologie[48], 즉 모든 생명의 목적 및 목표지향성을 주장한다.[49]

이것은 성서가 말하는 죽음의 기원에 대한 설명과도 거리가 멀다. 성서에 의하면 죽음은 본능의 요소가 아니라 인간이 도덕적인 죄를 범했을 때 찾아 온 낯선 현상이다. 인간은 오히려 본능적으로 죽음을 두려워

---

be made in text, 1917, pp.243-258 참조.

48 목적론(teleology;그리스어로 '목적'을 뜻하는 telos와 '이성'을 뜻하는 logos에서 유래). 세계 안에서 일어나는 모든 사건을 목적과 관련지어 설명하는 방식이다. 작용인(作用因)만으로 설명하는 방식과 대비하여 목적인과론이라고도 한다. 보통 이성적인 인간행위는 그 행위를 목적에 비추어 이해할 수 있다. 또 인간은 자연에 존재하는 다른 사물의 행위에 대해서도 같은 식으로 유비(類比)하여 그 사물이 스스로 어떤 목적을 추구한다든가 초자연적 정신이 짜놓은 목적을 위해 노력하고 있다는 식으로 이해하는 경향이 있다. 아리스토텔레스는 어떤 사물을 완전히 설명하려면 질료인(質料因)·형상인(形相因)·작용인뿐만 아니라 목적인(目的因:그 사물이 존재하거나 만들어진 목적)도 고려해야 한다고 주장했다. 16,17세기 근대 과학이 등장하면서 모든 관심은 자연현상에 대한 기계론적 설명에 쏠렸는데 이 설명은 오로지 작용인에만 호소한다. 기계론적 설명은 설령 목적론적 설명을 이용한 경우에도 아리스토텔레스의 목적론에서처럼 사물이 자신의 본질에 내재해 있는 목적을 실현하기 위해 발전한다는 식으로 말하지 않고, 생명체조차도 어떤 지성적 존재가 교묘하게 고안해놓은 기계로 보았다. 이같은 목적론을 주장한 전형적 인물은 18세기 프로테스탄트 변증론자 윌리엄 페일리였다. 임마누엘 칸트는『판단력 비판 Kritik der Urtheilskraft』(1790)에서 목적론을 자세히 다루고 있다. 그는 자연의 놀라운 조화를 인정하고 찬사를 보내면서도 목적론이 인간 지식의 규제원리일 뿐 구성원리는 아니라고 경고했다. 즉, 목적론은 실재의 본성을 밝혀주지 못하며 다만 탐구행위를 이끄는 안내자일 뿐이다. 19세기말에는 생명체의 특징인 성장·재생·생식 현상을 기계론만으로 설명할 수 있느냐를 둘러싸고 논쟁이 벌어졌다. 독일의 생물학자이자 철학자인 한스 드리슈는 아리스토텔레스가 말한 엔텔레케이아 또는 내재적 능동인(能動因)이 모든 유기체 속에 반드시 들어 있어야 한다는 생기론(生氣論)을 주장했지만, 이 주장은 드리슈가 죽은 뒤에는 거의 지지를 받지 못했다. 그러나 생물학적 과정을 물리화학만으로 설명할 수 있는가, 아니면 목적론이 구조적·기능적·유기적 조직이라는 문제를 해결하기 위해 반드시 필요한가는 여전히 문제로 남아 있다. 20세기 중엽 오스트리아계 캐나다의 이론생물학자 루트비히 폰 베르탈란피가 주장한 것과 같은 유기체 사상은 이 문제에 새로운 전망을 열어주었다.

49 구인회, 「생명과 윤리의 문제」, 구인회·임종식, 『삶과 죽음의 철학』(아카넷, 2003), 16쪽.

하고 피하고자 한다. 뿐만 아니라 인간에게 죽음의 본능이 있다는 견해는 경험적으로도 입증되기 어렵다. 프로이트의 문제는 정신질환자에게서 나타난 현상을 정신질환자가 아닌 정상인에게까지 일반화시켰다는 데 있다.[50] 정신질환은 외부에 가해진 어떤 충격을 이기지 못했을 때 찾아오기 마련이며, 정신질환의 결과로서 자살의 충동이 찾아 올 수 있다. 정상인은 죽음의 충동이 아닌 죽음에 대한 본능적인 두려움을 가지고 있기 마련이다. 성서는 인간에게 생명의 본능은 있어도 죽음의 본능은 없다고 증언한다.[51]

자살의 충동은 생명의 본능이 외부의 어떤 힘에 의하여 방해받을 때 이 방해물을 극복하지 못하면 찾아온다. 여기서 결정적인 것은 삶의 본능이지 죽음의 충동이 아니다. 따라서 자살의 충동은 그렇게 극복하기 어려운 것이 아니고, 삶을 힘들게 하는 방해물들이 제거되거나 극복할 수 있는 의지나 타당한 이유가 있으면 어렵지 않게 극복할 수 있다.[52] 예를 들어, IMF와 같은 위기상황에서 실직이나 부도를 당하여 경제적으로 궁핍하고 생계유지가 막막해질 때, 자살 충동을 가질 수 있다. 그러나 다시 복직되거나 사업체가 다시 일어서면 자살의 충동은 눈 녹듯이 사라져 버린다. 경제적인 위기상황이 찾아와도 기본적인 생계를 보장해주는 사회안전망이 잘 구축되어 있으면 자살 충동의 발현을 크게 줄일

---

50 프로이트는 심리학의 아버지라고 불릴 정도로 큰 공헌을 하였다. 그러나 그의 공헌에 못지 않게 많은 비판도 있다. 그는 당시 자신의 환자를 치료해나가면서 이론을 정립해 나갔다. 그의 환자들은 일반인이 아닌 정신적인 문제를 안고 있는 사람들이었다. 이렇게 정립된 이론을 일반인에게도 그대로 적용하는 것에 대해 많은 비판이 있다. 또한 그의 정신분석 이론도 과학적인 인과관계를 증명해내지 못하는 추론에 의한 것이라는 비판을 받는다. 大村政南 삼수, 박선무·고신윤 역, 『3일 만에 읽는 심리학』(서운문화사, 2004), 83쪽 참조.
51 사람은 모름지기 수고한 보람으로 먹고 마시며 즐겁게 지낼 일이다. 이것이 바로 하느님의 선물이다.(전도서 3장 11절)
52 이상원, 「자살과 교회」, 이상원 편, 『생명공학시대의 생명주권 생명사랑』(생명의말씀사, 2006), 133쪽.

수 있다.

중·고등학교 학생들이 성적이 오르지 않는다든지 집단 따돌림을 당할 때도 자살의 충동을 가질 수가 있다. 그러나 성적이 다시 오르든지, 아니면 성적이 오르지 않아도 삶의 가능성이 열려 있음을 깨닫게 하든지, 따뜻한 공동체의 관심이 보이면 자살의 충동은 없어진다.[53]

남녀관계에서 사랑을 얻는 일에 실패하여 정신적인 소외감과 배반감을 극복하지 못할 때도 자살의 충동이 찾아 올 수 있다. 정신병원에 입원한 환자들 중 상당수가 남녀관계에서 실패한 사람들임을 고려할 때 이 일을 극복하는 일이 쉬운 일이 아닌 것은 분명하다. 그러나 남녀관계에 실패한 사람들 중에서 자살까지 생각하는 사람들의 숫자는 극소수이며, 다른 사랑의 관계가 형성되거나 삶의 의미를 부여해 줄 수 있는 다른 일들이 있으면, 자살의 충동까지 가지는 않는다. 따뜻한 공동체의 관심과 사려 깊은 상담 등을 통하여 이런 상황에 처한 사람들을 얼마든지 도울 수가 있다.

그러나 경제적으로 넉넉하고, 성적도 좋고, 공동체에서 인정도 받고, 사랑도 충분히 받는 상황에 처한 사람에게도 자살의 충동이 찾아오는 수가 있다. 예를 들어, 복지국가인 스웨덴이나 아름답고 풍요롭기 이를 데 없는 미국의 전원주택지에서 높은 자살률이 나타난다. 이때 중요하게 다루어질 문제는 당사자가 가진 종교관이 결정적인 원인으로 작용한

---

53 요즘은 AQ지수(adversary quotient, 역경 지수)라는 것이 있다. IQ못지않게 중요하다고 강조되는 EQ(감성지수), NQ(네트워크 지수)등과 함께 새롭게 부각되는 능력이다. AQ는 살아가면서 부딪히는 좌절을 얼마나 의연하게 딛고 일어서는가를 가늠하는 지수이다. 이는 IQ와 비례하지 않는다. 우리나라는 공부를 잘하는 아이일수록 오히려 AQ가 낮다. 이는 우리 교육은 실패의 경험을 이겨내는 교육이 적고, 최근 급변하는 불확실성의 시대 앞에 자살의 위험성이 높기 때문이다. 이제 우리의 교육은 공부를 잘하는 점수따기 능력을 길러주는 교육보다 바로 이 역경 극복 능력을 길러주는 교육이어야 한다. 김찬호, 『교육의 상상력: 교사와 부모가 함께 그리는 행복한 교육』(한국방송통신대학교출판부, 2008), 123-125쪽 참조.

다는 점이다. 죽음과 더불어 인간존재 그 자체가 종결되고 만다는 무신론적인 신념을 가지고 있으면 삶의 의미도, 자기 생명을 종결시켜서는 안 되는 타당한 이유도 찾을 수 없게 된다. 이때 자기 생명을 끊는 행위는 어차피 무로 돌아갈 과정을 잠깐 앞당기는 것 이외에 어떤 다른 의미도 없다. 사실상 이와 같은 무신론적인 신념이 자살의 충동에 이끌리고 마침내는 결행하기에까지 이르는 것을 가능하게 하는 근원적인 이유다. 그런 점에서 유신론적인 신념을 가지고 있다면, 자살을 결행하기는 쉽지 않을 것이다. 그러므로 유신론적 생명윤리는 자살을 방지하는 가장 강력한 수단일 것이다. 성서는 어떤 생명도 신 앞에서 귀중하지 않은 것이 없고, 모두가 천하보다 귀한 생명임을 천명한다.

> 그러므로 나는 분명히 말한다. 너희는 무엇을 먹고 마시며 살아갈까, 또 몸에는 무엇을 걸칠까 하고 걱정하지 마라. 목숨이 음식보다 소중하지 않느냐? 또 몸이 옷보다 소중하지 않느냐?[54]

> 그러니 두려워하지 마라. 너희는 수많은 참새보다 훨씬 더 귀하다.[55]

> 더구나 하느님께서는 너희의 머리카락까지도 낱낱이 다 세어두셨다. 그러므로 두려워하지 마라. 너희는 그 흔한 참새보다 훨씬 더 귀하지 않느냐?[56]

십계명의 "살인하지 말라"는 명령도 생명의 존엄성에 기반하고 있다.

---

54 마태오의 복음서 6장 25절.
55 마태오의 복음서 10장 31절.
56 루가의 복음서 12장 7절.

그렇다면 자살을 시도한 이들에 대한 우리의 시각은 이들을 신앙도 없는 신성 모독자로 정죄하고 심각한 정신질환자로 몰아가며 사회에서 고립시키고 인생 실패자로 손가락질할 것이 아니라 다시 살아난 이들의 생명에 부활의 의미를 접목시켜서 갱생의 의지를 심어주고 보살펴주어야 할 것이다. 자살을 시도한 이들에게 우선적으로 필요한 것은 치료가 아니라 보살핌이기 때문이다.[57]

기독교 윤리의 궁극적인 원리인 신의 사랑 즉 아가페agape는 신의 돌봄이 누구에게나 미치고 있다는 보편성과 구체성에 근거한다. 이 아가페의 사랑을 인간 현실에 직접 적용하기는 어려울 것이다. 그러나 이웃의 생명이 파괴되어 가는 사회 구조 속에서 기독교가 개인 구원만을 강조하고 자살자를 범죄시한다면 그것은 소극적으로 기독교 자체의 존재를 거부하는 자살 행위나 다름없다. 또한 적극적으로 자살자의 죽음에 동참하는 공범자가 될 것이다. 기독교는 '자살은 방지되어야 한다'는 원칙이 지켜지도록 자살자가 죽음에 이를 수밖에 없는 환경을 생명의 환경으로 개선해 나가야 한다. 또한 기독교는 교회 공동체 내에서 소그룹을 활성화해 나가야한다. 정재영의 연구에 의하면, 소그룹과 관련한 조사결과 소그룹에 적극적인 사람일수록 사사로운 고민을 얘기할 수 있는 친구를 교회 안에서 많이 가지고 있는 것으로 나타났고, 이에 따라 소그룹 활동을 소극적으로 하는 사람들에 비해 외로움이나 우울증의 문제로부터 자유로운 것으로 나타났다. 소그룹을 통해 형성된 폭넓고 깊이 있는 인간관계를 가지고 있는 사람들은 외로움을 잘 느끼지 않으며, 소그룹 활동을 통한 심리 치료의 효과는 우울증에 걸릴 가능성도 줄어드는 것으로 나타났다.[58] 그러므로 기독교는 교회 안에서 공동체성을 회복함

---

57 박원기, 『신학윤리와 사회과학』(대한기독교서회, 1998), 240쪽.
58 정재영, 「한국 교회 소집단의 공동체성 대한 연구」, 연세대학교 박사 학위 논문(2002),

으로써 공동체 구성원들에게 믿음 안에서 올바른 삶의 의미를 깨닫게 하고, 교회 공동체 안에서 친밀한 인간관계를 형성함으로써 서로 돌볼 수 있도록 해야 한다.

푸트남Robert David Putnam은 교회 공동체가 새로운 사회자본으로 기능할 수 있음을 주장하였다. 교회는 전통의 공동체가 무너진 후 파편화되고 불확실성이 증가된 사회에서 사는 현대인들에게 신뢰할 수 있는 관계 형성을 위한 소그룹을 제공해 줄 수 있다. 교회 소그룹들은 집단 구성원들의 대면 교섭을 통해서 형성된 신뢰를 바탕으로 하여 공동체성을 나타낼 수 있다.[59]

뿐만 아니라 우리 사회에 대해서도 지나친 물질주의 가치관과 성공지향의 태도가 우리의 삶을 더 삭막하게 만들게 됨을 지적하고, 이를 초월하여 보다 숭고한 가치를 추구할 수 있도록 삶의 규범을 제공할 수 있어야 한다. 그렇게 된다면 기독교회는 우리 사회에서 자살을 예방하는 사회안전망의 역할을 해나갈 수 있다.

미국의 경우는 죽음에 대한 교육이 있다. 이 교육은 5~6세 정도의 어린이들에게 생명의 출생·성장·죽음에 대해서 설명해 준다. 학교에서도 교실에 식물의 씨앗이나 낙엽 등을 갖다 놓고 자연의 생명주기를 관찰을 통해 배우며 무생물과 비교해 보는 시간을 갖는다. 가정에서도 애완동물의 죽음을 목격하게 하고, 장례를 치르게 한다. 때로는 묘지를 방문하여 비석의 의미, 꽃으로 장식하는 의미 등을 통해 어린이들의 자연스런 감상을 서로 이야기해 보도록 한다. 그리고 소설, 동화 등을 통해 주인공이 나 자신이라면 어떨까 등을 토의하게 한다. 잡지나 앨범에서

116-117쪽 참조.

59 정재영, 「시민사회 참여를 통한 교회 공공성의 회복」, 조성돈·정재영 편, "앞의 책", 101-102쪽 참조.

여러 시대에 살던 사람들의 사진을 보여 주고, 이들의 출생·성장·노화·사망의 과정에 대해 이야기하기도 한다.[60]

이렇듯 죽음 대비교육은 교과과정을 통해서만이 아닌 일상으로 존재한다. 예를 들면 그들은 무덤도 외딴 곳에 두지 않는다. 교회와 성당 그리고 마을의 한가운데에 둔다. 굳이 죽음을 기피할 일이 아닌 것이다. 그 곳이 곧 산책로가 되고 정원이 되기도 한다. 심지어 대학에도 죽음과 관련된 과목이 개설되어 있다. 이렇듯 죽음 대비교육을 하는 이유나 목적은 한가지다. 죽을 준비가 되어 있는 사람은 사는 일에도 준비되어 있다는 믿음 때문이다. 죽음 대비교육을 받고 나면 역설적이게도 꼭 살아야겠다는 삶의 의미가 분명해진다. 그런데 우리의 현장에는 이런 교과과정이 없다. 심지어 교회에서조차 죽음에 대해서는 별로 가르치지 않는다. 꿈비전에 대해서만 가르친다.

우리의 학교와 교회교육 현장에서 '세계자살예방의 날'인 9월 10일을 즈음 해, 매년 9월 둘째 주를 '생명존중의 주간'으로 정하고 생명존중에 대하여 가르쳐야 한다. 생명존중을 구체화하는 내용으로 자살에 대한 예방조치와 생명의 소중함을 일깨워줘야 한다. 아울러 자살의 징후를 미리 알아차려서 적절하게 위탁할 수 있는 '게이트키퍼Gate-keeper'를 양성해야 한다. 자살 가능성 있는 사람을 민감하게 알아차리는 생명감각을 통해 자살 징후를 감지하여 적극적인 도움을 받도록 옆에서 돕는다면 지금의 자살률을 현저히 줄일 수 있을 것이다.

---

60 송길원, 「자살예방-가정에서부터」, 『교육목회』, 통권 제 18호(2003년 가을호), 39쪽.

나오는 말

　요즘 방송이나 신문 보기가 겁난다. 자살이 마치 전염병처럼 번지고 있기 때문이다. 유명 연예인들의 자살만이 아니라 우리 사회는 자살자 왕국이라 할 만큼 여러 종류의 자살자들이 많다. 우리 사회는 지난 수십 년 동안 '잘 살아 보세'라는 구호 아래 잘 살기 위해 매진해 왔다. 그러나 잘 살자고 한 것이 더불어 살아가는 공동체 의식이 약화되고 경쟁만을 강조하는 사회적 분위기를 자아낸 것이 사실이다. 따지고 보면 청소년들의 성적비관 자살도 잘 살기 위해 몸부림치는 가운데 그것을 이룰 수 없다는 상대적 좌절감에서 온 충동적 행위가 아닌가. 그것은 곧 희망의 상실로 인한 결과이다. 우리에게 절망이 있다면 그것은 죽음에 이르는 병이 된다. 또한 사회의 불안정한 분위기는 개인에게 심리적인 혼란을 줄 수 있는 것으로, 최근 우리나라가 정치, 경제, 사회적으로 혼란스러운 모습을 보이면서 국민 사이에 미래에 대한 뚜렷한 희망이 점차 사라지게 한 것도 자살의 한 원인이다.

　인간의 욕구 중에서 가장 강력한 것은 살고 싶은 욕구이다. 살고 싶은 욕구는 건강한 사람에게는 다 있다. 그런데 살고 싶은 욕구가 죽고 싶은 욕구로 바뀌었다. 이것을 우리는 질병이라고 한다. 특별히 우울증이란 질병은 죽고 싶은 욕구를 일으킨다. 우울증으로 자살한 사람은 우울증이란 질병이 그를 죽인 것이다. 그래서 많은 사람들이 자살에 대해서 자살은 질병이라는 결론을 내렸다. 정신적인 질병이 자신을 죽이려고 하는 것이다.

　오늘도 수많은 자살들이 사람들의 눈과 마음을 잡고 있다. 청소년 자살의 급증, 노인자살의 증가, 자살 사이트를 통한 동반자살, 연예인들의 자살, 사회지도층의 자살 등 사회적으로 주목을 받고 있는 자살들은 몇 가지 공통점을 가지고 있다. 첫째로 자살하는 사람들은 상처를 입고 절망하고 좌절하고 있으면서도 가슴 아픈 이야기를 나눌 이웃이 없다. 둘째로 그들은 신이 창조한 생명 존엄에 대한 인식이 부족하거나 생명의 경외감을 가지고 있지 않다. 셋째로 자살하는 사람들은 자살을 단순히 자기 개인의 문제로 착각하고 있다. 자살은 자기 개인의 생명을 죽이는 죄일 뿐 아니라, 그 자살은 수많은 사람들에게 슬픔과 상처를 주고, 또 다른 자살로 이어질 수 있는 엄청난 파괴력을 가지고 있다는 것을 명심해야 한다.

우리가 할 일은 자살을 예방하기 위한 생명의 소중함을 일깨워 주어야 한다. 또한 자살이 얼마나 불행한 일인지를 가르쳐야 한다. 자살하면 안 되는 이유를 제대로 가르쳐야 한다. 성서는 우리에게 강력하게 명령한다. "너는 피투성이라도 살아 있으라. 너는 피투성이라도 살아 있으라"[61] 우리의 삶이 피투성이가 되어서라도 살아 있어야 할 이유를 가르쳐야한다.

글을 마치면서 나름 잘된 점과 아쉬운 점 그리고 이를 통한 차후의 과제를 제시하면 다음과 같다. 이 글은 자살이라고 하는 현재의 사회적 현상에 대해 기독교 세계관의 입장에서 조명하고 있다. 학술적 성격이 강하지는 않지만 기본적인 정보들을 요령 있게 잘 정리하고 있으며, 기독교 세계관의 입장도 비교적 정연하게 잘 전달하고 있다는 데 의의를 둘 수 있다. 또한 자살에 대한 많은 논의가 있었으나 기독교라는 종교의 관점에서는 자살은 무조건 죄악시해야한다는 의견이 지배적이었다. 그런데 이 글은 이러한 기독교에 대한 편견을 넘어서서 기독교적으로 자살이 반드시 죄악시되고 구원의 대상에서 탈락되는 것이 아님을 적

---

61 개역개정판 에스겔 16장 6절.

절한 근거를 들어 정당화하고 있으며 기독교윤리의 관점에서 어떻게 자살이 예방될 수 있는지에 대한 나름대로의 대안을 설득력 있게 제시하고 있다. 그러나 이를 좀 더 치밀하고 철학적으로 이 문제를 다루었으면 하는 아쉬움이 남는다. 현대사회에서 대부분의 자살이 우울증이라는 질병에 기인하고 있음이 밝혀지고 있는 상황에서 이의 극복이 단순히 종교적인 믿음에 근거해 해결될 수 있는지는 한번 재고해 볼 필요가 있다.

필자가 제시한 자살자에 대한 기독교 장례에 대해서도 좀 더 의미 있는 논의가 진척되어야한다. 필자가 우울증에 의한 자살과 연약함으로 인한 자살을 구분하였듯이, 이 부분에 대해서도 연약함으로 인한 자살, 그래서 기독교적으로 죄악이 되고, 한 걸음 더 나아가 구원의 가능성이 희박한 경우에 기독교 장례예식을 갖는다는 것은 하느님께 대한 예배라고 말하기 어렵고, 지극히 사람을 위한, 특히 남은 유가족을 위한 예배가 되지 않는가? 이런 부분에 대한 깊이 있는 통찰이 필요하다.

참고문헌

국내물

『개정판 성서』(대한성서공회, 2008)

구인회·임종식, 『삶과 죽음의 철학』(아카넷, 2003).

김복경, 「자살 예방, 교회가 유일한 대안이다」, 『목회와 신학』(2007년 8월호).

김찬호, 『교육의 상상력: 교사와 부모가 함께 그리는 행복한 교육』(한국방송통신대학교출판부, 2008).

김형민, 「제 6계명의 윤리」, 『신학이해』(35집, 2008년).

교육과학기술부 편, 『학생자살예방교육 및 위기관리』(교육과학기술부, 2008년 10월).

박원기, 『신학윤리와 사회과학』(대한기독교서회, 1998).

송길원, 「자살예방-가정에서부터」『교육목회』, 통권 제 18호(2003년, 가을호).

이상원 편, 『생명공학시대의 생명주권 생명사랑』(생명의말씀사, 2006).

______, 「'자살하면 지옥 간다'는 통설」, 『복음과 상황』(제226호, 2009년 8월호).

______, 「기독교윤리의 주제에서 본 자살」, 『신학지남』(제 298호, 2009년 봄호).

조성돈·정재영, 『그들의 자살, 그리고 우리: 한국사회 자살의 경향을 말한다』(예영커뮤니케이션, 2008).

______________ 편, 『시민사회 속의 기독교회』(예영커뮤니케이션, 2008).

조용훈, 「21세기의 사회윤리 전망」, 한남대학교 기독교문화연구소 편, 『21세기와 목회』(한들, 1999).

정재영, 「한국 교회 소집단의 공동체성 대한 연구」(연세대학교 박사 학위 논문, 2002).

현대사회와 기독교편찬위원회 편, 『현대사회와 기독교』(계명대학교 출판부, 2001).

신문류

강대기, 「'시론' 잇따른 지도층 자살을 보는 시선」, ‹기독신문›(2004년 7월 6일).

「한국 자살률 OECD 3위」, ‹서울신문›(2009년 4월 7일).

차정섭, 「유명인 자살 대대적 보도, 청소년에 악영향」, ‹세계일보›(2008년 10월 15일).

「최진실 모방 자살 급증」, ‹연합뉴스›(2009년 8월 30일).

홍기숙, 「노인들의 자살, 왜?」, ‹한국기독공보›(2009년 6월 24일).

「군대 내 사망사고, 절반이 자살」, ‹한겨레신문› (2009년 10월 1일).

정재민, 「대중스타의 자살과 청소년」, ‹기독신문› (2008년 10월 14일).

「자살 상담 25배 증가」, ‹한국교육신문› (2009년 4월 16일).

「자살책임, ‘정부에 있다’」, ‹기독신문› (2005년 12월 27일).

「연예인 자살, 국민 33%에 ‘악영향’ 미쳐」, ‹조이뉴스› (2007년 2월 23일).

「교인들도 도박중독 비상, 예방교육 나서야」, ‹한국기독공보› (2010년 12월 4일).

국내번역물

大村政南 감수, 박선무 · 고선윤 역, 『3일 만에 읽는 심리학』(서울문화사, 2004).

폴 퀴네트, 육성필 · 이혜선 공역, 『자살, 돌이킬 수 없는 결정』(학지사, 2006).

국외물

Henry T. Close, "Suicide: A Theological Perspective" Journal of Pastoral Care, vol. 27 (1973, March).

P. W. Pretzel, "Suicide: Ethical issues", In R. J. Hunter(Ed.), *Dictionary of Pastoral Care and Counseling* (Nashville, TN:Abingdon Press, 1990).

R. McQuikin, *An Introduction to Biblical Ethics* (Wheaton Illinois, 1995).

Sigmund Freud, Mourning and Melancbolia, in General Psychological Theory, Edited by Philip Riff (New York: Simon & Schuster, 1991), All subsequent references will be made in text, 1917.

Emile Durkheim, *Suicide: A sociogical study* (Glencoe, IL: Free Press).

현실사회윤리학의 토대 놓기

제5부

사회윤리학적 문제로 바라보는 자살과 예방적 교육의 방안[*]

들어가는 말

자살은 고의적으로 자신에게 부과한 죽음이다. 자살은 함부로 저지르거나 의미가 없는 행동이 아니라, 오히려 개인에게 심한 고통을 주는 위기나 어려움을 탈출하려는 시도이다. 따라서 자살자는 자신의 어려움을 호소하고 도움을 요청하는 행위를 한번쯤은 시도한다. 자살은 인간의 10대 사망원인이고, 우리나라의 자살률은 10만 명당 8.5명으로 높은 편이다.

영화 '4인용 식탁'에서 주부들은 창밖으로 몸을 던지고 '여우계단'에서 여고생은 목을 매단다. 이것은 영화에서 뿐만이 아니다. 매스컴에서는 자살소식이 끊이질 않는다. 최근 2~3년 동안 집계된 자살 통계를 보아도 쉽게 알 수 있다. 2000년 자살자수는 11,794명, 2001년 12,277명으로 꾸준한 증가와 함께 2003년 8월 5일 경찰청의 발표에 따르면 지난해 총

---

[*] 이 글은 필자가 공주대학교 일반대학원 윤리교육학과 박사과정 교과목인 〈삶과 죽음의 연구〉에서 행한 발제물을 수정·보완한 것이다. 미발표 글로 논문형식으로 더 다루어야하는데 필자의 게으름으로 이 정도에서 그치고 말았다.

자살건수는 13,005건으로 2001년 자살한 사람의 숫자는 교통사고 사망자보다 50%이상 많았다고 전한다. 서울 소방방재본부 구조팀의 2003년 상반기 자살관련 출동 건수만 해도 199건으로 2002년 같은 기간의 151건에 비해 30%가량 증가했다.

이런 자살자 수의 증가와 함께 우리나라는 '자살사이트와 세계자살증가율 1위'라는 불명예를 다시 안게 되었다. 자살률은 흔히 인구 10만 명당 자살자수로 비교된다. 대개 10만 명당 자살자수가 10명을 넘으면 자살률이 높은 축에 든다. 1996년 기준으로 할 경우 우리나라의 10만 명당 자살자수는 19.2명이었다. 전통적으로 높은 자살률을 보여 온 헝가리, 핀란드, 덴마크 등에 비하면 낮지만, 동양권에서는 가장 높은 세계적으로도 10위권을 오르내리고 있다.

이 글에서는 사회윤리학적 문제로서 자살을 살펴보고 그 예방에 대한 삶과 죽음에 대한 윤리교육의 방안을 논의하는 장場을 마련해 보고자 한다.

♂ 자살을 부추기는 현실

최근 몇 년 사이에 국내 자살자들의 숫자가 기하급수적으로 늘어나고 있다. 세계보건기구의 보고에 의하면 2000년 한 해 약 100만 명이 자살하였다. 자살로 인한 피해는 자살자뿐만 아니라 최소한 6명 이상의 주위 사람들에게 심리적, 정서적인 영향과 자살 위험을 전염한다. 자살 시도자는 자살자의 10-20배에 이른다.[1]

---

1 교육과학기술부 편, 「학생자살예방교육 및 위기관리」(2008년 10월), 21쪽.

대부분 자살자들의 자살 동기는 성적문제, 가정불화, 자포자기, 궁핍한 생활 비관 등이 대부분이지만, 청소년들의 경우 자신이 동경했던 스타의 자살을 추종하여 자신의 목숨을 끊는 경우도 가끔 있다. 누구에게나 살아가면서 어려움을 겪는 것은 피할 수 없다. 그리고 똑같은 문제를 놓고도 사람에 따라서 견딜 수 있는 능력의 차이는 있게 마련이다. 또한 일생을 살면서 한번쯤은 자살의 충동을 느낄 수도 있다. 그러나 자살을 쉽게 선택하는 것과 그러한 자살을 부추기는 문화에 관하여는 문제 삼지 않을 수 없다. 예전에는 자살을 금기시했고 하나의 충격적인 사건으로 받아들였으나 요즘은 자살이라는 주제가 사람들의 입에 자연스럽게 오르내리고 그리 대수롭지 않은 사건으로 여겨지고 있다는 데 문제의 심각성이 있는 것이다. 지난 시드니 올림픽 때는 결승전을 눈앞에 두고 실격패한 호주의 여자 경보선수 제인 새빌이 "권총 자살하고 싶다."는 섬뜩한 말로 자신의 아쉬움을 표현했는데 매스컴은 이를 흥미 있는 기사거리로 보도하기도 했다.

최근에 우리나라에서 일어났던 자살에 관한 기사들을 살펴보면 전혀 자살할 것 같지 않은 사람이 자살한 경우도 있다. 방범과 방범반장으로 재직해 오면서 공로상 등 표창도 11차례 받기도 한 현직 경찰 간부가 경찰서 내에서 총기를 이용해 스스로 목숨을 끊은 일이 발생한 것이다. 그는 평소 여자문제로 부인과 심한 가정불화를 겪은 것으로 알려졌지만 자살할 수밖에 없는 상황이라고 보기에는 납득하기가 어렵다. 또한 '노인의 날'인 지난 10월 2일[2]에는 자식들에게 짐이 되기 싫다며 80대 할머니가 투신자살하였고, 구조조정의 불안감 때문에 공무원이 아파트 옥상

---

2 노인을 공경하는 미풍양속을 간직하게 하고 노인 문제에 대한 나라와 국민의 관심을 높이기 위하여 제정한 날. 1991년 전 세계 유엔 사무소에서 '제1회 국제 노인의 날' 행사가 열린 일을 기념하여 정한 날로, 10월 2일이다.

에서 뛰어내려 숨지기도 했다. 이러한 일련의 자살사건을 살펴보노라면 과연 죽음을 스스로 선택할 만큼 절박한 상황이었는지에 관해 의구심을 갖게 되지 않을 수 없다.[3] 더욱이 유명 연예인들의 잇단 자살보도는 자라나는 청소년들에게 미칠 영향을 고려해야한다. 또한 그러한 죽음을 부추기는 대중문화의 영향력에 대해 다시 한 번 심각하게 생각하게 된다. 이에 대해 몇 가지를 살펴보면 다음과 같다.

1. 인터넷상에 나타난 자살문화

얼마 전 일본에서는 인터넷을 통해 자살하는 방법을 상세히 설명하고 극약까지 판매해 사회적인 물의를 일으켰다. 일본의 검색 사이트에 등록된 죽음에 관한 웹사이트는 다른 나라에 비해 매우 염세주의적이며 은밀하게 운영된다고 한다. 우리나라의 경우 자살관련 인터넷 사이트에 들어가 보면 자살과 관련된 경험과 생각, 자살을 생각하는 이유와 증상, 사이버 유언장, 실연클럽, 자살 방지책, 우울증 점검코너, 자살을 생각하는 사람들의 휴식처, 자살 관련글 모음, 원귀, 잡귀에 관련한 글들도 실려 있다. 인터넷을 통해 자신의 고통을 표현하고 나누며 삶에의 의지로 승화시키는 것은 바람직하지만 자살하는 것을 합리화하고 부추긴다면 우리는 이를 경계하고 멀리 해야 한다.

2. 대중음악에 나타난 자살문화

얼터너티브 록 너바나Nirvana; 불교의 '열반'의 영어표기의 리더이자 보컬 겸

---

3 최근 유명 연예인의 자살이 잇따르면서 교육계는 심각한 위기의식을 가지고 이에 대한 교육을 강조하고 있다. "위의 책", 17쪽.

제5부 사회윤리학적 문제로 바라보는 자살과 예방적 교육의 방안 **173**

기타리스트였던 커트 코베인Kurt Cobain이 지난 1994년 스물일곱의 나이에 권총 자살했던 사건은 잘 알려진 사건이다. 당시 그의 혈액에서 다량의 헤로인이 검출되었고 그의 죽음을 상심해하던 호주에 사는 16살의 소녀가 자살하기도 하였다. 오랜 시간이 지난 지금도 너바나를 추종하는 사람들이 그의 노래와 그의 죽음에 관한 자세한 일지를 인터넷상에 올려놓고 있다.

우리나라에서도 이와 비슷한 경우를 찾아 볼 수 있다. 몇 년 전 가수 서지원이 자살하자 그의 팬이었던 학생이 뒤따라 자살하는 사건이 발생한 것이다. 서지원의 죽음을 아쉬워하는 팬들의 글이 아직도 인터넷상에 올라와 있는 것은 물론이다. 비록 실제로 자살은 하지 않더라도 간접적으로 자살을 미화하고 있는 경우가 뮤직비디오에서 종종 발견된다. 예를 들면 가수 조성모를 스타의 반열에 오르게 했던 '투헤븐'[4] 뮤직비디오의 내용은 폭력배들에 의해 죽은 애인을 너무 사랑한 나머지 자동차를 전속 질주하여 자살을 감행하는 장면으로 끝을 맺는다. 그러한 뮤직비디오가 사랑에 대한 그릇된 환상을 심어주는 것도 문제지만, 그러한 사랑을 빙자하여 자살을 미화하는 메시지를 담고 있는 것은 더욱 심각한 정보가 아닐 수 없다. 그밖에도 죽음을 소재로 한 뮤직비디오는 수없이 많다. 특히 록음악은 폭력, 섹스, 자살, 마약을 권장하는 듯한 메시지가 들어 있는 경우가 많다.

---

4 조성모의 투헤븐의 가사는 다음과 같다. 괜찮은거니 어떻게 지내는거야/나 없다고 또 울고 그러진 않니/매일 꿈속에 찾아와 재잘대던 너/요즘은 왜 보이질 않는거니/혹시 무슨 일이라도 생겼니/내게 올 수 없을만큼 더 멀리갔니/니가 없이도 나 잘 지내 보여/괜히 너 심술나서 장난친 거지/비라도 내리면 구름뒤에 숨어서/니가 울고 있는건 아닌지 걱정만 하는 내세/세빌 이터지마 블 수 없다고/십게 널 잊을 수 있는 내가 아닌걸 잠 알잖아/혹시 니가 없어 힘이들까봐/니가 아닌 다른 사랑 만날수 있게/너의 자릴 비워둔 것이라면/그 자린 절망밖엔 채울수 없어/미안해 하지만 멀리 떠나갔어도/예전처럼 니 모습 그대로 내 안에 가득한데/그리 오래걸리진 않을거야 이별이 없는 그곳에/우리 다시 만날 그날이 그때까지 조금만 날 기다려줘.

외국 곡의 사례로 카펜터즈의 'Yesterday Once More', 올리비아 뉴턴 존의 'Physical', 사이먼과 가펑클의 'Bridge Over Troubled Water', 이글즈의 'Take It Easy', 마이클 잭슨의 'Beat It' 등을 들을 수 있다. 이처럼 대중매체를 통해 확산되고 있는 죽음문화 혹은 자살문화는 많은 사람들의 잠재의식 가운데 영향을 미쳐 죽음을 쉽게 선택하도록 만드는 것이다.

3. 영화 속에 나타난 자살문화

영화 〈델마와 루이스〉, 〈라스베가스를 떠나며〉, 〈제8요일〉, 〈여고괴담〉, 〈박하사탕〉, 〈매그놀리아〉, 〈공동경비구역(JSA)〉, 〈무도리〉[5] 등 많은 영화들이 자살을 '주제'로 삼지는 않았다 하더라도 자살을 '소재'로 하고 있다. 이들 영화중 어떤 작품들은 자살행위에 나름대로 진지하게 의미를 부여하기도 하지만 그렇다고 자살을 정당화 할 수는 없다. 특히 귀신 혹은 환생 등을 소재로 삼고 있는 영화나 뉴에이지[6]적 영화는 '죽음'을 다음 생애로 이어지는 반복과정으로 본다는데 문제의 심각성이 있다. 죽음에 관한 이러한 견해는 '자살'하는 것에 대해 진지한 고민이나 심층적 논의가 없고, 도덕적 책임을 묻지 않음으로써 자살을 부추기는

---

5 이를 영화화 한 것이 우리나라 영화가 2006년 이형선 감독의 〈무도리〉이다. 이 영화는 자살하는 사람의 생명을 보다는 돈에, 방송특종을 통한 자기 이익을 추구하는 사람들의 모습이 잘 드러난다. 코미디 형식의 영화이나 자살 문제를 생각해보게 하는 주제를 잘 다루었다.

6 뉴에이지(New Age)는 20세기 이후 나타난 새로운 가치를 추구하는 영적인 운동 및 사회활동, 뉴에이지 음악등을 종합해서 부르는 단어이다. 뉴에이지란 이름으로 서로 단합된 활동을 하지는 않기 때문에 정확히 어떤 사람들이 어떤 운동을 하는지 정의하기는 힘들다. 뉴에이지 운동의 공통점을 찾기는 힘들지만, 대부분이 갖고 있는 속성이라면, 유일신 사상을 부정하고 범신론적이며, 개인이나 작은 집단의 영적 각성을 추구하는 경향이 있다. 또한 뉴에이지 문화와 밀접한 관계를 갖고 있다.기독교와 뉴에이지는 상호 반감적인 면이 있다. 기독교의 기본적인 바탕이 되는 유일신의 존재를 부정하는 문화라는 주장과 초창기 뉴에이지 사상과는 거리가 먼 현대 뉴에이지 음악은 세미클래식에 가까운 새로운 장르의 음악이라는 주장이 1980년대부터 엇갈리고 있다.

결과를 초래할 수도 있다. 즉 죽음에 대한 불교나 힌두교 혹은 뉴에이지적 견해는 자살행위에 대해 종교적인 타당성을 부여하는 것일 수도 있다. 실제로 몇 년 전 환생론[7]에 빠진 어느 대학생이 한강대교에서 자살한 사건을 비롯하여, 현실에서 못다 이룬 사랑을 다음 생애에서 이룰 것을 기약하며 자살하는 사건을 종종 접하게 된다. 영상매체가 어느 매체보다도 대중에게 미치는 영향력이 크기에 영화나 드라마 등에서 단순한 상업적 이윤추구가 아닌 깊이 있는 삶과 죽음에 관한 고민이 수반되어야하고, 이에 대한 사회 윤리적 논의가 필요하다.

⚓ 자살의 인식과 여러 요인 분석

1. 자살의 여러 정의들

세계보건기구WHO에서는 자살을 "자살행위로 인하여 죽음을 초래하는 경우로 죽음의 의도와 동기를 인식하면서 자신에게 손상을 입히는 행위"라고 정의한다. 뒤르켐은 자살을 "피해자 자신이 일어날 결과를 알

---

7 환생(還生 samsara)이란 주로 힌두교와 불교에서 말하는 것으로 이를 정리하면 다음과 같다. 영혼이 진정한 '나'이다. 영혼은 있다. 영혼은 불멸한다. 현재의 사람의 환경의 차이는 어디에 근거하는가? 공의와 정의는 있다. 신은 불공평의 신이 아니다. 영혼은 선재한다. 선재한 영혼이 어머니 자궁으로 내려와 육체를 입는다. 영혼 유전(부모로부터 영혼을 받는 것)을 부정한다. 육체 유전만 인정한다. 이점은 영혼 창조론자들과 같다. 영혼이 선재하고 육체를 입으므로 전생(前生)이 있다. 전생의 업의 차이에 따라 현재의 처지의 차이가 발생한다. 전생은 극단적으로 차이가 날수 있다. 이를테면, 전생이 동식물이였는데, 현생은 사람일 수가 있고, 전생이 사람이였는데, 현생은 동식물일 수가 있다. 이는 힌두교와 불교(육도윤회)의 일반적인 환생론이다. 윤회와 환생의 종착역은 해탈, 열반이다. 거듭 태어나는 이유는 윤회환생으로부터 벗어나 영원한 해탈 또는 자유를 쟁취하기 위해서이다. 또 이 관점의 배후에는 이 지상에서의 삶을 해탈, 열반을 위한 학교 또는 훈련, 시험장으로 생각한다는 것이다.

고서 행하는 적극적 또는 소극적 행동의 직접적 또는 간접적 결과로 발생되는 모든 죽음의 사례들"이라 정의했다. 프로이트는 "자살이란 자기 자신 속에 있는 죽음 본능의 활동요소가 극적으로 표현되는 것"이라고 했다. 융Jung은 "생의 모든 의미를 상실했다고 사무치게 느끼는 사람에게 정신적인 재생을 갈구하는 무의식적 소원이 자살과 관계된다."고 하였다.

2. 자살충동의 심리적 요인

자살한다고 위협하는 사람 중 10%정도는 실제로 자살한다. 이처럼 자살하는 사람들의 80%정도는 자신의 자살의도를 밝힌다. 그들은 대화를 통해서 그리고 아끼던 물건을 다른 사람에게 나눠주는 행동을 통해서 자살 의도를 밝힌다.[8]

자살하는 사람 중에 죄책감으로 인하여 자살을 시도하는 사람들이 있다. 청소년들 중에 자살하면서 남긴 유서에 보면 심한 죄책감에 시달리는 경우가 많다. 부모님과 선생님의 기대에 미치지 못하는 죄책감이다. 특히 부모님의 헌신적인 사랑의 기대에 미치지 못함을 심하게 자책한다. 이런 경우는 순간의 충동으로 자살하는 것이 아니라 나름대로의 치밀한 논리와 심사숙고를 한 것이다.[9] 스미스J. C. Smith와 에어맨Aimann은 모든 인간은 '삶의 환상'을 가지고 있다고 말하였다. 이것은 개인의 희망이며 신념체계이다. 이 삶의 환상이 무너질 때 수치심을 가진다. 여학생의 경우 육체적 순결을 잃어버린 자신에 대해 자살충동을 일으킬 수 있

---

8 박상칠 외, 「청소년 동반자살」, 『청소년상담문제연구보고서』(청소년대화의 광장, 1998년) 참조.
9 송영미, 「청소년들의 자살요인과 예방교육에 관한 연구」, 전북대학교대학원 석사 학위 논문(2000), 9쪽.

다.[10]

자살하는 사람에게는 현실에 대한 도피심리가 있을 수 있다. 그들은 자살을 현실의 고통에서 벗어날 수 있는 유일한 곳 혹은 죽음 이후의 세계를 그리며 현실과 연결된 곳으로 여기고 있다. 또한 그에게는 더 좋은 재생의 사후관死後觀으로 인한 도피심리가 작용될 수 있다.[11] 또한 증오와 복수심으로 자살할 수 있다. 지나치게 강한 공격심을 자제하지 못하고 밖으로 표출하면 살인이 되고, 양심으로 인하여 마음속에 억제되면 우울이 되고, 그 공격심을 자신에게 돌리면 자살이 된다.[12]

또한 사랑의 상실로 인하여 자살충동을 일으킬 수 있다. 그들의 심정을 보면 이별 후에 자살충동을 느끼고 있음을 볼 수 있다. 프로이트는 이미 자아와 동일시 된 떠나버린 사람에 대한 분노가 자신을 향해 자살충동을 일으킨 것이라고 했다. 절망감은 자살을 일으킬 수 있다. 절망이란 미래에 대한 부정적인 생각으로 자신의 문제를 변화시키기 위해 아무것도 할 수 없고 이루어질 수 없다고 생각하는 신념이다. 구본영은 연구에서 청소년들이 자살충동을 가장 많이 느끼는 것은 장래에 대한 희망이 없다는 생각이었다.[13]

이런 심리적인 요인이 있으면서 자살 충동을 갖는 자는 인지협착과 양가적 감정을 겪게 된다. 인지협착cognitive constriction이란 자살자들은 사고의 유연성이 저하되어 자살만이 유일한 길이라고 생각하는데 이것을 터널시각tunnel vision이라고도 한다. 그들은 이것 아니면 저것이라는 논리가 작용한다. 그들은 협소한 문제해결방식으로 답답해한다. 이런 궁지

---

10 "위의 논문, 10쪽.
11 "위의 논문", 13쪽.
12 프로이트의 『쾌락의 원칙을 넘어서』(1920)에서 증오심과 복수심이 자살로 변하게 되는 심리적 메커니즘을 잘 설명해주고 있다.
13 구본영, 『청소년자살연구』(청소년대화의 광장, 1994) 참조.

에 몰리면 자살충동을 일으킬 수 있다.

양가적 감정ambivalence[14]이란 인간의 인격은 상반되는 감정이 서로 얽혀있는 경우가 많다. 대표적으로 사랑과 미움, 삶과 죽음의 욕구가 공존하는 상태를 들 수 있다. 정신분석학에서는 의식적인 사랑의 감정 배후에는 억압되어 있는 미움이 있으며, 이것이 무의식 속에 남아 불안을 일으킨다고 한다. 자살자들은 자기 목을 조르면서도 동시에 도와달라고 부르짖는 상태에 있다는 것이다.

3. 자살충동의 사회적 요인

자살의 사회적 주요 요인으로는 실업, 신용불량자로의 전락, 사업실패 등 경제적 이유에서 오는 자살이 늘고 있다. 상대적 빈곤감에 의한 자살은 IMF 외환위기로 경제상태가 최악에 이르렀던 1998년을 보아도 알 수 있다. 그 당시 12,458건에 이르렀던 자살 건수는 경기가 회복된 1999년 11,713건으로 줄었다가 1998년 이후 더욱 심각한 경제난을 겪고 있는 지금 시기에 자살률은 다시 늘어나고 있다. 이것은 경제적 빈곤격차에서 오는 상대적 빈곤감으로부터 오는 일반적인 도피현상이라고 볼 수 있다. 상대적 빈곤감은 정신적인 자기 자신에 대한 자존감과 자신감의 상실에서 온다.

뒤르켐은 자살이 개인적 행위로 보이지만 사실은 사회의 특정한 상태를 반영하는 것이라고 말했다. 사회가 심한 아노미현상을 겪으면서 사

---

14 양면가치라고도 하며 애정과 증오, 존경과 경멸 등 동일대상에 대해서 정반대의 감정을 동시에 나타내는 것을 말함. 어떤 동일대상에 대한 모순된 상반된 감정을 말하며 예를 들면 한 가지 목표를 두고 가치와 동기가 공존을 한다거나 원수에 대한 복수, 앙갚음 등과 같이 동기는 있으나 가치는 존재하지 않는 논리와 환경 등에서 유발되는 혼란스런 감정을 말한다.

회적 결속력이 약해져 자살률이 높아지고, 반대로 가족, 종교 단체 혹은 기타 사회그룹과 강한 유대는 자살률을 낮추는데 기여한다고 주장했다. 그는 자살현상을 크게 이기적, 이타적, 아노미적 자살로 구분하였다. 여기서 이기적 자살이란 개인주의 경향으로 사회 그룹에 참여하지 않기 때문에 발생하는 일이다. 개인 간에 응집력이 강하고 사회 유대관계가 형성된 사회는 정서적으로 안정감을 주고 치료의 효과를 유발한다. 그러나 개인주의적인 사람은 이러한 사회적 지원을 받지 못하고 스스로 소외된다. 주변 사람들과의 정적 유대의 단절로 인해 고독하고 소외되어 있으며 최후의 순간 죽음의 충동과 삶의 충동의 갈등 속에서 한 가닥 구원마저 호소할 곳 없는 상황에서 결행으로 옮겨진다. 평소에 주변 사람들과 마음을 주고받는 친근한 사람이 있다면 그들의 지원을 받을 수 있는데 아무도 그러한 사람이 없다고 호소하고 있다.

자살의 충동요인 중에 대인관계의 어려움을 통해서 오는 경우가 있다. 자살을 생각하고 있는 사람은 대인관계가 원만하지 못하므로 평소에 외톨이로 있으며 조용하고 말이 없기 때문에 잘 드러나지 않는다는 어려움이 있다. 이른바 '왕따'[15]로 불리는 청소년들 중에 자살률이 증가하고 있다.

---

15 왕따를 비롯한 따돌림의 다른 호칭들은 다음과 같다. 왕따: 누구에게나 따돌림을 당하는 것(가장 기본적으로 부르는 말), 은따: 은근히 따돌림을 당하는 것, 영따: 영원히 따돌림을 당하는 것, 전따: 그 사람이 속한 집단의 전원에게 따돌림을 당하는 것, 반따: 반 안에서 따돌림을 당하는 것, 대따: 드러내 대놓고 따돌림을 당하는 것, 뚱따: 뚱뚱해서 따돌림을 당하는 것, 찐따: 한국 전쟁 때 지뢰를 밟아 다리가 잘린 사람을 지칭했었다. 그러나, 지금은 덜떨어진 사람으로 지뢰나 밟은 놈이라는 뜻으로 쓰인다. '찌질이 왕따'를 속되게 이른 말이다. 기수 열외: 한국의 해병대에서 행해지는 특유의 집단 따돌림으로 해병대는 기수를 기준으로 위계질서를 세우고 있는데, 특징인을 이런 위계로부터 제외한다는 의미이다. 직따: 직장 내에서 행해지는 따돌림이다. 일본에서는 이와 비슷한 의미의 용어로 '이지메(いじめ)'라는 용어를 사용하며, 우리나라에서도 1997년 이전에는 이 용어가 사용되었다. 영국과 미국에서 bullying이라는 용어를 사용한다. 미국에서 주로 힘이 약한 상대로 괴롭힘을 당함에 따라 일어난 자살을 bullycide(bullying+suicide)로 부른다.

'왕따'라는 용어는 왕王따돌림의 준말이다. 이 용어는 1997년에 당시 잇달은 중·고등학교폭력관련 언론보도에 처음으로 등장하여 이후 급격히 대중화, 정착되었다. 일종의 신조어이나, 원래는 학생들의 은어라고 한다. '왕따'는 집단 따돌림을 간단히 이르는 말로 두 명 이상이 집단을 이루어 특정인을 그가 속한 집단 속에서 소외시켜서 그 집단의 구성원으로서의 역할 수행에 제약을 가하거나 인격적으로 무시하고 음해하는 언어적, 신체적 행위를 이야기한다.

우리나라의 집단 따돌림 역사는 고려 우왕1365년-1389년때 행해지기 시작한 면신례로부터 시작된다. 면신례는 신입 관리를 대상으로 행하는 신고식인데 역사의 기록을 보면 신입 관리에게 뇌물 받기, 흙탕물에서 구르기, 목욕물 마시기, 얼굴에 똥칠하기 등 다양한 명령을 내리며, 이에 제대로 이행하지 못하면 구타를 하기도 했으며 심지어는 이러한 면신례로 인해 재산을 모두 잃거나 병을 얻기도 하고, 심하면 기절하거나 목숨을 잃는 사람도 많았다. 조선시대에도 면식례는 이어져왔는데, 신입 관리 출사 시 선임 관리에게 음식을 대접하는 허참례를 먼저하고 다음으로 면신례를 행하였다.

오늘날에 와서는 흔히 왕따, 줄여서 '따', '따를 당하다'라고도 말하는데 학교 조직뿐 아니라 다른 사회 조직에서도 자주 일어나는 현상이다. 양상은 따돌리는 특정인과 대화하기를 거부한다든가 상대방의 약점을 들추어내거나 모함을 한다거나 혹은 은근히 혹은 공개적으로 비난하는 것 등으로 나타난다. 피해자는 심리적으로 괴로움을 당하고 심하면 육체적으로도 피해를 입으며 극단적인 경우에는 자살에 이르거나 묻지마 범죄의 원인이 되기도 한다. 우리나라의 경우 2003년의 청소년 보호위원회에서 조사한 바에 따르면 초등학생의 10.7%, 중학생의 5.6% 그리고 고등학교의 3.3%의 학생들이 집단 따돌림을 경험하였다고 한다. 한국

EAP근로자 지원 프로그램협회에 따르면 직장 왕따의 대표적인 증상으로 꼽히는 개인의 정서·성격, 조직 내 갈등, 직무 스트레스 문제의 상담은 2011년 전체 상담 중 60.4%를 차지했다.

2012년 1월, 취업포털 〈사람인〉이 직장인 2,975명을 설문한 결과 45%는 '직장에 왕따가 있다'라고 답했고 58.3%는 '왕따 문제로 퇴사한 직원이 있다'고 답해 직장 왕따가 학교 폭력 못지않게 심각한 것으로 나타났다. 영국에서는 1980년대부터 학내 폭력과 집단 괴롭힘 현상이 심각하여 이를 막고자 하는 운동Anti-Bullying Campaign을 벌였다.

집단 따돌림의 환경적 원인은 자신의 마음을 터놓을 소통 창구 부재와 타인의 고통, 어려움에 대한 공감 프로그램 부재이다. 심리적 원인은 집단이 행함에 따른 심리적 책임감 분산 효과로 부담감 감소, 피해 학생에게 문제가 있어 괴롭힘이나 폭행을 당하는 것이라는 정당화, 집단의 응집력을 강화의 수단, 폭력행위를 멈춰야 할 필요성에 무감각, 교육 경쟁에서 밀려난 아이들의 인정받고 싶은 욕구의 변질이다. 피해자는 심리적으로 괴로움을 당하고 심하면 육체적으로도 피해를 입으며 극단적인 경우에는 자살에 이르거나 묻지마 범죄의 원인이 되기도 한다. 가족 구성원의 자살은 가족을 우울과 주변의 곱지 않은 시선으로 죄책감에 놓이게 하여 사회생활이 힘들어진다. 묻지마 범죄는 때와 장소를 가리지도 않으며, 불특정 다수를 대상으로 하기 때문에 어느 곳의 누구도 안전하다고 할 수 없다. 사례로는 버지니아 공대 총기 난사 사건, 강화도 해병대 총기 난사 사건, 대전 여고생 자살 사건, 대구 중학생 자살 사건 등의 충격적인 사건들이 있다.

처벌로는 2005년 한국의 고등법원에서는 한 초등학생이 교내 집단따돌림에 의해 자살한 사건에 대해 부모가 경기도 교육청과 가해학생 부모를 상대로 한 손해배상 청구소송에서 배상을 판결하였다. 여기서 법원은 만 12세 전후의 가해학생들은 자신의 행위에 법적책임을 질 능력이 없는 만큼 부모들이 자녀를 감독하여야 할 법정 의무가 있다고 하였으며 학교 역시 보호 감독할 의무가 있음을 판시하였다. 또한 피해자 부모도 주의를 게을리 한 면이 있는 점을 감안 피고의 책임을 70%로 제한하여 판결하였다. 일본에서는 이지메 문제를 사회적 문제로 부각하여 일본내 각 교육계나 사회계에서의 사후 대책을 논의하기 위한 후속 조치를 마련하기로 하였다.

사회가 지나치게 경쟁적으로 변하면서 힘 있고 우월한 사람만이 인정받고 부족한 사람은 패배자로 낙인찍히게 되는 현실에서 어느 순간에 자신이 패배자가 될 지도 모른다는 불안을 가지게 된다. 자기 스스로 패배자가 되는 것이 두려운 사람은 오히려 자기가 두렵고 무서운 존재가 되면 더 이상 피해자가 되는 것에 대한 두려움을 느끼지 않아도 되기 때문에 다름 사람을 가해하는 역할을 하게 되는 것이다.

이외에도 자살의 사회적 원인 중에는 학업성적의 문제로 인해서 일어나기도 한다. 서울 시내 재학생 1,104명을 조사한 결과 30%가 성적 때문에 중압감을 이기지 못해 자살 충동까지 느낀 경험을 갖고 있다고 했다.[16] 또한 가정의 파괴와 가난, 그리고 가족의 병리적 요인에 의해 자살이 증가하고 있다. 1998년 자살한 학생 중에 44%가 가정문제라는 보도를 본 적이 있다. 부모의 이혼, 가난, 그리고 가족 중에 정신병, 알코올 중독증 등 자살의 원인이 가족 내에 있는 것이 많다.

이런 사회적 요인이 많이 있는 것에 가중되는 것은 자살수단에 많은 사람들이 쉽게 노출되어 있다는 것이다. 우리나라는 독성물질의 경우 전체 자살자의 20.1%로 가장 높다. 그리고 대중매체의 자살에 대한 진

---

16 송영미, "앞의 책", 37쪽.

술은 또 다른 자살을 증폭시키고 있다.

4. 자살요인의 종합적 이해

지금까지 살펴본 것 이외에도 자살충동의 원인은 한 가지가 아니라 여러 가지 총제적인 면들이 작용하여 요인을 제공하고 있다. 앞의 요인들을 정리하면서 보완하면 대략 다음의 여섯 가지 정도로 정리할 수 있다.

첫째, 어려운 상황을 피하기 위한 도피성 자살이다. 경제위기 이후 실직, 파탄, 카드 빚 등 이러지도 저러지도 못하는 이른바 딜레마[17] 상황에서 문제해결 방법으로 죽음으로써 도피해 버리는 경우이다.

둘째, 보복 심리에 의한 자살이다. 꾸중에 대한 반발로, 교사의 추궁에 대한 결백으로 죽음을 선택하는 경우가 있다. 이것은 그 사람에 대한 적개심과 복수심에 의한 발로로써 내가 죽음으로써 너희도 고통을 당해 보라는 보복적 내면심리가 있다.

셋째, 자기 응징으로서의 자살이다. 인생의 어느 중대한 사항을 성취하지 못했다는 자책감에서 자신을 처벌하는 것이다. 이들은 자살 전 우울증에 빠져 있고 또 편집증 경향을 보인다.

넷째, 욕구 좌절에 의한 자살이다. 자신의 욕구가 좌절 시에 마치 세상에 갇힌 새가 자기 성질을 못 이겨 창살에 머리를 부딪치는 행동과 유사하다.

다섯째, 저승에서 재결합을 위한 자살인데 현실생활의 좌절과 불행에 지친 나머지 처리리 먼저 간 가족 친지를 저 세사에서 만나 행복하게

---

17 딜레마(Dilemma)는 두 가지 옵션 중 각각 받아들이기 어렵거나 불리한 어려운 상태를 말한다. 세 가지의 경우는 트릴레마라고 한다.

살자는 환상에 사로잡혀 감행하는 자살이다. 여섯째는 재생을 기약하는 자살로서 인생의 모든 의미를 상실하였다는 강한 느낌을 가진 사람들이 영적 재생을 바라는 무의식적 소망에서 자살하는 것이다.

자살 예방 대책

1. 자살에 대한 일반적인 편견과 수정

우리는 자살행위에 대해 어느 정도나 정확하게 이해하고 있을까? 다음의 자살에 관한 편견을 측정할 수 있는 척도가 있다. 이들 문항은 특별히 개인의 능력을 측정하는 것이 아니라, 단지 자살에 대한 우리의 편견을 밝히는 데 그 목적이 있다. 자살에 관한 일반적인 편견으로는 다음과 같은 것들이 있다.

▋1▋ "자살한다고 위협하거나 자살을 시도하는 사람은
　　　자살하지 않는다."

이것은 많은 사람들이 가지고 있는 일반적인 편견이다. 자살한다고 위협하는 많은 사람들은 관심을 얻으려 한다고 오해하는 경우가 많다. 그러나 이러한 사람들 가운데 10% 정도가 실제로 자살한다.

▋2▋ "자살은 아무런 경고 없이 일어난다."

자살하는 사람들의 80% 정도는 자신의 자살의도를 밝힌다. 브랜트 Brent는 자살한 청소년 가운데 83.3%가 자살하기 몇 일전일주일 안에 자살의사를 다른 사람들에게 알린다는 것을 발견하였다. 이들 중 40%는 대화과정에서 자살의사를 밝히며, 그 외에는 갑작스러운 우울증 증상이나 태도의 변화 혹은 자신이 아끼던 물건을 남에게 주는 것과 같은 행동을 통해 자살의도를 표현한다.

▮3▮ "자살과 자살미수자는 같은 부류로 묶을 수 있다."

자살과 자살미수자는 똑같이 자살행위 혹은 자기 파괴적 행동의 범위에 들어가지만 각각 독특한 특성을 지니고 있다. 예를 들어, 자살 미수는 사회적 주변 상황이나 대인 관계문제에서 오는 스트레스를 참을 수 없을 때 자주 일어난다. 그러나 자살의 경우에는 사회적 고립이 더 큰 원인이다. 자살 미수는 자살의 실패라기보다는 자살미수 그 자체이다.

▮4▮ "자살은 특정한 사회 또는 경제적 계층에서만 일어난다."

자살은 경제적인 부와는 무관한 현상이다. 많은 연구결과는 경제적 여건이 자살에는 아무런 영향을 미치지 않는다고 보고하고 있다. 또한 사회적 성공이나 능력도 자살을 막는 효과는 없다. 아무런 기득권이 없는 하류계층의 사람들만 자살하는 것이 아니다. 의사나 변호사 등 전문적인 직업을 갖고 있는 사람들도 비슷한 분포로 자살한다.

▮5▮ "자살은 사회학적 요소로 모두 설명할 수 있다."

뒤르켐 이후 많은 학자들이 자살의 사회학적인 요인 즉 사회 결속력 약화가 자살의 결정적인 원인이라고 생각했다. 그러나 자살 문제의 완벽한 이해를 위해서는 심리학적 요인과 임상적 요인이 결합되어야 한다.

▌6▐ "자살의 동기와 원인은 쉽게 형성된다."

메닝거는 많은 사람들이 자살원인을 피상적인 사건에서 찾고 있다고 지적하였다. 예를 들어, 경제적 어려움, 애인의 변심, 악화된 건강 등이 결정적인 자살원인 이라는 것이다. 그러나 최근 과학적 연구에 의하면 자살원인은 자살자들의 삶의 정황과 개인적 소인 등 다양한 조건들을 고려했을 때에만 밝혀진다.

▌7▐ "심한 우울 증상을 보이는 사람은 자살할 에너지가 없다."

자살자는 대부분 자살행위 이전에 우울 증상을 보인다. 어떤 사람들은 심한 우울증을 앓고 있는 사람은 자살하지 못한다고 생각한다. 그러나 우울증 증상이 나아가기 시작할 때 자살행위가 많이 일어난다.

▌8▐ "자살위험이 있는 사람들에게 자살 문제에 대해 직접적으로 이야기하는 것은 자살을 부추기는 행위이다."

자살가능인에게 직접적으로 "자살에 대해 어떻게 느끼는가? 자살을 생각해 본적이 있는가?" 라고 묻는 것은 오히려 자살위험을 줄인다. 환자들은 이러한 질문에 대답하며 자신의 위기상태와 자살충동에 대하여 표출할 수 있는 기회를 갖게 되고 이로써 긴장감을 해소 할 수 있다. 또한 이러한 대화는 치료자가 환자의 현재 상태를 파악하여 다음 단계의 개입을 가능하게 만든다.

▌9▐ "대부분의 자살은 하나의 특정 사건이나 그로 인한 정신적인 쇼크/ 충격이 원인이다."

특정사건이 자살을 시행하는 데 영향을 줄 수도 있으나 자살은 한 가지 이유만으로 일어나지 않는다. 여러 가지 사건과 감정이 오랜 시간 동안 개입되는 경우가 대부분이다. 조기 발견한다면 자살위험에 처한 이들을 도울 수 있는 기회가 있다. 인간은 어떠한 참혹한 상황에서도 주위의 관심과 도움이 있다면 이겨낼 수 있는 능력이 있다.

▌10▌ "정말 자살할 사람은 남에게 자살 의도를 밝히지 않는다."

다수의 자살자들이 자살시도 전에 자살의도를 타인에게 이야기 하거나 암시한다. 섣불리 판단하거나 훈계를 하려고 하지 말고 이야기를 잘 들어주고 공감해 주는 것이 필요하다.

▌11▌ "자살하는 사람들은 꼭 죽고야 말겠다는 확고한 결단을 내린 사람들이다. 반복적으로 자살위협을 하는 사람은 죽으려는 의지가 없는 사람이다."

자살을 하는 사람들도 자살을 실행에 옮기기 직전까지도 "죽을까? 말까?"하는 고민을 계속한다. "죽을 거야"라는 위협적인 말을 하고도 실제 심각한 시도에 이르지 못한 사람에게 "원래 죽을 의지가 없다", "겁주려고 한다" 라고 섣불리 판단해서 무시하거나 충동성을 돋우는 말을 하는 것은 위험한 시도이다. 누군가가 자신에게 관심을 가지고 진심으로 도와주려고 한다는 것을 안다면 자살하려는 마음을 포기하게 될 가능성이 높다.

▌12▌ "한번 자살을 결심한 사람은 어떻게 하던 결국 자살하고 말 것이다."

자살 시도자들 대부분이 지속적으로 강한 자살 충동을 느끼기 보다는 감정이 촉발되는 위기상황에서 밀물처럼 강력히 밀려왔다가 위기를 잘 넘기고 나면 썰물처럼 사라지고 이후에 잘 적응하며 지내는 경우를 볼 수 있다. 그러므로 자살의 충동을 갖는 징후를 잘 포착하고 적절히 위기개입을 해주면 충분히 자살을 예방할 수 있다.

▌13▌ "자살하는 사람은 따로 있다. 자살하는 일반적인 유형이 있다."
자살은 누구나 할 수 있으며 일반적인 유형이 따로 있는 것이 아니다. 단지 자살 위험성이 더 높은 집단이 있을 뿐이다.

2. 자살 전문가들의 편견과 수정

자살에 대한 편견은 일반인만이 아니다. 놀랍게도 나름대로는 자살 전문가라고 자처하는 교사, 상담사, 복지사, 치료사들도 많은 편견을 가지고 있다. 이를 살펴보고 그에 대한 수정을 제시하면 다음과 같다.

▌1▌ "증상이 나아진다는 것은 자살위험이 사라진 것을 의미한다."
한 연구에서는 자살시도나 우울증으로 병원에 입원했다가 퇴원한 뒤 90일 안에 자살하는 경우가 많다고 보고하고 있다. 환자의 상태가 호전되었다고 해서 환자가 자살위험으로부터 완전히 벗어났다고 생각해서는 안 된다. 우울 증상이 호전되었을 때 자살을 할 수 있는 에너지가 더 충만하다. 또한 갑작스럽게 증상이 사라진 것은 환자의 자살 결심이 확고해 더 이상 갈등의 소지가 없다는 것을 의미하기도 한다.

▌2▌ "자살미수는 다른 사람이나 단체를 이용하려는 행위일 뿐이다."
자살미수는 일반인들뿐 아니라 전문가들 눈에도 주변 사람들을 이용하려는 시도로 보인다. 그러나 이들의 자살 미수 행위의 배후에는 다음의 네 가지 동기가 있을 수 있다.

▮3▮ "환자의 모호한 자살의지 표명에 관심을 두어서는 안 된다. 이러한 관심은 환자의 병적 행위를 키우기 때문이다."

많은 치료자들은 환자들이 표시하는 모호한 자살의지에 관심을 가져 주면 오히려 병적 행위를 키우게 된다고 생각한다. 즉, 환자들에게 이용당하게 된다는 것이다. 이러한 모호한 의사표현은 자살환자들이 가지고 있는 양가감정 때문이다. 그들은 이러한 감정 때문에 매우 혼란된 상태에 있게 된다. 그들은 자살을 생각하는 것 자체를 수치스럽게 느끼며 자신이 자살의도를 가지고 있는 것을 숨기려고 한다. 그러면서도 자신의 자살의도를 누군가가 알아주고 구해주기를 바라고 있다. 따라서 자살의사를 모호하게라도 표출하는 내담자를 가볍게 넘겨서는 안 된다. 치료자들은 그들을 위해 즉시 후속조치를 취하여야 한다.

▮4▮ "병원 특히 정신병원에 있는 환자들은 자살할 위험이 없다."

우리나라의 경우에는 정확한 자료가 없는 상태이나 미국의 경우, 정신병동에서 자살할 확률이 일반사회보다 5배나 높다는 연구 결과가 나오기도 하였다. 그러므로 정신병원에만 있으면 자살예방이 완벽하다고 생각하는 것은 위험하다.

▮5▮ "자살을 막을 수 있는 곳은 정신병원밖에 없다."

다른 정신질환과는 달리 자살방지는 병원보다 일반 방지센터나 종교기관 혹은 기타 소규모 재활그룹에서 더 효과적임이 나타났다. 사례별

연구에 의하면 많은 자살 시도자들이 자살방지센터 등을 통해 마음을 돌린다고 한다.

이상으로 자살의 대한 편견을 살펴보았다. 이처럼 우리는 자살을 잘 안다고 생각하나 사실은 잘못 알고 있는 것들이 많다. 이를 수정하고 바른 이해를 통한 자살예방과 대책을 강구해야할 것이다. 자살하려는 이들은 자신의 능력 밖에 있는 문제를 해결하려는 시도이다. 그러므로 이들의 자살은 도움을 간절히 구하는 외침이다. 스스로에게 부과한 처벌이나 자신의 깊은 곳에 숨겨져 있는 분노와 고통의 표출이다. 이를 이해하고 이에 적절한 대응을 해야 한다. 자살 전문가들은 자살을 시도한 사람은 자살을 통해서 무엇인가를 해결하고자 한다는 사실을 이해해야 한다.

자살에 대한 편견은 자살의 효과적인 치료를 방해할 뿐 아니라 자살을 촉발시키기도 한다. 자살가능인들이 보여주는 행동적 특성으로 뚜렷한 거부의사 표출, 남의 말을 듣지 않음, 완고성, 흑백논리, 부적절한 요구와 같은 것들은 주변 사람들이나 자살 전문가들의 기분을 상하게 한다. 심한 경우 이들은 자살가능인들에게 이용당하는 듯한 느낌을 받기까지 한다. 이러한 문제를 해결하기 위해서는 자살가능인들의 부정적 행동특성이 증상의 일부라는 사실을 인식할 필요가 있다.

자살 가능성을 높은 순서대로 나열하면 다음과 같다. 45세 이상의 연령, 알코올 의존, 격한 감정의 흥분, 과거자살시도, 남자, 도움을 거절, 장기간의 우울증, 과거 정신과 입원, 최근의 이별이나 사별, 우울증, 신체적 질병, 실직 은퇴, 독신 과부 이혼의 순이다. 일단 자살을 실행에 옮기면 생명이 위험하다. 따라서 예방이 가장 중요하다. 예방은 가능성이 있는 사람에 대한 주의 깊은 관심과 대처이다. 자살 의도나 계획 등을 질문하고 행동에 자신을 정리하려는 시도가 있었다면 철저한 관찰이 필요하다. 자살이 의심되면 응급입원의 대상이 된다. 지체 없이 정신병원에 입원시켜 철저한 원인 규명과 대책을 세워야 한다. 자살을 가볍게 여기는 사회는 인간의 목숨도 가볍게 여기는 사회와 같다. 또한 자살을 미화하는 사회는 자살률이 높다. 이 두 가지의 사회적 태도는 자살을 조장하는 위험한 요소인 만큼 주의를 기울여야 할 우리의 과제이다.

자살은 응급상황이므로 관리나 등록의 절차보다는 개입이 우선되어야 한다. 이를 위해서는 자살 시도자와 되도록 장기간 대화를 진행해야 한다. 대화시 자살시도자의 이야기를 듣는 형태가 중요하다. 이때 이의를 제기하는 것은 가급적 지양하고 주의 깊게 경청하고 공감하는 것이 중요하다. 자살 계획이 있는 경우 자살 시도자 옆에 있는 위험물을 제거하는 노력이 필요하다. 대화로 시간이 지연되었고 위험이 낮아졌다고 판단되면 다시 만나거나 전화로 상담할 것을 제시한다. 이에 응하면 성공이다. 자살시도자의 인적사항을 알면 가족에게 통보하고 협조를 요청한다. 가족과의 상담에서 다른 질환이 있거나 상태의 정도에 따라 전문가와 상담을 추진하는 것이 좋다.

⚰ 자살예방을 위한 도덕윤리교육

1. 실존의식교육

실존의식교육은 '자기 인식', '자기 책임', '자기 행동'을 포함하는 '자기 존재'의 상을 구축하는 것으로 '실존의식'을 갖게 한다. 이때 필연적으로 사람은 스스로의 존재가 광대한 벌판 위에 홀로 우뚝 서 있는 외로운 존재임을 알게 된다. 이는 '주체'를 발견한 이들이 필연적으로 겪어야 하는 고독이다. 그들 중에 고독을 견디지 못해서 스스로 서는 것을 포기하며 결국 이로 인해서 자살을 할 수 있다. 인간은 실존의식을 가져야 살 수 있다. 보편적 인간성의 깊은 숙고와 함께 외부적으로 현현되는 과정에서는 우리는 자신의 관점에서 어떤 문제를 객관적으로 판단하고 이해하는 법을 배우게 되는데, 이를 통해서 인간은 '주체의식'을 갖게 된다. 헌데 필연적으로 그러한 '주체' 즉 '자기 삶', '자기의식', '자기 행동'은 '고독'과 '자기성찰'을 부추기게 된다. 우리가 충분히 자기 자신을 직면할 용기가 있다면 '실존의식'을 갖게 된다.

실존의식교육이 필요한 것은 개인의 삶과 사회의 문제를 스스로 생각해 볼 수 있는 역량을 기르게끔 하는데 있어야 하는 바 결국 '주체의 깨임'의 필요성이 있기에 실존의식교육은 있어야한다. 깨어난 '주체'가 자신의 눈으로 세상을 바라보고, 이해하고, 판단하고, 분석하고, 결정 내릴 때 자신의 가치를 발견하고 존재의식을 갖는다. 삶의 문제가 태어나면서부터 다른 사람에 의해서, 환경에 의해서, 제도에 의해서, 통속에 의해서 '그렇게 되어야 한다'고 정해진 것이 아니라, 자신의 주체적이고 자발적인 이해와 행위를 통해서 풀어 나가야 하는 것이기에 실존의식은 필요하다.

이러한 실존의식교육에서 필요한 것이 바로 생의 철학교육이요, 도덕윤리교육이다. 실존인식교육을 통해 자존의식을 고취하고, 마르틴 부버가 말하는 나와 그것이 아닌 나와 너의 '관계성', '만남'의 중요성을 가르쳐야할 것이다.

2. 가치관 교육

자살의 원인으로는 건전한 인생의 가치관의 혼돈에서 올 수 있다. 자신에 대한 자아관, 사람에 대한 인생관, 사랑관 등의 혼돈은 자신의 정체성을 잃어버리고 관계를 형성하지 못하게 한다. 이로 인하여 가치관에 대한 해답을 얻지 못 할 때 자포자기와 우울증 더욱 심해지면 자살로 이이질 수 있다는 것이다.

가치관 교육에서 우선된 것은 자아관이다. 자아관은 '나는 누구인가?'라는 주체적인 지성인을 양성한다. 이로써 자아존중감을 가지게 된다. 자아존중감自我尊重感, self-esteem이란 자신이 사랑받을 만한 가치가 있는 소중한 존재이고 어떤 성과를 이루어낼 만한 유능한 사람이라고 믿는 마음이다. 이는 객관적이고 중립적인 기준이 아닌 사적인 판단이다. 간단히 자존감이라고도 부른다. 이 용어는 미국의 의사이자 철학자인 윌리엄 제임스가 1890년대에 처음 사용하였다. 이 개념은 자존심과 혼동되어 쓰이는 경우가 있다. 둘은 자신에 대한 긍정이라는 공통점이 있지만 세부적으로는 있는 그대로의 모습에 대한 긍정과 경쟁속의 긍정이라는 다른 의미를 지니고 있다. 자존감은 어린 시절 기틀을 마련하지만 이후 경험에 따라서 변화한다.

어린시절 부모와의 관계는 어린 아이의 자존감 형성에 큰 영향을 준다. 부모의 가치관이나 관계 속에서의 배움을 통해 이루어진다. 이로 인해 부모는 자신의 자존감을 그대로 자식에게 대물림 하게 되며, 어린 시절 형성된 자존감은 성인이 되어서도 영향을 미친다. 삶의 경험은 자존감에 큰 영향을 준다. 삶에서 어떠한 긍정적 경험과 부정적 경험을 하였냐에 따라 자존감은 변한다. 단순 부정적 경험이나 트라우마가 자존감에 상처를 입히며 외상후 스트레스 장애로 이어지는 이유는 이러한 경험에 따른 유동성 때문이다. 자존감이 낮을 경우에는 우울, 불안, 분노, 공포 등의 부정적 심리 경험에 노출 될 가능성이 크며 높을 경우에는 부정적 심리를 경험할 가능성이 낮거나 경험하더라도 비교적 쉽게 극복한다. 그러나 자존감이 극도로 높을 경우 타인의 비판이나 평가를 받아들이지 못하며 공격적인 모습을 보이기도 한다. 자존감의 안정한 경우는 자존감이 쉽게 변하지 않지만 불안정할 경우에는 상황에 따라 높낮이가 쉽게 변한다.

자아존중감은 학업 성적, 리더십, 위기극복능력, 대인관계 등 삶의 많은 영역에 영향을 미친다. 특히 대인관계는 자아존중감과 정비례하는 모습을 보였다. 대한민국의 서울과 경기도권에 거주하는 고등학교 1학년생을 대상으로 조사한 결과, 자아존중감이 가장 높은 그룹은 89.3%가 대인관계 최고 수준의 그룹에 속했다. 반면 자아존중감이 낮은 그룹은 78.0%가 대인관계 수준 역시 낮게 나타났다. 마찬가지로 중간 그룹은 가장 많은 69.7%가 중간 정도의 대인관계 수준을 보였다. 이와 같은 선상에서 자존감의 상처는 우울증으로 이어지고 자살에 이르게 할 수도 있다. 자존감과 자존심은 모두 자신을 좋게 평가하고 사랑하는 마음이다. 그러나 자존심은 타인과의 경쟁 속에서 얻는 긍정이며 자존감은 자신의 있는 그대로를 받아들이는 긍정이다. 이에 따라 자존심은 끝없이 타인과 경쟁해야 존재할 수 있으며 패배할 경우 무한정 곤두박질친다. 반면 자존감은 자신에 대한 확고한 사랑과 믿음이기에 경쟁 상황에 따라 급격히 변하지 않는다.

청년기는 자아 발견의 시기로 긍정적 자아 발견이 이루어져야 하다. 청소년기에 닥치는 갈등 속에서 그들 스스로 긍정적인 자아관을 형성하도록 도와 새로운 세계에 도전하는 능력을 배양하는 것이 '주체적인 지성인 양성'이라고 할 수 있다.

자기에 대한 긍지를 느끼는 것, 즉 자신에 대해서 좋은 느낌을 갖는 것은 사람이 성장하는 데 있어서 아주 핵심적인 요인이 된다. 반대로 자기에 대해서 긍지를 느끼지 못할 때 자기 파괴적인 행동이 유발된다. 자기의 현재 삶과 미래에 대한 신뢰가 있기 때문에 다른 사람들의 삶이 자신에게 큰 장애가 되지 않는다. 무엇보다도 자신에 대한 긍지가 자신의 성취를 이루기 때문에 자기 긍정 훈련은 중요하다. 더욱이 효과적인 인간관계를 형성하기 위해서는 자기를 상대방에게 알려야 한다. 상대방에게 잘 알리기 위해서는 우선 나 자신에 대한 정확한 이해가 필요하다. 인간관계는 우선 내가 다른 사람과 관계를 형성하는 것이기 때문에 관계의 주체가 되는 나 자신에 대한 정확한 이해가 필요하다.

포웰Powell은 성숙한 인간은 자기의 신체적 조건이다. 심리적 사실을 있는 그대로 좋게 받아들인다고 보았고, 로저스Rogers는 자기수용을 개인의 행동변화와 자기성장의 시발점으로 보았으며, 마슬로우Maslow는 자기수용을 자기실현을 성취한 사람들의 주된 특징 가운데 하나임을 강조하였다.

3. 죽음의식교육

죽음교육은 자살의 방지하는 것뿐만 아니라 '질적인 삶'을 위해서도 필요하다. 죽음교육은 곧 삶의 교육이다. 삶과 죽음은 동전의 양면성이다. 지금까지 우리 가정에서나 사회에서 공개적으로 말하기를 도피해온 죽음체계죽음에 대한 생각, 감정, 행동와 죽음교육의 필요성, 내용, 방법, 죽음을 맞이하는 자세 등에 대해서는 회피해 온 것은 사실이다. 죽음이 우리의 삶속에 가까이 있음을 인정하고 받아들일 때 삶에 대한 태도도 변화될 수 있다. 이런 점에서 죽음교육은 필요하다. 그런데 우리 사회는 죽음이 없는 것처럼 덮어두고 있어 대부분의 사람들이 죽음의 실존을 체감하지 못하고 있으며 오히려 죽음에 대한 부정적인 태도만을 보여주고 있다. 이러한 편견을 시정하기 위해서는 모든 교육환경에서 죽음에 대한 교육이 제공되어야 하며, 특히 죽음 교육은 청소년이나 노인의 자살 예방에 결정적인 도움이 된다.

4. 자살예방 교육의 종합적 이해

자살의 원인으로는 우울증 등 정신건강문제, 인간관계, 가족 간의 불화, 성적, 카드 빚 등 경제적 빈곤, 취업문제 등이 있음을 보았다. 이러한 자살은 심리적, 사회적, 실존적, 정신병리적 요인 등이 복합적으로 작용하여 자살충동을 일으키고 있음을 생각해볼 수 있다. 이에 대한 예방 교육으로 실존의식 교육, 가치관 교육, 죽음의식 교육을 해야 할 것을 강조했다. 사실 자살은 예방해야할 문제이지 치료해야할 문제가 아니다. 자살 후에는 어떤 치료도 불가능하기 때문이다.[18]

그래서 어떤 자살 문제이든 예방차원으로 접근해야한다. 이런 면에서 교육은 매우 중요하다. 교육을 통해서 아름답고 가치 있는 죽음을 준비시켜 아름답고 가치 있는 삶을 살게 해야 한다. 생명의 교육, 삶의 교육은 필연적으로 죽음의 교육과 병행해야 한다. 죽음을 두려워하거나 회피하거나 도외시하는 것은 올바른 자세가 아니다. 죽음교육에 대해서는 종국적인 죽음의 불가피성이 두려워 죽음교육을 하지 않았던 것이 현실

---

18 일반적으로 자살의 징조는 다음과 같다. 이런 경우 유심히 살펴 볼 필요가 있다. 주위 사람들에게 자살하겠다는 뜻을 비치거나 말을 한다. 성직자나 의사를 찾아간다. 이전과는 다른 모습을 보인다. 식사량이 줄고, 말이 없다. 수면의 변화가 일어난다. 유언을 쓴다. 마치 긴 여행을 떠나는 것 같다. 아끼던 물건을 스스럼없이 남들에게 나누어 준다. 폴 퀴네트, 이혜선·육성필 공역, 『돌이킬 수 없는 결정, 자살』(학지사, 2006) 참조.

이다. 그러면서 죽음의 문제를 거론하는 것조차 부정적으로 생각했다. 그러나 이제는 올바른 죽음교육을 실시해야 한다. 그렇다고 죽음을 미화해서도 안 된다. 아름다운 죽음과 아름다운 삶의 길을 죽음교육을 통해서 제시해야한다.

⚰ 나오는 말

자살은 아동후기부터 노년기까지 거의 전 생애에 걸쳐 나타나는 심각한 문제이다. 이는 그야말로 돌이킬 수 없는 결정에 따른 치명적인 결과를 가져온다. 자살은 가족이나 주변사람들과 사회 전반에 걸쳐 미치는 파급효과도 크므로 자살행위를 유발하는 위험요인들에 대해 체계적으로 연구하고, 이에 대한 예방책을 강구하는 것이 매우 중요하다. 그럼에도 자살에 대한 연구나 예방 대책 등은 미비한 실정이다.[19]

최근 몇 년 사이, 우리 사회에는 수많은 유명인사의 자살과 군부대의 자살 등 수많은 사건들이 보도되었다. 지난 한 해 유명인들이 자살을 선택하였다. 이러한 중대한 사회문제 앞에 우리 사회는 이 문제에 대한 논의가 미비하다. 자살예방, 이 일은 그 어떤 일보다 절박한 문제이고 중요한 일이다. 이제 우리나라에도 미국과 같이 보다 본격적인 자살에 대한 연구와 예방을 위한 논의들이 심도 있게 진행되기를 소망해본다.

유명인사의 자살보도는 신중에 신중을 기해야한다. 대중매체에서는

---

19 이원희 한국교총 회장은 인사말에서 자실의 심각성을 일깨워주는 말을 하였다. "위기 청소년들에 대한 문제는 과거에 비해 더욱 복잡하고 다양해지고 있고 특히 자살과 관련된 상담 건수가 2005년 34건에서 2008년 895건으로 25배나 증가해 실질적인 대처방안이 시급하다."「자살 상담 25배 증가」, 〈한국교육신문〉(2009년 4월 16일).

유명인사의 자살보도를 하나의 뉴스거리로 보도할 뿐 그에 따른 파급효과나 사회문제에 대해서는 관심이 없는 것 같다. 더욱이 자살에 대한 심층적인 원인규명이나 가족 및 주위사람들에게 미치는 영향이나 유명인사의 자살보도에 의해 자살률이 높아진다는 것에는 관심조차 없다. 자살을 결정하게 되는 이들은 심리적으로 이런 생각을 할 수 있다. '유명인사도 문제를 해결하지 못해 자살을 선택하는데 나는 어떻게 해결할까?' 더욱이 십대들은 자신들이 우상을 따라 자살을 선택하는 위험한 결과를 초래하기도 한다.

이러한 자살의 엄청난 '전염'의 위험한 문제의식을 우리는 너무나 간과해온 것 같다자살의 문제는 그에 미치는 영향을 생각해야한다. 실례로 어느 고등학교에서 한두 명이 자살을 하면 그에 따라 주변의 학생들이 자살하는 경우가 있다. 또한 가족 중 누가 자살을 했을 때, 나머지 가족 구성원들이 자살을 선택하는 경우도 있다.

언뜻 생각해보면 기독교나 유교나 불교 등 종교에서 자살을 크게 죄악으로 여겨 자살을 하지 않도록 방지하는 것 같지만 실제로는 자살한 이들을 엄청난 죄인으로 몰아갈 뿐 자살자의 상한 감정이나 그 가족이나 주변 사람들이 지닐 충격이나 상처에는 관심이 없다. 이로 인해 자살자나 가족과 주변사람들은 종교적인 위로나 지지 혹은 치료는커녕, 엄청난 죄인으로 낙인 찍혀버리는 결과를 초래한다. 종교적인 자살예방은 진정한 의미에서 자살을 예방하는 데 적합하지 않다. 이러한 문제를 종교계는 심각하게 반성하면서 받아들이고 새로운 자살의 이해를 가지고 이 문제를 접근해 나가야 할 것이다.

자살 문제는 종교적 입장에서 더욱 고민해야할 중요한 과제이다. 오늘날 우리나라는 수많은 종교인들과 종교기관의 고등교육기관들이 있다. 기독교교계에도 수 십여 개의 기독교계 대학이 있고 초중고교들이 있다. 자살예방을 위한 교육과 심리적 터치에 대한 고민이 있어야할 것이다. 전통적으로 교회는 자살자를 구원받지 못한 사람으로 간주하여 교회가 자살자의 장례를 치르는 것을 거부했다. 과연 이것은 성경적인가? 만약 평소에 복음 위에서 구원의 확신을 가지고 있던 성도가 우울증과 같은 정신 질환을 앓다가 일순간 잘못 생각해서 자살했고, 회개할 기회 없이 죽었기 때문에 구원을 받지 못한다고 생각한다면 이것은 구원론에 큰 문제가 있는 것이 아닌가? 왜냐하면 구원이 사람의 행한 것에 따라 좌우되는 것이 되기 때문이다. '정신 질환'에 의한 자살과 '인간의 연약성'에 의한 자살을 구별해야 무분별한 감성적인 자살을 예방할 수 있을 것이다.

구원의 주권은 하느님만 가지고 있기에 우리가 확신을 가지고 말할 수 없는 애매한 경우가 있다. 하지만 자살한 사람이라도 그가 예수를 참으로 믿은 사람이며 구원 받기로 예정된 사람이라면 예수는 어떤 방식으로든 용서하고 간섭하여 구원하지 않을까? 예수의 용서는 인간의 어떤 죄악보다 크지 않은가? 그러므로 자살자가 생겼을 때도 사랑을 실현하는 목사의 차원에서 장례를 치러 주고, 유족을 위로하여 구원과 부활에 대한 소망을 확증해줘야 하지 않을까? 물론 교회에서 단순하게 "자살하면 지옥 간다"라고 가르치면 자살을 예방하는 효과가 있을지 모른다.[20] 필자의 말을 '자살해도 구원을 보장 받을 수 있으니 괜찮겠구나'라

---

20 엄밀한 의미에서 성서와 기독교 역사에서 자살을 명확하게 죄라고 규정한 것인지는 분명하지 않다. 이에 대한 프레젤의 말이다. "구약성경에 나타난 자살들에 대해 어떤 특정한 가치적인 판단을 하나님은 하지 않으신 것 같은 인상을 주기도 한다. 초대 교회에서도 순교행위로서의 죽음을 인정하는 경향은 매우 당연시 되었다. 그러다가 성 어거스틴에 이르러 교회는 자살을 반대하는 강한 입장을 취하게 되었다. 그리고 6세기 초쯤(533.A.D)에 몇 개의 교회협의회에서 자살을 정좌하게 되었고, 성 토마스 아퀴나스는 어거스틴이 자살은 죄라고 보는 견해를 다시 인정하고 확인하게 된다." P. W. Pretzel, "Suicide:Ethical issues",In R. J. Hunter(Ed.), *Dictionary of Pastoral Care and Counseling* (Nashville, TN: Abingdon Press, 1990)을 이상복, 「자살에 대한 문제의식과 대안」, 『기독교사회윤리』, 제6집(선학사, 2003), 47쪽에서 재인용.

는 의미로 오해하지 말았으면 한다. 그저 필자는 조심스럽게 자살에 대해 정죄하기 이전에 사랑의 시각에서도 생각해봐야한다는 말이다.

분명 자살은 성서적으로 옳거나 결코 정당화 될 수 없다. 다만 돌이킬 수 없는 결정에 대한 보다 깊은 인간 이해를 통한 접근, 남은 사람들의 상한 마음을 어루만지는 사랑의 다가감을 말하고 싶을 뿐이다. 안타깝게도 도덕, 윤리 교과서와 종교 교과서에서 자살에 대한 교육은 그다지 중시되지 못한 실정이다. 이에 대한 철학계, 윤리교육학계, 종교계의 논의도 많지 않다. 자살이 심각한 사회문제로 제기된 오늘날 이제는 자살에 대한 심도 있는 논의와 예방교육이 필요하다.

참고문헌

국내물

교육과학기술부 편, 『학생자살예방교육 및 위기관리』(미간행자료집, 2008년 10월).
구본영, 「청소년자살연구」(청소년대화의 광장, 1994).
박상칠 외, 「청소년 동반자살」, 『청소년상담문제연구보고서』(청소년대화의 광장, 1998).
송영미, 「청소년들의 자살요인과 예방교육에 관한 연구」, 전북대학교대학원 석사 학
　　　위 논문(2000).
이상복, 「자살에 대한 문제의식과 대안」, 『기독교사회윤리』, 제6집(선학사, 2003)
한국기독교사회윤리학회 편, 『기독교사회윤리』, 제6집(선학사, 2003).

국내번역물

폴 퀴네트, 이혜선·육성필 공역, 『돌이킬 수 없는 결정, 자살』(학지사, 2006).

신문류

「한국자살 OECD 3위」, 〈서울신문〉(2009년 4월 7일).
「자살 상담 25배 증가」, 〈한국교육신문〉(2009년 4월 16일).

현실사회윤리학의 토대 놓기

제6부
한국교회의 장애와 장애인관에 대한 비판적 고찰: 성서윤리적 관점[*]

들어가는 말

오늘 우리가 사는 이 세상의 위기는 무엇인가? 이에 대해 기술사회 문명의 위기와 한계라고 말하는 사람들이 많이 있다. 그 이유는 생태계가 심각하게 파괴되고 인간의 공동체적 관계가 상실되고 있기 때문일 것이다. 이러한 기술사회 문명은 급속한 산업화에 따라 쾌락과 편리함을 추구하는 양상을 초래하게 되어, 공동체보다는 개인의 안녕을 추구하게 되었다. 이로 인해, 개인의 능력을 중시하게 되는 엘리트주의와 성공지향적 가치관이 일반화되었다. 이와 같은 급속한 개인의 역량 강화는 타인과 공동체에 대한 둔감성을 초래하였고, 타인과 공동체의 고통에 대한 민감성을 잃게 되었다.

고통에 대한 민감성은 건강한 삶의 척도이다. 신경이 손상되거나 한센병과 같은 병에 걸린 사람은 고통을 느낄 수 없다. 개인뿐 아니라 사회와 문명의 건강도 고통에 대한 민감성에 비추어 평가할 수 있다. 타인

---

[*] 이 글은 한신대학교 신학연구소 간행하는 한국연구재단 등재후보 학술지 『신학연구』 58(2011)에 게재된 것을 수정 · 보완한 것이다.

의 아픔을 헤아릴 수 없는 사회는 공동체의 파괴를 가져오게 된다. 그에 따라 파편화되고 고립됨으로써 서로 이해하고 느끼는 능력과 잇대어 살아가는 공동체적인 연대도 사라지게 된다. 공동체를 형성함에 있어서 장애는 근본적인 문제와 과제를 제기한다. 사회와 문명의 근본 문제는 공동체 문제이고, 공동체 문제는 장애인 문제와 깊이 관련되어 있다.

우리나라 법정 장애의 종류는 15가지 유형이 있으며 아래와 같이 신체적 장애와 정신적 장애로 크게 나눌 수 있다. 신체적 장애는 내부장애와 외부장애로 구분된다. 신체적 장애12종류로는 신체외부지체장애, 뇌병변장애, 시각장애, 청각장애, 언어장애, 안면장애와 신체내부심장장애, 간장애, 신장장애, 호흡기장애, 장루요루장애, 간질장애가 있다. 정신적 장애 3종류로는 지적장애, 자폐성장애, 정신장애가 있다. 우리나라의 법정장애 종류의 확대과정을 살펴보면 최초 장애인복지법1981년이 제정될 당시 장애인의 범주는 후진국형 기본 5종지체장애, 시각장애, 청각장애, 언어장애, 정신지체이었지만 이후 장애인복지법의 전면개정1999을 통해 2000년 정신장애, 발달장애, 신장장애, 심장장애 및 뇌병변장애가 추가되고 다시 2003년 7월에는 호흡기장애, 간장애, 장루·요루장애, 간질장애, 안면장애 등이 추가되면서 총 15종으로 확대되었다.

장애가 발생하는 원인과 장애의 사회심리적인 좌절을 검토해보면, 장애인의 삶, 장애인과 비장애인의 관계는 복잡하고 심층적인 사회심리적 차원, 즉 사회적 차원과 영적 차원을 포괄하고 있음을 알 수 있다. 오늘 우리 사회와 교회공동체도 고통에 대한 민감성을 잃어가고 있다. 고통에 대한 민감성을 잃어가고 있음은 장애에 대한 무관심에서 찾을 수 있다. 장애 관련 단체들은 인구의 10분의 1이 장애인이라고 말한다. 이렇게 보면, 장애인은 우리 주위에서 쉽게 접할 수 있는 사람들이다. 비록 건강한 사람일지라도 사고나 질병을 통해 후천적인 장애인이 될 위험

속에 살아간다.

그런데 우리 사회는 장애인에 대한 편견이 심하다. 장애인들이 사는 곳은 집값이 떨어진다고 하고, 장애인 학교나 시설이 들어서는 것도 외면하는 게 현실이다. 이 땅에서 장애인은 이중으로 고통 받는다. 장애인은 일자리를 구하기 어렵고 장애인을 위한 복지시설과 편의시설도 거의 없다. 대중교통을 이용하기는 더욱 어려우며, 사람이 다니는 인도人道도 울퉁불퉁하여 휠체어를 타고 다니기가 어렵다. 그러나 이런 어려움보다 더 장애인을 힘들게 하는 것은 비장애인들의 편견과 무관심과 차별이다.

NCCK한국기독교교회협의회는 1989년 2월 38회 총회에서 장애인주일 제정 권고를 결의함에 따라 매년 4월 20일 직전 주일을 장애인 주일로 하여 예배와 각종 프로그램을 권장하였다. '장애인주일 연합예배안'은 '입례의 예전'에서 레위기 19장 13-14절, 마태오의 복음서 8장 16-17절, 데살로니카인들에게 보낸 첫 번째 편지 5장 14-15절 등 말씀을 제시하고, '말씀의 예전'에서 예레미야 29장 4-14절을 함께 묵상한 뒤 장애인을 위한 중보 기도를 드리고, '결단파송의 예전'에서 교회 시설의 이용이나 활동에 있어 장애인을 차별하지 않고 배려할 것을 결단하는 등의 내용으로 구성되어 있다.

그러나 오늘날 많은 교회들은 장애인에 대한 관심이 적고, 개교회 현장에서는 장애인 주일도 지키지 않는 경우가 많다. 예배당 건물을 비롯한 교회 시설에 대한 장애인 접근성은 물론이고, 장애인에 대한 이해도 일반인들과 큰 차이가 없다. 신학교육에서도 장애에 대한 교육은 중요한 주제로 다루어지지 않고, 신학계에서 또한 장애인에 대한 논의는 많지 않은 편이다.

필자는 이와 같은 현실을 감안하여 장애에 대한 교회공동체 윤리적인 의미를 찾아나가는 하나의 시도에 중점을 두고자 한다. 이 글은 한국 교회공동체의 장애 이해와 현실에 대한 객관적·실증적 자료가 부족한 상황에서 이러한 시도는 한계를 지닐 수밖에 없다. 이 글은 교회공동체 윤리의 모본母本이 되는 성서를 중요 텍스트로 삼아 장애의 이해를 제시할 것이다. 그러나 성서에 나오는 장애의 개념이나 어원과 그 의미를 깊이 파고드는 성서학적 연구로 구절을 하나하나 찾아내어 그것에 대한 원어적인 분석 또는 주석의 작업을 수행하지는 않을 것임을 밝혀둔다. 이 글의 목적은 성서가 전체적으로 말하는 장애의 개념을 찾고, 그것에 근거해 교회공동체 윤리의 의미를 제시하는 작업까지를 연구의 한계로 설정한다. 장애의 현실을 이해하고 이를 극복하기 위한 사회학적인 자료를 제시하거나 성서학적 이론을 정립하거나 조직신학 분야 등의 심층적인 연구는 다음 연구자들에 의해 보충되기를 기대해본다.

 장애의 성서적 이해

1. 구약성서가 말하는 장애

▌1▌ 부정적인 이해

성서에는 시각 장애에 대해서는 87회, 지체 장애에 대해서는 56회, 청각 장애에 대해서는 24회 등 모두 160여회나 장애인에 대해 언급하고 있다.[1] 이렇듯 성서에는 장애에 대한 내용들이 많다. 이에 대해 성서에 나타난 장애에 대한 시각을 살펴보면 다음과 같다. 성서에는 장애에 대

---

1 한성기, 『하나님의 가족』(도서출판 잠언, 1997), 76쪽.

하여 부정적으로 말하는 본문들이 많다.

레위기 13-14장은 정결법에 관한 것으로써 예배 참여에 부적합한 피부병r□□□ 환자의 처리 문제를 다루고 있다. 레위기 21장에는 정결법이 나오는데, 여기서 관심은 제사장의 자격 조건에 집중되어 있다. 이 본문은 합당한 제사를 드리기 위한 제사장의 신체적 조건을 나열하면서, 제사장의 건강한 신체를 이스라엘이 거룩한 백성으로서 지켜야 할 하느님의 준엄한 명령으로 제시되어 있다.[2] 하느님께 드려지는 제물 역시 겉으로 흠이나 상처가 없고 정결해야 한다. 제사장이나 희생 제물 모두 겉으로 온전해야 하는 조건이 필수적이다. 피부병을 앓는 환자나 신체적 장애를 지닌 제사장이 하느님 앞에 나오지 못하는 것이 법으로 명시되어 있었다. 이들은 어떠한 경우에도 제사에 참여할 수 없고 사람들과도 격리되어야 했다. 이런 지침은 성서 전반에 걸쳐 명시되어 있다.[3] 제사장의 육체적인 흠은 성소를 더럽히는 것으로 장막이나 성소에 접근하는 것을 금지하였다.

> 너는 아론에게 이렇게 일러라. '너의 후손 대대로 몸이 성하지 않은 사람은 그의 하느님께 양식을 바치러 가까이 나오지 못한다. 소경이든지 절름발이든지 얼굴이 일그러졌든지 사지가 제대로 생기지 않았든지 하여 몸이 성하지 않은 사람은 아무도 가까이 나오지 못한다. 다리가 부러졌거나 팔이 부러진 사람, 꼽추, 난쟁이, 눈에 백태 낀 자, 옴쟁이, 종기가 많이 난 사람, 고자는 성소에 가까이 나오지 못한다. 사제 아론의 후손으로서 몸이 성하지 못한 사람은 아무도 야훼께 가까이 나

---

2 하느님과 이스라엘 백성의 중보자인 제사장이 될 수 없는 12가지 신체적 결격 사유를 나열하였다. 레위기 22장 17-25절 참조.

3 채은하, 「구약성서의 제3세계인, 장애인과 그 신학의 모색」, 『지구화시대 제 3세계의 현실과 신학』(한들출판사, 2004), 40-58쪽 참조; 채은하, 「장애, 문화적/종교적 고통과 치유」, 「신학과 사회」, 제19집(2005), 125-129쪽 참조.

와 번제를 드리지 못한다. 몸이 성하지 못한 사람은 그의 하느님께 양식을 바치러 가까이 나오지 못한다.[4]

이처럼 신체적 장애가 있는 제사장은 제단에 접근할 수 없었다. 흠이 있는 동물을 희생제사의 제물로 사용할 수 없듯이 장애를 가진 제사장은 제의祭儀를 수행할 수 없었다.

야훼께서 모세에게 말씀하셨다. "너는 아론과 그의 아들들과 이스라엘 모든 백성에게 이렇게 일러주어라. '이스라엘 가문에 속한 사람은 물론이요 이스라엘에 몸 붙여 사는 사람들까지도 서약을 이행하기 위해서나, 또는 마음에 우러나서 야훼께 번제를 드리려는 사람이 있으면 소나 양이나 염소 가운데서 흠이 없는 수컷을 바쳐야 한다. 그래야 너희가 그의 마음에 들 것이다. 너희는 성하지 못한 동물을 바치면 안된다. 너희가 그의 마음에 들지 아니하리라. 또 야훼께 서약한 것을 이행하기 위해서든지 또는 마음에 우러나서든지 소나 양을 친교 제물로 드리려는 사람이 있으면 흠이 없는 것으로 바쳐야 한다. 그래야 너희가 그의 마음에 들 것이다. 성하지 못한 것은 어떤 것도 안 된다. 눈먼 것이나 뼈가 부러진 것, 다리가 잘린 것이나 병들어 물이 나오는 것, 옴이나 종기가 많이 난 것을 야훼께 바치지 못한다. 그런 것을 제단에 드려 야훼께 살라 바치면 안 된다. 소나 양 가운데 한 다리는 길고 한다리는 오그라진 것을 마음에 우러나 바치는 예물로 삼을 수는 있으나, 그것을 서약을 이루기 위해 바치는 예물로 삼을 수는 없다. 그런 예물은 그의 마음에 들지 못하리라. 너희는 불알이 터졌거나 으스러졌거나 빠졌거나 잘라진 짐승을 야훼께 바치면 안 된다. 너희 땅에서 그런 것을 바치는 일이 있어서는 안 된다. 그런 불구나 병신을 외국인의

<hr>

4 레위기 21장 17절-21절.

손에서 받아 너희 하느님의 양식으로 바쳐서는 안 된다. 그렇게 하면 너희가 그의 마음에 들 수 없다."[5]

너희는 제단 위에 더러운 빵을 바치면서도 이렇게 말하였다. '우리가 제단을 더럽히다니요, 당치도 않습니다.' 그러면서도 속으로는 야훼의 제사 상쯤이야 아무러면 어떠냐고 하는구나. 눈이 먼 짐승을 제단에 바치면서도 잘못이 없다는 말이냐? 절뚝거리거나 병든 짐승을 바치면서도 잘못이 없다는 말이냐? 그런 것을 너희 고관에게 바쳐보아라. 나 만군의 야훼가 말한다. 그리고도 융숭한 대접을 받을 것 같으냐?[6]

심지어 장애가 있을 경우 대제사장이라도 지성소에 들어가는 것이 금지되었다.

사제 아론의 후손으로서 몸이 성하지 못한 사람은 아무도 야훼께 가까이 나와 번제를 드리지 못한다. 몸이 성하지 못한 사람은 그의 하느님께 양식을 바치러 가까이 나오지 못한다. 그러나 하느님께 바친 양식, 곧 더없이 거룩한 것과 보통으로 거룩한 것을 받아먹을 수는 있다. 하지만 그는 몸이 성하지 못한 사람이기 때문에 휘장 안으로 들어가거나 제단 앞으로 나가서 나의 성소를 더럽혀서는 안 된다. 사제들을 거룩하게 하는 이는 나 야훼이다.[7]

이러한 규정은 야훼의 이름으로 금하였다.[8] 피부병 환자는 부정한 사람으로 여겨져, 제의에 참여하지 못할 뿐만 아니라 공동체에서도 함께

---

5 레위기 22장 17-25절.
6 말라기 1장 7-8절.
7 레위기 21장 21-23절.
8 귀머거리가 듣지 못한다고 하여 그에게 악담하거나 소경이 보지 못한다고 하여 그 앞에 걸릴 것을 두지 마라. 하느님 두려운 줄 알아라. 나는 야훼이다.(레위기 19장 14절).

할 수 없었다.[9] 이들은 또한 피부병인 몸을 다른 사람들에게 굴욕스러운 방식으로 알려야만 했다.

> 악성 피부병 환자는 옷을 찢어 입고 머리를 풀고 윗수염을 가리고 "부정한 사람이오, 부정한 사람이오!" 하고 외쳐야 한다. 병이 있는 동안은 그는 부정을 벗지 못한다. 부정하니만큼, 그는 진지 밖에 자리 잡고 따로 살아야 한다.[10]

이들은 옷을 찢고 머리를 풀며 윗입술을 가리고 자신을 부정하다고 소리 내어 외쳐서, 사람들이 이들 곁에 오지 못하도록 했다. 만일 이들이 제의에 참석한 것이 발각될 경우, 성소를 더럽힌 죄목으로 죽음을 당하기도 했다. 다행히도 이들이 치료가 되었을 때는 부정을 완전히 제거했다는 표시로 속건제와 속죄제를 드려야만 했다.[11] 이러한 병과 하느님의 심판의 관계는 단지 피부병에만 해당한 것이 아니라 전염성이 있는 모든 병에 적용되었다. 그러므로 질병을 가진 사람과 함께 있는 것이 수치스럽고, 부정한 일로 여겨졌다. 실제로 하느님께 거역하다가 피부병한센병에 걸렸던 사람들이 있다.[12]

▪2▪ 긍정적인 이해

장애에 대한 성서적 이해를 제대로 하려면, 성서에 기록된 '하느님은

---

9 또 야훼의 성전 문마다 문지기들을 세워 부정 탄 사람은 아무도 들어가지 못하게 하였다. (역대하 23장 19절)

10 레위기 13장 45-46절.

11 이들은 하느님께 거역한 사람들로 종교적 · 도덕적 실패의 표지에 의해 피부병이 생긴 것으로 여겨졌다. 그러기에 이러한 제사들을 통해 하느님께 용서를 받고서, 공동체의 일원으로 회복될 수 있었다. S. Melcher, "Visualizing the perfect cult: the Priestly rationale for Exclusion," *Human Disability and the Service of God: Reassessing religious Practice*, N. Eiesland and D. Saliers ed. (Nashville: Abingdon Press, 1998), pp.58-60 참조.

12 미리암(민수기 12장 10절), 우찌야(열왕기하 15장 5절)와 게하지(열왕기하 5장 27절).

제사장에게 왜 그런 요구를 하셨는가' 하는 배경을 이해할 필요가 있다. 제사장의 역할은 위험한 것이었다. 땅의 존재로서 하늘의 영역을 만족시키는 중간 지대의 역할을 해야 하기 때문에 그 자격을 엄격하게 하였다. 그래서 "흠이 없고, 혈통이 깨끗해야 하며 시체를 만진 적이 없어야 한다"고 의식적 정결을 강조하였다.

제사장직은 하느님과 인간 사이에서 그리고 하느님과 이스라엘 백성 사이에서 중보자의 역할을 했기 때문에 깨끗한 피와 흠 없는 몸이 요구되었다. 그래서 제사장의 순결을 강조하면서 설명하다보니 그 당시 문화적으로 사람들이 부정하다고 생각하는 장애인들을 예로 들어 설명했다.[13] 이는 인간의 문화와 언어를 사용하여 깊은 뜻을 설명해야 하는 하느님의 교육지책이었다. 즉, 구약성서에서 장애인이 제의와 공동체로부터 거부된 것은 아니다. 하느님의 정결이란 것을 표현하기 위해 동원된 상징적인 존재장애인/동물/시체 등 그 자체가 부정하다는 뜻이 아니다. 다만, 정결한 의식을 위한 마음의 준비 상태가 중요하다는 것을 강조한 것이다.

하느님에게 나아가기 위해서 인간이나 제물 모두 외형적으로 건강한 모습정결을 유지해야만 하였다. 정결이란 외형적으로 흠이 없는 것을 의미했다. 특별히 레위기 13-14장에서 다루고 있는 정결의 유지란 악성 피부병이 없어야함을 의미하였다.

이 피부병은 인간의 몸만이 아니라 옷이나 가구 등에도 피는 곰팡이를 의미했는데, 이렇게 피부병 환자를 부정한 사람물건이란 꼬리표로 사람들이 모이는 제의에 참석하지 못하게 한 것은 공중보건을 위한 위생적인 조치를 종교문화적인 강제적 성격으로 강화하기 위한 의도로 볼

---

13 김홍덕, 『장애신학』(대장간, 2010), 78-79쪽 참조.

수 있다. 레위기 전체가 언제나 장애인에 관하여 부정적인 견해나 차별을 합리화하는 것이 아니었다.

> 귀머거리가 듣지 못한다고 하여 그에게 악담하거나 소경이 보지 못한다고 하여 그 앞에 걸릴 것을 두지 마라. 하느님 두려운 줄 알아라. 나는 야훼이다.레위기 19장 14절 네 이웃을 네 몸처럼 아껴라. 나는 야훼이다.[14]

제사장의 경우, 신체적 흠이 있어도 제사장의 신분 자체가 완전히 박탈되는 것은 아니었다. 제사장 신분은 그대로 유지되었기에 비록 제의에 참여하거나 주도하지 못하더라도 동료 제사장들이 가져온 희생 예물을 함께 나눌 수는 있었기에 생존은 보장되었다.[15]

성서에 보면 하느님은 약자에 대한 관심과 사랑으로 이들을 직접적으로 돌보신다. 하느님은 자신의 백성들이 이들을 돌보고 사랑해야 함을 강하게 말씀하셨다. 하느님은 이들의 보호자이심을 자청하셨다.시편 68편 5절

또한 하느님에 의해 창조된 피조물을 정결하고 부정한 것으로 구분하는 것에 의문을 제기할 수 있다. 하느님은 모든 피조물을 보시며 "좋다"고 하셨다. 더욱이 인간은 하느님의 모습대로 창조된 존귀한 존재이다. 피조물의 정결과 부정은 노아의 방주에 들어가는 동물을 선별하는 과정에서 본격적으로 구분된다. 그렇다면 이런 구분은 이스라엘의 역사 과정에서 후대의 시대적 산물이거나 필요에 의한 인위적 결과라고 볼 수 있다. 레위기를 비롯한 여러 구절들은 당시의 상황적 이해와 성서 전체

---

14 레위기 19장 18절b 참조
15 김홍덕, "앞의 책", 81쪽. 그러나 제의에도 참여할 수 없는데 단지 제사장의 신분으로 생계를 유지한다는 것은 결국 다른 제사장들에게 의존하면서 그들의 자선이나 동정을 기대할 수밖에 없다. 이런 점에서 신체적 장애를 가진 제사장은 역시 종교·사회적인 차별을 겪었다.

의 맥락에서 이해해야 한다. 성서의 전체 맥락에서 볼 때, 하느님은 사회적 약자를 편드시는 분이시다.[16]

하느님은 직접적인 간섭에 의해 인간에게 고통과 고난의 장애를 입게 하셨다. 야곱은 이스라엘 나라의 시작을, 모세는 출애굽의 시작을 이끌어낸 사람들이다. 주목해서 볼 점은 이 두 사람은 몸의 장애를 지닌 사람들로서 하느님의 사명을 감당하였다. 야곱은 인생의 위기 앞에서 하느님을 뜻에 따라 환도 뼈가 부러지면서 다리를 절룩거리는 장애를 입게 되었다. 이렇게 장애를 갖게 된 야곱은 비로소 하느님의 축복을 받고 그의 이름이 이스라엘로 바뀌게 되었다.[17]

모세는 하느님이 출애굽의 대역사를 이루기 위해 부르실 때, 자신의 언어 장애를 들어 부적격자임을 밝혔다. 하느님은 신체적 장애를 지니기에 하느님의 일을 감당치 못한다는 모세의 말에 크게 꾸짖으시고, 화를 내시면서 모세에게 사명을 감당하라고 명령하셨다.[18] 이들은 장애의 모습으로 하느님의 얼굴 또는 영광을 보았다. 이렇게 볼 때, 이들의 장애는 하느님의 영광을 보는 도구가 되고, 하느님의 약속의 상징이 되었다.[19] 야곱은 축복의 약속을 확증하는 표시로 장애를 받았다. 야곱은 자신의 장애를 담보로 하느님과의 회복을 경험했을 뿐 아니라 형 에서와도 회복할 기회를 얻었다. 이로써 '속이는 자', '도망자'에서 새로운 정체성으로 형 에서를 만나 화해를 이룬다. 그러므로 야곱의 장애가 무능과 무력을 나타내는 것이 아니라 오히려 하느님의 능력을 입는 동인動因이 되어 새로운 정체성을 부여해준 동기가 되었다고 말할 수 있다.[20] 모세

---

16 이에 대한 자세한 내용은 김이곤, 『구약성서의 고난신학』(한국신학연구소, 1991), 242-255 쪽과 김명용, 『현대의 도전과 오늘의 조직신학』(장로회신학대학교 출판부, 2005), 142-153 쪽 참조.
17 창세기 32장 23-33절 참조.
18 출애굽기 4장 1-17절 참조.
19 김홍덕, "앞의 책", 113쪽.

는 언어 장애를 이유로 하느님의 부르심을 거절하였다. 이에 대해 하느님은 각종 장애를 나열하면서 장애도 하느님의 창조에 속하는 것으로, 결코 하느님의 일에 문제가 되지 않음을 강조한다. 모세는 장애로 인해 하느님의 보내심을 확증 받았다.[21]

욥기의 주인공인 욥은 신앙과 장애와의 관계를 이해할 수 있도록 하는 내용이 나온다. 욥의 친구들은 욥이 당하는 장애를 인과응보因果應報로 해석하면서 욥을 비난하였다. 그러나 욥은 신앙의 확신에 따라 자신의 장애를 수용하고, 하느님 안에서 보호받고 있다는 사실을 알고 인내하였다. 이러한 욥의 태도는 구약성서의 장애 이해가 부정적인 것으로 규정되는 것에 이의를 제기하는 중요한 사례이다. 욥과 같이 이사야 53장에 등장하는 '고난 받는 종'도 자신들의 고통을 하느님께 선택받은 표지로 이해하였다. 육체적 고통을 통해 인생과 그 의미를 더 잘 이해할 수 있고 영적으로나 개인적으로 더 성숙할 수 있었다. 이런 점은 신약성서의 바오로에게서도 볼 수 있다.

바오로는 장애를 연약함에 따른 하느님의 일을 수행하는 데 불편한 것으로 제시하였다. 연약함과 불편은 인간 존재의 특징이다. 바오로는 '내 육체에 가시'[22]와 연약함을 장애와 관련해서 논의할 때 중요한 것을 이에 대한 의미 부여보다는 가치평가에 중점을 두었다. 바오로는 자신을 장애가 있는 사람으로 이해하고 있었으며, 사람들에게도 그렇게 보였다. 그러나 하느님의 눈에는 그렇게 보이지 않았다. 하느님은 하느님의 일을 더 잘하기 위해 자신의 장애를 치유해달라는 바오로의 간절한 기도를 들어주시지 않았다.

20 창세기 32장 참조.
21 출애굽기 4장 참조.
22 고린토에 보낸 둘째 편지 12장 7절.

내가 굉장한 계시를 받았다 해서 잔뜩 교만해질까봐 하느님께서 내 몸에 가시로 찌르는 것 같은 병을 하나 주셨습니다. 그것은 사탄의 하수인으로서 나를 줄곧 괴롭혀 왔습니다. 그래서 나는 교만에 빠지지 않게 되었습니다. 나는 그 고통이 내게서 떠나게 해 주시기를 주님께 세 번이나 간청하였습니다.[23]

이에 바오로는 자신의 장애에 대한 가치평가 기준을 자신의 입장에서가 아니라 하느님의 기준에 따라 새롭게 이해하였다. 바오로는 자신의 연약한 장애를 통해 하느님의 일이 이루어짐을 고백한다.

그러나 주님께서는 "너는 이미 내 은총을 충분히 받았다. 내 권능은 약한 자 안에서 완전히 드러난다." 하고 번번이 말씀하셨습니다. 그래서 나는 그리스도의 권능이 내게 머무르도록 하려고 더없이 기쁜 마음으로 나의 약점을 자랑하려고 합니다. 나는 그리스도를 위해서 약해지는 것을 만족하게 여기며, 모욕과 빈곤과 박해와 곤궁을 달게 받습니다. 그것은 내가 약해졌을 때 오히려 나는 강하기 때문입니다.[24]

이러한 바오로의 장애 이해는 장애와 장애인에 대한 단일적인 가치 규정의 부정적인 측면으로부터 가치 평가의 전환이 필요함을 시사해 준다.

2. 예수가 말하는 장애

예수의 활동을 보면 대부분 치유[25]와 기적의 기사들로 이루어져 있

---

23 고린토에 보낸 둘째 편지 12장 7-8절.
24 고린토에 보낸 둘째 편지 12장 9-10절.
25 블랙은 치료와 치유의 차이를 다음과 같이 구별하고 있다. "치료는 단순히 질병의 현상을

다. 예수가 병자나 장애인이나 죽은 자들을 살린 본문이 복음서의 20% 분량에 이른다.[26] 그 가운데 장애인중풍 환자, 시각 장애인, 지체 장애인, 청각 장애인 등에 관한 기사가 26개의 본문에서 나타나고 있다. 이 본문들로부터 장애인에 관한 몇 가지 정보를 얻을 수 있다. 바르티매오를 제외하고는 어느 장애인도 이름이 밝혀 있지 않다. 복음서에 그려진 장애인은 가난하고, 실업자이고, 거지이거나 부랑자들이었다. 이들은 사회적인 멸시와 천대를 받고, 비난의 대상이었다. 그런데 예수만이 장애인들에게 관심과 애정으로 대화하고, 장애를 고쳐주었다. 단순히 장애나 질병을 치유하는 일에 있어서 단지 육체적 측면만이 아니라 이들을 억누르던 심리적·종교적 죄책감으로부터 자유롭게 해주었다.

예수가 행한 치유는 인간의 전인적인 구원을 추구한 것이다. 예수는 장애인의 육체적인 질병뿐만 아니라 정신적인 질병과 영적인 질병을 함께 치유하였다. 그래서 치유를 받은 사람들은 예수를 따랐다. 예수는 그들의 연약함을 담당하고 그들에게 구원을 베풀었다. 예수는 연약한 사람들도 하느님의 모습으로 창조된 소중한 존재들로 보고, 진정으로 사랑하고 귀하게 대했다. 예수의 치유는 자신의 메시아 됨과 하느님의 나라의 표지로 드러난다. 그는 연약한 사람들을 섬기는 종으로서 하느님

없애는 것인 반면 치유는 병이나 장애와 관련된 많은 의미를 갖고 있다. 치유의 순간과 치유 서비스와 같은 단어들을 생각해보라! 이들 각각의 이미지는 평화와 안녕을 의미하지만 치료만을 말하는 것은 아니다." Kathy Black, *A Healing Homiletic: Preaching and Disability* (Nashville: Abingdon Press, 1996), p.51; 몰트만(Jürgen Moltmann)은 무거운 질병이 죽음의 전조라면, 치유는 부활의 전조로 이해할 수 있다고 말한다. 모든 무거운 병 속에서 우리는 죽음과 함께 싸운다. 모든 치유 가운데서 우리는 삶을 다시 얻으며, 다시 태어나는 것처럼 느낀다. 위르겐 몰트만, 채수일 역,『그리스도가 계신 곳에 생명이 있습니다』(대한기독교서회, 1997), 86-87쪽 참조.

26 켈시의 분석에 의하면, 4복음서의 3,779절 중 727절이 예수가 신체적 및 정신적 질병을 치료하고 죽은 사람을 살리는 구절이다. Morton T. Kelsey, *Encounter with God: A Theology of Christian Experience* (Minneapolis: Bethany Fellowship, 1972), pp.242-245 참조.

과 사람 사이의 화해의 다리를 놓았다.[27]

예수의 치유 활동의 목표는 억눌린 개인으로 하여금 순결하고 온전한 상태로 회복되어 거룩한 공동체, 즉 하느님의 백성이 되게 하는 것이었다. 예수는 유대 사회가 만들었던 사회적 편견과 경계를 허물었다. 그는 장애인을 치유함으로써 단순한 육체적 병이나 장애를 치료하는 것만이 아니라 부정하다는 꼬리표를 떼고 궁극적으로 그들을 가정과 친구와 그가 속한 공동체로 돌려보내고 제의 공동체에 참여하여 정상적인 생활을 영위케 하였다.

12년 동안이나 혈루병으로 고생하던 여인이 모든 관계로부터 고립된 채 살았는데 예수를 만나 치료를 받은 후, 공동체로 돌아가게 되었고 예수에 의해 딸이라는 호칭도 받았다. 베데스다 연못가에서 38년 동안이나 움직이지 못하던 환자가 예수를 만나 완전히 치유된 후, 성전 근처에 나타난 기록이 나온다. 이것을 보면 분명 공동체로 돌아가 일반인들과 함께 성전 제의예배에도 참석하는 생활을 누렸던 것으로 보인다. 그는 더 이상 부정한 사람이 아닌 완전히 치유된 사람이었다. 이런 점에서 예수는 단순히 의사이거나 기적을 일으킨 것이 아니라 진정한 치유자였다.

> 예수께서 이 말을 들으시고 "성한 사람에게는 의사가 필요하지 않으나 병자에게는 필요하다. 너희는 가서 '내가 바라는 것은 동물을 잡아 나에게 바치는 제사가 아니라 이웃에게 베푸는 자선이다.' 하신 말씀이 무슨 뜻인가를 배워라. 나는 선한 사람을 부르러 온 것이 아니라 죄인을 부르러 왔다."하고 말씀하셨다.[28]

---

27 Arthur. F. Glasser, *Kingdom and Mission* (Pasadena, CA: Fuller Theological Seminary, 1998), pp.186-187 참조; 위르겐 몰트만, "앞의 책", 88쪽.
28 마태오의 복음서 9장 12-13절.

예수에게는 의인도 죄인도 건강한 사람도 장애인도 모두 존엄한 사람이었다. 오히려 예수는 장애인을 선호하고 그들을 향해 손을 내밀었다. 예수는 시각 장애인을 보면서 이것이 누구의 죄 때문이냐고 묻는 제자들의 질문[29]에 장애에 대한 새로운 이해의 틀을 선언하였다.

예수께서 길을 가시다가 태어나면서부터 눈먼 소경을 만나셨는데 제자들이 예수께 "선생님, 저 사람이 소경으로 태어난 것은 누구의 죄입니까? 자기 죄입니까? 그 부모의 죄입니까?" 하고 물었다. 예수께서는 이렇게 대답하셨다. "자기 죄 탓도 아니고 부모의 죄 탓도 아니다. 다만 저 사람에게서 하느님의 놀라운 일을 드러내기 위한 것이다. 우리는 해가 있는 동안에 나를 보내신 분의 일을 해야 한다. 이제 밤이 올 터인데 그 때는 아무도 일을 할 수가 없다. 내가 이 세상에 있는 동안은 내가 세상의 빛이다." 이 말씀을 하시고 예수께서는 땅에 침을 뱉어 흙을 개어서 소경의 눈에 바르신 다음, "실로암 연못으로 가서 씻어라." 하고 말씀하셨다.(실로암은 '파견된 자'라는 뜻이다.) 소경은 가서 얼굴을 씻고 눈이 밝아져서 돌아왔다. 그의 이웃 사람들과 그가 전에 거지 노릇을 하고 있던 것을 보아온 사람들은 "저 사람은 앉아서 구걸하던 사람이 아닌가?" 하고 말하였다. 어떤 이들은 바로 그 사람이라고 하였고, 또 어떤 이들은 그 사람을 닮기는 했지만 그 사람은 아니라고도 하였다. 그 때 눈을 뜨게 된 사람이 "내가 바로 그 사람이오." 하고 말하였다. 사람들이 "그러면 당신은 어떻게 눈을 뜨게 되었소?"하

[29] 부모의 죄 때문에 자식이 벌을 받는다는 사상이 널리 퍼져 있었다. 아이가 간질이나 한센병 같은 중병에 걸렸을 때 부모의 죄 때문이라고 보는 경향이 강했다. Morris. Leon, *The Gospel according to John* (Grand Rapids: Wm. B. Eerdmans Publishing Co, 1984), p.478; 당시 유다인들은 하느님의 모습을 따라 지음 받은 인간이 장애를 입는다는 것은 하느님의 뜻을 거역한 벌로 생각하였다. 이는 장애의 결과에 대한 원인을 종교적 차원에서 이해하는 인과응보적인 사고방식이었다. 그러니 장애인과 그 가족은 장애로 인한 고통뿐만 아니라 천벌이라는 사회적 무시와 냉대 속에서 적절한 복지적 혜택을 받지 못한 채, 낮은 자존감과 정신적 고통으로 더 어려운 처지였다. 그러므로 이들이 얼마나 장애에 대한 치료를 갈망했는지 짐작할 수 있다.

고 묻자 그는 "예수라는 분이 진흙을 개어 내 눈에 바르시고 나더러 실로암에 가서 씻으라고 하시기에 가서 씻었더니 눈이 띄었습니다." 하고 대답하였다. 그들이 "그 사람이 어디 있소?" 하고 물었으나 그는 모른다고 대답하였다.[30]

예수는 당시의 장애인에 대한 종교적·사회적 편견을 분명하게 거부하면서, 장애가 하느님의 일을 드러내기 위한 거룩한 과정임을 말했다.

> 예수께서는 이렇게 대답하셨다. "자기 죄 탓도 아니고 부모의 죄 탓도 아니다. 다만 저 사람에게서 하느님의 놀라운 일을 드러내기 위한 것이다."[31]

예수는 이사야의 예언에 따라[32] 수많은 장애인들에게 새로운 삶을 열어주었다. 이 과정에서 그들의 몸의 치료보다 더 중요한 믿음을 먼저 확인하였다. 예수는 장애인들에게 재발이 우려되는 치료가 아니라 완전한 치료를 하였다. 이것은 예수가 장애인들에게 근본적인 치료를 통하여 비장애인 사회에 장애가 없이 정상적으로 참여할 수 있도록 해준 것이다. 일시적이거나 간헐적인 자선과 구제는 장애인들을 위한 근본적인

---

30 요한의 복음서 9장 1-12절.
31 요한의 복음서 9장 3절.
32 그 때에 소경은 눈을 뜨고 귀머거리는 귀가 열리리라. 그 때에 절름발이는 사슴처럼 기뻐 뛰며 벙어리도 혀가 풀려 노래하리라. 사막에 샘이 터지고 황무지에 냇물이 흐르리라.(이사야서 35장 5-6절), 주 야훼의 영을 내려주시며 야훼께서 나에게 기름을 부어주시고 나를 보내시며 이르셨다. "억눌린 자들에게 복음을 전하여라. 찢긴 마음을 싸매 주고, 포로들에게 해방을 알려라. 옥에 갇힌 자들에게 자유를 선포하여라. 야훼께서 우리를 반겨주실 해, 우리 하느님께서 원수 갚으실 날이 이르렀다고 선포하여라. 슬퍼하는 모든 사람을 위로하어라. 시온에서 슬퍼하는 사람에게 희망을 주어라. 재를 뒤집어썼던 사람에게 빛나는 관을 씌워주어라. 상복을 입었던 몸에 기쁨의 기름을 발라주어라. 침울한 마음에서 찬양이 울려 퍼지게 하여라. 그들을 이름하여 '정의의 느티나무 숲'이라 하여라. 야훼가 자기의 자랑거리로 손수 심은 것, 그들은 옛 성터를 재건하고 오래 전에 허물어진 폐허를 다시 세우리라. 무너진 도시들을 새로 세우고 그 옛날 선조 때 헐린 집들을 신축하리라."(이사야 61장 1-4절)

사랑이 아니다. 오히려 정신적으로 나약하게 만들어 지속적인 의존형 인간이 되도록 할 수 있다. 예수가 행한 장애인 치료 행위는 오늘 우리에게 장애인 문제 해결의 근본적인 방향을 제시해준다.

예수와 장애인의 만남은 하느님 나라의 도래를 설명하기 위해, 장애를 지닌 사람과 질병을 지닌 사람을 선택한 것은 그들이 하느님의 선택을 가장 기뻐하는 사람들이었기 때문이다. 감옥에 있는 세례자 요한의 "오시기로 되어 있는 분이 바로 선생님이십니까?" 하는 질문에 대해, 예수는 구체적으로 장애의 종류를 거론하면서 이들의 치유와 회복이 일어남이 새로운 메시아 시대를 알리는 증거로 제시하였다.

> 그런데 요한은 그리스도께서 하신 일을 감옥에서 전해 듣고 제자들을 예수께 보내어 "오시기로 되어 있는 분이 바로 선생님이십니까? 그렇지 않으면 우리가 다른 분을 기다려야 하겠습니까?" 하고 묻게 하였다. 예수께서는 그들에게 이렇게 대답하셨다. "너희가 듣고 본 대로 요한에게 가서 알려라. 소경이 보고 절름발이가 제대로 걸으며 나병환자가 깨끗해지고 귀머거리가 들으며 죽은 사람이 살아나고 가난한 사람들에게 복음이 전하여진다. 나에게 의심을 품지 않는 사람은 행복하다."[33]

여기서 표현되는 장애인에 대한 이해는 단지 동정 받을 수밖에 없는 대상으로서가 아니라 '주의 날'[34]을 가리키는 '적극적인 존재'로서 드러

---

33 마태오의 복음서 11장 2-6절.

34 그 때에 소경은 눈을 뜨고 귀머거리는 귀가 열리리라. 그 때에 절름발이는 사슴처럼 기뻐 뛰며 벙어리도 혀가 풀려 노래하리라. 사막에 샘이 터지고 황무지에 냇물이 흐르리라. 뜨겁게 타오르던 땅은 늪이 되고 메마른 곳은 샘터가 되며 승냥이가 살던 곳에 갈대와 왕골이 무성하리라. 그 곳에 크고 정결한 길이 훤하게 트여 '거룩한 길'이라 불리리라. 부정한 사람은 그리로 지나가지 못하고 어리석은 자들은 서성거리지도 못하리라. 사자가 얼씬도 못하고 맹수가 돌아다니지 못하는 길, 건짐 받은 사람만이 거닐 수 있는 길, 야훼께서 되찾으신 사람이 이 길을 걸어 시온 산으로 돌아오며 흥겨운 노래를 부르리라. 그들의 머리

나고 있다. 예수는 장애가 하느님의 형벌로 받아들여지던 당시의 사회적 인식을 전환하여 수많은 장애인을 치료하는 데 온 힘을 기울였다. 예수는 장애인을 그저 동정심에 따라 치료했던 것이 아니라, 이들의 주체적 믿음과 자의식自意識을 일깨웠다. 예수는 "네 믿음이 너를 낫게 했다", "네 믿음대로 될 것이다"는 말로, 이들의 강한 믿음과 자의식을 촉발시켰다. 이러한 예수의 장애인 치유는 오늘날 기독교윤리 실천의 중요한 시사점을 제공해준다. 기독교윤리는 장애인의 불편한 몸에 대한 치료만으로 그쳐서는 안 된다. 이를 넘어서 하느님의 모습을 회복하여, 몸과 영이 전인적으로 회복되어야 한다. 또한 장애인들이 수동적이고, 의존적인 자세로 머물게 해서는 안 되고, 보다 주체적이고 적극적인 자세로 장애에 대처해 나가도록 조력해야 한다. 성서가 제시하는 새로운 세상의 비전은 죽음과 장애가 극복된 평화로운 미래상이다.

"보아라, 나 이제 새 하늘과 새 땅을 창조한다. 지난 일은 기억에서 사라져 생각나지도 아니하리라. 내가 창조하는 것을 영원히 기뻐하고 즐거워하여라. 나는 '나의 즐거움' 예루살렘을 새로 세우고 '나의 기쁨' 예루살렘 시민을 새로 나게 하리라. 예루살렘은 나의 기쁨이요 그 시민은 나의 즐거움이라, 예루살렘 안에서 다시는 울음소리가 나지 않겠고 부르짖는 소리도 들리지 아니하리라. 거기에는 며칠 살지 못하고 죽는 아기가 없을 것이며 명을 다하지 못하고 죽는 노인도 없으리라. 백세에 죽으면 한창 나이에 죽었다 하고, 백세를 채우지 못하고 죽으면 벌을 받은 자라 할 것이다. 사람들이 제 손으로 지은 집에 들어가 살겠고 제 손으로 가꾼 포도를 따 먹으리라. 제가 지은 집에 남이 들어와 사는 것을 보지 않겠고 제가 가꾼 파일을 남이 따 먹는 것도 보지

위에선 끝없는 행복이 활짝 피어나고 온몸은 기쁨과 즐거움에 젖어들어 아픔과 한숨은 간 데없이 스러지리라.(이사야서 35장 5-10절)

아니하리라. 나의 백성은 나무처럼 오래 살겠고 내가 뽑은 자들은 제 손으로 만든 것을 닳도록 쓰리라. 아무도 헛수고하지 아니하겠고 자식을 낳아 참혹한 일을 당하지도 아니하리라. 그들은 야훼께 복 받은 종족, 후손을 거느리고 살리라. 그들이 부르기 전에 내가 대답하고 말을 마치기 전에 들어주리라. 늑대와 어린 양이 함께 풀을 뜯고 사자가 소처럼 여물을 먹으며 뱀이 흙을 먹고 살리라. 나의 거룩한 산 어디에서나 서로 해치고 죽이는 일이 없으리라." 야훼의 말씀이시다.[35]

이사야와 예레미야는 새로운 세상을 꿈꾸면서 장애인이 건강한 몸으로 회복되어, 장애인과 비장애인이 함께 어우러지는 이상적인 세상을 제시한다.

그 때에 소경은 눈을 뜨고 귀머거리는 귀가 열리리라. 그 때에 절름발이는 사슴처럼 기뻐 뛰며 벙어리도 혀가 풀려 노래하리라. 사막에 샘이 터지고 황무지에 냇물이 흐르리라.이사야 35장 5-6절 보아라, 내가 북녘 땅에서 그들을 데려오리라. 땅 이 끝 저 끝에서 모아오리라. 소경, 절름발이, 아기 가진 여자, 아기 업은 여자도 섞여 큰 무리를 이루어 돌아오리라.[36]

그러므로 성서가 장애인의 차별과 소외를 명시하고 있다고 보는 것은 성급한 결론이다.

---

35 이사야 65장 17-25절.
36 예레미야 31장 8절.

 교회가 지향할 장애의 윤리적 의미

1. 건강한 장애 이해를 위한 의식 개선

현재 우리나라 학계와 교회공동체는 '장애인'이라는 말을 전제로 하여 '장애인 선교', '장애인 복지', '장애인 교회'를 설정한다. 이러한 용어는 논점을 명확하게 제시하는 장점이 있으나 자칫 장애인만 대상으로 하는 것으로 오해를 불러 올 수도 있다. 이로 인해 장애인을 위한 시혜적 차원으로 이해하거나, 장애인들의 문제로 인식할 수 있다. 필자는 장애에 대한 참된 윤리적 의미는 장애인의 문제이거나 비장애인의 시혜적인 차원으로는 한계가 있다고 생각한다.

진정한 장애에 대한 윤리적 시각은 장애인과 비장애인이 함께하는 공동체성을 구현하는 것이다. 이런 점에서 장애인과 비장애인 모두가 장애에 대한 잘못된 이해의 틀에서 벗어나야 한다. 이런 점에서 김홍덕의 말처럼 '장애'가 '장애인'이라는 개념보다 더 적절하다.[37] 장애는 모든 사람에게 일어날 수 있는 존재 양식이다.[38] 아무도 장애를 원하는 사람은 없다. 장애는 개인의 선택으로 주어지는 것이 아니다. 이처럼 장애는 누구에게나 일어날 수 있는 무차별적인 조건임에도 그것만으로 차별하고 무시하는 것이 현실이다. 오랜 인류의 역사에서 볼 수 있는 가진 사람과 못 가진 사람, 지배하는 사람과 지배당하는 사람, 남성과 여성, 백인과 흑인, 비장애인과 장애인 등의 차별적 사고는 사회·문화적 편견에서 온 것이다.[39] 이러한 사회문화적인 차별은 근대 개인주의의 성공지향적

---

37 김홍덕, "앞의 책", 34-39쪽 참조.
38 김성원, 『장애도 개성이다』(인간과 복지, 2005), 51쪽
39 Arne Fritzson and Samuel Kabue, *Interpreting Disability: A Church of All and For All*

가치관과 긴밀한 관련이 있다. 이는 인간을 육체와 정신, 영혼 모두를 지닌 것으로 보는 성서적 인간관과 다르다. 예수 그리스도는 인간의 모습으로 출생하여 세상 속에서 인간의 모습으로 살았다.

주목할 것은 장애를 죄와 관련짓는 잘못된 사고방식이다. 물론 순간적인 실수나 욕심이 자신과 타인에게 치명적인 장애를 가져오기도 하고, 많은 경우 장애는 가난이나 무지에서 발생한다.

또한 장애인은 의존적이고 비생산적이고 무능하다는 편견이 지배적이다. 그 결과 장애인은 동정이나 자선의 대상이 되고 있다. 장애인은 사회나 교회에서 다른 비장애인과 동등하지 않은 모자란 사람으로 묘사되고 있다. 교회나 기독교 신학 역시 이런 개념이 정착하는 데 상당한 영향을 끼쳤음을 부인할 수 없다. 심지어 신앙적으로 장애를 죄의 결과나 신앙의 부족이나 악마의 장난으로 간주하기도 한다.

교회 안에서 간혹 심각한 장애나 질병에 대해 '귀신들림'으로 이해하고 적절한 치료나 교육이 이루어지는 것을 방해함으로써 심각한 결과를 초래하는 사건들을 접하곤 한다. 이처럼 가끔 교회 안에서 이루어지는 몇몇 행위들 속에는 여전히 장애에 대한 미신적 요인들이 없는지 고민해볼 필요가 있다.[40]

이것은 장애인의 삶을 더욱 억압하고 차별을 강화하는 결과를 낳고 있다. 사회와 교회 안에서의 억압적 구조가 상호적으로 작용하게 된 것이다.

장애인에 대한 새로운 시각이 사회의 인권운동으로 발전했듯이 이에

(Geneva: WCC Publication, 2004), pp.70-73 참조.

40 이경면, 「특수교육의 주요이슈에 비추어 본 지역교회의 역할 및 과제」, 『부산장신논총』, 제 10집(2010), 306쪽; 또한 장애인과 관련된 부적절한 용어 사용도 자주 발견된다. 예를 들어, 설교 중 벙어리, 앉은뱅이, 소경, 귀머거리 등의 용어가 여전히 사용되고 있다. "위의 논문", 311쪽.

대한 새로운 기독교윤리학적 이해가 교회 안에서도 일어나야 할 것이다.[41] 특히 장애인에 대한 인권운동에 있어서 교회는 사회에 대하여 예언자적인 목소리를 내야 할 것이다. 단순히 장애인이 자선이나 동정이나 심리적 부담의 대상이 아니라 동등한 인권을 지닌 하느님의 자녀로 인식하는 태도의 변화가 필요하다. 인간은 누구나 하느님의 모습Imago Dei으로 창조되었다. 하느님은 그가 남자든 여자든 몸이든 정신이든 상처나 장애 때문에 차별하지 않는다.

그리고 십사 년 뒤에 나는 디도를 데리고 바르나바와 함께 다시 예루살렘으로 올라갔습니다. 나는 하느님의 계시를 받고 올라갔던 것입니다. 거기에서 나는 이른바 지도자라는 사람들과 따로 만나 내가 이방인들에게 전하고 있는 복음을 설명해 주었습니다. 그것은 내가 지금 하고 있는 일이나 지금까지 해놓은 일이 허사가 되지 않게 하려는 것이었습니다. 나와 동행했던 디도는 그리스 사람이었는데도 그들은 할례를 강요하지 않았습니다. 그런데 가짜 신도들이 우리를 노예로 만들려고 몰래 들어와서, 그리스도 예수를 믿는 우리가 누리는 자유를 엿보고 있었으므로 실상 디도가 할례를 강요당할 위험이 없었던 것은 아닙니다. 그러나 여러분에게 전한 복음의 진리를 보존하려고 우리는 조금도 양보하지 않았습니다. 하느님께서는 사람을 겉모양으로 보지 않으시므로 이른바 지도자라는 사람들이 과거에 어떤 사람들이었든 간에 나에게는 아무 상관도 없지만 그들도 나에게 어떤 새로운 제언을 한 일은 없습니다. 도리어 그들은 마치 베드로가 할례 받은 사람들에게 복음을 전하는 일을 위임받았듯이 내가 할례 받지 않은 사람들에게 복음을 전하는 일을 위임받았다는 사실을 인정하기에 이르렀습니다.

---

41 박정세는 성서에 타나나는 장애인의 긍정적인 입장에 대해서, 장애인도 하느님의 구속사에 참여하는 사람들임을 강조한다. 박정세, 「장애인 선교 서설」, 『현대와 신학』, 22집(1997), 154-155쪽 참조.

곧 하느님께서 할례 받은 사람들을 위한 사도직을 베드로에게 주신 것
같이 이방인들을 위한 사도직을 나에게 주셨다는 사실을 인정한 것입
니다. 그뿐만 아니라 기둥과 같은 존재로 여겨지던 야고보와 게파와
요한도 하느님께서 나에게 주신 이 은총을 인정하고, 나와 바르나바에
게 오른손을 내밀어 친교의 악수를 청하였습니다. 그리하여 우리는 이
방인들에게 전도하고 그들은 할례 받은 사람들에게 전도하기로 합의
하였습니다. 한 가지 그들이 우리에게 요구한 것은 가난한 사람들을
기억해 달라는 것이었는데 그것은 바로 내가 전부터 열심히 해오던 일
이었습니다.[42]

마찬가지로 신체의 건강에 상관없이 인간으로 태어났다면 누구든지
하느님의 모습대로 창조되었기에 동등하게 존중되어야 할 것이다. 왜냐
하면 온전한 몸이나 온전한 지능을 갖지 못한 사람이라도 하느님의 모
습대로 지음 받은 존엄한 존재이기 때문이다.

쿠퍼Burton. Cooper는 하느님을 장애를 입으신 분으로 간주함으로써 인
간은 하느님의 창조적이고 구속적인 사랑을 더 잘 이해할 수 있다고 제
안하였다.[43] 장애를 지닌 하느님에 대한 인식은 장애를 가지고 있는 사
람들을 향해서 장애에 대한 선입관을 버리게 하는 근거를 제공한다. 그
근거는 장애인의 제한된 몸을 진정한 인간 존재의 현실로 받아들이게
하는 것이다.[44] 아이슬란드는 예수 그리스도를 장애를 입은 하느님으로
생각할 때, 그의 창조적이고 구속사적인 사랑의 본질을 깊이 이해할 수
있다고 보았다.[45]

---

42 갈라디아에 보낸 편지 2장 1-10절.
43 Burton. Cooper, "The Disabled God," *Theology Today* 49 (1992), pp.173-182 참조.
44 Nancy. L. Eiesland, *The Disabled God: Toward a Liberatory Theology of Disability*
   (Nashville: Abingdon Press, 1994), p.103.
45 *Ibid.*, p.101.

예수는 이 땅에 가난한 목수의 연약한 아들로 왔고, 처참한 십자가를 졌다. 십자가에서 부활한 예수는 그의 손상된 손과 발, 창에 찔린 허리를 드러냈다. 여기서 주목할 점은 이 땅에서 보여준 하느님의 모습이 처음부터 끝까지 인간적인 장애와 상처를 제거하지 않았다는 것이다. 장애를 갖게 된 예수는 새로운 인간상을 보여준다. 왜냐하면 예수는 참된 인간상으로 장애의 경험과 완전히 공존할 수 있는 현실을 보여주었기 때문이다. 예수는 장애를 개인의 죄의 결과로 받아들이는 것을 거부한다. 예수는 육체 속에 성육신된 기존의 사회적·상징적 질서들을 혼란에 빠뜨렸다. 그러므로 장애를 입었다고 해서 불의와 죄에 빠진 결과가 아니다.

장애를 지니게 된 하느님으로서 예수는 장애인에 대한 기존의 기독교 상징, 은유, 제의, 교리를 재고하게 만들며, 장애인에 대한 대안적인 상징의 원형을 제공한다. 예수가 몸에 장애를 입은 대로 모습 그대로 부활하여 보여준 것은 장애를 입은 몸도 하느님의 모습에 온전히 참여할 수 있으며, 사랑과 정의와 연대의 하느님을 만날 수 있다는 희망을 제공한다. 이것은 후천적으로 장애의 몸을 입게 되는 것이 절망으로 치닫는 것이 아닌, 하느님의 뜻에 따른 희망의 의미일 수 있음을 의미한다. 이처럼 장애가 죄의 결과에 따른 것이라던가, 믿음의 부족에 따른 결과로 이해한다거나 장애를 불편이나 부족에 따른 부정적인 이해를 의미하는 것이 아니라는 사실을 분명히 한다. 이사야 역시 온갖 상처와 장애를 입은 고난당한 예수를 묘사하고 있다.

> 그런데 실상 그는 우리가 앓을 병을 앓아주었으며, 우리가 받을 고통을 겪어주었구나. 우리는 그가 천벌을 받은 줄로만 알았고 하느님께 매를 맞아 학대받는 줄로만 여겼다. 그를 찌른 것은 우리의 반역죄요,

그를 으스러뜨린 것은 우리의 악행이었다. 그 몸에 채찍을 맞음으로 우리를 성하게 해주었고 그 몸에 상처를 입음으로 우리의 병을 고쳐주었구나. 우리 모두 양처럼 길을 잃고 헤매며 제멋대로들 놀아났지만, 야훼께서 우리 모두의 죄악을 그에게 지우셨구나.[46]

경쟁의 원리만 강조하고 기능주의적인 관점을 고집하는 사회에서 장애인이 설 자리는 없다. 장애인의 문제를 사회의 현상적이고 부분적인 문제로 보고 접근하면 장애인의 문제는 해결될 수 없다. 더불어 사는 사회를 이루기 위해서는 자기중심적인 관점과 태도에서 고통당하는 생명의 자리에서 느끼고 생각하고 행동하는 관점과 태도를 익혀야 한다. 장애인은 비정상이고 비장애인은 정상인이라든가, 장애인은 건강하지 않고 비장애인은 건강하다는 생각은 장애인이 아닌 사람들의 관점에서 규정한 것이다. 비장애인이 규정한 장애인의 모습에서 벗어날 때 장애인은 주체적이고 자유로운 자아를 갖게 된다. 우리는 장애인의 삶의 현실 속에서 현실을 넘을 수 있는 안목과 지혜를 익히기 위해서 장애인의 삶에 초점을 두고 생각을 다지고 삶의 자세를 바로 세워야 한다.

2. 장애와 건강에 대한 윤리적 의미

현대인은 모두 잠재적 장애인이라고 말할 수 있다. 현대 사회의 산업화, 정보화, 도시화가 급진적으로 이루어지면서 많은 종류의 육체적, 정신적, 영적 질병이 나타나고 있다. 토플러는 제2물결에서 제3물결로 변하는 과정에서 불안과 고독이 심각해짐을 말했다. 즉 개인의 주체성에 대한 위기로, 이러한 희생자들은 스스로를 집단요법, 신비주의, 성적 욕

---

46 이사야 53장 4-6절.

구 충족에 자신을 내던지며 불안의 원인을 자기 속에서 찾다가 불필요한 죄의식으로 고민하게 됨을 말한다.[47]

몰트만은 진정한 건강을 삶으로 나아가는 능력이고, 고난으로 나아가는 능력이며 죽음으로 나아가는 능력으로 정의하였다.[48] 즉, 건강은 신체기관의 상태가 아니라 자신의 신체기관의 다른 상태와 맞닥뜨릴 수 있는 영혼의 능력이라는 것이다. 인간은 누구나 개인차가 있다. 똑같은 개인일지라도 시간과 장소와 나이에 따라 얼마든지 차이가 생긴다. 단지 장애의 유무가 인간 가치의 척도이거나 차별의 근거가 될 수 없다. 건강하고 성숙한 사회는 장애인과 비장애인이 서로 공존하되 상호보완적으로 살아가는 곳이다. 이런 세상을 기대하며 이사야는 노래하였다.

> 그 때에 소경은 눈을 뜨고 귀머거리는 귀가 열리리라. 그 때에 절름발이는 사슴처럼 기뻐 뛰며 벙어리도 혀가 풀려 노래하리라.[49]

이사야의 노래는 시각 장애인의 시력이 회복되고 억눌린 자를 풀어주는 복음의 능력을 전하는 예수에 의해 다시 확인된다.

> 주님의 성령이 나에게 내리셨다. 주께서 나에게 기름을 부으시어 가난한 이들에게 복음을 전하게 하셨다. 주께서 나를 보내시어 묶인 사람들에게는 해방을 알려주고 눈먼 사람들은 보게 하고, 억눌린 사람들에게는 자유를 주며 주님의 은총의 해를 선포하게 하셨다.[50]

---

47 앨빈 토플러, 이규행 역, 『제3의 물결』(한국경제신문사, 1989), 158-159쪽과 442쪽.
48 위르겐 몰트만, 정종훈 역, 『하나님 나라의 지평 안에 있는 사회선교』(대한기독교서회, 2000), 78쪽.
49 이사야 35장 5-6절.
50 루가의 복음서 4장 18-19절.

이러한 모습은 종말론적 미래에 우리가 보고 싶은 궁극적인 희망이나 소원이 아니다. 왜냐하면 장애인의 장애가 모두 극복되고 모든 질병이 없어지는 것이 하느님 나라의 궁극적인 목표가 아니기 때문이다. 다시 말해서 장애인은 무엇인가 부족하고 계속해서 수정·보충되어야 할 미성숙한 존재가 아니다. 하느님 나라에서 모든 인간은 장애인이나 비장애인이나 똑같이 우리의 썩어질 흙으로 된 제한적인 몸이 아닌 새로운 차원의 몸으로 모두 부활될 것이다. 그러므로 장애는 벗어버려야 하거나 숨겨야 할 부끄러운 것이 아니다. 하느님 앞에서 장애는 장애대로 가치와 아름다움을 지닌다. 다만 우리 인간의 기준이 다를 뿐이다. 그렇다고 장애나 질병을 치료하고 향상시키기 위한 의학적 행위를 거부하고 그대로 살아야 한다는 것은 아니다. 경우에 따라서 안경도, 보조기도, 휠체어도 필요하다. 더 좋은 기구나 의술이 발전되어야 하고 그러기 위한 적극적인 투자도 있어야 한다. 그러나 진정한 의미에서 장애윤리는 지금 여기에서 장애인과 비장애인이 함께 의존하면서 평화롭고 조화롭게 살아가는 것을 지향한다. 흔히 인간을 가리켜 '사회적 동물'이라고 한다. 이 말은 인간은 혼자 사는 존재가 아닌 어우러지면서 살아가야만 하는 존재라는 것이다.

> 야훼 하느님께서는 "아담이 혼자 있는 것이 좋지 않으니, 그의 일을 거들 짝을 만들어 주리라." 하시고,[51]

장애인을 수용하는 복지시설은 결국 장애인을 비사회화시키고 사회로부터 격리시키게 된다. 이것은 바람직한 장애인 복지정책이 아니다. 장애인이 사회 속에 통합되어서 다른 사람들과 평등하게 살 수 있도록

---

[51] 창세기 2장 18절.

하는 것이 정책의 목적이 되어야 한다. 장애인이 비장애인과 함께 살 수 있도록 해야 한다.

장애인은 영원히 서비스를 받는 동정의 대상이고, 비장애인은 우월의식으로 서비스를 베푸는 고정된 의식으로는 참된 치유의 공동체를 이룰 수 없다. 진정한 장애의 치유는 장애의 요소를 제거하거나 고통을 없애는 것에 머무는 것이 아니라, 장애인에 대한 배척과 선입관을 조장하는 부정적 태도와 제도와 구조를 바꿔, 장애인 스스로의 힘으로 장애를 느끼지 못하도록 하는 단계까지 나아가야 한다.

장애인들은 자신의 육체적 장애로 인하여 고민하는 것뿐만 아니라 그에 따른 능력 장애, 이에 따른 사회적 불리함 때문에 고민한다. 또한 사회의 부정적 인식과 편견, 그리고 고정관념 때문에 아파하고 갈등한다. 그러므로 기독교윤리적인 과제는 장애인을 소외시키고 차별하는 개인과 사회의 부정적인 태도와 제도를 개선해나가는 것이다.

교회는 장애의 문제를 사회윤리적인 차원에서 바라보아야 할 것이다. 장애 문제를 사회적 불리 차원에서 본다면, 장애의 문제를 사회·환경적 배려의 부족에서 오는 것으로 인식해야 한다. 이에 따라 지역 교회는 장애학생들이 교회 안에서, 사회적 불리를 경험하고 있지 않은지, 혹은 교회 스스로가 사회적 불리를 조장하고 있지는 않은가에 대한 반성적 사고가 필요하다. 즉 지역 교회는 지역사회 환경을 구성하는 중요한 요인의 하나로서 장애인에 대한 사회의 불합리성과 이로 인해 발생하는 사회적 불리를 제거해야 하는 일종의 '책무성'을 갖는다.[52] 이처럼 '장애'의 개념을 사회적 관계의 문제로 연결하여 생각하고 그 안에서 일종의 책무성을 느끼게 될 때, 교회는 지역 장애인들의 삶에 좀 더 긍정적이

---

52 이경면, "앞의 논문", 302-303쪽 참조.

고, 좀 더 지원적인 위치에 설 수 있게 된다.[53] 이런 점에서 장애인의 진정한 건강은 장애의 치료라기보다는, 장애를 지녔음에도 자존감으로 살아가는 용기를 갖는 것이다.

사회가 건강하게 발전해나가려면, 장애를 있는 그대로 받아들이면서 비장애인과 더불어 살아가는 공동체성을 이루어나가야 하며, 장애인과 비장애인이 상호 의존적이면서도 상호 독립적인 관계로 발전되어야 한다. 인간의 역사는 함께 어우러지는 공동체성이 파괴되고 지배와 피지배, 강자와 약자로 나뉘는 모습을 보여 왔다. 이로 인해 주로 강자라고 할 수 있는 비장애인·남자·기득권자 등에 의해 하느님의 모습으로 지음 받은 인간의 원형은 조각조각 파괴되어갔다. 이처럼 파괴된 삶은 그야말로 일그러진 하느님의 얼굴이다. 이를 회복하고자 해방자·구원자로서 이 땅에 오신 하느님이 바로 예수이다.

> 예수께서는 자기가 자라난 나자렛에 가셔서 안식일이 되자 늘 하시던 대로 회당에 들어가셨다. 그리고 성서를 읽으시려고 일어서서 이사야 예언서의 두루마리를 받아 들고 이러한 말씀이 적혀 있는 대목을 펴서 읽으셨다. 주님의 성령이 나에게 내리셨다. 주께서 나에게 기름을 부으시어 가난한 이들에게 복음을 전하게 하셨다. 주께서 나를 보내시어 묶인 사람들에게는 해방을 알려주고 눈먼 사람들은 보게 하고, 억눌린 사람들에게는 자유를 주며 주님의 은총의 해를 선포하게 하셨다.[54]

이제 기독교인은 하느님의 모습을 회복하는 하느님의 나라 건설에 동참해나가야 한다. 단지 장애라는 이유로 차별받거나 소외됨이 없는 완

---

53 "위의 논문", 303쪽.
54 루가의 복음서 4장 16-19절.

전한 참여와 평등을 이루어가야 한다. 자신의 인간됨의 권리와 동시에 남의 인권도 함께 인정하는 삶이되기 위해서는 모든 개인에게 그의 욕구와 결점의 종류와는 관계없이, 자신을 펼쳐나갈 수 있는 기회와 필요한 도움을 공동의 삶의 현장에서 얻을 수 있어야 한다. 기독교인은 세상 속에서 빛과 소금으로 사명을 감당해야 한다. 예수 정신으로 갈라지고, 조각난 불완전한 사회의 어둠 속에 화해자·중보자의 역할을 감당해야 한다. 성령은 장애인과 비장애인 사이의 장벽을 허물고 그리스도 안에서 하나 되게 한다.

성령은 비장애인이 장애인을 두려움이나 차별의 대상이 아니라 동일한 하느님의 모습으로 지음 받은 형제자매들로 인식하게 한다. 왜냐하면 성령은 나와 하느님 사이에서, 나와 이웃 사이에서, 나와 세상 사이에 존재하는 하느님이기 때문이다. 매개자 하느님으로서 성령의 특징은 인식, 선택, 자기희생과 관련된다. 진정한 만남, 상호 의사소통은 먼저 상대방이 나와 다름에 대해 깊이 인식해야 한다.[55]

몰트만은 삼위일체 하느님이 하느님의 주권보다 우선함을 강조하였다.[56] 밖을 향한 삼위일체 하느님의 활동은 아버지와 아들이 하나인 것처럼 믿는 사람들도 하나가 되게 해달라는 예수의 기도[57], 유대인과 헬라인, 종과 자유인, 남자와 여자로 갈라진 공동체의 분열 극복[58], 자기를 내어줌의 경제[59] 그리고 만유의 주로 만유 안에 계심[60]으로 완성되어간

---

55 John V. Taylor, *The Go-Between God: The Holy Spirit & the Christian Mission* (London Ltd: SCM Press, 1973), p.12.
56 위르겐 몰트만, 김균진 역, 『삼위일체와 하나님의 나라』(대한기독교출판사, 1993), 119쪽.
57 아버지, 이 사람들이 모두 하나가 되게 하여주십시오. 아버지께서 내 안에 계시고 내가 아버지 안에 있는 것과 같이 이 사람들도 우리들 안에 있게 하여주십시오. 그러면 아버지께서 나를 보내셨다는 것을 세상이 믿게 될 것입니다.(요한의 복음서 17장 21절)
58 유다인이나 그리스인이나 종이나 자유인이나 남자나 여자나 아무런 차별이 없습니다. 그리스도 예수 안에서 여러분은 모두 한 몸을 이루었기 때문입니다.(갈라디아에 보낸 편지 3장 28절)

다.[61] 이러한 밖을 향한 삼위일체 하느님의 활동은 안을 향한 삼위일체 하느님의 활동에 의존한다. 즉, 내적 삼위일체 하느님은 밖으로 향해 열려 있어 인간과 피조물을 하느님의 사귐으로 초대한다. 그러므로 삼위일체 하느님의 사귐은 삼위일체 하느님의 이미지와 모습으로 사회를 개선하고 세우기를 꿈꾸는 사람들에 의해 평화공동체의 원형이 된다. 삼위일체 하느님은 정의롭고 평등한 사회조직을 위한 모델이 될 수 있다.[62]

이에 따라 교회는 장애인과 비장애인 사이에 막힌 담을 십자가로 헐고 그리스도 안에서 새사람이 되고, 하느님의 하나 된 백성이 되어 하느님의 나라를 이루는 데 기여해야 한다. 이 담을 헐기 위해서는 엄청난 갈등과 투쟁, 수고와 희생이 따른다. 이를 위해 무엇보다 중요한 것은 그리스도인들과 장애인들 자신의 변화가 우선될 때 가능하다. 참된 교회는 하느님과 화목하고, 피조물과 화목을 이루는 공동체일 뿐 아니라 삼위일체 하느님의 사귐을 근거로 하며 여기에 참여하는 공동체여야 할 것이다.[63]

교회는 세상 속에서 장애인과 비장애인이 함께 어우러지는 통합의 모델을 보여주어야 할 것이다.[64] 이를 위해 예배당이나 교육관 등 모든 건

---

59 그 많은 신도들이 다 한마음 한 뜻이 되어 아무도 자기 소유를 자기 것이라고 하지 않고 모든 것을 공동으로 사용하였다.(사도행전 4장 32절)

60 이리하여 모든 것이 그분에게 굴복당할 때에는 아드님 자신도 당신에게 모든 것을 굴복시켜 주신 하느님께 굴복하실 것입니다. 그 때에는 하느님께서 만물을 완전히 지배하시게 될 것입니다.(고린토에 보낸 첫째 편지 15장 28절)

61 Leonardo Boff, *Trinity and Society* (New York, Maryknoll: Orbis Books, 1988), 148쪽.

62 위르겐 몰트만, 김균진 역, 『삼위일체와 하나님의 나라』, 6-7쪽과 11쪽.

63 황홍렬, 「장애인선교신학 정립을 위한 한 시도」, 『부산장신논총』, 제8집(1998), 228쪽 참조.

64 몰트만은 이 시대의 교회는 그리스도의 활동 안에서 참된 존재의 의미를 갖는다고 말한다. 위르겐 몰트만, 박봉랑 외 4인 역, 『성령의 능력 안에 있는 교회』(한국신학연구소, 1984), 82-83쪽 참조; 헌터는 교회의 존재 이유는 그리스도의 활동을 맡아서 하느님의 선교를 계속하는 것이라고 말한다. George G. Hunter, *The Contagious Congregation* (Nashville, TN: Abingdon Press, 1979), p.34.

축물에 장애인 편의 시설을 설치하고, 장애인들의 보조 용구나 필요한 것들을 기본적으로 갖추어야 한다. 앞으로 교회에서 barrier free운동을 펼쳐나가는 것도 좋을 것이다. 이 운동은 1974년에 국제연합장애인생활환경전문가회의에서 "장벽 없는 건축설계barrier free design에 관한 보고서"가 제출되면서 건축학 분야에서 사용되기 시작하였으며, 2000년 이후에는 건축이나 도로, 공공시설과 같은 물리적인 장벽뿐 아니라 기타 법률적·사회적 장벽들을 비롯하여 각종 편견과 차별 및 마음의 장벽들을 허물자는 운동으로 이어지고 있다. 최근에는 이 운동을 통해서 장애인과 같은 특정 대상이 아니라 모두에게 이득이 되는 환경을 추구하고자 한다.[65]

또한 목회자 청빙에서도 비장애인 목회자와 함께 장애인 목회자를 일정 인원 청빙하여 함께 동역하는 모습을 보여줄 필요가 있다. 장애인이 예배뿐만 아니라 모든 교회 활동에 참여할 수 있도록 분위기와 여건을 만들어주고 지원해주는 것이 필요하다. 교회 내에서 장애인들과 비장애인들이 함께 참여할 수 있는 성서공부, 친교 봉사 및 전도 프로그램들을 개발하여 실시함으로써 장애인과 비장애인이 함께할 수 있는 기회를 될 수 있는 한 많이 제공해야 할 것이다.

NCCK는 1993년 발표한 바 있는 '장애인의 인간다운 권리를 회복하기 위한 한국교회 실천 강령'에 한국 교회들이 다시 관심을 가져줄 것을 당부했다. 이 강령은 '우리는 장애인이 하나님 형상으로 지음 받은 존엄한 존재이며, 장애인에 대한 편견이나 차별은 하나님에 대한 죄악임을 고백한다'는 선언으로 시작해 '교회 진입로와 모든 시설을 개선한다', '장애인 편견과 차별 극복을 위해 노력한다', '장애인 기본권 침해

---

65 이경면, "앞의 논문", 311쪽.

> 에 맞서 장애인과 적극 연대, 행동한다', '교회학교에서 통합교육을 실시한다', '장애인 교역자의 안수와 청빙에 협력한다' 등 항목으로 이뤄져 있다."[66]

장애인은 하느님 나라 성취의 시금석이 된다. 또 장애인은 현대 문화가 지닌 다양한 문제점들로 규정할 수 있는 능력주의, 엘리트주의, 성공지향적 가치관이 치닫게 되는 윤리적 문제를 명확하게 부각시키고, 교회로 그것들에 도전하게 하는 역할을 가능하게 해준다. 예수는 부활 이후, 십자가를 지면서 신체적 장애를 입은 모습을 제자들과 사람들에게 숨김없이 드러냈다. 예수의 장애는 인류 구원을 위한 성취의 상징으로 여겨진다.

기독교는 오늘의 사회문화적인 차별을 직시하고, 이를 비판해야 한다. 이를 위한 윤리적 준거를 제시하면 다음과 같다.

첫째, 성공·권능·완전을 비판해야 하고, 약함·부서짐·연약함을 존중해야 한다.

둘째, 하느님의 모습을 이해하기 위한 패러다임으로서 그리스도의 몸을 비엘리트주의적·포괄적 이해의 관점을 지녀야 한다.

셋째, 장애 경험으로부터 공헌할 수 있는 장애인들을 온전히 교회로 통합시키지 못하면 교회는 하느님께 온전히 영광을 돌리지 못하고, 하느님의 모습 안에 거한다고 주장할 수 없게 된다. 만약 장애로 인해 누군가가 교회로부터 제외된다면 그리스도의 몸을 완전하게 이루기를 바라시는 하느님 명령을 위반하게 된다. 그러므로 우리는 하느님이 원하시는 대로 합력하여 선을 이루는 모자이크를 함께 만들어야가야 한다.

장애를 지닌 예수의 부활은 우리에게 새로운 인간성을 계시하며 하느

---

66 「NCCK, 18일은 장애인 주일 예배로」, 〈국민일보〉(2010년 4월 15일).

님 나라를 밝게 보여준다. 즉, 하느님 나라에서 참된 인간성은 장애와 공존할 수 있다. 죄는 장애가 아니라 장애인에 대한 불의, 장애를 지닌 예수에 대한 뒤틀린 사회적·상징적 질서들이다. 하느님 나라에서는 장애를 지닌 몸과 예수의 몸인 교회 사이에 화해가 일어난다. 십자가에 달린 예수가 장애를 입은 채로 부활한 것처럼 장애 자체를 긍정하며, 오히려 장애를 입은 사실 때문에 차별하는 불의와 그러한 차별을 긍정하고 강화시키는 사회적·상징적 질서들과 문화를 정죄하고 대안을 제시해야 한다.

교회는 서로 다르지만 보완적 선물을 지닌 사람들의 공동체이다. 교회는 예수를 머리로 하는 지체공동체로서 다양한 선물을 지닌 지체들이 서로 다른 기능과 역할을 통해 공동체가 온전해진다. 교회는 정의상 어느 지체도 배제하거나 소외시킬 수 없다. 오히려 연약하게 보이는 지체가 더 요긴하다.

> 그뿐만 아니라 몸 가운데서 다른 것들보다 약하다고 여겨지는 부분이 오히려 더 요긴합니다.[67]

한 지체가 고통을 당하면 모든 지체가 함께 고통을 받는다.

> 한 지체가 고통을 당하면 다른 모든 지체도 함께 아파하지 않겠습니까? 또 한 지체가 영광스럽게 되면 다른 모든 지체도 함께 기뻐하지 않겠습니까?[68]

지체들 사이에는 상호 의존적 관계를 형성하고 있다. 신앙공동체로서

---

67 고린토에 보낸 첫째 편지 12장 22절.
68 고린토에 보낸 첫째 편지 12장 26절.

교회는 하느님께 의존하며, 지체인 서로서로에게 의존한다. 그러므로 교회가 장애인에게 응답하고 장애인을 완전히 포함시키는 것은 선택사항이 아니라 교회가 교회되게 하는 필수사항이다.

교회는 강자가 되려 하고, 주는 자의 역할만 맡으려는 유혹을 받는다. 그런데 하느님의 권능은 약한 데서 강해지기 때문에 이러한 유혹에 굴복하면 교회의 본질이 훼손된다. 또한 교회가 복음의 역설에 충실하지 못하면 교회는 십자가를 전하지만 실제로는 십자가를 수치로 여기는 결과를 가져오게 된다. 장애인과 같은 사회적 약자와 함께하는 교회만이 하느님의 나라를 이루어갈 수 있다.[69]

나오는 말

앞에서 살펴본 바와 같이 성서는 장애인이나 환자에 관해서 부정과 긍정의 견해를 보여주고 있다. 성서는 당혹스러울 정도로 장애인에 대한 부정적이고 배타적인 견해로 장애인에 대한 편견과 차별을 정당화하고 있다. 그러면서 다른 한편으로는 장애인에 대한 동정과 이해와 특별한 애정과 배려를 위한 근거와 실례들을 보여주기도 한다. 이러한 대조적인 견해들은 고대 시대부터 현재에 이르기까지 장애인에 대한 태도와 입지에 영향을 주고 있다.

성서는 기독교 신앙인의 믿음과 행동의 기준으로서 뿐만 아니라 많은 사람에게 중대한 영향을 미치고 있다. 이러한 성서는 하느님의 말씀으로서 절대적 권위를 지니고 있지만 고대 이스라엘인들의 시대정신과 상

---

69 Leslie Newbigin, "Not Without the Handicapped," *Partners in Life: The Handicapped and the Church,* Geiko Müller-Farenholz ed. (Geneva: WCC Publication, 1979), p.25.

황 아래 기록된 만큼 현대 시대에는 오늘의 상황에 따라 새롭게 이해되고 분석되고 재해석되고 적용되어야 한다. 이에 따라 장애와 관련된 성서 본문들을 현대적 이해에 따라 새롭게 읽어야 한다.

성서의 하느님은 언제나 약자 편이었고, 불의한 강자를 꾸짖거나 강자에게 맞섰다. 파라오가 아니라 히브리 노예들을 편들었고, 왕이 아니라 힘없는 백성을 편들었으며, 강대국이 아니라 약소국 이스라엘을 편들었다. 예수도 항상 약자에게 눈길을 두고 그들의 편에서 말하고 행동했다. 많은 돈을 헌금하는 부자보다는 동전 두 개를 넣는 가난한 과부를 칭찬했다. 예수는 잃은 양 한 마리를 찾아 가시밭길, 벼랑길을 헤매는 선한 목자로 자신을 표현하였다. 오늘 우리는 장애인과 더불어 사는 문제에 직면해 있다. 장애인과 더불어 살기 위해서는 새로운 삶의 원리와 믿음의 자세가 요구된다. 이상론에 치우쳐 현실을 외면해서는 안 되지만 현실의 모순과 장벽은 현실에 순응하고 적응하는 것만으로는 극복할 수 없다. 현실 한가운데서 현실을 넘을 수 있는 관점과 전망을 가져야 한다. 개인주의와 경쟁주의를 신봉하는 사람이 개인주의와 경쟁주의 때문에 초래된 사회의 모순과 병폐를 극복하고 치유할 수 없다. 공동체 파괴의 현실을 치유하고 극복하는 철학적인 원리와 관점을 세우고 믿음의 철저한 자세를 가져야 한다.

교회의 머리인 예수가 장애인을 사랑하고 돌보고 치유하였듯이, 오늘의 교회도 상처받고 고통 받은 장애인을 위하여 그들의 필요를 채워주고 사랑으로 치유하는 섬김의 역할을 감당해야 한다. 그러면 그리스도인은 장애인을 어떻게 도울 수 있을까? 불쌍하니까 도와준다는 식으로 장애인을 내해서는 인 된다. 장애인은 못나고 불쌍한 사람이고, 나는 잘나고 행복한 사람이라는 의식을 가진 사람은 결코 장애인을 도울 수 없다. 그런 사람은 장애인을 의존적인 인간이 되게 할 수 있고, 자신도 위선에 빠지고 장애인도 불행하고 비참한 상태에 빠지게 한다. 그런 사람과 장애인 사이에는 진정한 사귐이 이루어지지 않는다. 둘 사이에는 더욱 깊은 벽이 생길 뿐이다. 그렇게 하는 봉사는 하느님 없는 봉사, 그리스도 없는 섬김이다.

기독교인의 섬김은 하느님의 사랑으로, 하느님의 영광을 위해서 해야 한다. 부족하고 죄 많은 내가, 하느님의 사랑을 목말라 하는 심정으로 장애인을 섬겨야 한다. 장애인과 함께하시는 하느님 때문에, 온 인류의 죄와 고난을 지고 십자가에 달린 예수 그리스도가 함께하기 때문에 장애인을 섬김으로써 하느님을 섬길 수 있다.

예수가 장애인을 치유하고, 함께한 것은 그들을 통해 하느님의 역사를 세상에 드러내기 위해서였다. 교회의 존재 이유도 이와 같다. 이제 교회가 어쩌면 현대 사회에서 가장 약자인 장애인을 통해 하느님의 일과 영광을 드러내야 교회의 의미가 세상에 드러날 것이다. 교회는 장애인과 비장애인이 서로 상호 의존적으로 기대고 기대어주며 살아가는 모습으로 살 수 있는 길을 터주어야 할 것이다. 오늘 우리 사회는 갈수록 푸근하고 넉넉한 품을 잃고 있다. 가정에서 학교에서 사회에서 그리고 교회에서도 따뜻하고 편안한 품이 사라지고 있다.

교회는 잃은 양을 향한 하느님의 품을 보일 수 없다면 맛을 잃은 소금이 되어 세상에서 밟히고 말 것이다. 잃은 양 한 마리를 버리고는 전체가 평안을 누릴 수 없듯이 장애인을 버려두고는 온전한 공동체, 성숙한 사회를 이룰 수 없다. 장애인에 대한 사회적 배려의 정도가 사회적 건강과 선진화의 척도이다. 현대 사회는 고통에 대한 감수성을 잃었기 때문에 위기를 맞고 있다. 물질문명과 기계문명에 빠져서 편리와 쾌락을 추구하다보니, 고난을 외면하고 싫어하게 되었다. 생명의 아픔에 대한 감수성이 공동체의 토대이다. 이 감수성을 잃었기 때문에 인간성이 파괴되고 공동체의 기초가 무너진다. 장애의 교회공동체의 윤리적 의미는 장애를 통해 고통의 감수성을 회복하는 것에서 시작될 것이다.

글을 마치면서 나름 잘된 점과 아쉬운 점 그리고 이를 통한 차후의 과제를 제시하면 다음과 같다. 이 글은 인간 장애의 문제를 공동체성의 상실에서 찾고, 공동체성 회복에 장애 극복의 궁극적 관심이 요구된다는 논지를 전개한 것은 이 글의 논리적이며 독창적인 장점이다. 또한 '잠재적 장애'의 가능성이 상존하는 이른바 '위험사회' 속에서 장애에 대한 올바른 성서적·윤리적 이해의 지평을 확보하려는 시도인 바, 이러한 주제는 장애 또는 장애인에 대한 처우 및 배려가 거의 전무한 한국교회에 대단히 필요한 연구라고 생각한다. 더욱이 부활한 예수의 손과 발의 못자국과 옆구리 창에 찔린 모습을 '신체장애'의 형태로 설명하는 관점은 새롭다고 본다. 그런 설명이 전혀 불가능하지는 않다. 장애가 특별한 사람에게만 해당되는 것이 아니고 누구에게라도 해당될 수 있는 것이고, 예수도 장애를 당하였다는 점을 드러내 준다는 점에서 장애윤리의 핵심준거가 될 수 있다고 본다.

그러나 필자의 성서학적인 깊이 부족인지 성서적 근거로서 구약과 신약에 나타난 장애 문제를 통해 윤리적 측면을 다루고 있는데 이 둘 사이의 연결고리가 좀 느슨하다. 성서적 근거를 말했으면 그 근거가 다음 논리의 기초가 되어야 하는데 그 부분이 부족하다. 또한 논거 제시가 충분하지 못하다. 예를 들어, 예수가 왜 장애인으로 보아야 하는가에 대해 충분한 논거제시가 부족하다. 비록 연구자가 예수를 십자가에서 육체적 손상을 입었던 것을 이유로 장애자로 표현하고자 하지만 설득력이 약하다. 이는 상처와 장애를 구분하지 못한 것으로 볼 수 있다. 필자는 부활한 예수가 장애의 몸으로 부활한 것이라고 본문에 밝혔는데, 이것은 시점적으로 볼 때, 예수가 생전에는 장애의 몸을 지니신 것이 아니고 다만 십자가 사건을 통해 죽음이후 부활한 후에서야 비로소 장애의 몸을 지녔다는 것이 된다. 따라서 '이 땅에서 보여준 하느님의 모습이 처음부터 장애의 모습이었다'고 하면 논리적인 모순이 아닐까? 처음부터 어떤 모습이 장애의 모습이었는지 혼동을 줄 수 있다.

글의 전개도 평이하고, 그 주장을 뒷받침하는 설득력의 구조가 피상적이어서, 당위적 호소로만 머무는 점이 아쉽다. 무엇보다도 정확한 의미전달을 위해 우리말을 다듬는 글쓰기 훈련도 쌓아가야 한다. 이로 인해 논리 전개에 있어 선언적인 면이 지나치게 많다. "…나아가야 한다"나 "…동참해야 한다" 등 많은 부분이 역시 당위성을 강조하는 선언적 문장으로 되어 있다. 좀 더 객관적 사실을 기초로 한 설명체의 논리 전개가 필요하다.

차후의 과제로 '교회공동체에서 장애와 장애인을 대상으로 한 현상' 즉, 장애와 장애인에 대한 정치사회학적, 정책적, 복지적, 선교적장애인 시설, 장애인 치유를 위한 안수기도 교단의 문제점 현상에 대한 서술이 필요할 것이다.

글을 마치면서 드는 생각을 정리해본다. 장애 문제에서 가장 시급하고 중요한 과제는 '장애는 곧 불행과 결핍'이라는 편견을 버려야한다. 필자가 감명 깊게 읽는 수필을 쓴 작가가 고 장영희 선생서강대 영문과 교수이다. 그녀는 1급 장애인으로 목발을 짚고 다닌다. 그녀의 실제 경험담이다.

> 어느 상가를 지나는데 아주 화려하고 예쁜 잠옷이 걸려 있었다. 한 눈에 보기에도 꽤 고가품 같았다. 그녀는 주인 여자가 "손님이 입으실 거예요?"라고 묻기에 호기심에 값을 물어본 것이지만 그 질문에 "그렇다"고 대답했다. 그런데 그 주인여자는 대답 대신 아래에서 내복 한 벌

을 꺼내 앞으로 툭 던지며 "재고 남은 건데 만이천만 주세요."라고 말했다. 장애인이니 가난해서 고가의 잠옷은 엄두도 못 낼 것이고, 목발까지 짚은 별로 아름답지 못한 몸에 예쁜 잠옷이 가당찮다는 생각에서 그 여자 나름대의 배려와 친절이었을 테지만, 그녀는 불쾌했다. 그녀는 그 이전에도 이와 비슷한 경험을 미국에서도 하였다. 명품을 판다는 패션가 옷가게에 들어가려는데 입구에 턱이 높아 난감해할 때, 주인 여자가 한 말이다. "동전 없어요. 나중에 오세요." 주인 여자의 말은 장애인으로 목발을 짚고 가게에 들어오려는 걸 보고는 손님이 아니라 거지로 본 것이다.[70]

백화점 한 구석에서 어떤 젊은 여자가 딸인 듯 보이는 네다섯 살 난 어린아이를 달래고 있었다. 아이는 무슨 일인지 막무가내로 떼를 쓰면서 울고 있었다. 그때 마침 나를 발견한 그 여자는 갑자기 손가락으로 나를 가리키며 "저 봐, 에비 에비, 너 계속 울면 저 사람이 잡아간다"하는 것이었다. 나를 힐끗 오려다본 아이는 참으로 신기하게도 순식간에 울음을 그쳤다... 황당한 경험이었다. 우는 아이를 그치게 할 만큼 그렇게 가공할 만한 괴물처럼 보이리라고는 생각하지 않았는데……. 그 아이의 엄마는 네 모습에 '공포'라는 의미를 부여했고, 아마도 이제 그 아이는 앞으로 신체장애인을 보면 자연스럽게 '무서운 사람, 내게 해코지를 할 사람'으로 연상할 것이다.[71]

이처럼 우리 주변에는 장애에 대한 질기고도 뿌리 깊은 편견이 자리 잡고 있다. 신체적이든 지적이든 장애를 가진 사람은 결핍되고 부족한 사람이라는 인식, 이것은 장애인에 대한 다양한 방식의 편견을 끊임없이 새생산한다. '질름빌이 지성'이니 '곱사둥이 정책'이니 하는 말을 우리

---

70 장영희, 『문학의 숲을 거닐다』(샘터, 2007), 198-199쪽.
71 "위의 책", 222-223쪽.

는 아무렇지도 않게 쓴다. 대부분의 문학 작품이나 동화에서 악당들은 모두 못생기거나 신체적 기형을 갖고 있는 것으로 묘사된다. 이렇듯 각종 문학작품과 동화, 영화, 드라마 등에는 신체장애를 '악이나 공포'의 의미로 연상시키는 설정이 너무도 많다. 어려서부터 아이들이 즐겨 읽는 동화에서 악당들은 대부분 신체적으로 모종의 결손이 있거나 '정상'이 아닌 모습이다.

『헨젤과 그레텔』에 나오는 마녀는 다리를 절고, 렘펠스틸스킨은 난쟁이이고, 『보물섬』의 롱 존 실버는 나무다리에 애꾸눈, 『피터팬』의 악당인 후크 선장은 외팔에 갈고리를 끼고 있다. 아이들이 보는 만화에서도 이런 모습은 많다. 1970년대의 『외팔이 시리즈』를 비롯하여 '하록 선장'은 애꾸눈, 『은하철도 999』에 나오는 악인들도 척추장애인[72]이거나 외팔이 등 장애를 갖고 있다. 동화 속에서 '착한 일'이 보상받는 길이 매우 '육체적'이다. 미운 오리새끼는 아름다운 백조가 되고, 징그러운 두꺼비는 잘생긴 왕자님이 되고, 괴물같이 생긴 짐승은 멋진 왕이 되고, 딸을 만난 행운이 완전하기 위해 심 봉사는 눈을 떠야 하고, 착한 혹부리 영감은 혹이 떨어져 나가서 '정상' 되어야만 이야기가 끝날 수 있다.[73]

이처럼 장애를 비정상으로 결핍이나 부족으로 보는 시각은 오랜 세월 어린 시절부터 교육받아온 결과이다. 장애나 신체적 결함은 의학적인 문제로 불편한 것은 사실이나 그것이 곧 불행이고 결핍이고 모자람의 결정체는 아니다. 이런 불편이 해소되면 좋겠지만 하느님은 그 불편을 해소해주시지 않고 그 모습 그대로 살아가도록 하시기도 한다. 그 깊은 뜻을 우리가 헤아리기는 어렵지만 분명 하느님의 뜻은 장애를 통해서 더 깊고 오묘한 삶이 가능하다는 의미를 담고 있다. 이제는 장애를 보다

---

72 곱추는 '척추장애인'을 얕잡아 지칭하는 용어이다.
73 "위의 책", 223-228쪽 참조.

성숙한 자세로 바라보는 발상의 전환이 필요하다. 교육현장과 각종 미디어에서 장애의 모습을 어떻게 설정하는지 주의를 기울여 보아야한다. 우리의 무의식적인 편견과 몰이해가 장애인들에게 상처를 주고 장애에 대한 편견을 확대재생산하는 것은 아닌지 생각해보아야한다. 이 일에 교회 공동체의 관심과 의지가 필요하다. 장애에 대한 우리의 차별적인 허위의식에 대하여 되새겨 보면서 이 글을 마치려 한다. 필자가 학교 현장에서 청각장애 학생을 상담하면서 해준 이야기이다. 얼마 전 청각장애 학생에게 이야기해 준 내용이다.

난 눈이 나빠서 안경은 써. 안경 벗으면 저 멀리에 있는 큰 글씨도 안 보여. 버스도 제대로 못 타. 그러니 안경은 내게 아주 중요한 거야. 나같이 눈이 나빠서 안경 쓴 사람더러 장애인이라고 말하는 사람은 없어. 안경 쓴 나를 이상하게도 생각하지도 않아. 나 자신도 이상하게 생각하지 않고, 그냥 불편하니까 안경을 쓰는 것뿐이야. 그렇지. 너도 만찬가지야. 귀가 좀 불편하니까 보청기를 끼는 것뿐이야. 그게 뭐가 문제야? 눈이 나빠 안경 쓰는 나나 귀가 나빠 보청기를 끼는 너나 불편한 걸 보완하는 건 같은 거야. 그런데 왜 사람들이 보청기를 끼는 사람은 좀 이상하게 보고, 안경 쓰는 사람은 이상하게 안 볼까? 그건 아주 간단해. 안경 쓰는 사람이 많고 보청기 끼는 사람이 적어서 그래. 안경 쓰는 사람을 장애인으로 보면 아마 안경 쓰는 사람들이 화를 낼 거야. 막~ 항의하겠지. 이런 사람 중에는 높은 사람들이 많고, 공부 많이 한 사람들도 많잖아. 그래서 장애인으로 말하지 않는 거야. 그런데 보청기를 끼는 사람의 숫자는 적잖아. 그러니 힘이 약해. 그래서 좀 부족한 사람으로, 불편한 사람으로 규정짓는 거야. 이거 정말 억울하지 않니? 많은 사람이 하는 건 정상이고, 적은 사람이 하는 건 비성상일까? 이런 생각은 아주 잘못된 거야. 이런 생각은 고쳐야 해. 네 자신부터 이런 생각을 버려야 해. 네 스스로 당당하면 누구도 널 부족한 사람으로 생

각지 않아. 중요한 건 네 마음가짐이야.[74]

서울 명예학교 복도에 있는 윤석중의 시는 우리가 누리는 건강함의 축복과 이를 장애인과 함께하는 소중한 삶을 되새겨보게 한다. 이런 시를 교회 공동체의 건물 복도에 게시하면 어떨까?[75]

사람 눈 밝으면 얼마나 밝으랴
사람 귀 밝으면 얼마나 밝으랴
산너머 못 보기는 마찬가지
강너머 못 듣기는 마찬가지
어둠은 사라지고 새 세상 열리네
달리자 마음속 자유의 길
오르자 마음속 평화동산
나 대신 아픔을 견디는 괴로움
남 대신 눈물을 흘리는 외로움
우리가 덜어주자 그 괴로움
우리가 달래 주자 그 외로움

74 졸저, 『쉽게읽는 기독교윤리』(한국학술정보, 2010), 65쪽.
75 장영희, 『살아갈 기적, 살아온 기적』(샘터, 2009), 179쪽에서 재인용.

참고문헌

국내물

김명용, 『현대의 도전과 오늘의 조직신학』(장로회신학대학교 출판부, 2005).

김성원, 『장애도 개성이다』(인간과 복지, 2005).

김이곤, 『구약성서의 고난신학』(한국신학연구소, 1991).

김홍덕, 『장애신학』(대장간, 2010).

박정세, 「장애인 선교 서설」, 『현대와 신학』, 제22집(1997).

이경면, 「특수교육의 주요이슈에 비추어 본 지역교회의 역할 및 과제」, 『부산장신논
　　　　총』, 제10집(2010).

채은하, 「장애, 문화적/종교적 고통과 치유」, 『신학과 사회』, 제19집(2005).

______, 「구약성서의 제3세계인, 장애인과 그 신학의 모색」, 『지구화시대 제 3세계
　　　　의 현실과 신학』(한들출판사, 2004).

한성기, 『하나님의 가족』(도서출판 잠언, 1997).

한승진, 『쉽게읽는 기독교윤리』(한국학술정보, 2010).

황홍렬, 「장애인선교신학 정립을 위한 한 시도」, 『부산장신논총』, 제8집(2008).

신문류

「NCCK. 18일은 장애인 주일 예배로」, ‹국민일보›(2010년 4월 15일).

국내번역물

위르겐 몰트만, 박봉랑 외 4인 역, 『성령의 능력 안에 있는 교회』(한국신학연구소,
　　　　1984).

__________, 김균진 역, 『삼위일체와 하나님의 나라』(대한기독교출판사, 1993).

__________, 정종훈 역, 『하나님 나라의 지평 안에 있는 사회선교』(대한기독교서
　　　　회, 2000).

__________, 채수일 역, 『그리스도가 계신 곳에 생명이 있습니다』(대한기독교서
　　　　회, 1997).

앨빈 토플러, 이규행 감역, 『제3의 물결』(한국경제신문사, 1989).

국외물

K. A. Black, *Healing Homiletic: Preaching and Disability* (Nashville: Abingdon Press, 1996).

Burton Cooper, "The Disabled God." *Theology Today* 49 (1992).

Nancy L. Eiesland, *The Disabled God: Toward a Liberatory Theology of Disability* (Nashville: Abingdon Press, 1994).

Arne Fritzson & Sam Leonardo Boff, trans. by Paul Burns. *Trinity and Society* (New York, Maryknoll: Orbis Books, 1988).

Arne Fritzson and Samuel Kabue, *Interpreting Disability: A Church of All and For All* (Geneva: WCC Publication, 2004).

Arthur F. Glasser, *Kingdom and Mission* (Pasadena. CA: Fuller Theological Seminary, 1989).

George G. Hunter, *The Contagious Congregation* (Nashville. TN: Abingdon Press, 1979).

Morton T. Kelsey, *Encounter with God: A Theology of Christian Experience* (Minneapolis: Bethany Fellowship, 1972).

Morris Leon, *The Gospel according to John* (Grand Rapids: Wm. B. Eerdmans Publishing Co, 1984).

S. Melcher, "Visualizing the perfect cult: the Priestly rationale for Exclusion." *Human Disability and the Service of God: Reassessing religious Practice*. Eiesland. N. and Saliers. D. ed. (Nashville: Abingdon Press, 1998).

Leslie Newbigin, "Nomet Without the Handicapped." Geiko Müller-Farenholz ed. *Partners in Life: The Handicapped and the Church* (Geneva: WCC Publication, 1979).

John V. Taylor, *The Go-Between God: The Holy Spirit & the Christian Mission* (London: SCM Press Ltd, 1973).

제7부

구약성서를 통한 노동의 사회윤리적 의미[*]

들어가는 말

노동은 인간 삶의 핵심 요소로 결코 빠질 수 없는 부분이다. 노동은 자신의 노력을 자연에 적극적으로 적용하여 직접적인 생산을 목적으로 하는 인간 활동이며, 자연의 소재를 가능한 한 모든 생산 가치로부터 효과적인 사용 가치로 전환시키는 것이다. 그러므로 노동은 인간이 단순히 먹고살기 위해 수고해야 하는 소극적인 의미를 넘어서는 보다 인간다운 권리와 존엄성을 보장받는 적극적인 의미를 지닌 고귀한 것이다. 비록 그것이 힘들어 피하고 싶지만, 이는 자신과 가정, 그리고 사회를 유지하고 발전시키는 인간의 활동이다.

현대인들은 각각 다른 방법으로 자신의 완성을 위해 노력하고 있으며, 그 목적은 궁극적으로 세 가지 차원으로 귀결된다. 인간은 노동을 통해 생계를 유지하고, 자아를 실현하면서, 사회에 기여한다. 그러나 오늘 우리의 현실은 많은 노동자들이 일터에서 자신의 권리와 존엄성을

[*] 이 글은 한국학중앙연구원에서 간행하는 한국연구재단 등재학술지 『정신문화연구』(32권 4호, 2009)에 게재한 것을 수정·보완한 것이다.

침해당하고 있다. 실업과 비정규직에 따른 정리해고의 위협, 불안한 임금구조, 장시간 노동, 뜻하지 않은 산업재해로 불구가 되거나 목숨을 잃는 경우도 있다.

현대 산업사회는 급격한 기술의 발전으로 여가와 복지, 문화의 창출보다는 기술이 인간을 지배하며 노동의 현장으로부터 인간이 소외당하는 현상을 초래하였다. 이에 따라, 현대 산업사회는 노동관의 변질을 가져왔고 노동의 의미와 목적, 수단 등에서 많은 부정적인 결과를 낳고 있다. 인간은 노동의 본질과 주체성을 상실하게 되었고 노동 생산물로부터 소외되었다. 또한 인간은 상품자본에 의해 평가되는 노동, 대체가능한 활동의 노동으로 평가 절하되는 현실에 놓여 있다.

이러한 현실을 인식하면서 종교의 사회적 기능을 생각해 본다. 오늘 우리의 종교는 무엇을 할 수 있을까? 특히 기독교는 우리 사회의 영향력을 행사하는 종교로서 노동의 위기로 치닫는 현실 속에서 무엇을 할 수 있을까? 기독교는 노동에 대한 새로운 의미와 가치를 높여 줄 수 있을까? 더욱이 기독교는 노동을 부정적으로 보게 하는 세계관을 심어준 종교로 인식되기도 하는데 과연 오늘 우리의 현실 속에서 기독교의 세계관이 필요한가? 이러한 물음에 대하여 과연 기독교는 오늘의 노동 위기를 해결하기 위한 윤리적인 토대를 제시할 수 있는가?

이 글을 통하여 이러한 물음과 응답의 기저基底로서 기독교 신앙의 전거典據인 성서중에서 구약성서를 오늘의 노동 문제에 대한 사회 윤리적 입장에서 새롭게 조명해 나가는 작업은 매우 의미 있는 일이다. 이 글은 구약성서를 주요 텍스트로 삼아 논의를 진척시켜 나가려고 한다. 그러나 이 글에서는 성서 구절의 어원을 깊이 파고들어 어원을 분석하거나 주석을 다는 작업에 집중하지 않고, 누구나 이해할 수 있는 성서 구절을 인용하고자 한다. 이것은 이 글이 갖는 성서 활용의 범위이고 한계이다.

보다 깊은 성서 구절의 심층적 어원분석과 배경사 혹은 해석사는 성서학자들의 몫으로 하고, 이 글에서는 시급히 제기되는 노동의 위기에 대해서 구약성서를 통한 노동의 사회윤리적 의미를 제시하는 하나의 시도를 하려고 한다. 이 글은 구약성서에 집중하기에 다루지 못하는 신약성서와 기독교개혁운동 이후의 노동이 갖는 사회윤리적 의미는 차후에 수행할 과제로 남겨두려 한다.

노동의 위기와 현실

오늘 우리는 삶의 현장에서 커다란 어려움에 처해 있다. 인간이 사회생활을 하기 위해서는 노동이 중요한데 이에는 다음의 세 차원으로서, '자기표현으로서의 노동', '사회적 관계로서 노동', '자연환경의 보호로서 노동'이 있다. 이 세 가지가 인간의 삶과 조화를 이룰 때 행복한 삶을 영위할 수 있다.[1] 그러나 오늘 우리의 현실은 어떠한가? 행복을 추구해 나가기 위한 삶의 필요충분조건으로서 노동이 우리 삶의 자리에서 점차 그 자리를 잃어가고 있다.

1. 실업의 현실

오늘 우리의 현실은 실업失業이 이미 일반화되었다. 이에 대한 황수경 한국노동연구원 동향분석실장은 넓은 의미의 실업자군은 짧은 기간의

---

1 도로테 죌레, 박재순 역, 『사랑과 노동』(한국신학연구소, 1993), 134-191쪽 참조; 원래 이 개념은 마르크스의 노동개념에서 유래한 것이다. 이정배, 「노동신학의 이론적 고찰」, 『신학과 세계』, 제21호 가을(1990), 127쪽 참조.

근로에 머물고 있는 구직자들을 포함하면 100만이 넘은 상황으로 앞으로 더 심해질 것으로 전망하였다.[2] 실업자의 증가는 불완전 고용의 확대로 이어지는 것이 일반적이다. 특히 장기 실업이 만연할 경우에 취업 자체가 우선적인 목적이 될 가능성이 높으며, 고용의 안정이나 노동 조건의 양호와 같은 것은 부차적인 것이 된다.

한국개발연구원KDI 김용성 연구위원은 앞으로 실물부문의 부실이 가시화되면 상대적으로 고용이 안정되던 계층에서 구조조정 실업자가 발생할 수 있음을 지적한다.[3] 그야말로 겨우 노동 현장에 남아있는 사람들조차도 더 이상 자신의 노동에서 의미나 가치를 찾는다는 것이 힘들게 되었다. 이러한 현실은 자본과 기술이 비약적으로 축적되면서 육체노동은 쓸모없는 것처럼 여겨지고, 노동을 할 수 있는 능력과 의지가 있는 많은 사람들이 노동할 기회를 얻지 못하게 되면서 나타나게 되었다.

고용 없는 성장과 "20대 80의 사회"[4]라는 말이 회자膾炙되는 것도 이 때문일 것이다. 노동을 통해 생계를 꾸려야 할 사람들은 실업의 위협에 직면해 있고[5], 인간의 존엄성과 생활의 안정을 위협하는 돈벌이 노동에 내몰리고 있다.[6] 돈벌이 노동을 하는 사람들은 행위의 주체로 인정받기는커녕 지배와 수탈의 대상으로 전락하기 일쑤이다.

노동이 여전히 인간 삶을 영위하는 가장 기본적인 수단이라 여기는 사회에서 노동의 자리에서 쫓겨나는 것, 곧 '실업'은 개인과 사회에 심각한 파괴현상을 초래하게 된다. 즉, 그것은 노동자 자신의 인간성 파괴뿐만 아니라 그의 이웃과의 관계, 나아가 하느님과의 관계까지도 파괴시

---

2 황수경, 「실업자 95만 명·구직단념 17만 명…'실업대란' 현실화」, 〈한겨레신문〉(2009년 4월 16일자).
3 김용성, 「실업 공포 청년→여성→아빠로 확산」, 〈한겨레신문〉(2009년 4월 19일자).
4 한스 퍼터 마틴·해럴드 슈만, 강수돌 역, 『세계화의 덫』(영림카디널, 1997), 26쪽.
5 제레미 리프킨, 이영호 역, 『노동의 종말』(민음사, 1996), 31쪽.
6 "위의 책", 236-237쪽 참조.

킨다. 이는 실업으로 인해 노동을 통한 자아실현이나 이웃과 하나님에 대한 봉사와 섬김의 기회가 박탈되기 때문이다.

실업의 심각성에 대해서 임홍빈은 실업이 실업자 개인에게 미치는 영향은 일반인들이 막연히 추정하는 것보다 훨씬 복합적이고 심각한 것으로 실업은 당연히 제일 먼저 거론되는 소득의 감소라는 차원을 넘어서 노동자 개인의 영혼과 정신, 육체적 건강을 갉아먹는 실존의 위기로 작용함을 지적한다.[7]

죌레는 소외된 인간의 노동을 '매춘'과 같다고 표현했다. 이는 자신을 시장에 내놓아야 하는 임금노동자들의 노동 형편이 어떠한 것인지를 극명하게 보여준다. 비록 고수익의 전문직에 종사하는 노동자의 형편은 그나마 나아 보인다할지라도, 이미 그의 노동 또한 시장에서 교환되는 하나의 상품에 불과하기에, 그 역시 자신의 노동으로부터 소외되어 있고, 따라서 노동의 본래적인 의미와 목적을 누리지 못하고 있는 것은 마찬가지이다.[8] 노동의 소외는 노동자 자신이나 생산물, 그리고 생산행위로부터만 일어나는 것이 아니다.

마르크스는 노동의 소외[9]를 다루면서, 이 소외 현상은 인간의 본질 그 자체에서와 자연과의 관계, 그리고 동료 인간들과의 관계에서까지도 나타난다고 지적한다.[10] 이와 같은 문제는 실업의 축소와 같은 전통적인

---

7 임홍빈, 『세계화의 철학적 담론』(문예출판사, 2002), 125쪽.
8 도로테 죌레, "앞의 책", 108쪽.
9 소외의 개념을 처음으로 제기한 이론가는 '헤겔'이다. 그러나 이를 자본주의적 경제의 생산 체제에서 드러나는 모순으로 발전시켜 체계화한 이론가는 '마르크스'다. 그는 노동자의 소외를 분석하면서, 자본주의적 노동사회에서 노동의 소외가 경제적 강제에 의해 자본에 포섭된 프롤레타리아트의 서글픈 운명을 지적했다. 임금을 받는 조건으로 노동력을 팔아넘긴 프롤레타리아트는 노동과 자기 자신의 분리를 겪기 않을 수 없다. 또한 그는 노동과정에서 소외되어 다른 사람의 노동을 수행하고, 자신이 수행한 노동의 산물로부터 소외되고, 공동체로부터도 소외된다. 심의보, 『직업윤리』(백산출판사, 1998), 196쪽 참조.
10 미로슬라브 볼프, 이정배 역, 『노동의 미래 미래의 노동』(한국신학연구소, 1993), 51-62쪽 참조.

방법으로 해결될 문제가 아니다. 이미 실업은 일반적이며 또한 만연된 현실이기 때문이다.

우리나라 노동자는 생존이 걸린 고용을 위해 투쟁하고 있다. 그 중에서도 실업자들, 공식적으로 인정된 실업자든 은폐된 실업자든 실업자들은 일자리를 얻기 위한 치열한 경쟁에 내몰리고 있다.

2. 비정규직 확산

포레스터V. Forrester는 고도로 발달된 현대사회에서 노동의 가치하락은 당연한 귀결로, 삶의 조건에서 노동이 배제된 사람들은 그야말로 무가치한 사람으로 취급되어 처참한 고통 가운데 버려지게 된다고 말한다.[11] 더 심각한 것은 이것이 그들만의 문제가 아니라는 것이다. 우리나라는 1997년의 외환위기 이후에 명예퇴직과 조기 퇴직 그리고 정리 해고가 일반화되면서 정규직 비율이 줄어든 반면에, 그 빈자리를 비정규직으로 채움으로써 비정규직 비율이 급속도로 증가되었다.

노동부의 분류에 의하면 비정규직은 일용직과 임시직을 가리킨다. 이용직과 고용 계약이 1년 미만의 임시직이 비정규직에 해당되기 때문에 계약직, 시간제 노동, 일부 파견 노동, 인턴직 등이 실제로는 비정규직에 포함된다.[12]

불완전 고용의 증가는 자연히 경기 침체로 이어질 수 있다. 경기 침체는 대체로 전반적인 고용 감소를 가져오기 때문에, 정규직 노동자들까지도 실업의 위협에 놓이게 되고, 비정규직으로 전락할 가능성이 높아

---

11 비비아네 포레스터, 김주경 역, 『경제적 공포』(동문선, 1997), 28쪽.
12 이향순, 「21세기 한국 사회와 기독교」, 정원범 엮음, 『21세기문명과 기독교』(목회자신문사, 2004), 192쪽.

진다. 무엇보다도 비정규직과 같은 불완전한 고용은 노동 시장에서 실업과 취업을 반복하는 경향을 띠면서 빈곤의 굴레에 갇히게 만든다.[13]

비정규직 노동자는 근로기준법에서 보장하는 노동삼권조차 보장받지 못한다. 동일 노동, 동일 임금이 적용되어야 함에도 정규직과 같은 일을 하고 임금은 그 절반도 안 되고, 성과급이나 보험 등의 기타 혜택에서도 제외된다. 임시직이나 계약직과 같이 단기간의 고용 계약을 하고 있기 때문에 재계약을 하지 못하면 자동적으로 해고 된다. 경우에 따라서는 아예 계약 없이 추후 통보가 있을 때까지 일을 하기도 한다. 그에 따라 비정규직 노동자는 언제든지 해고할 수 있고, 언제든지 채용할 수 있는 노동자이다. 이에 따라 노동의 연대가 가장 요구되는 시점에서 정규직과 비정규직으로 분할되어 갈등을 일으키곤 한다.

자본은 시장 경제에서 유연성을 새로운 원리로 들고 나와서 유연하지 않으면, 규제를 풀어주고 자유로운 기업 활동을 보장해주지 않으면 언제든지 자본을 회수해서 한층 더 자유롭고 유연한 노동 시장이 있는 지역으로 이동하겠다고 위협하고 있다. 자본이 요구하는 유연성은 정규직이라고 비켜가지 않는다. 이에 따라 우리 사회는 이제 누구나 예측할 수 없는 불확실한 노동 생애를 걷게 되었다. 누구나 유연성과 자유 시장 경제의 경쟁이라는 이름으로 실업과 비정규직으로 내몰릴 수 있다. 누구나 실업의 두려움에 직면해 있다. 그러므로 정규직과 비정규직, 취업자와 실업자, 노조원과 비노조원, 대기업과 중소기업 노동자, 내국인과 외국인 노동자로 분할되어 갈등할 것이 아니라 단결과 연대로 노동 시장의 불안정성과 불확실성을 제거해나가야 한다.[14] 안드레 고어즈는 이를

---

13 David M. Gotdon, *Theories of Poverty and Underemployment : Orthodox, Radical, and dual Labor Market Perspectives* (Lexington : D.C. Heath and Company. 1972) 참조.

14 강원돈, 『살림의 경제: 사회적이고 생태학적인 경제민주주의를 향하여』(한국신학연구소,

『프롤레타리아여 안녕』이라는 책 제목으로 극화해서 표현했다. 그는 줄어드는 일자리로 인한 실업의 증가와 노동 없는 자본주의 생산 체제의 도래를 노동 시간의 단축, 4시간의 창조적인 노동으로 대처 할 것을 제안했다.[15]

우리사회에서 비정규직에 대한 차별이 여전하다. 임금, 고용, 복지의 3중 차별이 비정규직에 대해 행해지고 있다. 임금차별은 연구자에 따라 약간 다른 분석결과가 나오고 있지만 정규직과 비정규직간 순임금 격차는 대체로 15% 안팎이다. 임금차별보다 더 심각한 것이 복지차별이다. 정규직의 국민연금, 건강보험, 고용보험 가입률은 각각 78.9%, 79.8%, 67.6%인데 비해, 비정규직의 경우에는 각각 38.2%, 43.4%, 42.7%에 불과하다. 하는 일의 난이도에 차이가 있고 숙련 수준에 차이가 난다면 그에 상응한 임금격차는 합리적일 수 있다. 그러나 정규직과 비정규직간에 '동일노동-차별임금'이 나타나는 경우가 적지 않다. 예를 들어, 은행 창구에서 같이 금전출납 일을 하면서도, 자동차 공장에서 동일한 부품을 조립하면서도 정규직과 비정규직간에는 임금과 복지가 현격하게 차이가 난다. 비정규직에 대해서는 교육훈련이 실시되는 경우가 드물기 때문에 숙련형성이 안 된다. 그래서 비정규직 노동자는 '저숙련-저생산성-저임금'의 악순환에 빠지게 된다. 비정규직에게 미래가 없는 까닭은 바로 이러한 저숙련과 저복지에 있다.[16]

이러한 비정규직의 고통은 돌이킬 수 없는 선택을 하는 지경에 이르기도 한다. 2013년 3월 6일 이명화 서울대 보건대학원 연구원은 최근 열린 인구학회 전기학술대회에서 발표한 '근로의 특성과 정신건강과의

2001), 31쪽.
15 이향순, "앞의 논문", 238쪽.
16 김형기, 「비정규직을 위한 3시 1반」, 〈한국일보〉(2010년 4월 5일).

관련성 연구' 보고서가 주목을 끈다. 이에 따르면 "지난 2007~2008년 국민건강영양조사를 이용해 1년간 자살생각을 했는지에 대한 분석 결과 남성의 경우 비정규직에서 자살 생각을 한 집단의 비중이 12.0%로 정규직의 5.6%에 비해 2.1배 이상 높았고 여성의 경우 비정규직에서 1.4배가량 높았다." 이는 외환위기 직후인 1998년 국민건강영양조사를 이용한 연구와는 반대 결과이며 지난 10년간 비정규직 고용의 고착화와 남성 비정규직의 증가가 심리적 변화를 가져온 것이다.

이를 분석한 이명화의 말이다. "2001년과 2007년을 비교했을 때 비정규직 증가율은 남성이 69.7%로 여성의 48.0%를 웃돌았으며 같은 기간 정규직 증가율 대비 비정규직 증가율의 배수는 여성이 4.2배인 반면 남성은 25.8배에 달했다. 가정을 책임져야 하는 남성의 비정규 노동은 과거부터 가사일과 육아·출산 때문에 파트타임이나 일용·가정근로 등에 참여하는 경향이 강했던 여성 비정규 노동과는 또 다른 문제로 인식될 가능성이 크다. 비정규 고용이 고학력의 남성에게도 빈번하게 일어날 수 있는 고용형태로 변화됐다는 점에서 여성과 비교할 수 없는 상실감으로 작용할 수 있다."[17]

최근 비정규직 차별이 낳은 자살이 보도되었다. 이 사건으로 인해 비정규직의 차별이 잘 드러났다. 13년 동안 초등학교 과학실에서 일했던 A(53·여)씨는 병을 안고 학생들 곁을 떠났다. 그리고 얼마 지나지 않아 학교를 찾아와 생을 정리했다. 그가 비정규직이 아니었더라도 같은 결말이었을까? A씨는 2013년 8월 17일 충북 청주시의 한 초등학교 운동장 나무에 목을 매 숨진 채 발견됐다. 그의 주머니에는 "13년 동안 근무했지만 병으로 인해 퇴직하는 과정에서 비참함과 황당함, 패닉 상태에 빠

---

17 「비정규직 자살위험, 정규직의 2.1배」, 〈한국일보〉(2013년 3월 27일).

지게 되고, 그렇게 사정했지만 아무 소용없이 물러나야 하는 나의 삶이 고통의 날을 보냅니다."라는 글귀가 들어 있었다. 과학실무원이었던 A씨는 과학실의 실험 약품과 기자재를 관리하고 수업을 준비하며 수업시간에는 보조교사 역할을 했다. 그러나 지난 3월 충북교육청이 교무·전산·과학·발명교실 실무원 등 4개 비정규직 직종을 '교무실무사'로 통합하면서 업무가 크게 늘어 학교와 갈등을 겪게 됐다. 결국 5월 지병인 당뇨가 악화된 A씨는 유급 병가 14일과 연차휴가를 모두 사용한 뒤 6월 말 퇴직했다. 하지만 실업급여를 신청하기 위해 고용센터에 간 A씨는 무급 병가 46일이 남아있다는 사실을 알게 됐다. 이에 학교 측에 "무급 병가가 있는 줄 몰라 퇴직했다"며 퇴직 철회를 요구했지만 거절당했다. 충북의 학교 비정규직은 아플 경우 연간 최대 60일의 유·무급 병가만 사용할 수 있지만, 정규직인 행정직지방공무원은 60일의 유급 병가에 1년간 급여의 70%를 받으며 휴직도 할 수 있다. 병가만 차별 받는 게 아니다. 학교 비정규직의 평균 연봉은 1,605만3,000원평균 근속 5.3년 기준으로 근속년수가 같은 정규직2,730만 6,000원의 58.5% 수준이다. 식대 명절상여금 복지포인트 성과상여금 등 각종 수당은 아예 받지 못하거나 일부분만 받고, 정규직보다 정년이 5년이나 짧은 곳도 있다. 전체 36만명의 학교 비정규직 중 77%28만명가 기간제이고 나머지는 무기계약직인데 이들 모두 사업·예산 축소, 학생 감소 등으로 언제든 일자리를 잃을 수 있다. 교육부가 전국 11,000여개 초중고를 전수 조사한 결과 올 3월 새 학기를 앞두고 비정규직 6,475명이 해고 당했다. 조사에서 빠진 영어회화 강사, 학습보조 교사 등까지 합하면 해고자는 10,000 여명에 달할 것으로 추산됐다. 많은 교육청에서 비정규직 채용과 해고의 전권을 교장이 쥐고 있다 보니 고용불안이 심하고 이를 볼모로 온갖 잡일이 떠넘겨진다. 학교 비정규직 B(41)씨는 "임신 중이었는데 교장이 정규직보다 1시간 먼저 출근해 전화를 받으라고 해 시간외 수당을 요구했더니 '무료 봉사하라'고 하더라"며 "차 심부름은 기본이고 수업 중에도 교장이 불러 은행업무, 골프여행 항공권예매 등을 대신한 적이 있다"고 분통을 터트렸다.[18]

비정규직을 줄이려면 정규직 노동시장을 유연화 해야 한다는 주장이 있다. 정규직을 쉽게 해고하지 못하니까 기업들이 비정규직을 채용하려 한다는 것이다. 그런데, 정규직 노동시장을 유연화 하려면, 실업급여를 대폭 인상하고 실업자에 대한 직업훈련을 강화하여, 노동시장의 유연안전성이 실현되도록 해야 한다. 보다 근본적으로는 비정규직을 양산하게 만드는 한국경제의 시스템을 개혁해야 한다. 기업으로 하여금 단기 유연성을 추구하게 만드는 주주자본주의, 금융주도 경제를 더 이상 지향해서는 안 된다. 비정규직의 80%가 고용되어 있는 중소기업의 열악한 경영여건을 획기적으로 개선하기 위한 종합대책이 필요하다.

3. 신자유주의의 확산

이처럼 비인간적인 경제 문제는 신자유주의를 앞세운 지구화에서 비롯된다. 신자유주의Neoliberalism는 시장에 대한 국가 개입을 반대하고 시장의 자유로운 흐름을 중요시하는 1970년대 부각한 경제 자유주의 중 하나이다. 국가의 개입으로부터 시장을 자유화하고 시민사회 내에서 일어나는 문제들이 가능한 시장 자체의 자연적인 움직임에 따라 조절 및 해결되도록 하는 이론이다. 국가가 경제에 개입하는 것을 반대하고 자유로운 시장을 통해 국가의 부를 확대시켜 사회적 복지를 극대화해야

---

18 「비정규직 차별이 낳은 자살」, <한국일보> (2013년 8월 22일).

한다는 19세기 고전적 자유주의 노선을 이어받아 1970년대에 등장했으며, 프리드리히 하이에크와 밀튼 프리드만과 같은 자유시장 경제학자와 로버트 노직과 같은 학자들에 의해 발전했다. 신자유주의 사상이 등장하게 된 것은 케인스 이론에 따른 큰 정부의 실패 때문이라고 볼 수 있다. 1970년대 이후 장기불황의 문제를 해결하지 못한 케인스주의[19] 경제정책의 무능력과 초국가적 자본의 세계화에 따른 민족국가 형태의 제한성을 비판하며 등장한 것이 신자유주의이다.

신자유주의자들은 당시의 경제위기가 무리한 복지정책과 공공부문의 확대, 자본에 있어서의 정부의 지나친 개입으로 초래되었다고 보았다. 1980년대 영국의 대처 정부와 레이건 정부의 정책으로 대표되는 대처리즘Thatcherism과 레이거노믹스는 신자유주의의 대표적인 정책이라고 할 수 있다. 영국의 대처는 수상으로 집권하면서 비효율적인 국영기업을 민영화하고 복지예산을 줄이며, 정부의 규모를 축소하면서 세금을 줄이고 노동의 유연성을 확보해 기업환경을 개선함으로써 시장을 활성화시켰다. 미국의 레이건 대통령은 집권하면서 '강한 미국'을 주장하면서 복지예산과 환경예산을 축소하고 세금을 감면해 시장의 활성화를 꾀했다.

이런 신자유주의적 전략은 자본의 자유로운 이동을 따라 세계 곳곳에 자리 잡았으며, 세계 각국의 개방을 촉구하게 되었다. 우루과이라운드 타결과 세계무역기구WTO; World Trade Organization의 설립은 자본의 자유로운 이동을 보장하기 위한 것이었고, 후진국들은 공산품은 물론 농산물과 서비스 분야까지 시장을 개방함으로써 유치산업을 보호할 수 없게 되었다. 이렇듯 신자유주의 정책의 근간을 이루는 논리는 경제 및 사회 모든 영역에서 시장원리의 도입, 교육·의료·복지 등 사회 공공서비스

---

19 케인스의 유효 수요의 원리에 입각하여, 경기 순환을 안정시키고 완전 고용을 실현하기 위해서는 정부의 적극적인 개입이 필요하다는 주장이다.

재정의 감축, 자유 시장 질서를 가로막는 모든 규제의 철폐, 공공부문의 민영화, 공공재 또는 공동체 이념의 배제, 감세를 통한 기업경쟁력 제고, 산업의 구조조정, 권력의 지방이양, 자본의 자유로운 이윤추구를 보장하는 범세계화 등이다.

그러나 1990년대 후반 동아시아 금융위기에서 드러난 것처럼 적절한 규제나 제도개혁 없는 무분별한 금융개방과 자유화는 심각한 버블과 금융위기로 이어진다는 문제점을 드러냈다. 국경 없는 세계가 되고 수출을 할 수 있는 국가의 문이 여러 방면으로 열려 있다고 해도 모든 나라가 수출을 통해 이익을 얻을 수는 없다. 그러므로 강한 나라는 점점 더 강해지고 약한 나라는 점점 더 약해지는 악순환의 고리가 계속됐으며, 이는 불평등을 심화시키는 원인이 되었다. 또한 무조건적인 탈규제화와 정부의 축소가 가져온 폐해도 여러 개발도상국에서 확인되었다. 이런 점 때문에 국제통화기금IMF; International Monetary Fund은 조심스럽게 금융개방과 금융 및 사회 안전망 등의 정부기능 강화를 주장하고 있다.

문제는 이러한 상황이 어느 한 지역에 국한된 것이 아닌 전 지구적 위기로 치닫고 있다는 것이다. 1990년대 말부터 경제의 세계화와 함께 미국과 영국을 휩쓸었던 구조조정과 다운사이징 조치들이 신자유주의 경제 정책이라는 이름으로 주변사회들까지 확산되었다.[20] 이윤극대화와 확대재생산을 위한 경쟁은 더 이상 특정 국민 경제 안에서 일어나지 않고 세계 경제 수준에서 치열하게 전개되고 있다.[21] 각국의 경제는 서로 맞물려 있고 상업적인 은행과 사업체는 이미 경제적 국경을 넘어서 있

---

20 신자유주의의 폐해에 대해서는 John Gray, *False Dawn: The Delusions of Global Capitalism*, 2nd ed. (Granta Books, 2002) 참조.

21 신자유주의의 자유방임주의에서는 빈부양극화, 갑작스러운 불황, 고용의 불안정과 환경 파괴, 약소국의 수탈, 인간성의 황폐화를 초래하게 됨을 국제통화기금(IMF)과 세계은행(IBRD)도 이를 비판하고 있다. 이근식, 『자유와 상생: 새로운 시대정신을 찾아』(기파랑, 2005), 187쪽.

다. 이미 컴퓨터 연결망을 통해 전 세계가 한 순간에 연결되면서, 국제 무역의 통합과 국적을 초월하는 금융자본의 확산이 오늘의 현실이다. 이에 따라 시장 규제의 철폐를 통한 자본주의의 극대화라는 논리는 생산의 세계화로 연결된다. 국제화된 시장조건 아래서 제조업의 가격경쟁력을 강화하기 위해서는 고정비율을 높여 노동 생산성을 향상시킬 수밖에 없기 때문에 투자가 더 많이 이루어지면 이루어질수록 독점 자본가들은 보다 저렴한 노동력을 얻기 위해 생산기지를 아예 해외로 옮기거나 생산 공정의 국제적 분업에 근거한 아웃소싱을 통해 비용을 절감하는 일에 나섰다. 결국 실업문제는 해결되지 않았고, 국가의 사회복지 지출이 축소되는 상황에서 실업자들을 비롯한 저소득층의 삶의 처지는 급속히 악화되었다.

전 세계 취업인구의 경제활동 종류별 구성은 지난 20년 동안에 급격히 변했다. 농업과 어업 부분에 종사하는 취업인구는 1970년의 22%에서 1990년대에는 12%로 떨어졌다. 제조업 부분의 취업인구는 같은 기간에 25%에서 22%로 떨어졌다. 그러나 상업, 운송, 은행 및 서비스 등 제 3차 산업에 종사하는 취업인구는 같은 기간에 42%에서 56%로 늘어났다. 개발도상국들에 국한해서 보면 제 3차 산업은 1970년도에는 40%이던 것이 1990년에는 57%로 늘어난 반면 농업과 어업은 30%에서 15%로 줄어들었다. 노동력은 점점 더 생산성이나 수익성이 높은 경제활동 분야들을 향해 이동하고 있다. 이렇듯 신자유주의 지배체제는 마치 자신이 일종의 초거대 고용주인 것처럼 행세하고 있다. 이 고용주에겐 전 지구적 시장은 '현재적'인 방법으로 경영되는 '단일기업체'일 따름이다.[22] 이에 따라 자본은 국가제도 와해와 경제적 국경 붕괴, 수백만에 이르는

---

22 전태일을 따르는 민주노조운동 연구소, 『신자유주의와 세계민중운동』(한울, 1998), 65-66쪽 참조.

빈곤층 양산으로 귀결된 거시 경제적 정책을 통해 최대이윤추구라는 자기 목적을 실현해 왔다.[23]

이처럼 자본소득이 빠른 속도로 늘고 임금소득이 제자리걸음을 하거나 심지어 감소하는 신자유주의 상황 아래서 사회가 '20대 80의 사회'로 양극화될 수밖에 없다. 국가의 경제 개입이 축소되어 자본이 더욱 쉽게 수익성을 추구하게 되면, 노동의 현실은 더욱 고달파지게 될 것이다. 여기에 더해서 자본과 기술에 의해 조직되는 노동과정과 생산과정은 생태계의 건강성과 안정성을 해치는 방향으로 치닫고 있다.

최근 인류는 상상을 초월하는 생태계파괴로 인한 자연재앙을 경험하고 있다. 엘니뇨 현상, 라니뇨 현상 등 예측 불허의 이상기후 변화가 발생하고 있다. 이것들은 태풍, 폭설, 혹한, 혹서, 기근뿐만 아니라 인도네시아에 큰 산불까지 일으키고 있다. 세계 곳곳에서 사막화 현상이 나타나고 우리의 경우 삼한사온이 없어지고 있다. 이런 예기치 못한 이상기후 변화는 지구온난화를 가져오는 온실효과에 의한 것이다. 그런데 이러한 온실효과를 낳는 가스의 1/5이 제 3세계에서 벌어지고 있는 삼림파괴, 열대림 파괴에서 비롯되고 있다. 제 3세계 국가들의 벌채로 인한 삼림파괴는 과중한 외채를 갚기 위한 달러조달의 압박 속에서 가속화된 측면이 있다.

노동의 구약 성서적 의미

노동권의 위협 문제는 단순히 논의 문제만은 아니다. 이것은 노동하

---

23 미카엘 초스도브스키, 이대훈 역, 『빈곤의 세계화』(당대, 1998), 13-14쪽 참조.

는 인간의 자기 정체성 혼란을 가져올 수 있다. 그러기에 실업은 반드시 극복해야할 개인과 사회적 문제이다. 이에 대해, 실업의 심각성과 바람직한 노동관을 정립하기 위한 근거로서 구약성서의 노동윤리로 노동의 근거·자세·한계·휴식을 살펴본 후, 사회윤리적 의미를 제시하고자 한다.

1. 노동의 근거와 노동신앙

먼저 주지할 사실은 역사적으로 볼 때, 노동을 부정적으로 보는 시각들이 많이 있었다는 것이다. 하경택은 영혼과 육체를 이분법적으로 이해했던 고대 헬라시대에서는 육체노동에 대한 이해가 부정적이었음을 지적하였다. "고대 헬라 철학자들(호머, 헤시오드, 플라톤, 아리스토텔레스 등)은 육체노동을 노예들의 행동으로 치부했고, 육체적인 노동을 해야 하는 사람들은 정치적 영역에서 제외되었다."[24] 이는 이런 육체노동을 해야 하는 사람들은 덕성을 갖춘 행동을 하기에 부적절한 사람들로 여긴 것으로 볼 수 있다.[25]

양승훈은 이러한 고대 헬라의 노동관은 기독교 신학에도 깊은 영향을 주었음을 말하였다. "어거스틴과 아퀴나스는 인간의 삶을 '활동적인 삶'vita activa과 '관조적인 삶'vita contemplativa으로 구분하면서 관조적인 삶을 더 가치 있는 것으로 평가했다."[26] 이러한 전통은 현대신학에까지도 이어졌다. "하버마스J. Habermas는 노동 자체가 인간의 타락 이후 저주 아래에 놓여 있는 것으로 보게 하고, 케누M. Chenu는 구약성서에 나타나는 노

---

24 하경택, 「'노동'과 '쉼'에 대한 구약성서의 이해」, 『교육목회』, 26권, 가을(2005), 27쪽.
25 "육체노동으로부터 자유로운 한가로움(σχολη)이 철학이나 정치가 추구하는 목적이 되었다. 이 낱말에서 스콜라(schola)와 학교(schule)라는 말이 생겼다." "위의 논문", 27쪽.
26 양승훈, 『기독교 세계관』(CUP, 2002), 193쪽.

동의 의무적인 성격을 속죄사상과 연결시키고 있으며, 메네A. Menes는 원역사Urgeschichte의 사회정치적인 배경에 관한 연구에서 신의 동산에서는 노동이 행해지지 않았고 노동 자체는 저주라고 전제한다."[27]

그렇다면 구약성서는 노동을 어떤 관점에서 바라보는가? 구약성서는 노동을 죄의 결과로 보는 개념이 있다.[28] 창세기를 보면, 하느님의 모습대로 창조된 인간은 하느님의 동산에서 하느님이 만든 창조물들을 다스리며 지키는 사명을 부여받으면서, 선악을 알게 하는 나무는 먹지 말 것을 계명으로 받았다. 그러나 인간은 뱀의 유혹으로 하느님이 금지한 계명을 어기고 선악을 알게 하는 나무를 먹음으로 타락하게 되었으며 그로 인해 인간에게는 수고하고 노동해야만 먹을 것을 얻을 수 있도록 저주가 내려졌다.[29] 이 구절이 그 유명한 원죄설原罪說[30]의 근거이고, 노동의 기원이다. 이에 따라 노동을 인간의 타락에 따른 죄의 결과라고 이해한다. 인간의 노동을 매우 힘든 삶의 과정으로 말하는 성서구절도 있다.

사람이 하늘 아래서 제아무리 애를 태우며 수고해 본들 돌아올 것이 무엇이겠는가? 날마다 낮에는 뼈아프게 일하고 밤에는 마음을 죄어

---

27 하경택, "앞의 논문", 27쪽.
28 하버마스(J. Habermas)는 노동 자체가 인간의 타락 이후 저주 아래에 놓여 있는 것으로 보았다. 하경택, "앞의 논문", 27쪽.
29 창세기 3장 17-19절.
30 원죄(original sin, 原罪)는 기독교 교리에서 모든 인간이 나면서부터 처하게 되는 죄의 상황이나 상태, 또는 기원(이유나 근거)을 가리키는 말이다. 전통적으로는 그 기원이 최초의 인간인 아담의 죄에 있다고 보며, 아담 이후로 그의 죄책이 후손들에게 유전되었다고 본다. 원죄 교리의 근거는 성서에 있다. 인간의 상황(고통·죽음·죄를 향하는 보편적 경향)은 『구약성서』 창세기 처음 몇 장에 나오는 첫 사람의 타락기사에 의해 설명되지만, 죄가 유전적으로 모든 인류에 전가되었다는 구체적인 언급은 『구약성서』에는 없다. 『신약성서』 4개의 복음서에도 인간의 타락과 보편적인 죄의 개념이 간접적으로 언급될 뿐이다. 이 교리의 주된 성서적 근거는 사도 바울로의 저작들, 특히 로마인들에게 보낸 편지 5장 12-19절에 있다. 난해한 이 본문에서 바로로는 아담과 예수 그리스도를 비교하면서 죄와 죽음이 아담으로 인해 세상에 들어왔지만, 은총과 영원한 생명은 예수 그리스도로 말미암아 더 풍성하게 왔다고 했다.

걱정해 보지만 이 또한 헛된 일이다.[31]

이것은 노동이 인간의 일평생 주어진 무거운 짐이며 수고와 고뇌로 가득 찬 허무한 것으로 보는 개념이다. 이러한 구약성서의 노동관이 구약성서 전체에 면면히 흐르는 맥脈이라고 말할 수 있을까? 앞서 살펴본 바와 같이 노동을 "인간의 죄에 대한 벌저주"이라고 보는 사람들이 있다. 이들은 노동의 기원을 아담과 하와가 하느님의 명령을 어겼기 때문에 에덴동산에서 쫓겨나면서 받은 벌이라고 이해한다.[32]

이러한 주장의 성서적 근거로 위에 제시한 창세기 3장 17-19절을 언급한다. 이 구절은 인간의 타락 이후 하느님이 내린 저주의 말 가운데 일부이다. 하느님은 선악을 알게 하는 나무를 먹은 아담 즉 남편을 노동을 해야만 먹고 살 수 있도록 저주한다. 창세기 1장 29-30절의 창조기록을 보면, 하느님은 인간이 노동하지 않고도 자연의 열매와 양식으로 살 수 있도록 해 주었다. 그러나 인간이 하느님을 배반하고 하느님과 같이 되려고 한 결과 저주가 내려진 것이다. 그러므로 노동의 기원은 타락과 밀접하게 연관되어 있다는 것이다. 이러한 인간의 타락으로 인한 에덴동산으로부터의 추방은 곧 인간이 노동할 수밖에 없게 되었음을 말해준다. 이제 인간은 노동하지 않고는 살아갈 수 없게 되었다. 노동은 인간의 숙명이 된 것이다.[33]

---

31 전도서 2장 22-23절.
32 이러한 견해에 대한 가톨릭의 수장인 교황의 회칙도 있다. "교황 네오 11세는 '노동은 사실 너무 자주 잊어버리고 있지만 죄의 표징 아래에서 세상 안에 그 모습을 드러냈고'라고 말했으며 네오 12세는 '거기에는 심오한 사상 즉, 인간의 타락 후에, 하느님이 첫 번째 인간에게 그의 이마에 땀을 흘리게 함으로써, 땅에서 그의 빵을 얻게 하기 위해 노동을 부과했다'라고 하였다" 권철호, 「회칙 〈노동하는 인간〉의 노동관」, 가톨릭대학교 대학원 석사 학위 논문(1994), 9쪽.
33 케누(M.Chenu)는 구약성서에 나타나는 노동의 의무적인 성격을 속죄사상과 연결시켰고, 메네(A. Menes)는 구약성서의 원역사(Urgeschichte)의 사회정치적인 배경에 관한 연구에서 하느님의 동산에서는 노동이 행해지지 않았고 노동 자체는 저주라고 전제하였다. 하경

인간의 노동에 대한 기원을 부정적으로만 보는 견해는 창세기를 좀 더 깊게 살펴보면 그렇지 않음을 알 수 있다. 주목할 점은 아담과 하와가 벌을 받기 전에 그들은 이미 노동의 의무와 권리를 가지고 있었다. 이에 대해 창세기를 좀 더 깊이 살펴보면 다음과 같다.

> 땅에는 아직 아무 나무도 없었고, 풀도 돋아나지 않았다. 야훼 하느님께서 아직 땅에 비를 내리지 않으셨고 땅을 갈 사람도 아직 없었던 것이다[34]

이 구절에는 창조 이전의 시간이 묘사된다. 이 때는 초원의 식물과 경작지의 채소는 없었지만, 동시에 비와 사람도 없었다. 초원의 초목은 비만 오면 충분하지만, 경작지는 인간의 노동을 필요로 한다. 하느님은 자신의 모습을 따라 인간을 창조하였다.

> 하느님께서는 "우리 모습을 닮은 사람을 만들자! 그래서 바다의 고기와 공중의 새, 또 집짐승과 모든 들짐승과 땅 위를 기어 다니는 모든 길짐승을 다스리게 하자!" 하시고, 당신의 모습대로 사람을 지어내셨다. 하느님의 모습대로 사람을 지어내시되 남자와 여자로 지어내시고[35]

쬘레는 '하느님의 모습대로'라는 말 속에는 하느님과 마찬가지로 인간도 노동하는 자라는 의미도 포함되어 있음을 말하였다.[36] 강원돈도 노동윤리의 신학적 근거로서 인간이 하느님의 모습으로 지음 받았다는 것은

택, "앞의 논문", 27쪽.
34 창세기 2장 5절.
35 창세기 1장 26~27절.
36 도로테 쬘레, "앞의 책", 103쪽.

인간의 노동이 인간학적으로나 생태학적으로 하느님의 뜻을 수행해야 함을 의미하는 것으로 말하였다.[37] 바로 이런 이유로 인간은 노동을 하려는 내적 추진력을 가지고 태어난다고 말할 수 있다. 창세기 2장 15절도 인간의 노동을 긍정적인 의미로 말한다.[38] 이 구절에서 "동산을 돌보는 것"이 인간의 노동으로 볼 수 있다. 또한 창세기 2장 18-20절에는 '일'이라는 표현이 분명히 드러난다. 아담은 하느님의 뜻에 따라 들짐승과 공중의 새들의 이름 짓는 '일'을 했다.

더욱이 주목할 것은 하느님이 여자를 만드는 이유가 아담의 일노동이 과중하여 그 일을 도와줄 즉, 함께 노동해야하는 노동자로서 여자를 만든다는 것이다. 그러므로 인간이 타락이후 그 징벌로서 노동이 주어졌다는 견해는 수정되어야 한다. 만약노동이 하느님의 저주 아래 놓여 있다고 한다면, 그 저주를 감당할용서받을 기회를 갖지 못한 인간은 돌이킬 수 없는 또 한 번의 무서운 저주를 받게 되는 것이다. 손규태는 노동하지 못하게 하게 되는 실업이 갖는 문제를 심각한 저주로 이해하여 실업극복은 기독교 윤리적 실천과제로서 그 어떤 문제보다 매우 중요한 것임을 일깨워주었다.[39] 그러므로 인간은 타락 이전에 이미 노동을 함으로써 자신의 존재론적 의의를 갖는다. 인간은 창조질서의 하나로서 피조물이며 동시에 창조질서를 가꾸는 청지기로서 사명을 감당한 하느님의 뜻에 따른 노동자이다. 죌레는 노동하는 인간이 하느님의 모습을 실현하는 하느님의 공동창조자임을 말하였다.[40]

창세기에서 하느님은 인간에게 자신이 창조한 세상을 경작할 것을 명령하였고, 모든 동물의 이름 짓는 일노동을 하라고 명령하였다. 하느님은

37 강원돈, 『인간과 노동』(민들레책방, 2005), 14쪽.
38 "야훼 하느님께서 아담을 데려다가 에덴에 있는 이 동산을 돌보게 하시며"(창세기 2장 15절).
39 손규태, 「노동에 대한 성서적 신학적 명상」, 『말씀과 교회』, 20권, 겨울(1998), 35-36쪽 참조.
40 도로테 죌레, "앞의 책", 102쪽.

인간에게 육체적 노동경작; 나뭇가지를 치고 밭을 가는 노동과 정신적 노동동물과 식물의 이름을 짓는 노동, 이 두 가지 모두 해야 함을 명령하였다. 둘 중 어느 한쪽이 다른쪽보다 더 위대한 것도, 더 중요한 것도 결코 아니었다. 그러므로 구약성서의 노동관은 육체적 노동과 정신적 노동을 모두 중요시한 것으로 볼 수 있다.[41]

창세기 1장 27-28절에는 하느님의 모습대로 창조된 인간에게 땅과 그 안에 있는 모든 만물을 지배하며 다스리는 명령이 주어진다. 하느님은 에덴동산을 운영하고 돌보기 위해 아담을 그곳에 두었다.

> 야훼 하느님께서 아담을 데려다가 에덴에 있는 이 동산을 돌보게 하시며[42]

인간은 이 명령에 복종해야하며, 하느님으로부터 주어진 명령을 완전히 수행해야만 한다. 그러므로 창세기의 노동관을 알려주는 결정적인 견해는 노동을 하느님의 창조 작업에 동참하는 것으로 봐야 한다. 이는 '창조의 동참으로서 노동'이라고 볼 수 있다.

창세기 2장 15절에서 하느님은 인간을 창조하고 에덴동산을 건설하자마자 곧바로 인간을 동산 안에 데려가서는 에덴동산을 다스리며 지키라고 명령한다. 하느님은 피조물을 인간에게 선물로 주고, 이 선물을 돌보고 지키는 것을 인간의 과제로 주었다. 노동은 창조 질서에 속하는 것으로써 인간이면 누구나 하느님의 뜻에 따라 당연히 해야 하는 것이 되었다. 또한 창세기 1장 26-30절과 2장 15절[43]에서 인간은 자연을 돌보는

---

41 베스터만은 구약성시의 칭그 설명에서 인간은 완전한 통일체로 창조되었다고 말하면서, 영과 육, 또는 몸, 영, 혼으로 나누어진 상태가 아니라고 한다. 성서는 어떤 분리도 허용하지 않으면서 영혼과 육체를 모두 중시한다. Claus Westermann, Creation, (Philadelphia: Fortress Press, 1974), p. 78.

42 창세기 2장 15절.

통치권을 부여받았다. 피조세계는 하느님이 인간의 노동을 위해 준비한 것이다.

노아 홍수 사건 이후에 하느님은 낮과 밤, 파종기와 수확기[44]라는 자연적 순환을 유지할 것을 약속했다. 이로써 노아는 다시 땅에 충만할 것과 그것을 정복할 것을 명령받고 있다.[45] 그러나 인간은 자신의 생존을 위하여 피조된 자원들을 사용해야 하지만 피조세계를 함부로 이용하거나 파괴해서는 안 된다. 하느님은 인간에게 피조세계의 관리자로서 청지기직을 수행할 소명召命을 부여하였다. 모든 인간이 하느님을 위한 청지기라는 사실은 땅은 궁극적으로 하느님에게 속하고,[46] 또 제 7년에는 땅을 묵히는 안식년을 지켜야 하며 이방인에게 팔아서는 안 되며 심지어 왕에게도 양도되어서는 안 된다[47]는 율법의 주장 속에 함축되어 있다. 그것은 또한 하느님이 인간에게 살 수 있는 환경을 제공하고 그에게 통치권을 허락한다는 창조기사에도 함축되어 있다. 그러므로 인간의 노동은 타락의 결과가 아니라 창조규정으로서 이해해야한다.

구약성서의 노동관에서 가장 주목할 사실은 하느님을 노동하는 존재로 묘사한다는 점이다. 이 말은 태초부터 노동이 있었다는 말과 같다. 즉, 태초에는 하느님의 창조라는 노동이 있었고 그 노동은 하느님의 일이었다. 예레미야서를 보면, 하느님이 진흙을 빚는 토기장이의 모습으로 나타난다.

43 야훼 하느님께서 아담을 데려다가 에덴에 있는 이 동산을 돌보게 하시며.
44 땅이 있는 한, 뿌리는 때와 거두는 때, 추위와 더위, 여름과 겨울, 밤과 낮이 쉬지 않고 오리라.(창세기 8장 22절)
45 창세기 8장 15-22절 참조.
46 레위기 25장 참조.
47 그러나 나봇은 아합 왕의 청을 거절하였다. "선조들에게서 물려받은 이 포도원을 임금님께 드릴 수는 없습니다. 천벌을 받을 짓입니다."(열왕기 상 21장 3절).

진흙이 옹기장이의 손에 달렸듯이 너희 이스라엘 가문이 내 손에 달린 줄 모르느냐? 이스라엘 가문아, 내가 이 옹기장이만큼 너희를 주무르지 못할 것 같으냐? 야훼가 하는 말이다.[48]

시편에서도 노동하는 하느님의 모습이 보인다. 시편에서도 하느님의 노동에 대해 "우주를 하느님의 손으로 지음 받은 하느님의 작품"이라고 증언한다. 이 말은 하느님이 창조행위를 할 때, 인간이 노동하는 것과 같이 손을 사용해서 창조를 위한 노동을 한 것으로 볼 수 있다. 그러므로 창조물은 하느님의 손길을 통해 전해지는 체온을 느낄 수 있을 정도로 하느님과 가까운 관계를 맺게 된다.

당신의 작품, 손수 만드신 저 하늘과 달아놓으신 달과 별들을 우러러보면[49]

손수 만드신 만물을 다스리게 하시고 모든 것을 발밑에 거느리게 하셨습니다.[50]

하늘은 하느님의 영광을 속삭이고 창공은 그 훌륭한 솜씨를 일러줍니다.[51]

또한 "하느님 자신이 하는 일은 크고 깊다든지", "하느님의 일은 놀랍게 오묘하고 훌륭하다"는 구절들이 있다.

---

48 예레미야 18장 6절.
49 시편 8편 3절.
50 시편 8편 6절.
51 시편 19편 1절.

야훼여, 하신 일이 어이 이리 크시옵니까? 생각하심 또한 어이 이리 깊으시옵니까?[52]

야훼여, 손수 만드신 것이 참으로 많사오나 어느 것 하나 오묘하지 않은 것이 없고 땅은 온통 당신 것으로 풍요합니다.[53]

야훼께서 하시는 일들이 하도 장하시어 그 일들을 좋아하는 사람 모두가 알고 싶어 한다.[54]

창세기 1장을 보면, 하느님은 엿새 동안 천지창조의 노동을 하면서, 자신의 노동의 결과를 보고, "보시니 좋았다", "보시니 참 좋았다"는 말을 한다.[55] 그리고 일곱째 날에는 휴식하였다.

하느님께서는 엿샛날까지 하시던 일을 다 마치시고, 이렛날에는 모든 일에서 손을 떼고 쉬셨다.[56]

여기서 주목할 것은 인간을 창조한 날이 여섯째 날이라는 점이다. 하느님은 첫째 날_{일요일} 빛을 창조하였고, 여섯 째 날_{금요일} 인간을 창조하였다. 예수 그리스도는 이 여섯 째 날 인간과 생태계의 구원을 위한 십자가를 짊어지는 노동을 하였고, 안식 후 첫 날인 하느님의 창조 시작

---

52 시편 92편 5절.
53 시편 104편 24절.
54 시편 111편 2절.
55 보시기에 좋았다(4절), 보시니 참 좋았다(12절), 보시니 참 좋았다(18절), 보시니 참 좋았다 (21절), 보시니 참 좋았다(25절), 보시니 참 좋았다(31절). 바르트는 여섯째 날의 "보시기에 참 좋다"는 선포가 피조물이 그 자체로 완결된 우주로 창조되었음을 보여주며, 피조물의 완성은 피조물 가운데서 활동하는 하느님의 노동의 시작을 뜻한다고 본다. Karl Barth, *Kirchliche Dogmatik*, III/1(Zurich, 1947), 249을 강원돈, 『인간과 노동』, 22-23쪽에서 재인용.
56 창세기 2장 2절.

일일요일에 영혼만이 아닌 육체도 함께 부활하여 사람들에게 나타났다. 인간은 직접 노동한 하느님의 모습을 직면하면서, 하느님을 닮아가는 노동에 참여해야한다. 죌레는 인간이 지닌 '하느님의 모습'을 하느님의 속성인 '사랑과 노동'으로 이해하였다. 노동은 넓은 의미에서 하느님의 모습의 일부가 되는 것이다.[57] 하느님은 이 세상을 창조하고 자신의 모습대로 만든 인간을 단순한 방관자나 제 3자로 머물게 하지 않았다. 오히려 하느님은 인간을 자신과 힘을 합해 자연을 더욱 조화롭게 만들어가는 동반자로 그 사명을 부여하였다.

고대 근동의 인간 창조 이야기로 바벨론의 창조서사시 "에누마 엘리쉬"기원전 1900-1700년경가 있다. 여기서 인간 창조는 낮은 계급의 신들이 반란을 일으키자 높은 계급의 신들은 이 반란을 무마하기 위해 인간을 창조하고 인간들로 하여금 낮은 계급의 신들이 하던 노동을 전담시키게 되었으며 이로 인해 신들은 휴식을 취하게 되었다고 한다. 그러나 구약성서는 그 반대다. 하느님이 인간을 위하여 일하며 인간을 위해 세계를 창조한다. 그러므로 구약성서에서 노동은 저주가 아니라 하느님의 축복 아래에 있는 창조질서이다. 또한 휴식도 하느님 자신이 엿새 동안 일하고 제 7일에 쉬면서 인간에게도 휴식을 명령하는 것으로 나온다. 그리고 자신의 창조질서 보전과 관리에 인간을 참여시킨다.[58]

출애굽기는 브사렐과 오홀리압이 하느님의 지혜를 받아 정교한 공작을 하는 장인들이었음을 알려준다.[59] 이러한 기록은 그들의 노동에 대한 사회적 역할과 기능이 매우 소중한 것으로 여겨졌음을 보여주는 것으로 볼 수 있으며, 이들의 노동에 하느님이 직접 개입하였음을 보여준다. 이

---

[57] 도로테 죌레, "앞의 책", 103쪽.
[58] 한국신학연구소 성서교재위원회, 『함께 읽는 구약성서』(한국신학연구소, 1992), 33쪽; 장일선, 『구약세계의 문학』(대한기독교서회, 1994), 331쪽; 도로테 죌레, "위의 책", 29쪽 참조.
[59] 출애굽기 31장 1-11절 참조.

들의 노동은 하느님뿐만 아니라 당시 지도자인 모세를 비롯한 모든 이스라엘 사람들에게도 귀하게 여겨졌다.[60] 인간의 노동을 해가 뜨는 것이나 사자가 사냥하러 나가는 것과 같이 자연스러운 것으로 간주하여 말하기도 한다.

> 사자들은 하느님께 먹이를 달라고 소리 지르며 사냥을 하다가도 해가 돋으면 스스로 물러가 제자리로 돌아가 잠자리 찾고 사람은 일하러 나와서 저물도록 수고합니다.[61]

노동의 대가를 얻어서 누리는 것을 긍정하기도 한다.

> 그러니 제 손으로 수고해 얻은 것을 즐기는 것밖에 좋은 일이 없다. 그것이 사람마다 누릴 몫이다. 죽은 다음에 어찌 될지를 알려줄 자 어디 있는가![62]

이와 같은 구절을 통해 알 수 있는 것은 구약성서는 손으로 하는 노동을 경멸하지 않았으며 수고하는 것을 높이 생각하였다는 것이다.

그러므로 노동은 모든 인간에게 공통적으로 부여된 의무로서 긍정적이고, 적극적인 차원에서 이해해야한다. 인간은 하느님의 모습을 따라 노동을 수행해야 하며, 하느님의 모습을 완성할 수 있어야한다.[63]

---

60 출애굽기 31장 참조.
61 시편 104편 21-23절.
62 전도서 3장 22절.
63 "인간은 자신에게 주어진 노동을 잘 감당하면 이 노동을 통해 하나님의 축복을 받게 된다. 이러한 축복 아래에 놓인 인간은 행복한 인간이다" 오성춘, 『기독교인의 직업과 영성』(장로회신학대학교 출판부, 2001), 90쪽.

2. 노동의 사회윤리적 의미

구약성서는 노동의 차원이 개인적 차원뿐만 아니라 사회적 차원도 있음을 일깨워준다. 이스라엘 민족이 이집트에서 노예생활을 할 때, 이집트의 왕은 이스라엘 백성의 성장을 시기하여, 이를 막기 위해 부역 감독관들을 이스라엘인에게 세우고, 무거운 짐부담을 지워 억압하였다. 이스라엘 민족은 이집트의 억압으로 인하여 혹독한 강제노동의 고역을 겪게 되었다. 이집트 왕의 사악한 시도는 반대로 하느님의 보호와 축복을 이스라엘인들에게 내리게 하였다. 그러므로 이집트 왕의 억압은 실패하고 말았다.

> 마침내 파라오는 온 백성에게 명을 내렸다. "히브리인들이 계집아이를 낳으면 살려두되 사내아이를 낳으면 모두 강물에 집어넣어라."[64]

하느님은 이스라엘 민족의 고통 소리를 듣고 그들의 선조[65]와 맺은 계약을 기억하고,[66] 해방을 약속하였다.

> 야훼께서 계속 말씀하셨다. "나는 내 백성이 이집트에서 고생하는 것을 똑똑히 보았고 억압을 받으며 괴로워 울부짖는 소리를 들었다. 그들이 얼마나 고생하는지 나는 잘 알고 있다. 나 이제 내려가서 그들을 이집트인들의 손아귀에서 빼내어 그 땅에서 이끌어서, 젖과 꿀이 흐르는 아름답고 넓은 땅, 가나안족과 헷족과 아모리족과 브리즈족과 히위족과 여부스족이 사는 땅으로 데려가고자 한다."[67]

---

64 출애굽기 1장 12절.
65 하느님은 아브라함, 이삭, 야곱으로 이어지는 이스라엘 민족의 선조들에게 젖과 꿀이 흐르는 땅으로 인도할 것을 약속하였다.
66 출애굽기 2장 23-25절 참조.

강한 사람들이 약한 사람들을 지배하는 형태는 노동현장에서 억압의 구조로 나타나곤 한다. 이렇게 주어지는 노동은 인간에게 성취감을 부여하는 것이 아니라, 감당하기 어려운 고통으로 인한 슬픔과 괴로움으로 자존감의 비하를 가져다 줄뿐이다. 이사야 65장 17-25절은 새로운 창조질서로서, 새 하늘과 새 땅을 말하고 있다. 여기서는 이스라엘 민족이 오랜 바벨론 포로기를 마감하는 때를 맞이하여, 새롭게 출발하는 새로운 공동체의 이상과 지표가 담겨져 있다. 이사야서는 새로운 창조에 의해 탄생할 이스라엘 민족의 새로운 공동체는 무엇보다도 평화의 공동체를 지향한다고 말한다. 여기서 추구하고 있는 평화는 '정의', 그 중에서도 '경제적 정의'의 실현을 통하여 실현될 수 있다고 보았다.

> 사람들이 제 손으로 지은 집에 들어가 살겠고 제 손으로 가꾼 포도를 따 먹으리라. 제가 지은 집에 남이 들어와 사는 것을 보지 않겠고 제가 가꾼 과일을 남이 따 먹는 것도 보지 아니하리라. 나의 백성은 나무처럼 오래 살겠고 내가 뽑은 자들은 제 손으로 만든 것을 닳도록 쓰리라.[68]

그렇게 함으로 노동의 결과가 정당하게 누려지고 정당하게 분배되는 사회를 추구한다. 이러한 사상은 바벨론 포로기 후기에 양극화된 사회질서[69] 속에서 배태되었다. 이와 같은 양극화된 사회질서는 시간이 흐름에 따라 더욱 악화되어졌다. 따라서 정의의 실현을 통해 평화를 이룩하려는 평화 운동은 지속적으로 이사야를 비롯한 수많은 예언자들에 의해 선포되었고, 예수로 인해 펼쳐지는 신약 시대의 하느님의 나라 운동으

---

67 출애굽기 3장 7~8절.
68 이사야 65장 21~22절.
69 소수의 부유한 지배 계급과 다수의 가난한 피지배 계층이 확연하였다.

로 이어져 더욱 강조되었다. 이는 예수가 그의 공생애公生涯를 시작할 때 회당에서 의도적으로 이사야서를 읽어 자신이 펼쳐나갈 하느님 나라 운동의 방향을 말한 것으로 알 수 있다.

예수께서는 자기가 자라난 나자렛에 가셔서 안식일이 되자 늘 하시던 대로 회당에 들어가셨다. 그리고 성서를 읽으시려고 일어서서 이사야 예언서의 두루마리를 받아 들고 이러한 말씀이 적혀 있는 대목을 펴서 읽으셨다. "주님의 성령이 나에게 내리셨다. 주께서 나에게 기름을 부으시어 가난한 이들에게 복음을 전하게 하셨다. 주께서 나를 보내시어 묶인 사람들에게는 해방을 알려주고 눈먼 사람들은 보게 하고, 억눌린 사람들에게는 자유를 주며 주님의 은총의 해를 선포하게 하셨다."[70]

다음으로 노동의 기준으로 제시되는 율법의 경제규정을 살펴보도록 하겠다. 율법의 경제규정에서는 가족농장에서 노동하는 것이 표준으로 간주된다.[71] 어떤 이유에서건 자신의 땅을 잃어버린 사람들의 땅이 회복될 수 없다면, 그 가족의 다른 구성원들이 노동을 맡아서 그를 부양해야 한다.

너희 땅의 수확을 거두어들일 때, 밭에서 모조리 거두어들이지 마라. 거두고 남은 이삭을 줍지 마라. 너희 포도를 속속들이 뒤져 따지 말고 따고 남은 과일을 거두지 말며 가난한 자와 몸붙여 사는 외국인이 따먹도록 남겨놓아라. 나 야훼가 너희 하느님이다.[72]

---

70 루가의 복음서 4장 16-19절.
71 레위기 25장 25-41절 참조.
72 레위기 19장 9-10절.

땅이 없는 사람들과 그로 인해 가난한 사람들 그리고 외국인은 그들이 주울 수 있도록 밭의 이삭과 포도원의 열매를 할당 받는다.

> 너희와 함께 사는 너희 동족 가운데 누가 옹색하게 되어 너희에게 몸을 팔았을 경우에 너희는 그를 종 부리듯 부리지 못한다. 너희는 그를 품꾼이나 식객처럼 데리고 살며 일을 시키다가 희년이 되면 자식들과 함께 집에서 내보내어 자기 지파로 조상의 소유지를 찾아 돌아가게 해야 한다.[73]

노동의 정상적인 형태는 가족의 토지에서 노동하는 것이었다.[74] 임금 노동은 희년 때까지 자기 땅의 소유권을 잃어버린 사람들을 위한 사회적 안전장치였고,[75] 땅의 사용에 대한 결정은 가족 내부에서 이루어졌다.[76] 그러므로 가족별로 분배된 토지가 보호받는다면 개인이 노동할 기회는 결코 부족하지 않을 것이다.

그러나 만약 어떤 사람이 어려움에 빠져서 소유하고 있는 토지를 상실하게 된다면 그의 형제는 그를 보살펴 주어야 한다.[77] 그를 부양해야 하고 정당한 노동의 권리를 지닌 품꾼으로 대우해야 한다.[78] 땅을 소유하고 있지 않은 사람들, 즉 나그네와 떠돌아다니는 사람들에게도 일거리를 주어야 한다. 모든 임금 노동자들을 보호하기 위하여 그들을 잘 대우해야 하고, 노동한 그 날 임금을 지불해야 한다는 조항이 기록되어 있다.

---

73 레위기 19장 9-10절 참조.
74 레위기 25장 39-41절 참조.
75 날을 넘기지 않고 해 지기 전에 품삯을 주어야 한다. 그는 가난한 자라 그 품삯을 목마르게 바라고 있는 것이다. 너희를 원망하며 외치는 소리가 야훼께 들려 너희에게 죄가 돌아오지 않도록 해야 한다.(신명기 24장 15절)
76 도날드 헤이, 전강수 역, 『현대 경제학과 청지기 윤리』(한국기독학생회 출판부, 1996), 82쪽.
77 레위기 25장 25절.
78 레위기 25장 39-40절.

가난하기 때문에 품을 파는 사람을 억울하게 다루어서는 안 된다. 너희 나라, 너희 성문 안에 사는 사람이면 같은 동족이나 외국인이나 구별 없이 날을 넘기지 않고 해 지기 전에 품삯을 주어야 한다. 그는 가난한 자라 그 품삯을 목마르게 바라고 있는 것이다. 너희를 원망하며 외치는 소리가 야훼께 들려 너희에게 죄가 돌아오지 않도록 해야 한다.[79]

이러한 조항들은 이스라엘인이 노예가 되는 것을 방지하기 위해 고안되었던 것이다. 만약 어떤 사람이 외국인에게 빚을 져서 노예가 되면, 가까운 친족이 그를 사서 노예상태로부터 구해야 한다.[80] 또한 외국인 노동자를 대하는 태도를 일깨워주고 있다.

몸 붙여 사는 사람들을 학대하지 말라. 너희도 이집트 땅에서 몸 붙여 살아보았으니, 몸붙여 사는 자의 심정을 잘 알지 않느냐?[81]

한 걸음 더 나아가 도망쳐 온 노예를 주인에게 돌려주어서는 안 된다. 그가 성읍들 가운데 거처할 곳을 선택하도록 해야 한다는 규정도 있다.

너희 하느님 야훼께서 너희를 건져주실 뿐 아니라 너희 원수를 너희 앞에 굴복시켜 주시려고 너희 진지 가운데 머무르며 같이 진군하시겠기 때문에 너희 진지는 깨끗해야 한다. 너희 가운데 더러운 것이 있는 것을 보시고 너희 진지에서 발길을 돌리시면 어찌 하겠느냐? 주인의 손을 벗어나 너희에게 피신해 온 종을 너희는 본 주인에게 내주지 못한다.[82]

---

79 신명기 24장 14~15절.
80 레위기 25장 47-55장 참조.
81 출애굽기 23장 9절.

노동에 대한 이러한 규정에 유일한 예외는 레위 지파일 뿐이다.[83] 이들은 생존을 위한 생산수단인 땅을 소유하고 있지 않고, 종교적인 기능 이외의 노동을 할 수 없게 되어 있었다. 그러므로 다른 지파들은 이들을 위해 소득의 십일조를 바칠 의무가 있었고, 이들은 하느님에게 바친 제물의 일부를 자신들을 위해 소비할 권리도 갖는다.

최근 실업의 위협 속에서 일자리 나눔의 논의가 많아지고 있다. 자신의 기득권을 줄이는 결단으로 다른 사람의 일자리를 제공하는 함께 사는 세상을 이루자는 뜻이다. 그야말로 고통 분담의 차원에서 시작된 말이다. 그러나 이러한 결단이 개인이나 개별 단체에서 이루어져서는 한계가 있다. 보다 근본적인 차원에서 부의 재분배를 공유하는 노동의 자리를 나누고, 창출해나가는 작업과 연계되어야 한다. 이 분야에서 실제로 가능한 대안으로는 기존의 일자리를 쪼개는 방식으로 일자리 배분이 가능할 것이다. 이에 따라 노동시간의 단축을 통해 절제하며 휴식하는 인간적 삶을 누릴 수 있다. 일자리를 나누기 위해서는 보다 급진적인 노동시간의 단축이 필요하고, 안정적인 고용구조와 임금조정의 최적선이 실현되어야한다. 오늘의 실업 사태를 해결하기위해서는 유휴 노동인력을 서비스 산업 분야에 흡수할 필요가 있다. 민간서비스 분야보다는 국가의 공공 서비스를 확대하는 것이 일자리 창출을 위해 바람직할 것이다. 일시적인 공공사업을 실시하는 것은 소득 이전 효과가 있기는 하지만 오늘의 실업 문제를 해결할 수 없다.

최근 정부는 실업극복의 방안으로 '녹색뉴딜정책'을 내놓아 일자리대책을 발표하였다. 그러나 이를 깊이 살펴보면 근본적인 해결책이 아닌 미봉책에 불과함을 알 수 있다. 녹색 뉴딜저책은 이명박 정부에서 2009

---

82 신명기 23장 15-16절.
83 신명기 18장 1-8절 참조.

년 1월부터 추진했던 경제 정책이다. 기획재정부 발표에 따르면 4년간 총 50조원이 투입, 약 96만개의 일자리를 만드는 것이 목적이었다. 이 정책의 영향을 받는 관련 기업들의 주가가 상승세를 나타내었다. 또한 IT 사업에 대해서는 전력 소비형 구조에서 이른바 '그린 IT' 기술 개발을 위해 2009년 부터 5년간 5천억원을 투자했으며, 밴처 기업들도 관심을 보였다. 하지만 신중하게 추진해야 실효를 거둘 수 있다는 주장이 있다. 96만개의 일자리는 대부분 단순 노무직이나 일용직 등 이른바 '질낮은 일자리'라는 지적이 있으며, 재원 조달 계획이 부실하거나, 통계 방식이 잘못되었다는 지적이 있다. 또 겉포장만 바꾼 중복 대책이라는 평가도 있다. 4대강 정비 사업 등이 포함되어 있는 것이 대표적인 사례이다. 그리고 건설 계획을 녹색 뉴딜로 포장한다는 의견도 있다. 또한 4대강 정비 사업과 관련해 실시된 여론조사 결과에서 반대가 절반 이상으로 나타나자 결과를 숨긴 것에 대한 비판이 있다.

이병훈은 '녹색뉴딜정책'이 대부분 건설토목공사에 치중하여 고용창출효과가 낮을 뿐 아니라, 만들어지는 일자리의 95.7%가 단순생산노무직에 해당되어 고학력 청년들이나 여성 및 중·고령자들의 심각한 실업문제 해결에 별로 도움이 안 된다고 지적하면서 대부분 한시적으로 추진하는 행정인턴제도도 당장의 화급한 청년실업문제를 모면하려는 땜질식의 미봉책일 뿐임을 지적한다.[84]

오히려 교육, 보건, 환경 분야에서 국가의 투자를 늘리고 교육 서비스, 보건 서비스, 생태계 안정을 위한 공공 서비스를 획기적으로 확충하는 장기적인 공공 서비스 사업 기획이 필요하다. 경우에 따라서는 시장과 국가 영역 비깥에 시회적 일자리를 창출하기 위한 노력도 필요하다.

---

84 이병훈, 「정부의 '문제투성이' 일자리 대책」, 〈한국방송대학보〉 (2009년 9월 28일자).

이를 위해, 시장경제와 자율적 자급경제를 결합시키는 이중경제二重經濟 구상에 근거하여 노동사회를 지양하고 사회적이고 생태학적 친화성을 갖는 노동세계를 형성할 필요가 있다.[85] 그러므로 국가는 공적인 일자리 창출과 사회적 일자리 창출을 위한 획기적인 복안을 갖도록 해야 하고, 기독교는 노동의 정당성을 생활에 각인되도록 일깨워 나가야 한다.

그러나 부의 재분배에 앞서 노동할 수 있는 노동의 기회가 더 시급하다. 그런 점에서 신명기 15장 채무탕감1-6절, 시혜적 나눔의 실천7-11절 그리고 전격적인 노예해방12-18절은 사회평등법의 한 예로서, 자본과 노동의 해방을 선포하고 다시금 노동하는 기회를 제공하는 상황을 제시한다. 이 본문은 "칠 년에 한 번씩 남의 빚을 면제해 주어라."[86]는 명령으로 시작한다.

이러한 과격한 "면제의 해"가 오늘 우리의 현실에 적용가능한가? 구약성서의 이 구절이 신자유주의 이념에 따라 무한 경쟁시대를 살아가는 현대인과 사회구조 속에서 실현가능할까? 그러나 오늘 우리의 주변에서 실제로 이 이념은 실제로 시험적으로 실시되고 있다. 사회연대은행, 아름다운 재단, 사랑의열매, 사회복지공동모금회, 무담보소액대출을 해주는 은행 등은 신명기 15장의 인간적인 부의 재분배, 인격적 나눔의 경제윤리를 실행하는 좋은 예이다. 우리 사회에서 기독교는 이러한 빈곤 퇴치와 채무탕감 등을 위한 교회부설 신용협동조합이나 기독교연대와 같은 기구를 만들어 부의 재분배와 일자리 나눔에 나서야할 것이다.

메이스A. D. H. Mayes는 이 관습의 기원은 땅을 공동소유하고 개인이 일정 기간 동안 땅을 빌려 경작하도록 허락받았던 시기로 거슬러 올라

---

85 강원돈, 「지구화 시대의 대안적 노동세계에 관한 구상」, 『신학사상』118호(2002년 9월), 196-221쪽 참조.
86 신명기 15장 1절.

가야 한다고 말하였다.[87] 이 면제의 기본적 이념은 땅은 야훼에 속해있고 이스라엘은 그 땅을 경작하는 대리인으로 이해하는 것이다.[88] 노동은 인간의 모든 활동과 연관되어, 분리되거나 독립되어 있는 것이 아니다. 이에 대해 브루너는 노동의 참된 의미를 나와 하느님 그리고 이웃이라는 삼중적인 관계로 보았다. 그래서 노동을 통해서 이웃에게 봉사하고 그럼으로써 하느님에게 봉사하게 되는 노동관이 성립된다. 이와 같은 삼중적인 관계에서 파악되는 노동의 의미문제는 결국 삶 자체의 의미라는 궁극문제로까지 나아가게 된다.[89]

우리는 왜 노동하는가? 노동의 동기는 무엇인가? 이에 대해 브루너는 노동의 의미가 단순히 생계유지만이 아니라 여러 가지 의미를 지니고 있음을 말하였다. 어떤 사람은 생존을 위해 어쩔 수 없이 노동하는 것이 아니라 자발적인 의지의 발현으로 노동하고 싶어 하는 즉, 노동하지 않고는 안심하지 못하는 사람들이 있는가 하면, 노동이 자존self-respect의 의무가 되는 사람들도 있다. 그리고 노동을 종교적인 의무 즉 하느님의 소명으로 여기며 임하는 사람들도 있다.[90]

나오는 말

오늘을 사는 우리는 자신의 노동을 통해서 경제적인 삶을 영위하고

---

87 Andrew D. H. Mayes, *Deuteronomy, The New Century Bible Commentary*, Grand Rapids: Wm D. Eerdmans Publishers, 1979, pp. 247-248 참조.
88 출애굽기 23장 10-11절, 레위기 25장 2-6절, 느헤미야 10장 32절은 제 2 성전시기 초에 칠 년째 유휴지 면제와 빚 면제를 실시하였다.
89 Emil Brunner, *Christianity and Civilization*, Vol.II, (London: Nisbet Co, 1949), p. 63.
90 Ibid., p. 57.

있으며, 이를 통해서 재화를 획득하고 의식주의 해결과 교육 등을 해나가고 있다. 또한 노동은 인간이 사회적 동물로서 사회 활동에 참여하는 중요한 수단이기도 하다. 그러므로 오늘날처럼 노동할 능력이 있는 인간이 노동할 기회를 가질 수 없는 실업 사태는 인간으로서 최소한의 경제적 삶을 위한 수단을 빼앗기는 것이며, 나아가 사회에 대한 정치적 참여와 사회 활동으로부터의 소외를 의미하기도 한다. 이런 차원에서 종교는 올바른 노동관 수립이라는 사회적 과제를 제시받는다.

인간 자신보다 부차적인 인간의 능률과 결과를 더 중시하는 풍조가 만연하고 있는 이 때, 노동이 인간을 위해 있는 것임을 강조하는 일은 인간의 존엄성과 권리를 되찾는 일일 것이다. 이런 이유 때문에 노동한다는 것, 이것은 인간의 기본적인 권리이며, 모든 인간이 사회생활과 경제생활에 참여할 수 있는 자유를 보호하는 권리이기도 하다. 왜냐하면 노동이란 그 성격이나 환경에 관계없이 인간의 존엄성 자체에 따라, 인간이 사회 안에서 행할 수 있는 수많은 행위들 중에 노동으로 인식될 수 있고 또 인식되어야 하기 때문이다.

현대사회는 여러 가지 사회적인 제약 조건에 의해서 노동하는 사람들이 많아졌고, 여러 가지 이기적인 동기와 쾌락충족을 위해서 노동하는 사람들도 많아졌다. 이러한 다양한 노동의 동기를 가진 사람들이 서로 얽혀있는 것이 바로 현대사회이다. 이런 다양한 노동의 의미를 아우를 수 있는 이해의 틀을 형성하기 위해서는 보다 높은 차원의 초월적인 동기 부여가 필요하다. 그런 점에서 기독교신앙의 기저基底로서 구약성서가 말하는 노동의 의미를 통해 오늘 우리의 노동현실을 직시하고, 실천적 신앙으로서 노동의 참된 가치를 구현해 나가야할 것이다.

노동은 하느님에 의해 제정된 것이고, 하느님에 의해 긍정되고 축복된 것이다. 그러나 이러한 명제를 도출하는 것만으로는 부족하다. 노동이 하느님의 축복에 의해 제정되고 긍정되었다면 현재에도 이러한 명제가 지켜질 수 있도록 노동의 과정이 개선 되어야한다. 경제 형태가 어떠하든지, 고용의 형태가 어떠하든지 간에 노동은 여전히 하느님의 축복 아래서 피조세계에 정의와 평화의 공동체를 형성하는 것이어야 하며, 악화된 조건 속에서도 인간이 삶을 영위해 나가는 방식으로 긍정되어야 한다. 노동하는 인간의 주체성이 인정되며, 공동체 속에서 함께 하는 노동이 되어야 한다. 또한 노동하는 인간이 대체될 수 있는 부품으로 취급되어서는 안 되고, 노동이 생산한 재화의 분배에서 소외되어서도 안 되며, 노동을 통해 생활 공동체를 형성하고 보전하는 일에서 배제되어서도 안 된다. 왜냐하면 노동은 인간이 수행하는 것이며, 그렇기 때문에 노동은 인간적이어야 한다.

인간의 노동은 단순히 인간의 활동에만 그치지 않고 창조주 하느님의 활동에 참여하는 고귀한 활동으로, 그리고 고통과 수고를 동반하는 노동의 현실은 인간의 구원을 위한 예수 그리스도의 수난과 죽음에 참여하는 것이며, 이 결합을 통하여 인간은 존재의 완성을 향해 나아갈 수 있다.

글을 마치면서 나름 잘된 점과 아쉬운 점 그리고 이를 통한 차후의 과제를 제시하면 다음과 같다. 이 글은 질문하는 노동의 종교사회적 의미, 그리고 노동위기 극복의 윤리적 토대의 가능성 고찰은 결론에 이르기까지 적절히 토의되었다. 이 이슈는 작금의 한국사회에서 격렬하고 토의되고 있는 노동현장의 소리를 담고 종교, 역사, 사회적 지평 위에서 논의한다는 의미를 지니고 있다. 그러므로 이 글은 특히 노동계나 경영 일신에 있는 종교인들의 진지한 고민과 토론을 위한 깊이 있는 논점들을 짚어줄 것으로 판단된다.

그러나 들어가는 말에서 제기한 '문제의식'이 본론에서 서술한 구약성서의 노동관으로 인해 어떻게 '극복'될 수 있는 가능성이 있는지 명시적으로 제시해나가는데 미흡해 보인다. 현대 한국사회의 '노동의 문제'를 지적하고 있는데 실업, 비정규직의 확산, 신자유주의의 확산 등으로 지적한 문제들을 구약성서에서 제시하는 '노동관'이 어떻게 '명시적'으로 접촉점을 찾을 수 있는지를 더 첨예하게 전개해 나가야할 것 같다. 또한 이 글은 노동시간의 단축을 통한 직업의 'share' 등이 해결책이라고 제시하는 것 등에서 볼 수 있듯이 너무 '포괄적'으로 문제 해결을 제시하고 있다. 실제적인 문제해결로는 부족해 보이기에 이에 대한 연구는 차후의 과제로 삼는다.

참고문헌

국내물

강원돈, 『살림의 경제: 사회적이고 생태학적인 경제민주주의를 향하여』(한국신학연구소, 2001).

______, 「지구화 시대의 대안적 노동세계에 관한 구상」, 『신학사상』118호(2002년 9월).

______, 『인간과 노동』(민들레책방, 2005).

권철호, 「회칙 〈노동하는 인간〉의 노동관」, 가톨릭대학교 대학원 석사 학위 논문(1994).

박경철, 「안식일, 기독교의 오랜 전통을 새롭게 하자」, 『기독교사상』, 통권 578호(2007년 2월호).

심의보, 『직업윤리』(백산출판사, 1998).

손규태, 「노동에 대한 성서적 신학적 명상」, 『말씀과 교회』, 20권(1998년 겨울).

이근식, 『자유와 상생: 새로운 시대정신을 찾아』(기파랑, 2005).

이정배, 「노동신학의 이론적 고찰」, 『신학과 세계』, 제21호 가을(1990).

이향순, 「21세기 한국 사회와 기독교」, 정원범 엮음, 『21세기문명과 기독교』(목회자신문사, 2004).

임홍빈, 『세계화의 철학적 담론』(문예출판사, 2002).

오성춘, 『기독교인의 직업과 영성』(장로회신학대학교 출판부, 2001).

장일선, 『구약세계의 문학』(대한기독교서회, 1994).

전태일을 따르는 민주노조운동 연구소, 『신자유주의와 세계민중운동』(한울, 1998).

포레스터 비비아네, 김주경 역, 『경제적 공포』(동문선, 1997).

하경택, 「'노동'과 '쉼'에 대한 구약성서의 이해」, 『교육목회』, 26권(2005년 가을).

한국신학연구소 성서교재위원회, 『함께 읽는 구약성서』(한국신학연구소, 1992).

국내번역물

제레미 리프킨, 이영호 역, 『노동의 종말』(민음사, 1996)

미로슬라브 볼프, 이정배 역, 『노동의 미래 미래의 노동』(한국신학연구소, 1993)

도로테 죌레, 박재순 역, 『사랑과 노동』(한국신학연구소, 1993).

미카엘 초스도브스키, 이대훈 역, 『빈곤의 세계화』(당대, 1998).

피터 한스 마틴·해럴드 슈만, 강수돌 역, 『세계화의 덫』(영림카디널, 1997).

헤이 도날드, 전강수 역, 『현대 경제학과 청지기 윤리』(한국기독학생회 출판부, 1996).

신문류

김용성, 「실업 공포 청년→여성→아빠로 확산」, ‹한겨레신문›(2009년 4월 19일).

김형기, "비정규직을 위한 3시 1반", ‹한국일보›(2010년 4월 5일).

이병훈, 「정부의 '문제투성이' 일자리 대책」, ‹한국방송대학보›(2009년 9월 28일).

황수경, 「실업자 95만 명·구직단념 17만 명…'실업대란' 현실화」, ‹한겨레신문› (2009년 4월 16일).

「비정규직 자살위험, 정규직의 2.1배」, ‹한국일보›(2013년 3월 27일).

「비정규직 차별이 낳은 자살」, ‹한국일보›(2013년 8월 22일).

국외물

Emil Brunner, *Christianity and Civilization*, Vol.II (London: Nisbet Co, 1949).

__________, *The Divine Imperative* (Philadelphia: The Westminster Press, 1967).

Westermann Claus, *Creation* (Philadelphia: Fortress Press, 1974).

Andrew D. H Mayes, *Deuteronomy, The New Century Bible Commentary* (Grand Rapids: Wm B. Eerdmans Publishers, 1979).

David M. Gotdon, *Theories of Poverty and Underemployment : Orthodox, Radical, and dual Labor Market Perspectives* (Lexington : D.C. Heath and Company. 1972).

John Gray, *False Dawn: The Delusions of Global Capitalism*, 2nd ed (Granta Books, 2002).

제8부
신약성서를 통한 노동의 사회윤리적 의미[*]

들어가는 말

신약성서에서 노동에 대한 체계적인 이론을 수립하기는 어렵다.[1] 복음서에서 예수가 노동에 대해 구체적으로 언급한 내용은 별로 없다. 다만 예수도 목수 출신이었고, 많은 수의 제자들도 어부 출신이기에 이들 대부분이 노동과 관련이 있었던 사람들이었음을 추측할 수 있을 뿐이다. 신약성서에서 일상생활의 노동에 대해서 별로 언급하고 있지 않은 이유는 그 일차적인 관심이 그리스도의 '사역work'에 있었으며, 기독교인의 본연의 임무work도 궁극적으로 그리스도의 복음을 확장시키고, 하느님의 뜻을 이루기 위해 봉사하는 것에 있다고 보았기 때문이다.[2] 그럼에도 신약성서를 주의깊게 살펴보면 오늘날 우리가 이해할 노동의 참된 의미를 되새길 정신문화적 의미들이 깊고도 넓다.

이 글은 앞서 살펴본 구약성서를 통한 노동의 사회윤리적 의미가 신

[*] 이 글은 필자의 교육학석사 학위 논문인 「기독교노동의 윤리적 고찰」, 고려대학교 교육대학원 석사 학위 논문(2006)의 "신약성서의 노동관"을 대폭 수정·보완한 것이다.
1 랄프 크라머, 김성국 역, 『현대인과 노동』(법문사, 1994), 16쪽.
2 A. 리처드슨·J.H. 올드햄, 강근환 역, 『성서의 노동관』(대한기독교서회, 1981), 34-37쪽 참조.

약성서에서도 이어지는 것임을 밝힘으로 노동의 의미를 성서 전반에 흐르는 노동의 사회윤리적 의미를 되새겨 보려는 것이다. 또한 신약성서를 통해 노동의 공동체성과 사회정의에 대해 다시 한번 고찰해 보고자 한다.

예수의 노동관에 따른 윤리적 의미

1. 예수의 생애

예수의 노동관에 앞서 그의 생애를 정리하는 작업도 유익할 것 같다. 예수의 생애와 그가 활동한 지리적인 배경에 대해서는 단지 윤곽만 파악할 수 있다. 먼저 성서이외의 자료에 의하면, 티베리우스 15년[3], 즉 AD 28-29년 세례 요한이 등장하는 것을 근거로 상당히 정확하게 활동시기를 추정할 수 있다. 그러나 예수 출생 시기와 장소는 불확실하다. 마태오의 복음서 1-2장에서는 예수의 출생과 초기시절이 헤로데 1세 때와 정권의 교체기BC 4년였고, 루가의 복음서 2장에서는 예수의 출생을 아우구스투스 황제 때AD 6년 있었던 유대의 첫 번째 인구조사와 연결시킨다. 또한 BC 8년경에 행해진 인구조사에 대한 역사적 증거도 있다. 이 모든 것을 종합해볼 때 많은 자료는 출생 연도를 BC 7-6년으로 추정한다.[4]

---

3 로마 황제 티베리오가 다스린 지 십오 년째 되던 해에 본티오 빌라도가 유다 총독으로 있었다. 그리고 갈릴래아 지방의 영주는 헤로데였고 이두래아와 트라코니티스 지방의 영주는 헤로데의 동생 필립보였으며 아빌레네 지방의 영주는 리사니아였다.(루가의 복음서 3장 1절)

4 BC와 AD의 사용은 중세까지는 일반적인 것이 아니었다. 현재 우리가 쓰는 BC와 AD의

그의 출생 장소가 베들레헴이라는 전승은 다윗의 후손으로서의 메시아에 대한 구약성서 개념에 근거한 것이다. 그가 다윗의 자손이라는 신학적 주제는 다윗의 고향 베들레헴에서 태어났다는 생각을 필연적으로 포함하는 것은 아니다. 마태오의 복음서 2장에서 베들레헴은 부모가 본래 살던 곳이었으며 그들은 자녀들을 위협하는 위험 때문에 이집트를 갔다가 나자렛으로 옮긴다. 그에 반해 루가의 복음서 2장에서는 그의 부모가 실제로 나자렛에 살았으나 그를 다윗 가족 출생지의 호적에 올리기 위해 잠시 베들레헴에 머문 것으로 나타난다. 두 전승이 각각 고유한 방식대로 그가 탄생한 장소를 지정할지라도 그의 메시아성이라는 신학적 주제의 전설적 변형으로 판단해야 한다.

마태오의 복음서 1장과 루가의 복음서 3장의 상당히 다른 계보족보들에서 메시아그리스도는 다윗의 후손이라는 교리를 내포한다. 이것은 그의 메시아성에 대한 계보적 사고를 위한 유일한 신약성서의 증거이다. 그러나 두 본문은 조화될 수 없다. 그들은 본래 그의 선조들에 대한 일치된 전승은 존재하지 않으며, 그의 메시아성을 계보系譜적으로 기술하려는 시도들이 구약성서의 70인역그리스어 번역[5]을 사용하여 유대 그리스도

기점은 정확치 않다. 실제로 성탄절도 예수의 정확한 출생일은 아니다. 예수의 출생일에 대해서는 필자의 다음의 책들을 참고하기 바란다. 졸저, 『쉽게읽는 기독교윤리』(한국학술정보, 2010)와 졸저, 『고령화사회의 현실과 효윤리』(한국학술정보, 2011)에서 밝혔다.
5 70인역(Septuagint, 七十人譯). 약자로는 LXX. 『구약성서』의 그리스어 번역본. 가장 오래된 『구약성서』번역본이다. 히브리어 성서 원문을 번역한 것으로 그리스어가 국제 공용어일 때 이집트에 있는 유대인 공동체들이 사용하도록 제작하였다. 언어분석 결과 토라, 즉 모세 5경(처음 5권)은 BC 3세기 중반에, 나머지 부분은 BC 2세기에 번역되었다고 한다. '70'을 뜻하는 라틴어 septuaginta에서 유래한 '70인'이라는 명칭은 이스라엘 12지파에서 6명씩 뽑은 72명의 번역자들이 각각 독방에 들어가 『구약성서』 전체를 번역했는데, 그들의 번역이 모두 동일했다는 후대의 전설에서 유래했다. 사실 토라(율법서)와 후대의 번역본은 문체와 용례가 많이 다르다. 예루살렘의 대세사장 엘레아자르가 문하이 후원자인 프톨레마이오스 2세 필라델푸스(BC 285~246)의 요청으로 번역자들을 알렉산드리아로 보냈다는 전승이 『아리스테아스의 편지』에 처음 보이는데 별로 신빙성이 없는 자료이다. 초기 기독교가 사용한 언어는 주로 그리스어였으며, 기독교인들은 그리스도가 성취했다는 예언들을 70인역 본문에서 인용했다. 김용옥은 70인역이 초기 기독교성립에도 중요한 의의를 지님

인 집단에서 처음으로 행해졌다는 것을 보여준다. 그럼에도 그것들은 기독론그리스도의 본성에 대한 교리의 발전을 위해 중요하다. 왜냐하면 동정녀 탄생이라는 사상과 그가 다윗의 자손이라는 계보적 증명을 조화시키는 것이 어렵다는 것을 보여주기 때문이다.

마태오의 복음서 1장에서 그의 기적적 탄생이 언급되고 루가의 복음서 1장에서는 더 자세히 설명되는데, 이 전승은 하느님과 성령의 창조적 능력을 말해주며, 헬레니즘 시대의 유대교로부터 알려진 것이다. 이러한 신학적 동기가 그에게 적용되었고, 이차적으로 이사야 7장 14절[6]의 메시아 약속에 대한 그리스어 번역과 연합되었다. 어느 오래된 전승에 따르면, 그의 고향은 갈릴리 지방의 나자렛인데, 이곳은 그리스 도시의 영향을 받지 않은 유대인 거주지였다고 한다.

"나자렛 예수님, 어찌하여 우리를 간섭하시려는 것입니까? 우리를 없애려고 오셨습니까? 나는 당신이 누구신지 압니다. 당신은 하느님께서 보내신 거룩한 분이십니다." 하고 외쳤다.[7]

나자렛 예수라는 소리를 듣고 "다윗의 자손이신 예수님, 저에게 자비를 베풀어주십시오!" 하고 외쳤다.[8]

베드로가 불을 쬐고 있는 것을 보고 그의 얼굴을 유심히 들여다보며 "당신도 저 나자렛 사람 예수와 함께 다니던 사람이군요?" 하고 말

을 강조하였다. 초기기독교인들이 구약을 인용한 것도 히브리어 원전에서 인용한 거의 아니라, 거의 모두가 이 70인역에서 인용한 것이다. 정통 유대인 혈통에서 출생하고 유대율법에 누구보다도 능통하다고 자부하는 바오로가 인용한 구약성서도 히브리성서가 아닌 70인역이다. 김용옥, 『기독교성서의 이해』(통나무, 2007), 71-72 참조.

6 그런즉, 주께서 몸소 징조를 보여주시리니, 처녀가 잉태하여 아들을 낳고 그 이름을 임마누엘이라 하리라(이사야 7장 14절). 70인역에서 히브리 단어 alma, 즉 '젊은 여인'이 '처녀'로 번역됨.

7 마르코의 복음서 1장 24절.

8 마르코의 복음서 10장 47절.

하였다.[9]

젊은이는 그들에게 "겁내지 마라. 너희는 십자가에 달리셨던 나자렛 사람 예수를 찾고 있지만 예수는 다시 살아나셨고 여기에는 계시지 않다. 보아라. 여기가 예수의 시체를 모셨던 곳이다."[10]

그의 가족으로는 형제 4명과 몇 명의 누이가 마르코의 복음서 6장에서 언급된다.[11] 가족의 이름은 어머니 마리아미리암, 아버지 요셉과 형제들은 야고보야곱·요셉·유다·시몬구약 족장의 이름들이다. 그의 이름은 히브리 이름인 요수아, 즉 '여호와가 도우신다'의 그리스어 형태이다. 마르코의 복음서 6장에서 그 혹은 그의 아버지는 목수였다고 언급한다. 가족의 역사에 대한 몇 개의 단편적인 정보가 있는데, 아마 그의 아버지는 일찍 죽은 것 인지 거의 언급이 없다. 그의 어머니와 형제들, 누이들은 처음에는 그의 운동에 참가하지 않았고 오히려 그의 행동을 비난했다.

그 때 예수의 어머니와 형제들이 밖에 와 서서 예수를 불러달라고 사람을 들여보냈다. 둘러앉았던 군중이 예수께 "선생님, 선생님의 어머님과 형제분들이 밖에서 찾으십니다." 하고 말하였다. 예수께서는 "누가 내 어머니이고 내 형제들이냐?" 하고 반문하시고 둘러앉은 사람들을 돌아보시며 말씀하셨다. "바로 이 사람들이 내 어머니이고 내 형제들이다. 하느님의 뜻을 행하는 사람이 곧 내 형제요, 자매요, 어머니이다."[12]

---

9 마르코의 복음서 14장 67절.
10 마르코의 복음서 16장 6절.
11 본문에는 교리적 동기를 드러내기 위해 그들을 이복(異服)형제나 사촌들로 만들 근거가 없었기에 형제와 남매로 기록되어 전해진다.
12 마르코의 복음서 3장 31-35절.

그러나 마리아는 그의 죽음 이후에 초대 기독교회의 일원으로 언급된다.

> 그 자리에는 예수의 어머니 마리아를 비롯하여 여러 여자들과 예수의 형제들도 함께 있었다. 그들은 모두 마음을 모아 기도에만 힘썼다.[13]

그의 형제 야고보는 베드로 이후에 예루살렘 교회의 지도자였다. 4세기 교회사가인 유세비우스의 『교회사Ecclesiastical History』에 따르면, 갈릴리에 살고 있었던 유다의 손자들은 도미티아누스 황제에 의해 '다윗의 자손들'이라는 이유로 소환되었으나 정치적인 위험이 없으므로 석방되었다. 그는 가정과 회당에서 교육받았으며성서 공부, 율법에 대한 순종, 기도, 메시아의 마지막 도래에 대한 기대 등 예루살렘의 순례에 참가했다. 경건한 분위기에서 성장한 듯하며, 그가 신학적 교육을 받았음은 그의 가르침과 '랍비선생'라는 명예로운 이름에서 밝혀지는데, 그 시대에 랍비라는 칭호는 훈련되어 임명된 율법학자라는 직업에만 한정되는 것은 아니었다. 그의 초기생활과 내적 발전에 대해서는 확실히 알려진 것이 없다. 알려진 것은 루가의 복음서 2장 40-52절성전에서 소년 예수 이야기에 유일한 설화가 간직되어 있고, 위경들이 전설의 형식으로 그의 어린 시절을 밝히려고 노력했다.

세례 요한의 등장과 행동, 세례요한에게 그가 세례 받았다는 복음서의 내용은 그의 생애와 사역을 알 수 있는 최초의 역사적 근거이다. 가장 오래된 복음서[14]는 이 사건을 "예수 그리스도의 복음의 시작"[15]이라

---

13 사도행전 1장 14절.
14 신약성서의 시작은 마태오의 복음서부터이지만 저작시기에 대한 학자들의 연구에 의하면, 마르코의 복음서가 먼저이고 마태오의 복음서와 루가의 복음서가 비슷하고 마지막이 요한

고 부르는데, 이것은 그의 생애에 대한 동시대적 배경의 서술이 아니라 그리스도에 대한 메시지이다. 그러므로 세례 요한은 기독교의 관점에서 묘사된 것이다. 기독교 구원 역사에서 그의 위치는 선구자 혹은 개척자이거나 요한의 복음서에서처럼 그의 증인이다. 요세푸스는 그를 단순히 도덕 교사로, 그의 세례를 단순한 의식적 씻음으로 설명한다.

그러나 세례 요한은 예외 없이 모든 사람을 회개하라고 하면서 임박한 마지막 심판의 예언자로 광야에 등장했고, 소멸시키는 진노[16]로부터 그들을 지키기 위해, 하늘로부터 오는 더 전능하신 분의 불세례를 받을 준비를 하도록 회개하려는 자들에게 세례를 주었다. 금욕적 유목민 같은 옷, 음식, 제도, 전통적 종교장소, 세속주의로부터 멀리 떨어진 그의 활동장소유대 광야와 요르단 스텝 지역는 종말론적 설교의 열정과 인습적 경건에 대한 그의 공격을 예시해준다. 그러나 그것은 하느님이 마지막 날에 광야에서 그의 백성을 만난다는 오래된 예언자의 약속과 일치한다.

복음서들의 전승은 세례 요한의 역사를 소급하여 해석했다. 그가 요한에 의해 세례를 받았다는 것은 그가 처음에는 요한의 운동에 속했다는 것을 암시한다. 그가 세례 받은 내용은 복음서에서 '에피파니현현 이야기'로 유형화되었고, 이것을 그가 메시아로 임명되는 것으로 다룬다.

> 그 무렵에 예수께서는 갈릴래아 나자렛에서 요르단 강으로 요한을 찾아와 세례를 받으셨다. 그리고 물에서 올라오실 때 하늘이 갈라지며 성령이 비둘기 모양으로 당신에게 내려오시는 것을 보셨다. 그 때 하늘에서 "너는 내 사랑하는 아들, 내 마음에 드는 아들이다." 하는 소리가 들려왔다.[17]

의 복음서이다.
15 하느님의 아들 예수 그리스도에 관한 복음의 시작.
16 마태오의 복음서 3장 7절-12절, 루가의 복음서 3장 7절-18절 참조.

요한에 의한 하느님의 나라의 선포와 회개의 부름은 그에게 결정적인 중요성을 갖는다. 그는 요한을 예언자들 위에 놓았으며 그를 사람들 중에 가장 위대한 자라고 불렀다.

> 요한의 제자들이 물러간 뒤에 예수께서 군중에게 요한을 두고 이렇게 말씀하셨다. "너희는 무엇을 보러 광야에 나갔더냐? 바람에 흔들리는 갈대냐? 아니면 무엇을 보러 나갔더냐? 화려한 옷을 입은 사람이냐? 화려한 옷을 입은 사람은 왕궁에 있다. 그렇다면 너희는 무엇을 보러 나갔더냐? 예언자냐? 그렇다! 그런데 사실은 예언자보다 더 훌륭한 사람을 보았다. 성서에, '너보다 앞서 내 사자를 보내니 그가 네 갈 길을 미리 닦아놓으리라.' 하신 말씀은 바로 이 사람을 가리킨 것이다. 나는 분명히 말한다. 일찍이 여자의 몸에서 태어난 사람 중에 세례자 요한보다 더 큰 인물은 없었다. 그러나 하늘나라에서 가장 작은 이라도 그 사람보다는 크다."[18]

그는 자신의 사역에서처럼 세례 요한의 사역에서 다가오는 하느님 나라에 대한 징조를 보았고, 요한의 권위가 하늘로부터 온 것임을 인식했다.[19] 다가오는 하느님의 나라에 대한 예언자적 선포와 회개로의 부름[20]에서 그와 세례 요한의 밀접한 관계에 있지만 근본적인 차이가 있다. 그는 세례 요한의 투옥 이후 서른 살 가량으로 광야보다는 갈릴리 고향 마을을 중심으로 독립적인 공생애를 시작했다.

---

17 마르코의 복음서 1장 9-11절.
18 마태오의 복음서 11장 7-11절.
19 마르코의 복음서 11장 27-33절 참조.
20 "회개하여라. 하늘 나라가 다가왔다!" 하고 선포하였다. 이 사람을 두고 예언자 이사야는 이렇게 말하였다.(마태오의 복음서 3장 2절), 이때부터 예수께서는 전도를 시작하시며 "회개하여라. 하늘 나라가 다가왔다." 하고 말씀하셨다.(마태오의 복음서 4장 17절)

예수께서는 서른 살 가량 되어 전도하기 시작하셨는데 사람들이 알기에는 그는 요셉의 아들이요, 요셉은 엘리의 아들이며,[21]

그의 사역의 실제 영역은 겐네사렛 호수의 북서연안지역베싸이다·코라진·가파르나움이었다. 그는 사람들을 광야로 부르지 않았다. 그는 사람들을 그들의 거주지에서 찾았고 그들의 일상적인 생활에 참여했으며, 요한처럼 금욕적인 사람이 아니었다.

요한이 나타나서 먹지도 않고 마시지도 않으니까 '저 사람은 미쳤다.' 하더니 사람의 아들이 와서 먹기도 하고 마시기도 하니까 '보아라, 저 사람은 즐겨 먹고 마시며 세리와 죄인하고만 어울리는구나.' 하고 말한다. 그러나 하느님의 지혜가 옳다는 것은 이미 나타난 결과로 알 수 있다.[22]

그는 유랑하는 설교자로서 그들 가운데서서 일했고마태오의 복음서 8장 22절, 카리스마적인 기적을 행했으나 요한처럼 세례를 베풀지는 않았다. 그럼에도 그가 준 이미지는 상당히 특이하다. 그는 회당에서뿐만이 아니라 공개된 장소에서, 호숫가에서, 길에서 가르쳤다. 그를 둘러싼 무리에는 당시 유대교사상에서 보면 있을 수 없는 이상한 사람들이 많았다. 여인, 어린이, 불경건하거나 불결한 자로 여겨진 사람들로 창기와 세리 등이 있었다. 더욱이 그의 가르치는 방식은 놀라웠다.

그는 성서구약성서를 잘 알고 존중했지만, 그의 가르침은 성서를 넘어섰다. 그는 하느님의 실재와 그의 뜻의 정당성을 직접적인 방식으로 항상 세시했고, 인습직이고 종교적인 관점의 전제 없이 청중들을 이해시

---

21 루가의 복음서 3장 23절.
22 마태오의 복음서 11장 18-19절.

켰다. 그의 은유·비유·잠언은 성서신학의 전통적 가르침을 설명하기 위한 것이 아니었다. 그대신 일상 경험과 청중의 이해에 직접 호소했고, 그러므로 그것들은 고유하고 명백하고 단순했다. 이것은 다른 사람들과의 만남에 있어서 그의 행동 방식과 일치한다.

복음서들은 이것을 많은 분리된 장면에서 묘사한다. 경건한 자와 경건하지 않은 자, 부자와 가난한 자, 존경받는 자와 버려진 자, 건강한 자와 병든 자, 이 모든 만남에서 예수는 선입견에서 떠나 상황을 지배한다. 그는 논쟁에서 그를 어렵게 하려는 적대자들의 시도를 누그러뜨렸고, 그 주위에 모여든 귀신들린 자들과 병든 자들에게 필요한 것을 알았고, 다른 사람들로부터 버려진 사람들과 함께했다.

공관복음서[23]들의 일치된 증언에 따르면, 그는 갈릴리에서 운동을 일으켰고, 물론 비난이 없지는 않았지만 수많은 추종자들을 얻었다. 이 운동은 아직은 '교회'라고 불릴 수는 없다.[24] 그는 그의 말과 운동을 확장하기 위해 다가오는 하느님의 나라를 위해 가족과 생업의 모든 끈을 결연히 포기하고,[25] 그를 따라 '사람을 낚는 어부'[26]가 되려는 그의 제자들

---

23 공관복음(共觀福音, Synoptic Gospels)또는 공관복음서(共觀福音書)란 고대 그리스어의 syn(함께)와 opsis(봄)이 합쳐진 낱말 Synopsis를 한자어로 직역한 것으로서 구체적으로 세 복음서, 마태오의 복음서, 마르코의 복음서, 루가의 복음서를 일컫는 데 쓰인다. 그 이유는 이 세 복음서의 내용이 상호의존으로 거의 서로 일치하고 있을 뿐만 아니라, 예나 지금이나 경우에 따라서는 복음서를 해석하는 데 서로 대조해 볼 수 있는 장점을 갖고 있기 때문이다. 오늘날 기독교에서 공식적으로 인정된 4복음서 가운데 요한의 복음서는 그 내용의 독창성(예수를 하느님의 말씀이라는 의미로 헬라어로 로고스로 이해함으로써 그리스 철학과 기독론을 결합시킴)에서 그리고 여기에 쓰인 예수의 가르침이 다른 세 복음서과 달리 해석될 수 있는 여지가 더러 있기 때문에 공관복음서라 부르지 않고 있다.

24 이 개념은 후기 전승에서 처음으로 나타난다.

25 마태오의 복음서 10장 37-42절, 마르코의 복음서 8장 34-38절, 루가의 복음서 14장 26-33절 참조.

26 "나를 따라오너라. 내가 너희를 사람 낚는 어부가 되게 하겠다." 하고 말씀하셨다.(마태오의 복음서 1장 17절), 제베대오의 두 아들 야고보와 요한도 똑같이 놀랐는데 그들은 다 시몬의 동업자였다. 그러나 예수께서 시몬에게 "두려워하지 마라. 너는 이제부터 사람들을 낚을 것이다." 하고 말씀하시자(루가의 복음서 5장 10절)

을 불렀다. 그의 말들은 극단적으로 날카로우며 제자의 길이 얼마나 어려운 것인지를 숨기지 않았다.[27] 그는 출신과 교육수준에 상관없이 제자를 삼았다. 그들 중에는 어부들안드레아·베드로·야고보·요한·세리마태오·열심당원시몬과 가리옷 유다·농부들이 있었다. 그는 제자들을 임명하고 설교하며 귀신을 내쫓는 권위를 주었다.

> 예수께서는 열둘을 뽑아 사도로 삼으시고 당신 곁에 있게 하셨다. 이것은 그들을 보내어 말씀을 전하게 하시고, 마귀를 쫓아내는 권한을 주시려는 것이었다.[28]

요한의 복음서에서는 세례 요한의 제자였던 사람들을 포함하여 몇몇 사람들이 나온다. 갈릴리에서 활동하던 그가 예루살렘으로 가려는 것은 그의 생애에서 전환점을 이룬다. 이 사건에서 가장 중요한 신학적인 주제는 그의 수난과 죽음을, 그를 메시아와 하느님의 아들로 선언하려는 것이며, 구약성서 예언자들과 시편에 의거하여 하느님의 뜻을 성취하는 자로 표현한다. 그는 그의 제자들과 함께 밝아오는 하느님 나라를 위한 마지막 결단으로, 이스라엘 백성을 부르기 위해 유월절에 예루살렘에 갔다. 그는 자신과 유대 통치자들과의 깊은 갈등을 인식하고 있었다. 특히 성전정화 사건은 그가 이 갈등을 피하지 않았음을 보여준다. 그는 정치적 반란자로서 로마법에 따라 처형되었다. 모든 기록은 그가 금요일에 죽었다는 데 일치한다.

> 그 날은 명절을 준비하는 날이었다. 그 다음날 대사제들과 바리사이

---

27 루가의 복음서 14장 25-33절 참조.
28 마르코의 복음서 3장 14-15절.

파 사람들은 빌라도에게 몰려와서[29]

날이 이미 저물었다. 그 날은 준비일, 곧 안식일 전날이었기 때문에[30]

그 날은 명절 준비일 이었고 시간은 이미 안식일에 접어들고 있었다.[31]

그 날은 과월절 준비일 이었다. 다음날 대축제일은 마침 안식일과 겹치게 되었으므로 유다인들은 안식일에 시체를 십자가에 그냥 두지 않으려고 빌라도에게 시체의 다리를 꺾어 치워달라고 청하였다.[32]

공관복음서에 따르면, 그날은 니산 월3/4월 15일유월절 첫째 날이었다. 그러나 요한의 복음서에 따르면, 그것은 전날유월절 양이 도살되고 축제가 시작되는 저녁이었으며, 그와 제자들과의 마지막 식사는 유월절 식사가 아니었고 그 이전의 것이었다. 이러한 날짜 매김에는 각각 신학적 의도가 들어 있다. 즉 성만찬은 유월절 식사로 표현되어야 한다든지공관복음서, 그 자신은 양들이 도살되는 시간에 죽은 참 유월절 양으로 보여야 한다요한의 복음서는 것 등이다. 역사적으로 볼 때, 요한의 날짜 매김이 신빙성이 있으며, 니산 월 14일4월 7일이 예수가 죽은 날로 보는 것이 타당하다.

복음서들이 사건의 사실들을 제시한 것을 종합해 보면, 그는 실제로 최고 유대 법정에서 사형선고를 받았다.[33] 로마의 총독 빌라도는 그의

---

29 마태오의 복음서 27장 62절.
30 마르코의 복음서 15장 42절.
31 루가의 복음서 23장 54절.
32 요한의 복음서 19장 31절.
33 마르코의 복음서 14장 55-65절 참조.

무죄를 확신했고 그를 석방하려는 약간의 노력을 했으나 결국 유대인들의 압력에 굴복했다.[34] 모든 자료는 그가 반란자로 체포되었고, 비공식적으로 신문 당했으며, 그 당시에 예루살렘 사회에서 유력했던 산헤드린의 친로마 제사장들과 사두가이인들에 의해 정치적 반란의 지도자로 빌라도에게 넘겨졌다고 말한다. 성전정화와 성전파괴에 대한 그의 예언적 묵시적 말들이 하나의 원인이 되었을 것이다.

> "우리는 이 사람이 '나는 사람의 손으로 지은 이 성전을 헐어버리고 사람의 손으로 짓지 않은 새 성전을 사흘 안에 세우겠다.' 하고 큰소리 치는 것을 들은 일이 있습니다."[35]

> 예수께서는 "이 성전을 허물어라. 내가 사흘 안에 다시 세우겠다." 하고 대답하셨다.[36]

> "우리는 늘 이 사람에게서 나자렛 예수가 이 성전을 헐고 또 모세가 전해 준 관습을 뜯어고칠 것이라고 하는 말을 들었습니다." 하고 말하게 하였다.[37]

수난 이야기에서 다른 장면들을 여기서 분리하여 열거할 필요는 없다. 그것은 그의 수난의 신학적인 의미와 관련이 있으며, 상당히 교리적이고 예배의식적인 방식으로 형성되었다. 그의 죽음에 대한 성서의 표현들은 특히 그의 마지막 말씀을 전하는 데서 서로 다르다. 그가 시편 22편의 기도 "나의 하느님, 나의 하느님 어찌하여 나를 버리셨습니까!"

---

34 마르코의 복음서 15장 22-32절 참조.
35 마르코의 복음서 14장 58절.
36 요한의 복음서 2장 19절.
37 사도행전 6장 14절.

를 외치고 죽었다는 내용을 전하는 것은 오직 마태오의 복음서와 마르코의 복음서뿐이다. 회개하는 도둑과 반항하는 도둑 사이의 구별은 오직 루가의 복음서에서만 나타난다. 그의 마지막 말씀이 루가의 복음서에서는 "아버지, 당신의 손에 내 영혼을 부탁합니다!"로, 요한의 복음서에서는 "다 이루었다"로 다르게 나타난다. 각각의 이 내용들은 로마 백부장의 증언, 즉 "진정 이 사람은 하느님의 아들이었다!"[38]처럼 그와 그의 이야기에 대한 중요한 표현이다.

2. 예수의 노동관

예수는 출생부터 노동과 밀접한 관련을 갖고 있다. 그의 출생 당시를 전해주는 성서는 마태오의 복음서와 루가의 복음서이다. 이 두 가지 기록을 보면 그의 출생이 노동자들과 연관됨을 알 수 있다. 마태오의 복음서에는 예수가 출생할 때 이를 알고 찾아온 이들이 나온다.

> 예수께서 헤로데 왕 때에 유다 베들레헴에서 나셨는데 그 때에 동방에서 박사들이 예루살렘에 와서 "유다인의 왕으로 나신 분이 어디 계십니까? 우리는 동방에서 그분의 별을 보고 그분에게 경배하러 왔습니다." 하고 말하였다.[39]

동방박사는 예수가 출생할 때 베들레헴까지 직접 찾아온 것으로 알려진 동방의 별을 연구하는 학자들로 추정되고 있다. 동방박사를 헬라어 Magi_Magus_의 복수를 칭하는데 이는 마술사, 점성술사라는 뜻으로 Three

---

[38] 마르코의 복음서 15장 39절.
[39] 마태오의 복음서 2장 1-2절.

Kings 또는 Drei Koenig라고도 부른다. 이들은 별을 보고 그리스도요 유다인의 왕인 예수가 태어났음을 깨달았다. 동방박사의 국적에 대한 설도 많은데 가장 유력한 설은 '페르시아'이다. 그 근거로는 첫째, 당시 페르샤는 천문학이 상당히 발전했으며 점성학에 대한 당시 페르샤 사람들의 신뢰는 대단하여 점성술로 국가의 대소사를 결정하였으며, 점성술을 하는 사람들의 사회적 지위는 매우 높았다. 둘째, 성서에서 페르샤를 '바사'라고 하는데 구약시대 이스라엘은 바사의 속국이 된 적이 있었다. 예나 지금이나 이스라엘 사람들은 어딜 가나 경전인 성서구약를 가지고 다니는데 그 성서가 페르시아에 전해져 중요한 문서로 보관되었을 가능성이 높다. 성서에서 동방박사들의 언행을 보면 이들은 이사야서 등과 같은 예언서에 기록된 사실들을 이미 알고 있었다.

> "유다인의 왕으로 나신 분이 어디 계십니까? 우리는 동방에서 그분의 별을 보고 그분에게 경배하러 왔습니다." 하고 말하였다.[40]

동방박사들은 다른 사람들이 자는 시간에 별을 보는 일을 하였다. 이렇게 자신들의 전문지식으로 충실히, 여럿이 함께 일을 하다가 예수의 출생을 알게 되고 즉시 예물을 챙겨 경배하러 출발하였다.

루가의 복음서에서 예수의 출생을 알게 되어 찾아간 사람들은 출신나라와 직업이 다르다. 이들은 가난한 목동들로 남의 집 양을 돌보며 밤을 지새우던 사람들이었다.

> 그 근방 들에는 목자들이 밤을 새워가며 양떼를 지키고 있었다. 그런데 주님의 영광의 빛이 그들에게 두루 비치면서 주님의 천사가 나타

---

40 마태오의 복음서 2장 2절 참조.

났다. 목자들이 겁에 질려 떠는 것을 보고 천사는 "두려워하지 마라. 나는 너희에게 기쁜 소식을 전하러 왔다. 모든 백성들에게 큰 기쁨이 될 소식이다. 오늘 밤 너희의 구세주께서 다윗의 고을에 나셨다. 그분은 바로 주님이신 그리스도이시다.   너희는 한 갓난아이가 포대기에 싸여 구유에 누워 있는 것을 보게 될 터인데 그것이 바로 그분을 알아보는 표이다." 하고 말하였다.[41]

이처럼 루가의 복음서에 나오는 목동들은 오늘날로 말하면 열악한 노동조건에서 노동하는 사람들이었다. 이들의 고된 노동의 현장에 예수 출생이 전해졌다. 그러므로 마태오의 복음서에 나오는 동방박사가 외국인 노동자이고 전문직으로 고소득자라면, 루가의 복음서에 나오는 목동들은 내국인 노동자로 육체노동자로 가난한 사람들이었다. 그러기에 동방박사들은 귀한 예물을 드리나 목동들은 빈손이었다. 그러나 이들의 공통점은 노동의 현장에서 충실히 일하다가 아기 예수의 출생을 알게 된 것이고 혼자가 아니라 여럿이 함께하는 노동이었고 즉시로 예수를 찾아갔다.

그는 목수의 아들로 태어나서 그의 33년의 전 생애 중 30년을 나사렛이라는 한 촌에서 목수로 지냈다. 또 그가 제자들을 부를 때 그들은 생업에 종사하고 있던 사람들이었음을 밝히고 있다. 그가 처음 제자를 부를 때 베드로와 안드레와 야고보는 어부로 일하고 있었고, 요한도 그의 집에서 부리는 사람들과 함께 일하고 있었고, 마태오는 세관에서 일하던 세리였다. 그는 공적인 활동[42]을 시작하기 전, 한 사람의 노동자였으

---

41 루가의 복음서 2장 8-12절.
42 이를 공생애라고 말한다. 예수는 출생 후 30세까지는 자신의 고향인 나사렛에서 목수의 일을 하면서 살았다. 그리고는 31세에 집을 떠나게 된다. 이 때부터 그가 십자가에 죽게 되는 33세까지 활동을 이전 30세까지와 구별해서 "공생애"라고 말한다.

며 그의 아버지 역시 육체노동을 해야 생계를 보장받을 수 있는 가난한 목수였다. 유다인들은 전통적으로 집안의 숙련된 가업을 이어간다. 이렇게 볼 때, 그는 자라면서 아버지로부터 목수의 기술을 습득하였고 그 기술로 30세까지 자신의 고향에서 목수의 일에 전념하였다.

> 저 사람은 그 목수가 아닌가? 그 어머니는 마리아요, 그 형제들은 야고보, 요셉, 유다, 시몬이 아닌가? 그의 누이들도 다 우리와 같이 여기 살고 있지 않은가? 하면서 좀처럼 예수를 믿으려 하지 않았다.[43]

> 저 사람은 그 목수의 아들이 아닌가? 어머니는 마리아요, 그 형제들은 야고보, 요셉, 시몬, 유다가 아닌가?[44]

그는 그의 대담내용과 그의 비유 속에서 자주 자신의 직접적인 노동체험에서 나오는 이야기들을 펼쳤다. 그의 노동은 구약성서가 보여준 노동하는 존재로서 하느님의 이해와 그 맥을 같이 하고 있다. 그는 구약성서의 신을 아버지로 말하면서 자신이 일하는 이유를 말한다.

> 그러나 예수께서는 그들에게 '내 아버지께서 언제나 일하고 계시니 나도 일하는 것이다.' 하고 말씀하셨다.[45]

이러한 예로 밭의 농부 이야기,[46] 가사에 종사하는 주부 이야기,[47] 충

---

43 마르코의 복음서 6장 3절.
44 마태오의 복음서 13장 55절.
45 요한의 복음서 5장 17절.
46 마르코의 복음서 12장 1-11절 참조.
47 예수께서 또 다른 비유를 그들에게 말씀하셨다. "어떤 여자가 누룩을 밀가루 서 말 속에 집어넣었더니 온통 부풀어 올랐다. 하늘 나라는 이런 누룩에 비길 수 있다."(마태오의 복음서 13장 33절), "또 어떤 여자에게 은전 열 닢이 있었는데 그 중 한 닢을 잃었다면 어떻게 하겠느냐? 그 여자는 등불을 켜고 집 안을 온통 쓸며 그 돈을 찾기까지 샅샅이 다 뒤져볼

실한 목동과 불충실한 목동 이야기,[48] 어부 이야기,[49] 포도원의 품꾼 이야기,[50] 상인 이야기,[51] 관리인 이야기,[52] 의사 이야기,[53] 청지기 이야기[54] 등이 있다. 이 이야기들 속에서 그는 노동에 있어 근면함과 충실함이 있어야 함을 분명히 하였다. 그가 선포한 내용들은 분명히 노동의 복음이라고 말할 수 있다. 왜냐하면 그는 스스로 육체노동을 함으로써 노동의 복음을 말이 아닌 몸으로 보여주었기 때문이다. 복음서들에서는 그가 어떻게 노동했는지를 기록한다. 그것은 공동노동이었다. 그의 노동은 그를 따랐던 어부들, 땅없는 사람들, 여자들, 가난한 사람들과 함께 하는 것이었다.

그가 한 노동은 언제나 공동체 속에서 병든 자를 치료하고, 배고픈 자를 먹이고, 가르치고, 설교하는 것이었다. 그는 가난한 사람들을 위해 그들과 함께 먹고 마시는 식탁을 나눔으로써 스스로를 그들의 필요와 관계시켰다. 이러한 그의 모습은 성서 전반에 걸쳐 나오는 식탁공동체의식을 통한 사귐에서 찾아볼 수 있다. 출애굽한 이스라엘 자손들의 존귀한 자들, 곧 모세와 아론, 나답과 아비후와 이스라엘 장로 70인이 신이 있는 산에 올라가서 신을 보고 신 앞에서 먹고 마시는 내용이 나

것이다. 그러다가 돈을 찾게 되면 자기 친구들과 이웃을 불러 모으고 '자, 같이 기뻐해 주십시오. 잃었던 은전을 찾았습니다.'하고 말할 것이다."(루가의 복음서 15장 8-9절)

48 요한의 복음서 10장 1-16절 참조.

49 마태오의 복음서 13장 47-50절 참조.

50 마태오의 복음서 20장 1-16절 참조.

51 "또 하늘나라는 어떤 장사꾼이 좋은 진주를 찾아다니는 것에 비길 수 있다. 그는 값진 진주를 하나 발견하면 돌아가서 있는 것을 다 팔아 그것을 산다."(마태오의 복음서 13장 45-46절)

52 예수께서는 이렇게 말씀을 맺으셨다. "그러므로 하늘나라의 교육을 받은 율법학자는 마치 자기 곳간에서 새 것도 꺼내고 낡은 것도 꺼내는 집주인과 같다."(마태오의 복음서 13장 52절)

53 예수께서는 "너희는 필경 '의사여, 네 병이나 고쳐라.' 하는 속담을 들어 나더러 가파르나움에서 했다는 일을 네 고장인 여기에서도 해보라고 하고 싶을 것이다." 하시고는(루가의 복음서 4장 23절)

54 루가의 복음서 16장 1-8절.

온다.

> 모세는 아론과 나답과 아비후와 이스라엘의 장로 칠십 명을 데리고
> 올라갔다. 그들은 거기에서 이스라엘의 하느님을 뵈었다. 그가 딛고
> 계시는 곳은 마치 사파이어를 깔아놓은 것 같았는데 맑기가 하늘빛 같
> 았다. 이스라엘 백성 가운데서 선발된 이 사람들에게는 야훼께서 손을
> 대시지 않으셨으므로 그들은 하느님을 뵈오며 먹고 마셨다.[55]

신약성서에서는 그가 사람들과 함께 먹고 마시는 장면이 많이 나온
다. 그는 제자들은 말할 것도 없고, 세리들과도 함께 먹고, 자신을 초청
한 바리새인과도 함께 먹었다. 초기 기독교회에서도 다음과 같은 구절
이 나온다.

> 서로 교제하고 떡을 떼며,[56]

이와 같이 함께 식탁을 나누는 것은 사귐의 가장 기본이 되는 것이다.
그는 목수의 아들로서 어부들과 세리와 실업자들 사이에서 활동했고,
그들 중 많은 사람들이 극빈자에 속했다. 그는 억압받는 자들을 돌보았
고, 쫓겨난 자들에게 갔으며, 병자들을 치료했다. 더욱이 그는 인간의
노동을 인류역사 속에서 노동하는 활동과 상징의 비유로 선포하고, 그
선포자체를 자신의 노동으로써 실현하였다. 이는 그 자신이 '목수'라는
육체노동자 출신이었고, 그가 제자들을 부를 때 모두 '어부'와 '세리'로
노동하는 현장이었다는 것과 그가 가난한 육체노동자들과 함께 연대하
기를 즐겨했음을 통해 알 수 있다. 이러한 예로서 '달란트 비유'[57]에서

---

55 출애굽기 24장 9-11절.
56 사도행전 2장 42절.

노동에 임하는 인간의 자세가 어떠해야하는지 분명히 말한다. 그는 맡은 일에 충실했을 때는 축복이 있고, 충실치 못했을 때는 징벌이 주어짐을 말한다. 이러한 그의 노동관은 구약성서의 구절을 연상케 한다.

> "손이 게으른 사람은 가난해지고 손이 부지런한 사람은 재산을 모은다."[58]

그러면 노동을 한 후 그에 해당하는 임금은 어떻게 지불되어야 하는가? 이에 대하여 그는 한 포도의 수확을 위해 고용되었던 품팔이 노동자의 이야기를 통해 보도하고 있다.

> 하늘나라는 이렇게 비유할 수 있다. 어떤 포도원 주인이 포도원에서 일할 일꾼을 얻으려고 이른 아침에 나갔다. 그는 일꾼들과 하루 품삯을 돈 한 데나리온으로 정하고 그들을 포도원으로 보냈다. 아홉 시쯤에 다시 나가서 장터에 할 일 없이 서 있는 사람들을 보고 "당신들도 내 포도원에 가서 일하시오. 그러면 일한 만큼 품삯을 주겠소." 하고 말하니 그들도 일하러 갔다. 주인은 열두 시와 오후 세 시쯤에도 나가서 그와 같이 하였다. 이후 다섯 시쯤에 다시 나가보니 할 일 없이 서 있는 사람들이 또 있어서 "왜 당신들은 하루 종일 이렇게 빈둥거리며 서 있기만 하오?" 하고 물었다. 그들은 "아무도 우리에게 일을 시키지 않아서 이러고 있습니다." 하고 대답하였다. 그래서 주인은 "당신들도 내 포도원으로 가서 일하시오." 하고 말하였다. 날이 저물자 포도원 주인은 자기 관리인에게 "일꾼들을 불러 맨 나중에 온 사람들부터 시작하여 맨 먼저 온 사람들에게까지 차례로 품삯을 치르시오." 하고 일렀다. 오후 다섯 시쯤부터 일한 일꾼들이 와서 한 데나리온씩을 받았다.

57 마태오의 복음서 24장 14-30절 참조.
58 잠언 10장 4절.

그런데 맨 처음부터 일한 사람들은 품삯을 더 많이 받으려니 했지만 그들도 한 데나리온씩밖에 받지 못하였다. 그들은 돈을 받아들고 주인에게 투덜거리며 "막판에 와서 한 시간밖에 일하지 않은 저 사람들을 온종일 뙤약볕 밑에서 수고한 우리들과 똑같이 대우하십니까?" 하고 따졌다. 그러자 주인은 그들 가운데 한 사람을 보고 "내가 당신에게 잘못한 것이 무엇이오? 당신은 나와 품삯을 한 데나리온으로 정하지 않았소? 당신의 품삯이나 가지고 가시오. 나는 이 마지막 사람에게도 당신에게 준만큼의 삯을 주기로 한 것이오. 내 것을 내 마음대로 처리하는 것이 잘못이란 말이오? 내 후한 처사가 비위에 거슬린단 말이오?" 하고 말하였다.[59]

위의 품팔이 노동자 이야기는 그의 단순한 종교적 의미만의 비유적 의미를 넘어선다. 왜냐하면 그가 말한 이 이야기가 너무도 현실적으로 보이기 때문이다. 아침 일찍 고용되어 하루 종일 노동을 한 노동자도, 저녁까지 할 일없이 실직상태에 있던 노동자도 동등하게 하루 분의 임금을 받는 것은 좋은 일이다. 이것은 사회경제적인 구조 속에서 불평등이 존재할 때 노동을 하려고 해도 일자리가 없어 노동하지 못하는 사람이 있음을 보여준 것이다. 즉, 그의 이야기 속에는 이러한 날품팔이 노동자의 노동현실이 증언되고 있는 것이다. 그는 노동에 대한 기회균등의 차원에서 분배정의를 제시하고 있는 것이다.

실직상태에 있는 사람이 어떠한 생활 상태에 있는지는 실직상태를 경험해보지 않은 사람은 이해하기 어렵다. 실업이 실업자 개인에게 미치는 영향은 일반인들이 막연히 추정하는 것보다 훨씬 복합적이고 심각하다. 실업은 당연히 제일 먼저 거론되는 소득이 감수라는 차원을 넘어서

---

59 마태오의 복음서 20장 1-15절.

노동자 개인의 영혼과 정신, 육체적 건강을 갉아먹는 실존의 위기로 작용한다.[60] 일거리가 없어 노동을 하지 못하면 자신과 가족의 생계는 막막할 수밖에 없다. 오늘 노동을 못해 임금을 받지 못하면 내일은 굶어야 한다.

그가 노동자의 임금에 대해 이야기할 수 있었던 것은 이러한 실직상태에 있는 노동자가 있어서는 안 된다는 것과 실직자와 날품팔이 노동자들에 대한 임금지불이 단순한 노동의 시간만으로 제시되어서는 안 된다는 분배정의의 감각을 육체노동자 출신으로서, 그 자신이 몸으로 체득한 것이기 때문일 것이다. 분배정의에 따라 노동자의 임금에 차별이 없어야 한다는 그의 적용에 반발한 사람은 다름 아닌 동료 노동자였음에 주목할 필요가 있다. 이들의 견해는 합리적인 현실의식으로서는 당연하고 정확하지만 평등과 정의를 실현해 나가는 측면에서는 방해가 되는 것이다. 그는 계약한대로 임금을 정당하게 주었으므로 불평하지 말라고 분명하게 말하였다. 그는 노동자의 임금이 평등해야하며, 이를 반대하는 사람들에게는 적절한 답을 던질 수 있을 만큼 예리한 감각을 소유하고 있었다.

이처럼 그는 노동에 대한 기회균등의 차원에서 분배정의를 제시하였다. 이러한 그의 윤리는 오늘날 실적주의에 반대하는 윤리관이다. 노동의 대한 대가로서 임금은 실적에 따라 분배되어야 한다는 주장을 이른바 '실적주의'라고 한다. 실적주의는 아리스토텔레스에게서 유래한다. "균등한 사람들이 균등치 않은 것을 받게 되거나, 균등치 않은 사람들이 균등한 몫을 차지하게 되는 경우 분쟁과 불평이 생긴다."[61] 실적주의 윤리관은 각자가 그의 재능과 노력을 토대로 임금과 사회적 지위를 차지

---

60 임홍빈, 『세계화의 철학적 담론』(문예출판사, 2002), 125쪽.
61 아리스토텔레스, 『니코마코스 윤리학』, 최명관 역(을유문화사, 1968), 274쪽.

하는 것을 말한다. 실적주의는 출생에 따라 지위가 결정되는 비효율적 봉건주의를 깨뜨리고, 재능 있는 엘리트 지배의 효율성을 증대시켰다. 또 소득을 업적에 따라 분배함으로써 자신의 재능을 최대로 발휘하고 자원을 효율적으로 사용하도록 유인할 수 있었다. 이렇듯 실적주의가 효용을 극대화한다는 점에서 공리주의적 윤리관은 긍정적으로 평가한다.[62]

우리가 살고 있는 자본주의 세계관은 공리주의적 윤리관과 관련되어 있다. 공리주의功利主義, utilitarianism란 행위의 기준을 '최대다수의 최대행복', 즉 사회의 최대다수 구성원의 최대한의 행복을 구하는 윤리·정치 윤리사상이다. 주로 19세기 영국에서 유행한 윤리로서, 정치학설에서 공중적 쾌락주의universalistic와 같은 뜻이다. 목적론적目的論的 윤리의 한 형태이지만, 이기적이 아니라 보편적이며, 또 내면적 윤리에 대해서 사회적·외면적 도덕의 경향을 나타낸다. 17-18세기의 고전경험론古典經驗論과 신학자·고전경제학자, 19세기의 급진주의자에게서 이 주의를 찾아볼 수 있으나, 이를 단순명쾌하게 정식화한 사람은 벤담Jeremy Bentham이며, 밀John Stuart Mill 부자父子에 의해서 계승되었다. 밀 이후에도 진화론적 윤리학 및 H.시지윅, G.E.무어, 현대 영국 분석철학자의 규범의식規範意識 속에서도 그 경향이 보인다.

벤담과 밀은 행복과 쾌락을 동일시하였는데, 벤담은 쾌락의 계량가능성計量可能性을 주장하고 쾌락계산의 구상을 내건 '양적量的 쾌락주의자'였으나, 밀은 쾌락의 질적質的 차이를 인정하여 '질적 쾌락주의'의 입장을 취하였으며, 또 내면적인 동기·양심·자기도야自己陶冶의 중요성도 인정하여, 심성도덕心情道德·완성설完成說에 접근하는 경향을 보였다.

---

62 이재율, 『경제윤리』(서울: 민음사, 1995), 126쪽.

이러한 공리주의에 기초한 자본주의 사회에서 선택의 판단기준은 효율성과 경제성이다. 효용을 높이는 선택은 올바른 선택이고, 합리적인 선택이라고 본다.[63] 이러한 실적주의 윤리관에서 보면 개인의 실적을 무시하고 임금을 동일하게 지급하는 것은 단순 평등주의에 기초한 것으로 부당하다. 자본주의적 원리에서는 일한 만큼의 대가를 받는 것이 정당하다. 일한 만큼의 대가 원리는 시간적 차원과 생산성의 차원을 내포하는데 오랜 시간 일한 사람이 짧은 시간 일한 사람보다 더 많은 대가를 받고, 같은 시간 동안 일했어도 더 많이 생산한 사람이 더 많은 노임을 받는 것이다.

우리는 이것을 생산성에 의한 성과급이라고 말한다. 이러한 업적주의는 자본주의 사회에서는 매우 과학적인 것으로 인식된다. 그러나 성서의 기록은 이러한 업적주의가 철저히 거부된다. 여기서는 일한 사람들의 업적이나 생산성이 문제가 아니라 그들의 삶을 위한 필요성이 우위에 있다. 노동이 소득의 효용을 가져다주기에 가치가 있는 것이 아니라, 노동 자체가 하느님의 명령이며 축복이기 때문에 가치가 있다. 이런 사회에서는 장애인과 같은 사회적 약자들도 동일한 대우를 받고 살 수 있다.[64] 성서의 기록은 하느님의 나라의 정치 질서를 제시해주고 있다.

그 때에 제베대오의 두 아들이 어머니와 함께 예수께 왔는데 그 어머니는 무엇인가를 청할 양으로 엎드려 절을 하였다. 예수께서 그 부인에게 "원하는 것이 무엇이냐?" 하고 물으시자 그 부인은 "주님의 나라가 서면 저의 이 두 아들을 하나는 주님의 오른편에, 하나는 왼편에 앉게 해주십시오." 하고 부탁하였다. 그래서 예수께서 그 형제들에게

---

63 김승욱, "새로운 자본주의 세계관", 목회와 신학 엮음, 『기독교윤리』(두란노아카데미, 2010), 115-116쪽 참조.
64 손규태, 『세계화 시대 기독교의 두 얼굴』(한울아카데미, 2007), 318-319쪽 참조.

"너희가 청하는 것이 무엇인지나 알고 있느냐? 내가 마시게 될 잔을 너
희도 마실 수 있느냐?" 하고 물으셨다. 그들이 "마실 수 있습니다." 하
고 대답하자 예수께서는 다시 이렇게 말씀하셨다. "너희도 내 잔을 마
시게 될 것이다. 그러나 내 오른편과 내 왼편 자리에 앉는 특권은 내가
주는 것이 아니다. 그 자리에 앉을 사람들은 내 아버지께서 미리 정해
놓으셨다." 이 말을 듣고 있던 다른 열 제자가 그 형제를 보고 화를 냈
다. 예수께서는 그들을 가까이 불러놓고 "너희도 알다시피 세상에서는
통치자들이 백성을 강제로 지배하고 높은 사람들이 백성을 권력으로
내리누른다. 그러나 너희는 그래서는 안 된다. 너희 사이에서 높은 사
람이 되고자 하는 사람은 남을 섬기는 사람이 되어야 하고 으뜸이 되
고자 하는 사람은 종이 되어야 한다. 사실은 사람의 아들도 섬김을 받
으러 온 것이 아니라 섬기러 왔고 많은 사람을 위하여 목숨을 바쳐 몸
값을 치르러 온 것이다." 하셨다.[65]

이 세상의 정치 질서는 집권자들이 국민에 대하여 권세를 부리고 마
음대로 치리하지만 하느님 나라의 질서에서는 통치자는 국민을 섬기고
봉사해야 한다는 것이다. 높은 자는 주인이 아니라 오히려 종이 되어야
한다. 이런 하느님의 나라를 이 땅에 이루기 위해 온 예수는 자신을 죽
기까지 낮추는 삶이었다.

여러분은 그리스도를 믿음으로써 힘을 얻습니까? 그리스도의 사랑
에서 위안을 받습니까? 성령의 감화로 서로 사귀는 일이 있습니까? 서
로 애정을 나누며 동정하고 있습니까? 그렇다면 같은 생각을 가지고
같은 사랑을 나누며 마음을 합쳐서 하나가 되십시오. 그렇게 해서 나
의 기쁨을 완전하게 해주십시오. 무슨 일에나 이기적인 야심이나 허영

---

65 마태오의 복음서 20장 20-28절.

을 버리고 다만 겸손한 마음으로 서로 남을 자기보다 낮게 여기십시오. 저마다 제 실속만 차리지 말고 남의 이익도 돌보십시오. 여러분은 그리스도 예수께서 지니셨던 마음을 여러분의 마음으로 간직하십시오. 그리스도 예수는 하느님과 본질이 같은 분이셨지만 굳이 하느님과 동등한 존재가 되려 하지 않으시고 오히려 당신의 것을 다 내어놓고 종의 신분을 취하셔서 우리와 똑같은 인간이 되셨습니다. 이렇게 인간의 모습으로 나타나 당신 자신을 낮추셔서 죽기까지, 아니, 십자가에 달려서 죽기까지 순종하셨습니다. 그러므로 하느님께서도 그분을 높이 올리시고 모든 이름 위에 뛰어난 이름을 주셨습니다. 그래서 하늘과 땅 위와 땅 아래에 있는 모든 것이 예수의 이름을 받들어 무릎을 꿇고 모두가 입을 모아 예수 그리스도가 주님이시라 찬미하며 하느님 아버지를 찬양하게 되었습니다.[66]

하느님의 나라에서는 경쟁주의나 승리주의는 거부된다. 본회퍼Dietrich Bonhoeffer는 예수는 인간과 세계를 강자로서 군림하지 않고, 오히려 약자로서 모든 사람을 섬김으로써 그들을 구원한다. 즉 예수는 인간과 세계를 밑으로부터의 관점에서 보았다. 이런 시각에서 노동을 이해해야 한다.

공리주의와 같은 실적주의 윤리관이 공동선을 실현하는 정의의 원칙에 합당한가라는 물음을 제기해 볼 수 있다. 왜냐하면 실적에 비례한 분배는 소득의 불평등을 허용할 수밖에 없기 때문이다. 각자가 자신의 역량에 따라 이득을 추구하는 이 제도에서는 개인 간의 격차가 반드시 나타날 수밖에 없다. 이미 모든 사람은 유전적, 환경적 요인에서 이미 출발선 상에서 평등하지 않다. 또한 노동자의 개인적 역량도 체력, 학력, 열성과 흥미, 작업의 숙련 등에서 같을 수 없다. 실적주의 윤리관은 이

---

66 빌립보에 보낸 편지 2장 1-11절.

런 점을 간과하는 문제가 있다. 또한 실적으로 간주되는 능력, 기여, 노력에 대한 문제도 제기해 볼 수 있다.[67]

롤스John Rawls는 개인의 권리가 무시되고 공정한 분배가 무시될 수 있는 공리주의의 약점을 보완하는 '공평하다는 의미에 있어서의 정의justice as fairness'라는 논리를 전개하였다. 그의 이론은 로크와 루소의 사회계약설과 칸트의 의무론에 그 뿌리를 두고 있는데, 그는 사회계약론적인 측면에서 칸트의 자율적인 선택의 개념을 해석하고 그것을 자신의 윤리원칙의 기초로 삼고 있다.[68] 그는 봉건 귀족 사회를 시작으로, 정의에 대립하는 몇 가지 이유를 제시하였다. 오늘날은 봉건 귀족사회가 아님에도 여전히 출생이나 우연을 기준으로 소득, 재산, 기회, 권력을 분배한다는 점에서 불공평하다. 귀족으로 태어난 사람은 농노로 태어난 사람이 가질 수 없는 권리와 권력을 갖는다. 그러나 타고난 환경은 노력의 결과가 아니다. 삶의 전망이 이런 임의의 현실에 좌우된다면 부당한 일이다. 또한 풍요로운 가정에서 태어나는 것이 우연이듯이, 빠른 주자가 되는 것 역시 도덕적 우연이다. 왜냐하면 그에는 타고난 재능, 특정한 시기에 사회가 가치를 두는 자질이 맞아떨어진 것으로 인한 결과로 노력의 결과가 아닌 우연으로 주어지는 유리한 조건들로 인해 다른 사람보다 앞설 수 있기 때문이다. 그러므로 출생이나 우연으로 노동의 기회나 대가가 주어지고 부와 소득의 분배가 이루어지는 것은 도덕적으로 임의의 요소들이 작용한 것으로 정의롭지 못한 것이다.[69]

이렇게 볼 때, 우리나라 기업들과 대형교회의 담임목사직 세습은 기

---

67 심현주, 「가톨릭 경제 윤리에 입각한 새로운 임금 제도 모색」, 『신학전망』(제172, 2011년 봄호), 49-50쪽 참조.

68 존 롤스, 황경식 역, 『사회정의론』(서광사, 1990) 참조; 롤스는 여기에서 20세기 초를 장악하고 있었던 두 이론, 즉 공리주의와 의무론적 직관론에 대한 대안을 제시하고자 하였다. 그러나 주된 목표는 공리주의에 대한 대안 제시에 있었다고 볼 수 있다.

69 마이클 샌델, 『정의란 무엇인가』, 이창신 역 (김영사, 2010), 215-226쪽 참조.

회균등에 위반한 불공정을 초래하는 것이다. 이에 대해 어떤 이들은 조직이나 집단의 리더십의 무난한 승계와 세습자의 능력도 배제하지 말아야한다고 반박한다. 그러나 이러한 주장은 자기 공로에 따른 보상의 범위를 대를 이어가려는 사욕, 조직을 사적 대상물로 여기는 미성숙한 도덕성에 따른 것이다. 또한 리더십의 순조로운 승계라는 명분 또한 리더십을 미숙하게 이해하는 것이다. 왜냐하면 이들이 이해하는 리더십은 민주적이고 공동체주의에 따른 것이 아니라 지시하달식의 전근대적인 리더십이기 때문이다.

인간 노동의 가치를 결정하는 근본은 노동의 종류가 아닌, 노동하는 한 인격체이다. 인간은 자신과 그 가족을 위해 부단히 노동해야 하지만 인간은 노동을 위해 존재하지 않고 노동이 인간을 위해 존재한다. 그러므로 인간이 노동에 투신하는 한 인간의 존엄성에 따라 노동은 평가되어야 한다.[70]

이 이야기는 두 가지의 의미가 담겨 있다. 하나는 하느님 나라에 일자리가 있다는 것이고 다른 하나는 하느님이 그곳에서 일하는 모두에게 동질의 양식을 보장한다는 것이다. 비록 포도원에 늦게 왔지만 그 역시 먼저 온 품꾼과 비슷한 처지에 있을 것임을 짐작할 수 있다. 삶을 이어가기 위해 필요한 비용이 먼저 온 자와 동일하다는 말이다. 하느님은 그런 그에게 먼저 온 자와 같은 삯, 곧 자비를 베푸셨다. 오늘날 산업체에서 만약 이 성서적 원리를 깨닫는다면 현대의 기업은 사람을 죽이는 것이 아닌 살리는 기업이 될 것이다. 예수는 이 비유를 통하여 우리에게 포도원을 위하여 일꾼을 고용하는 것이 아니라 일꾼에게 품삯을 주고 싶어서 포도원을 경영하는 마음을 가지 사람들이 사는 나라가 하느님의

---

70 이용훈, 『순례의 길목에 서서』(가톨릭출판사, 2004). 282쪽.

나라임을 일깨워 준다. 이런 마음으로 모든 사람이 살아간다면 이들이 사는 세상이야말로 하느님의 나라가 될 것이다. 기독교세계관을 실제 경제에 적용해나가는 김동호 목사의 말이다.

> 사람들은 "공부해서 남 주냐?"라고 말한다. 그러나 이 말은 이렇게 고쳐야한다. "공부해서 남 주자!" "돈 벌어서 남 주냐?"는 말도 "돈 벌어서 남 주자!"로 고쳐야 옳다. 이른바 성공한 사람들 중에 두 종류의 사람이 있다. 하나는 오 천 명 분을 혼자서 먹는 사람이고, 또 다른 하나는 오천 명을 먹이는 사람이다. 사람들은 오천 명 분을 혼자서 먹는 사람을 잘산다 하지만 하나님은 그렇게 사는 사람을 절대로 잘사는 사람이라고 생각하지 않는다. 정말로 잘사는 사람은 오천 명 분을 혼자서 먹는 사람이 아니라 오천 명을 먹이는 사람을 잘사는 사람이라고 생각한다.[71]

포도원 주인이 늦게 온 품꾼에게도 일찍 온 품꾼과 같은 삯을 준 것은, 그들의 일을 대하는 태도 때문이었을 것이다. 일찍 온 품꾼은 오래 일하다 보니 어느새 맹목적으로 일을 하게 됐다. 하지만 늦게 온 품꾼은 자신을 불러준 포도원 주인에 대한 감사와 자신에게도 일이 주어졌다는 감격이 겹쳐 열심히, 그리고 즐겁게 일에 임했을 것이다. 일에 대한 고마움이 이렇게 서로 다르다. 기업에서도 그렇다. 비록 늦게 고용됐다 할지라도 그가 기쁜 마음으로 일하고 기업에 감사한 마음을 갖고 있다면 그의 생산성이 맹목적으로 오래 일한 사람의 그것보다 훨씬 더 클 것이다. 기업이 이것을 알아야 한다. 이것을 알면 결코 악덕기업주가 될 수 없다. 노동자들을 잘 대우하고 그들이 즐겁게 일할 수 있는 환경을 만들

---

71 김동호, 「소금과 빛 된 삶'을 위한 교육목회의 실제 3」, 대한예수교장로회총회교육자원부 편, 『그리스도인, 세상의 소금과 빛』(한국장로교출판사, 2011), 356쪽.

어주면 생산성이 높아져 큰 이윤이 생기는데, 굳이 임금과 노동력을 착취해 악덕기업주 소릴 들을 필요가 없기 때문이다. 그래서 현명한 기업주는 노동자들로 하여금 빨리 일터로 나가 일을 하고 싶다는 마음을 품게 하는 그런 사람이다.

현대사회에서 기업은 이윤을 창출해야 한다. 그렇지 않으면 기업이 될 수 없다. 오늘날 대부분의 기업이 이윤 창출 그 자체를 목적으로 삼는다. 그렇기에 그 기업에 고용된 노동자가 비인격화된다. 이런 점에서 기독교의 기업관은 이윤을 창출하되 그것 자체가 목적이어서는 안 된다. 기업가들은 하느님과 사람을 향한 사랑을 구현하기 위해 이윤을 추구해야한다. 오늘날 많은 이들이 자본에 투자하고 자본을 증식시키려 애쓴다. 그러나 아리스토텔레스는 "생명을 가진 것만이 증식할 수 있다"고 말했다. 그러므로 돈이 많아진다는 것, 돈을 증식시킬 수 있다는 것은 착각이며 거짓이다. 자본주의 사회, 많은 사람들이 이런 착각에 빠져 사는 건 아닌지 돌아볼 필요가 있다. 신자유주의에 따른 세계금융위기는 이에 대한 경고일 것이다.

이런 점에서 기업은 이윤을 극대화하는 것에 그 존재 목적을 두어서는 안 된다. 기업은 그 기업의 토대가 되는 사회에 대한 책임과 그에 따른 성숙한 사회적 윤리 의식을 갖춰야한다. 이에 대한 하나의 사례이다. 미국에 유명한 노스웨스턴 뮤츄얼Northwestern Mutual Finantial Network이라는 보험회사가 있다. 이 회사는 1857년에 세워졌는데 설립된 지 2년 만에 열차 사고가 나서 자기 회사의 보험 가입자가 두 명이나 사망해 버렸다. 그런데 이 두 명의 총 보험금이 3천 5백 달러였는데, 이제 설립된 회사의 자산은 2천 달러밖에 안 되었다. 이 때 이 회사 사장은 빚을 내서라도 보험금을 모두 지불하였다.

이 회사는 엄청난 손해를 극복하느라고 사장은 물론 사원 모두가 수

많은 고통과 아픔을 감내해야만하였다. 이 회사 사장은 이 이야기를 회사 발전의 모토로 삼았다. 그리고 이것이 이 회사의 핵심 가치라고 광고를 했다. 그런데 이 일로 미국 전역에 최선을 다해 손해를 보고서라도 책임지고 약속을 지키는 고객우선이라는 기업의 이미지로 인해 미국 최고의 보험회사로 성장할 수 있었다. 그런데 2001년 9·11테러 사건으로 이 회상의 보험 가입자 중, 150명 이상이 목숨을 잃었다. 당시 회사의 재정 컨설턴트들은 그 많은 사람들에게 보험금을 지급해야하는 공포의 슬픔을 느꼈지만, 이 회사는 처음의 정신대로 보험금을 지급하였다.

이렇게 되자 이 회사 직원들은 자기 회사의 보험에 가입하지 않고 사망한 지인들을 무척 안타까워하였다. 자기가 그렇게 보험에 가입하라고 했는데 보험 가입을 안 하고 죽어 버린 것이다. 놀라운 사실은 이 회사의 최고 경영자는 보험금 지급 특별위원화를 만들어서 5일 안으로 보험금을 다 지급해 버렸다. 그리고 혹시라도 조금이라도 섭섭하게 지급된 사람이 없는지를 알아보고 다시 재심을 해서 추가 지불을 했다. 또 보험금 외에도 생계가 힘들다고 생각되는 사람은 추가보너스를 지급해 주었다. 이 회사 직원들은 죽은 사람들 가운데 자기 고객이 있는가를 최선을 다해 알아보기 시작했다. 그리고 그중에서 아직 보험금을 납부하지 않은 사람이 있는가를 조사하였다. 보험금을 납부하지 않은 사람은 보험약관에 따라서 보험금이 덜 나갈 수 있다. 그런데 아직 100% 사망 확인이나 진단이 안 된 상태이니 고객들에게 연락을 해서 지금이라도 보험금을 보내 달라고 했다. 자기 고객들이 보험금을 다 탈수 있도록 최선의 서비스를 해주었다. 통상적으로 어지간한 보험회사는 어떻게든 안 주고 나 덜 수려고 하는데 이 회사는 분명 덜렀다.

이런 일로 회사 직원들이 회사를 사랑하는 마음으로 하나가 되었다. 거액의 보험금 지급으로 어려워진 회사를 위해 직원들이 스스로 비디오 테이프와 DVD를 제작해 자기 회사를 선전하기 시작했다. 이런 일들이 방송이나 신문을 통해서 미국 전역에 알려졌다. 이 일로 이 회사는 또 한 번의 큰 위기가 더 큰 발전의 기회가 되었다. 현재 이 회사는 미국 최대의 보험회사로서 최우량 기업이요, 가장 존경받는 기업으로 자리매김하였다. 이 회사는 미국의 〈포춘fortune〉[72]지가 선정한 미국에서 가장 존경받는 기업에 무려 20번이나 선정이 되었을 뿐만 아니라 무디스 등 저명한 신용평가 회사로부터 세계 최고의 신용기업이요, 존경받은 기업으로 선정되었다. 이 회사는 돈으로는 환산할 수 없는 좋은 기업 이미지, 아니 존경받는 이미지를 갖게 되었다.

경제에 대한 영어 단어가 이코노미economy인데, 이 말은 그리스말로 집을 나타내는 '오이코스oikos'와 관리를 뜻하는 '노미아nomia'를 합친 '오이코노미아oikonomia'에서 나왔다. 그러므로 이코노미란 '집안 살림을 관리한다'는 말이 된다. 그런데 경제의 어원에서 동양은 '경제제민經濟濟民'의 준말로 '나라를 다스리고 백성을 구제한다'는 뜻을 갖고 있다. 이렇게 보면 서양은 이코노미는 집이란 작은 단위에서 유래된 반면 동양의 경제는 국가라는 큰 단위 에서 출발하고 있는 것이다. 이는 경제행위의 구심점을 개인으로 보느냐, 정부로 보느냐의 시각차를 반영한 것으로도 볼 수 있다. 서양에서는 개인의 이익을 증진시키기 위한 합리적인 경제행위가 곧 국익 개선에 기여한다는 입장인데 비해 동양에선 나라를 잘 다스려야 도탄에 빠진 백성을 구제할 수 있다고 보는 것이다. 이 같은 접근방법의 차이는 실제 경제운영 방향을 결정하는데도 반영된다. 경제

---

72 1930년 2월 대공황 중에 〈타임〉지 사장인 헨리 루스에 의해 창간되었다. 일반잡지보다 큰 대형판으로 품위 있는 체재와 미국을 중심으로 한 세계의 경제·기업 동향의 신속한 보도, 대형사진의 적절한 활용이 이 잡지의 특징이며 중견 이상의 경영인을 그 구독 대상으로 하고 있다. 매년 5월 제1주호에서 발표하는 전미(全美)기업순위표(Fortune 500)는 유명하다. 1978년 월간에서 격주간으로 바뀌었으며 판매부수는 1986년 당시 약 75만 부였다. 〈포춘〉은 지금까지도 전세계에서 영향력을 행사하는 경제 전문잡지이다.

학의 시조始祖로 불리는 영국의 애덤 스미스가 지은 『국부론』은 개개인이 스스로의 이익 극대화를 위해 노력하다 보면 그것이 국가의 이익 극대화를 가져 오는 것으로 보는 반면, 동양에선 농사가 잘돼 풍년이 들면 임금이 나라를 잘 다스린 결과라고 여겼다.

만약 기독교인이 자본에 투자하는 기업인이 된다면 물질이나 돈을 자본으로 삼지 말고 생명과 사랑을 자본으로 삼아 그것을 증식시키고 번져나가게 해야 할 것이다. 이것이 바로 '생명자본주의'다. 우리말에 '살림살이'라는 말이 있다. 말 그대로 살림을 해서 살게 한다는 의미다. 최근 사회적 기업Social Enterprise, 社會的企業이라는 형태로 몇 가지 살림의 기업체가 생겨나고 있다. 이것은 '생산'이 아닌 '생식'에 기반을 둔 자본주의 형태이다. 이것이야말로 예수가 말하는 포도의 수확을 위해 고용되었던 품팔이 노동자의 이야기를 현실화한 사례일 것이다. 최근 높은뜻연합교회 산하 열매나눔재단은 여러 가지 사회적 기업들이 있다. 이들 기업들은 많이 벌어서 5000명분을 한 명이 모두 먹는 기업모델이 아니라 한 기업이 사회적 약자 5000명을 먹여 살리자는 목적으로 설립되었다.[73] 이러한 형태를 사회적 기업이라고 한다.

사회적 기업이란 사회적 목적을 우선으로 하는 경제 사업 조직을 말한다. 취약계층에게 사회 서비스 또는 일자리를 제공하여 지역주민의 삶의 질을 높이는 등의 사회적 목적을 추구하면서 재화 및 서비스의 생산 판매 등 영업활동을 수행하는 기업을 말한다. 기업의 수익은 주주와 소유자의 이윤을 극대화하기 위해 운용되기보다는 그 사업체, 또는 지역사회를 위해 재투자되며 운용방식에서도 친환경적, 민주적 운용

---

[73] 이 재단은 '최고의 자선은 자립을 돕는 것'이라는 말과 같이 이 땅의 저소득 빈곤층이 교육과 일자리를 통해 미래에 대한 희망을 갖고 사회에 기여하는 당당한 일원으로 성장할 수 있도록 돕기 위해 사회복지법인으로 설립되어 운영되고 있다. 이에 대해서는 다음의 책을 참조바람. 김동호, 『미션 임파서블』(열매나눔재단, 2009).

등을 특징으로 한다. 세계적으로는 1970년대에 민간에서부터 시작하였고 1990년대부터는 다양한 정책적 지원이 국가 차원에서 제공되었다. 영국 노동당정부는 2001년 10월 정부에 담당 부서를 설치했고 이를 통해 사회적 기업 1만 5,000여 개가 설립되어 80만 명이 고용되어 있다. 다른 유럽 여러 나라에서도 비영리조직, 유한회사, 협동조합 등 다양한 형태로 사회적 기업이 급증하고 있다.

이탈리아와 스페인에서는 정부와 지방자치단체의 역할을 보완하는 대형 협동조합들이 발달해 있으며, 기업화하는 사례도 늘어나고 있다. 미국 뉴욕의 그레이스톤 베이커리, 하우징 워크, 미국 캘리포니아의 루비콘 프로그램, 캐나다 온타리오의 키즈링크, 영국의 빅이슈, 런던심포니 오케스트라, 제이미 올리버 레스토랑 등이 유명한 사회적 기업이다.

우리나라에서는 1990년대 말 외환위기를 겪으면서 시민단체와 민간 연구자들이 실업극복 방안의 하나로 사회적 기업을 소개하였다. 2000년 이후 산업구조 변화에 따른 복지 등 사회 서비스 수요 증가와 고용창출의 관점에서 사회적 기업이 언급되기 시작했고, 정부는 2003년 재정지원 일자리 사업의 효율성 제고를 위한 모델로서 사회적 일자리 사업을 도입했다. 2007년 1월 '사회적 기업육성법'이 제정되었고 2009년 5월 현재 노동부 인증 사회적 기업은 240여 개에 이른다.

사회적 기업은 순수 비영리단체와는 달리 유급 근로자를 고용하여 재화와 서비스의 생산판매 등 영업활동을 수행해야 하며사회적 기업육성법 제8조 제1항 제2호 따라서 순수한 자원봉사자나 회원제 형태로만 운영해서는 사회적 기업 인증을 받을 수 없다. 사회적 기업은 전체 근로자 중에서 취약계층을 30%2009년부터 50% 이상 고용해야 하고, 서비스의 30% 2009년부터는 50% 이상을 취약계층에게 제공해야 하며, 인증신청 직전 6개월 동안 영업활동을 통해 얻는 총 수입이 총 노무비의 30% 이상 되

어야 한다.사회적 기업육성법 시행령 제10조

사회적 기업으로 인증되면 기업운영의 컨설팅 제공, 사회보험료 지원, 각종 세금 감면, 국·공유지의 임대, 시설비·부지 구입비 등의 지원, 융자 혜택 등을 받을 수 있다. 재활용품을 수거·판매하는 '아름다운 가게', 지적 장애인의 우리밀 과자 생산업체인 '위켄', 장애인 모자 생산업체인 '동천 모자' 등이 한국의 대표적인 사회적 기업이며 2012년에는 1,000여 개로 늘어났다.

사회적 기업Social enterprise의 의미는 'social venture', 'community business'를 내포하고 있으며 그 시작으로 공공부분의 복지 정책이 축소되는 1970년대 후반 미국사회에서부터 시작했다. 우리나라에 도입된 사회적 기업은 서유럽의 맥락과 유사한 것으로 평가되고 있다. 1997년 외환위기로 인한 사회변동이 사회적 기업이 태동하는 원인의 시발점이 되었기 때문이다. 우리나라의 경제구조에 대해 전문가들은 경제성장 정도에 비해 실업과 빈곤문제에 취약한 복지국가 시스템이 개선되어야 함이 대두되고 있음을 지적한다. 그리고 외환위기 이후 사회정책 측면에서 공공부조 제도, 일자리 창출 정책 등의 확대가 지속적으로 이루어져왔으나 정부의 사회정책 확대에도 사회적인 양극화, 비정규직인 확대, 일하는데도 빈곤함 등의 확산이 풀어야 할 과제로 남게 되었다.

우리나라 사회적 기업의 유형은 크게 네 가지로 유형화할 수 있다. 첫째는 정신질환이나 신체장애를 가지고 있는 장애인에 대한 보호된 고용을 제공하는 사회적 기업으로 우리나라의 경우 장애인 보호작업장을 꼽을 수 있다. 둘째는 취업취약집단에게 안정적이고 자립적인 안정된 일자리를 일정기간 동안 제공하는 사회적 기업으로 자활공동체에서 발전한 사회적 기업들에서 발견된다. 셋째는 생산적 활동을 통해 심리적 사회적으로 문제를 안고 있는 사람들을 재사회화하는 유형의 사회적 기업이며, 넷째는 이행적 일자리 또는 훈련기회를 제공하는 사회적 기업으로 보건복지부의 업그레이드형 자활사업이나 노동부의 사회적 일자리 사업에서 부분적으로 나타난다.

사회적 기업은 일단 공공부조에 근거하고 있다. 그러나 일반기업이 가지고 있는 이윤추구와는 구분된 공공의 이익, 즉 취약계층을 상대로 기업이 운영된다는 점에서 사회시민단체와 함께 교회나 기독교선교단체에서 관심을 가질 수 있을 것으로 기대된다. 교회와 선교단체는 이미 취약계층을 대상으로 사회복지 서비스를 제공해 왔다. 특히 저소득층 가정을 위한 지원 사업들을 전개해 왔으며, 장애인이나 노인 등을 대상으로 선교적인 차원에서 복지사업을 진행했다. 그러나 특수목회로 분리되는 이러한 선교활동에 대한 한계가 경제적인 문제로 드러나고 있어 새로운 돌파구를 찾아야 할 시기에 놓이게 됐다. 즉 재정적인 자립이 이루어져야 안정적으로 선교 활동을 지속화할 수 있다. 이런 측면에서 국가 차원에서 진행하고 있는 사회적 기업에 대한 관심을 가져볼 수 있다. 그러나 이 사업이 개인의 영리 목적으로 악용되거나, 교세를 확장하기 위한 전도의 도구로만 접근한다면 지속하기가 쉽지 않다.

우리 사회는 1990년대 후반에 불어 닥친 경제위기로 급격한 변화를 겪기 시작했다. 기업들은 부도 위기에 놓이고 직원들은 원치 않는 퇴직을 할 수밖에 없었으며, 가장의 갑작스런 실직으로 인해 가정은 경제적 위기와 함께 해체의 위기에 놓이기도 했다. 실질적으로 기업을 경영하던 경영자와 실직으로 일자리를 잃어 경제적 위기에 처한 가정의 가장들이 이를 감당하지 못해 누울 자리조차 없이 거리에 나 앉을 수밖에 없었다. 이러한 위기 속에서 교회를 포함한 시민 사회단체들은 사회 안정망 확보라는 측면에서 다양한 사회복지 서비스를 제공했다. 이 복지 서비스 중에는 일자리 창출과 함께 재활을 위한 프로그램이 포함되어 있었다. 또한 경제 위기 이전부터 교회와 시민단체들은 농촌에 관심을 가지면서 지역사회에서 생산된 농산물을 도시와 연결해 판매망을 확보하는 일을 해왔다. 특히 이들 단체에는 교회 중심의 공동체의 역할이 컸으며, 개 교회나 개인의 영리 목적이 아니라 지역사회의 공익이라는 목적으로 진행됐다. 이러한 배경에서 최근 교회를 포함한 시민단체들은 정부가 내어 놓은 '사회적 기업'에 대한 관심을 갖게 되었다.

'자신에게 필요한 사회서비스를 시장가격으로 구매하는데 어려움이 있는 계층'으로 구분되는 취약계층에게 사회서비스와 일자리를 제공하는 것을 목적으로 하는 사회적 기업에 교회가 참여할 수 있는 적극적인 자세가 필요하다. 교회가 영리를 목적으로 기업을 운영한다는 것은 현실적으로 받아들이기 어려운 문제이다. 그러나 취약계층에 대한 선교적인 차원에서 사회적 기업에 접근을 한다면 긍정적인 측면에서 접근할 수 있다. 특히 장애인, 외국인노동자, 극빈자가정, 독거노인 또 차상위계층의 저소득층 가정 등을 대상으로 선교 사업을 전개해 온 선교단체들이 지속적이고 안정적인 재정확보를 위해서는 구체적으로 관심을 가져 볼 수 있다. 예수는 또한 정직한 노동에 따른 검소한 삶의 자세를 일깨워 주었다.

요한은 "정한 대로만 받고 그 이상은 받아내지 마라." 하였다.[74]

군인들도 "저희는 또 어떻게 해야 합니까?" 하고 물었다. 요한은 "협박하거나 속임수를 써서 남의 물건을 착취하지 말고 자기가 받는 봉급으로 만족하여라." 하고 일러주었다.[75]

---

74 루가의 복음서 3장 13절.
75 루가의 복음서 3장 14절.

그러면서 그는 정당하지 않게 부를 축적하거나 사회적 약자를 괴롭혀서 얻은 부에 대해 잘못을 인정하고, 분명하게 돌이켜야함을 말하면서 그렇지 않으면 크게 낭패를 보게 됨을 말하였다.

"너희는 무엇이 옳은 일인지 왜 스스로 판단하지 못하느냐? 너를 고소하는 사람이 있거든 그와 함께 법정으로 가는 길에서 화해하도록 힘써라. 그렇지 않으면 그가 너를 재판관에게 끌고 갈 것이며 재판관은 너를 형리에게 넘겨주고 형리는 너를 감옥에 가둘 것이다. 잘 들어라. 너는 마지막 한 푼까지 다 갚기 전에는 결코 거기에서 풀려나오지 못할 것이다."[76]

그렇지 않으면 불의 심판을 받게 될 것이라고 하였다.

너희는 회개했다는 증거를 행실로 보여라. 그리고 '아브라함이 우리의 조상이다.' 하는 말은 아예 하지도 마라. 사실 하느님은 이 돌들로도 아브라함의 자녀를 만드실 수 있다. 도끼가 이미 나무뿌리에 닿았으니 좋은 열매를 맺지 않는 나무는 다 찍혀 불 속에 던져질 것이다.[77]

이러한 돌이킴은 제단에 예물을 바치는 일보다 더 우선적으로 해야 할 일이다.

그 예물을 제단 앞에 두고 먼저 그를 찾아가 화해하고 나서 돌아와 예물을 드려라.[78]

---

76 루가의 복음서 12장 57-59절.
77 루가의 복음서 3장 8-9절.
78 마태오의 복음서 5장 24절.

이러한 돌이킴이 없이 그저 종교적인 믿음만을 내세우는 사람들은 돌이킬 수 없는 심판과 화를 당하게 된다고 하였다.

"사실 많은 사람들이 구원의 문으로 들어가려고 하겠지만 들어가지 못할 것이다. 그러니 좁은 문으로 들어가도록 있는 힘을 다하여라. 집 주인이 일어나서 문을 닫아버린 뒤에는 너희가 밖에 서서 문을 두드리며 '주인님, 문을 열어주십시오.' 하고 아무리 졸라도 주인은 '너희가 어디서 온 사람들인지 나는 모른다.' 할 것이다. 그래서 너희가 '저희가 먹고 마실 때에 주인님도 같이 계시지 않았습니까? 그리고 우리 동네에서 가르치시지 않았습니까?' 해도 주인은 '너희가 어디서 온 사람들인지 나는 모른다. 악을 일삼는 자들아, 모두 물러가라' 하고 대답할 것이다. 아브라함과 이사악과 야곱과 모든 예언자들은 다 하느님 나라에 있는데 너희만 밖에 쫓겨나 있는 것을 보게 되면 거기서 가슴을 치며 통곡할 것이다. 그러나 사방에서 많은 사람들이 모여들어 하느님 나라의 잔치에 참석할 것이다. 지금은 꼴찌지만 첫째가 되고 지금은 첫째지만 꼴찌가 될 사람들이 있을 것이다."[79]

그는 정당한 노동의 대가라고 해도 이를 축적하지 말고, 가난한 사람들과 나누어야 함을 일깨워주었다. 루가의 복음서에 보면, 예수를 만나고서 예수정신으로 노동관을 전환한 이야기가 소개되고 있다.

예수께서 예리고에 이르러 거리를 지나가고 계셨다. 거기에 자캐오라는 돈 많은 세관장이 있었는데 예수가 어떤 분인지 보려고 애썼으나 키가 작아서 군중에 가려 볼 수가 없었다. 그래서 예수께서 지나가시는 길을 앞질러 달려가서 길가에 있는 돌무화과나무 위에 올라갔다.

---

79 루가의 복음서 13장 24-30절.

예수께서 그 곳을 지나시다가 그를 쳐다보시며 "자캐오야, 어서 내려
오너라. 오늘은 내가 네 집에 머물러야 하겠다." 하고 말씀하셨다. 자
캐오는 이 말씀을 듣고 얼른 나무에서 내려와 기쁜 마음으로 예수를
자기 집에 모셨다. 이것을 보고 사람들은 모두 "저 사람이 죄인의 집에
들어가 묵는구나!" 하며 못마땅해 하였다. 그러나 자캐오는 일어서서
"주님, 저는 제 재산의 반을 가난한 사람들에게 나누어주렵니다. 그리
고 제가 남을 속여먹은 것이 있다면 그 네 갑절은 갚아주겠습니다." 하
고 말씀 드렸다. 예수께서 자캐오를 보시며 "오늘 이 집은 구원을 얻었
다. 이 사람도 아브라함의 자손이다. 사람의 아들은 잃은 사람들을 찾
아 구원하러 온 것이다." 하고 말씀하셨다.[80]

자캐오는 그가 소유한 재산의 절반을 가난한 사람들에게 나누어주고,
만일 정당하지 않게 남을 속여서 취한 재산이 있다면 네 배로 갚겠다고
하였다. 이런 결심과 대외적인 선언을 들은 후에 예수는 비로소 자캐오
의 집에 구원이 이르렀고 이도 아브라함의 자손이라고 선언하였다. 그
의 말은 마치 가난한 사람들과 노동의 대가로 얻은 재산을 공유하는 삶
과 정당한 노동이 아닌 재산 취함을 단호히 거부하고 돌이킴이 구원받
을 조건으로 이해할 수 있다.

이처럼 예수가 말하는 노동은 형제자매를 위한 사랑과 관심에서 실행
되는 것으로 보았다. 중요한 것은 이를 아는 것으로 그치는 것이 아니라
깨닫고 실천해야한다.[81]

---

80 루가의 복음서 19장 1-10절.
81 대한예수교장로회(통합) 교단은 교회학교 교단공과(학교로 말하면 교과서)의 교수목표를
말씀을 삶으로 실천하도록 하는 것에 분명한 목적을 두고 있다. 이러한 교육목표 진술 양
식은 예수의 정신을 지, 정, 의라는 전인적인 측면에서 말씀이 삶으로 드러나게 하는 데
그 목적을 두고 있다. 이는 공과공부가 사변적인 측면에서 끝나는 것이 아니라 그 행위자
체가 전인적인 변화를 유도하려는 것이다. "...임을 알게 한다(知), ...임을 깨닫게 한다.(情),
...을 행하게 한다.(意)" 대한예수교장로회(통합) 총회교육자원부 홈페이지(www.edupck.net/edu
_course/study_curriculum04.asp) 참조.

요한은 "속옷 두 벌을 가진 사람은 한 벌을 없는 사람에게 주고 먹을 것이 있는 사람도 이와 같이 남과 나누어 먹어야 한다." 하고 대답하였다.[82]

예수께서는 "네가 완전한 사람이 되려거든 가서 너의 재산을 다 팔아 가난한 사람들에게 나누어주어라. 그러면 하늘에서 보화를 얻게 될 것이다. 그러니 내가 시키는 대로 하고 나서 나를 따라오너라."하셨다.[83]

예수께서는 그를 유심히 바라보시고 대견해 하시며 이렇게 말씀하셨다. "너에게 한 가지 부족한 것이 있다. 가서 가진 것을 다 팔아 가난한 사람들에게 나누어주어라. 그러면 하늘에서 보화를 얻게 될 것이다. 그러니 내가 시키는 대로 하고 나서 나를 따라오너라."[84]

그 때에 예수께서 제자들을 바라보시며 말씀하셨다. "가난한 사람들아, 너희는 행복하다. 하느님 나라가 너희의 것이다"[85]

예수께서는 이 말을 들으시고 "너에게는 아직도 해야 할 일이 하나 더 있다. 있는 것을 다 팔아 가난한 사람들에게 나누어주어라. 그리고 와서 나를 따라라. 그러면 하늘에서 보화를 얻게 될 것이다."하셨다.[86]

비유를 들어 이렇게 말씀하셨다. "'어떤 부자가 밭에서 많은 소출을 얻게 되어 이 곡식을 쌓아둘 곳이 없으니 어떻게 할까?' 하며 혼자 궁

---

82 루가이 복음서 3장 11절
83 마태오의 복음서 19장 21절.
84 마르코의 복음서 10장 21절.
85 루가의 복음서 6장 20절.
86 루가의 복음서 18장 22절.

리하다가 옳지! 좋은 수가 있다. 내 창고를 헐고 더 큰 것을 지어 거기에다 내 모든 곡식과 재산을 넣어두어야지. 그리고 내 영혼에게 말하리라. ‘영혼아, 많은 재산을 쌓아두었으니 너는 이제 몇 년 동안 걱정할 것 없다. 그러니 실컷 쉬고 먹고 마시며 즐겨라.’ 하고 말했다. 그러나 하느님께서는 ‘이 어리석은 자야, 바로 오늘 밤 네 영혼이 너에게서 떠나가리라. 그러니 네가 쌓아둔 것은 누구의 차지가 되겠느냐?’ 하셨다. 이렇게 자기를 위해서는 재산을 모으면서도 하느님께 인색한 사람은 바로 이와 같이 될 것이다.”[87]

그러므로 노동은 자신의 생계를 위해서 뿐만 아니라 획득한 재화를 무엇보다 어려운 처지에 있는 형제들과 나누기 위해서 필요하다. 산업혁명의 근본정신을 연구한 네프John Nef는 예수가 제시한 사랑의 새 개념을 산업화를 일으킨 기본 정신으로 분석하고 있다. 그는 사랑의 개념을 “우리가 신을 위해 우리 이웃을 사랑하는 한, 지금 여기에 있는 타인에게 우리 자신을 내어주어야 하는 독특하게 관대한 자비의 개념”이라고 설명했다. 그는 수세기를 거쳐오는 동안 기독교인들은 이러한 사랑의 정신을 완전히 구현해오고 있지는 못하지만, 그럼에도 노동과 경제행위 가치의 토대로서 특히 이웃 사랑을 강조하는 기독교 정신은 중요한 역할을 했다고 보았다. 그의 이러한 분석은 자본주의 정신의 토대를 기독교개혁운동 이후의 프로테스탄트 윤리에만 국한시키는 베버의 견해와 대조를 이루는 점에서 주목을 끈다.[88] 예수는 구약성서와 같이 변리를 통한 부의 축적을 못하도록 금하였다.

---

87 루가의 복음서 12장 16-21절.
88 John Nef, *Cultural foundations of industrial civilization* (Cambridge: Cambridge university press, 1958), p.89.

같은 동족에게 변리를 놓지 못한다. 돈 변리든 장리 변리든 그 밖에 무슨 변리든 놓지 못한다. 외국인에게는 변리를 놓더라도 같은 동족에게는 변리를 놓지 못한다. 그래야 너희가 들어가 차지하려는 땅에서 너희가 손을 대는 모든 일에 너희 하느님 야훼께서 복을 내리실 것이다.[89]

구약성서에서는 같은 동족에서 변리를 통한 이익추구를 금하였으나 예수는 같은 동족의 틀을 넘어서서 보편적인 윤리로 금지하였다.

그러나 너희는 원수를 사랑하고 남에게 좋은 일을 해주어라. 그리고 되받을 생각을 말고 꾸어주어라. 그러면 너희가 받을 상이 클 것이며 너희는 지극히 높으신 분의 자녀가 될 것이다. 그분은 은혜를 모르는 자들과 악한 자들에게도 인자하시다.[90]

이처럼 그가 변리를 통한 이익추구 행위를 금지시킨 것은 그가 돈벌이 전반에 대해 가지고 있는 태도와 일치한다. 그가 예루살렘 성전에서 환전상들만 아니라 물건을 팔고 사는 사람들을 내쫓은 일화는 이를 잘 나타내 주는 예이다. 그는 성전으로부터 이들을 쫓아내면서 심하게 꾸중했다.[91]

예수께서는 성전 뜰 안으로 들어가 거기에서 팔고 사고 하는 사람들을 다 쫓아내시고 환금상들의 탁자와 비둘기 장수들의 의자를 둘러 엎으셨다. 그리고 그들에게 "성서에 '내 집은 기도하는 집이라고 불리리라.' 했는데 너희는 이 집을 '강도의 소굴'로 만들었다." 하고 나무라

---

89 신명기 23장 20-21절.
90 루가의 복음서 6장 35절.
91 루가의 복음서 12장 57-59절.

셨다.[92]

고리대금업자는 아무런 노력도 없이, 심지어 잠자고 있는 동안에도 이득 보기를 바란다. 고리대금업자는 실제로 자신이 가진 것을 파는 것이 아니라 그가 파는 것은 단지 시간일 뿐이다. 그러나 시간은 하느님의 것이지 그의 것이 아니다. 예수 당시의 고리대금의 위험은 오늘날에도 상존한다. 가난한 이들이 대출의 유혹에 넘어가는 문제가 심각하다.

대한변호사협회가 19-21일 부산 해운대 조선호텔에서 연 '2회 국제 인권·환경대회' 기조연설을 위해 한국을 방문한 우쓰노미야 겐지 일본 변호사연합회 회장은 "일본의 대부업체들이 일본에서 강력한 규제를 받자 한국에 앞다퉈 진출하고 있다"고 밝혔다. 현재 일본에서는 대부업체가 법적으로 연간 15-20% 미만의 이자를 받을 수 있지만 한국에서는 최고 44%의 이자를 받을 수 있기 때문이다. 그는 "일본의 대부업체들이 한국에 처음 진출한 것은 1998년"이라고 말했다. 우리나라가 IMF으로부터 긴급 자금을 지원받으면서 이자제한법을 폐지하자 대부업체를 운영하던 일본 최대 야쿠자 조직의 하나인 야마구치 조직의 고히시회五菱會가 한국에 진출했다는 것이다. 그는 한국 정부가 대부업체의 대출금리를 일본처럼 대폭 낮추지 않으면 빈부격차가 더 벌어지는 부작용을 낳을 수 있다고 경고하며 일본의 예를 들었다.

일본은 1970년대 후반부터 대부업체로부터 고이자로 돈을 빌려 쓴 서민들과 중소사업자들이 원금과 이자를 갚기 위해 평균 20곳의 대부업체로부터 대출을 받는 이른바 돌려막기가 성행해 일가족 자살과 야반도주가 속출했다고 한다. 당시 일본 정부에서 허용한 대출금리는 10

92 마태오의 복음서 21장 12-13절.

9.5%였으며 원금의 1만%를 갚아야 하는 사람들도 있었다는 것이다. "이때부터 시민사회단체와 법조계에서 대부업계의 대출이자 낮추기 운동을 벌였습니다." 30여 년 동안의 노력은 지난해 6월 결실을 맺었다. 대금업법이 개정되면서 최고 이자율이 15~20% 미만으로 낮아진 것이다. 대부업체뿐만 아니라 개인이 친구한테 돈을 빌려줄 때도 연간 20% 이상의 이자를 받지 못한다.[93]

고리대금이 아닌 정당한 이자수익이나 재테크도 예수의 노동관에 비춰보면 적절하지 않다. 김난도는 오늘을 사는 젊은이들이 당장의 이익을 위해 재테크를 하거나 저축을 중시하는 것을 경계하였다. 일반 직장인이 10년 동안 월급으로 재테크를 해서 복리든, 주식이든 하는 것으로 인해 본업은 뒷전인 채 동분서주하고 다니게 되면 직장에서 퇴출되거나 겨우 자리보존하는 처지밖에 되지 않을 것이라고 하였다.[94]

그가 변리를 통한 이익추구를 금지한 것은 부에 대한 가르침과 연결된다. 영생을 얻기 위해서 어떻게 해야 하느냐고 묻는 어떤 청년의 질문에 예수는, 가진 것을 모두 팔아 가난한 사람들에게 나누어 주어야 가능하다고 말하면서 부자가 하느님의 나라에 합당하지 않음을 분명히 하였다.

예수께서는 제자들을 둘러보시며 "재물을 많이 가진 사람이 하느님 나라에 들어가는 것은 얼마나 어려운 일인지 모른다." 하고 말씀하셨다. 제자들은 이 말씀을 듣고 놀랐다. 그러나 예수께서 다시 이렇게 말씀하셨다. "하느님 나라에 들어가기는 참으로 어렵다. 부자가 하느님 나라에 들어가는 것보다는 낙타가 바늘귀로 빠져 나가는 것이 더 쉬울

---

93 「이자율 44% 한국, 야쿠자의 '노다지'」, 〈한겨레신문〉(2011년 2월 21일).
94 김난도, 『아프니까 청춘이다』(쌤 앤 파커스, 2011), 68쪽.

것이다."[95]

그의 이러한 가르침은 세상은 모든 사람에게 속한 것이어서 누구도 자신이 필요한 것보다 더 많이 가질 권리가 없다는 것이다. 그의 이 가르침에 따라 초기 기독교 공동체는 적은 재산이라도 공동으로 소유하려고 했던 것이다. 이와 함께 이기적인 욕망에 근거한 상행위를 천시하고 반면에 농부와 같이 검소하게 땀을 흘리는 삶에 가치를 부여하는 태도가 기독교 전통으로 확립되어 프로테스탄트 윤리가 발흥될 때까지 이어져 내려왔다.

예수께서 "무슨 일이냐?" 하고 물으시자 그들은 이렇게 설명하였다. "나자렛 사람 예수에 관한 일이오. 그분은 하느님과 모든 백성들 앞에서 그 하신 일과 말씀에 큰 능력을 보이신 예언자였습니다."[96]

예수는 말과 일에 큰 능력을 보였다. 그는 하늘 아버지의 뜻을 따라 말과 행동을 일치하였다.

그러나 예수께서는 그들에게 "내 아버지께서 언제나 일하고 계시니 나도 일하는 것이다." 하고 말씀하셨다.[97]

예수에게는 말과 일이 하나였다. 이런 예수를 보고 사람들은 무심코 '예수는 하느님과 모든 백성들 앞에서 그 하는 일과 말씀에 큰 능력을 보였다'고 고백한 것이다. 말과 일에 큰 능력을 보인 예수! 우리가 본받

---

95 마르코의 복음서 10장 23-25절.
96 루가의 복음서 24장 19절.
97 요한의 복음서 5장 17절.

으며 살아야할 우리 시대의 모델이다. 말과 일이 예수에게서 하나가 된
다. 사람살이에서 말과 일이 하나 됨! 이것이 기독교정신의 정수精髓이
다. 말은 생각과 입만으로 되지만 일은 생각과 입을 포함한 온 몸으로
참여하지 않으면 결코 될 수 없다. 참여해서 손발이 움직이지 않으면 결
코 일이 될 수 없다. 그러니 말의 단계를 지나 일이 능숙해져야 비로소
말과 일에 큰 능력을 갖춘 사람이 될 수 있다.

사람이 이 세상에서 사람으로 살아가는 사람살이를 살림이라고 한다.
살림이라는 말은 말과 일에 큰 능력을 갖춘 사람이 말하고 일하는 모습
을 일컫는 말이다. 이에 대한 바오로의 말이다.

> 성서에 기록된 대로 첫 사람 아담은 생명 있는 존재가 되었지만 나
> 중 아담은 생명을 주는 영적 존재가 되셨습니다.[98]

바오로는 첫째 사람 아담이 생명 있는 존재였지만 나중 아담인 예수
는 생명을 주는 영적 존재라고 하였다. 생명을 주는 영적 존재가 바로
거룩한 영인 성령聖靈이다. 예수야말로 우리가 따를 생명의 살림꾼이다.
한 사람 안에 말과 일이 하나가 되는 상황을 우리는 살림살이라고 한다.
각자 자기의 일터에서 살림을 사는 사람은 말과 일이 하나가 되는 말과
일에 큰 능력을 갖춘 사람이 되고 이런 사람이야말로 지금도 일하는 하
느님과 하나가 된 사람이다.[99]

---

98 고린토인들에게 보낸 첫째 편지 15장 45절.
99 김영동, 「말과 일, 그리고 살림」, 『하나님・사람・자연이 숨쉬는 샘』(8호, 2003), 27-32쪽
　참조.

🏛 바오로의 노동관에 따른 윤리적 의미

1. 바오로의 생애

바오로의 노동관에 앞서 그의 생애를 정리하는 작업도 유익할 것 같다. 바오로는 10년경 타르수스다르소에서 유대인으로 태어났다. 타르수스는 동·서간의 주요 교역로에 위치한 실리시아킬리키아 지방의 한 도시였으며, 유명한 스토아 철학자들의 고향이었다. 그곳에 사는 많은 유대인과 마찬가지로 그는 로마 시민권을 상속받았다. 이 로마 시민권은 1세기 전에 로마의 용병으로 복무한 사람들이 그 대가로 로마인들로부터 부여받은 것으로 생각된다. 바오로가 2가지 이름을 가지고 있었다는 것도 이것으로 설명된다. 그는 유대인 공동체 안에서는 사울이라는 유대식 이름을 사용했으며, 그리스어로 말할 때는 로마식 별명인 '바오로'라는 이름을 사용했다. 그는 엄격한 유대교 교육을 받았지만 그리스어를 능숙하게 구사했고 세계 도시를 경험하기도 했다. 그는 이 때문에 후에 이방인들비유대인들에게 복음을 전하는 특수한 소명에 적합한 인물이 되었다. 그는 한 때 모세법에 대한 정절과 충성을 강조한 유대교의 한 종파인 바리사이파[100]의 열렬한 일원이었다.

---

[100] 예수가 그들이 독선적이라고 자주 말했기 때문에 바리사이의 의미를 부정적으로 인식하지만, 본래 바리사이(Pharisee)는 규칙에 집착하는 사람들을 일컫는 말이다. 이들은 자신들이 신과 율법을 누구보다도 진지하게 받아들인다고 자부했다. 하지만 예수는 몇 차례나 그들을 꾸짖으면서 '위선자들'이라고 불렀다. 예수는 규칙에만 집착한 나머지 이웃과 신을 사랑하는 일에 소홀한 그들의 태도를 이렇게 비판했다. "하루살이는 걸러내고 낙타는 삼키는도다." 바리사이인들은 식사에 관한 여러 가지 규칙, 안식일에 할 행동 등 세세한 문제를 고리타분하게 따지고 들었다. 예수는 제자들에게 바리사이인보다 정의로워야 한다고 가르쳤다(마태오의 복음서 5장 20절). 즉 율법을 고수하기보다 사랑에 더 큰 관심을 가져야 한다는 의미다. 마태오의 복음서 23장에는 예수가 바리사이인의 일곱 가지 문제를 지적하는 장면이 나온다. "화 있을진저 외식하는 서기관들과 바리새인들이여 회칠한 무덤 같으니 겉으로는 아름답게 보이나 그 안에는 죽은 사람의 뼈와 모든 더러운 것이

사도행전의 기록에 의하면, 그는 예루살렘에서 가말리엘 1세 밑에서 랍비로 훈련받았다고 한다. 율법과 그것의 랍비적 해석방법에 대한 바오로의 지식은 그가 남긴 서신들에 분명히 나타나 있다. 그는 대부분의 랍비들처럼 수공업으로 생계를 유지했다. 그는 천막을 만드는 일을 했는데, 그 기술은 아마 그의 아버지에게서 배운 것 같다. 바오로는 예수의 십자가 처형이 있기 전 예루살렘에 있었지만 그곳에서 예수를 만난 적이 없었다. 그러나 그는 예수와 그의 추종자들에 대해 많은 것을 알고 있었다. 그는 그 자신이 열렬히 옹호했던 바리사이파적 유대교에 대해 기독교 운동이 위협을 가한다고 생각했고, 그래서 새로 창설된 교회의 박해자로서 역사의 무대에 최초로 등장한다.

예루살렘에서 최초로 일어난 기독교도들에 대한 가혹한 박해는 헬라주의자들그리스어를 사용하는 유대인들 가운데 개종한 사람들과 관련된 것이었다. 헬라주의자들 가운데 한 사람이었던 스테파노가 돌에 맞아 죽음을 당했을 때, 그를 살해한 사람들은 "겉옷을 벗어 사울이라는 젊은이에게 맡겼다"[101]고 한다. 그 당시 바오로는 헬라주의자 개종자들과 분노를

가득하도다." 예수는 또한 그들이 말하는 대로 실천하지 않는다며 비난했다(마태오의 복음서 23장 3절). 바리사이인들은 예수가 세리나 죄인들과 어울리는 것을 비판하고(마태오의 복음서 9장 11절), 사탄에게 의지해 귀신들을 쫓아내는 힘을 가졌다고 주장했다(마태오의 복음서 9장 34절). 루가의 복음서는 바리사이인들이 돈을 무척 좋아한다고 말하는데(루가의 복음서 16장 14절), 이 대목에는 독선적인 바리사이인들이 성전에서 기도하는 유명한 비유가 나온다(바리사이인과 세리의 대조). 세례자 요한은 바리사이인을 가리켜 '독사의 자식들'이라고 불렀다. 그래도 예수는 바리사이인들과 식사를 함께했다(루가의 복음서 14장). 어떤 바리사이인들은 예수에게 헤롯이 그를 죽이려 한다고 경고하면서 피신을 권유하기도 했다(루가의 복음서 13장 31절). 요한의 복음서에는 니고데모라는 바리사이인이 나온다. 그는 예수에게 가르침을 받고 '거듭날' 필요성을 깨달았다. 하지만 대다수 바리사이인들은 사제들의 회유를 받아 예수의 처형을 지지했다. 바오로도 바리사이인이었으나 자신이 말한 대로 실천한 사람이었다. 그는 기독교를 탄압하다가 개종한 뒤 시대를 통틀어 가장 위대한 기독교 전도자가 되었다. 신약성서에 수록된 그의 몇 가지 서신들을 보면 그가 바리사이인들의 율법주의를 얼마나 배격했는지 알 수 있다. 바리사이라는 말은 대략 '초연한 사람'이라는 뜻이므로 원래는 신앙심이 독실하다는 의미다.

101 사도행전 7장 58절.

같이하고 있었다. 그들은 십자가에 달려 하느님의 저주를 받은 사람[102] 예수를 메시아와 천상의 주로 선포했을 뿐만 아니라 성전에서의 제사가 예수의 희생적 죽음으로 대체되고 율법도 평가 절하될 수 있다고 주장했다.[103] 그래서 기독교를 박해하는 일에 가담하게 되었다. 헬라주의자 개종자들은 인척관계가 있는 이방도시로 도망쳤고, 아람어를 사용하는 예루살렘 잔류파는 유대교의 분노를 사지 않기 위해 본색을 감추었다.

그는 갈라디아인들에게 보낸 편지에서 흩어진 개종자들을 체포하기 위해 다마스쿠스로 가던 도중 환상을 보고 개종하게 되었다. 사도행전과 갈라디아인들에게 보낸 편지 1장 15-16절[104]의 진술을 확인하고 있다. 그는 이러한 사건으로 기독교에 대한 극단적인 적대감에서 벗어나 기독교에 한평생 헌신하도록 변화되었다. 그가 개종했을 때 실제로 어떤 일이 일어났는지를 정확하게 말할 수는 없지만, 그 핵심은 영광 가운데 나타난 예수를 보았다는 것이다. 이 환상을 보고 예수가 기독교인들이 주장하는 바와 같이 죽은 자로부터 부활하여 주主로서 하늘에 올려졌다는 확신을 갖게 되었다. 또한 이 환상은 예수가 십자가에 처형당한 것은 잘못이라는 증거이기도 했다. 그래서 예수의 십자가 처형은 더 이상 저주로 여겨지지 않게 되었고, 그의 죽음은 다른 사람들을 위한 희생으로 이해될 수 있었다.

그에게 이와 같은 인식의 전환은 우주적인 의의를 가진 것이었다. 그는 그 시대의 많은 유대인들처럼 세상을 악으로부터 해방시키고 영구적

---

102 이렇게 나무에 달린 시체는 하느님께 저주를 받은 것이니, 그 시체를 나무에 단 채 밤을 보내지 말고 그 날로 묻어라. 그렇게 두어서 너희 하느님 야훼께 유산으로 받은 너희 땅을 더럽히면 안 된다(신명기 21장 23절).

103 '이 법을 어느 하나라도 실천하지 않고 짓밟는 자에게 저주를!' 하면, 온 백성은 '아멘!' 하여라(신명기 27장 26절).

104 그러나 하느님께서는 내가 나기 전에 이미 은총으로 나를 택하셔서 불러주셨고 당신의 아들을 이방인들에게 널리 알리게 하시려고 기꺼이 그 아들을 나에게 나타내 주셨습니다. 그 때 나는 어떤 사람과도 상의하지 않았고.

인 평화와 정의를 수립하기 위해 하느님이 오실 마지막 심판의 날이 임박했다고 믿었다. 그러므로 그는 자신의 소명이 온 나라 백성으로 하여금 하느님의 도래를 예비하도록 그들을 위한 선교사가 되는 데 있다고 생각했다. 이 대망待望에서 새로운 것으로 여겨지는 점은 예수 그리스도에게 부여된 위상이다. 그는 사도들이 최초로 행한 설교와 마찬가지로 인류의 죄를 위해 죽은 예수가 지금 하느님의 심판의 대행자로서 하늘에 있다고 믿었다. 그를 믿고 그를 주로 인정하는 사람들은 심판의 날에 그들의 구원자인 예수를 영접하게 될 것이다. 이렇게 해서 그리스도에 대한 믿음은 그가 행한 설교의 기초가 되었다. 이와 더불어 그리스도의 희생적 죽음에서 드러난 하느님의 사랑을 선포했다. 그는 그리스도가 "나를 사랑하고 또 나를 위해서 당신의 몸을 내어주셨다"[105]고 믿었다. 그의 헌신은 오로지 이 새로운 중심을 향한 것이었다. 이전에 그는 사람들에게 율법에 대한 엄격한 바리사이파적 해석을 주입함으로써 그들이 하느님의 나라를 위해 대비하도록 정력을 쏟았다. 그런데 하느님 자신이 예수를 통해 인류를 위해 한 일을 생각해보면 이 모든 것은 부질없는 짓이다.

그는 어느 곳에서든 예수가 주님이라는 신앙을 선포하고자 했다. 개종 직후 아라비아에서 홀로 고독한 시간을 보냈으며 다음에는 다마스쿠스에 거주했다. 아마도 그곳에서 기독교인들과 접촉했을 것이다. 예전의 그는 그들에게 해를 입히고자 했지만 지금은 그들로부터 예수와 그의 가르침에 대한 정보를 얻고 기독교적인 사귐의 경험을 나누었을 것이다. 다마스쿠스는 그의 첫번째 선교 활동지였으나 이 지역에서 벌인 그의 선교 활동에 대해서는 알려진 것이 없다.

---

105 갈라디아인들에게 보낸 편지 2장 20절.

그가 다마스쿠스에 간 지 3년 만에 그의 활동은 돌연 중단되었다. 그는 아라비아 나바테아족의 족장통치자과 충돌했다. 족장은 다마스쿠스의 모든 성문에 파수를 세웠으나, 그는 광주리 속에 숨어 성벽을 넘어 피신한 후 예루살렘으로 갔다. 그곳에서 사도 베드로와 예수의 동생 야고보를 만났다. 이것은 매우 중요한 만남이었다. 왜냐하면 이 모임에서 그는 예루살렘 교회 창건자들과 나란히 사도로 공인받았기 때문이다. 방문기간은 짧았고 인근 지역의 기독교 공동체들을 방문하지 못했다. 왜냐하면 그가 바리사이파의 보복을 당할 우려가 컸기 때문이다. 바리사이파는 그를 배교자로 낙인찍었다. 2주일 만에 그는 실리시아와 시리아로 새로운 선교를 하기 위해 떠났다. 이 선교활동의 기지는 그의 고향 타르수스였지만 이 선교에 대해서도 알려진 것은 없다.

그후 시리아의 수도 안티오크로 가서 바르나바의 성공적인 선교 활동을 도왔다. 개종자들 가운데 대다수는 이방인들로서 이로 인해 심각한 위기가 초래되었다. 이 위기에서 이방인들의 옹호자로 등장했고 수년간 계속된 논쟁은 그에게 큰 자극을 주었으며, 이 논쟁을 통해 그는 기독교 신학에 중요한 공헌을 하게 되었다. 이방인을 옹호한 그의 입장으로 인해 기독교는 단순히 유대교의 한 종파가 아니라 보편적인 종교가 될 수 있었다. 논쟁의 초점은 유대계 기독교인들과 이방계 기독교인들의 관계였다. 원시 기독교는 밀접하게 결합된 친교공동체였으며, 그 중심은 공동식사와 성만찬예수의 희생적 죽음을 기념하는 감사의 식사이었다.

그런데 유대교 정결 규정에 매인 유대인들은 율법을 위반할까 두려워 이방인들과 함께 식사하는 것을 꺼려했다. 예수는 마음의 순결이 율법 준수보다 더 중요하다고 가르쳤지만 이 때문에 그의 추종자들이 율법을 포기한 것은 아니었다. 이방인들이 증가하자 교회는 이방인과 유대인들이 섞이게 되었으며, 유대인 출신의 교인들은 기독교적 친교를 위해 이방인들과 함께 식사하는 것에 불평을 터뜨렸다. 스테파노의 죽음 이후 예루살렘의 기독교인들은 유대교의 반감을 자극하지 않도록 신경을 써야 했다. 예루살렘에서 선교활동을 발전시키려면 반드시 율법에 적합하다는 인정을 받아야 했다. 그러므로 안티오크 기독교인들의 자유주의적 태도에 대한 소문은 그들에게 극히 해로운 일일 수밖에 없었으며, 바리사이파 출신의 개종자들은 이방인 개종자들도 할례와 율법 준수를 받아들여야 한다고 주장하기까지 했다.

사도행전은 그가 수행한 3차에 걸친 선교여행을 기록하고 있다. 이 여행은 일반적으로 오랜 세월에 걸쳐 진행된 선교여행으로 알려져 있다. 제2차 예루살렘 방문은 아마도 제1차 선교여행이 끝나갈 무렵에 이루어졌을 것이다. 이 과정에서 그는 수많은 교회를 설립하고 제자를 삼고 그의 서신을 기록하였다. 그는 예루살렘에서 이방인들이 범접할 수 없는 경계선 너머에 있는 성전의 안뜰로 이방인 교회의 파견자들 가운데 한 사람을 데리고 들어갔다는 거짓 고소를 당해 체포된다. 그것이 주된 이유는 아니지만 이 때문에 그는 로마 시민권 덕분에 좋은 대접을 받았다. 그의 생명을 제거하려는 음모가 꾸며졌을 때, 그는 로마 군대의 사령부가 있던 카이사리아로 압송되었다. 총독 펠릭스는 유대교 당국의 반감을 사지 않기 위해 그를 감옥에 가두었다. 2년 후 펠릭스의 후임자인 페스투스페스도는 재판을 받을 수 있도록 그를 예루살렘으로 보내려고 했지만, 그는 예루살렘행을 거부하고 로마 황제에게 상소했다.

로마를 향한 여행은 늦가을에 시작되었으나 도중에 배가 난파되는 바람에 여행자들은 몰타에서 3개월 동안 발이 묶였다. 그들은 AD 60년 봄 로마에 도착했다. 그곳에서 그는 재판을 기다리며 2년 동안 가택연금 상태에 있었다. 결국 그는 감옥에 수감되는데, 여기서 그는 몇 편의 서신을 집필했다.[106] 그는 감옥에서 주인에게서 도망친 노예인 오네시몬를 만나 그와 사귐을 갖고는 그를 주인에게 되돌려 보내기도 했다. 그는 "이제부터 종으로서가 아니라 종 이상으로 곧 사랑하는 교우로서"[107] 그의 편지로 오네시몬은 필레몬과 함께 있게 될 것이다. 미묘한 상황을 섬세하게 다루고 있는 이 서신은 그의 서신들 가운데 주옥과도 같은 작품이다. 이 서신은 필립비 기독교인들의 관대성을 담담하게 인정해주고 있다.

골로사이인들에게 보낸 편지는 골로사이에서 거짓 교사들이 일으킨 분란들을 다루고 있다. 이 거짓 교사들은 유대교에서 벗어난 비정통적인 종파로 추측된다. 그는 이에 대응해 하느님의 온전한 구원 계획을 구현한 하느님의 참된 지혜로서 그리스도를 소개한다. 에페소인들에게 보낸 편지는 이방인들의 특권을 웅변조로, 어쩌면 지나치게 수사학적으로 진술한다. 이방인들도 그리스도 안에서 하느님의 선택받은 백성이라는 지위를 향유하고 있다는 것이다. 그리스도는 자신의 죽음을 통해 "유대인과 이방인이 서로 원수가 되어 갈리게 했던 담을 헐어버리시고 그들을 화해시켜 하나로 만들었다"[108]는 것이다.

그의 영원한 금자탑은 세계 전역에 퍼져 있는 기독교의 교회이다. 그는 이방인들에게 설교한 최초의 인물은 아니었지만, 이방인 개종자들을 유대화하려는 파벌에 맞선 그의 단호한 태도는 미래에 일어날 일에 결정적인 역할을 했다. 따라서 기독교가 유대교 내부의 소종파에서 벗어나 세계적인 종교로 성장한 것은 그 누구보다도 그의 공헌이었다. 그의 영향은 사후에도 지속되었다. 그는 기독교의 절반을 이루는 서방라틴 진

---

106 그가 감옥에서 쓴 서신들을 '옥중서신'이라고 한다. 필립비인들에게 보낸 편지, 필레몬에게 보낸 편지, 골로사이인들에게 보낸 편지, 에페소인들에게 보낸 편지, 필레몬에게 보낸 편지 등이 있다.
107 필레몬서 1장 16절.
108 에페소에 보낸 편지 2장 14절.

영에서 성 아우구스티누스의 저작들을 통해 교회의 역사에 크나큰 영향을 미쳤다. 은총과 자유의지에 관한 펠라기우스 논쟁은 그의 로마인들에게 보낸 편지에 나오는 문구에 대한 해석에 좌우되었다. 16세기 기독교개혁운동자 루터도 그의 로마인들에게 보낸 편지에 나오는 문구에서 의인론義認論에 몰두했다. 칼뱅은 그로부터 교회를 선민들의 공동체로 보는 개념을 끌어냈고 예정사상을 활용했다. 이처럼 그의 가르침은 아우구스티누스의 영향력을 통해 기독교개혁운동과 그 유산인 근대 개신교의 루터파 교회와 칼뱅파 교회를 지배하게 되었다.

그는 회심 경험을 통해 그리스도가 하느님의 주도권 아래 있는 우주적인 주主이며, 하느님 나라의 대행자요 인도자라고 확신하게 되었다. 그는 그리스도를 통해 모든 장벽이 무너졌다고 주장하였다.

> 이제는 유대인이나 그리스인이나 종이나 자유인이나 남자나 여자나 아무런 차별이 없습니다. 그리스도 예수 안에서 여러분은 모두 한몸을 이루었기 때문입니다.[109]

2. 바오로의 노동관

던James D. G. Dunn은 바오로 신학의 주된 특징으로 바오로의 강렬한 실천윤리적 관심이라고 말했다.[110] 노동에 대한 예수의 가르침은 바오로의 가르침으로도 잘 드러난다. 그는 천막을 만드는 일을 하면서 선교하는 것을 자랑스럽게 여겼다.

---

109 갈라디아인들에게 보낸 편지 3장 28절.
110 제임스 D. G. 던, 박문재 역, 『바울신학』(크리스찬다이제스트, 2003), 825쪽.

여러분도 알다시피 나와 내 일행에게 필요한 것은 모두 나의 이 두 손으로 일해서 장만하였습니다.[111]

그리고 손발이 부르트도록 노동을 하고 있습니다. 그러면서 우리를 욕하는 사람을 축복해 주고 우리가 받는 박해를 참아내고[112]

그는 어디로 가든지 사도로서 마땅히 누릴 수 있는 권한에 따라 구약성서의 제사장들과 레위인들처럼, 오늘날 기독교 성직자들처럼 생업에 종사하지 않고 종교적인 일에 전념하도록 모든 생활비용을 신자들이 책임져 줄 수 있었음에도 자신의 손을 움직여 양식을 벌고 그 어느 누구에게도 폐를 끼치거나 누를 끼치지 않고[113] 오히려 자신의 먹을 것을 벌 수 있음을 자랑스럽게 여겼다. 실제로 그는 고린토, 에페소, 데살로니카 등에서 필요한 경우 자신의 노동으로 생계를 유지했다.

마침 직업이 같았기 때문에 그 집에서 함께 살면서 일을 하였다. 천막을 만드는 것이 그들의 직업이었다.[114]

교우 여러분, 여러분은 우리의 수고와 노력을 잘 기억하실 것입니다. 우리는 여러분에게 하느님의 복음을 전하는 동안 누구에게도 폐를 끼치지 않으려고 밤낮으로 노동을 했습니다.[115]

---

111 사도행전 20장 34절.
112 고린토인들에게 보낸 첫째 편지 4장 12절.
113 그가 활동하는 시대는 기독교가 공인된 시대가 아니었다. 초대 기독교 교인들은 대개 노예계급이나 여자들이 대부분으로 경제적인 여유를 갖지 못한 경우가 많았다. 또한 박해를 받는 처지였기에 그에게 선교비를 지급하는 것도 쉽지는 않았다. 그런 이유로 그는 선교비를 지원받기도 했지만 자신이 천막을 만드는 일을 통해 자신의 생계와 선교비를 충당한 경우가 많았다. 고린토인들에게 보낸 첫째 편지 4장 6절 12절, 데살로니카인들에게 보낸 첫째 편지 2장 9절, 데살로니카인들에 보낸 둘째 편지 3장 6절 참조.
114 사도행전 18장 3절.
115 데살로니카인들에게 보낸 첫째 편지 2장 9절.

그는 노동이 기독교인의 삶에서 결코 빠뜨릴 수 없는 부분임을 명백히 하였다. 그는 데살로니카 교인들에게 다음과 같이 편지를 썼다.

그리고 내가 전에 지시한 대로 조용히 살도록 힘쓰며 각각 자기의 직업을 가지고 자기 손으로 일해서 살아가십시오.[116]

이어서 그는 노동이 기독교인에게 얼마나 중요한 지를 분명히 하였다.

우리가 여러분과 함께 있을 때에 '일하기 싫어하는 사람은 먹지도 마라' 하는 말을 여러분에게 종종 했습니다.[117]

동일한 교훈이 에페소 교회에도 주어졌다.

도둑질하던 사람은 이제부터 그런 짓을 그만두고 제 손으로 일하여 떳떳하게 살며 가난한 사람들을 도와줄 수 있도록 노력하십시오.[118]

그는 철저하게 예수정신에 따라 살아야함을 실제적인 노동의 삶과 서신들로 강조하였다.

그러므로 나는 그리스도 예수와 한 몸이 되어 하느님을 위하여 일하는 것을 자랑으로 여깁니다. 이방인들을 하느님께 복종시키신 분은 그리스도이시고 나는 다만 그분의 일꾼 노릇을 했을 따름이라는 것을 강조하고 싶습니다. 나는 그분에게서 기적과 놀라운 일을 할 수 있는

116 데살로니가전서 4장 11절.
117 데살로니가후서 3장 10절.
118 에베소서 4장 28절.

힘 곧 성령의 힘을 받아 예루살렘에서 일리리쿰에 이르기까지 두루 다니면서 말과 활동으로 그리스도의 복음을 남김없이 전파하였습니다.[119]

그가 표현했듯이 그는 언제나 말만이 아닌, 실제적이고 즉각적이고 구체적인 행동으로 일해 나갔다. 그는 자신이 일을 시도하면 하느님이 힘을 준다고 하였다.19절 이러한 실천성은 야고보서의 주된 주제와도 그 맥을 같이 한다.

이렇게 말하는 사람도 있을 것입니다. "당신에게는 믿음이 있지만 나에게는 행동이 있소. 나는 내 행동으로 내 믿음을 보여줄 테니 당신은 행동이 따르지 않는 믿음이라는 것을 보여주시오. 당신은 한 분이신 하느님을 믿고 있습니까? 그것은 좋은 일입니다. 그러나 마귀들도 그렇게 믿고 무서워 떱니다. 이 어리석은 사람이여, 행동이 뒤따르지 않는 믿음은 아무 소용이 없다는 것을 알고 싶습니까? 우리 조상 아브라함은 자기 아들 이사악을 제단에 바친 행동으로 말미암아 하느님과 올바른 관계를 가지게 된 것이 아닙니까? 당신도 알다시피 그의 믿음은 행동과 일치했고 그 행동으로 말미암아 그의 믿음은 완전하게 된 것입니다. 이렇게 해서 '아브라함은 하느님을 믿었고 하느님께서는 그의 믿음을 보시고 그를 올바른 사람으로 인정해 주셨다.'라는 성서 말씀이 이루어졌으며 아브라함은 하느님의 친구라고 불리었던 것입니다."[120]

그는 이처럼 철저히 실천하는 사람이었다. 그가 이렇게 하는 이유는 예수가 자신에게 믿고 일을 맡겨 주었기 때문이라고 하였다.

---

119 로마인들에게 보낸 편지 15장 17-19절.
120 야고보서 2장 18-23절.

내가 맡은 일을 감당할 수 있도록 힘을 주신 우리 주 그리스도 예수께 나는 감사합니다. 주께서 나를 성실한 사람으로 인정하셔서 당신을 섬기는 직분을 나에게 맡겨주신 것입니다. 내가 전에는 그리스도를 모독하고 박해하고 학대하던 자였습니다. 그러나 그것은 내가 믿지 않을 때에 모르고 한 일이었기 때문에 하느님께서 나를 자비롭게 대해 주셨습니다.[121]

이런 이유로 그는 주어진 일에 충실해야함을 강조하였다.

여러분은 우리를 그리스도의 일꾼으로 여기며 하느님의 심오한 진리를 맡은 관리인으로 생각해야 합니다. 관리인에게 무엇보다도 요구되는 것은 주인에 대한 충성입니다.[122]

또한 성실한 노동의 자세로 무슨 일이든지 최선을 다해야함도 말하였다.

남의 종이 된 사람들은 무슨 일에나 주인에게 복종하십시오. 남에게 잘 보이려고 눈가림으로 섬기지 말고 주님을 두려워하면서 충성을 다하십시오. 무슨 일이나 사람을 섬긴다는 생각으로 하지 말고 주님을 섬기듯이 정성껏 하십시오.[123]

그는 옳은 일을 하다가 실망하거나 포기하지 말고 꾸준히 계속해야함을 강조하였다.

---

121 디모테오에게 보낸 첫째 편지 1장 12-13절.
122 고린토인들에게 보낸 첫째 편지 4장 1-2절.
123 골로새서 3장 22-23절.

낙심하지 말고 꾸준히 선을 행합시다. 꾸준히 계속하노라면 거둘 때가 올 것입니다.[124]

여러분들에게 훌륭한 일을 시작하신 하느님께서는 그 일을 계속하실 것이며 마침내 그리스도 예수께서 다시 오시는 날 완성하실 것입니다. 이것이 나의 신념입니다.[125]

또한 그는 노동의 자세로 협력과 상생의 중요성도 일깨워 주었다.

하느님을 사랑하는 사람들 곧 하느님의 계획에 따라 부르심을 받은 사람들에게는 모든 일이 서로 작용해서 좋은 결과를 이룬다는 것을 우리는 압니다.[126]

서로 도와주고 피차에 불평할 일이 있더라도 서로 용서해 주십시오. 주님께서 여러분을 용서하신 것처럼 여러분도 서로 용서해야 합니다. 그뿐만 아니라 사랑을 실천하십시오. 사랑은 모든 것을 하나로 묶어 완전하게 합니다.[127]

이렇듯 그에 의해 쓰인 성서들은 사회적으로 약한 사람들과 소외계층에 대하여 집중적으로 관심을 가지는 구약성서의 유산과 예수의 가르침을 계승하고 있다. 그가 쓴 성서에 등장하는 인물들은 구약성서와 예수의 노동관에 근거하여 자신의 주어진 일에 최선을 다하여, 공동체 속에서 가난한 사람을 도와줄 것을 다짐하는 모습들이었다. 노동은 그들에

---

124 갈라디아인들에게 보낸 편지 6장 9절.
125 빌립보인들에게 보낸 편지 1장 6절.
126 로마인들에게 보낸 첫째 편지 8장 28절.
127 골로새서 3장 13-14절.

게 무엇보다도 중요하였다. 노동의 과정은 공동체의 고통 및 삶의 관심과 관계되고 있었다. 그러므로 공동체 회원 중 게으른 사람은 엄중한 문책을 받는다. 그러나 사회구조적인 상황으로 인해 가난한 사람은 공동체 속에서 보호를 받고 도움을 받는다.

나오는 말

지금까지 신약성서의 노동관을 살펴본 것처럼 신약성서는 구약성서의 노동관을 계승하고 있다.[128] 즉, 신약성서에서 노동은 저주에 의한 것이 아니라 마땅히 해야 할 하나의 의무로 본다. 예수와 바오로는 그들 스스로 육체적 노동을 경험한 이들로 이를 중요하게 여겼다. 이들은 참다운 노동은 가난한 사람들, 소외된 사람들과 함께하는 공동체의 노동임을 강조하였다. 이는 노동이 단순한 개인적 차원의 근면을 넘어서서 공동체의 약자를 보호하고 도와줄 것까지 확대되어야함을 말하는 것이다.

노동은 인간의 자질을 드러나게 하는 매개체로서, 인간은 자기의 운명을 개척하며 참다운 의미에서 자기의 영원한 생명을 얻기도 하고 잃기도 하는 것으로 나타난다. 고대 사회는 대체로 인간의 육체적 노동에 대해 부정적인 시각을 갖고 있었다. 이에 반해 성서의 전체적인 입장은 긍정적인 것이었다. 구약성서에 의하면, 노동은 신이 맨 처음 한 것으로 말하면서 신의 모습을 따라 창조된 인간도 신의 명령에 따라 노동을 해야 함을 일깨워준다. 신약성서에 의하면, 예수와 바오로가 직접 복수와

---

128 "노동에 대한 신약성서의 개념은 전형적인 구약성서의 이해와 같다고 볼 수 있다." 윌리엄 바클레이, 서기산 역, 『기독교윤리평해』(기독교교문사, 1973), 60쪽.

천막지기로서 노동을 함으로 노동이야말로 인간 본연의 자세임을 일깨워주면서 공동체의식에 따른 노동관을 제시하고 있다. 기독교신앙과 윤리의 규범으로 제시되는 십계명에도 노동을 강조하였다.

"엿새 동안 힘써 네 모든 생업에 종사하고"[129]

리처드슨과 올드햄은 기독교노동의 윤리가 어떤 방향을 지녀야하는지 일깨워주었다. "인간은 그 본질상 일 전체를 통하여 노동은 인간생활을 위해 주어진 신의 위임으로 생각되고 있으며, 또한 실정법적인 용어로 강조해야만 할 어떤 것이 아니라 우리가 오늘날 자연법이라고 말해야 할 그런 형식으로 우리에게 주어진 것이다."[130] 그러므로 노동은 단지 육체적인 일을 의미하는 것을 넘어선다. 인간의 노동에 대한 중요성에 대해 판더클로드는 신과 인간의 관계성 안에서 책임 있게 수행되어야함을 역설하였다.

사람의 직무는 모든 국면이 궁극적으로 하나의 신적인 사명에서 유래했기 때문에 책임 있게 수행되어야 한다. 다시 말해 노동은 곧 소명이므로 사람은 그의 노동 안에서 자신을 불러 봉사하게 하시는 하나님께 응답하며 반응한다. 이것이 왜 일하는지의 기본적인 대답이 될 수 있다. 역사를 통해 우리는 사람이 하나님의 청지기 규범에 순종하면서 자신의 의무를 수행할 때 하나님께서 복을 주신다는 사실을 깨닫는다.[131]

---

129 출애굽기 20장 9절.
130 A. 리처드슨·J.H. 올드햄, "앞의 책", 26쪽.
131 에드워드 판더클로드, 황성일 역, 『직업의 능률과 의미를 위한 바른 직업윤리』(나침반, 1993), 40쪽.

노동은 인간의 통전적인 모든 활동에 대한 것으로 이해해야할 것이다. 노동의 문제는 인간의 모든 존재양식에 대한 문제이고 그에 대한 윤리적 의미는 인간 삶 전체의 의미라고 볼 수 있어야할 것이다.

참고문헌

국내물

김명용

김난도, 『아프니까 청춘이다』(쌤 앤 파커스, 2011)

김동호, 『미션 임파서블』(열매나눔재단, 2009).

김동호, "'소금과 빛 된 삶'을 위한 교육목회의 실제 3", 대한예수교장로회총회교육자
원부 편, 『그리스도인, 세상의 소금과 빛』(한국장로교출판사, 2011).

김승욱, "새로운 자본주의 세계관", 목회와 신학 엮음, 『기독교윤리』(두란노아카데
미, 2010).

김용옥, 『기독교성서의 이해』(통나무, 2007).

손규태, 『세계화 시대 기독교의 두 얼굴』(한울아카데미, 2007).

심현주, "가톨릭 경제 윤리에 입각한 새로운 임금 제도 모색", ‹신학전망›(제172,
2011년 봄호).

이용훈, 『순례의 길목에 서서』(가톨릭출판사, 2004).

이재율, 『경제윤리』(민음사, 1995).

임홍빈, 『세계화의 철학적 담론』(문예출판사, 2002).

한승진, 『쉽게읽는 기독교윤리』(한국학술정보, 2010).

______, 『고령화사회의 현실과 효윤리』(파주: 한국학술정보, 2011).

신문류

"이자율 44% 한국, 야쿠자의 '노다지'", ‹한겨레신문›(2011년 2월 21일).

국내번역물

제임스 D. G. 던, 박문재 역, 『바울신학』(크리스챤다이제스트, 2003).

존 롤스, 황경식 역, 『사회정의론』(서광사, 1990).

A. 리처드슨·J.H. 올드햄, 강근환 역, 『성서의 노동관』(대한기독교서회, 1981).

윌리엄 바클레이, 서기산 역, 『기독교윤리평해』(기독교교문사, 1973).

마이클 샌델, 이창신 역, 『정의란 무엇인가』(김영사, 2010).

아리스토텔레스, 최명관 역, 『니코마코스 윤리학』(을유문화사, 1968).

에드워드 판더클로드, 『직업의 능률과 의미를 위한 바른 직업윤리』, 황성일 역 (나침반, 1993).
랄프 크라머, 『현대인과 노동』, 김성국 역 (법문사, 1994).

국외물

John Nef, *Cultural foundations of industrial civilization* (Cambridge: Cambridge university press, 1958).

현실사회윤리학의 토대 놓기

제9부
자기표현노동을 통한 기독교의 사회윤리적 의미[*]

들어가는 말

오늘날의 현대 산업사회는 서구의 과학기술유입과 우리의 근면·성실한 노동이 결합하여 이루어 낸 것이라고 말할 수 있다. 우리나라는 지난 반 세기동안 놀라운 속도로 경제개발을 이루어 냈다. 그야말로 지난 반세기 동안 농경사회에서 현대 산업사회로 급속하게 달려왔다. 이 결과 경제적인 부는 어느 정도 이루었지만 그에 따른 현대 산업사회의 문제들을 안고 있다. 오늘 우리의 현실은 경제적 빈부에 따른 갈등과 극심한 노사 대립, 경제윤리의 부제 및 가치관의 혼란, 그리고 이 가운데서 개개인이 겪는 허탈감, 나아가서 삶의 무의미성에 빠져드는 모습들이 심각한 사회 문제로 대두되고 있다. 그리고 이러한 문제 상황은 우리로 하여금 그동안 거의 돌아보지 않았던 노동에 대한 가치규정을 근원적으로 반성하도록 요구하고 있다.

이 글은 이러한 반성의 구체적 작업을 위한 방안으로서 서구사조의

* 이 글은 한국방송대학교 통합인문학연구소에서 간행하는 『통합인문학연구』(1권 2호, 2009)에 게재한 것을 수정·보완한 것이다.

주류를 이룬 가치기준을 형성해온 기독교에서 말하는 노동관을 살펴봄으로써 노동의 참다운 의미를 새롭게 설정하는 것을 목표로 이루어졌다. 그런데 필자가 보기에 기독교 노동관은 크게 두 가지 측면에서 비판을 받고 있다.

하나는 기독교 노동관이 인간의 범죄에 따른 신의 징벌로서 주어진 것이라는 부정적인 견해이다. 그러니 기독교의 노동관이 현대 산업사회의 노동문제를 풀어 가는데 있어 무슨 기여를 할 수 있겠는가하는 부정적인 견해이고, 다른 하나는 현대사회의 복잡 다양한 가치의 혼란 속에서 특정 종교의 가치기준이 얼마나 효용성을 지니는가하는 것이다. 더욱이 기독교는 유일신 종교로서 다른 것을 인정하거나 수용하지 않으려는 배타성의 논리로서 문제의 해답을 단정적인 설교나 선포의 형태로 정언명법에 그치게 되어, 현대 산업사회의 노동문제를 해결하고, 노동의 참된 가치를 정립해 나가는데 아무런 도움도 주지 못할 것이라는 견해이다.

이러한 비판을 받아들인다면 이 연구 목적은 처음부터 잘못 설정한 것이 되고 말 것이다. 더욱이 '기독교 노동'하면 인간의 원죄에 따른 신의 잔인함, 비인간적인 노동구조를 확대재생산하는 서구식 자본주의의 사상적 기저로 기독교가 연상되기도 한다. 그러나 이러한 비판을 부분적으로 인정하고 기독교 노동윤리를 반성적으로 살펴보면서도 한편으로는, 기독교 노동윤리에 대하여 보다 심층적으로 살펴보려는 노력도 없이 막연하게 규정해버리는 것은 더 큰 문제가 아닐까하는 생각을 해본다.

이런 점에서 이 연구는 막연하게 이해하고 있는 기독교의 노동윤리의 의미를 심층적으로 살펴보려한다. 이를 위해서, 연구의 전개는 다음과 같이 하려고 한다. 오늘 우리의 당면한 과제로서 노동의 자리가 축소되

고, 왜곡되고, 소외되는 현실을 직시하면서, 이를 극복하는 하나의 방안
으로써, 마르크스에 의해 제기된 노동의 개념 중 하나인 '자기표현'으로
논의의 범위를 제한하여 제시하고자 한다.

현대 산업사회의 노동현실

우리는 삶의 자리로서 중요한 의미를 지니는 노동의 현실이 커다란
위기상황에 직면해 있음을 바라보고 있다. 현대 산업사회는 과거에는
상상할 수도 없었던 경제적 풍요와 첨단 기술의 혜택을 누리고 있다. 그
러나 이런 외면상의 눈부신 모습 이면에 무수히 많은 문제들을 안고 있
는 것이 또한 현대 산업사회의 모습이기도 하다. 이러한 현대 산업사회
는 기술의 발전으로 풍요로운 생활과 다양한 혜택을 누릴 수 있게 되었
지만, 다른 한편으로는 급속도로 수많은 문제들을 양산해내고 있다. 현
대사회는 자본주의 사회로부터 탈자본주의 사회로 이행하는 전환기를
맞고 있다. 이는 바로 "지식정보화사회"를 말한다. 이 사회에서 결정적
인 요소는 자본, 토지, 노동이 아니라 '지식'이다. 여기서 지식이란 개선,
개발, 혁신[1] 등 경영혁명을 주도하는 전문적 지식을 말한다.

---

1 혁신(innovation, 革新) 묵은 풍속, 관습, 조직, 방법 따위를 완전히 바꾸어서 새롭게 한다
는 의미이다. 이제까지 이루어지지 않았던 새로운 방법이 도입되어 관습, 조직, 방법 등을
완전히 바꿔 새롭게 하는 것을 가리킨다. 전 분야에서 쓰일 수 있지만 특히 신기술과 기업
경영에서 많이 쓰인다. 단순한 생산기술의 변화만이 아니라 새로운 시장 개척이나 신제품
의 개발, 신자원의 획득, 생산조직의 개선, 신제도의 도입 등을 포함하는 보다 넓은 개념이
다. 특히 미국의 경제학자 슘페터가 주장한 경제발전론의 중심 개념이다. 슘페터는 혁신에
의해 투지수요나 소비수요가 지극되어 경제 초황이 형성되는 것이며, 혁신이야말로 경제
발전의 가장 주도적인 요인이라고 주장했다. 요즘 이 말이 교육계에서도 심지어 종교계에
서도 화자(膾炙)되고 있다. 좋게 보면 구태의연한 자세를 버리고 새롭게 하자는 것인데 이
것이 교육과 종교라는 영역의 특수성을 고려하지 않고 최소의 투자로 최대의 효과를 거두
려는 실적주의의 경제논리로 강요되는 것 같은 양상이 들어 아쉬움을 갖는다. 이처럼 교육

이에 대해서는 앨빈 토플러Alvin Toffler와 같은 미래학자들도 동의한다. 지식정보화사회는 단순 노동에 기초한 생산방식이 아니라 지식에 기초한 생산방식이 지배한다. 그러므로 제조공정에서 노동하는 노동자의 중심은 더 이상 육체노동을 하는 블루칼라가 아니고, 고도로 숙련된 전문지식을 갖춘 지식 노동자이다. 이 사회에서 생산 효율은 노동생산성이 아니라 지식생산성으로 표현된다. 리프킨Jeremy Rifkin도 노동자가 필요 없게 되는 길이 우리의 시야에 들어오고 있음을 지적한다. 그러나 이 길이 우리를 기술천국의 유토피아[2]로 인도할 것인지는 아무도 모른다. 노동의 종말은 문명화에 사형선고를 내릴 수도, 새로운 사회 변혁과 인간 정신의 재탄생의 신호일 수도 있다.[3] 노동은 지금까지 우리 사회를 지탱해온 중요한 동력이요, 개념이었다. 그러나 이제 현대 산업사회의 노동은 점차 그 자리를 잃어가고 있다. 실업失業은 이미 현대사회에서 일반화된 현실이다.

황수경 한국노동연구원 동향분석실장에 의하면, "짧은 단시간 근로에 머물고 있는 구직자들을 감안하면 넓은 의미의 실업자군은 100만이 넘

과 종교분야에서 경제개념의 혁신이 이루어진다면 단기적인 성과를 거둘지 몰라도 본연의 본질과 근본 가치를 상실하는 그야말로 소탐대실(小貪大失)의 어리석음을 범할 수 있음을 유념해야한다. 이에 대해서는 졸저, 『노동의 현실과 사회윤리』(한국학술정보, 2012) 참조.

2 유토피아(utopia)란 사람들이 겉으로 보기에 완벽한 조건 아래 있는 이상사회를 말한다. '이상가utopian'와 '유토피아적 이상주의(utopianism)'는 대체로 실현 가능성이 거의 없이 이상적인 개혁을 뜻하는 말로 쓰인다. 유토피아라는 말은 토머스 모어경이 『국가의 최선 정체(政體)와 새로운 섬 유토피아에 관하여 Libellus …… de optimo reipublicae statu, deque nova insula Utopia』(1516)라는 라틴어 제목으로 출판한 『유토피아 Utopia』에 처음 등장했다. 이 단어는 그리스어의 '아니다(ou)'와 '장소(topos)'를 합성해 만든 것으로, '아무 데도 없는(nowhere)'이라는 의미였다. 유토피아는 이름이 붙여지기 훨씬 전부터 있었다. 플라톤의 『국가 Politeia』는 모어에서 H.G. 웰스에 이르는 많은 작가의 작품에 나오는 유토피아의 모델이다. BC 300년경에 활동한 에우헤메로스의 『신성한 역사 Sacred History』에는 이상적인 섬이 나오며, 플루타르코스가 쓴 리쿠르고스 전기는 스파르타를 이상적으로 묘사하고 있다. 아틀란티스 전설은 많은 유토피아 신화에 영감을 불어넣어 주었다. 그러나 15세기에 들어와 탐험이 이루어지면서 유토피아는 좀더 현실적인 배경을 갖게 되었고, 모어는 『유토피아』를 아메리고 베스푸치와 연결지어 생각했다.

3 제레미 리프킨, 이영호 역, 『노동의 종말』(민음사, 1996) 참조.

은 상황"이라며 "경기 상황을 감안한다면 3월 고용지표는 비교적 덜 악화한 수치로, 앞으로 더 심해질 것"이라고 예상했다.[4] 그야말로 삶의 조건에서 노동이 배제된 사람들은 무가치한 사람으로 취급되어, 처참한 상실의 고통 가운데 버려지고 있다.

이는 자본과 기술이 비약적으로 축적되면서 육체노동은 쓸모없는 것처럼 여겨지고, 노동을 할 수 있는 능력과 의지가 있는 많은 사람들이 노동할 기회를 얻지 못하게 되면서 나타나는 모습이다. 이에 대해 리프킨은 실제적인 사례를 들어 지적하였다.

> 대부분의 기업 지도자들과 주류 경제학자들은 극적인 기술의 진보가 확산효과를 지녀 제품의 원가를 싸게 하고, 소비자의 수요 증대를 촉진하는 한편, 새로운 시장을 만들어 냄으로써, 보다 많은 사람들이 더 나은 보수를 받는 새로운 하이테크 직업 및 산업에서 일하게 될 것이라는 주장을 계속해왔다. 하지만, 상황은 이와 정반대로 나타났다. 대부분의 기업들이 경쟁력을 높이기 위해 시설 투자는 높이는 반면, 고용은 축소했던 것이다. 이렇게 일자리를 잃은 사람들 중 1/3정도만이 서비스 부분에서, 그것도 20%나 삭감된 임금으로 새로운 일자리를 구할 수 있었다.[5]

고용 없는 성장과 '20대 80의 사회'[6]라는 말이 회자되는 것도 이 때문일 것이다. 노동을 통해 생계를 꾸려야 할 사람들은 실업의 위협에 직면해 있고[7], 인간의 존엄성과 생활의 안정을 위협하는 돈벌이 노동에 내몰

---

4 왕수성, "실업자 95만 명 · 구직단념 17만 명 '실업대란' 현실화", 한겨레신문, ‹2009년 4월 16일자›.
5 제레미 리프킨, "앞의 책", 225쪽.
6 한스 피터 마틴 · 해럴드 슈만, 강수돌 역, 『세계화의 덫』(영림 카디널, 1997), 26쪽.
7 제레미 리프킨, "앞의 책", 31쪽.

리고 있다.[8] 이른바 후기산업사회시대를 바탕으로 전개되고 있는 세계 시장 경제체제에서는 노동자의 수적인 필요성이 점차로 줄어들고 있다. 이러한 사회변동은 지금까지 노동윤리의 토대를 이루었던 세 가지 토대들, 즉 노동을 통하여 담보된다고 주장해온 개인의 존엄성으로서 노동, 인간의 최고목적은 노동이라는 주장과 경제적 활동을 위한 경쟁적 노동의 위치가 모두 붕괴되고 있음을 보여준다.[9] 리프킨은 노동을 통해 생계를 꾸려야 할 사람들은 실업의 위협에 직면해 있음을 지적하였다.

> 정보기술 사회는 이전의 산업 사회보다 더 빨리, 더 많이 인간을 노동으로부터 밀어낸다. 1993년 세계에서 가장 큰 엔지니어링 회사 중 하나인 아세아 브라운 보베리Asea Brown Boveri 회사의 최고 경영자인 바네비크는 한 잡지에서 다음과 같이 말했다고 한다. "만일 누군가 내게 2-3년만 기다리면 노동 수요가 급증할 것이라고 말한다면, 나는 도대체 어디에서, 어떤 직업이, 어느 도시에서, 어느 기업에서 수요가 발생하느냐고 반문한다. 나는 현재 10%의 실업률이 쉽사리 20-25%에 육박할 수 있다는 것을 확신한다."[10]

그는 이러한 흐름이 인간의 존엄성과 생활의 안정을 위협하는 돈벌이 노동에 내몰리고 있음도 지적한다. 이러한 지식 계급의 급부상이 지식정보 사회의 특징이다. 이들은 빠른 속도로 새로운 귀족 계급으로 편성되지만, 이들의 수는 전체노동자에서 극소수에 불과하다. 오히려 나머지 대부분의 노동자는 하층 계급으로 몰락하게 된다. 이처럼 첨단정보기술을 근거로 하는 지식정보 사회는 소수의 지식 엘리트와 나머지 대

---

8 "위의 책", 236-237쪽 참조.
9 Davis Howard & David Gosling, *Will the Future Work?* (World Council of hurches: Geneva, 1986), p.83.
10 제레미 리프킨, "앞의 책", 31쪽.

다수의 하층 노동자를 분리시킨다. 그리고 이 소수의 지식 엘리트는 막대한 부를 획득하지만, 다수의 하층 노동자는 실직 또는 더욱 낮은 수준의 일자리를 찾기에 급급해하며 더욱 빈곤해져 간다.[11]

급변하는 사회 환경 속에서 노동의 현장은 지식과 정보로 무장한 전문적이고도 고도화된 기술인을 요구하게 된다. 그러므로 이 요구에 부응하지 못하는 노동자들의 어두운 현실은 더욱 가중될 수밖에 없다. 미국의 경우 이러한 지식노동자창조적 전문가들은 미국인구의 1/5 정도를 차지한다. 이른바 80:20의 비율이다. 그렇지만 이들이 경제에 기여하는 고부가가치 때문에 이들의 소득은 전체 국민소득의 절반 정도를 차지하고 있어 하나의 특권계급으로 부상하고 있다. 그렇지만 이들은 상대적으로 빈곤한 4/5에 대하여 별다른 연대의식을 느끼지 않는다고 한다.[12]

디지털화에 따른 빈부 격차는 개인 간의 문제뿐만 아니라 지역적, 국가적 차원의 불균형과 소외를 심화시킨다. 지역적으로는 디지털 인프라가 집중된 지역과 그렇지 못한 지역, 도시와 농어촌간, 수도권과 지방간의 정보화 격차는 필연적으로 소득의 격차를 불러들일 수밖에 없다. 우리나라도 지난 IMF 경제위기 이후, 정리해고가 제도화되고 일용 및 파견노동자가 늘어나면서 지식과 정보를 지닌 계층과 지니지 못한 계층간의 소득격차는 더욱 벌어지고 있다. 빈곤층이 1천만 명이라는 분석도 있는가하면 적절한 정보를 이용하여 대형증권사의 대주주가 된 증권맨이 되거나 벤처 산업을 통해 부를 움켜쥔 사람들도 속출하고 있다. 일용 및 파견노동자들은 행위의 주체로 인정받기는커녕 지배와 수탈의 대상으로 전락하기 일쑤이다. 강원돈은 여기에 더해서 자본과 기술에 의해 조직되는 노동과정과 생산과정은 세계의 빈곤화를 촉진히고, 생테계의

---

11 "위의 책", 236-237쪽 참조.
12 이관춘, 『직업은 직업이고 윤리는 윤리인가』(학지사, 2000), 64쪽.

건강성과 안정성을 해치는 방향으로 치닫고 있음을 지적하였다.

세계시장에서의 무한 경쟁을 외치는 자본 소득자들은 더 많은 투자를 위해 법인세 감축을 관철시키고, 더 많은 투자를 통해 합리화 과정을 가속화시킨다. 이로 인해 생산 비용 가운데 고정 비용이 차지하는 비율이 그 어느 때보다도 높아지고, 일자리를 없애는 합리화 조치로 실업은 구조적으로 증가한다. 세계적인 경쟁 조건 아래서 자원 할당의 효율성을 앞세운 경제의 논리가 인구의 대다수를 빈곤으로 내몰고, 사회 국가의 재원을 급속도로 고갈시켜 삶의 질을 떨어뜨리고 있다. 노동자들이 궁핍화하고, 여성들과 아동들이 삶의 기회를 박탈당하고, 사회적 연대가 무너지고, 환경보호가 외면당한다.[13]

지금까지 현대 산업사회에서 노동의 자리가 위협받고 있음을 살펴보았다. 이러한 현실은 더욱 심화되고 있다. 그렇다면 이러한 현실 앞에 그 어떤 윤리적 사유방식이 해결책을 제시할 수 있단 말인가? 더욱이 기독교의 노동관은 해결책은커녕 오히려 노동의 부정적인 인식을 심화시키는 듯하다. 이러한 문제의식에 대해 기독교 노동관은 어떠한 자기변호가 가능하고, 더 나아가 현대 산업사회의 노동의 혼란상을 정리해 나갈 수 있을까?

자기표현으로서의 노동

이에 대해 기독교 노동윤리는 자기표현으로서의 노동을 통해 진정한

---

13 강원돈, 「생명의 경제와 기독교」, 한남대학교 기독교문화연구소 편, 『생명문화와 기독교』(한들출판사, 1999), 45쪽.

노동의 의미를 제시하고, 당면한 노동의 문제를 해결하는 단초를 제시하고자한다.[14] 그런데 현대사회의 노동현실은 이러한 자기표현을 저해하고 있다. 기독교신앙과 윤리의 규범으로 제시되는 십계명에 "엿새 동안 힘써 네 모든 생업에 종사하고"[15]라는 말이 있다. 그러나 노동을 하고 싶어도 노동의 자리가 주어지지 않는 경우가 많다. 임홍빈은 이 문제가 전 지구적 현실임을 일깨워주었다.

> '구조조정'이나 '노동의 유연성'은 세계화 경제의 주역들이 제일 애용하는 표현들이다. 지구적 의제가 되어버린 실업과 시간제 노동의 증가, 노동 강도의 심화, 과잉 생산으로 인한 자연 파괴와 자원 손실, 임금 노동자들 간의 소득 격차로 인한 계급 갈등과 같은 문제들은 모두 세계화 경제의 어두운 현실을 적나라하게 말해준다.[16]

현대 산업사회에서 노동 현장은 즉각적이고 가시적으로 드러나지 않는 불투명한 폭력에 의해 지배되고 있다. 강원돈은 이러한 현대 자본주의 사회의 인간과 노동의 관계에 주목하였다. "인간은 노동을 하면서 자기 자신이 바깥에 있다는 느낌, 자기 자신에 대한 소원한 느낌을 갖고 노동을 하지 않을 때 비로소 자기 자신 안에 있는 듯한 느낌을 갖는다."[17] 이 느낌은 여러 각도에서 고찰할 필요가 있다. 처음에 노동은 인간이 스

---

14 흔히 노동의 세 차원을 다음과 같이 이야기한다. 첫째, 자기표현의 차원, 사회공동체적 실현의 차원, 환경보호의 차원이 있다. 도로테 죌레, 박재순 역, 『사랑과 노동』(한국신학연구소, 1993), 134-191쪽 참조; 이러한 본질규정은 사실 마르크스의 노동개념에 기인한다. 이정배, 「노동신학의 이론적 고찰」, 『신학과 세계』, 21호, 가을(1990), 127쪽; 이 연구에서는 마르크스가 제시한 노동의 세 영역 중, 자기표현의 노동의 측면에 따라 논의를 진행해 나갈 것이다.
15 출애굽기 20장 9절.
16 임홍빈, 『세계화의 철학적 담론』(문예출판사, 2002), 124쪽.
17 강원돈, 「신학적 경제윤리 형성을 위한 시론」, 채수일 편, 『기독교신앙과 경제문제』(한국신학연구소, 1993), 94쪽.

스로 살아 나가는 삶의 방법이었다. 즉, 인간이 살기 위해서는 생존의 욕구를 충족시켜야 하고, 이 기본적인 욕구 충족을 위해서는 먹어야 하고 먹기 위해서는 노동을 할 수 밖에 없었다. 성서는 이러한 생존을 위한 노동에 대해 분명하게 말한다.[18] 또한 성서는 그것이 인간의 자연스러운 삶의 방식임을 말한다.[19]

인간은 스스로 자연환경과 적응하여 접촉한 것을 자기 것으로 끌어옴으로써 노동을 실현한다.[20] 아주 간단해 보이지만 이 노동 과정은 인간적인 것, 인간의 감각·지각·사유·욕망이 자연에 대해 감응성感應性을 갖는 과정[21]과 인간의 감응 이전에 이미 의연하게 존재해 온 자연이 인간적인 것으로 변용되는 과정[22]을 함축하고 있다고 말할 수 있다. 즉, 노동 과정은 인간이 자기 바깥으로 나갔다가 자기 속으로 되돌아오는 과정, 자기 초월과 자기 복귀의 과정임을 알 수 있다. 그리고 바로 이 과정이 인간의 생명과정이고, 자기를 자기 되게 하는 자기정체감의 확증으로서 자기를 류類 안에서 파악할 수 있게 하는 밑바탕이라는 것도 분명하다. 그러므로 인간의 사회화와 협동은 어떤 필요에 의해서 만들어졌다가 그 필요가 없어지면 사라져 버리는 삶의 우연한 조건이 아니라 인간 삶의 고유한 방식 속에 뿌리를 내리고 있는 것, 바로 그것의 내용이라고 말할 수 있다.

성서는 이러한 인간의 협력에 대하여 아름다운 시로 표현한다.[23] 그

---

18 우리가 여러분과 함께 있을 때에 "일하기 싫어하는 사람은 먹지도 마라." 하는 말을 여러분에게 종종 했습니다(데살로니카인들에게 보낸 둘째 편지 3장 10절).
19 사람은 일하러 나와서 저물도록 수고합니다(시편 104편 23절).
20 창세기 3장은 인간이 에덴동산에서 쫓겨나면서 자연환경에 적응해나가야만 생존할 수밖에 없음을 말한다. "너는 죽도록 고생해야 먹고 살리라"(17절), "들에서 나는 곡식을 먹어야 할 터인데, 땅은 가시덤불과 엉겅퀴를 내리라"(18절), 이마에 땀을 흘려야 낟알을 얻어먹으리라(19절), 땅에서 나왔으므로 땅을 갈아 농사를 짓게 하셨다(23절).
21 이는 "인간의 자연화"라고 말할 수 있다.
22 이는 "자연의 인간화"라고 말할 수 있다.

런데 인간이 노동을 하는 과정에서는 자기 자신이 바깥에 있는 것으로 느끼고 노동을 하지 않으면서 자기 자신이 안에 있는 듯한 느낌을 받는다면 이미 인간의 삶은 단절된 것이라고 말해도 무리가 없을 것이다. 그러나 인간의 직접적인 욕망을 충족시키기 위해 구체적인 물物을 얻으려는 노동은 오늘의 세계에서는 주된 것이 아니라 부차적인 것, 희귀한 것이 되고 말았다. 강원돈은 오늘의 노동이 이러한 구체성을 상실하고 말았음을 지적하였다.

> 현대 사회에서 노동의 가장 큰 특징은 '메뉴팩쳐 노동, 상업적 노동, 농업적 노동도 아닌 그러나 또한 동시에 그 어느 것이기도 한 노동 일반'이 성립한 데 있다. 각 사람이 손쉽게 하나의 노동에서 다른 노동으로 옮겨가고 각 개인이 수행하는 노동은 그야말로 우연이고 따라서 어느 노동이든 무차별하게 되는 사회형태가 확립된 것이다.[24]

쬘레는 이러한 임노동을 냉혹하게 지적하였다.

> 창녀는 고객의 돈에 의존한다. 그녀가 고객에 대한 자신의 느낌을 표시하면 생계가 위태로워진다. 고객이 마음에 들지 않더라도, 고객이 거만하고 악취가 나고 야수적으로 느껴지더라도 그녀는 돈 때문에 그를 감수해야 한다. 이것은 자신을 시장에 내놓아야하는 노동자들에게도 해당한다. 임노동은 매춘의 한 형태이다.[25]

이렇듯 현대사회에서 자기를 표현하는 노동이 위기를 맞이하게 된 원인에 대하여 리프킨은 '기계화'와 '자동화'에 따른 결과로 지적하였다.

---

23 이다지도 좋을까, 이렇게 즐거울까! 형제들 모두 모여 한데 사는 일!(시편 133편 1절).
24 강원돈, 「신학적 경제윤리 형성을 위한 시론」, "앞의 논문", 95쪽.
25 도로테 쬘레, "앞의 책", 108쪽.

기술의 발달은 인간의 노동을 기계의 노동으로 바꾸어 버렸다. 따라서 이제 생산에 있어서 인간의 노동은 더 이상 주체가 아니다. 그것은 단지 기계의 노동을 보조하는 하나의 수단에 불과할 따름이다. 효율을 최우선으로 하는 현대사회는 모든 노동 시스템을 자동화하고 있으며, 인간의 노동 또한 이 자동 시스템에 편입시키고 있다. 이것은 마치 노예 노동과도 같다고 할 수 있다. 자동 시스템은 노동자들로 하여금 노동현장에서 독립적인 판단을 행사하지 못하도록 무력화시켰다. 그들은 단지 이미 프로그램화되어 있는 기계의 지시대로 일할 뿐이다.[26]

임홍빈은 노동위기를 컴퓨터와 텔레커뮤니케이션의 연결망에 따른 정보기술의 결과로 지적하였다.

실제로 컴퓨터와 텔레커뮤니케이션telecommuication의 연결망에 의존하는 정보 기술은 새로운 고용의 기회를 창출하지만 동시에 과거의 전통적인 생산양식을 해체하면서 결국 노동의 기술에 의한 대체를 가능케 하는 측면이 있다. 흔히 로봇 공학과 자동화 기술, 수치 제어 기술 등은 정보 사회에 들어와서 기술의 과학화, 즉 과학기술의 연계science-based industries에 의해서 대부분의 노동자들을 단순 비숙련 노동자로 전락시킨다.[27]

이렇듯 컴퓨터와 그로부터 비롯되는 수많은 응용기술의 산물들은 의학과 농학 분야, 유전공학과 생명공학과 분자생물학 등의 분야에 있어서 획기적인 발전을 가져 왔다. 다양한 정보의 공유화를 통한 더욱 열린 민주화의 가능성을 열어 놓았다. 그러나 반면에 소수의 손안에 권력을

---

26 제레미 리프킨, "앞의 책", 247-248쪽 참조.
27 임홍빈, "앞의 책", 133쪽.

집중시킬 위험성도 갖게 되었다. 이러한 측면은 노동의 영역에 있어서도 마찬가지이다. 이른바 경쟁력을 갖춘 노동자들은 세계화로 인하여 이전과는 비교할 수 없는 소득과 여러 가지 혜택을 누릴 수 있게 되었지만, 그렇지 못한 경우에는 생존마저 위협받는 상황에 놓여 있게 되었다.[28] 이와 같이 노동을 통해 자기를 제대로 표현하지 못하게 된 자기소외는 노동의 진리, 곧 인간의 자기 초월과 류類적 의식을 굴절된 형태로 나타나게 하는 것이다. 이제 건강한 공동체는 없고, 자본 관계가 이를 대체하여 조직과 폭력, 그리고 부르주아적 계약에 근거한 시민사회와 국가가 나타나고 있다.

이 관계에서 자본은 이미 인간을 지배하는 권력이다. 이러한 자본의 권력화는 초국적 금융자본이 지향하는 신자유주의를 말한다. 오늘의 자본주의 시장경제의 세계화를 "빈곤의 세계화"라고 말하는 이유도 여기에 있다. 이러한 신자유주의는 초국적 금융자본의 막강한 영향력으로 IMF, WTO, IBRD[29]라는 세계경제의 삼두권력 체제를 활용해서 개별국가의 보호 장벽을 철폐해나가고 있다.[30]

또한 인간의 건강한 초월능력은 병들고, 자기가 만들었으나 자기의 손을 떠나자마자 거꾸로 서서 신비한 외양을 띠는 상품에 대한 숭배物神崇拜[31]가 그 자리에 들어선다. 삶의 방식이자 그 내용이었던 노동의 질은

---

28 Richard Dickinson, *Economic Globalization: Deepening Challenge for Christians* (World Council of Churches:Geneva, 1998), p.10.
29 국제부흥개발은행(IBRD). 저개발국가에 대해 개발자금을 지원하고 개발계획을 도와주는 범세계적인 국제금융개발기구이다. international bank for reconstruction and development 의 약자로, 제2차 세계대전 후 전후복구자금과 개발도상국에 대한 경제개발자금을 지원할 목적으로 창설된 국제연합 산하의 국제금융개발기구를 말한다.
30 미카엘 초스노브스키, 이내훈 역, 『빈곤의 세계화』(딩대, 1990) 참고.
31 이러한 물질숭배를 가리켜, '황금만능주의(Mammonism)'라고들 한다. 돈을 삶의 가장 중요한 가치로 여겨 모든 것을 돈과 연관시켜 생각하고, 돈이면 무엇이든 할 수 있다는 돈 제일주의를 일컫는다. 배금주의, 물질만능주의라고도 하며, 현대 자본주의가 낳은 가장 큰 폐해 중 하나로 손꼽는다. 원론적으론 물질적 가치에만 집착하게 되며 가지게 되는 도덕성의

계산 가능한 노동의 양으로 대체되고, 인간과 인간의 관계는 본래의 인격적 관계에서 물적 관계로 바뀌어버리게 된다. 그러므로 이제 인간은 자기를 표현하며 살 수 없게 되었다.

이러한 현실인식을 바라보면서 노동에 대한 근본적인 물음으로 현실을 극복해나갈 수 있는 윤리적 대응을 모색해 나갈 수 있어야 한다. 인간은 무엇인가를 만듦으로써 자신을 표현한다. 노동자는 누구나 자신의 노동을 통해서, 즉 그가 만드는 것을 통해서 자신을 알린다.[32] 노동은 인간으로 하여금 인간이 지닌 재능을 활용하고 동시에 그것을 완성할 수 있게 해주는 하느님의 선물이라고 말할 수 있다.[33] 노동을 통해서 인간은 노동과 함께 성장한다.[34]

이러한 생각은 노동하는 인간에게 그의 가치를 되돌려주며, 인간의 목적지향적인 행동에서 지속적으로 나타나는 창조를 향한 노력을 말한다. 의미 있는 노동은 인간의 능력을 활용하고 계속 발전시킬 수 있는 기회를 열어준다. 자신의 노동에서 삶의 기쁨을 느끼지 못하는 인간은 모든 능력과 힘을 도야하는 하나의 완전한 인격에 결코 도달할 수 없다. 왜냐하면 인간은 자신을 발전시켜, '영혼의 완성'[35]에 도달하려면 생산

상실과 사회가치관의 변화 등의 폐해를 일컫는 단어로 사람이 빠져선 안 되는 것으로 알려져 있으나 자본주의 세계관이 전 세계로 보급된 19세기 중엽부턴 대부분의 국가와 사회가치관에 녹아들어 당연한 것처럼 인식되게 되었다.

32 하느님이 천지를 창조하면서 빛을 만들고, 별과 하늘, 땅을 창조한 것도 자신을 표현하여 알리는 것과 같다. 하느님의 창조노동은 하느님 자신이 스스로 선택하고 결정한 노동으로, 진지하게 자기를 표현하는 노동을 수행한 것이다. 하느님은 천지를 창조하면서 자신의 창조물을 보고 좋아하였다. "보시기에 좋았다"(창세기 1장 4절), "보시니 참 좋았다"(10절, 12절, 18절, 25절, 31절). 자신이 표현한 창조결과에 대해 하느님의 만족 또는 기쁨을 표현한 것이다.

33 창세기 1장 28-30절, 창세기 2장 18-20절 참조.

34 창세기 1장 28절에 의하면, 하느님은 인간에게 복을 주는 것으로 노동을 명령하고 있다. 그러므로 노동을 열심히 할수록 하느님이 부여한 복을 누리게 되는 것이다.

35 구약성서는 하느님의 거룩함을 따라 인간도 거룩하라고 명령한다. "나 야훼가 너희 하느님이다. 내가 거룩하니 너희도 스스로 거룩하게 행동하여 거룩한 사람이 되어야 한다. 너희는 땅 위를 기어 다니는 길짐승에 닿아 부정하게 되어서는 안 된다"(레위기 11장 44절),

물뿐만 아니라 노동 자체도 필요하기 때문이다.[36] 노동은 적대적인 세상 안에서 살아남기 위한 단순한 수단이 아니라, 자기존중감을 위한 의미로 이해해야한다. 이에 대해 죌레는 노동자의 자존감과 직업노동의 관계를 말하였다. "고도로 발달한 산업사회의 노동자들은 직업을 잃은 데 대한 책임을 무의식적으로 자신에게 돌린다. 일자리를 지키지 못한 것은 자신의 죄책이라는 결론을 쉽게 내릴 만큼 그들의 자존심은 그들의 직업노동과 뗄 수 없게 결합되어 있다."[37]

이러한 인식은 자기표현의 노동관이 아니라, 자신을 파괴하는 노동관이다. 이러한 자기비하의 노동관에 대해 기독교의 노동관은 하느님과의 관계성 속에서 노동의 의미를 파악해야함을 제시한다.[38] 죌레는 노동의 의미를 하느님이 부여한 소명으로서 제시하였다.

> 우리가 복종해야 하며 이 노동을 통해 복종을 입증하는 것이 하느님의 우선적인 요구라면 아버지, 소유주, 상급자에 대한 불복종은 죄이다. 왜냐하면 이 권위적인 인물들의 배후에는 '그 자신', 곧 하느님이 있기 때문이다. 하느님의 전적 타자성에 대한 견해의 실천적 귀결들은 사회윤리와 노동윤리에서 나타난다.[39]

노동의 의미는 단지 적대적인 환경 속에서 생존하기 위한 수단이 아

신약성서에서도 예수는 거룩해야함을, 하느님을 따라 완전해질 것을 명령한다. "하늘에 계신 아버지께서 완전하신 것같이 너희도 완전한 사람이 되어라"(마태오의 복음서 5장 48절).

36 하늘에 계신 아버지께서 완전하신 것같이 너희도 완전한 사람이 되어라(마태오의 복음서 5장 48절). 이것은 단순히 이상적인 요구가 아니라 산상설교의 의미에서 현실적으로 인간에게 가능한 것이다.

37 도로테 죌레, "앞의 책", 111쪽.

38 창세기 1장 28절에 의하면, 복으로서 부여된 노동, 창세기 1장 26-27절에 의하면, 하느님의 모습을 따라 창조된 인간은 하느님이 창조의 노동을 하는 것처럼 하느님을 닮아 가는 존재로서 하느님의 공동창조자로서 노동을 하는 것이다.

39 도로테 죌레, "앞의 책", 113쪽.

니다. 그것은 삶 그 자체이며 참된 인간이 되는 것, 즉 자기를 표현해나가는 창조적인 존재가 된다. 노동자는 그가 만드는 것을 통해서 자신을 드러내고, 자신을 전달한다. 이러한 노동에 대한 인간적인 긍정적 이해로 말미암아 이제 인간은 노동함으로써만 존재할 수 있는 존재Ich bin, weil ich arbeite로 규정되어진다. 다시 말해서 인간은 '자연'이라는 객관적 현존재에 대해 자신의 노동을 통하여 직접적 욕구를 충족시켜 나가는 존재가 된다.[40] 이런 점에서 실업失業은 '자기표현으로서의 노동'을 하지 못하게 하는 중대한 위기상황이다.

기독교 노동윤리의 관점에서 보면, 실업의 상황은 가능한 한 빠른 시일 안에 해결해야하는 과제이다. 이에 대한 방안으로 노동 시간의 단축을 통해 일자리를 나누는 것도 좋은 방안일 것이다. 기독교사회이념이 강한 독일과 프랑스 등은 노동시간의 단축을 통해서 실업문제를 상당 정도 해결하고 있다. 근본적인 실업극복의 방안으로는 오늘날의 무한경쟁의 이윤추구 중심의 경제에서 삶의 기본적인 욕구 충족 정도로 속도를 늦추는 경제로 전환해야할 것이다.[41]

리처드슨과 올드햄은 인간의 노동이 하느님의 뜻에 따라 당연히 주어져야함을 말하였다. "인간에게 노동은 그 본질상 일 전체를 통하여 인간 생활을 위해 주어진 하느님의 위임으로 생각되고 있으며, 또한 실정법적인 용어로 강조해야만 할 어떤 것이 아니라 우리가 오늘날 자연법이라고 말해야 할 그런 형식으로 우리에게 주어진 것이다."[42] 노동은 단지

---

40 이러한 자기표현의 방식은 헤겔의 "주인-노예 변증법"을 연상해보게 한다. 노예의 노동을 통하여 생산된 것을 향유만 하는 주인은 전혀 노동하지 않으므로 자연으로부터 분리되어 있는 반면에 노예는 비록 강요된 노동이긴 하지만 자연을 변화시키며 자연자체의 법칙을 알게 됨으로 스스로 주인이 될 수 있다. 노동을 통하여 주인과 노예의 관계의 틀을 깨칠 수 있다는 변증법을 마르크스는 적극적으로 현실 속에서 구현시키고자 노력하였다. 이국배, 「헤겔과 외화의 문제」, 한국헤겔학회 편, 『헤겔 연구』, 4호(1990), 150-153쪽 참조.
41 울리히 드크로, 손규태 역, 『성서적 정치경제학』(한울사, 1997), 제6장과 9장 참조.
42 A. 리처드슨 · J. H.올드햄, 강근환 · 조만공 공역, 『성서의 노동관』(대한기독교서회, 1981),

육체적인 일을 의미하는 것을 넘어선다. 노동은 인간의 통전적인 모든 활동에 대한 것으로 이해해야한다. 노동 문제는 인간의 모든 존재양식에 대한 문제이고, 그에 대한 윤리적 의미는 인간 삶 전체의 의미라고 볼 수 있다.

이러한 인간의 노동이 하느님과 인간의 관계성 안에서 책임 있게 수행되어야한다. 그러므로 노동은 곧 소명이므로 사람은 그의 노동 안에서 자신을 불러 봉사하게 하시는 하나님께 응답하며 반응한다. 이것이 왜 일하는지에 대한 기본적인 대답이 될 수 있다. 여기서 주목할 것은 노동을 통해 얻은 소득이 지나친 개인만의 부의 축적으로 이어져서는 안 된다. 예수가 가르친 주기도문을 보면, 지나친 부의 축적이 아닌 오늘의 필요한 양식을 얻을 것을 기도하라고 하였다.[43]

기독교 노동윤리가 말하는 노동의 대가는 부의 축적이 아닌 자족에 있다. 이것이 지나쳐서 생산물을 축적하고, 대량소비로 치달을 때, 자연은 파괴되고 만다. 아리스토텔레스는 공동체가 함께 살기 위한 방식으로 자족을 제시하였다.

> 아리스토텔레스에 있어서 polis의 목적은 自足autarkeia이며, 이러한 자족은 그저 사는 것to zen이 아니라 잘사는 것eu zen이 목표라는 것이 그의 견해의 산물이다. 이 좋은 삶이란 무한한 탐욕의 추구를 통해 이루어지는 것은 아니다. 즉, 아리스토텔레스는 물질적 좋음도 어느 정도 구비되어야 한다는 것을 인정하지만, 그것은 필요조건에 불과할 뿐 정신적 德들 없이는 좋은 삶을 얻을 수 없다고 보고 있다.[44]

26쪽.
43 "오늘 우리에게 필요한 양식을 주시고"(마태오의 복음서 6장 11절).
44 손병석, 「아리스토텔레스의 정의관」, 고려대학교 대학원 석사 학위 논문(1990), 32쪽.

오늘의 생태계 파괴의 원인도 현대인들이 소유와 소비와 향락을 삶의 의미로 생각하여 보다 많이 소유하며, 소비하는 것을 발전 혹은 진보라고 생각하는 것에 있다.[45]

나오는 말

노동의 동기는 무엇인가? 인간은 왜 노동하는가? 이에 대해 브루너는 노동의 의미가 단순히 생계유지만이 아니라 여러 가지 의미를 지니고 있음을 말하였다.

> 어떤 사람은 생존을 위해 어쩔 수 없이 노동하는 것이 아니라 자발적인 의지의 발현으로 노동하고 싶어하는 즉, 노동하지 않고는 안심하지 못하는 사람들이 있는가 하면, 노동이 자존self-respect의 의무가 되는 사람들도 있다. 그리고 노동을 종교적인 의무 즉 하느님의 소명으로 여기며 임하는 사람들도 있다.[46]

현대 산업사회는 여러 가지 사회적인 제약 조건에 의해서 노동하는 사람들이 많아졌고, 여러 가지 이기적인 동기와 쾌락충족을 위해서 노동하는 사람들도 많아졌다. 이러한 다양한 노동의 동기를 가진 사람들이 서로 얽혀있는 것이 바로 현대사회이다. 이런 다양한 노동의 의미를 아우를 수 있는 이해의 틀을 형성하기 위해서는 보다 높은 차원의 초월적인 동기 부여가 필요하다. 그런 점에서 기독교사회윤리로서 노동의

---

45 김균진, 『생태학의 위기와 신학』(대한기독교서회, 1992), 29-30쪽 참조.
46 Emil Brunner, *Christianity and Civilization*, Vol. II (London: Nisbet Co, 1949), p.57.

의미를 통해 오늘 우리의 노동현실을 직시하고, 실천적 자세로 노동의 참된 가치를 구현해 나가야 한다.

지금까지 살펴본 바와 같이 기독교가 말하는 바람직한 인간형은 노동을 통해 자기를 표현하고 자기를 실현해야한다. 노동을 바라보는 기독교사회윤리는 이러한 현실에 대해 보다 근본적인 차원에서 실업과 임노동의 착취 구조가 얼마나 인간의 자기표현을 통한 자기정체성을 훼손하는지 드러내고 있고, 이를 극복해야하는 근거를 제시하고 있다.

노동에 대한 기독교사회윤리의 주목을 끄는 점은 하느님을 노동하는 존재로서 파악함이다. 기독교는 일요일을 다른 요일과 구별하여 주일 Lord Day[47]이라고 한다. 이 날은 구약성서의 하느님이 천지 창조의 노동을 시작한 날이다. 예수는 유대교가 지키는 안식일이 아닌 다음날 즉, 하느님이 천지를 창조한 첫째 날에 부활하였다. 그러므로 기독교는 예수의 부활을 기념하면서 동시에, 하느님의 노동이 시작된 날을 예배하는 날로 중시한다. 이 날은 일주일의 첫째 날이다. 분명히 일주일의 첫째 날은 월요일이 아니라 일요일이다. 바로 이 첫째 날에 구약성서의 하느님은 혼돈에서 질서를 펼쳐내는 빛을 창조하였고, 신약성서의 예수는 죽음의 어둠을 물리치고, 다시 살아남으로 새로운 빛의 세계를 열었다. 즉, 기독교는 하느님과 예수의 빛의 세계를 만드는 일에 예배하고 그 뜻을 따르기로 다짐하는 것이다. 성서는 인간이 하느님의 모습으로 창조

---

47 기독교에서 주일(主日, 주님의 날)은 십계명의 하나로 제정한 종교적인 날을 말한다. 이 관습은 기독교의 모태가 되는 종교인 유대교에서 쓰이는 안식일에서 비롯한 것이나 그 의미는 좀 다르다. 안식일은 토요일인데 예수가 안식일 후 첫날 새벽에 부활한 것을 기념하여 일요일을 주일로 한다. 그러므로 유대교는 십계명의 제4계명에 따라 토요일을 안식일로 지킴에 반해(제칠일안식일교회도 토요일을 지킨다) 기독교는 구약성서 창세기의 첫 시작인 하느님의 창조에서 천지창조의 첫째날인 빛이 창조된 날이고, 신약성서의 주인인 예수가 부활한 날인 일요일을 주일이라고 하여 이 날은 구원자인 예수가 주인(主人)임을 분명히 하여 이 날을 주일이라고 한다. 이 날은 구약성서의 전통인 안식일을 거룩히 지키는 의미를 이어받음에 예수의 부활의 기쁨을 기념하는 날이다. 그러므로 이 날은 다른 날들과는 다른 특별한 날로 창조의 기쁨과 부활의 기쁨이 어우러지는 새로운 시작의 날이다.

되었다[48]고 증언한다.[49] 이 말은 인간이 하느님의 모습에 따라 사랑의 실천자로서 살아가야함을 의미한다.[50] 그러므로 창조는 하느님만의 노동이 아니라 인간도 창조적인 노동을 통해 끊임없이 자신과 관계 맺는 모든 것들을 갱신하고, 치유하는 사랑의 노동에 의해서 창조를 계속해 나가야 한다.

노동의 의미 문제는 삶의 의미문제와 직결되는 것이기 때문에 모든 사람은 신중을 기하고, 최선을 다해 노동에 임해야한다.[51] 자기표현노동을 통한 기독교사회윤리적 의미는 인간이 누구나 노동을 통해서 자기정체성을 형성하고, 자기를 표현할 수 있어야 한다. 이러한 노동을 통해 하느님과의 관계를 확고히 할 수 있다. 그러므로 인간이 노동의 자리를 얻지 못하는 오늘 이 시대의 사회구조는 하느님의 뜻에 따라 반드시 개선해 나가야한다. 또한 기독교 노동윤리의 자기표현은 개인의 노동을 넘어 이웃의 자기표현에도 관심을 가지고 연대해나가는 사회윤리의 차원으로 나아가야한다. 이는 자기와 이웃 그리고 공동체를 향한 폭넓은 관계 속에서 형성해 나가야한다. 즉, 노동의 이해는 하나의 육체적 행위로서만이 아니라, 하느님이 부여한 신성한 행위로서 그리고 자신의 능력개발을 위한 삶의 터전으로서, 자연과 이웃을 향한 공동체적 삶의 관계적 행위로서 함께하는 수단이 되어야 한다. 또한 노동의 참된 가치는

---

48 창세기 1장 26-27절.

49 성서에 나오는 창조신앙을 인간중심적인 세계관으로 해석하고 적용하는 것은 잘못이다. 인간이 하느님의 모습으로 창조된 것은 하느님의 대리자로서 생태계의 행복과 평화를 위해 돌보고 가꾸어야하는 책임적 존재로 해석해야한다.

50 사랑하는 여러분에게 당부합니다. 우리는 서로 사랑합시다. 사랑은 하느님께로부터 오는 것입니다. 사랑하는 사람은 누구나 하느님께로부터 났으며 하느님을 압니다(요한의 첫째 편지 4장 7절). 아직까지 하느님을 본 사람은 없습니다. 그러나 우리가 서로 사랑한다면 하느님께서는 우리 안에 계시고 또 하느님의 사랑이 우리 안에서 이미 완성되어 있는 것입니다(요한의 첫째 편지 4장 12절).

51 무슨 일이나 사람을 섬긴다는 생각으로 하지 말고 주님을 섬기듯이 정성껏 하십시오.(골로 사이인들에게 보낸 편지 3장 23절).

힘써 노동 이후의 휴식을 통하여 인간의 삶 전체에 있어서 그가 가지는 위치를 확보함으로 참된 쉼을 누려야할 것이다.

글을 마치면서 나름 교육현장에서 아이들을 만나기에 노동에 대한 교육을 생각해본 것을 제시해본다. 우리가 사는 이 세상에서 노동은 우리의 삶을 새롭게 하고 변화시킨다. 그래서 노동은 성숙한 어른다움의 몫이기도 하다. 머리만이 아니라 온 몸의 능력을 필요로 하는 노동에 참여하면 비로소 지금도 힘차게 일하는 하느님을 만날 수 있다. 노동의 현장에서 일하는 하느님, 말꾼이 아니라 일꾼인 하느님, 말씀이 육신이 된 예수야말로 일하는 하느님을 우리에게 보여준 것이다. 그러므로 말과 일에 능한 사람이야말로 노동교육의 핵심이다.

참고문헌

국내물

김균진, 『생태학의 위기와 신학』(대한기독교서회, 1992).
손병석, 「아리스토텔레스의 정의관」, 고려대학교 대학원 석사 학위 논문(1990).
이관춘, 『직업은 직업이고 윤리는 윤리인가』(학지사, 2000).
이국배, 「헤겔과 외화의 문제」, 한국헤겔학회 편, 『헤겔 연구』, 4호(1990).
이정배, 「노동신학의 이론적 고찰」, 『신학과 세계』, 21호, 가을(1990).
임홍빈, 『세계화의 철학적 담론』(문예출판사, 2002).
채수일 편, 『기독교신앙과 경제문제』(한국신학연구소, 1993).
한남대학교 기독교문화연구소 편, 『생명문화와 기독교』(한들출판사, 1999).

신문류

황수경, 「실업자 95만 명·구직단념 17만 명…'실업대란' 현실화」, ‹한겨레신문›
(2009년 4월 16일자).

국내번역물

미카엘 초스도브스키, 이대훈 역, 『빈곤의 세계화』(당대, 1998).
울리히 두크로, 손규태 역, 『성서적 정치경제학』(한울사, 1997).
한스 피터 마틴·해럴드 슈만, 강수돌 역, 『세계화의 덫』(영림 카디널, 1997).
A. 리처드슨·J. H. 올드햄, 강근환·조만공 공역, 『성서의 노동관』(대한기독교서회,
1981).
제레미 리프킨, 이영호 역, 『노동의 종말』(민음사, 1996).
도로테 죌레, 박재순 역, 『사랑과 노동』(한국신학연구소, 1993).

국외물

Emil Brunner, *Christianity and Civilization*, Vol. II, (London: Nisbet Co, 1949).
Richard Dickinson, *Economic Globalization: Deepening Challenge for Christians* (World Council of Churches:Geneva, 1998).

제10부
성서에 나타난 쉼의 윤리적 의미*

들어가는 말

현대인은 첨단 과학기술의 발전에 의해 그 어떤 시대보다 풍요로운 생활을 하고 있다. 현대인들은 교통·통신 수단의 확대, 유전공학의 발전에 의한 식량난 해소 그리고 기술축적에 따른 자동화가 주는 노동 시간 단축으로 인해 여가시간이 늘어났다. 그러나 이러한 과학문명의 발전에 따른 인간의 풍요가 결코 긍정적인 것만이 아님이 지적되고 있다. 오늘날 현대인들은 오늘의 풍요와 편리에 만족할 줄 모른다. 오히려 더 많은 소유와 편안함을 위해 더 많은 노동으로 치닫고 있다. 이제는 맞벌이 부부가 기본이고 더 나은 미래를 위해 아주 어릴 때부터 지나치게 무한 경쟁사회에서 살아남기 위한 교육에 여념이 없다. 그러다보니 현대인들은 그야말로 정신없이 바쁘게 산다. 이에는 기독교 신앙인들도 마찬가지이다.

주 5일제 근무시대[1]라고 하지만, 극심한 경제난과 더 가지려는 욕망

---

* 이 글은 공주대학교 인문학연구소 간행 『인문학논총』(제11집 제1호, 2011)에 게재한 것을 수정·보완한 것이다.

에 의해 토요일이나 일요일에도 쉼 없이 노동하고, 학업을 이어가야 함을 호소하는 이들이 많다. 그러다보니 기독교 신앙 공동체의 예배는 물론이고 신앙교육 및 사귐을 위한 시간적 여유조차 없다. 이 글은 끝없이 달리기만 하는 폭주 기관차와 같은 현실 속에서 바람직한 노동의 자세와 쉼의 윤리적 의미를 기독교 신앙의 전거典據인 성서를 통해 쉼의 윤리적 의미에 대한 사회 윤리적 입장에서 새롭게 조명해 나가는 작업은 의미 있는 일일 것이다.

성서 시대는 주로 목축업과 농업이라는 1차 산업 시대로 오늘날의 산업화를 넘어 지식정보화시대와 같은 다양화 사회와는 다르다. 그러므로 성서 시대의 사회구성체와 작동 메커니즘을 오늘날에 그대로 적용할 수는 없다. 그러나 성서 시대의 사회상이 시·공간이 다른 오늘날에도 의미를 지니는 것은 인간의 삶의 조건에서 노동과 이와 관련한 쉼의 의미가 다양한 쉼에 대한 현대사회의 논의에 하나의 시사점을 제공해줄 수 있기 때문이다.

이 글은 성서를 주요 텍스트로 삼아 논의를 진척시켜 나가려고 한다.

---

1 지금까지 일주일에 일요일 하루였던 휴무일을 이틀로 늘려 5일만 근무하는 제도이다. 노동자(근로자)들의 복지와 생산성 향상을 목적으로 대부분의 선진국에서 시행하고 있는 제도이다. 대부분 토요일을 휴무일로 삼는다. 국가차원에서 법으로 강제하는 경우와, 회사에서 자율적으로 시행하는 두 가지 분류로 나뉜다. 대한민국의 공공기관은 2004년 7월 1일부터 시행되었다. 일주일에 40시간 이상 근무를 하지 못하도록 법적으로 강제하고 있으며, 평일에 8시간씩 근무하고 남는 이틀인 토요일과 일요일을 휴무일로 삼고 있다. 불가피한 사유로 일주일에 40시간을 초과하여 근무하게 될 경우, 초과근무시간에 따른 대체휴일을 지급해주거나, 초과수당을 지급해준다. 점심시간과 같은 휴계 시간은 근무시간에 포함되지 않는다. 대한민국의 법률은 다음과 같이 주5일근무제를 법으로 강제하고 있다. 주 근무시간 44시간에서 40시간으로 단축해야하고, 추가근무에 관해선 추가수당이나 대체휴무일 지급해야 한다. 1,000인 이상 사업장은 2004년 7월 1일, 300인 이상 사업장은 2005년 7월 1일, 100인 이상 사업장은 2006년 7월 1일, 50인 이상 사업장은 2007년 7월 1일, 20인 이상 사업장은 2008년 7월 1일, 20인 미만은 자율적으로 적용된다. 위에 해당하는 사업장은 일주일에 40시간 이상을 근무할 경우 초과근무에 대해서 추가수당을 지급해야 하며, 일주일에 16시간 이상 초과근무를 시킬 수 없다. 물론 점심시간과 같은 휴계 시간은 근무시간에 포함되지 않는다. 이에 따라 표면상으론 대부분 주5일근무제를 실시하고 있다.

그러나 이 글에서는 성서 구절의 어원을 깊이 파고들어 어원을 분석하거나 주석을 다는 작업에 집중하지 않고, 누구나 이해할 수 있는 성서 구절을 인용하고자 한다. 이것이 이 글이 갖는 성서 활용의 범위이고 한계이다. 보다 깊은 성서 구절의 심충적 어원분석과 배경사 혹은 해석사는 성서학자들의 몫으로 하고, 이 글에서는 시급히 제기되는 노동과 그에 따른 쉼에 대해서 성서를 통한 사회윤리적 의미를 제시하는 하나의 시도를 하려고 한다.

성서가 말하는 쉼

1. 지혜로운 노동의 자세와 휴식

『구약성서』는 노동을 지혜의 차원에서 이해한다.

> 게으른 자는 개미에게 가서 그 사는 모습을 보고 지혜를 깨쳐라. 개미는 우두머리도 없고 지휘관이나 감독관이 없어도 여름 동안 양식을 장만하고 추수철에 먹이를 모아들인다. 그런데 너 게으른 자야, 언제까지 잠만 자겠느냐? 언제 잠에서 깨어 일어나겠느냐? "조금만 더 자야지, 조금만 더 눈을 붙여야지, 조금만 더 일손을 쉬어야지!" 하겠느냐? 그러면 가난이 부랑배처럼 들이닥치고 빈곤이 거지처럼 달려든다. 거짓말이나 하며 돌아다니는 불량배, 협잡꾼들은 서로 눈짓을 하고 손짓 발짓으로 신호를 해가며 마음이 비뚤어져 나쁜 짓을 꾸미고 자나깨나 말썽만 일으키다가 갑자기 재앙을 만나 순식간에 아주 망하고 만다.[2]

---

2 잠언6장 6-15절.

자신에게 주어진 노동에 게으른 사람을 경계하였다

제 일을 게을리 하는 사람은 일을 망치는 사람과 사촌간이다.[3]

이와 같이 근면을 권장하고 나태를 경계하였다.

손이 게으른 사람은 가난해지고 손이 부지런한 사람은 재산을 모은다.[4]

손이 부지런한 사람은 남을 다스리지만 손이 게으른 사람은 남의 부림을 받는다.[5]

게으른 사람은 아무리 바랄지라도 얻을 게 없지만 손이 쉬지 않으면 몸에 기름이 돈다.[6]

사람이 게으르면 밤낮 잠만 자고 사람이 느리면 배를 곯는다.[7] 내가 지나가다가 게으름뱅이의 밭과 생각 없는 사람의 포도원을 보니, 가시덤불이 우거지고 엉겅퀴가 덮이고 돌담이 무너져 있었다. 그것을 보며 나는 깊이 생각하였다. 그것을 보고 교훈을 받았다. "조금만 더 자야지, 조금만 더 눈을 붙여야지, 조금만 더 일손을 쉬어야지." 하였더니 가난이 부랑배처럼 들이닥치고 빈곤이 거지처럼 달려들었다.[8]

---

3 잠언 18장 9절.
4 잠언 10장 4절.
5 잠언 12장 24절
6 잠언 13장 4절.
7 잠언 19장 15절.
8 잠언 24장 30-34절

게으르면 들보가 내려앉고 손 놀리기 싫어하면 지붕이 샌다.[9]

태만의 특징들을 열거하였다.

게으른 자는 "거리에 호랑이가 나왔다. 장터에 사자가 나왔다." 하고 핑계만 댄다.[10]

게으른 자는 숟가락을 밥그릇에 넣고도 입으로 가져갈 생각을 않는다.[11]

나태함이 지나쳐서 얼빠진 행실, 거짓 핑계, 지나친 잠, 식사 중까지도 게으름을 피우고 꿈틀거림, 자기 과대평가, 게으른 사람이 순간적인 자기의 정욕에 몰두하는 것 등은 자기의 파멸을 재촉하게 한다. 게으른 사람은 적절한 시간을 바로 알지 못하고, 자기에게 주어진 가능성을 깨닫지 못하는 사람이다.

「잠언」은 노동을 창조주가 마련해 준 축복을 가져오는 행동으로 보았다. 그러므로 인간은 두 가지 가능성 앞에 서 있다. "얻느냐? 잃느냐?, 대지가 제공하는 것을 받아들이느냐? 그냥 놓아두느냐?"[12] 이처럼 양자택일을 제시하여 성공적인 삶과 빈궁한 삶이 노동의 결과임을 분명히 하였다.

애써 수고하면 이득이 생기고 입만 놀리면 가난을 불러들인다.[13]

9 전도서 10장 18절.
10 잠언 26장 13절.
11 잠언 26장 15절.
12 잠언 20장 4절.
13 잠언 14장 23절.

부富의 축적도 주어지는 것으로 보지 않고, 책임을 지닌 인간의 손에서 결정되는 것으로 본다. 가난한 사람과 부유한 사람의 사회적 대립을 근면과 태만의 결과로 제시하였다.

> 게으른 사람은 아무리 바랄지라도 얻을 게 없지만 손이 쉬지 않으면 몸에 기름이 돈다.[14]

자유와 예속, 지배와 압제도 노동의 경주에 달려있다고 보았다.

> 손이 부지런한 사람은 남을 다스리지만 손이 게으른 사람은 남의 부림을 받는다.[15]

> 어진 여인은 칭송을 받지만 바른 일 싫어하는 여인은 금방석에 앉아 욕을 먹는다. 게으른 사람은 떡그릇 옆에서 굶어 죽지만 부지런한 사람은 부자 되게 마련이다.[16]

> 게으른 사냥꾼은 한 마리도 못 잡아 구울 것이 없겠지만 부지런한 사람은 값진 보화를 파낸다.[17]

> 애써 수고하면 이득이 생기고 입만 놀리면 가난을 불러들인다.[18]

> 부지런하고 계획성이 있으면 넉넉해지고 성급히 굴면 가난해진다.[19]

14 잠언 13장 4절.
15 잠언 12장 24절.
16 잠언 11장 16절.
17 잠언 12장 27절.
18 잠언 14장 23절.

「전도서」에서도 이와 비슷한 구절을 찾아볼 수 있다.[20] 게으름의 결과를 개인의 체험과 관련하여 교훈으로 나타내기도 하였다.

> 내가 지나가다가 게으름뱅이의 밭과 생각 없는 사람의 포도원을 보니, 가시덤불이 우거지고 엉겅퀴가 덮이고 돌담이 무너져 있었다. 그것을 보며 나는 깊이 생각하였다. 그것을 보고 교훈을 받았다. '조금만 더 자야지, 조금만 더 눈을 붙여야지, 조금만 더 일손을 쉬어야지' 하였더니 가난이 부랑배처럼 들이닥치고 빈곤이 거지처럼 달려들었다.[21]

이 구절이 시사해주는 것은 죄악의 근원은 적절한 때에 노동을 시작하지 않는 게으름에 있다고 말함이다. 「잠언」은 태만의 한 유형으로 수면벽을 지적하였다.

> 사람이 게으르면 밤낮 잠만 자고 사람이 느리면 배를 곯는다.[22]

이어서 태만을 경계하면서 열심히 노동해야함을 일깨워주고 있다.

> 지위가 높은 사람에겐 아첨하는 자가 많고 선물 주는 사람에겐 사람마다 친구가 된다. 가난하면 동기들도 좋아하지 않고 친구들도 멀어진다. 말이 많으면 남에게 해 끼치는 일도 많다. 말 많고 잘되는 법 없다. 지각 있는 사람은 제 목숨을 아낀다. 슬기를 간직한 사람은 행운을 얻는다. 거짓 증인은 벌을 받고 거짓말하는 자는 망하고 만다. 미련한 자의 호강도 어쭙지않거든 하물며 종이 상전을 다스리겠느냐? 사람이

---

19 잠언 21장 5절.
20 전도서 10장 18절.
21 잠언 24장 30-34절.
22 잠언 19장 15절.

슬기로우면 좀처럼 화를 내지 않는다. 남의 허물을 덮어주면 영광이 돌아온다.[23]

지혜롭게 일한다는 말은 좋은 때를 알아낸다. 즉, 적절한 때를 놓치지 않는다는 의미이다. 그러므로 지혜로운 사람은 자발적으로 때를 맞춰, 일터에 나가는 사람이다. 인간이 맡겨진 노동을 잘 감당하면 그 자신이 하느님의 축복을 받게 되는 상태에 놓이게 된다. 그의 노동이 하느님으로부터 부여받은 것으로 믿고 행하는 사람은 행복한 사람이다.

네 손으로 일하여 그것을 먹으니, 그것이 네 복이며 너의 행복이다.[24]

그리고 그의 수고가 축복 받지 못한 사람은 비참한 사람이며 그의 노력은 헛된 것이다.

야훼께서는 당신의 오른손을 드시고 맹세하셨다. 당신의 힘있는 팔을 드시고 맹세하셨다. "너의 곡식을 다시는 내주지 아니하리라. 너의 원수들에게 먹으라고 내주지 아니하리라. 다시는 외국인들에게 너의 포도주를 내주지 아니하리라. 네가 땀흘려 얻은 포도주를 결코 내주지 아니하리라."[25]

아무도 헛수고하지 아니하겠고 자식을 낳아 참혹한 일을 당하지도 아니하리라. 그들은 야훼께 복받은 종족, 후손을 거느리고 살리라.[26]

---

23 잠언 6장 6-11절.
24 시편 128편 2절.
25 이사야 62장 8절.
26 이사야 65장 23절.

그렇다면 무조건 지혜로운 때를 맞춰 열심히 노동하기만하면 되는 것인가? 노동의 결과에 있어, 하느님과의 관계성은 불필요한 것인가?『구약성서』는 이에 대해 노동의 결과를 하느님의 권한과 관련해서 이해해야함과, 그에 따라 노동의 지나친 집착을 경계할 것을 일깨워준다. 즉 노력은 인간이 하나, 결과는 오직 하느님의 자유로운 축복에 있다는 것이다.

> 야훼께 복을 받아야 부자가 된다. 애쓴다고 될 일이 아니다.[27]

노동을 하면 돈을 번다는 일반적인 기대는 하느님의 축복의 결단을 떠나서는 실현될 수 없다. 하느님은 인간의 의지와 성취 사이에도 개입하여 차질이 생기게 할 수 있다.

> 계획은 사람이 세우고 결정은 야훼께서 하신다.[28]

인간이 자기의 힘으로 성취하겠다고 과도하게 열심을 내는 행위에 대해 냉엄한 허사를 가져오기도 한다. 이는 노동 그 자체를 우상으로 여기거나 노동의 결과에 따른 부의 축적에 지나치게 열심을 내는 자기 파괴에 대한 하느님의 경고라고 볼 수 있다.

> 야훼께서 집을 세우지 아니하시면 집 짓는 자들의 수고가 헛되며 야훼께서 성을 지키지 아니하시면 파수꾼의 깨어 있음이 헛일이다. 이른 새벽에 일찍 일어나는 것도 밤늦게야 잠자리에 드는 것도, 먹으려고 애쓰는 것도 다 헛되고 헛되니 야훼께서는 사랑하시는 자에게 길

---

27 잠언 10장 22절.
28 잠언 16장 1절.

때에도 배불리신다.[29]

인간의 자립과 자유의지에도 한계가 있다. 하느님의 축복이 없을 때는 최선을 다하는 노동이 소용없듯이, 하느님을 신뢰하고 순종하려는 각오가 없이는 재물과 부의 축적은 허무한 것이 되고 만다.

주의 진노가 터지는 날 그 재산은 아무 쓸모가 없지만 착한 행실은 죽을 자리에서 빠져 나오게 해준다.[30]

인간은 재산으로 인하여 허위[31]나 분쟁[32]에 휘말릴 수도 있다. 그리고 성공은 잘못된 확신을 갖도록 하기도 한다.

돈이 많다고 우쭐대다가는 쓰러지지만 착하게 살면 나뭇잎처럼 피어난다.[33]

이와 같이 『구약성서』는 노동의 결과에 관련된 이야기를 통해 인간에게 노동에 임하는 자세와 결과 그리고 유의사항을 일깨워주고 있다. 그러므로 인간이 게으름을 피우면 개미보다 못한 존재로 전락하게 되며, 노동에 대한 지나친 집착일 중독, 노동의 우상화이나 이기적인 욕망에 따른 부의 축적은 자기기만에 빠지는 것으로 이를 엄하게 경고하고 있다.

노동과 함께 이해할 것으로 휴식을 제시하고 있다. 휴식은 하느님의 귀중한 선물로 여겨지고 있다. 성서는 휴식의 근본 사상을 위대한 구원

---

29 시편 127편 1-2절 참조.
30 잠언 11장 4절.
31 더럽게 재산을 모으느니 가난해도 떳떳하게 살아라(잠언 19장 1절).
32 집에 진수성찬을 차려놓고 다투는 것보다 누룽지를 먹어도 마음 편한 것이 낫다(잠언 17장 1절).
33 잠언 11장 28절.

의 선물로 규정하고 있다.

> 너희 하느님 야훼께서 너희에게 유산으로 주시는 정착지에 아직은
> 다다르지 않았기 때문이다.[34]

> 그러므로 너희 하느님 야훼께서 너희 주변에 있는 원수들을 물리쳐
> 주시어, 너희 하느님 야훼께 유산으로 받을 땅에서 평안을 누리게 되
> 거든 너희는 하늘 아래에서 아말렉을 흔적도 남지 않게 없애버려야 한
> 다. 명심하여라.[35]

> 야훼께서 사면의 원수를 다 물리쳐주셨으므로 다윗 왕은 궁에서 마
> 음놓고 살게 되었다.[36]

> "야훼는 찬양을 받으실 분이십니다. 당신께서는 약속하신 대로 자기
> 의 백성 이스라엘에게 안식을 주셨습니다. 야훼께서는 당신의 종 모세
> 를 시켜 약속하신 복을 하나도 빠뜨리지 아니하시고 이루어주셨습니
> 다.[37]

시편에서도 잠을 통한 휴식을 강조하고 있다. 하느님은 지나칠 정도
로 열심을 내어 노동하는 사람도 기껏해야 근심 중에 먹을 수 있는 양식
을 얻을 뿐임을 말한다. 이는 노동 그 자체를 우상으로 여기거나 노동의
결과에 따른 부의 축적에 지나치게 열심을 내는 자기파괴에 대한 신의
경고라고 볼 수 있다.

---

34 신명기 12장 9절.
35 신명기 25장 19절.
36 사무엘하 7장 1절.
37 열왕기상 8장 56절.

야훼께서 집을 세우지 아니하시면 집 짓는 자들의 수고가 헛되며 야훼께서 성을 지키지 아니하시면 파수꾼의 깨어 있음이 헛일이다. 이른 새벽에 일찍 일어나는 것도 밤늦게야 잠자리에 드는 것도, 먹으려고 애쓰는 것도 다 헛되고 헛되니 야훼께서는 사랑하시는 자에게 잘 때에도 배불리신다.[38]

개인에게 주어지는 휴식의 선물은 하느님의 뜻을 깨닫고, 하느님의 음성을 듣는 것과도 결부되어 있다.[39] 잠언은 평안한 잠 속에서 나타나는 일상생활의 행복을 묘사하였다.

잠자리에 들어도 두려운 것 없어 몸을 누이면 곧 단잠을 자게 되리라.[40]

인간이 노동과 적절한 관계를 맺을 때에 평안히 잠을 잘 수 있다고 강조하였다.

막일을 하는 사람은 많이 먹든 적게 먹든 단잠이나 자지만, 부자는 아쉬운 것 없어도 뒤척이기만 하며 제대로 잠을 못 이룬다.[41]

그러므로 지나친 열심이 휴식을 박탈하였던 것처럼, 지나친 노동이 휴식을 빼앗아갈 수 있다. 잠을 잘 잔다는 것은 하느님의 선물과 부름에 응하는 삶의 표징表徵이라고 말할 수 있다. 인간은 휴식 속에 삶의 여유와 예술 그리고 하느님에 대한 경배도 나타낼 수 있다. 성

---

38 시편 127편 1~2절.
39 시편 95편 7-11절 참조.
40 잠언 3장 24절.
41 전도서 5장 11절.

서는 지나치게 노동에 집착하는 사람의 헛된 수고와 그 무위성을 지적하고 있다. 인간의 휴식은 하느님의 귀중한 선물이며, 하느님에 대한 신뢰와 깊이 결부되어 있다. 그러므로 성서는 휴식이 하느님의 귀중한 선물이기에, 휴일을 제도로 고정시킨 안식일 계명이 매우 중요한 역할을 한다.

안식일 계명의 중요한 내용은 노동으로부터 휴식이다. 특히 사회적으로 약한 위치에 있는 사람들도 함께 쉴 수 있게 한다. 이러한 휴식의 근거는 하느님이 이스라엘을 이집트에서 해방시켰다는 데 있다.

> 너희는 이집트 땅에서 종살이하던 일을 생각하여라. 너희 하느님 야훼가 억센 손으로 내리치고 팔을 뻗어 너희를 거기에서 이끌어내었다. 그러므로 너희 하느님 야훼가 안식일을 지키라고 너희에게 명령하는 것이다.[42]

휴식의 근본적 의미는 선물로 받은 해방을 기억하는 것으로 인간을 위한 하느님의 행동을 기억하는 데 있다. 휴식의 근거는 창세기의 천지창조에서 찾아 볼 수 있다. 하느님은 엿새 동안 노동을 통해 천지를 창조하고 이렛날은 휴식하였다. 안식일이 강조하는 노동의 멈춤은 경제착취 수단의 노예로 전락한 인간의 인권보호 차원으로 인식된다.[43] 그러므로 기독교는 잘못된 사회구조 안에서 힘든 노동으로 착취당하는 인간의 해방을 위해 대사회적 기능을 수행해야한다. 이것은 전체적으로 인간의

---

42 신명기 5장 15절.
43 박경철은 출애굽의 안식일 선포가 단지 주일 성수라는 종교생활만으로 한정되어서는 안 되며, 종교적 행위의 의미임과 동시에 사회정의 실천의 계명임을 말한다. 박경철, 「안식일, 기독교의 오랜 전통을 새롭게 하자」, 『기독교사상』, 통권 578호(2007년 2월호), 82쪽.

삶에서 "노동과 휴식"이라는 기본적인 틀을 제공해 준다. 그러므로 인간에게는 노동과 휴식의 리듬이 조화를 이루어야 건강한 삶을 살 수 있다. 만일 인간에게 노동만이 있고 휴식이 없다면 과로에 따른 건강 악화는 물론이고 생명까지 위태로울 수도 있다.

노동 후에 인간은 적절한 휴식을 취해야 한다. 이것이 하느님이 부여한 자연스러운 생존을 위한 창조질서이다. 브루너는 인간이 피로를 회복하기 위해서 휴식이 필요하며, 인간이 노동의 지배를 받지 않기 위해서 휴식이 필요한 것으로 본다.[44] 그는 휴식의 의미를 보다 분명히 한다. 휴식할 줄 아는 인간만이 인간적인 삶을 살아갈 수 있으며 또 이 휴식시간을 통해서 인간은 기도를 하게 되고 '특별한 날'에는 기도와 예배에 더 많은 시간을 보내게끔 창조된 것으로 본다.[45] 그가 역설한 이 '특별한 날'은 안식일을 뜻하는 것으로 이 날은 노동을 중단하고 반드시 휴식을 취해야 한다.

2. 구약성서의 안식일

▌1▐ 종교적 절기

현대인은 달력없는 세상을 상상할 수조차 없다. 특히 종교에서 달력 체계는 중요한 의미를 갖는다. 왜냐하면 종교적인 절기[46]로 성스러운 날의 개념이 거의 모든 종교에서 나타나고 각 종교마다 절기 제정과 시행을 당연시하기 때문이다.[47] 이는 '하느님을 어떻게 섬기느냐'는 것과 함

---

44 Emil Brunner, *The Divine Imperative* (Philadelphia: The Westminster Press, 1967), p.389.
45 *Ibid.*, p.391.
46 제의에 대한 연구는 종교와 문화 그리고 인간성의 역동성에 새로운 통찰을 제공한다. 이에 대해서는 캐더린 벨, 류성민 역, 『의례의 이해』(한신대학교 출판부, 2007) 제 4장 의례 행위의 기본 유형들 참조.

께 '하느님을 언제 섬기느냐'[48]가 종교에서 근본적인 일이었음을 알려준다. 야훼를 신으로 섬긴 고대 이스라엘 사람들 역시 종교적인 절기를 정하고 지켰다. 안식일 절기에 따른 제의는 고대 이스라엘의 신앙을 형성하고 전승하는 중요한 기능을 수행하였다. 이 절기에 행해지는 제의는 기본적으로 일주일을 단위로 '일→쉼'이라는 틀을 형성하였다.[49] 하느님은 이스라엘 사람들이 이 제의적 틀을 통해 '쉼'을 누릴 것을 명령한다. 특히 「레위기」 23장을 보면, 하느님은 이스라엘 사람들이 각 절기마다 성회일聖會日로 반드시 쉴 것을 명령하였다. 그리고 하느님은 이스라엘 사람들에게 모든 절기들을 영원한 규례로 삼아서 대대로 전하고 지키도록 명령하였다. 즉, 쉼을 영원한 규례로 정한 것이다. 그런데 고대 이스라엘에서 제의는 공동체적이기 때문에,[50] 쉼 역시 개인적이지 않고 공동체적이며 사회적이다. 그러므로 제의를 통한 쉼은 개인적인 쉼인 동시에 사회적인 쉼을 지향하는 것이다.

▮2▮ 출애굽기

안식일[51] 계명은 매우 오래되고 폭넓게 증언된 이스라엘의 주요 전승

47 Lester L. Grabbe, *Leviticus* (Sheffield: Sheffield Academic Press, 1997), p.85.
48 고대 이스라엘에서 시간을 정해 하느님을 섬긴 것은 하느님과 인간이 시간 속에서 만날 수 있음을 보여주는 것이다. 고대 이스라엘에서 절기를 지키는 일은 하느님과 이스라엘 사람들 사이를 맺어주는 필수적인 표징이었기 때문에, 하느님을 만나는 공간과 시간에 대해서 관심을 기울 일 수밖에 없었다. 그런데 바벨론으로 끌려간 사람들의 경우, 예루살렘 성전이라는 특정한 공간에서 하느님을 만나는 것이 불가능했다. 그런 이유로 공간적 의미를 배제하고, '안식일' 날을 정해서 그 날에는 어디에서나 공간적 구애됨이 없이 하느님을 만날 수 있도록 한 것이다. David W. Cotter, Genesis, *Berit Olam-Studies in Hebrew Narrative & Poetry* (Collegeville, Minnesota: The Liturgical Press, 2003), p.19.
49 크뤼제만은 일주일 간격의 휴일을 중심으로 하는 이 달력의 형성이 고대 이스라엘의 종교와 사회상을 이해하는 네 중요한 사건임을 밝힌다. F. 그뤼제민, 김상기 역, 『토라: 구약성서 법전의 신학과 사회사』(한국신학연구소, 1995), 262쪽.
50 Lloyd R. Bailey, *Leviticus, Knox Preaching Guides* (Atlanta: John Knox Press, 1987), p.86.
51 이 글에서는 메소포타미아의 안식일 준수와 구약성서의 안식일 제도가 의미적인 측면에서

중 하나로서,[52] 엿새 동안 일하고 제 칠일에는 쉼을 명령하였다. 이스라엘에서 안식일 계명은 세 가지 표현양식으로 여러 번 소개되었다.[53] 가장 초기 양식이면서 많이 소개된 표현은 '엿새 동안 일하고 이렛날은 쉬어라'는 단순한 형태이다.

> 엿새 동안은 거두어들일 것이 있겠지마는 이레째는 안식일이니, 이 날에는 거두어들일 것이 없다.[54]

> 엿새 동안 힘써 네 모든 생업에 종사하고 이렛날은 너희 하느님 야훼 앞에서 쉬어라. 그 날 너희는 어떤 생업에도 종사하지 못한다. 너희와 너희 아들 딸, 남종 여종뿐 아니라 가축이나 집 안에 머무는 식객이라도 일을 하지 못한다.[55]

> 너희는 엿새 동안 일을 하고, 이레째 되는 날에는 쉬어라. 그래야 너희 소와 나귀도 쉴 수가 있고, 계집종의 자식과 몸붙여 사는 사람도 숨을 돌릴 것이 아니냐?[56]

관련성을 찾아보기 어렵고, 두 가지 문화적인 영향관계를 논의하려고 함이 아니기에 그에 대한 논의는 진척시키지 않는다. 이에 대해서는 사르나의 견해를 참고하기 바란다. 사르나는 안식일(שבת; Shabat)을 아카드어 샤바툼(shabattum 또는 shapattum)에서 비롯된 것으로 보는 시각도 있지만, 안식일 제도는 메소포타미아의 안식일 준수와는 아무런 관계가 없다. Nahum M. Sarna, Exodus, *The JPS Torah commentary* (Philadelphia: The Jewish Publication Society, 1991), p.112; 십계명에서 안식일 규정이 가장 길다. 그 이유는 구절을 가장 많이 확장했기 때문인데, 현실 세계에서는 이스라엘 사람들이 안식일 규정을 지키기가 어렵기 때문에 필요에 따라 확장되었다. John I Durham, Exodus. *Word Biblical Commentary* (Waco, Texas: Word Books, Publisher, 1987). p.288.
52 한스 발터 볼프, 문희석 역, 『구약성서의 인간학』(분도출판사, 1991), 200-210쪽 참조.
53 성서와 함께 편집부, 『어서 가거라: 성서가족을 위한 출애굽기 해설서』(성서와 함께, 1995), 283쪽.
54 출애굽기 16장 26절.
55 출애굽기 20장 9-10절.
56 출애굽기 23장 12절.

엿새 동안 일하고, 이렛날은 야훼를 섬기는 거룩한 날이니 철저하게 쉬어야 한다. 안식일에 일하는 자는 반드시 사형에 처하여야 한다.[57]

너희는 엿새 동안 일하고 이렛날에는 쉬어야 한다. 밭갈이하는 시절에도 거둠질하는 시절에도 쉬어야 한다.[58]

너희는 엿새 동안 일하고 이렛날은 너희가 거룩히 지내야 할 날, 곧 야훼를 위하여 푹 쉬는 안식일이니, 그 날 일하는 자는 누구든지 사형에 처하여야 한다.[59]

너희는 엿새 동안 일을 하다가 칠 일째 되는 날은 철저하게 쉬는 안식일이므로 그 날에는 아무 일도 하지 말고 거룩한 모임을 열어야 한다. 어디에서 살든지 너희는 이 날을 야훼에게 바치는 안식일로 삼아라.[60]

엿새 동안 힘써 네 모든 생업에 종사하고 이렛날은 너희 하느님 야훼 앞에서 쉬어라. 그 날 너희는 어떤 생업에도 종사하지 못한다. 너희와 너희 아들딸, 남종 여종뿐 아니라 소와 나귀와 그 밖의 모든 가축과 집안에 머무는 식객이라도 일을 하지 못한다. 그래야 네 남종과 여종도 너처럼 쉴 것이 아니냐?[61]

다음에는 '내 안식일을 지키라'는 말이다.

---

57 출애굽기 31장 15절.
58 출애굽기 34장 21절.
59 출애굽기 35장 2절.
60 레위기 23장 3절.
61 신명기 5장 13-14절.

엿새 동안은 거두어들일 것이 있겠지마는 이레째는 안식일이니, 이 날에는 거두어들일 것이 없다.[62]

안식일을 기억하여 거룩하게 지켜라.[63]

너는 이스라엘 백성에게 일러라. "안식일은 나와 너희 대대에 걸쳐 세워진 표이니 너희는 나의 안식일을 잘 지켜라. 그러면 너희를 성별한 것이 나 야훼임을 알리라. 너희는 안식일을 지켜야 한다. 안식일은 너희에게 거룩한 날이다. 이 날을 범하는 자는 반드시 사형에 처하여야 한다. 그 날 일하는 자는 누구든지 겨레에서 추방당해 목숨을 잃을 것이다. 엿새 동안 일하고, 이렛날은 야훼를 섬기는 거룩한 날이니 철저하게 쉬어야 한다. 안식일에 일하는 자는 반드시 사형에 처하여야 한다.이스라엘 백성은 안식일을 대대로 지킬 영원한 계약으로 삼아야 한다."[64]

안식일을 거룩하게 지켜라. 너희 하느님 야훼가 분부하는 대로 해야 한다.[65]

너희는 이집트 땅에서 종살이하던 일을 생각하여라. 너희 하느님 야훼가 억센 손으로 내리치고 팔을 뻗어 너희를 거기에서 이끌어내었다. 그러므로 너희 하느님 야훼가 안식일을 지키라고 너희에게 명령하는 것이다.[66]

---

62 출애굽기 16장 26절.
63 출애굽기 20장 8절.
64 출애굽기 31장 13절-16절.
65 신명기 5장 12절.
66 신명기 5장 15절.

마지막으로 안식일을 지키지 않는 것이 큰 죄임을 밝히는 양식으로 이는 첫째와 둘째 양식을 합쳐서 엮어진 것으로 '이 날을 범하는 사람은 사형에 처해야 한다.'로 되어 있다.

> 너희는 안식일을 지켜야 한다. 안식일은 너희에게 거룩한 날이다. 이 날을 범하는 자는 반드시 사형에 처하여야 한다. 그 날 일하는 자는 누구든지 겨레에서 추방당해 목숨을 잃을 것이다. 엿새 동안 일하고, 이렛날은 야훼를 섬기는 거룩한 날이니 철저하게 쉬어야 한다. 안식일에 일하는 자는 반드시 사형에 처하여야 한다.[67]

> 너희는 엿새 동안 일하고 이렛날은 너희가 거룩히 지내야 할 날, 곧 야훼를 위하여 푹 쉬는 안식일이니, 그 날 일하는 자는 누구든지 사형에 처하여야 한다.[68]

주목할 점은 34장 21절[69]을 보면, 밭 갈 때나 거둘 때도 쉼을 명령한 것이다. 농경사회에서 밭갈이 할 때와 거둘 때라고 분명하게 명시하여 쉬라고 명령한 것은 농경지역에서 가장 중요한 농사철에도 안식일을 준수해야함을 분명히 한 것이다.[70] 쉼의 의미는 창조 설화를 중시하는 이유[71]에서 더욱 강하게 드러나는 것으로,[72] 가장 오래된 형태는 "너는 6일

---

67 출애굽기 31장 14절-15절.

68 출애굽기 35장 2절.

69 너희는 엿새 동안 일하고 이렛날에는 쉬어야 한다. 밭갈이하는 시절에도 거둠질하는 시절에도 쉬어야 한다.

70 마틴 노트, 한국신학연구소 번역실 역, 『국제성서 주석-출애굽기』(한국신학연구소, 1981), 315쪽; 이에 대해 사르나는 안식일 규정이 출애굽한 것을 기념하는 최대 명절인 유월절 나음에 온나는 깃에 주목하고, 신명기 5징 15절에서처럼, 안식일 제도가 창조시건이 아닌 출애굽 사건에 근거하고 있다고 보았다. Nahum M. Sarna, Exodus, p.219.

71 야훼께서 엿새 동안 하늘과 땅과 바다와 그 안에 있는 모든 것을 만드시고, 이레째 되는 날 쉬셨기 때문이다. 그래서 야훼께서 안식일에 복을 내리시고 거룩한 날로 삼으신 것이다 (출애굽기 20장 11절).

동안에 네 일을 계속하고 제7일에는 쉬어라.”[73]로 보인다. 이러한 제7일의 노동 금지는 인간의 노동의 금지만이 아니라, 인간이 지향하는 모든 노력과 시도에 대해 엄격한 한계를 설정해 놓았다. 그러므로 안식일은 교역과 영업행위에 대한 장애물로 여겨졌다.

겨우 한다는 소리가 “곡식을 팔아야 하겠는데 초하루 축제는 언제 지나지? 밀을 팔아야 하겠는데 안식일은 언제 지나지? 되는 작게, 추는 크게 만들고 가짜 저울로 속이며”[74]

그 때 유다에서는 안식일인데도 술을 빚고 나귀에 곡식을 단으로 묶어 실어 들이고 포도주, 포도송이, 무화과 같은 것을 예루살렘으로 날라 들였다. 나는 이 사실을 보고, 이 같은 날에 양식을 사고 팔다니 안 될 일이라고 야단쳤다. 예루살렘에는 띠로 사람들도 살고 있었다. 그들은 안식일에 물고기 등 갖가지 상품을 예루살렘으로 들여다가 유다인들에게 팔았다. 나는 유다의 귀족들을 꾸짖었다. “당신들은 어찌하여 이런 못할 일을 하여 안식일을 모독하는가? 선조들이 이런 일을 했기 때문에 하느님께서 우리와 이 도성 위에 이 모든 재앙을 내리셨던 것이 아닌가? 그런데 당신들은 다시 안식일을 모독하니, 그래 하느님의 진노가 이스라엘 위에 떨어져도 좋단 말인가?” 그리고 나는 이렇게 지시하였다. “안식일이 되기 전 예루살렘 성문에 그림자만 드리우

---

72 이리하여 하늘과 땅과 그 가운데 있는 모든 것이 다 이루어졌다. 하느님께서는 엿샛날까지 하시던 일을 다 마치시고, 이렛날에는 모든 일에서 손을 떼고 쉬셨다. 이렇게 하느님께서는 모든 것을 새로 지으시고 이렛날에는 쉬시고 이 날을 거룩한 날로 정하시어 복을 주셨다(창세기 2장 1-3절). 야훼가 엿새 동안에 하늘과 땅을 만들고 이렛날은 쉬며 숨을 돌렸으니, 안식일은 나와 이스라엘 백성 사이에 세워진 영원한 표가 된다(출애굽기 31장 17절).

73 너희는 엿새 동안 일하고 이렛날에는 쉬어야 한다. 밭갈이하는 시절에도 거둠질하는 시절에도 쉬어야 한다(출애굽기 34장 21절). 너희는 엿새 동안 일을 하고, 이레째 되는 날에는 쉬어라. 그래야 너희 소와 나귀도 쉴 수가 있고, 계집종의 자식과 몸붙여 사는 사람도 숨을 돌릴 것이 아니냐?(출애굽기 21장 12절).

74 아모스 8장 5절.

면 성문을 닫아라." 또 안식일이 지나기까지 문을 열지 못하게 지시한 다음, 나의 수하 젊은이들을 성문마다 배치하여 안식일에 아무것도 들이지 못하게 하였다. 그 후에도 한두 번 갖가지 물건을 파는 상인들이 밤에 예루살렘 성 밖에서 묵는 것을 보고, 나는 그들을 꾸짖었다. "왜 너희는 성 앞에서 밤을 새우느냐? 또다시 그러면 잡아 들이리라." 그 후로 그들은 안식일에 나타나지 않았다. 나는 레위인들에게 목욕재계하고 와서 성문들을 지켜 안식일을 거룩하게 지키도록 하라고 일렀다. 나의 하느님이여, 저의 이런 일도 부디 잊지 말아주십시오. 그지없으신 사랑을 믿고 비오니, 이 몸 너그러이 보아주십시오.[75]

이처럼 안식일 계명은 인간이 휴식없이 지속적인 노동을 통해서 이루려는 안정의 경지나 삶의 질을 향상시키려는 성향과 배치된다. 이러한 경향은 계명이 확대되고, 명확하게 규정되는 곳에서, 규약적 문서들 속에서, 안식일 논쟁이 보도되는 곳에서 분명하게 드러난다.[76] 이러한 예로, 34장 21절은 팔레스틴의 농부들의 삶의 관계를 참작하여 "밭 갈 때나 거둘 때에도"라는 부가문을 붙여 확대시켰고, 16장 27절[77]은 제6일에 두 배 가량의 만나가 떨어져서 이미 거두어 들였어도 제7일에 만나를 주우려고 나갔으나 아무것도 찾지 못한 이스라엘 민족의 분주함과 활동을 조롱한다.

안식일 계명[78]의 주목할 점은 '무엇을 하라.'는 것이 아니라, '쉬라, 아

---

75 느헤미야 13장 15-22절.
76 이스라엘 사람들은 제의공동체로서 공적인 제의를 유지할 책임이 있었다. 모든 제의는 제사장들이 담당하지만, 공적 제의의 유지에 대한 책임은 일반 백성들이 져야만 했다. Lloyd R. Bailey, *op. cit.*, 86, Jacob Milgrom, *Leviticus-The Anchor Bible* (New York: Doubleday, 2001), p.1951.
77 그런데 어떤 사람들은 이레째 되는 날에도 거두어들이려고 나가 찾아보았다. 그러나 있을 리가 없었다(출애굽기 16장 27절).
78 안식일을 기억하여 거룩하게 지켜라. 엿새 동안 힘써 네 모든 생업에 종사하고 이렛날은 너희 하느님 야훼 앞에서 쉬어라. 그 날 너희는 어떤 생업에도 종사하지 못한다. 너희와

무 일도 하지 말라.'는 것으로, '너는 아무 일도 하지 말라!'는 배타적인 금지 명령형으로 제시된다.[79] 이는 안식일이 그저 하느님에게 예배하는 날의 의미로 거룩하게 지키는 것으로 이해할 것이 아니라, 노동을 하지 않는 날로 인간이 수행하는 모든 노동에서 멈춤을 이루는 쉼을 의미한다.[80] 안식일은 다른 날들과는 다르게 특별한 제의를 시행 하라던가,[81] 어떤 일을 하라는 규정이 없다. 이러한 안식일 계명에서 노동의 멈춤을 주도하는 주체는 인간이 아니라, 하느님에 의해 제정된 것이다.[82] 하느님은 이스라엘 공동체에게 7일마다 인간과 생태계의 주관자를 기억하라는 의미에서 안식일 계명을 제정한 것이다. 이 안식일 제정은 '하느님의 안식일'에 대해서만 말한다. 창세기 2장 23절은 '하느님의 안식'에 대해서만 말할 뿐, 제의적이고 제도적인 '안식일'에 대해서는 전혀 언급하지 않는다. 안식일을 창조사역과 연결시키면서 절기로 지키게 하는 것은 출애굽기 20장 11절에 나온다.[83]

> 너희 아들 딸, 남종 여종뿐 아니라 가축이나 집 안에 머무는 식객이라도 일을 하지 못한다. 야훼께서 엿새 동안 하늘과 땅과 바다와 그 안에 있는 모든 것을 만드시고, 이레째 되는 날 쉬셨기 때문이다. 그래서 야훼께서 안식일에 복을 내리시고 거룩한 날로 삼으신 것이다 (출애굽기 20장 8-11절).

79 *Ibid.*, p.237.

80 Walter Brueggemann, *Genesis Interpretation: A Bible Commentary for Teaching and Preaching* (Atlanta: John Know Press, 1982), p.35.

81 안식일이 제의로 구별된 것은 시기적으로 매우 후대이다. 이는 매일 드리는 아침 번제와 저녁 번제를 평소의 제물의 두 배(민수기 28장 9절), 또는 세 배(에제키엘 46장 4절)로 드리라는 정도이다. 안식일 희생 제사가 보통 평일의 규정과 결합된 것이기 때문에, 전반적으로 봐서는 안식일이 질적으로 독특한 제의적 특성을 전혀 지니고 있지 않음을 증명한다. 안식일은 본래 모든 노동을 금지하는 사실을 통해서만 그 특성을 띠고 있었으며, 고대 이스라엘 사회에서 하느님에게 적극적으로 제의를 행한 것과는 아무 관련이 없었다. 한스 발터 볼프, 『구약성서의 인간학』, "앞의 책", 237쪽.

82 Nahum M. Sarna, *Understanding Genesis The Heritage of Biblical Israel* (New york: Schocken Books, 1970), p.19; Robert B. Coote & David Robert, Ord, In The Beginning -Creation and the Priestly History (Minnesota: The Liturgical Press, 2003), p.78.

83 이는 안식일의 주체가 통치자로서 왕이나 국가의 제도적 정치경제 시스템도 아닌, 개인이나 집단적 능력이나 노력도 아닌, 땅의 생산성이나 생태계의 선물도 아닌, 오직 하느님만이 모든 것을 공급해 주시며, 이스라엘 공동체를 돌보시는 분이심을 안식일을 통해 기념하고 확인하며 기억하라는 것이다. Walter Harrelson, *The Ten Commandments and*

엿새 동안 일하고 일곱째 날에 안식하는 삶의 방식은 바로 이 구절에 비롯된 것이다. 그렇기 때문에 안식일에 대한 규정은 하느님의 창조사역을 기념하고 재현하는 것이 바로 인간의 삶이어야 한다는 사실을 강조한다. 그래서 안식을 준수한다는 것, 즉 하느님의 쉼을 본받는 것은 하느님이 행한 창조사역 과정에 동참하는 것을 말한다.[84] 그러므로 안식을 준수하는 것은 창조의 운율을 위한 하느님의 의도에 참여하는 것이다. 이에 따라 『구약성서』에서 안식일에 노동하는 것은 하느님과 이스라엘 공동체 사이의 근본적인 신뢰관계를 깨뜨리는 것으로 여겨졌다. 이러한 안식일 규례의 위반 사례는 광야에서 일어난 만나 기사16장와 이에 대한 모세의 해석[85]을 통해 볼 수 있다. 인간의 근본적인 생존 문제를 해결해 주시는 이는 오직 하느님이다. 인간이 안식일에 노동하는 것은 하느님의 신실하심에 대한 도전이요, 의심이며, 하느님과의 본래적 관계를 훼손하는 약속 위반이었다.

> 그러자 야훼께서 모세에게 말씀하셨다. "이제 내가 하늘에서 너희에게 먹을 것을 내려줄 터이니, 백성들은 날마다 나가서 하루 먹을 것만 거두어들이게 하여라. 이렇게 하여 이 백성이 나의 지시를 따르는지 따르지 않는지 시험해 보리라"[86]

Human Rights (Philadelphia: Fortress Press, 1989), p.82.

84 Nahum M. Sarna, *Understanding Genesis The Heritage of Biblical Israel*, p.15.

85 너희는 지난 사십 년간 광야에서 너희 하느님 야훼께서 어떻게 너희를 인도해 주셨던가 더듬어 생각해 보아라. 하느님께서 너희를 고생시킨 것은 너희가 당신의 계명을 지킬 것인지 아닌지 시련을 주어 시험해 보려고 하신 것이다. 하느님께서는 너희를 고생시키시고 굶기시다가 너희가 일찍이 몰랐고 너희 조상들도 몰랐던 만나를 먹여주셨다. 이는 사람이 빵만으로는 살지 못하고 야훼의 입에서 떨어지는 말씀을 따라야 산다는 것을 너희에게 가르쳐주시려는 것이었다. 지난 사십 년 동안 너희 몸에 걸친 옷이 떨어진 일이 없었고, 발이 부르튼 일도 없었다.(신명기 8장 2-4절)

86 출애굽기 16장 4절.

모세가 말하였다. "오늘은 이것을 먹어라. 오늘은 야훼의 안식일이니, 오늘만은 들에 그것이 없을 것이다. 엿새 동안은 거두어들일 것이 있겠지마는 이레째는 안식일이니, 이 날에는 거두어들일 것이 없다." 그런데 어떤 사람들은 이레째 되는 날에도 거두어들이려고 나가 찾아보았다. 그러나 있을 리가 없었다. 야훼께서 모세에게 이르셨다. "너희는 언제까지 나의 명령과 지시를 따르지 않으려느냐? 야훼가 너희에게 안식일을 주었다는 것을 명심하여라. 그래서 여섯째 날에는 이틀 먹을 양식을 주지 않았느냐? 이레째 되는 날에는 누구든지 밖으로 나가지 말고 제자리에 머물러 있어라." 그래서 백성들은 이레째 되는 날은 쉬었다.[87]

이와 같이 안식일에 노동하는 것을 하느님의 신실하심에 대한 의심에서 비롯된 것으로 매우 부정적으로 보았다. 이러한 노동은 벌레가 생기고 냄새가 나서[88], 허사가 되고[89] 인간에게 아무것도 유익을 주지 못한다.

그런데 어떤 사람들은 이레째 되는 날에도 거두어들이려고 나가 찾아보았다. 그러나 있을 리가 없었다.[90]

「신명기」 8장 3절에 의하면, 모세는 「신명기」에서 이 사건을 해석하면서 인간의 삶의 조건은 인간의 수고와 노동으로 얻어지는 양식에 있지 않고 하느님의 말씀과 그 능력을 의지함에 있음을 분명히 일깨워주

---

87 출애굽기 16장 25-30절.
88 그런데 모세의 말을 듣지 않은 사람들이 더러 있었다. 이튿날 아침, 그들이 남겨둔 것에서는 구더기가 끓고 썩는 냄새가 났다. 모세는 그들에게 몹시 화를 냈다(출애굽기 16장 20절).
89 야훼께서 집을 세우지 아니하시면 집 짓는 자들의 수고가 헛되며 야훼께서 성을 지키지 아니하시면 파수꾼의 깨어 있음이 헛일이다(시편 127편 1절).
90 출애굽기 16장 27절.

었다. 「에제키엘서」는 이스라엘 민족의 안식일 위반을 하느님에 대한 배반으로 집중시켰고,[91] 지킴을 모든 율법과 약속의 표징으로 제시하였다.[92]

이러한 경향은 「에제키엘」의 영향을 받은 「느헤미야」에 와서 더욱 명백하게 나타나며느헤미야 13장 17절-18절, 안식일 지킴은 새로운 이스라엘 재건에 있어 철저히 하느님께만 공동체의 삶을 의뢰한다는 신앙의 상징이 되었다. 이에 따라 인간의 행복은 노동이나 생산 또는 소유에 의한 것이 아니라, 하느님과의 사귐 안에서 얻어지는 것을 의미하였다.[93]

이러한 안식일 의미의 회복과 강조는 이스라엘이 포로생활을 통해 바벨론 제국의 문화와 제도를 경험했던 것에 기인한다. 그들의 문화는 철저하게 인간의 노동에 의한 성과물로 주어진 경제적인 부와 막강한 군사력에 근거하고 있다. 이스라엘이 멸망한 것은 자신들의 뿌리인 하느님을 버리고 이들의 문화를 따라갔던 것에 그 원인이 있다. 따라서 새로운 이스라엘을 건설하면서 자신들의 근거를 철저히 하느님께만 두고 옛 계약의 공동체로 거듭나고자 할 때 안식일 지킴을 강조하고 이를 새로운 시대, 새로운 공동체의 기본질서로 삼게 된 것은 당연한 일이었을 것이다.[94]

■3■ 신명기

「신명기」가 말하는 안식일 계명[95]은 「출애굽기」보다 이집트로부터

---

91 에제키엘 20장 10절-26절 참조.
92 한스 발터 볼프, 『구약성서의 인간학』, "앞의 책", 246쪽.
93 안식일에는 개인적인 노동을 하기 말아야한다. 이사야 58장 13-14절 참조.
94 바벨론 포로생활에서 그들의 문화와 차별적인 의미로 안식일 지킴이 강조되고, 이스라엘 공동체가 제국의 문화에 함몰될 위기상황에서 자기 정체성의 확립을 위해 창조신앙에 접목된 안식일 제도를 강조하게 되었다. Ralph W. Klein, *Israel in Exile in Exile: A Theological Interpretation* (Philadelphia: Fortress Press, 1979), p.126.

이스라엘을 해방한 하느님의 구원에 중점을 두고, 노동의 멈춤에 대한 대상의 범위도 보다 자세하고 철저하다. 이는 「신명기」가 「출애굽기」보다 사회변혁적인 성격이 강함을 의미한다.[96] 안식일은 이집트의 가혹한 노예생활에서 해방된 사건을 상기시켜 주고 있다.

> 너희는 이집트 땅에서 종살이하던 일을 생각하여라. 너희 하느님 야훼가 억센 손으로 내리치고 팔을 뻗어 너희를 거기에서 이끌어내었다. 그러므로 너희 하느님 야훼가 안식일을 지키라고 너희에게 명령하는 것이다.[97]

이에는 엿새 동안 생계를 위해 노예처럼 수고한 이스라엘 민족에게만 선물을 뜻하는 것이 아니라 그의 집안의 모든 권속들, 즉 아들, 딸, 종, 하녀, 소, 나귀와 손님들도 포함됨을 뜻한다.

> 이렛날은 너희 하느님 야훼 앞에서 쉬어라. 그 날 너희는 어떤 생업에도 종사하지 못한다. 너희와 너희 아들딸, 남종 여종뿐 아니라 소와 나귀와 그 밖의 모든 가축과 집안에 머무는 식객이라도 일을 하지 못한다. 그래야 네 남종과 여종도 너처럼 쉴 것이 아니냐?[98]

안식일은 이집트에서 고된 노예생활로부터 해방시켜 준 하느님을 기

---

95 안식일을 거룩하게 지켜라. 너희 하느님 야훼가 분부하는 대로 해야 한다. 엿새 동안 힘써 네 모든 생업에 종사하고 이렛날은 너희 하느님 야훼 앞에서 쉬어라. 그 날 너희는 어떤 생업에도 종사하지 못한다. 너희와 너희 아들딸, 남종 여종뿐 아니라 소와 나귀와 그 밖의 모든 가축과 집안에 머무는 식객이라도 일을 하지 못한다. 그래야 네 남종과 여종도 너처럼 쉴 것이 아니냐? 너희는 이집트 땅에서 종살이하던 일을 생각하여라. 너희 하느님 야훼가 억센 손으로 내리치고 팔을 뻗어 너희를 거기에서 이끌어내었다. 그러므로 너희 하느님 야훼가 안식일을 지키라고 너희에게 명령하는 것이다.(신명기 5장 12절-15절)
96 민영진, 「하나님의 창조행위와 쉼」, 『기독교사상』, 제313호(1984년 7월), 9쪽.
97 신명기 5장 15절.
98 신명기 5장 14절.

억하는 날로, 선물로 받은 해방, 인간을 위한 하느님의 구원행동을 되새기는 날이다.[99] 이는 특정된 개인이나 소수만 누리는 것이 아니라, 모두를 위한 사회적인 해방이다. 나아가 이 해방은 인간만이 아닌, 동물들과 땅도 포함된다.[100] 그러므로 안식일의 근본정신은 하느님의 구원행동과 해방의 선물 앞에서 모든 인간과 만물이 평등하다는 것이다.[101]

안식일 규정은 안식에서 소외되기 쉬운 사회적인 약자들을 일일이 열거하면서 이들에게 최소한의 쉼의 권리를 보장해 주고 있다. 이 규정이 강조하는 것은 땅을 인간이 소유할 수 없는 것처럼,[102] 인간은 타인의 노동력을 영원히 소유할 수 없다.[103] 이러한 의미는 땅과 노동력의 본래적 회복이라는 「레위기」의 희년제도[104] 정신과 맞닿아 있다.

▌4▌ 희년의 사회생태적 의미

안식일 규정은 희년제도로 이어지는 것으로 안식일의 의미를 알기 위해 희년의 의미를 이해할 필요가 있다. 희년 규정은 안식년 규정의 연장선상 위에 있다.[105] 구역성서에는 두 곳에 안식년 규정이 등장한다. 출

---

99 한스 발터 볼프, 『구약성서의 인간학』, "앞의 책", 238-239쪽 참조.

100 레위기 25장 1-7절에 나오는 땅에 대한 안식년 규정은 땅 또한 하느님의 선물임을 기억하라는 의미이다. Walter Brueggemann, *The Land* (Philadelphia : Fortress Press, 1977), p.64.

101 Patrick D. Miller, *Deuteronomy Interpretation: A Bible Commentary for Teaching and Preaching* (Louisville: John Knox Press. 1990), p.83.

102 모든 땅의 소유권은 오직 하느님께 있고, 인간은 하느님의 선물로 사용권만 행사할 수 있음을 분명히 한다. 레위기 25장 23절.

103 Walter Brueggemann, *The Land*, op. cit., p.64.

104 너희는 또 일곱 해를 일곱 번 해서, 안식년을 일곱 번 세어라. 이렇게 안식년을 일곱 번 맞아 사십구 년이 지나서 일곱째 달이 되거든 그 달 십일에 나팔 소리를 크게 울려라. 죄 벗는 이 날 너희는 나팔을 불어 온 땅에 울려 퍼지게 하여라. 오십 년이 되는 이 해를 너희는 거룩한 해로 정하고 너희 땅에 사는 모든 사람에게 해방을 선포하여라. 이 해는 너희가 희년으로 지킬 해이다. 저마다 제 소유지를 찾아 자기 지파에게로 돌아가야 한다 (레위기 25장 8절-11절)

105 안식년 규정에 관해서는 출애굽기 23장 10-11절과 레위기 25장 2-7절을 참조할 수 있다. 임태수, 「희년의 의미와 그 현대적 적용」, 『신학논문총서: 구약신학』9(2004), 106-107쪽

애굽기와 레위기의 안식년 규정이 그것이다. 출애굽기의 안식년 규정은 사회적 소수자들과 들짐승의 안식에 초점이 맞춰지고 있다면,[106] 레위기의 안식년 규정은 지력 회복을 위한 땅에 대한 안식에 초점이 맞춰지고 있다. 성서 본문은 땅을 쉬어 안식하게 하는 '땅의 안식년'에 대해서 말한다.

> "너는 이스라엘 백성에게 이렇게 일러주어라. '너희는 내가 주는 땅으로 들어가서 야훼의 안식년이 되거든 그 땅을 묵혀라. 너희는 육 년 동안 밭에 씨를 뿌리고 육 년 동안 포도 순을 쳐, 그 소출을 거두어라. 칠 년째 되는 해는 야훼의 안식년이므로 그 땅을 아주 묵혀 밭에 씨를 뿌리지 말고, 포도 순을 치지도 마라. 너희가 거둘 때 떨어진 데서 절로 자란 것을 거두지 말고, 순을 치지 않고 내버려둔 덩굴에 절로 열린 포도송이를 따지 말며 땅을 완전히 묵혀야 한다. 너희 땅을 묵히는 것은 너희 뿐 아니라 너희 집에 머무는 너희 남종과 여종과 품꾼과 식객까지 모두 먹여 살리기 위한 것이다. 그러면 너희 가축과 너희 땅에 사는 짐승도 땅에서 나는 온갖 소출을 먹고 살 수 있을 것이다.'"[107]

구약시대의 이스라엘에서 행해졌던 희년은 이스라엘 백성들이 경제적인 파산을 당하여 자기 삶의 기반을 잃고 타인에게 일정기간 노역을 치룬 뒤에 해방되는 사회적인 법이며 제도이다. 그러므로 희년법은 각 개인이 소유하고 있는 재산권을 사회적으로 보장해 주며 주인이 함부로 침해하지 못하도록 규제하는 동시에, 희년이 선포될 때 노예는 해방되

참조.

106 너희는 육 년 동안은 밭에 씨를 뿌려 그 소출을 거두어들이고, 칠 년째 되는 해에는 땅을 놀리고 소출을 그대로 두어 너희 백성 중에서 가난한 자들이 먹게 하고 남은 것은 들짐승이나 먹게 하여라. 너희 포도원도, 올리브 밭도 그렇게 하여라(출애굽기 23장 10-11절).

107 레위기 25장 2-7절.

어 자기의 가족과 기업으로 돌아가며 잃었던 소유권을 되찾도록 하는 일종의 사회적인 약자들에 대한 보호법이며 사회제도이다. 이 희년이 선포될 때 모든 농사를 금지하여 땅이 휴식을 취하는 휴경을 실시하여 일하는 사람들도 '노동으로부터 안식'을 취하게 된다. 이렇게 희년은 안식에서 출발한 고도의 법이다.[108] 안식년이 개별적으로 개인에게 적용되었다면 희년은 사회 전반에 걸쳐 선포되는 것이기 때문에 희년이 안식년보다 확대 발전된 상위의 제도이다. 이러한 희년 규정은 안식년 규정과 밀접한 연관성을 지닌다. 레위기 25장에는 안식년에 관한 규정[109]에 이어 희년에 관한 규정[110]을 소개하고 있다.[111]

삶의 질곡에서 어쩔 수 없이 빚을 지게 되고 그 빚을 갚지 못하게 되면 삶의 터전인 땅과 집을 빼앗기게 되고, 종국에는 자신과 온 가족이 노예의 신세로 전락하게 된다. 그런데 놀라운 것은 이들에게 절망과 아픔의 삶 속에서도 좌절하지 않고 희망을 갖고 살아갈 용기와 힘을 주는 분명한 약속이 있었다. 이것이 바로 희년을 기대하며 기다리는 희망과

---

108 폰 라드는 구약의 안식 연구를 통해 '안식'이라는 단어가 이스라엘 백성들에게 중요하게 자리 잡고 있으며, 정신적인 안정, 노동의 휴식, 적으로부터 국가의 안정이라는 뜻으로 폭넓게 쓰이는데 특히 이 안식을 통해 하느님과 백성과의 계약관계를 명백히 설정하는 길이 되고 있다고 주장한다. G. Von Rad, "There remains still an rest for the people of God: An investigation of a biblical conception"(1933) in *The Problem of the Hexateuch and Other Essays* (London: SCM Press, 1984), pp.94-102; 구약에서 '안식'은 '라가', '누아흐'와 '사바트'로 표현된다. 먼저 '라가'는 심정적인 안정, 평온을 뜻한다(예레미야 47장 6절, 신명기 28장 65절, 이사야 34장 14절, 예레미야 31장 2절, 47장 6절 참조). '누아흐'는 약속의 땅에 대한 정착을 뜻하여 공간적인 의미를 말한다. 특히 창세기 5장 29절의 '노아'이름에서 낸 것으로 정착할 땅의 쉴 곳을 말한다(창세기 49장 15절). 다음으로 '사바트'는 완성, 성취의 뜻을 가지며 바벨론의 '안식하다'와 아람어 '자르다'의 어원과 유사하다. 이들은 모두 '노동으로부터 안식'은 아니지만 이들 원형이 변형되면 이 뜻을 가지게 된다(출애굽기 23장 12절, 34장 21절). Gnana Robinson, "The Idea of Rest in the Old Testament and the Search for the Basic Character of Sabbath", ZAW92.14 (1980), pp.32-42 참조.

109 레위기 25장 1-7절.

110 레위기 25장 8-13절.

111 희년에 관한 규정은 다른 곳에서도 나타난다. 레위기 27장 16-25절; 민수기 36장 4절 참조.

꿈이었다.

희년은 이스라엘에 거주하는 모든 사회적 약자들에 대한 자유와 해방이 선포되는 해를 총칭한다. 일곱 번째 안식년이 끝난 다음 오십 년이 시작되면 우렁찬 나팔소리와 함께 희년Jubilee이 선포된다.[112] 희년의 나팔요벨이 울려 퍼지면, 모든 토지가 원래의 주인에게로 되돌려지고, 노예는 자유를 얻어 가족의 품으로 돌아가게 된다. 놀라운 것은 인간에 의해서 경작되었던 토지 역시 휴식을 하게 갖게 된다. 이에 대한 이유가 지력地力 회복이라는 인간적인 유익에 따른 것도 있지만 희년으로 인해 토지도 희년의 기쁨을 누리게 되는 것이다. 희년에는 씨를 뿌려서도 안 되고, 포도나무를 경작해서도 안 된다. 또한 토지에서 저절로 자라난 곡식이나 포도를 수확해서도 안 된다. 이와 같이 희년 규정은 인간 세계 뿐만 아니라, 생태계의 원상회복도 지향한다. 희년은 부채탕감, 노예 해방, 휴경休耕을 통한 땅의 휴식이 레위기 25장에 등장하는 희년 규정의 3대 원칙이다.

이러한 희년 규정은 근원적으로 본래 땅과 그 안에 있는 모든 것이 하느님의 소유라는 창조주 신앙에 근거한다. 바오로는 로마서에서 만물ta panta이 하느님에게서 나왔고, 그 분으로 말미암아 있고, 그분을 위하여 존재함에 대해서 말한다.로마서 11장 36절 골로새서에서는 우주적 그리스도론Cosmological Christology을 펼친다. 예수 그리스도는 '하느님의 모습'을 지녀, 만물이 '그로 말미암아' 창조되었고, '그를 위하여' 창조되었다. 만물은 '그분 안에서 존속한다.[113]

물론 만물 속에는 인간이 포함된다. 인간은 창조주에게서 와서, 창조

---

112 희년은 숫양의 뿔로 만든 나팔인 요벨(yobel)에서 유래하였다. M. Noth/박재순 외 역, 『레위기』(서울: 한국신학연구소, 1984), p.229 참조.
113 골로새인들에게 보낸 편지 1장 15-20절 참조.

주가 만드신 땅에 기초한 피조세계에 기대어 살다가, 창조주에게로 돌아간다. 이 세계에서는 단지 나그네食客로 존재할 뿐이다. 이러한 희년 사상 배후에는 일종의 "무無의 철학"이 깔려 있다. 인간은 본래 무에서 와서 잠시 도안 유有에 머물다가 다시 무로 돌아간다. 무에서 왔으니 잃은 바도 없고, 무로 돌아가니 얻은 바도 없는 것이 인생이다.

> 토지를 영영 팔지 말 것은 토지는 다 내 것임이라. 너희는 나그네요, 우거하는 자로서 나와 함께 있느니라.[114]

땅은 처음부터 근본적으로 하느님의 것이며, 인간은 단지 나그네로써 잠시 머물다 가는 존재라는 의식은[115]은 이스라엘 역사에서 국가를 형성해나갔던 초기 과정인 지파동맹체支派同盟體[116]와 연관성이 있다. 이스라엘의 지파동맹 사회는 당시 고대 근동 국가들의 일반적인 경향과는 분명하게 달랐다. 주변 국가들은 대개의 고대 국가들이 국가형성에서 나타나는 모습처럼 강력한 부족을 이끄는 한 개인이 절대적인 존재로서 종교와 정치권력을 독점하는 형태였다. 그에 따라 한 개인이 신의 대리자로서 절대 권력을 행사하고 이를 뒷받침하는 핵심 부족과 기득권세력이 존재했다. 그야말로 수직적인 질서로 지배자와 피지배자, 지배계급과 피지배계급이 분명한 사회였다. 그런데 이스라엘 지파 동맹체는 하느님 앞에서 모든 인간과 지파는 평등하다는 사상에 뿌리를 두고 형성되었다.

이처럼 창조주 신앙에 근거한 평등사상은 희년 정신으로 구체화된 것이다. 땅과 그 안에 있는 모든 것은 어느 누구도 사유화할 수 없다. 하

114 레위기 25장 23절.
115 불교의 제행무상(諸行無常) 사상과 연관해 볼 수 있다.
116 기원전 13-11세기경의 지파 동맹체.

느님의 소유라는 절대원칙에 따라 각 지파들 사이의 상호존중의 평등과 민주적인 절차에 따라 땅 분배가 이루어졌다. 이것은 그야말로 동서고금을 막론하고 '토지공개념土地公槪念'을 전제로 한, 획기적인 제도일 것이다. 모든 인간은 땅의 주인인 하느님의 나그네에 불과하다는 초기 이스라엘 사회의 하느님 통치 신앙에서 토지 공개념이 구체화된 것이었다.

이처럼 이상적인 평등공동체사회를 지향한 이스라엘 지파동맹체 사회구조는 다윗왕조 중심의 군주제도로 변환되면서 여타의 고대근동국가들처럼 왕과 이를 뒷받침하는 소수의 지배계급에게 권력이 집중되는 현상이 일어났다.[117] 군주제의 실시로 이스라엘은 군주를 중심으로 한 지배 계급과 그들에 의해서 억압을 받았던 피지배계급으로 계급적 차별이 생기게 되었다. 이와 같은 지배, 피지배라는 양극화사회로 변모는 종교적인 신앙 또한 변화를 가져왔다. 모든 인간과 모든 지파를 평등하게 사랑과 축복으로 함께하는 하느님 신앙도 왕과 지배계급과 피지배계급으로 철저하게 서열화되는 것으로 이해되기 시작하였다.

이에 따라 근본적으로 하느님의 소유였던 토지도 하느님의 특별한 사랑과 축복을 받는다는 왕과 지배계급에 의해서 사유화되기 시작하였고, 피지배계급은 더 이상 토지를 소유하지 못할 뿐만 아니라 왕과 지배계급의 토지에서 노예로 토지를 경작하게 되었다. 이러한 이스라엘 국가는 토지사유화가 당연시 되면서 불평등 구조와 양극화 현상이 심화되어 갔고, 이에 따라 사회적 약자들의 인권과 생존권은 심각한 사회 문제로 대두되었다.

이에 항거하여 사회적 약자 편에 선 예언자들의 운동들이 다윗 왕조

---

117 사무엘상 8장에 나오는 왕정 요구 참조.

시대 이후에 지속적으로 등장했다.[118] 이러한 사회적 약자들의 인권회복과 해방운동의 성격으로 등장한 예언자들의 저항들은 곧 희년신앙과 밀접한 연관성을 지니고 있다. 이러한 예언자들의 희년정신은 신약성서 시대에서도 이어졌다. 당시 정통성이 결여된 지배자인 헤롯왕과 그에 결탁한 정치와 종교 지도자들을 질타한 광야에서 외치는 자로서 활동하다가 목이 잘리는 처형을 받게 된 세례자 요한에게서 재현되었다. 이러한 세례자 요한의 예언운동을 처참한 민중들의 삶의 현장과 함께하면서 하느님의 나라를 선포한 예수에게서 분명하게 이어졌다. 예수는 자신의 존재 이유와 사역의 이유를 구약성서의 예언운동을 이어받고 이를 실현하려 함을 분명히 밝혔다.

예수께서는 자기가 자라난 나자렛에 가셔서 안식일이 되자 늘 하시던 대로 회당에 들어가셨다. 그리고 성서를 읽으시려고 일어서서 이사야 예언서의 두루마리를 받아 들고 이러한 말씀이 적혀 있는 대목을 펴서 읽으셨다. 주님의 성령이 나에게 내리셨다. 주께서 나에게 기름을 부으시어 가난한 이들에게 복음을 전하게 하셨다. 주께서 나를 보내시어 묶인 사람들에게는 해방을 알려주고 눈먼 사람들은 보게 하고, 억눌린 사람들에게는 자유를 주며 주님의 은총의 해를 선포하게 하셨다. 예수께서 두루마리를 말아서 시중들던 사람에게 되돌려주고 자리에 앉으시자 회당에 모였던 사람들의 눈이 모두 예수에게 쏠렸다. 예수께서는 "이 성서의 말씀이 오늘 너희가 들은 이 자리에서 이루어졌다." 하고 말씀하셨다.[119]

---

118 안병무, 「성서의 희년사상, 그 가능성과 한계」, 채수일 엮음, 『희년사상과 통일희년운동』 (한국신학연구소, 1995), 35쪽.
119 루가의 복음서 4장 16-21절.

여기서 예수가 본 구약성서가 바로 예언서 이사야의 내용이다. 이는 다음과 같다.

주 야훼의 영을 내려주시며 야훼께서 나에게 기름을 부어주시고 나를 보내시며 이르셨다. "억눌린 자들에게 복음을 전하여라. 찢긴 마음을 싸매 주고, 포로들에게 해방을 알려라. 옥에 갇힌 자들에게 자유를 선포하여라. 야훼께서 우리를 반겨주실 해, 우리 하느님께서 원수갚으실 날이 이르렀다고 선포하여라. 슬퍼하는 모든 사람을 위로하여라. 시온에서 슬퍼하는 사람에게 희망을 주어라. 재를 뒤집어썼던 사람에게 빛나는 관을 씌워주어라. 상복을 입었던 몸에 기쁨의 기름을 발라 주어라. 침울한 마음에서 찬양이 울려 퍼지게 하여라. 그들을 이름하여 '정의의 느티나무 숲'이라 하여라. 야훼가 자기의 자랑거리로 손수 심은 것, 그들은 옛 성터를 재건하고 오래 전에 허물어진 폐허를 다시 세우리라. 무너진 도시들을 새로 세우고 그 옛날 선조 때 헐린 집들을 신축하리라. 뜨내기들이 모여들어 너희의 양을 치고 외국인들이 너희의 농장과 포도원에서 일하리라. 그들이 너희를 '야훼의 사제들'이라 부르고 '우리 하느님의 봉사자'라 불러주리라. 너희는 다른 민족들의 재물을 먹고 그들의 보물로 단장하리라. 이스라엘은 갑절이나 수치를 받았고 능욕밖에는 돌아온 차지가 없었으므로 이제 저희 땅에서 받을 상속은 갑절이나 되고 누릴 기쁨은 영원하리라. 나 야훼는 공평을 좋아하고 약탈과 부정을 싫어한다. 나는 그들에게 고생한 대가를 어김없이 갚아주며 영원한 계약을 그들과 맺으리라. 그들의 후손은 만방에 알려지고 자식들은 뭇 백성 가운데서 이름을 날리리라. 그들을 보는 자마다 야훼께 복받은 종족임을 알게 되리라." 야훼를 생각하면 나의 마음은 기쁘다. 나의 하느님 생각만 하면 가슴이 뛴다. 그는 구원의 빛나는 옷을 나에게 입혀주셨고 정의가 펄럭이는 겉옷을 둘러주셨다. 신랑처럼 빛나는 관을 씌워주셨고 신부처럼 패물을 달아주셨다. 땅에서 새싹이 돋아나듯 동산에 뿌린 씨가 움트듯 주 야훼께서는 만백성이 보는 앞에서 정의가 서고 찬양이 넘쳐흐르게 하신다.[120]

동서고금을 막론하고 땅을 소유한 사람들은 땅뿐만 아니라, 타인의 노동력마저 지배하고 싶어 한다. 이들에게 있어 안식일은 더 많은 생산을 방해하는 거추장스런 제도일 뿐이다. 기득권층의 꿈은 휴식과 휴일 없이, 생산의 멈춤이 없는 세상을 갈망한다. 결국 이들의 야욕은 모든 인간과 생태계에 주어진 해방과 평등을 위한 하느님의 뜻을 거역하는 것이다. 아모스 선지자는 이러한 기득권층에 의한 사회적 불의를 고발하였다.

이 말을 들어라. 가난한 사람을 짓밟고 흙에 묻혀 사는 천더기의 숨통을 끊는 자들아, 겨우 한다는 소리가 "곡식을 팔아야 하겠는데 초하루 축제는 언제 지나지? 밀을 팔아야 하겠는데 안식일은 언제 지나지? 되는 작게, 추는 크게 만들고 가짜 저울로 속이며 등겨까지 팔아먹어야지. 힘없는 자, 빚돈에 종으로 삼고 미투리 한 켤레 값에 가난한 자, 종으로 부려먹어야지." 하는 자들아.[121]

안식일은 사회적 약자들을 위한 최소한의 안전장치이고, 이스라엘 공동체에게 하느님께서 모두에게 베풀어 주신 압제로부터 해방의 선물을 기억하고, 가난한 자들을 학대하지 말라는 사회 정의적 성격이 강하다.[122] 이와 같이 제시된 안식의 의미를 통해 노동자들을 위한 휴식권의 확대, 노동경제상의 평등과 정의의 확대라는 차원에서 긍정적인 요소들

---

120 이사야 61장 1-11절.
121 아모스 8장 4-6절.
122 Walter Brueggemann, The Land, *op. cit.*, p.64.

을 발견할 수 있다.

▌5▐ 희년 연구의 흐름과 오늘의 적용가능성

이처럼 중요한 의미를 지니는 희년에 관한 연구는 1950년도 이전에 활발하게 진행되었으며, 1954년 노드가 희년에 관해 총집대성한 이후에 희년 연구는 1966년 바움가르텐J. M. Baumgarten이 안식일의 셈법과 이를 발전시켜 희년의 월력을 연구하였다.[123] 그리고 1962년 펜샴F. C. Fensham 은 고대 근동법속에서 사회적 약자들에 관한 논문을 냈는데, 이것도 희년의 법 연구에 도움을 주었다.[124] 1979년 렘키N. P. Lemche는 히브리어어의 '자유deror'의 기원을 연구하면서 희년의 기원을 고대 근동지방의 법들과 관련시켰으며,[125] 1985년 마인홀드A. Mainhold는 희년에 나타난 하느님, 민족, 땅 과의 연관성을 연구하였다.[126] 역시 1985년 린지S. H. Rinse는 구약 안에서 희년의 법적 전승 맥락을 잇고 희년과 관련한 유사제도를 밝혔다.[127] 우리나라에서 희년에 관한 연구는 주로 사회선교진영에서 진행되었다. 이들 이외에 최근에는 이른바 복음주의계열의 신학계에서도 희년에 대한 연구가 진행되었다.[128]

희년제도는 오늘날 우리사회에 시사하는 바가 크다. 희년은 하느님

---

123 J.M. Baumgarten, "The Counting of the Sabbath in Ancient Sources", VT16(1966): 277-286; "Some Problems of the Jubilees Calendar in Current Research", VT32(1982): 485-498.

124 F.C. Fensham, "Widow, Orphan and the Poor in Ancient Near Eastern Legal and Wisdom Literature", JNES21(1962): 129-139.

125 N.P.Lemche, "Andurarum and Misarum", JNES38(1979):11-22; "Manumisson of Slaves-The Fallow Year-The sabbatical Year-The Jobel Year", VT26(1976):38-59.

126 A. Mainhold, Zur Beziehung Gott, Volk, Land in Jobel Zusammenhung, BZ29(1985): 245-261.

127 S.H.Rinse, *Jesus, Liberation and the Biblical Jubilee* (Philadelphia: Fortress Press, 1985).

128 김근주 외, 『희년, 한국 사회, 하나님 나라』(홍성사, 2012) 참조.

나라를 이루어 갈 핵심원리이고, 이것이 우리나라의 여러 사회문제를 해결해 줄 경제체제이다. 신자유주의가 우리사회 내에서 팽배해 지면서, 사회 곳곳을 병들게 하고, 빈부격차와 계층간 소득분배의 극심한 불균형을 이루는 결과를 초래했다. 이에 따라 오늘날 우리에게 새로운 경제체제의 필요성이 요구된다. '어떻게 하면 우리 사회에 정의가 강물처럼 흐르고, 가난한 사람도 희망을 가질 수 있을까?'라는 질문에 '희년'이 하나의 답이 될 수 있다. 이는 희년의 핵심원리인 평등과 나눔과 회복이 어우러진 토지제도를 선포하고, 기독교인과 교회가 먼저 하느님의 정의와 긍휼을 실천하자는 것이다.

토지소유권을 포기해야 한다는 것은 현대인들에게 불편한 요청이다. 성서는 모든 토지를 야훼의 소유로 전제하고, 그 누구도 토지소유권을 주장할 수 없음을 분명히 한다. 우리는 더 이상 이기심과 탐욕의 노예가 되어서는 안 된다. 예수원[129]을 향해 올라가다 보면 "토지는 하나님의 것이라"[130]라는 성서구절이 적힌 돌비를 볼 수 있다. "물질적인 것과 영적인 것은 분리될 수 없다"라고 했던 대천덕 신부[131]는 줄기차게 성서적

129 예수원(Jesus Abbey)은 미국 성공회 사제인 대천덕신부가 1965년에 설립한 대한성공회 대전교구의 특수 선교 교회를 말한다. 강원도 태백시 하사미동 산7번지에 있고, 우편주소는 강원도 태백시 태백우체국 사서함 17호이다. 대천덕 신부 가족, 성공회 항동교회 교우, 성공회대학교(당시 성 미가엘 신학원)학생들이 건축에 참여하여 설립되었고 2008년 현재 대한 성공회 대전교구 강원교무구 특수 선교 교회이다. 일과는 아침, 점심, 저녁에 조도(아침기도), 대도(점심기도), 만도(저녁기도) 및 저녁미사를 봉헌하며, 주일에는 감사성찬례(성공회 미사)가 있다. 또한 본인의 의사에 따라 보일러 수리등의 다양한 노동에 동참할 수 있는데, 이는 "노동이 기도요, 기도가 노동이다"라는 가르침을 실천하기 위해서이다.

130 레위기 25장 23절.

131 1918년 중국 산동 성 지난(濟南)에서 미국인 장로교 선교사 루번 아처 토리 주니어의 아들로 태어났으며, 중국과 조선의 평양에서 어린시절을 보냈다. 미국 데이비슨 대학교와 프린스턴 신학교에서 공부했으며, 제2차 세계대전당시 양심적 병역거부의 실천을 위해 병역대신 선원으로 근무하는 대체복무를 하였다. 당시 미국의 신학생들은 신학교에서 계속 공부하거나, 입대하는 두 가지 길을 선택해야 하였는데, 대천덕 신부는 미국과 전쟁중이던 독일로부터 상선이 공격받을 위험이 있는데도 청사진을 읽는 선원으로 근무함으로써 병역을 대신 한 것이다. 선교에 대한 의견차이로 장로교회와 대립을 보여 성공회로 교파를 옮겼으며 1949년 성공회 사제서품을 받았다. 성공회 성 키프리안 교회(St.Cyprian

토지법을 전파해 왔다. 토지는 모든 인간 생활의 근거이자 생산의 본질적 요소로서 대부분의 사회문제의 배경에 이 토지문제가 있다. 대천덕 신부는 '토지는 하느님의 것이며 모든 사람은 평등한 토지권을 갖는다'는 성서적 근거와 토대 위에 『토지와 경제정의』[132]를 썼다. 이 책에서 대천덕은 가난은 해결될 수 없는 문제라고 말하는 사람들은 하느님을 모독하는 것이요, 하느님을 거짓말쟁이라고 부르는 것과 같다는 사실을 헨리 조지는 일깨워 준다고 밝혔다.[133]

동서고금을 막론하고 우리의 역사는 소수가 대토지소유를 하고 다수는 토지소유를 하지 못하고 대토지 소유자의 땅에서 빌어먹는 형태였다. 대천덕은 하느님이 준 토지는 하느님의 것으로 절대로 매매할 수도, 될 수도 없음을 분명히 하였다. 성서 속의 공동체의 경제관념에는 현재와 다른 관념이 하나 들어가 있다. 그것은 바로 도덕이다. 현재와 같이 자본주의가 득세하기 전에 많은 경제연구는 도덕을 빼고 생각할 수 없다. 안식년과 희년에 빚을 탕감해 주는 것, 모든 계약의 부담에서 벗어나게 하는 것과 같은 것이다. 이웃이 건강하게 살아가는 것이 나의 공동체가 건강하게 살아가는 것이고, 이것이 나의 삶의 행복과 건강에 큰 영향을 미친다.

Episcopal Church)등에서 목회하였으며, 1957년 성공회대학교의 전신(前身)인 성 미가엘 신학원의 재건립을 위해 한국에 입국하여 1964년까지 학장으로 일하였다. 1965년 강원도 태백시에 성공회 수도원인 예수원을 설립하여 빈부의 격차가 없는 평등사회를 실천하고자 하였다. 대천덕 신부는 성서와 성령에 의한 회심을 중요하게 생각하는 복음주의 전통에 서 있으면서도, 사회정의문제에 깊은 관심을 보인 신학자로 평가받는다. 그는 미국의 경제학자 헨리 조지의 경제학과 토지는 야훼의 것이므로 아주 사고 팔지 못한다는 레위기 말씀에 근거하여 성서에서 말하는 경제정의를 실천하고자 했다. 이러한 신학은 성서에서 말하는 경제정의를 실천하고자 설립된 시민단체인 '성경적 토지 경제 정의를 위한 모임(성토모)'의 설립에 영향을 주었다. 성령의 은총을 무시하지 않는 성령론도 대천덕 신부의 신학중 하나이다.

132 대천덕, 전강수·홍종락 역, 『대천덕 신부가 말하는 토지경제정의』(홍성사, 2003).
133 머리말 참조.

하느님 나라는 하느님에 의해 시작되고 완성되지만 인간의 순종과 믿음을 통해 역사 속에 뿌리내린다. 즉 하느님 나라는 하느님의 말씀과 그것에 대한 인간의 순종과 응답으로 완성된다. 그렇다면 인간에게 어떤 순종이 요구되는가? 그것은 하느님 나라를 이 땅 위에 구현하고자 했던 이스라엘 공동체를 보면 알 수 있다. 하느님은 이스라엘에게 약속의 땅에서 하느님의 백성으로서 어떻게 살아야 하는지에 대한 율법을 주었다. 율법에는 하느님의 정의와 긍휼이 담겨 있고 그것은 곧 희년으로 집약된다.

희년은 일곱째 안식년 그 다음해 즉 50년째 되는 해를 가리키는 말로, 땅과 노예들을 자유하게 하는 해방의 축제절기다. 즉 희년법에는 거류민과 가난한 자의 생존권을 확보해 주려는 하나님의 자비가 흐르는 것이다. 이것은 신약 시대로 이어져, 예수는 이사야 61장을 인용하여 희년을 선포함으로 사역을 시작하였다. 또 기독교초기교회 신자들은 이 사상을 이어받아 유무상통의 공동체를 형성하였다. 결국 희년 운동은 성령에 감동된 기독교 신앙인들이 주도하는 사회변혁운동이었다.

이러한 희년법의 기초는 이집트의 노예 신분이던 히브리 백성들에게 그들이 누구인지를 알려주며 정체성을 상기하는 데서 시작한다. 이것이 바로 이스라엘의 정체성이다. 즉 이스라엘이 존재하는 이유는 세상을 향하여 하느님의 뜻을 드러내기 위함이다. 그리고 희년법은 이 언약을 유지해 가는 수단이다. 희년법은 레위기에 속해 있다. 이것은 곧 희년법이 제의적 성격을 지님을 의미한다. 다시 말해 삶으로 드려지는 제사로서의 성격을 띤다. 희년법은 하느님 나라 백성들이 이 법을 지킴으로써 세상 가운데 하느님 나라의 공동체가 어떠한지 보여 준다. 이를 통해 모든 사람들이 이 법을 함께 지켜나가도록 이끌어 가는 책임이 있음을 보여 준다.

　그렇다면 하느님 나라의 통치 원칙은 무엇인가? 구약성서의 기록에 따르면, 하느님 나라를 이루는 두 기둥이 공평과 정의이다. 이런 점에서 가난한 사람들에 대한 긍휼을 근본으로 하는 희년법이 공평과 정의에 기반한 하느님 통치와도 연결된다. 공평과 정의라는 하느님 의 통치 즉 하느님 나라는 희년법을 통해 절정에 이른다. 이사야 11장은 야훼의 영이 임한 새로운 다윗이 행할 통치의 방식을 표현한다. 이 통치의 핵심은 바로 '공의'다. 하느님이 이를 위해 아브라함과 다윗과 기독교인을 부르고 택하였다. 모든 땅은 하느님의 것이되 이스라엘에게 유업으로 주어졌고, 모든 이스라엘은 하느님의 종이되 자유케 된 하느님의 백성이 되었다. 이러한 이스라엘이 이 땅 위에서 자유를 누리고 공평과 정의를 행하는 것, 이것이 이스라엘의 존재 이유, 곧 우리의 존재 이유이다.

　신약성경의 하나님 나라는 예수를 통해 도래한 영적 희년에 해당한다. 사탄이 왕노릇하던 시대가 가고 하나님께서 통치하시는 시대가 온 것이다. 희년법에 담긴 노예 해방과 기업 회복이 신약에서는 주로 영적 차원에서 나타나지만, 신약을 잘 살펴보면 '코이노니아'[134], '디아코니아'[135]를 통해 희년법에 담긴 물질적 차원이 연속됨을 알 수 있다. 희년법은 남의 것을 돌려주라고 명하는데 '코이노니아'는 한 걸음 더 나아가 내 것을 남에게 주는 것이고, 희년법은 나에게 종살이하는 노예를 해방하라고 명하는데 '디아코니아'는 내가 남의 노예인 양 섬김으로써 남을 주인처럼 만드는 것이다. 신약 시대에 와서 희년법은 그 근본 의미를 더

134　코이노니아(Koinonia)는 협동 또는 친교를 뜻하는 그리스어(κοινωνια)를 영국식으로 표기한 낱말이다. 이 낱말은 성경의 신약 성서에서 자주 쓰이는데 그리스도 초대 교회의 관계를 말해 주고 있다. 그 결과, 이 낱말은 그리스도를 믿는 사람들의 협동과 모임을 말하는 그리스도인의 집단이나 존재해야 하는 친교나 모임의 이상적인 상태에서 자주 쓰인다. 친교, 사귐, 공유, 관계, 교통, 전달, 사회, 동반자의 의미를 갖는 단어이다.

135　디아코니아(Diakonia) '봉사'를 뜻하는 그리스어 διακονια다. 이는 어느 행위 주체가 교회전체나 특정개인의 선익(善益)을 위하여 수행하는 모든 공적인 직무나 사적인 협력을 지칭하는 말이다.

철저하게 적용한다. 이 글에서는 코이노니아나 디아코니아보다 좀 더 기초적인 노예화 방지 장치로서 '토지법'에 초점을 맞춘다. 과연 예수는 희년 토지법을 지키라고 했을까?

마르코의 복음서 10장에 보면, 예수에게 영생의 길을 묻는 부자 청년에게 예수는 "네게 있는 것을 팔아 가난한 자들에게 주라"고 하였다. 하지만 부자 청년은 "재물이 많은 고로 근심하며 갔다"고 한다. 그러자 예수는 제자들에게 "재물이 있는 자는 하나님 나라에 들어가기가 심히 어렵다"고 하였다. "재물이 많은 고로"에서 헬라어 '끄떼마'는 문맥상 재물보다 토지를 가리킨다. 토지를 많이 가진 것은 명백하게 율법에 위배되기에 토지를 팔아 가난한 자들에게 주라는 예수의 요청에 부자 청년은 대꾸할 말을 찾지 못하였다. 이처럼 예수는 토지를 평등하게 소유하라는 희년법을 폐기하지 않고, 중요하게 여겼다.

초대 교부 암브로시우스, 크리소스토무스, 아우구스티누스는 소유물을 축적하는 것은 가난한 자들의 탄식과 사회정의를 무시하는 것으로 보았다. 특히 공의로운 사회질서를 세우기 위해 청중의 의식을 일깨워 '황금의 입'이라 불린 크리소스토무스는 희년 사상의 중심개념인 토지에 대해 사용권이 있을 뿐 어느 누구도 소유권을 가져서는 안 됨을 강조하였다. 그는 하느님이 태양, 공기, 토지, 물처럼 공동의 것으로 만들고 동등하게 분배된 것을 누군가가 자신의 것으로 만들려고 할 때 싸움이 생김을 지적하였다. 예수 처형 후 하느님 나라 운동이 종교적인 영역의 영적인 형태로 변해 갈 때, 초대 교부들은 부와 빈곤의 인과관계를 알리고, 토지와 천연자원을 독점함으로 인간을 노예화하는 당대의 불의한 경제체제를 희년 사회로 개혁되도록 깅던에시 외치며 삶의 현장에시 실천했다.

기독교개혁자 루터는 토지를 통한 지대 차액을 노리는 상업 활동을 강하게 비판했다. 이것은 레위기의 희년 사상과 일맥상통하는, 토지 불로소득의 금지 개념이다. 루터는 토지를 사는 것이 돈의 본성에 속하지 않음을 지적하고, 토지매매를 금하는 희년의 원리를 밝혔다. 그러면서 그는 토지를 담보로 지대 차액을 누리는 것은 참된 소득이 아님을 강조하였다. 칼뱅도 자본주의적 요소와 사회주의적 요소의 장점을 최대한 살린 경제체제 즉 희년 사상에 기초한 토지공개념土地公槪念[136]적인 요소로 생각되는 견해를 밝혔다. 루터와 칼뱅 같은 기독교개혁자들은 초대교부들의 가르침을 계승하여 희년 사상에 입각한 경제체제와 신앙 윤리를 강조했다. 신자유주의의 무한경쟁에 함몰되어 있는 현대인에게 희년법에 기초한 공평과 정의의 경제사상을 외친 기독교개혁자들의 희년 사상은 더욱 절실히 요청될 것이다.

희년 정신을 담은 경제체제 즉 희년의 경제모델을 오늘에 적용하려면 토지정의, 기업정의, 노동정의, 노사정의와 같은 경제윤리적 방안을 생각해 보아야 한다. 하나이지만 유기체적 관계 안에 있기에, 한 영역의 정의는 반드시 다른 것과 관련지어 생각해야 한다. 그중에서도 가장 중요한 정의는 토지정의이며, 토지정의의 핵심은 토지 불로소득을 모두 환수하는 것이다. 토지정의를 구현하는 방법은 세금을 통해서다. 이러한 토지정의 구현은 토지세를 통해서만 되는 것이 아니라 조세제도 전

---

[136] 토지공개념(土地公槪念)이란 정부가 공공의 이익을 위해 토지에 대해서 사유재산권을 규제할 수 있다는 것이다. 제6공화국은 부동산투기 근절을 목적으로 개인의 토지 소유·개발·이용·처분 등에 대해 법적인 제한을 가할 수 있는 토지공개념의 입법화를 추진했다. 원래 토지공개념이라는 용어는 제6공화국이 처음으로 도입한 것이 아니고, 1976년 건설부(지금의 건설교통부)장관이 "토지를 절대적 사유물로 인정하기 어려운 우리나라의 실정에 비추어볼 때 토지공개념의 도입이 필요하다"라고 발표하면서 시작되었다. 정부는 토지공개념의 적극적 도입을 천명하고, 1988년 토지공개념 연구위원회가 조사해왔던 토지실태와 정책대안을 기초로 3개 법안의 입법을 추진하기 시작했다. 1989년 4월 토지공개념 연구위원회 주최로 열린 '토지공개념 확대도입을 위한 국민토론회'가 개최되기도 했다. 결국 토지공개념의 핵심이 되는 3개 법안인 '택지소유상한에 관한 법률', '개발이익 환수에 관한 법률', '토지초과이득세법'을 1989년 정기국회에서 통과시켰다.

반에 걸친 개혁을 통해서만 가능하다.

▌6▐ 안식일 규정의 예외

이스라엘은 안식일을 온전히 지키기 위해서 여러 가지를 금지했다. 농사금지[137], 포도 틀이나 짐승들어올리기 금지[138], 상거래 금지[139], 여행 금지[140], 불 피우는 일 금지[141] 등. 이러한 금지규정에 따라 안식일에는 어떠한 일도 하지 말아야 하는 것을 말하는 것이 아니다. 고대 이스라엘 사람들은 초하루와 안식일에 선지자를 찾아갔던 것으로 보인다.

---

[137] 너희는 엿새 동안 일하고 이렛날에는 쉬어야 한다. 밭갈이하는 시절에도 거둠질하는 시절에도 쉬어야 한다(출애굽기 34장 21절), 이스라엘 백성이 광야에 있을 때, 안식일에 나무를 하는 사람이 있었다. 그 나무를 하는 사람을 본 사람들이 그를 모세와 아론과 온 회중 앞에 끌고 왔다. 그러나 이런 사람을 어떻게 다스려야 할지, 그 전례가 없었으므로 그를 그냥 가두어두는 수밖에 없었다. 그 때 야훼께서 모세에게 말씀을 내리셨다. "그를 사형에 처하여라. 온 회중이 그를 진지 밖으로 끌어내다가 돌로 쳐죽여라." 온 회중은 야훼께서 모세에게 명령하신 대로 그를 진지 밖으로 끌어내다가 돌로 쳐죽였다(민수기 15장 32-36절).

[138] 그 때 유다에서는 안식일인데도 술을 빚고 나귀에 곡식을 단으로 묶어 실어 들이고 포도주, 포도송이, 무화과 같은 것을 예루살렘으로 날라 들였다. 나는 이 사실을 보고, 이 같은 날에 양식을 사고 팔다니 안 될 일이라고 야단쳤다. 예루살렘에는 띠로 사람들도 살고 있었다. 그들은 안식일에 물고기 등 갖가지 상품을 예루살렘으로 들여다가 유다인들에게 팔았다. 나는 유다의 귀족들을 꾸짖었다. "당신들은 어찌하여 이런 못할 일을 하여 안식일을 모독하는가? 선조들이 이런 일을 했기 때문에 하느님께서 우리와 이 도성 위에 이 모든 재앙을 내리셨던 것이 아닌가? 그런데 당신들은 다시 안식일을 모독하니, 그래 하느님의 진노가 이스라엘 위에 떨어져도 좋단 말인가?"(느헤미야 13장 15-18절)

[139] 나의 거룩한 날에 돈벌이하느라고 안식일을 짓밟지 마라. 안식일은 '기쁜 날' 야훼께 바친 날은 '귀한 날'이라 불러라. 그 날을 존중하여 여행도 하지 말고 돈벌이도 말고 상담 같은 것도 하지 마라(이사야 58장 13절), 안식일에는 집에서 짐을 내어 가지도 말고, 아무 일도 하지 마라. 내가 너희 조상에게 말한 대로 안식일을 거룩하게 지켜야 한다(예레미야 17장 22절), 겨우 한다는 소리가 "곡식을 팔아야 하겠는데 초하루 축제는 언제 지나지? 밀을 팔아야 하겠는데 안식일은 언제 지나지? 되는 작게, 추는 크게 만들고 가짜 저울로 속이며"(아모스 8장 5절).

[140] 야훼가 너희에게 안식일을 주었다는 것을 명심하여라. 그래서 여섯째 날에는 이틀 먹을 양식을 주지 않았느냐? 이레째 되는 날에는 누구든지 밖으로 나가시 말고 세사리에 머물러 있어라. 그래서 백성들은 이레째 되는 날은 쉬었다(출애굽기 16장 29-30절).

[141] 너희는 엿새 동안 일하고 이렛날은 너희가 거룩히 지내야 할 날, 곧 야훼를 위하여 푹 쉬는 안식일이니, 그 날 일하는 자는 누구든지 사형에 처하여야 한다. 안식일에는 너희가 사는 곳 어디에서나 불도 피우지 못한다(출애굽기 35장 2-3절).

"꼭 오늘 그분을 가서 뵈어야겠소? 오늘은 초하루도 아니고 안식일
도 아닌데." 하고 묻는 남편에게 여인은 걱정하지 말라고 대답하며[142]

그리고 성전도 방문했다.

더 이상 헛된 제물을 가져오지 마라. 이제 제물 타는 냄새에는 구역
질이 난다. 초하루와 안식일과 축제의 마감날에 모여서 하는 헛된 짓
을 나는 더 이상 견딜 수 없다.[143]

안식일에 성전에서 부가적인 제물을 바치기도 했다.

그 대표는 순례절과 초하루와 안식일 등 이스라엘 족속의 성회 때
마다 이 번제물과 곡식예물과 제주를 받아서 바칠 책임이 있다. 그 속
죄제물과 곡식예물과 번제물과 친교제물을 바쳐서 이스라엘 족속의
죄를 벗겨주어야 한다.[144]

진설병을 바꿔놓기도 했다.

안식일마다 빵을 차려놓는 일은 크핫파에서 맡았다.[145]

이렇게 볼 때, 안식일에 온전히 쉬라는 것은 모든 일을 하지 말라는
것이 아니고 어떤 특정한 일들을 하지 말라는 것으로 이해하는 것이 바
람직하다. 그러므로 그것이 원래 의도와는 달리, 하고 싶지 않은 일을

---

142 열왕기하 4장 23절.
143 이사야 1장 13절.
144 에제키엘 45장 17절.
145 역대상 9장 32절.

하게 하거나 해야 할 일을 하지 못하게 함으로써 인간을 얽어매는 것이어서는 안 된다.

유대교에서도 안식일 규정들이 생명을 위협하는 상황에서는 적용하지 않았다. 왜냐하면 생명을 보존하는 것이 중요하기 때문이다. 심각한 질병이 생겼을 때나 환자에게 보양식을 제공해야 할 경우도 허용했다. 의사가 환자에게 필요하다고 허용하면 금지된 음식도 제공할 수 있었다. 산모가 출산한지 3일 동안 건강상태가 좋지 않기 때문에, 안식일이라고 해도, 산모 건강을 위해서 할 수 있는 일들을 하도록 했다. 산모를 따뜻하게 하기 위해서 불을 피울 수 있었다. 그리고 국가방위군과 국경경찰대, 방위대들은 생명을 보호하기 위한 안보목적으로 필요할 경우 안식일에 이동하거나 무기를 옮길 수 있었다.[146] 결국 안식일은 인간의 삶을 위한 것이지, 인간을 괴롭히려는 것이 아니었다.

그런데 바벨론 포로 이후 안식일은 이스라엘의 고유성을 지키는 제도로서 한층 중요시되었다. 그러면서 안식일을 거룩히 지키기 위한 각종 규정들이 계속 생겨나, 해방과 자유를 주신 하느님의 은혜를 맛보고 감사드리는 날이 오히려 인간의 삶을 옭죄기 시작한 것이다.

3. 신약성서가 말하는 안식일

▮1▮ 예수의 안식일 선언

예수는 마르코의 복음서 2장 27절에서 "또 이르시되 안식일이 사람을 위하여 있는 것이요 사람이 안식일을 위하여 있는 것이 아니니"라고 하였다. 그 이유는 예수 당시, 구약의 안식일 제도가 인간 해방과 기쁨을

---

146 Ronard L. Eisenberg, *The JPS Guide to Jewish*(Philadelphia: The Jewish Publication Society, 2004), 135-136; Lester L. Grabbe, *Leviticus*, p.87.

위해 하느님이 제정한 것인데 이 제도를 가장 바르게 지키며 백성을 지도해야 할 종교지도자들이 안식의 참된 의미를 가장 방해하는 대적자로 둔갑한 것을 질타하며, 안식일의 참 의미를 다시금 일깨워 준 것이다. 이 선언은 출애굽기와 신명기의 안식일 계명 정신과 맞닿아 있다. 예수와 바리사이파 사람들 사이에 안식일 논쟁을 촉발시켰던 '안식일에 배고픔의 상태에 있는 것',[147] '안식일에 병자의 상태로 있는 것'[148] 자체가 하느님이 보기에 좋은 모습이 아니다. 이런 모습은 하느님이 준 구원과 해방의 선물도 아니다. 안식일에 이 상태로 머무는 것 자체가 하느님의 참 안식을 거역하는 것이다. 이런 현실을 안식에 대한 단순 논리적 이해를 적용하며 교리적, 교권적인 이유에서 무시하는 것은 오히려 하느님의 참된 안식의 뜻과 반대된다.

안식일에 대한 예수의 선언은 안식일의 참다운 정신이 언제나 종교나 사회적 제도의 교권화, 교리화에 의해 왜곡될 수 있음을 경고한 것이기도 하다. 안식일 제도는 태초에 하느님이 처음 이를 정한 때부터 오늘까지 인간을 위한 것이었으며, 그 자체를 위해 인간이 존재하는 것이 아니다. 예수는 계속해서 "이러므로 인자는 안식일에도 주인이다."28절라고 선언한 것은 자신의 신분과 권위를 말해주는 것으로 처음 안식일을 제정한 하느님께 자신의 신분을 잇대어 놓은 것이다.[149] 예수 자신이 참

---

147 어느 안식일에 예수께서 밀밭 사이를 지나가시게 되었다. 그 때 함께 가던 제자들이 밀이삭을 자르기 시작하자 바리사이파 사람들이 예수께 "보십시오, 왜 저 사람들이 안식일에 해서는 안 될 일을 하고 있습니까?" 하고 물었다(마르코의 복음서 2장 23-24절).

148 안식일이 되어 예수께서 다시 회당에 들어가셨는데 마침 거기에 한쪽 손이 오그라든 사람이 있었다. 그리고 예수께서 안식일에 그 사람을 고쳐주시기만 하면 고발하려고 지켜보고 있는 사람들도 있었다. 예수께서 손이 오그라든 사람에게는 "일어나서 이 앞으로 나오너라." 하시고 사람들을 향하여는 "안식일에 착한 일을 하는 것이 옳으냐? 악한 일을 하는 것이 옳으냐? 사람을 살리는 것이 옳으냐? 죽이는 것이 옳으냐?" 하고 물으셨다. 그들은 말문이 막혔다(마르코의 복음서 3장 1-4절).

149 Donald H. Juel, *Mark: Ausburg Commentary on the New Testament* (Minneapolis: Augsburg Fortress, 1990), p.5.

안식일의 지킴 여부를 판단할 수 있음을 드러냈다.[150] 이는 자신이 인간의 참다운 해방과 기쁨의 안식을 주러 온 하느님의 아들임을 선언한 것이다.

▌2▐ 안식의 종말론적 의미

예수는 "내 아버지께서 이제까지 일하시니 나도 일한다."[151]고 말한 것은 창조로부터 지금까지 인간을 향한 쉼 없는 하느님의 노동하심에 대한 자신의 참여를 선언한 것이다. 이러한 예수의 참여는 종말론적인 안식의 장場이 열림을 말씀하신 것이다. 예수가 "다 이루었다."[152]고 말한 것은 구원사역의 완성을 의미한다. 이는 하느님이 6일 만에 창조 사역을 마친 창세기의 증언을 연상시킨다. 그렇다면 예수의 구원 사역 완성 후, 안식은 어디에 있는가? 히브리서 4장 1-11절은 예수 그리스도의 사역을 통한 종말론적 안식을 말해준다. 이제 예수의 구원사역을 통해 모든 인간에게 열려진 안식은 마지막 날에 주어질 영원한 '하느님의 나라'에서 누릴 안식의 예표이다.[153] 이와 같이 안식은 인간의 노동에 대한 세속적인 가치를 부여하는 것이거나 노동을 통해 성취한 결과물이 아니다. 그러므로 노동과 안식을 통해 하느님의 나라에 대한 최종적인 종말론적 구원을 이루어 가야 한다.[154]

이런 의미에서 기독교초기교회[155]가 유대교의 안식일을 따르지 않고,

---

150 Lamar Williamson. Jr., *Mark: A Bible Commentary for Teaching and Preaching* (Louisville: John Knox Press, 1983), p.74.
151 요한의 복음서 5장 17절.
152 요한의 복음서 19장 30절.
153 A. 리처드슨·J. H. 올드헴, 강근환 역, 『성서의 노동관』(대한기독교서회, 1981), 65-66쪽; 랄프 크라머, 김성국 역, 『현대인과 노동-노동의 경제적, 사회적, 신학적 의미』(법문사, 1994), 21쪽.
154 A. 리처드슨·J. H. 올드헴, "앞의 책", 67-68쪽 참조.
155 초대 교회라는 말은 주로 기독교에서 많이 쓰는 말로, 그 나타내고자 하는 의미와는 맞지

예수가 부활한 날로 정한 것은 중요한 의미를 지닌다. 이것은 예수를 통한 새로운 창조의 완성을 기뻐하며 기억하는 날로, 주어진 해방의 선물에 감사하며 기념하는 날이고, 이미already와 아직yet 사이에서 이미 성취된 예수 그리스도의 영원한 안식에 종말론적으로 바라보며 참여하는 것을 의미한다. 기독교초기교회가 새롭게 이해한 안식일의 제정은 예수의 부활을 기억함으로써 인간에게 약속된 새로운 세계에 대한 희망의 근거에 의한 것이다.[156]

쉼의 윤리적 의미

1. 노동의 의미

하느님은 6일 동안 노동을 통해 세상을 창조하고 7일째 되는 날 안식하였다. 여기서 하느님의 안식은 단지 아무 일도 안하고 쉬었다는 뜻이 아니라 모든 피조물의 관계가 어떠해야하는 지를 밝히는 만물의 존재 방식, 만물의 존재 지향을 가리키는 말이다. 하느님이 창조한 완성이 바로 '하느님의 안식'이며 이는 곧 모든 피조물의 평화로운 안식, 즉 '하늘과 땅의 안식'을 말한다. 바로 이런 상태를 '하느님은 복되다'[157]고 하였

않는 말이다. 바른 말은 '초기 교회(初期敎會)'이다. 영어로 말하면 early church 이지 first church 가 아니다. '초대(初代)'라 하면 어떤 직위의 선후를 나타내는 것이지 어떤 시기를 나타내는 것이 아니다. 예를 들어, '초대 대통령' '2대 대통령'과 같은 경우이다. '초대 교회'라 하면 2대 교회, 3대 교회 등을 예상하게 되는데 그것은 성서(사도행전 제2장)에서 말하는 사도들의 교회를 나타내는 말이 못 된다. 이에 따라 필자는 초대 교회라는 말보다는 기독교초기교회라고 쓰고자 한다.

156 한스 발터 볼프, 『구약성서의 인간학』, "앞의 책", 247쪽; R. F. 호크, 전경연 역, 『바울선교의 사회적 상황』(대한기독교출판사, 1984), 45-46쪽 참조.

157 이렇게 하느님께서는 모든 것을 새로 지으시고 이렛날에는 쉬시고 이 날을 거룩한 날로

다.[158] 하느님의 안식에 따라 모든 인간도 쉬어야한다. 이러한 쉼의 명령에서 제외되는 인간은 아무도 없다. 하느님은 만물에게 쉼을 명령하였는데, 이러한 하느님의 쉼은 제의를 통해서 인간의 안식으로 이어졌다. 하느님은 종교적인 절기들을 통해 안식을 기념함으로써 인간이 안식으로 나아가도록 하면서[159], 이것을 제의를 통해 영원히 이어갈 것을 강력하게 명령하였다. 그러므로 이스라엘의 제의는 궁극적으로 '쉼의 제의'를 의미한다.

안식은 전체적으로 인간의 삶에서 노동과 안식이라는 기본적인 틀을 제공해 준다. 인간은 노동과 안식의 리듬이 조화되어야만 건강한 삶을 살 수 있다. 만일 인간에게 노동만 있고 안식이 없다면 건강의 악화와 비인간화로 인간성이 훼손되고 말 것이다. 반면에 노동 없이 안식만 있다면 참된 안식의 의미를 상실하여, 삶의 의미 상실을 가져올 것이기에 이 두 가지는 인간의 삶에 꼭 필요하다.[160] 노동 이후에 인간은 휴식을 취하게 된다. 이것은 자연스러운 질서이다. 브루너는 휴식의 필요성은 인간이 피로를 회복하기 위해서 그리고 인간이 노동의 지배를 받지 않기 위함으로 말하였다.[161] 인간은 휴식을 통해 참된 자신을 발견하고,

---

정하시어 복을 주셨다(창세기 2장 3절).

158 헤셸은 안식일이 평일을 위해 있는 것이 아니라, 평일이 안식일을 위해 있음을 말하면서, 안식일이 창조로는 마지막이지만 의도적으로는 첫째이며, 천지창조의 목적임을 강조하였다. Abraham J. Heschel, *The Sabbath: Its Meaning for Modern Man* (New York: Farrar, Straus & Giroux, 1951), p.14.

159 레위기 23장은 절기를 대대로 지킬 것과 노동 금지에 대해 간략하게 제시한다. 이에 반해 민수기 28-29장은 절기에 제사를 어떻게 드려야 할 것인지에 대해 보다 상세하게 다루고, 노동의 금지를 말한다. 「신명기」16장은 절기에 객과 고아와 과부와 함께 즐거워 할 것을 강조한다. 이러한 절기를 지키는 방식은 크게 두 가지이다. 하나는 제사를 드리는 것이고, 다른 하나는 쉬는 것이다. 절기에서 제사를 더 중요하게 생각할 것 같지만, 오히려 쉼을 더 중시한다. 쉼을 창조하신 하느님이 무엇보다 쉼을 강조하신 것이다.

160 A. 리처드슨·J. H. 올드햄, 『성서의 노동관』, "앞의 책", 65쪽.

161 Emil Brunner, *The Divine Imperative* (Philadelphia: The Westminster Press, 1967), p.389.

기도할 수 있다. 이러한 휴식을 통해 특별한 날에는 예배를 위한 시간을 보낼 수 있다.[162]

안식일에 쉬는 것은 개인적인 차원이 아니라 온 이스라엘에게 해당하는 사회적 차원의 쉼이었다. 안식일에는 온 이스라엘이 온전한 휴식을 해야 하기 때문에, 누구든지 안식일에 일하는 것은 사회적 쉼을 깨뜨리는 반사회적인 행동이며, 하느님의 권위에 도전하는 큰 죄로 보았다. 그럴 경우 그 사람을 반드시 죽이게 했다. 이것은 하느님이 안식일을 지키는 것, 안식일에 온전한 사회적 쉼을 누리는 것을 얼마나 중요하게 여겼는지를 보여준다. 심지어 안식일에 불도 피우지 못하고, 음식도 만들어 먹지 말라고 하였다. 이처럼 쉬는 것은 인간이 일의 노예가 되지 않도록 보호해 주는 것이다. 쉼은 인간이 자기 노력에 의해 모든 것을 이룰 수 없는 피조물임을 겸허하게 받아들이고 온전히 하느님에게 의지하는 자세이고, 삶을 하느님의 선물로 기쁘게 받아들이는 자세를 말한다.[163]

2. 금욕의 의미

구약의 안식일은 고대 근동의 민속과 종교에서 ‘금기禁忌’의 개념을 연상시킨다. 고대근동에서는 이렛날일곱째을 인간에게 화가 미치는 악한 힘惡力이 지배하는 날로 여겨 금기시되었다. 그런데 이스라엘에서는 하느님에게 제사하는 긍정적인 날로, 일상 활동을 중지하고 회당에 모여 제사하는 의식을 거행하였다. 이는 고대 근동의 이교異敎의 금기가 이스라엘에서는 ‘금욕’으로 바뀐 것을 의미한다. 탐욕을 스스로 억제하는 이

---

162 이러한 특별한 날을 통해, 하느님께 예배할 수 있으므로, 십계명 중 제4계명은 하느님의 선물이다. *Ibid.*, p.391.
163 성서와 함께 편집부, “앞의 책”, 425쪽.

러한 금욕은 탐욕의 희생물이 되어버린 공동체 안의 다른 구성원에 대한 관심과 배려로 이어졌다. 그래서 안식은 한편으로는 금욕이면서, 다른 한 편으로는 다른 이의 탐욕 때문에 희생당했던 이들에게 보상이 이루어지기도 하였다.

안식은 유산자有産者들에게는 생산의 중단으로서, 더 가지는 것이 허용되지 않음과 탐욕을 경계하는 명령이었다. 이는 이제 그만 멈출 줄도 알아야함을 말해주는 것이다. 아무리 벌어도 인간의 탐욕을 만족시킬 수 없다. 안식은 탐욕에서 해방되어 하느님의 안식에 참여하는 금욕의 길을 걸어야함을 일깨워 주는 것이다.

안식은 무산자無産者들에게는 하느님이 자라게 한 것을 거두어 먹는 기쁨을 제공하는 날이다. 들에서 저절로 자란 먹거리를 거두는 것은 곳간에 쌓아두기 위한 수확이 아니었다. 먹을 만큼만 먹고 남기니까, 들짐승이 먹고 함께 기뻐할 수 있다. 사람의 손이 닿지 않고 저절로 자란 포도와 올리브를 공짜로 먹는 것은 가난한 사람들에게나 들짐승에게나 그들의 휴식에서 없어서는 안 될 요소였다. 비록 땅을 손질하여 가꾸고 돌본다고 하더라도 그래서 생태계가 지닌 생산의 힘을 더욱 더 증대시킨다 하더라도 땅에게 휴식을 주지 않고 계속하여 갈아 먹기만 한다면, 이것은 땅에 대한 착취요, 땅을 황폐하게 만드는 일이다. 이처럼 하느님이 땅의 안식을 명령한 것은 창조된 세계에 대한 보호의 의지가 들어 있다.

3. 생태보존의 의미

안식일 계명은 안식년의 계명으로 확대되었다. 7년째 되는 해에는 땅을 묵히고 소출을 그대로 두어 가난한 사람들이 먹게 하고, 남은 것은 들짐승이 먹게 해야 하였다.[164] 이러한 안식년 계명은 사회적 약자에 대한 사회윤리적 관심뿐만 아니라 생태윤리적 관심도 있었다.[165] 농경사회에 있어서 땅이 생명의 근거라는 점에서 안식년은 하늘과 땅의 창조자인 하느님의 생태윤리적 지혜이며 하느님의 생태윤리학적 전략이다. 이것은 또한 희년 계명으로 확대되었다. 하느님의 사회윤리적 관심과 생태윤리적 관심이 희년 계명에서 하나로 결합하였다. 땅을 쉬게 해야 하고, 땅을 본래의 주인에게 돌려주어야 하며, 가난하여 종이 된 이들을 해방시켜 주어야 하였다. 이 계명으로 땅의 권리와 인간의 권리, 모든 생태계의 권리가 회복되어야 하였다.[166] 그러므로 이 세 가지는 인간만을 위한 법이 아니라 땅과 모든 생명체를 위한 하느님의 법이다.

안식일이 되면, 인간만 쉬는 것이 아니라 집짐승도 쉬고, 주인의 아들과 딸도 쉬었다. 종도 쉬고, 고향을 떠나 타관에서 몸 붙여 살고 있는 나그네도 쉬고 외국인 나그네도 쉬었다. 인간과 짐승이 일하지 않으니, 땅도 쉬게 되었다.[167] 이것은 노동으로 지친 인간을 회복시키는 치료적 재충전의 의미를 지닐 뿐만 아니라 인간에 의해 가공된변형된 생태계를 회복시키는 윤리적 생태학적 의미를 지닌다.[168]

농경사회에 있어서 땅이 생명의 근거라는 점에서 안식년은 하늘과 땅의 창조자인 하느님의 생태윤리적 지혜이며 하느님의 생태윤리학적 전략이었다. 이것은 또한 희년 계명으로 확대된 것이다. 게제Gese는 안식일·안식년·희년법이 모두 하느님의 창조질서 회복에 의한 것임을 말하였다.[169] 그러므로 이 세 가지는 인간만을 위한 법이 아니라 땅과 모

---

164 너희는 육 년 동안은 밭에 씨를 뿌려 그 소출을 거두어들이고, 칠 년째 되는 해에는 땅을 놀리고 소출을 그대로 두어 너희 백성 중에서 가난한 자들이 먹게 하고 남은 것은 들짐승이나 먹게 하여라. 너희 포도원도, 올리브 밭도 그렇게 하여라.(출애굽기 23장 10-11절)
165 "칠 년째 되는 해는 야훼의 안식년이므로 그 땅을 아주 묵혀 밭에 씨를 뿌리지 말고, 포도순을 치지도 말라."(레위기 25장 4절)
166 김균진, 『생태학의 위기와 신학』(대한기독교서회, 1992), 116-118쪽 참조.
167 출애굽기 20장 2-17절, 20장 23-24절, 23장 10-19절, 34장 21절; 신명기 5장 6-18절.
168 김균진, "앞의 책", 114쪽.

든 생명체를 위한 하느님의 법이다.

4. 여가의 의미

현대는 '여가의 시대'[170]라고 할 만큼 여가에 대한 관심이 증가하고 있다. 여가는 노동의 반대개념이고, 강제적 및 의무성이 적은 선택형이며, 일반적으로 정신적 정서적인 면에서는 자유, 휴식 및 즐거움 등과 관련이 있다. 여가는 사회의 통제에서 벗어나 개인의 주관적 가치에 의해서 행해지는 비의무적 자유시간이라 말할 수 있다. 자유 시간에는 개인의 구속성이 존중된다. 따라서 여가의 개념은 자유 또는 비의무적이라는 시간적 특성과 시간자체를 자발적, 주체적 또는 자유재량에 의해서 사용할 수 있다는 특성을 가진다.

그러나 여가가 노동의 반대개념이기도 하지만 그것은 경우에 따라 달리 해석할 수 있다. 여가활동도 경우에 따라서는 노동의 형태로 나타날 수 있다. 다만 노동과 여가활동에 있어 다른 점이 있다면 여가활동은 개인이 내재적 동기에 의해서 자유롭게 선택한다는 특징이 있을 따름이다. 그러므로 화훼나 관상수의 재배 또는 관상용 조류를 사육함에 있어서 이것이 생계수단 또는 임금수입을 주된 목적으로 행하는 경우는 노동의 유형에 속하지만 그것이 여가 또는 취미 활동의 일환으로 행하는 성격의 것일 때는 노동이라고 규정지을 수 없다. 따라서 스포츠, 무용,

---

169 김명용, 「창조신학」, 조성노 편, 『최근신학개관』(현대신학연구소, 1993), 310쪽.
170 파커는 여가의 개념 또는 정의를 다음의 세 가지로 구분하고 있다. 그 첫째는 생활의 총시간에서 노동시간, 생리적 필수시간, 노동이외의 의미시간 등을 공제한 잔여시간을 중시하는 개념이 있고, 둘째는 걷기의 간서 시간에 대한 여가활동이 내용과 기능을 준시해야 한다는 개념이 있으며, 셋째는 여가내용의 질적 측면을 중시하고 특정가치와 관련하여 여가활동의 바람직한 모습을 규정하는 규범론적 정의가 있다. Parker, S., *The Future of Work and Leisure*, Pattern, S.N.(1962) The New Basis of Civilization, 1971을 김태현, 『노년학』(경문사, 1996), 264에서 재인용.

음악, 미술 및 서예 개념으로 받아들여져야 한다는 것을 뜻한다.[171] 이처럼 여가를 시간과 돈의 관점에서 다루고, 종교나 도덕적 양심의 시각에서 바라보지 않는다는 점은 현대인들에게 여가가 그만큼 세속적 맥락에서 논의되고 있음을 말해준다. 또한 여가를 즐길 수 있는 사람들이 지극히 제한적이라는 사실이다. 이것은 하느님의 창조신앙에 근거한 노동의 완성을 위한 안식과 평등에 의한 하느님의 쉼의 의미와는 다르다.

노동과 여가가 상호적 관계에 있다고 보는 견해도 있지만 그보다 더 많은 논의들이 노동과 독립적으로 여가를 생각해 왔다는 것도 여가와 안식이 얼마나 다른 의미와 내용을 담고 있는지를 보여 준다. 오늘의 현실은 하느님의 창조질서로서 '안식'의 의미가 왜곡되고, 오용되어 왔다. 창조와 구원의 의미로서 '안식'이 범죄와 타락과 향락으로 변질되었다. 이것은 과학화와 자동화에 따른 여가의 확대와 그에 따른 노동 가치의 상실에 의한 것이다. 파스칼은 인간 구원에 있어서 여가가 갖는 역기능적 효과를 염려했다.[172]

한편 안식은 '레크리에이션'을 의미한다. 역사적으로, '레크레이션'이라는 용어는 '신선하게 하다' 또는 '재충전하다'라는 의미의 라틴어 'Recreation'에서 생겨났다. 전통적인 의미에서 레크레이션은 산뜻하고 차분한, 자발적으로 선택한 활동을 하는 시기를 의미한다. 레크레이션은 힘겹고, 반드시 해야 하는 활동을 위해 재충전 하는 것이라고 생각되었다. 이에 대한 그라지아De Grazia의 말이다.

---

171 카플란은 여가의 기본적인 속성을 원칙적으로 경제적 기능을 하는 일과 반대되는 것, 즐거움으로 기대되고 즐거운 것으로 회상될 수 있는 것, 사회적인 역할을 수행하기 위하여 비자발적으로 해야 하며 여가에 의무성이 최소한인 것, 심리적으로 자유를 느낄 수 있는 것, 문화적 가치에 위배되지 않는 것, 중요성과 관심의 정도가 다양한 것, 가끔 놀이의 요소를 어느 정도 포함하고 있는 것 등으로 말하였다. Kaplan, M., *The uses of leisures, in handbook of social gerontology* (chicago: university of chicago press, 1960), pp.407-443 참조.

172 황경식, 「노동과 기술 그리고 여가」, 『사목』제84호(1982년 11월), 26쪽.

레크레이션은 대개 노동에서 인간에게 변화를 주고 인간을 재충전시켜 줌으로 노동으로부터 인간을 쉬게 하려는 활동이다. 성인들이 놀이할 때 즉, 사람, 사물, 그리고 상징을 갖고 놀이 할 때, 레크레이션을 위해 놀이를 한다. 로마인들처럼, 여가에 대한 우리 자신들의 개념은 주로 원기를 돋우려는 것이다.[173]

레크레이션의 기능은 여러 가지 방향으로 생각할 수 있으나 주로 몸과 마음을 쉬게 하고, 기분을 전환하며, 신체를 단련하고, 지식이나 정보를 얻고, 인간적 유대를 깊이 하는 등의 기능으로 설명될 수 있으며 레크레이션의 의미인 휴식과 기분전환, 재창조를 모두 포함한 의미의 기능을 보면 다음과 같다.

첫째, 인간의 근본적 존재로서 기능이다. 둘째, 인간을 즐겁게 하는 기능이다. 셋째, 사회 참여로의 준비 기능이다. 넷째, 인간의 사회적 존재로서의 기능이다. 다섯째, 사회적 소속감을 통한 사회계층의 역할 수행의 기능이다. 여섯째, 전소 사회적 기능이다.

인간은 휴식을 통해 정서를 함양하고, 능률을 향상시켜 나갈 수 있다. 6일 동안 열심히 일하고 1일을 쉬듯이, 1시간 일하고 10분을 쉬어야 노동의 효율성도 기할 수 있다. 만약 인간이 쉬지 않고 노동한다면 노동의 질 저하를 가져오게 되어, 노동에 의한 성과물의 질도 떨어지고 만다. 흔히들 열심히 노동하는 이유가 휴식을 취하기 위함이라고 말한다. 이 말은 휴식시간이 바로 레크리에이션이라는 뜻이기도 하다.

휴식이 없는 인간은 사회의 일원으로서 정상적인 능력을 발휘할 수 없을 뿐만 아니라, 노동의 보람도 느끼지 못한다. 노동과 휴식은 어느 하나 속에 종속이나 전유물의 대상이 아닌 대등한 관계로 상호보완의

---

173 강열우·오주훈·윤재섭, 『레크레이션 지도와 여가교육』(새한출판사, 2003), 27쪽.

관계이다. 그러므로 노동은 그 가치를 회복함으로써 신성시되어야 하고, 휴식은 창조질서를 보전함과 재창출의 기회로 거룩하게 여겨져야 한다.

🎐 나오는 말

오늘날 현대인은 해야 할 일이 너무 많다. 이렇게 해야 하는 일이 많아짐에 따라 피로감이 쌓여만 간다. 이것이 심해지면 과로를 동반하는 일중독Workaholic으로 치닫게 된다. 일중독은 오직 '일을 해야 살맛이 나는 증후군'으로 일 중독증 환자들은 일에 대한 집념이 매우 강하다. 이는 1980년대 초부터 사용하기 시작한 용어로, 일 중독증 자체가 정신과적인 병명은 아니다. 여러 원인이 있지만 보통 경제력에 대해 강박관념을 가지고 있는 사람, 완벽을 추구하거나 성취지향적인 사람, 자신의 능력을 과장되게 생각하는 사람, 배우자로부터 도피하려는 성향이 강한 사람, 외적인 억압으로 인하여 일을 해야만 한다고 정신이 변한 사람 등에게 나타나는 경향이 있다.

이들의 특징은 일을 하지 않으면 불안해하고 외로움을 느끼며, 자신의 가치가 떨어진다고 생각한다는 것. 덕분에 주변 사람들이 피곤해지는 경향이 있다. 여기에 완벽주의까지 겹치면 더 힘들어진다. 이 때문에 가족과 친구와 동료와의 관계가 소원해지는 계기를 낳을 수도 있다. 일을 하지 않으면 불안해하고 외로워하지는 않는 것 같지만 자신의 시간 상당부분을 일에 투입하여 거의 기계 수준으로 일하는 사람들도 일중독이라고 부른다.

이런 유형의 사람들의 대표적인 예가 중국사의 제갈량과 옹정제. 그리고 한국에서는 세종대왕과 정조 등이다. 특히 지위가 높은 사람들이 이 유형이면 아랫사람들이 굉장히 피곤해지고 과로사의 비율이 높다. 설상가상으로 이런 사람들 중에 자기처럼 일을 하지 않는 사람을 단순히 '게으른 사람' 내지는 '조직의 충성심이 없는 사람'으로 생각하는 가치관의 소유자이면 그야말로 아랫사람들에게는 지옥일 것이다. 그런데 조직의 임원 정도면 일중독에 걸릴 정도로 지나치게 일을 수행한 경우가 많다. 그리고 고용안정에 대한 불안감 때문에 본인이 자처해서 일중독에 걸릴 정도로 과중한 업무에 몰입하기도 한다. 말 그대로 안 그래도 일이 많은데도 혹시나 퇴출되지 않을까 하는 마음에 일을 더 하게 되기도 한다. 이처럼 일 중독증 환자들은 일하려는 욕망이 지나칠 정도로 강박적이고 극단적이다.

일중독 증후군의 주된 요인은, 더 많이 가지려는 탐욕스런 문화와 어떻게든 성공하려는 성공 지향적인 문화에 기인한다.[174] 바쁜 현대사회 속에서 하느님에 대한 믿음을 결단하며 살아가는 것이 바로 안식일주일을 거룩히 지키는 것이다. 그러나 아쉽게도 교회 안에서 주일성수에 대한 강조는 율법적인 경우가 많다. 심지어 주일에 대한 편협한 이해로 인해, 교회 안과 밖의 삶을 나누어 생각하도록 하는 기준이 되기도 한다.

이스라엘 공동체는 쉼 자체가 제사요, 가장 실존적인 신앙고백이었다. 더 나아가 이러한 안식의 의미는 오늘날 우리 교회에서 이루어지는 예배와 교육 그리고 모든 활동들이 무엇을 추구하는 것이어야 하는 지를 분명하게 보여 주고 있다. 그러므로 진정한 의미의 안식은 창조주 하느님을 기억하는 쉼이나. 안식일을 시킴으로 읻게 되는 축복은 새로운

---

174 리랜드 라이큰, 유충선 역, 『하나님이 주신 선물-일과 여가』(생명의 말씀사, 1993), 48-49 쪽 참조.

삶의 동력을 얻게 한다.[175] 쉼에 대한 성서의 가르침 중에서 안식은 현대 자본주의 시대를 살아가는 우리에게 강렬한 의미를 제공해 준다. 성서가 경계하는 것은 하느님 없이도 생존의 문제를 해결할 수 있다는 확신, 끝없는 부의 창출과 축적된 부가 인간을 행복하게 한다는 인간의 세계관이다.

안식일은 이러한 인간 주도적인 모든 생산을 멈추게 하는 날이다. 인간의 생존과 행복은 오직 하느님으로부터만 온다는 것을 재확인하는 날이다. 여기서 안식 즉, 쉰다는 것은 더 많은 부의 창출을 위한 가능성을 스스로의 결단에 의해 단호하게 멈추는 것을 말한다. 이러한 멈춤은 지나친 노동에 따른 인간성 상실에 대한 주의를 상기시킨다는 점에서 현대사회의 진일보하는 쉼의 의미progressive relaxation를 지닌다. 이러한 안식을 통한 창조주 하느님을 기억할 수 있도록 쉼의 환경을 조성되어야한다. 이렇게 쉼의 여건이 조성된 사회 속에서 인간은 명상이나 영성수련 등을 통해서 자기를 발견하고 종교적인 의미의 하느님과의 관계, 생태계와의 관계, 사회공동체 구성원과의 관계를 건강하게 맺어갈 수 있다.

쉼 혹은 휴식에 관한 윤리적 이해를 주요 주제로 삼고 있는 이 글은 기존의 연구가 주로 노동에 초점을 맞추어 이루어진 것과는 달리 상대 개념인 휴식을 다루고 있다는 점에서 독자들로 하여금 흥미를 느끼게 한다. 그러나 논의를 마치면서 몇 가지 아쉬운 점을 인정한다.

이 글은 성서 중에서 주로 지혜문학의 중심축인 구약성서에서 잠언에 집중하기에 다루지 못한 성서 전반에서 쉼을 끌어내어 해석하고 비교분석하는 작업과 쉼, 여가, 안식, 재창조, 휴식 등의 개념이 갖는 다양한 학문 영역에 따른 심층적인 논의와 그에 따른 윤리적인 의미를 다루지

---

175 게르하르트, 다우첸베르크, 「노동에 대항 성서적 관점들」, 『기독교사상』, 제364권(1989년 4월), 29-39쪽 참조.

못하였다. 이 글은 쉼의 윤리적 의미를 다루는 것에 중점을 두다보니, 쉼의 옳고 그름에 대한 심층적인 논의를 전개하지 못하였다. 그리고 쉼이 지니는 윤리적 의미가 사회정의를 위한 수단으로 연결해나갔다. 이러한 쉼의 사회윤리적인 의미를 설정함에 있어, 쉼의 질의 문제에서 경제력에 따른 불평등의 문제를 다루지도 못하였다. 또한 생태보존을 쉼에 연결해 나간 논의를 전개한 것에서도 생태계가 쉼의 주체가 될 수 있는가하는 문제를 심층적으로 다루지 못하였다. 이를 차후의 과제로, 다음 연구자의 과제로 삼고자 논의의 아쉬운 사안들을 제시하면 다음과 같다.

안식일을 지키며 종교적 전례나 계율을 지키는 종교적 행위와 일반적 의미의 휴식, 여가의 문제는 물론 그 전통에 있어 상관관계가 있지만 현대의 관점에서는 전혀 별개의 사안이기도 한데 이를 심층적으로 성찰하는 것이 부족하다. 또한 구약과 신약의 안식일에 관한 성서구절을 다룸에 양자 간에 균형이 있어야 하는, 다른 맥락에서 분석하는 듯하여 이에 대한 논리적인 타당함이 필요하다. 휴식에 관한 새로운 연구는 이를 비판적으로 검토하고 그 의미를 더욱 깊고 풍부하게 할 필요가 있다. 쉼이 가지는 사회적 의미나 생태적 의미는 이미 가톨릭 사회교리, 해방신학, 생태신학 등에서 다루어진 기초적인 논의를 충분히 넘어서지 못한 듯한 다소 평면적이고 반복적인 측면이 있다.

'노동의 멈춤'이란 개념에 대한 논의를 깊이 있게 다룰 필요가 있다. 다의적으로 생각할 수 있다. 쉬는 것인지, 일하는 도중에 중지하는 것, 윤리적 의미가 구체적으로 어떤 것인지 분명하지 않다. '구약성서의 안식일'에서 지혜문학이 노동을 시혜의 차원에서 하느님의 축복이라고 하였다. 그렇다면 안식은 단순히 욕망에 빠지지 않게 하는 것인가? 이에 대한 논의도 필요하다. '신약성서가 말하는 안식일'에서 구약의 안식일이 예수에 의하여 어떻게 새롭게 해석되는지 밝힐 필요가 있다. 안식일이 사람을 위해서 있는 것과 안식일에 일하는 예수의 기적은 안식일의 의미를 새롭게 하는 혁명적인 사건이다. 이에 대한 논지가 빈약하다. '안식의 종말론적 의미'에서 사실 중요한 것은 예수 그리스도의 구원 사업이다. '이미 성취된 그리스도의 영원한 안식'에 참여한다는 것은 이미 하느님의 나라가 완성되었다는 것인지, 예수님의 부활을 영원한 안식으로 본다는 것인지 논지가 불분명하다.

생태보존을 쉼에 연결할 때, 동물과 식물의 권리 또는 자연의 권리라는 측면에서 쉼을 인정할 수 있는가라는 문제가 제기된다. 또한 생태계에 대한 쉼의 의무를 누가 지는가를 고려해야 한다. 이는 자칫 현실 세계와는 동떨어진 성서해석에만 한정되는 아쉬움을 지닐 수 있다. 이를 보완해서 보다 논리적인 연결점을 제시해야한다. 또한 쉼을 사회정의에 연결할 때, 쉼이 사회정의를 실현하는 수단으로 보는 것에서 보다 진일보한 논의가 필요하다.

사회정의에 대한 규정과 논의도 있어야 한다. 그리고 사회정의를 여가에 연결할 경우에는 현대 산업사회에 적용해서 생각해야 한다. 구약성서 시대는 농업시대이고 오늘날의 사회와는 전혀 다른 세계이다. 현대사회 비평가들이 지적하고 있는 여가의 문제가 아니라 여가의 질에서 불평등을 생각해야 한다. 현대적 의미에서 사회정의는 주로 분배의 측면에 초점을 두는 정의라고 흔히 보기도 하는데. 이것이 종교, 기독교와 어떤 상관성을 지니는지 밝힐 필요가 있다. 쉼에 대해 급진적 결론을 내리고 있다. 더 많은 부의 창출을 위한 가능성을 단호하게 멈추는 것이라는 결론인데, 점진적인 쉼progressive relaxation에 대한 보충도 필요할 것 같다.

참고문헌

국내물

강열우 · 오주훈 · 윤재섭, 『레크레이션 지도와 여가교육』(새한출판사, 2003).

김명용, 「창조신학」, 조성노 편, 『최근신학개관』(현대신학연구소, 1993).

김태현, 『노년학』(경문사, 1996).

민영진, 「하나님의 창조행위와 쉼」, 『기독교사상』, 제313호(1984년 7월).

문시영, 『기독교윤리 이야기』(한들출판사, 1996).

성서와 함께 편집부, 『어서 가거라 : 성서가족을 위한 출애굽기 해설서』(성서와 함께, 1995).

이정배, 『토착화와 생명 문화』(종로서적, 1991).

통합윤리학회 편, 『21세기의 도전과 기독교문화』(예영커뮤니케이션, 1998).

황경식, 「노동과 기술 그리고 여가」, 『사목』, 제84호(1982년 11월).

국내번역물

마틴 노트, 한국신학연구소 번역실 역 『국제성서 주석-출애굽기』(한국신학연구소, 1981).

게르하르트 다우첸베르크, 편집부 역, 「노동에 대항 성서적 관점들」, 『기독교사상』, 제364권(1989년 4월).

대천덕, 전강수 · 홍종락 역, 『대천덕 신부가 말하는 토지경제정의』(홍성사, 2003).

리랜드 라이큰, 유충선 역, 『하나님이 주신 선물-일과 여가』(생명의 말씀사, 1993).

A. 리처드슨 · J. H. 올드햄, 강근환 역, 『성서의 노동관』(대한기독교서회, 1981).

레오나르도 보프, 『생태신학』(가톨릭출판사, 1996).

한스 발터 볼프, 문희석 역, 『구약성서의 인간학』(분도출판사, 1991).

랄프 크라머, 김성국 역, 『현대인과 노동-노동의 경제적, 사회적, 신학적 의미』(법문사, 1994).

F. 크뤼제만. 김상기 역, 『토라: 구약성서 법전의 신학과 사회사』(한국신학연구소, 1995).

R. F. 호크, 전경연 역, 『바울선교의 사회적 상황』(대한기독교출판사, 1984).

국외물

Joseph. A. Alder, *Response and Responsibility: Chou Tun-i and Confucian Resources for Environmental Ethics*, in Mary Evelyn Tucker & John Berthrong, eds., *Confucianism and Ecology: The Interrelation of Heaven, Earth, and Humans* (Cambridge: Harvard University Press, 1998).

Lloyd R. Bailey, *Leviticus, Knox Preaching Guides* (Atlanta: John Knox Press, 1987).

Walter Brueggemann, *The Land* (Philadelphia : Fortress Press, 1977).

______________________, *Genesis Interpretation: A Bible Commentary for Teaching and Preaching* (Atlanta: John Know Press, 1982).

Emil Brunner, *The Divine Imperative* (Philadelphia: The Westminster Press, 1967).

Robert B. Coote & David Robert, Ord, *In The Beginning-Creation and the Priestly History* (Minnesota: The Liturgical Press, 2003).

David W. Cotter, *Genesis, Berit Olam-Studies in Hebrew Narrative & Poetry* (Collegeville, Minnesota: The Liturgical Press, 2003).

John I. Durham, *Exodus. Word Biblical Commentary.* (*Waco*, Texas: Word Books, Publisher, 1987).

Ronard L. Eisenberg, *The JPS Guide to Jewish* (Philadelphia: The Jewish Publication Society, 2004).

Lester L. Grabbe, *Leviticus* (Sheffield: Sheffield Academic Press, 1997).

Walter Harrelson, *The Ten Commandments and Human Rights* (Philadelphia: Fortress Press, 1989).

Abraham J. Heschel, *The Sabbath: Its Meaning for Modern Man* (New York: Farrar, Straus & Giroux, 1951).

Donald H. Juel, *Mark: Ausburg Commentary on the New Testament* (Minneapolis: Augsburg Fortress, 1990).

M. Kaplan, *The uses of leisures, in handbook of social gerontology* (chicago: university of chicago press, 1960).

Ralph W. Klein, *Israel in Exile in Exile: A Theological Interpretation* (Philadelphia: Fortress Press, 1979).

Patrick D. Miller, *Deuteronomy Interpretation: A Bible Commentary for Teaching and*

Preaching (Louisville : John Knox Press. 1990).

Jacob Milgrom, *Leviticus-The Anchor Bible* (New York: Doubleday, 2001).

M. Sarna Nahum, *Understanding Genesis The Heritage of Biblical Israel* (New york: Schocken Books, 1970).

__________________, *Exodus, The JPS Torah commentary B* (Philadelphia: The Jewish Publication Society, 1991).

Lamar Williamson Jr., *Mark: A Bible Commentary for Teaching and Preaching* (Louisville: John Knox Press, 1983).

현실사회윤리학의 토대 놓기

제11부
고령화사회에 따른 노인 일자리 창출 프로그램 소고[*]

들어가는 말

　시간이 흐르고, 세대가 변해도 변하지 않는 것이 있다. 전세계적으로 인종과 학력, 빈부의 격차와 상관없이 누구나 다 나이가 들고 노후를 맞는다는 사실이다. 우리나라도 최근 사회 변화중의 하나가 노인 인구의 증가가 급격히 늘고 있다. 우리나라는 최근 의학의 발달과 더불어 평균 수명이 길어지면서 세계에서도 유래를 찾아보기 어려울 정도로 급격한 고령화가 진전되고 있다. 또한 급속한 산업화의 진행으로 도시화 핵가족화에 따라 과거의 전통적인 가족 기능이 상실되고 노인들에 대한 가족 부양기능 약화로 인해 노인 문제가 심각한 사회문제로 대두

[*] 이 글은 한일장신대학교에서 간행하는 학술지 『신학과 사회』, 28집 2호(2010)에 개재한 것을 수정·보완한 것이다. 이 글의 주제 중 하나인 고령화사회의 노인 문제는 필자의 박사 학위 논문인 「기독교 효윤리에 관한 연구」와 박사 학위 논문을 보완해서 책을 낸『고령화사회의 현실과 효윤리』에 일정부분 채록되었으나 이 글에서 다룬 노인 일자리 창출방안은 주제 특성상 채록되지 못하여 이번 단행본 작업에 수록하고, 노인에 대한 이해와 문제를 좀 더 보완하였음을 밝힌다.

되고 있다.

사회 변화 속에서 개별적인 노후에 대한 준비를 하지 못한 채 직면하는 현실적인 문제로는 질병, 경제적 빈곤, 고독과 고립, 역할상실의 고통이 있다. 이러한 문제는 가족에게 일임되거나 사회복지 차원에서 부분적 사후처리적인 접근으로 해결방안을 찾고 있지만 근본적 해결은 되지 못하고 있다. 이에 따라 노후생활의 문제들을 의식하게 된 요즈음의 청·장년층은 노인이 되기 전부터 노후생활에 대비하기 시작하였다. 이처럼 노후생활에 대한 가치관 및 의식이 변화하여 가족관계 및 가족 구조 그리고 노후에 대한 사회적 의식 또한 변하고 있으며, 개인 스스로도 노후에 대비하여 미리 준비하는 추세이다.

결국 앞으로 고령화사회를 성공적으로 살아가는 비결은 노후생활의 준비에 있다고 볼 수 있으며, 개인적으로나 사회적으로 노후 생활에 대한 구체적인 계획과 준비가 꼭 필요함을 알 수 있다. 만약 노후 생활에 대한 적절한 대책이 없는 노인들의 증가는 커다란 사회 문제로 대두 되고 있다.[1]

이 글은 고령화사회의 문제점을 경제적 측면을 중심으로 하여, 노인에 대한 이해를 구호적인 차원을 넘어서는 노동 수행능력의 역량을 제시하고자한다. 그러면서 노인에게 일자리가 필요한 시대적 요청을 역설力說하고. 그에 따른 노인 일자리 창출을 위한 논의를 위한 시안試案으로 세대 간 통합이 가능한 방안을 제시할 것이다. 이를 통해 앞으로 많은 분야에서 노인 일자리 창출 프로그램에 대한 논의가 확산되기를 기대해 본다.

---

1 권육상, 『최신노인복지론』(유풍출판사, 2001), 81쪽.

🔖 노인에 대한 이해

노인老人은 나이가 들어 늙은 사람을 뜻한다. 어르신이라고도 부르나 그 외에도 늙은이, 고령자, 시니어, 실버 등으로 교체해서 사용하기도 한다. 한 나라에 노인이 많으면 고령화현상이 발생해 문제가 생기기도 한다. 과거에는 60세라도 노인으로 불렸으나 현재는 65~70세는 되어야 노인이 된다. 노인만을 위한 시설로는 양로원[2], 경로당[3], 노인정[4], 노인대학[5] 등이 있다. 현재 도시보다는 농촌에 노인들이 많이 분포한다.

---

2 양로원(養老院)이란 의지할 데 없는 노인을 수용하여 돌보아주는 시설을 말한다. 역사적인 배경으로 보면 이런 종류의 시설은 종교적 자선행위와 관련이 있다. 기독교의 전파에 따라 무의탁 노인을 포함한 빈민을 교회나 수도원 등에서 보호했던 중세 유럽에서는 13세기 이후 개인의 희사나 형제단(兄弟團)에 의해 도시 안에 양로원이 만들어졌다. 또한 『예기』(禮記) 등에서 위정자의 인애를 역설하고 있는 중국에서는 북송말인 12세기 초에 이미 구빈정책(救貧政策)의 일환으로서 전국의 부(府)·주(州)·현(縣)에 거로원(居老院)이 설치되어 있었다. 한국에서는 삼국시대 이래 사궁(四窮)이라 하여 홀아비, 과부, 무의탁 노인, 고아를 정책적으로 보호했다. 그러나 한국의 현대사에서 보호시설로서의 양로원이 등장한 것은 특수한 배경을 갖는다. 즉 독립투사들의 후원단체인 박인회(博仁會)에서 3·1운동 이후 해외로 망명한 독립투사들의 가족들을 비밀리에 도우면서 이중에서 의지할 데 없는 노인들을 충청북도 청주시 운천동에 집단으로 수용·보호했는데, 이것이 한국의 노인집단수용시설의 시초이다. 이후 1927년 경성양로원이 설립되면서 양로원이라는 명칭이 처음으로 사용되었다. 현재 한국에서는 노인복지법에서 무의탁노인보호에 대해 규정하고 있다. 그에 의하면 양로시설의 설립주체는 사회복지법인으로 되어 있으나 일부는 시·도립인 경우도 있으며, 입소대상은 65세 이상의 노인으로서 신체·정신 또는 환경상의 이유 및 경제적인 이유로 거택에서 보호받기 곤란한 자로 한다.

3 경로당(敬老堂)은 마을 노인들이 모여 즐길 수 있게 마련한 집이나 방이다. 노인들이 이곳에 모여 장기나 바둑을 두거나 모임을 갖기도 한다.

4 노인정(老人亭)은 노인들이 마음 놓고 쉴 수 있거나 편하게 지낼 수 있도록 만든 사회복지 휴식공간을 말한다. 본래는 노인들이 쉬어가는 정자라는 뜻이지만 정자가 아니더라도 인공건물 등에도 노인정이 존재한다. 노인당(老人堂) 또는 경로당(敬老堂)이라고도 한다. 한국은 예로부터 어른을 공경하는 풍습이 짙었던 영향 때문에 노인들이 쉬어갈 수 있도록 곳곳에 정자를 설치하였으며 이는 오늘날에도 이어져 정자가 아니더라도 개별건물이나 인공건물 또는 집단건물 등에도 설치되어 있는 편이다. 기본적으로 만 65세 이상의 노인부터 출입이 가능한 편이지만 고령화사회로 진입하고 의료문화기 발달되이시 깅수노인이 존재하는 요즘에는 특정 연령대를 위한 전용 노인정이 존재하기도 하는데 60대 전용, 70대 전용, 80대 전용이나 최고령자 전용 노인정도 존재하는 등 노인정도 점차 연령별로 세분화되어가는 편이다.

5 노인대학은 흔히 경로대학, 노인교실, 노인학교 등 여러 명칭으로 사용되고 있으며 그 성격

부모와 아들 부부가 동거하는 복합적인 가족에 있어서도 부모가 노령에 이르면 그 부양과 공경恭敬 같은 문제, 혹은 고령화에서 오는 자기중심성, 자기 폐쇄성, 활동성의 감퇴, 고독감·시기심·질투심의 왕성화·불평, 불만과 같은 심리적 행동적인 것에서 일어나는 오해와 충돌과 같은 가족관계의 불안정성의 문제가 있다. 현대가족에 있어서는 부모와 아들부부가 별거하는 부부가족적 경향이 높아지면서 부양에 대한 문제는 심각해지고 있다. 또, 심리적·행동적인 면에서 일어나는 가족관계의 문제는 대체로 회피할 수 있을 것 같이 보이지만 반대로 그것을 촉진하는 경우도 생기게 된다. 이와 같은 점에서 현대의 가족에 있어서의 노인문제는 특히 중요한 문제로 인식되고 있다.

노인은 옛말에 검을 현玄, 겨울 동冬을 써서 현동玄冬이라고 했다. 이 말대로 노인은 어둡고 침침한 시기로 인식되었다. 노인, 노년을 떠올리면 떠오르는 시조가 있다. 필자가 고등학교 1학년 때인가 국어 교과서에 실렸던 것으로 기억되는 고려말 우탁禹倬이 지은 시조로 '歎老歌탄로가'로 알려진 작품이다. 늙음을 한탄한 주제를 담고 있다. 우탁은 충선왕의 패륜을 극간하다가 진노를 입어 예안에 은거하면서 학문을 닦고 후진을 양성하며, 새로 들어온 주자학을 연구하다 보니 어느덧 백발이 되어 인생의 늙음을 안타까워하여 읊은 것이다. '탄로가歎老歌'라는 시조의 내용이다.

> 한 손에는 막대를 잡고, 또 한 손에는 가시를 쥐고서
> 늙어가는 것을 가시가시덩굴로 막고, 오는 백발은 막대기로 치려고
> 하였더니

을 놓고 평생교육의 일환으로 평생교육에 포함시켜야 한다는 주장과 복지 차원에서 노인여가복지시설로 분류해야 한다는 주장이 엇갈리고 있다. 이는 「평생교육법」과 「노인복지법」에 근거하고 있기 때문인데 현재 우리나라에서는 두 기능을 모두 담당하고 있다.

어느새 백발이 먼저 알고 지름길로 오더라.

이 작품은 늙음을 한탄하는 시조로서, 시적 표현이 매우 참신하며 감각적이다. 늙음을 한탄하는 소박한 표현이 익살스럽기까지 하다. 도저히 막을 수 없는 자연의 섭리라는 것을 쉬우면서도 적절한 비유와 재치로 표현해 낸 것으로 '늙어감'을 통한 '인생무상'을 잘 드러낸 작품이다. '늙음'이라는 추상적인 인생길을 구체적이고 시각적인 길로 전환시키고, 인생무상을 느끼게 하고 인간이 세월을 거역하려는 것에 대한 익살스런 표현으로 표현하고 있지만 인간의 한계성을 뼈저리게 느끼게 하는 대목이 압권이다. 세월늙는 길과 늙음백발을 구상화한 공감각적 이미지를 통해 늙음에 대한 안타까움을 간결하고도 선명하게 표현하고 있다.

『춘향전』에 나오는 백발가에 "오는 백발 막으려고 우수에 도끼 들고, 좌수에 가시들고, 오는 백발 뚜드리며, ……가는 홍안 절로 가고 백발은 스스로 돌아와, 귀 밑에 살 잡히고 검은 머리 백발 되니……"라는 구절은 이 시조가 잡가화한 것이 아닌가 하고 짐작해 볼 수 있다. 이처럼 나이 든다는 것, 늙어 간다는 것은 막을 수도, 거부할 수도 없다.

퇴계 이황이 64세일 때, 도산서원을 찾아온 김취려라는 젊은 제자에게 써 준 '자탄自歎, 나는 탄식한다'라는 시를 통해서도 노년기를 맞은 노인의 의식을 알 수 있다.

나는 이미 지난 세월이 안타깝지만
그대는 이제부터 하면 되니 뭐가 문제인가?
조금씩 흙을 쌓아 산을 이룰 그날까지
미적대지도 말고 너무 서두르지도 말게.

아마도 이황은 예순 넷을 넘기면서 몸이 쇠약해지고, 공부한 것들도 가물가물해지는 것을 느낀 것 같다. 그래서 청년에게 이렇게 말한 것이다.

"청년아, 너는 아직 세월이 있지 않느냐. 지금부터 열심히 하게. 지금부터 공부하고 준비하게."

이처럼 나이 들어 노인이 된다는 것은 대학자에게도 피할 수 없는 안타까움이다. 나이 들어감에 따라 청장년에 비해 어쩔 수 없이 받아들여야하는 신체적, 정신적 어려움은 노인 개인의 발달과정의 문제만이 아니다. 고령화사회에 따른 노인 문제는 이제 사회 문제로 인식되어야 한다. 노인은 '나이가 많은 사람'으로 역연령적으로 해석되지만, 사실 노인은 언제나 사회관계 속에서, 사회의 호명을 받으며 살아가는 존재이다. 사회에 따라 노인은 존경받는 지도자이기도 하고, 폐기물처리 정도로 인식되기도 한다. 여기서는 노인이 어떤 방식으로 사회적으로 형성되는지, 그 기제는 무엇인지를 살펴보려고 한다.

1. 가족 역할의 위기

우선 가장의 역할에서 변화를 들 수 있다. 부부 중심의 핵가족화로 가족 내 의사결정의 주체가 노인에서 부부로 옮겨 갔고, 과학기술의 발달과 기독교의 확산은 가정의 제사 기능을 축소시켜 제주祭主로서 노인의 역할을 축소시켰다. 노인은 이제 과거 한 가족의 가장이자 책임 있는 대표에서 젊은 자녀 부부에게 종속된 피부양인으로 전락하였다.

사회 변화의 가속화와 현대 과학의 발달은 노인의 지식과 기술 그리고 지혜마저도 화석화시켜 버림으로써, 노인을 무식하고 시대에 뒤떨어진 존재로 만들었다. 빠르게 변화하는 사회 속에서 과거의 전통에 매인 노인의 사고와 진부해진 그들의 지식과 기술은 쓸모없는 것으로 변해 버린 것이다. 이에 따라 원로, 지혜의 보고, 전통의 전수자로서의 노인의 역할까지 약화될 수밖에 없었다. 우리 사회에서 이제 노인은 쓸모없는 과거의 전통과 낡은 지식에 매여 있는 시대의 낙오자가 되었다. 과거 가족의 기능 중 가장 중요한 부분을 차지했던 교육 기능 중 대부분이 형식적 교육기관으로 이양됨에 따라 가정교육의 책임자로서 노인의 역할도 대폭 축소되었다. 사회의 급격한 변화와 지식의 폭증은 사실상 노인의 교육적 기능을 거의 무기력하게 만들었다. 따라서 과거 가정교육과 자녀 양육에서 절대적인 권한과 책임을 갖던 노인은 이제 쓸데없는 잔소리와 간섭만 늘어놓는 존재로 전락하였다.

가족 경제 중심의 산업구조가 공업과 서비스업 위주의 산업구조로 변화함에 따라 가정의 경제권 중심은 생산성이 우수한 젊은 층으로 옮겨가게 되었다. 노인은 산업사회 속에서 비생산인구, 피부양인구로 전락한 채 젊은이에게 종속된 존재, 즉 가정 내 경제권과 경제적 자립능력을 상실하고 젊은이에게 경제적으로 의지하고 부양을 받아야 하는 존재가 되었다. 핵가족화의 진전으로 노인 단독 가구가 점차 증가하고 있음에도 노인의 경제적 자립능력은 여전히 낮은 상태여서 더욱더 문제를 심각하게 만들고 있다.

2. 가족 관계의 위기

노년기의 부부관계는 매우 중요하다. 자녀들이 독립해 나가고 친구들도 하나둘씩 세상을 떠남으로써 친밀한 감정을 나눌 수 있는 유일한 대상이 배우자로 좁혀진다. 즉, 인생의 반려자로서의 의미가 그 어느 때보다 절실해진다. 노년기의 결혼만족도는 중년기보다 높으며, 많은 노인 부부들이 해를 거듭할수록 결혼생활이 더 좋아진다. 그러나 은퇴 후 증가하던 결혼만족도는 점점 나이 들고 병들면서 감소하게 된다. 노년기에는 갈등 또한 증가한다. 신혼 초기부터 자녀를 양육하는 시기까지는 부부갈등이 증가하나, 자녀의 결혼에 즈음하여 감소하다가 다시 노년기에 들어 약간 증가하는 경향이 있는 것으로 나타났다. 노년기에 자녀와 동거하는 경우, 노인부부의 행동이 자유롭지 못하므로 결혼만족도가 떨어진다.

인간은 태어나면서부터 죽을 때까지 성적인 존재이다. 질병이나 신체의 쇠약으로 노인들이 자신의 성적 감정에 따라 실제로 행동할 수 없을지는 모르지만 그 감정은 유지된다. 실제로 성은 육체적인 목적 이외에도 여러 가지 목적으로 작용한다. 우리나라 60세 이상의 남성의 성적 능력은 정도의 차이는 있어도 80.9%가 지속되고 있으며, 80세 이상까지도 유지되고 있다. 최근에 와서는 수십 년간 함께 살아 온 부부들이 노년기에 이혼하는 이른바 '황혼이혼'이 증가하고 있다.

황혼이혼黃昏離婚이란 노년기에 하는 이혼을 말한다. 이는 1990년대 초반에 생긴 신조어이다. 일본 경제가 불황에 접어들자 봉급생활자들 가운데 퇴직금을 탄 후에 부인으로부터 이혼소송을 제기당하는 경우가 많아졌다는 내용을 한국 언론에서 보도하면서 등장하기 시작하였다. 협의의 의미에서는 60~70대 이후의 이혼을 말하지만, 광의의 의미에서 본다면 자녀들이 출가하였거나 대학생이 되어 독립할 수 있게 된 후의 이혼을 포함한다. 대체로 결혼생활을 20년 넘게 해왔던 50대 이상의 노년부부가 혼인관계를 해소하는 것이다. 이전까지는 단지 이혼을 연령별로 구분하여 노년이혼이라는 용어로 사용되었고, 전체 이혼율 가운데 차지하는 비중도 매우 낮았다. 한국에서 황혼이혼 문제가 사회적으로 처음으로 부각된 것은 1998년 70대 할머니가 90대 남편을 상대로 낸 재산분할 위자료 청구 이혼소송을 법원이 기각한 사건에서였다. 당시<여성신문>은 법원의 이 판결을 여론화하는 데 성공하였고, 2005년 9월 대법원 최종판결에서 승소하였다. 2006년 12월 통계청 발표에 따르면 전체 이혼 가운데 20년 이상의 부부가 이혼한 황혼이혼의 비율은 갈수록 높아져, 1995년 8.1%에서 2000년 14.3%, 2003년 17.8%, 2004년 18.3%로 늘어나 사회적 문제로 대두되고 있다. 또 황혼이혼 연령층도 자녀들이 출가한 60대 이후에서, 자녀들의 대학 입학 이후인 50대로 내려가고 있다는 조사 결과도 나왔다. 황혼이혼의 특징을 보면 첫째로, 연령대가 주로 50대에서 60대 이상이고, 둘째로 자녀가 대부분 성인이 되어 독립한 후라는 점, 셋째, 황혼이혼의 원인은 만성적인 경우가 많다는 것이다.

이처럼 노년기 이혼이 증가하는 이유는 다음과 같다. 첫째, 가족생활 주기의 변화 과정에서 자녀가 독립한 뒤 부부만 함께 사는 '빈 둥지 시기'가 등장하면서 부부 간의 문제가 발생한다. 이 때 원만한 관계를 형성하면 '제2의 신혼기'가 되겠지만, 부부관계가 원만하지 못하면 남은 여생을 고통 속에서 보내는 것보다 다소 희생이 따르더라도 이혼을 선택하게 된다. 둘째, 여성의 경제적 능력이 증대되어 여성쪽에서 그동안 누적된 불만으로 인한 이혼을 청구한다. 셋째, 결혼생활에 대한 남편과 아내의 사고의 차이 때문이다. 남편은 가정을 피로를 풀고 활력을 찾기 위한 휴식의 공간으로 여기지만, 아내에게 가정은 생활의 중심이기 때문에 그곳에서 자신의 욕구를 충족시키고자 한다. 이혼은 인생의 어느 시기에 하더라도 힘든 일이지만 특히 노년기의 이혼은 적응하는 데 큰 어려움을 겪는다. 이혼이나 별거중인 노인들은 기혼자, 배우자를 사별한 노인, 혹은 평생 독신인 노인들보다 생활만족도가 낮다.

배우자와의 사별은 노년기에 흔한 일이며 여성이 남성보다 훨씬 더 많이 경험하는 현상이다. 오랜 결혼생활 후에 배우자를 사별한 사람들은 정서적 문제와 실제적 문제에 부딪치게 된다. 남녀노인 모두가 사별 후 겪게 되는 심각한 문제 중 하나는 경제적 곤란이다. 남편의 수입에 주로 의지했던 미망인은 사별 후 수입이 끊긴다. 반면, 아내를 사별한 노인은 아내가 해 주던 서비스의 대부분을 돈으로 해결해야 한다. 사별 후 겪게 되는 또 다른 문제는 의기소침해진다는 점이다. 사별한 남녀노인들은 모두 높은 비율의 정신질환, 특히 우울증을 보인다. 남성은 아내와 사별한 후 6개월 이내에 사망할 가능성이 높으며, 여성은 무기력해지기 쉽다.

노년기의 재혼은 남성이 여성보다 3배 정도 많은 것이 보통이다. 노년기 재혼의 가장 큰 이유는 고독감 때문이다. 그 외에도 노후를 부양해 줄 자식이 없는 경우, 자녀들로부터 재혼의 권유를 받는 경우 등이 그 이유이다. 재혼 후의 결혼생활은 이전의 결혼보다 평온한 것으로 보인다. 이런 평온한 태도는 주로 이전의 결혼생활에서 경험한 스트레스, 즉 자녀양육문제, 직업적 성공에 대한 노력, 배우자의 가족과 원만하게 지내야 하는 등의 문제가 없는 것에서 비롯되는 것 같다.

조부모의 역할은 대부분의 경우 노년기에 시작된다. 조부모는 손자녀에게 정서적 안정감을 제공해 줄 수 있으며, 손자녀에 대한 직접적인 의무감이나 책임감이 없기 때문에 순수하게 애정적인 관계에서 유대감을 형성할 수 있다. 조부모는 지식과 지혜, 사랑, 그리고 관용의 원천으로서 손자녀의 삶에 많은 영향을 미친다. 조부모의 역할은 생산성이 표현되는 한 방법이기도 하다. 즉, 다음 세대의 인생에 스스로를 바침으로써 자신의 불멸에 대한 인간의 갈망을 표현한다. 그러나 손자녀의 양육방법에 관해 자녀와 갈등을 겪기도 하고, 바쁜 딸이나 며느리를 위해서 손자녀의 양육을 담당하기를 원치 않는 경우도 있다. 그들은 손자녀와 잠깐씩 즐거운 시간을 보내기를 원할 뿐 자신의 여가 생활 대신 손자녀 양육을 전적으로 책임맡기를 원하지는 않는다. 한편, 손자녀의 조부모에 대한 지각은 부모가 조부모에 대해 어떤 태도를 갖느냐에 달려 있다. 부모가 조부모와 친밀한 관계를 유지하면 자연히 손자녀도 조부모와 친밀한 관계를 갖게 된다.

형제자매와의 관계는 대부분 사람들이 살아가면서 가장 오래 지속하는 관계이고, 나이가 들수록 훨씬 더 중요해진다. 형제자매관계에서 자매사이가 접촉이 가장 빈번하고, 가장 친밀하다. 반면, 형제사이는 접촉빈도가 낮다. 남녀 간의 관계는 알려진 바가 별로 없다. 특히 여자형제들은 가족관계를 유지하는 데 중요한 역할을 한다. 여자형제가 있는 남자 노인들은 여자형제가 없는 남자 노인들보다 노화에 대해 덜 걱정하며, 생활만족도도 높은 편이다.

3. 퇴직과 지위상실에 따른 위기

노인은 경제적 수입이 감소되어 금전적 어려움을 겪게 된다. 소수를 제외하고는 국민연금의 혜택도 받지 못한다. 이들은 자녀들이 결혼하게 되면 자녀의 주택자금을 지원해야 하고, 교육수준의 향상으로 자녀의 고등교육비 지출기간이 늘게 되어, 목돈 지출이 증가하여 경제적 어려움을 겪게 된다. 나이가 많아질수록 신체적 건강이 악화되어 의료비 지출이 증가된다. 65세 이상 노인 10명 중 9명꼴로 각종 만성 퇴행성 질환을 앓고 있는 것으로, 노년의 의료비 부담은 점점 커지고 있다. 퇴직 이후에는 사회참여의 기회가 감소하여, 가정에서 지내는 시간이 증가하여 무료한 시간을 보내게 된다. 노인의 여가활동으로 TV 시청이 가장 많은 것으로 나타났다.

고령이 되고 노화가 진행될수록 부모를 부양하는 성인 자녀와의 갈등이 증가한다. 집안에 치매환자라도 생기게 된다면 치매노인의 간병문제로 가족 간의 갈등이 증폭된다. 더구나 성인 자녀가 부모를 부양할 능력이 약화되어 있는 경우에는 성인 자녀와의 갈등이 심화되는 것으로 나타났다. 노인이 가정에서 가장의 지위를 상실하게 되는 노년기에 이에 알맞은 새로운 역할을 찾지 못하게 되면 자아존중감이 매우 낮아진다. 노인은 인터넷이나 컴퓨터 같은 디지털 문화가 발달하여 컴퓨터를 비롯한 첨단기계를 사용하여 의사소통을 하거나 새로운 정보를 얻는 데 많은 어려움을 겪고 있다. 이에 따라 신세대와 노인세대 간의 사회적 갈등이 증가하고 있다. 연금개혁이 화두가 되고 있는 오늘날, 국민연금을 적게 내고 많이 받으려는 노인세대와 연금을 많이 내고 적게 받게 되는 신세대와의 갈등이 증폭되고 있다. 또한 문화에 대한 이질감이 증가하고 있다. 언어의 이질감은 세대 간 의사소통 문제를 야기 시키고 있고, 상호 간에 시대적 경험이 매우 상이하며 상이한 가치관과 문화적 이질감으로 인한 갈등이 증가한다.

퇴직 노인은 사회적 지위를 새롭게 찾고, 삶의 방향을 새롭게 만들어 가는 정체성 확립에 어려움을 겪는다. 만기에 퇴직하는 근로자는 자아를 긍정적으로 평가할 수 있으나, 구조 조정으로 인한 비자발적 퇴직자는 부정적 자아상을 만들어, 성공적인 노화과정을 만들어 가기 어려운 것으로 나타났다. 퇴직 노인은 사회와의 유리가 촉진되어 활동 동기가 감소하며, 일상생활의 공간이 변하고, 변화는 불안정으로 이어져, 미래의 방향감각을 잃게 되는데, 특히 사회와 교류할 자원이 없는 경우에는 정서적 불안감, 소외, 방향감각의 상실은 더욱 심각해진다. 따라서 노년기의 자아정체감 문제를 해결하고 안정성 유지를 통하여 삶의 질을 높이기 위한 노인의 요구는 증가한다.

도시화와 산업화로 친족 및 씨족 중심의 지역 사회가 해체되었다. 도시화에 따라 직장 중심으로 주거지를 이전하게 됨으로써 과거의 씨족부락이 해체되었고 그 과정에서 더 이상 노인은 지역 사회의 중심 역할을 할 수 없게 되었다. 도시 중심의 지역 사회에서는 노인의 의사결정권과 통제권이 약화될 수밖에 없게 되었고, 이에 따라 지역 사회에서도 주변적 존재로 만족해야 할 형편에 있다. 근대 행정제도가 발달하고 전문적 행정 관료가 등장함으로써 지역 사회 행정이 전문적인 행정기구와 직업 관료에게 넘어가게 되었다. 따라서 과거 지역 행정의 중심으로서 노인의 역할도 박탈되어, 지역 사회 내에서 이제 노인은 그저 구경이나 하는 것에 만족해야 하는 형편이 되었다.

산업화와 근대적 생산기술의 발달은 생산성이나 기술력 면에서 뒤떨어지는 노인을 생산 현장에서 가차 없이 내몰았고 경제력을 상실한 노인은 사회 속에서 종속인이 되었다. 이러한 노인의 경제적 능력 박탈은 퇴직제도의 영향이 가장 컸다. 과거 사회와 경제의 중심이자 대표자로서 노인의 지위는 산업화 과정에서 박탈되었고, 이제 노인은 사회의 주변인으로 그리고 종속인구로 전락하였다.

4. 노인의 이미지

노인을 바라보는 방식이 사회적으로 결정되고 있다. 사회구성원들이 노인들에 대해 갖고 있는 생각은 노인들의 이미지와 행동에 영향을 끼친다. 노인에 대한 긍정적인 편견은 다음과 같다. 노인들은 친절하고 따뜻하다. 대부분의 노인들은 지혜롭다. 노인들은 믿을 수 있다. 노인들은 재정적으로 풍족하다. 노인들은 강력한 정치세력이다. 노인들은 자신이 원하는 것을 자유롭게 할 수 있다. 노화과정을 멈추거나 지연시킬 수 있다. 노년은 평화와 안정으로 충만해 있다. 어떤 사람들은 퇴직을 황금기의 시작으로 생각한다. 사회는 노인들에게 긍정적인 태도를 보인다.

이와 같은 긍정적인 편견보다는 노인에 대한 판에 박힌 정형화된 부정적 관점이 더 많다. 이러한 부정적인 편견은 다음과 같다. 대부분의 노인들은 아프거나 장애를 갖고 있다. 대부분의 노인들은 성적 능력이 없거나 성욕이 없다. 노인들은 추하다. 정신능력은 중년이후 퇴화하기 시작한다. 대부분의 노인들은 노망기가 있다. 고령의 작업자들은 젊은 이들만큼 효율적이지 못하다. 노인들 대부분은 사회적으로 고립되고 외롭다. 대부분의 노인들은 가난하게 산다. 괴팍하거나 쉽게 낙담하여 불행하다고 느낀다. 어느 누구도 60대와 70대를 자신의 최고의 시기로 인식하지 않는다. 대부분의 사람들은 60대와 70대를 인생의 최악의 시기로 여긴다. 노년기는 건강악화 혹은 육체적 퇴화, 고독과 경제적 문제 등으로 가장 나쁜 시기이다. 아이들은 노인들보다는 젊은 사람들을 더 좋아한다. 대부분의 사람들은 노인들에 대해 긍정적 태도와 부정적 태도를 같이 갖고 있지만, 노인들을 확연히 긍정적으로 보는 사람들은 매우 적다.

이러한 노인에 대한 부정적 인식을 줄이는 효율적 방법의 하나는 젊은이와 노인을 같은 프로그램 안에 함께 참여시키는 것이 좋다. 젊은이들은 노인을 돕는 조력자로서의 기회뿐만 아니라, 노인들로부터 배울 수 있는 기회도 가져야 한다. 접촉만 한다고 해서 태도가 바뀌는 것은 아니다. 중요한 것은 '교류의 질'이다. 또한 노인들과 함께 하는 경험은 교육적 가치와 연관될 때 보다 효율적이다. 그러므로 세대통합적 프로그램을 운영할 때는, 지적이며 정의적 요소가 결합되어야 한다.

노인 문제의 원인과 실상

1. 노인문제의 사회적 원인

일반적으로 사회구조가 산업화된 사회일수록 인구의 고령화 현상과 함께 노인문제가 심각한 사회 문제로 대두되고 있다. 산업화 및 현대화는 보건 및 의료 기술의 발전, 생산기술의 발전, 대중교육의 확대, 도시화를 핵심요인으로 하는 사회 전반적인 변화를 의미한다.[6] 이러한 현대화의 요인들이 인과적으로 다른 요인들을 유발시켜 산업사회의 노인의 지위를 약화시키고 있기 때문에 현대화의 정도가 높을수록 노인의 지위는 낮아지게 된다. 노인의 사회적 지위가 낮아지는 것은 곧 역할상실, 고립, 소외감, 정신건강 약화 등 노인복지의 핵심적인 문제가 되므로 현대화의 요인들은 결국 노인문제를 유발시키는 직접적 또는 간접적인 원인으로 작용한다.

사회복지학에서는 노인 문제는 주로 노인들의 결핍된 욕구 상태를 지칭한다. 노인문제란 노인세대에 속한 사람들이나 그의 가족이 생명의 재생산이 불충분하거나 재생산할 수 없는 상태라고 규정하고 있다. 즉 노인과 그의 가족이 건강하고 문화적인 최소한의 생활을 영위 할 수 없는 상태가 노인 문제라 할 수 있으며, 이러한 상태가 발생하는 계기는 아래의 두 가지로 구분할 수 있다.

첫째, 노인의 문제로 노동의 상실과 이에 수반하여 발생하는 소득의 감소와 단절, 일상생활 능력의 쇠퇴, 자주적인 인간성의 상실 등으로 발생한다.

6 이인수, 『노년기 생활과학』(양서원, 2001), 115-116쪽 참조.

둘째, 가족이나 사회에서 발생하는 문제로 노인에 대하여 경제적 부양이나 신체적 부양, 정서적 부양이 각각 불충분하거나 완전 결여 되었을 경우 발생한다.

일반적으로 노인 문제라 하면 3고품 또는 4고품를 말한다. 3고품란 빈곤, 질병, 고독을 말하고, 4고품란 빈곤, 질병, 고독, 역할 상실을 말한다. 여기서 '빈곤과 질병'은 결핍된 욕구이고 이러한 욕구는 사회 불평등의 유형과 같은 것으로 해석되기도 한다. '고독과 역할 상실'도 사회적 은퇴로 말미암아 생긴 것이며 노인에게 가장 심각한 사회 문제는 연령퇴직으로 인한 역할 상실이 되고 그로 인한 빈곤과 질병 및 고독이 수반된다. 일반 대중의 교육이 확장되고 직업의 전문화가 이루어지면서 노인의 지식과 경험 그리고 노동력의 가치는 떨어지게 된다.

사회가 근대화됨으로써 나타나는 핵가족화는 친족관계를 약화시키고 세대간 고립을 심화시킨다. 또한 여성의 사회 진출이 계속 증가되면서 노인들이 가족으로부터 간호보호를 받는데 과거에 비해 크게 어려움을 겪고 있다.

2. 노후 준비의 필요성

우리 사회 구성원의 평균 수명이 길어짐에 따라 가족생활 주기에서 부부만 남게 되는 기간이 과거보다 길어지게 되었다. 이에 따라 가족생활 주기의 후기단계에 대한 관심이 높아지고 있다. 노후 생활에 대한 아무런 경제적, 심리적 대책 없이 퇴직을 하게 된 사람들은 경제 수준의 저하와 가정 내의 지위하락, 사회활동 기회의 단절로 인한 개인적, 사회적인 문제들을 맞이할 수 있게 된다.

노인 문제가 일찍부터 대두된 선진국의 노인들은 젊어서부터 개인적으로나 국가적으로 노후 대책을 세워오고 있지만 아직까지 우리나라의 경우는 개인적으로나 정부 정책적으로 미약한 실정이다. 우리나라의 노인 복지 정책이 현황을 보면, 개인과 가족이 책임지는 사적 부양에서 공적부양으로 전환되는 과도기에 놓여있다.[7] 사회보장제도의 발달로 서구 사회에서는 공적연금, 기업연금, 개인연금의 상호보완으로 비교적 풍요로운 노후 생활을 누리고 있지만, 사회 보장제도가 미비한 우리나라에서는 개인저축이 노후 생활의 중요한 소득원이 되기 때문에 국민 개개인이 자신의 노후를 대비하고 계획을 수립할 필요가 있다.

준비하는 자만이 누릴 수 있듯이, 결코 짧지 않은 정년 이후의 노후 준비를 어떻게 살아가야 할 것인지에 대한 철저한 사전 준비만이 행복한 노후를 누릴 수 있다. 노후 생활 준비는 일찍 시작 할수록, 준비하는 기간이 길수록 유리하며 은퇴기의 건강, 수입, 고독, 은퇴 문제들과 함께 연령에 따라 직면하게 될 문제인 생활에 대한 준비, 시간사용, 재정적 문제, 결혼한 자녀들과의 상호 관계에 대해 미리 미리 준비하는 것이 필요하다. 우리에게 있어서 개인적으로나 사회적으로 노후 문제는 준비를 해도 그만, 하지 않아도 그만인 선택적인 문제가 아니라 누구나 피해 갈 수 없는 그래서 반드시 미리 계획하고 준비해야만 하는 필수적인 문제이다.

3. 노후생활 대책

현 시점에서 노인에 관한 문제를 깊이 있게 연구하는 것은 현 지점에서의 노인문제뿐 아니라 중년층에게 노후 대비 방안을 강구하고 찾아보

---

7 김용하, 「경로연금 도입과 정책과제」, 『보건복지포럼』, 통권 제13호(1997), 23-24쪽 참조.

는데 그 목적이 있다. 우리나라에서는 1990년대 이후 노후 대책의 필요성이 대두되기 시작했다. 특히 1980년대는 노후 생활을 위한 경제 계획의 수립 목적이 자녀에게 의지하지 않기 위해서 준비하는 이유가 가장 높았으나 1990년대에는 노후를 풍요롭게 보내거나 어려움에 대비하기 위한 목적에 큰 비중을 두고 있어 자신의 노후를 보다 풍요롭게 보내고자 하는 욕구가 나타났다. 또한 노후에 자녀와 동거를 원하지 않는쪽으로 노후 주거의식이 바뀌고 있으며, 가족주의나 전통주의에서 개인주의 내지 합리주의로 변화되고 있다. 노후 복지대책에 있어서도 연금문제는 연금대상자의 확대와 함께 연금에 의한 생활보장이 가능해지도록 대폭적인 인상을 요구하고 있으며, 의료문제 역시 의료보험의 혜택보다는 계속적인 의료보험활용의 수혜를 기대하고 있다.

이러한 노후 생활 대책에 대해서 크게 경제적 대책, 건강 문제 대책, 정서적 대책으로 나누어 좀 더 구체적으로 살펴보면 다음과 같다.

▌1▐ 경제적 대책

노년기의 경제적 능력은 노후의 다른 모든 생활과 밀접한 관련이 있어 가장 중요한 측면이다. 노년기로 접어들면서 겪게 되는 경제적 어려움은 노후 생활비의 문제를 비롯하여 정서적·심리적 위축, 가족 구성원 및 친구관계, 건상상의 문제, 여가활동 등 일상생활 전반에 걸쳐 영향을 미친다. 노년기의 경제적 문제는 노년기에 당면해서는 해결이 거의 불가능하다. 따라서 노년기 이전부터 노후경제 생활을 계획해야 할 필요가 있다. 아직 우리나라에서는 노인들이 노후 소득 보장을 위한 연금제도 정착되지 않아 사회 변화에 따른 가족의 노부모 부양 기능을 대체 보완해 줄 수 있는 복시 서비스가 부족한 것이 현재의 실정이다. 앞으로 노년기 소득 보장을 위한 개인적인 소득 보장을 위한 준비가 필요함과 동시에 사회적 차원에서 연금제도 및 사회 보장제도의 구체적 개선과 함께 노인층을 위한 재취업 프로그램, 경로우대의 확대 등 여러 사회 및 국가적인 차원에서 정책적 개선 노력과 시행이 요구된다.

▌2▌ 건강 문제 대책

노쇠로 인한 건강 상실은 불가피한 현상이다. 이로 인해 노동력의 상실을 가져오고 이런 상태의 의료비 지출은 경제적 문제를 더욱 가중시키며, 건강의 악화는 사회적 활동범위를 축소시켜 고독, 무력, 소외의 문제를 유발할 뿐만 아니라 심리적으로도 자아가 위축되어 결국 생활 전반에 결정적인 영향을 미치게 된다. 즉, 신체적으로 건강이 양호한 노인들이 건강상태가 나쁜 노인에 비해 상대적으로 더 심리적인 안정감을 느끼고 삶의 만족도가 높음을 알 수 있다. 노인건강의 특성은 다른 연령층에 비해 발병률이 높고 질병이 만성적이며, 합병증의 경우가 많아 장기적인 치료와 보호를 필요로 하는 경우가 많다.

최근 우리사회의 핵가족화와 취업 여성의 증가로 인한 부양에 대한 개념의 변화로 가정 내의 개인 보호가 과거에 비해 어려워지고 있고 앞으로 더 어려워 질 것이다. 이로 인해 노인 인구의 장기 요양 서비스에 대한 사회적인 욕구가 증가하고 있다. 일본이나 독일의 경우는 장기 요양보호에 따른 비용문제는 사회보험의 도입으로 해결하고 있다. 우리나라도 이러한 사회보험을 도입해야 할 것인지 아니면, 조세방식에 근거한 보편적 서비스를 지향해야 할 것인지에 대한 폭 넓은 논의가 요구되는 시점이다.

▌3▌ 정서적 대책

노년기의 정서적 변화는 정년퇴직, 배우자 사별, 자녀의 독립, 친구의 죽음 등 주로 역할 상실에 의해 초래 된다고 볼 수 있다. 이런 역할상실로 인해서 이제까지 가져왔던 인간관계는 축소되어 공허함과 소외감을 느끼게 된다. 노년기에 정식적 불안에 빠져 여생을 무의미 하게 보내지 않기 위해서는 현재의 생활을 원만한 인간관계 유지와 긍정적인 생활태도로 사회적 지지를 받을 수 있도록 하면 인격완성을 향한 부단한 노력이 있어야 한다. 그러기 위해서는 정서적으로 의지 할 수 있는 주변에 사람들이 많이 있는 것이 바람직하다. 또한 일, 여가활동, 새로운 지식과 기술 습득 등이 전 생애를 통해 자연스럽게 이루어지도록 하여 직업 이외의 활동에 다양하게 참여할 필요가 있다.

고령화로 인한 불안한 미래

1. 고령화의 개념 이해

인간을 비롯한 모든 생물은 시간이 지남에 따라 정신과 육체의 생체 조직이 쇠퇴하는 과정의 진행을 경험하게 된다. 이 같은 현상을 고령화과정Aging Process이라고 한다. 고령화사회가 고령 인구의 비율이 점점 높아져 가는 사회를 의미하는 것처럼, 고령화Aging란 연령이 많아짐에 따라 심신이 노화되어 가는 과정을 말한다. 고령화는 인간발달과정의 한 부분이며, 어느 누구나 경험하게 되는 보편적 과정이고 개인 간의 차이가 있을 수 있다. 고령화는 성인기를 통해 인간의 심신에 대한 신체적·생물학적 변화, 지적·정신적·심리적 변화, 인식·기대·지위 등의 사회적 변화를 포함한다.

고령화는 하나의 과정만이 아니라 다양한 복합적인 과정이며 양면성을 지니고 있다. 고령화 과정에서 인간은 경험과 지혜의 축적, 기술과 지적 수준의 향상 등과 같은 긍정적인 결과를 얻을 수 있는 반면에 신체적 노쇠, 정신적 감퇴, 친구나 배우자의 죽음 등과 같은 부정적인 결과도 만나게 된다. 즉, 고령화는 생리적·육체적 기능의 감퇴와 더불어 심리적 변화가 일어나서 개인의 자기유지기능과 사회적 기능이 약화되어 가는 과정이라고 말할 수 있다. 이런 고령화를 사회에도 적용해 볼 수 있다. 사회에 고령기의 구성원이 많이 채워지는 것. 이것은 곧 사회의 물리적-문화적 기반이 젊은 사회와는 달라진다는 것을 의미한다.

UN에서는 전체 인구 중 65세 이상의 노인이 차지하는 비율이 7%이상이 되면 고령화사회aging society로 지칭한다. 더 나아가 노인 인구 비율이 14%를 넘어서면 고령사회aged society, 노인 인구 비율이 20% 이상이 되면 초고령사회superaged society로 정의한다. 즉, 경제성장에 따른 생활개선과 의료기술의 발달로 인해, 인간의 수명은 급속하게 늘어나게 되었으며, 이에 따라 사회가 고령화되게 된 것이다. 고령화는 서구는 물론 우리나라를 포함한 아시아권에서도 진행되고 있는 현대사회의 특징 중 하나이다.

2. 급속한 고령화사회로 진입과 그에 따른 새로운 사회상

고령화사회에서는 무슨 일들이 일어날까? 기대수명의 연장과 출산율의 급격한 저하로 촉발된 고령화는, 경제·문화·정치·사회 전반에 커다란 파장을 몰고 올 것이다. 15세 이상 65세 미만 근로 연령 인구가 감소됨으로써 생산성 하락과 경제의 역동성을 저해할 것이다. 또한 나라 전체의 저축률은 하락하고 연금의 비중이 높아지면서 재정적 위기에 직면할 수도 있다. 이렇게 되면, 국민연금과 건강 보험에 대한 불신, 사회복지 제도에 대한 총체적인 불신을 불러올 수 있다. 그러나 우리의 현실은 초고속 고령화사회로 진입하는데도 이에 대한 대책은 고사하고 인식조차 제대로 하지 못하고 있다. 이에 대한 철저한 준비와 대처가 없다면, 아무리 경제적 발전을 이룬다고 해도 파산지경에 이르게 될 것이다. 그러므로 고령화 문제는 단순한 개인의 노후 문제가 아니라, 사회적·국가적인 문제 더 나아가 전 세계적인 문제이다. 이에 대한 근시안적이거나 안이한 대처는 멀지 않은 미래에 큰 재앙이 될 것이다.

우리나라는 이미 고령화사회에 접어들었다.[8] 2000년 고령화사회총인구 대비 65세 이상 인구가 7% 이상에 진입한 우리나라는 2019년이면 고령사회총인구 대비 65세 이상 인구가 14% 이상가 될 것이라고 전망한다.[9] 이는 프랑스 115년, 스웨덴 85년, 미국 71년, 캐나다 65년, 이탈리아 61년과 비교할 때 엄청나게 빠른 속도가 아닐 수 없다. 이에 따라 우리 노동 인구의 비중도 큰 변화를 보이고 있다.

전 세계가 고령화사회로 진입하면서 고령화 문제가 전면적인 사회문제로 부각되고 있다.[10] 고령화 문제는 노동력을 지닌 생산가능 인력의 수가 출생률 저하로 감소하는데 비해, 부양을 필요로 하는 고령층은 많아짐을 의미한다.[11] 우리나라는 지난 2000년 고령화율 7%를 넘어서면서, 고령화사회에 진입했으며, 세계에서 가장 고령화 속도가 빠른 나라이다. 세계 인구 중 65세 이상의 비율은 2010년 7.6%에서 2050년 16.2%로 증가하고, 이 중 선진국은 15.9%에서 26.2%, 개도국은 5.8%에서

---

8 황선욱, 「고령화자 취업관련 지원체계에 관한 연구」, 『노인복지연구』12(2001), 154쪽.
9 조성남 외, 『고령화사회와 중산층 노인의 사회활동』(집문당, 1998), 25쪽.
10 인구 고령화에 대해 인구 학자들은 지진과 같이 전 세계를 요동치게 만든다고 해서 '에이지 퀘이크(agequake)'라는 신조어를 사용하기도 한다. 「고령화사회, 교회 노인복지 문제없나?」, 〈한국기독공보〉(2005년 2월 5일).
11 주선애, 「교회노인 교육과정」, 대한예수교장로회 총회교육부 편, 『한국교회와 노인목회』(한국장로교출판사, 1995), 81쪽.

14.6%로 각각 늘어날 전망이다. 한국 인구의 65세 이상 구성비는 2010년 11.0%에서 2050년 38.2%로 크게 높아질 것으로 예측됐다. 특히 2010년 기준 우리나라 65세 이상 구성비는 OECD 국가 30개국 중 27위지만 2050년에는 1위로 올라갈 것으로 전망돼 한국의 노령화가 얼마나 빠른 속도로 진행되는지 그 심각도를 보여준다. 80세 이상 고령 인구의 비중도 2010년 1.9%로 선진국4.3%보다 낮지만 2050년에는 14.5%로 선진국9.5% 수준을 뛰어넘을 것으로 추정됐다.[12]

미국은 지난 1942년에 고령층 인구 비율 7%로 고령화사회에, 2013년에 고령사회14%, 2028년에 초고령사회20%에 진입하게 될 전망이다. 미국이 고령화사회에서 고령사회로 진입하는데 걸린 기간이 71년인데 반해, 우리나라의 고령화는 걷잡을 수 없이 빠른 속도로 진행되고 있다. 선진국들은 서서히 고령화 현상이 진행되었기에 체계적인 노인 정책들을 마련할 수 있는 시간적 여유가 있었지만, 우리나라는 급속하게 진행되는 고령화에 대응할만한 적합한 정책을 마련하지 못하고 있다.

더 큰 문제는 직장에서 은퇴하는 나이가 점차 낮아지고 있다. 55세 전후의 조기 은퇴자가 늘어나는 추세로 볼 때, 이들은 퇴직 후 20년 이상의 긴 '유휴'기간을 살아가야 한다. 이러한 고령층이 앞으로 어떻게 살아갈지 매우 불안하다. 고령층은 일자리, 경제 형편, 여가 활용과 같은 갖가지 문제에 얽혀 매우 복잡한 사회 문제를 낳게 될 것이다. 그나마 노인 문제가 정부의 관심사로 떠오르게 된 것도 최근의 일이지만, 극빈자 구호 차원에 머물러 있다. 선행 연구들은 노인 취업의 현황과 문제점을 분석하여, 노인 취업을 사회문제로 인식시키는데 어느 정도 기여하였지만 노인 일자리 창출 프로그램 연구는 미비하다. 우리 사회는 새롭

---

12 「우리나라 인구 2050년 641만 명 감소」, 〈연합뉴스〉(2009년 7월 10일).

게 출현하는 고학력 고령층에 대한 이해가 부족하여, 아직도 노인들을 구호의 대상으로 보는 시각이 지배적이다.

고령화는 마치 폭주기관차처럼 걷잡을 수 없는 속도로 진행되고 있다. 산업혁명 이전까지 65세 이상의 인구가 2-3%를 넘은 적은 없었다. 2-3%는 확률로 말하면 40분의 1정도에 불과하다. 그런데 지금은 7분의 1에 육박한다. 앞으로 30년이 지나면 노인 인구의 비중은 25-30%를 차지하게 될 것이다. 그렇게 되면 인구 3-4명 가운데 1명이 65세 이상 노인이 되는 사회가 전개될 것이다. 후기 노인85세 이상 노인의 수는 젊은 노인65-74세보다 훨씬 빠른 속도로 늘어나고 있다.

미국의 경우, 2040년 무렵이면 젊은 노인 인구는 80%가 늘어나고 후기 노인의 수는 240%가 증가할 것으로 예상된다. 그에 따라서, 85세 이상의 노인 수는 1900년에 37만 4천명, 2000년 400만 명 그리고 2040년에 2,620만 명으로 예상된다. 2040년이 되면 80세 이상은 세 배로 증가해서 초등학생의 예상 숫자를 초월할 전망이다. 후기 노인 한 명에게 필요한 개인당 건강비용은 젊은 노인의 약 세 배나 된다. 이러한 고령화 문제는 평균수명이 계속 늘어나는 현실을 감안 할 때, 더욱 심각해질 것이다.

2차 세계대전 전만 하더라도 전 인류의 기대수명은 45세였지만 지금은 65세까지 늘어나게 되었다. 같은 기간 동안 선진국의 기대수명은 75세까지 연장되었다. 이런 추세가 계속된다면, 앞으로 30년 후의 기대수명은 7~8년 정도가 늘어날 것이다. 그런가 하면 갈수록 아이를 적게 낳고 있다. 30년 전에는 대부분의 가임여성들이 평균 5명의 아이들을 낳았다. 그러나 지금은 2.7명 정도이고, 선진국은 1.6명까지 떨어졌다. 이 비율은 20~30년 후에는 1.3명의 수준까지 내려갈 것으로 예측된다. 아이들의 숫자가 줄어든다는 것은 멀지 않은 미래에 일할 수 있는 연령층이 줄어든다는 것을 말해준다.

〈2010 고령자 통계〉에 따르면 우리나라의 65세 이상 노인 인구는 535만 명으로 전체 인구 가운데 11.0%를 차지하는 것으로 나타났다. 이는 10년 전인 2000년의 7.2%에 비해 3.8%나 높아진 것이다. 지난 2000년 65세 이상 노인의 비율이 7.2%에 이르러 '고령화사회'로 진입한 우리나라는 2018년 경에는 노인비율이 14.3%가 되어 '고령사회'에 진입하고, 2026년에는 20.8%로 '초고령사회'에 도달하게 된다. UN은 2025년에 65세 이상의 노인 인구가 총 인구에서 차지하는 비율은 일본 27.3%, 스위스 23.4%, 덴마크 23.3%, 독일 23.2%, 스웨덴 22.4%, 미국 19.8%, 영국 19.4%로 예측하였다.

우리나라의 고령화 속도는 세계에서 가장 빠른 수준으로 나타났다. 1960년 65세 이상 노인 수는 73만 명 정도로 전체 인구의 2.9%, 1990년에는 220만 명에 이르러 5.1%, 2001년에는 7.4%를 차지하면서 빠르게 증가하였다. 이렇게, 우리나라가 가공할만한 속도로 고령화되어가고 있는 것은 출산율의 급격한 저하와 맞물려 있다. 물론, 생활수준의 향상과 보건의료서비스의 개선으로 신생아의 사망률이 줄고, 평균수명이 연장되어 노인 인구의 절대 수와 비율은 급격히 증가하는 '산업화의 패러다임' 이 기본 축을 형성한다. 1960년 우리 국민의 평균수명은 52.4세였으나 1970년 61.93세, 1980년 65.69세, 1990년 71.28세, 2000년 76.02세, 2005년 79.56세로 연장되어 지난 47년간 평균수명이 27.16세나 연장되었다. 그런데 이런 자연적 고령화 위에, 여성들이 아기를 낳지 않음으로 인해 출산율이 급속하게 줄어드는 현상이 겹쳐지고 있다. 2010년 우리나라 출산율은 1.2로 OECD국가가운데 최저수준이다. 이에 띠리 급격한 유년 인구의 감소와 노인 인구의 증가 현상이 가장 두드러진 사회현상으로 부상하게 된 것이다.

국가별 인구 고령화 현황 비교

국가	도달 연도			증가 소요 연수	
	고령화(7%)	고령(14%)	초고령(20%)	7% → 14%	14% → 20%
한국	2000	2018	2026	18	8
일본	1970	1994	2006	25	12
프랑스	1864	1979	2018	115	39
이탈리아	1927	1988	2006	61	18
미국	1942	2015	2036	73	21
스웨덴	1887	1972	2014	85	42

출처: 통계청, 「장래인구추계」 (2006).

이렇게 사회적으로 고령 인구 비율이 급속히 높아지는 것은 산업화, 도시화, 그리고 개방화라는 현대사회의 변화와 맞물려 노인의 사회적 역할상실과 소외, 은퇴와 정상적인 수입의 감소로 인한 경제적 빈곤, 심지어 노인자살에 이르기까지 심각한 문제를 야기하고 있다.

우리나라는 OECD 국가 중 노인 자살률 1위에 올랐다. 인구 10만 명 당 74세 이하 노인 자살률은 81.8명으로 일본 17.9명, 미국 14.5명에 비해 5~6배 이상 많았으며 75세 이상 자살률은 10만 명 당 160명이 넘는 것으로 나타났다. 이는 10년 사이 2배 이상으로 늘어난 결과이다. 2000년 인구 10만 명 당 60대 25.7명, 70대 38.8명, 80대 이상 51.0명에서 2010년 60대 52.7명, 70대 83.5명, 80세 이상 123.3명으로 10년 사이 2배 이상 증가했으며 특히 70대 자살률은 2009년 79.0명에 비해 5.7% 증가했다.

주요 요인으로는 사회적 고립과 상실감이 보고되고 있는데 자살을 행한 노인의 24~60%가 홀로 생활하는 노인으로 가족이나 의지할 수 있는 대상이 없는 것으로 나타났다. 특히 가까운 가족의 투병생활과 죽음 등으로 인한 강한 상실감으로 외부 출입이 줄어들고 고립상태에서 우울감을 경험하게 되는 경우가 많았다. 더욱이 노인의 특성상 자살계획을 다른 사람에게 알리는 경우가 적어 노인자살률을 감소시키기 위해서는 무엇보다 지속적인 관심이 필요한 것으로 나타났다.[13]

평균수명의 증가

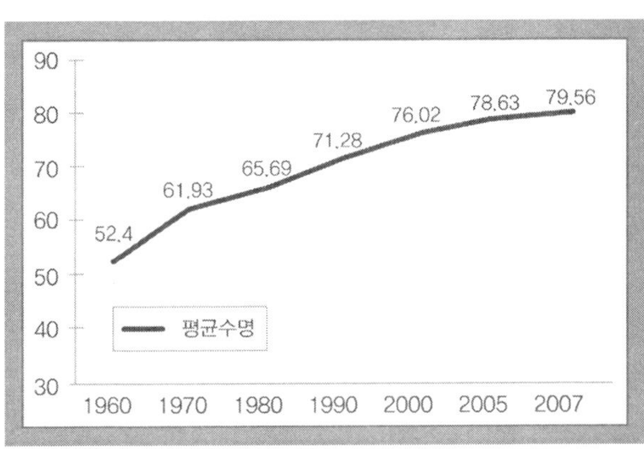

평균수명의 연장에 따라 현재 65세로 규정된 고령자 기준이 70세나 75세로 조정해야한 다는 논의도 있다. 이에 따라 고령자들이 현재 일자리에서 더 오래 근무할 수 있도록 정년제도도 개선해 나가야한다는 주장들도 제기되고 있다.

지난 2012년 9월 11일 기획재정부가 발표한 '2060년 미래 한국을 위한 중장기 적정인구 관리방안' 보고서에 이 같은 내용을 담고 검토 중인 것으로 알려졌다. 이번에 발표한 보고서는 오는 10월 발표되는 중장기 전략보고서의 인구구조부문 중간보고서로 이에 따르면 정부는 고령자의 기준을 70세나 75세로 상향 조정할 예정이다. 우리나라는 세계 주요 국가 중 가장 늙은 나라가 될 가능성도 있다. 만약 정부의 안대로 고령자의 기준을 상향조정하면 우리나라의 인구구조는 크게 악화되지 않을

13 「노인자살률 10년 사이 2배 이상 늘어」, 〈메디컬투데이〉(2011년 9월 30일).

전망이다. 2050년을 기준으로 고령자의 기준을 65세 이상으로 설정하면 고령 인구의 비중이 37.4%인 반면 75세 이상일 경우 22.1%로 낮아진다. 보고서는 "장기적으로 사회적 합의를 거쳐 개별법상 고령자 기준연령을 수혜자의 건강, 소득 등을 고려해 조정하는 방안을 검토 중"이라며 "수혜자의 재산과 소득, 건강상태 등을 감안한 수혜 연령의 차별화를 통해 복지수혜 중단에 대한 안전장치를 마련하겠다"고 설명했다. 정부는 정년제도의 개선도 고려하고 있다. 보고서는 "현재 일자리에서 더 오래 근무할 수 있도록 정년 제도를 개선하고 이를 뒷받침할 수 있는 점진적 은퇴 방안을 마련해야 한다"며 "고용의 유연성과 노동생산성 유지 등이 전제될 경우 기업이 노사협의를 통해 자율적으로 고용연장을 하도록 유도하고 노사정위원회 논의 등 사회적 공론화를 거쳐 정년 제도를 개편할 수 있다"고 전했다.[14]

고령화 시대의 진풍경도 나타나고 있다. 사회현상에 경제적으로 비교적 여유를 지닌 고령자들은 주택, 금융자산 등을 유산을 물려주지 않고 평생재산으로 삼는 부모들도 생겨나고 있다. '자녀로부터 독립'을 외치는 부모가 늘면서 자식에게 다 내주는 '가시고기 부모'는 옛말이 되기도 한다. 이에 따라 최근에는 자녀에게 유산을 물려주지 않으려는 부모가 늘다 보니 관련 세금인 상속세와 증여세도 감소했다. 그리고 유산을 둘러싼 소송 건수도 늘어나고 있다.

대법원에 따르면 유류분遺留分; 상속인을 위해 법률상 유보된 상속재산 관련 소송은 2002년 69건에 불과했지만 10년 만에 589건으로 8배 이상으로 뛰었다. 재산을 평생 갖고 있으려는 부모들이 많아지다 보니 부모 사망 뒤 자녀 간 소송이 늘고 있다. 이는 자식 중 일부는 노부모가 아프거나 의

---

14 「'65세 노인'은 옛말…노인 기준연령 75세로 조정예정」, 〈헤럴드생생〉 (2012년 9월 12일)을 참조.

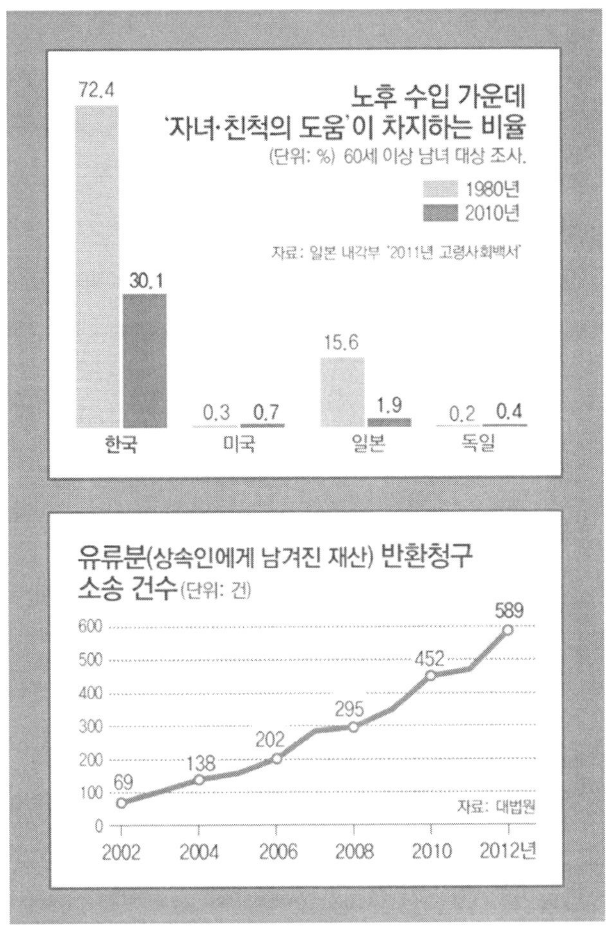

사결정을 제대로 할 수 없을 때 편법으로 재산을 더 많이 물려받기 때문이다. '쿨'해진 부모 자식 관계를 반영한 산업계 변화도 눈에 띈다. 요즘 50, 60대 부모는 자녀의 아파트를 방문해도 자녀의 집이 아닌 아파트 단지 내 손님용 숙소 '게스트 하우스'에 묵는 경우도 있다. 이는 자녀에게 부담을 주지 않으려는 것으로 건설업계에서는 최근 아파트 단지 내 게스트 하우스를 늘리는 추세이다. 전문가들은 유산 없는 가족이 느는

건 100세 시대의 자연스러운 흐름이라고 본다. 부모가 오래 살다 보니 자녀에게 기대서만 살 수 없기 때문이다. 은퇴 후, 삶이 길어지니 부모들은 자식보다 자신의 노후를 중시하게 됐다. 앞으로 집을 물려주기보다 집을 담보로 연금을 받는 역모기지론 가입자가 늘어날 것이다. 이는 자녀수가 줄어든 점도 영향을 미쳤다. 자녀가 많으면 성공한 2세의 덕을 볼 확률이 높지만 자녀수가 적으면 자녀의 성공만 바라보기엔 위험이 크다. 100세 시대에는 부모, 자녀 관계를 냉정하게 생각해야 한다.[15]

3. 고령화사회의 문제

▮1▮ 경제학적 관점

경제학은 자원배분의 효율성을 다루는 학문이다. 이러한 경제학적 관점에서 보면, 고령화사회의 문제가 근로 인구에게 얼마나 심각한 경제적 부담을 안겨다 줄 것인지 알 수 있다. 자원이 무한하다면 문제될 것이 없으나 노인들이 늘어난다는 것은 누가 그들을 부양해야 하는가라는 심각한 의문을 갖게 한다. 경제학적 관점으로 보면, 아이를 양육하는 일은 일종의 투자에 해당이 되지만, 노인부양은 투자가 아닌 소비로 볼 수 있다. 다가오는 고령화사회에, 세대 간의 자원을 배분하는 일과 소비와 투자 는 개인과 가정 그리고 사회적 차원에서도 심각한 난제가 될 것이다.

미국의 경우, 연방 예산에서 노인 한 명에게 지불되는 급여는 어린이 한 명에게 나가는 돈의 열 배나 된다. 18세 이하에게 지불되는 예산은 1,693달러, 65세 이상의 노인들에게 지불되는 예산은 1만 5,636달러나

---

15 「요즘 부모들 "아들아, 내 한몸 챙기기도 바쁘다"」, 〈동아일보〉(2013년 7월 24일) 참조.

된다.[16] 현재 선진국의 경우 납세 근로자와 연금 생활자의 인구 비중은 3대 1이다. 문제 해결을 위한 철저한 개혁이 없다면, 이 비율은 1.5대 1로 떨어질 것으로 전망된다. 독일과 이탈리아의 경우, 1대 1까지 떨어질 것으로 예상된다. 그야말로 근로 인구 한 명이 일해서 노인 한 명을 부양해야 하는 상황이 벌어질 수 있다.

미국은 연금과 공공지출의 합계 지출이 국내총생산에서 차지하는 비중이 1995년에 10.5%였다. 일본은 11.5%, 독일은 17.3%, 이탈리아는 19.7%였다. 선진국 클럽인 G-7국가들에서 국방, 교육 그리고 연구 개발비에 투자된 공공지출은 GDP의 8.1%이다. 이 비용을 확보하기 위해서는 대부분의 근로자들은 현재 부담하고 있는 소득의 이외에 추가적으로 소득의 25%에서 40%를 부담해야 한다. 젊은 세대들의 숫자는 줄어들고, 나이든 세대들이 예상보다 훨씬 오래 살게 된다면 연금과 건강보험 등과 같은 제도를 만들 때의 시나리오가 어긋나게 된다. 마치 부실한 다단계 판매 기업처럼 뒤에 가서 무너져 내릴 수도 있다. 이제 우리는 자신의 노후나 미래에 정부로부터 받을 수 있는 혜택이 거의 없다고 생각하는 편이 나을 것이다.

이와 같이 고령화사회는 근로 인구에게 상당한 부담을 짊어지게 할 것이다. 앞으로 20~30년 동안 늘어나는 노인 관련 비용을 지불하기 위해서 국내총생산액의 9~16%의 비용을 추가적으로 지불해야 한다. 이미 대다수 선진국의 조세와 각종 지출을 포함한 평균 조세부담률이 40%임을 고려하면, 추가적인 부담은 거의 불가능하다. 이에 따라 상당한 조세저항과 정치적인 갈등이 예상된다. 세대 간의 갈등이 극도로 높아질 가능성도 높아질 것이다. 이에 따라 새롭게 고려장 제도가 생길

---

16 피터 피터슨, 강연희 역, 『노인들의 사회 그 불안한 미래』(에코리브르, 2002), 162쪽.

수도 있다.

노인 인구 증가는 압력 단체로서 영향력 증대를 가져오게 된다. 미국의 경우, 미국은퇴자협회AARP: American Association of Retired Persons가 있다. 이 단체는 1958년 설립된 세계 최대의 노인단체로 노인의 권익을 대변하는 NGO이다. 미국인들은 50세가 되면 미국 은퇴자협회 가입을 권유하는 편지를 받는다. 미국은퇴자협회는 미국 전체 인구의 28%를 차지하는 50세 이상 연령층의 권익옹호 활동을 펼치는 비영리단체로, 회원 규모가 3,450만 명, 연간 집행예산은 8억 달러로 미국 최대경제단체인 미국 상공회의소의 5배 규모로서 미국의 정치인과 정부 관료들이 가장 두려워하는 압력단체로 알려져 있다.

개개인으로서 할아버지와 할머니는 손자와 손녀를 생각하지만, 집단으로서 할아버지와 할머니들은 그들만의 이익을 집요하게 추구할 가능성이 크다. 은퇴한 노인들은 젊은 세대에 비해 더 많은 정보를 가지고 있으며, 투표참여율도 높아, 정치적 영력을 행사할 수 있다. 이를 통해 그들의 이익을 적극적으로 반영시킬 수 있다. 고령화사회에 따라 노동력 저하, 실업률 증가, 저축 감소로 인한 투자력 저하, 정치적 활력 저하 등의 현상이 심각해질 것이다.

▐2▐ 기능주의적 관점

기능주의적 관점으로 보면, 급변하는 산업사회 속에서 새로운 기술과 정보와 지식을 이용하여 경제적 생산성이 높은 연령층의 사람들만이 가치 있고, 노인들은 풍부한 경험과 지혜를 가지고 있음에도 소모적인 존재로 평가받게 될 수 있다.[17] 노인들은 축소된 역할 지위에 거부감 없이

17 김성은, 「노년층의 사회 재통합을 위한 교회 노인 교육」, 한국기독교교육학회 편, 『21세기 기독교교육의 과제와 전망』(한국장로교출판사, 1997), 312쪽.

적응할 것을 강요당하게 된다.[18]

또한 노인들은 급변하는 가정의 변화 속에서 정체성의 혼란을 경험하게 된다. 한 가정의 기둥이었던 노인이 권위를 잃고 가정 밖으로 밀려나는가 하면, 부모와 동거하지 않아야만 오붓한 부부의 행복을 누릴 수 있다는 개인주의적·이기적인 상황이 만연되고 있다.[19] 이에 따라 정체성의 혼란과 생활고와 질병 등을 비관해 목숨을 끊는 노인이 증가하고 있다.

우리나라의 65세 이상 고령자 가구의 상대 빈곤율은 지난 2006년 기준 45%를 기록해 경제협력개발기구(OECD) 회원국 가운데 가장 높았다. 나이가 들수록 경제적 능력이 크게 떨어진다는 뜻이다. 앞으로 20~30년 뒤 사정은 지금보다 나아질까? 전문가들의 예상은 정반대다. 획기적인 조치가 없는 한 우리 국민은 편안한 노후를 보내기 어려운 상황으로 몰리고 있다.[20]

뒤르켐은 사회경제적 지위변화가 자살의 사회학적 이유임을 지적하면서 노인 자살의 급증은 사회구성원의 관계 체계적 강도와 반비례함을 지적하였다.[21] 노인 자살 급증은 사회적, 대인 관계적, 환경적 변인들의 다차원적인 결과에 의한 심각한 사회문제이다.[22]

---

18 D. O. Cowgill & L. Holmes, *Aging and modernization* (New York: Appleton Century Crafts, 1972) 참조; R. C. Atchley, *Social Forces and Aging: An Introduction to Social Gerontology* (Belmont, London: Wadsworth Publishing Co, 1991), p.48.

19 김태현, 『노년학』(교문사, 1994), 116쪽; 송영민, 「노인복지 정책과 담론」, 『성공회대학논총』, 17(2003), 174쪽.

20 「노후 대비 '안전망' 부상… 세제혜택등 정부 지원도 한몫」, 〈서울경제신문〉 (2009년 12월 10일).

21 뒤르켐은 자살이 개인적 행위로 보이지만, 사실은 사회의 특정한 형태를 반영하는 것으로 보면서, 자살률에 대한 통계 분석을 통해 이를 증명했다. Emile. Durkheim, *Suicide: A Sociogical Study* (Glencoe, Il: Free Press, 1975), 참조.

22 Lowy Louis, *Social Work with the Aging* (New York: Harper & Row, Publishers, 1979), pp.299-301 참조; D. Harwood & R. Jacoby, "Suicidal Behaviour among the Elderly," Keith Hawton ed., *International Handbook of Suicide and Attempted Suicide* (John Wiley & Sons. Ltd., 2000) 참조.

최근 글로벌 경제위기의 한파로 생활고와 질병 등을 비관해 목숨을 끊는 노인이 줄을 잇고 있다. 현재 노인의 자살률은 지난 외환위기 때보다 두 배나 높으며 고령화 속도보다 노인자살률 증가 속도가 더 빨라 심각한 사회 문제로 대두되고 있다. 초고속 경제성장에 기여한 이들의 황혼기에 쓸쓸한 뒷모습을 보는 것 같아 가슴이 아프다.

한국자살예방협회의 '노인자살 예방을 위한 실천적 정책 수립방안을 위한 연구 보고서'에 따르면 65세 이상 노인 자살률은 1998년 10만명당 37.96명에서 2007년 73.61명으로 2배가량 증가했다. 너무나도 안타까운 일이고 왜 이런 방법으로 노인들이 세상을 떠나야만 했고 앞으로 떠나보내야만 하는지를 생각해보아야 할 것이다. 이유야 여러 가지가 있겠지만 그 중 가장 큰 고통은 경제적 어려움과 건강의 상실, 이로 인한 사회적 소외일 것이다. 노인들이 처한 현실을 볼 때 우리도 이제 노인을 위한 패러다임의 과감한 전환이 필요한 시점이다.[23]

이제는 노인 부양을 사적 영역으로 이해할 수는 없다. 가족의 보호·부양 기능을 보완 내지 대체해야할 가족 밖의 원활한 역할이 요구된다.[24]

▌3▌ 일을 해야만 하는 현실

최근 발표된 자료에 의하면 우리나라 노인들의 경제현실은 암담하다. 일을 여가선용이나 자아실현을 위해 하는 자발적인 측면도 있으나 연금의 혜택을 제대로 받지 못하는 노인들이 많다. 이들에게 일은 선택이 나 취미가 아니라 필수요, 생존이다.

---

23 「창조적 공존을 통한 고령사회 대비」, 〈경인일보〉 (2009년 2월 3일).
24 J. M. Maxwell, *Group Service Well-Being for Older People in Kurtz* (New York: Social Work Books, 1960) 참조; 이효범, 『새로운 효』 (공주대학교 출판부, 2004), 315-319쪽 참조.

우리나라 고령층55-79세 가운데 연금을 받아 본 경험이 있는 사람이 절반에도 못 미치는 것이 현실이다. 이에 따라 취업 의사를 밝힌 고령층의 54.8%는 "돈이 필요해서 일을 한다"고 답변했다. 통계청이 19일 공개한 '5월 경제활동인구조사 부가조사' 자료에 따르면 5월 현재 우리나라의 고령층은 1091만7천명으로 15세 이상 인구의 26%를 차지했다. 청년층 인구955만명보다 140만명가량 더 많았다. 고령층 인구 가운데 연금을 받아 본 경험이 있는 사람은 511만명으로 절반에도 못 미치는 수준46.9%이었다. 게다가 이들 연금 수령자들의 대다수81.8%는 50만원 미만의 연금을 받고 있는 것으로 조사됐다. 연금을 150만원 이상 받는 사람은 7%에 불과했다. 생계를 꾸려가기에는 턱없이 모자란 연금의 현실 때문에, 취업의사를 밝힌 고령층의 절반 이상54.8%이 "돈이 필요해서 일자리를 구한다"고 답변했다. '일하는 즐거움 때문에 일한다'는 응답은 36.9%에 그쳤다. 고령층 취업 희망자의 31.6%는 "월평균 임금이 100만원에서 150만원 선이면 만족한다"고 대답했다.[25]

이처럼 일을 할 수밖에 없는 노인들에게는 이들의 특성과 장점을 살려나갈 수 있도록 하는 직업교육이 필요하다. 아울러 이들의 고용보장을 위한 법적, 제도적 도움도 있어야한다. 청년실업 못지않게 노인세대의 고용구조와 취약한 근무여건은 노인의 인권과 생존권과 행복추구권의 차원에서 주의 깊게 논의해야할 주제이다.

4. 노인 교육의 장애와 과제

노인 교육의 잘못된 인식이 문제이다 교육이란 자라나는 세대들만

---

[25] 장규석, 「고령층 절반 이상, "연금 없어..돈 필요해 일한다"」, 〈CBS노컷뉴스〉 (2013년 7월 18일).

받는 것이라는 교육에 대한 거부감과 정보 부족 등이 노인 교육을 저해하고 있다. 한국에서는 노인 교육 개념이 불분명하고, 적극적인 노인 교육정책이 마련되어 있지 않다. 노인학교를 설립하고자 할 때, 어떤 법에 의해 설치, 운영해야 하는지에 대한 확실한 규정도 없는 실정이다.

노인 교육 정책도 지속적이고 실질적이지 않고 산발적, 간헐적으로 부진하다. 노인정, 노인학교, 노인인력은행 등의 시설 난립과 운영의 부재, 각종 시설에 대한 운영기준과 절차의 비현실성 등이 해결되어야 할 과제이다. 노인 교육 전담부서가 설치되어 있지 않다. 현재 보건복지부 가정복지국 노인복지과에서 노인복지 업무의 일부로는 노인 교육이 다루어지고 있고, 교육부 평생교육국 평생교육기획과에서 사회교육 업무 중 일부로 노인 교육이 다루어지고 있는 형편이다.

고령화되어 가고 있는 현실을 감안하여 노인들의 교육기회 확대를 통한 발전방안을 마련하여 노인의 삶의 질의 향상을 도모해야 할 것이다. 재정의 수혜 대상에 비하여 예산규모가 매우 빈약한 실정이다. 또한 민간부문의 자원 활용을 통한 재정한계를 극복하려는 노력이 부족하고, 노화와 노인의 특성에 대한 국민적 이해와 지식이 결여 되어 있다.

노인학교의 지역별 차이로 인해 노인들의 교육기회의 불평등 현상이 발생하고 있다. 노인학교는 주로 도시지역에 집중되어 있다. 농촌지역의 노인들은 대부분 농사일에 참여하고 있어 노인학교에 다닐 시간적 여유가 없고, 노인 교육기관이 현저하게 적은 것도 교육기회를 갖지 못하는 원인이다. 이에 반해 도시지역 노인들은 대부분 역할 상실로 인해 여가 생활을 하면서 무료함을 달래기 위해 노인학교에 다니는데, 각 곳에 노인학교가 설치되어 있어 참여하기가 용이하다.

노인학교 운영주체의 성격에 따라 교육내용 면에서 현격한 차이가 있다. 현재 한국 노인학교의 운영주체를 보면 대한노인회[26] 산하기관, 천

주교나 개신교나 불교 등 종교단체 산하기관, 사회단체나 자선단체의 노인복지사업의 일환으로 세워진 기관, 초·중·고등학교나 대학 등 정규학교의 노인 교육, 지역사회의 유지나 정치지망생들의 이미지 부각을 위한 노인학교 개설, 개인의 영리를 목적으로 하는 노인학교 등이 산발적으로 설립되어 운영되고 있다. 경우에 따라, 노인학교가 퇴폐적인 취미, 오락 활동돈내기, 화투나 마작을 하거나 사교 댄스장을 개설하여 사회적 물의를 일으키는 경우도 있다. 노인 교육 프로그램이 다양하지 못하다. 대부분의 노인 교육 프로그램은 노인의 역할, 노년기 적응, 건강관리, 일반상식과 관련된 교양과 오락 프로그램 위주로 짜여 있다. 다양한 교육내용, 방법, 기간 등의 교육 프로그램을 형성, 개발하기 위한 연구가 필요하다. 도시와 농촌에 따라, 학력에 따라 노인 교육 프로그램이 다양하게 개발되어 노인들의 특성에 맞는 교육이 주어져야 한다.

　노인 교육을 실시하는 기관에서는 노인을 위한 교통수단의 제공이 제

---

26 대한 노인회는 노인복지의 증진과 사회봉사, 그리고 회원 상호간의 친목도모를 목적으로 조직된 단체이다. 광복 이후 격심한 사회변화를 거치면서 대도시에서는 경로당의 수가 급증하게 되었고, 이에 따라 각지의 경로당을 총괄하는 단체를 만들기 위한 움직임이 생겨났다. 이러한 움직임의 결과로 1963년 서울시립경로당연합회가 생겨났고, 지방의 노인친목 단체들도 점차 활동을 강화하였다. 그리하여 1969년 1월 15일 전국 노인정 회장이 중심이 되어 창립총회를 개최하고, 전국적인 노인단체인 '전국노인단체연합회'가 생겨났다. 같은 해 4월 19일, 전국노인단체연합회를 단계적으로 해체하면서 그 해 9월 사단법인 '대한노인회'가 창립되었다. 대한노인회가 사단법인 허가를 받은 것은 1970년 4월 19일이었다. 1975년 사무국을 설치하는 동시에 문화공보부에 등록되었던 것을 취소하고 보건사회부의 산하 단체로 등록하기 위한 임시총회를 개최하여 정관을 개정한 뒤, 보건사회부에 등록하여 사회단체로서의 면모를 갖추어 오늘에 이르렀다. 기구 편성은, 서울에 중앙회를 두고 각 시·도에 연합회 16개소, 시·군·구에 243개의 지부, 읍·면·동에 2,095개의 분회를 두고 있다. 초등학교 학구단위별로 학구단위 노인회 680개를 두고 있다. 또한, 마을·동마다 노인정 3,600여 개를 설치, 운영하고 있다. 그리고 연합회 및 지부에는 노인복지회관을 설치, 운영하고, 연합회에는 노인대학을, 지부에는 노인학교를, 노인회에는 초등학교에 학구단위 노인교실을 설치, 운영하고 있다. 전국 70개소의 노인취업알선센터를 통해 신체적·정신적으로 건강하고 경험과 경륜을 가진 노인에게 취업을 알선하는 사업을 하고 있다. 이밖에도 애국저축의 실시, 가훈전시회 및 노인솜씨자랑행사를 개최하는 등 여러 가지 사회봉사활동을 해오고 있다. 정기간행물로는 1978년 8월부터 격월간지 『노인생활』을 정기적으로 간행하고 있다.

대로 제공되지 않고 있다. 아동이나 여성이나 장애인들을 위한 교육기관에 교통수단을 제공하고 있는 것과는 달리, 노인들에게는 부여되고 있지 않은 실정이다. 현재 노인 학교 운영자나 종사자들 중에는 과거 학교교육에 경험이 있는 사람들이 더러 있으나 노인 교육 분야에 있어서는 무경험이고, 비전문가들이다.

독일과 미국에서는 노인 교육을 대학중심으로 대학생들과 같이 많은 과목을 스스로 선택하여 청강할 수 있으며, 노인들에게 유익한 과목들은 노인들만을 위하여 개설한 과목처럼 수강생 모두 노인일 때도 있다. 그러나 우리는 선진국에 비해 대학 내에서 운영하는 평생교육원과 노인대학은 있으나 노인들의 다양한 욕구를 충족시킬 정도의 프로그램이 부족한 실정이다. 우리도 평균 수명 연장, 노인의 비율이 증가함에 따라 고학력의 젊은 노인들이 대다수가 있으며, 고학력의 노인들 또한 점차 증가하여 다양한 교육욕구도 증가하고 있다. 그러므로 대학 내 노인 교육이 아닌 대학 중심의 노인 교육이 실시되도록 방안을 찾아 나가야한다.

한국의 노인들은 지난 날 빈곤사회에서 청장년기를 보낸 탓으로 노동만이 인간생활에 있어서의 최고 가치로 생각해왔다. 그러므로 지난 날의 사회에서는 여가를 즐긴다는 것은 부자나 권력 있는 특권계층의 독점물처럼 인식되어 왔고, 일반 서민의 경우는 여가생활의 죄의식시 하는 가치관마저 지녀왔다. 사회구조가 산업화, 도시화함에 따라 노인의 생활패턴이 변화하여 여가 투성이의 일과를 강요당하게 되었음에도 그들은 여가개념에 대한 종전의 가치관에서 탈피하지 못하고 있어 여가생활 자체를 심리적으로 고통스럽게 생각하는 경향이 있다. 그러므로 이러한 노인들에게는 여가에 대한 가치관의 재인식을 위한 계몽을 필요로 한다.

노인들이 여가를 즐길 권리가 있다는 인식을 불어넣어 주어야 한다. 이러한 노인들에게는 여가시간을 적극적으로 활용하도록 의욕을 북돋아주는 교육이 필요하다. 그리고 사회문화적 규범 면에서도 노년기에는 여가활동의 지향성을 지니도록 가치관을 재정립시켜 나가는 노력이 뒤따라야 한다.

5. 노인 교육의 효과와 의의

퇴직으로 노인이 생존의 불안을 느끼게 되고 일을 통하여 자신의 존재를 인정받지 못하게 되면 정체성을 상실하게 되므로, 정체성 만들기를 위한 학습이 요구된다. 노인은 일과 은퇴의 중간 과정에서 사회적 노화 극복을 위해 정체성을 새롭게 만들어 가야 한다. 노인의 정체성은 사회화 과정 속에서 형성되기 때문에, 자신을 고유한 존재로 개발시켜 가는 개성화 과정 속에서 역량이 발전된다. 정체성 역량이란 자기결정에 의한 삶의 경영력을 키워 가는 임파워먼트로 이해되는데, 이는 자아실현을 지향하는 각 개인이 자신의 고유한 경험의 축적에 의해 개인적인 삶의 의미를 만들어 가는 것을 의미한다.

제3의 인생기에 퇴직 노인은 경제활동기에 소지했던 일 중심의 정체성을 해체하고, 노년기의 정체성을 새롭게 구성해 나가야 한다. 취업의 의미를 대폭 줄이고, 자신의 일생에서 중시하였던 가치가 실현되도록, 삶의 경험을 기반으로 희망적인 정체성을 구성해 나가도록 지지되어야 한다. 퇴직 후 노년기의 비전을 상실하는 소외계층일수록 노인 교육이 더욱 필요하다. 노인 교육은 변화하는 문화와 사회 속에서 개인이 발전하며 균형을 찾아가는 전이과정을 돕는 것이므로, 기초능력과 자율성, 자기존재성, 학습을 위한 자율적인 능력과 인내를 키워 주어야 한다.

노인의 핵심역량으로 경제적 효율성을 중시하는 신자유주의적 방안에 대항하여 경제적 자본의 확장보다는 다른 세대와 의사소통하며 화합하는 평등과 관련된 역량인 정신적·도덕적 메타 역량의 개발이 강조되었다. 신자유주의 정책의 확산은 경제적 효율성이 낮은 노인에 대한 부정적 인식을 강화시키므로, 이러한 노인에 대한 부정적 평가를 적극적으로 방어할 수 있는 평등에 관한 역량 개발이 강조된 것이다. 일례로 공적연금제도의 유지와 관련하여 만약 저출산·고령화로 인구사회학적으로 공적연금이 유지되기 어려워 민영화로 대체되어야 한다면 논의를 통해 세대간 합의점을 찾아갈 수 있다. 이처럼 정신적·도덕적 역량이란 3세대가 함께 새 것을 학습하여 새로운 가치를 창출해 나갈 수 있는 능력이며, 학습을 통해 보편적인 것에 대해 의문을 던질 수 있는 비판력을 통해 평등사회를 만들어 가는 역량이다.

노인이 행복한 노년기의 주인공이 되도록 노년기를 계획하고 의식을 개발하며 적극적으로 참여할 것이 강조되었는데 이는 노인이 시민으로서 살아갈 수 있도록 하는 능력이자, 유토피아적 역량이라고 불린다. 노인을 위한 정치교육은 노인의 삶에 영향을 주는 정책의 심의과정에 노인이 직접 참여할 수 있는 시민교육을 하는 것이다. 노인 스스로가 과거의 성찰을 통해 미래의 계획을 세울 수 있는 주체로서 능력을 키워나가고 노인이 이상사회를 만들어 가는 과정에서 배제되어 온 문제를 반성하고 변화시켜나가며, 노인이 참여의 주체가 되는 것이 무엇보다도 필요하다. 노인 교육은 지식정보의 전달뿐만 아니라, 노인이 주인으로서 사회에 참여하도록 하는 주체형성의 교육이 되어야 한다.

오늘날 지역을 기반으로 평생학습이 강조되면서 지역의 주민들이 스스로 공동체 의식을 높이고 주민들의 삶의 질 향상을 위하여 부족한 부분을 스스로 지원하고 공동 협력하는 평생학습도시 사업이 진행되고 있다. 학습도시 조성 사업은 지역별·상황별 특성에 맞는 지원 체제를 관·민의 협동에 의하여 구축해 나가는 사업이다. 그러나 이러한 평생교육[27]의 혜택도 거주 지역에 따라, 중년기까지의 문화자본의 정도에 따라 상당히 다르게 나타난다. 평생학습을 통해 노인들이 자신감은 물론 사회적 관계를 새롭게 구축해나갈 수 있음을 생각할 때, 소외계층의 노인에 대한 평생학습지원은 다른 어떤 사업보다 중요하다. 조금 더 여유 있는 노인들이 자원봉사 등을 통해 학습상담이나 구체적인 학습컨설팅, 학습 이후의 추수관리 등을 담당하는 것은 노인학습공동체를 만들어 새로운 사회문법을 구축하는 사례도 될 수 있다.

평생교육의 관점에서 보면, 고령화사회로 인해 생겨나는 많은 문제들은 노인들의 학습과 노인에 대한 교육을 통해 해소할 수 있다. 즉, 평생교육은 노인을 학습자로 규정하여 활동적으로 고령의 시기를 살아갈 수 있도록 도울 수 있으며, 다른 한편 노인들이 삶의 주체가 될 수 있도록 인문학적·직업적 차원의 교육을 제공하는 것이다. 교육을 통해 노인들 스스로가 사회의 주체로서 활동할 수 있게 되면, 사회 자체가 활성화 될 수 있으며, 이런 변화는 사회 전반의 가치관과 노인에 대한 시각 변화를 이룰 것이기 때문이다.

구체적으로, 노인을 학습자로 규정하는 것의 의미를 살펴보자. 앞서 살펴본 바와 같이 과거에는 노인을 신체적·사회적으로 장애를 지니고

---

27 평생교육(life-long education, 平生敎育) 이란 한 개인의 생애 전반에 걸쳐 이루어지는 전반적인 교육활동, 또는 이를 요체로 하는 교육관을 말한다. 1960년대 중반 국제연합교육과학문화기구(UNESCO) 자문기관인 성인교육추진국제위원회에서 평생교육의 필요성이 논의되면서 주목을 받기 시작했다. 평생교육의 이념은 개개 학습자를 위한 교육이 학교교육에 그치지는 일 되고, 이후 평생에 걸쳐 지속적으로 이루어져야 하며, 이를 위해 학교교육과 사회교육은 서로 협력·보완이 될 수 있도록 재조직되어야 한다는 것이다. 이 이념은 전세계 교육정책에 큰 변화를 가져왔다. 한국에서도 1970년대에 방송통신고등학교·한국방송통신대학 등이 설립되었고, 이어 제5공화국 헌법에 "국가는 평생교육을 진흥해야 한다."(제31조 5항)고 명시함으로써 평생교육의 진흥을 위한 의지를 밝혔다.

있는 불리집단不利集團으로 규정하여 왔으나, 현대사회는 점차 이러한 시각으로부터 벗어나 노인을 무한한 잠재력과 능력을 지닌 존재이자 발달의 과정에 있는 이들로 보려는 새로운 관점이 대두하고 있다. 따라서 이제는 노인을 노화에 따른 신체적·사회적 장애를 극복하고 생존해 나가야 하는 존재로 보기보다는 사회를 위해 공헌하고 봉사할 수 있는 잠재력을 지닌 귀중한 자원으로 보게 되었으며, 노인들이 지닌 장애보다는 그들이 계발해야 할 능력에 초점이 맞춰지고 있다. 우리나라 노인들의 경우, 앞으로 봉사의식이 상당히 높아질 것으로 보인다. 예컨대, '금빛노인봉사단'과 같이 전국적 규모로 조직화되어 '노블레스 오블리주 noblesse oblige'[28]의 실천이 활발해질 것이다.

최근에는 활동적 고령화라는 개념이 제시되기도 한다. 이 말은 의존적이고 무기력한 고령층을 활동적이고 자립적인 고령층으로 변화시키는 것을 의미한다. 고령 인구의 수를 줄이거나 증가를 늦추기는 어렵지만, 의존적인 고령층을 독립적인 고령층으로, 허약한 고령층을 건강한 고령층으로, 사회에 부담을 주는 고령층을 오히려 사회에 도움이 되는 봉사하는 고령층으로 바꿔 나갈 수 있다. 증가하는 고령 인구 대부분이 활동적 고령층이 된다면, 고령 인구의 증가는 사회의 부담을 가중시키는 요소가 아니라 오히려 사회의 자원을 증가시키는 요소가 될 수 있다.

활동적 고령화의 핵심은 생산적이고 독립적인 노후를 위한 일자리, 건강하고 소속감 있는 노후를 위한 자원봉사, 그리고 일자리와 자원봉사를 위하여 꼭 필요할 뿐 아니라 지속적인 자기계발과 노후생활에의 적응을 위한 노년기 교육의 세 가지로 요약될 수 있다. 그 중에서도 활

---

28 노블레스 오블리주(Noblesse oblige, nɔblɛs ɔbliʒ)란 프랑스어로 "귀족성은 의무를 갖는다"를 의미한다. 보통 부와 권력, 명성은 사회에 대한 책임과 함께 해야 한다는 의미로 쓰인다. 즉, 노블레스 오블리주는 사회지도층에게 사회에 대한 책임이나 국민의 의무를 모범적으로 실천하는 높은 도덕성을 요구하는 단어이다.

동적 고령화를 실현하기 위해서 가장 필요한 것이 노년교육이다. 노인들로 하여금 변화하는 사회에 적응할 수 있는 지식과 기술을 갖추도록 돕고, 스스로 자립할 수 있는 의지와 태도를 갖도록 안내하는 것이 바로 노년교육이기 때문이다. 노년교육은 절망의 고령화를 희망적 변화로 바꾸는 데 없어서는 안 될 중요한 역할을 담당한다. 즉, 학습자는 수동적인 노인의 이미지를 벗어나 계속적 자아 발전을 이룰 수 있도록 해주는 주춧돌과 같은 개념이라고 볼 수 있다.

이렇게 '배우는 존재'로서 노인을 전제로 하면, 다양한 교육이 노인의 삶과 접목될 수 있다. 노인들의 학력은 향후 지속적으로 상향화될 것으로 보이는데, 이렇게 노인들의 지적-사회적 지위가 높아지게 되면 그에 따른 교육요구가 다양화되는 것은 자연스러운 일이다. 최근 급속하게 늘어난 노인의 여가교육은 물론이고, 새로운 일자리를 창출하는 교육, 인생의 의미를 통합적으로 재조명하는 교육, 웰다잉[29] 교육 등은 그 예

---

[29] 웰다잉과 대비되는 개념으로 많이 쓰이는 웰빙의 사전적 의미는 '복지, 안녕, 행복'을 뜻하며, 우리말로는 참살이라고 번역된다. 살아있는 존재로서 육체와 정신의 조화를 통해 행복하고 안락한 삶을 지양하는 삶의 유형 또는 문화 현상을 추구하는 것이다. 웰빙의 유래는 확실치 않으나 결국 '사람이 사람답게 사는 것'을 말한다. 한 세기 이전부터 선진외국에서는 웰빙과 더불어 웰다잉이 부각되어 왔다. 우리나라에도 웰빙에 이어 웰다잉이 소개되었지만, 웰빙에만 관심이 있지 웰다잉은 그 개념마저 모르는 사람이 많았다. 이는 죽음에 대한 부정적인 인식이 컸기 때문이라고 할 수 있다. 그러나 이 같은 인식이 급격히 변하는 계기가 마련되었다. 이는 웰다잉의 실천을 삶에서 직접 보여주고 선종한 김수환 추기경과 무소유의 사람을 통해 웰다잉이 추구하는 바를 보여준 법정 스님의 열반이 가져온 결과이다. 이 두 사람의 아름다운 생의 마무리를 지켜본 많은 국민의 가슴 깊이 삶의 소중함이 각인되고, 웰다잉의 삶이 무엇인가를 깨닫게 하는 데 큰 영향을 주었다. 육체와 정신의 건강을 중시하며, 그것의 조화를 통해 삶의 질을 높여 '사람이 사람답게 사는 것'이 웰빙이고, 웰다잉은 인간으로서 품위 있는 죽음에 대한 소망을 전제로 삶의 내면을 풍요롭게 가꿔 삶의 가치를 높이는 것으로 '사람이 사람답게 죽는 것'을 의미한다. 웰다잉이 추구하는 '잘 죽는 것'이 '잘 사는 것'의 반대 의미로 오해할 수도 있으나 실제 웰다잉이 품은 뜻은 '잘 죽어가는'이란 진행형이므로 역설적으로 '잘 살아가는 것'을 포함한 완결의 의미를 추가한다. 잘 사는 것을 복석으로 하는 웰빙 또한 웰나잉과 나름 아니시만 웰나잉은 내면의 아름다움을 가꿔 실천함으로 죽은 이후 영원한 기억으로 남는다는 점에서 더욱 중시되어야 할 것이다. 즉 웰빙이 개인적인 삶의 가치를 추구하는 것이라면 웰다잉은 더불어 살아가는 가치를 중시함으로 건강한 사회구현을 이룰 수 있는 보다 더 큰 뜻이 담겨 있기 때문이다. 이런 점에서 웰다잉은 인생의 전 과정을 폭넓게 다룬다. 죽음에 따른 실제적인 준비는 기

라고 볼 수 있다. 즉, 노인에 대한 평생교육적 지원은 노인에 대한 실질적 활력화empowering과정으로서, 사회 전체를 젊게 변화시키는 실천이다.

노인들의 능력과 가치를 사회가 인정해 주고 사회에 계속 참여시키는 방법의 하나는 자원봉사활동 참여다. 노인들의 자원봉사활동 참여는 '생산적 노화'를 증진시키는 가장 바람직한 방법이라는 점에서 대다수 사회학자들이 동의하고 있다. 노인들의 자원봉사활동 참여는 노인 자신들은 물론 사회전체로도 여러 가지로 좋은 점들을 가져 준다. 노인들에게는 자기 가치를 계속적으로 유지시켜 줄 수 있을 뿐 아니라 소외감을 극복할 수 있게 해준다. 또 자기성장과 자아실현의 기회를 제공해 줄 수 있고, 여가 선용의 좋은 방법이 될 수 있다. 사회전체로는 노인들이 힘 없고 능력 없고 도움만 요청하는 의존적 존재가 아니라, 활발하게 생산적인 활동을 하는 존재라는 인식을 심어줄 수 있다.

자원봉사는 더불어 함께 살아가는 세상을 만들어가는 아름다운 모습이다. 이에는 몸으로 봉사하는 것 말고도 '재능기부' 형태로도 진행된다. 퇴직한 노인들은 자신의 축적된 경험과 재능을 통해 봉사를 하고 싶어 한다. 최근 '배워서 남 도우려고' 자격증을 따려는 노인들도 늘고 있다. 대학생들이 '스펙 쌓기용' 자격증 취득에 열을 올리는 동안 삶이 힘든 이들에게 웃음을 주거나 아이들에게 상상력을 심어주거나 노인들에게 컴퓨터를 가르쳐주기 위해 자격증 공부를 하는 이들도 있다. 이들은 지역 도서관이나 지자체에서 자격증 취득 프로그램을 통해 배움을 지역사회에 환원한다.

이 중 하나는 '웃음치료사 자격증'이다. 퇴직한 노인들은 무료한 생활

본이며, 유한한 존재임을 자각함으로 삶의 변화를 추구키 위힌 종합적인 것을 그 내용으로 한다. 결국 웰다잉은 아름답고 품위 있는 생의 마무리를 위해 지금 이 순간 최선을 다하고, 소중한 가치를 추구함으로서 행복을 찾아가는 웰빙의 완성이라고 할 수 있다.

에서 웃음치료사 자격증 과정을 통해 긍정적인 삶의 자세를 갖고, 이를
마음이 고달픈 사람들에게 웃음으로 힐링해 주는 재능 기부 형태의 봉
사활동을 한다. 또 이런 이들은 이것이 유급으로 이어져 하나의 전문직
업인으로 자리 잡기도 한다. 이들은 한센병[30] 환자들의 공동체, 노인요
양원, 무의탁 노인시설, 노인대학은 물론 어린이집과 소아암 병동 등을
찾아다닌다. 지자체 도서관에서 동화 구연 프로그램에 참여해 자격증을
딴 뒤 재능기부 활동을 하는 이들도 있다. 취학 전 아이들에게 1주일에
한 번씩 동화 구연 수업을 진행한다. 이를 통해 아이들에게 상상력과 꿈
을 심어준다. 이외에도 컴퓨터 자격증과정을 통해 자신도 컴퓨터를 배
우고 컴퓨터 사용에 미숙하고 서툰 노인들에게 컴퓨터를 가르치기도 한
고, 문해교육사[31] 자격증을 통해 문맹文盲 노인들이나 결혼이주여성이나

---

30 한센병(Hansen病)은 나병(癩病, leprosy)이라고도 하는 전염병으로 원인균인 나균에 의하
여 피부와 말초신경을 주로 침해하는 만성전염성 면역 질환이다. 나균은 항생제 투여를
통해 박멸이 가능하다. 그러나 한센병은 구약성서에서 천벌로 묘사되거나 우리나라의 경
우 문둥이라는 말이 전라도나 경상도 지방의 욕설일 정도로 옛날부터 멸시의 대상이었다.
이러한 멸시는 근대에도 계속되어 일제강점기 당시 일본은 한센병 환자들을 소록도에 강
제 수용했으며, 불임수술, 강제노역 등으로 그들의 인권을 짓밟았다. 광복 이후에도 비토리
섬이라는 곳에서는 토지소유문제로 분쟁이 발생 지역주민들에게 학살당하는 일 등이 벌어
질 정도로 한센인들은 비극의 역사를 걸어왔다. 이들에 대한 처우가 개선된 것은 1965년
당시 소록도국립병원장이 소록도에 거주하는 한센병 환자들을 배려하여, 과수업과 양돈업
등으로 자립을 할 수 있게 하면서부터였다. 병원장은 한센인들을 위한 축구팀도 만들어서
한센인들이 몸만 불편할 뿐, 비환자들보다 못한 게 없음을 보여주었다. 이러한 병원장의
활약은 소설가 이청준이 쓴 소설『당신들의 천국』에 잘 묘사되어 있다. 하지만 지금도 고
령환자들의 경우 가족들이 있는데도 만나지 못한 사람들이 있을 정도로 이들의 인권 개선
문제는 사회가 해결해야 할 숙제 중 하나이다.
31 최근 문해교육에 대한 연구와 교육이 부각되고 있다. 종래의 문맹이란 개념은 단순히 문자
를 읽고 쓰지 못하는 문자해독 능력의 결핍상태를 의미했으며, 문해란 반대로 문자해독
능력을 보유한 상태를 의미했다. 그러나 오늘날엔 문해의 개념이 단순한 문자의 해독 능력
이나 읽기 · 쓰기 · 셈하기 능력의 보유수준을 넘어서 일상적 사회생활을 하는 데 필수적으
로 요청되는 기본생활 기능이나 사회적 의식의 수준까지를 포함하는 개념으로 확대되었다.
제2차 세계대전 후 신생국들의 문맹퇴치운동을 시도한 국제연합교육과학문화기구(UNESCO)
는 문맹을 문맹(illiterate)과 반문맹(semi-literate)으로 나누고, 문해를 최저문해(minimum
level literate)와 기능적 문해(functional literate)로 나눈 후 문해자와 반문해자의 기준을
다음과 같이 정의했다. ① 일상생활에 관한 짧고 간단한 문장을 이해하며 읽고 쓸 수 있는
자를 문해자라 하며, ② 일상생활에 관한 짧고 간단한 문장을 읽을 수는 있으나 쓸 수 없는

외국인 노동자들에게 한글을 가르쳐주고 한국 문화를 가르치는 이들도 있다.[32]

이처럼 노인들은 보람된 노후를 원한다. 이제는 퇴직후 길어진 노후를 마냥 노인정에서 노인들끼리 TV시청으로 하루하루 시간을 때우려는 노인들의 모습에서 적극적으로 자신의 삶을 새롭게 설계해보려는 노인들이 늘고 있다.

자를 반문해자라고 한다. UNESCO는 1962년 문맹교육전문가회의에서 건의문을 채택하면서 문해자를 "집단이나 지역사회 안에서 효과적으로 참여하고 활용하는 데 필요한 기초적인 지식과 기술을 습득한 자이며, 2-3년간 초등학교 교육을 받은 수준에 해당하는 읽기·쓰기·셈하기의 기술을 가진 자"라고 정의했다. 최근 들어 시도된 도시여성의 문해수준 연구에서는 UNESCO의 자료를 참고로 해 문해수준을 비문해(illiteracy)·반문해(semi-literacy)·기초문해(basic literacy)·기능문해(functional literacy)의 4가지 수준으로 나누고 있다. 여기에 의하면, 비문해는 읽기·쓰기·셈하기 능력이 없다. 반문해는 자기 이름과 간단한 단어는 읽기는 하나 쓰지는 못하며 간단한 셈하기가 가능한 수준이다. 기초문해는 일상생활에 관한 간단한 문장을 이해하며 읽고 쓸 수도 있는 수준이다. 그리고 기능문해는 구청·은행 등을 방문할 때 스스로 자유롭게 용무를 볼 수 있으며, 정치집회나 강연회 등에 참석하는 데 필요한 지식과 의사소통 기능을 갖고, 간단한 회계업무도 볼 수 있는 수준이라고 규정하고 있다. 문해교육은 비문해자를 대상으로 실시된다. 문해교육 실시에 있어서 가장 우선적인 문제점은 교육대상자의 선정방법과 교육방법이다. 한국교육개발원이 사회교육전문가를 대상으로 조사한 문해교육 델파이 조사에 의하면, 문해교육의 수준은 초등학교 6학년 정도로 보아야 한다는 의견이 가장 많았고, 1985년 인구센서스에 의하면 성인인구 중에서 초등학교 졸업자와 중학교 불취학자를 합치면 전체의 약 30% 정도가 되는데, 이들이 바로 문해교육의 대상이라고 할 수 있다. 1990년이 문해교육의 해였고, 그 후로 학원·사회교육기관 등에서 개설하는 성인 대상 문해교육 프로그램들이 활성화되고 있으며 점점 더 확산되어가고 있는 추세이다.

32 내국인에게 국어를 가르치는 교사자격증은 교육부 장관이 대학에서 국어교육학과 또는 국어국문학과나 교육대학원 국어교육학과에서 교직이수를 한 이들에게 중등국어 2급 자격증을 주는 것이다(1급은 2급 자격소지자가 교사로 3년을 봉직한 후 1급 정교사 자격연수를 이수한 후 취득함). 이와는 달리 외국인을 대상으로 한국어를 가르치는 국가가격증이 '한국어교원자격증'이다. 이는 교육부가 아닌 문화관광부 장관명으로 발급되는 것으로 국립국어원에서 시험과 인정과정을 주관한다. 이 자격증은 외국인에게 한국어를 가르치거나 우리나라에 거주하는 결혼이주여성들이나 외국인노동자들에게 한국어와 한국문화를 가르치는 국가공인 자격증이다. 자세한 사항은 국립국어원 한국어교원(http://kteacher.korean.go.kr/main.do)에 잘 나와 있으니 참조 바람.

일하는 노인이 요청되는 시대

1. 일하고 싶어 하는 노인

우리는 노인의 역할상실을 당연하다고 여기는 편견을 갖고 있다. 노인의 역할상실을 노년기의 당연한 특성이라고 간주하며, 왕성한 사회활동을 하는 노인을 오히려 이상하게 생각하는 사람들도 있다. 자녀들은 노부모를 편하게 모시는 것이 효도라고 생각하여 노부모가 무료해서 무엇이라도 하려고 하면, 그런 일은 하지 않아도 되고, 건강을 해칠 수 있으니 그저 집에서 편안히 계시라고 당부한다. 노인들이 일을 하다보면 실수할 수도 있는데, 그러니까 가만히 계시라고 하지 않았느냐고 핀잔을 준다. 이에 따라 노인들은 주눅이 들고, 좌절감에 빠져 일할 의욕과 능력을 점점 상실하게 된다. 노인에 대한 사회조사결과를 보면, 대다수 노인들이 일하고 싶어 한다. 그러나 노인들에게 적합한 일자리는 많지 않다. 그나마도 사회적 역할이 낮은 단순노동이 대부분이다. 핵가족사회의 노인은 가정에서도 마땅한 일거리가 없다. 자원봉사나 사회운동 같은 일에 참여할 수 있는 기회도 적다. 그러기에 도시의 많은 노인들은 노인정이나 복덕방에서 화투치기로 시간을 보내고, 공원이나 고가도로 밑에서 떼를 지어 방황하고 있다. 경제적으로 여유 있는 노인은 노인만 주로 모이는 다방이나 기원 혹은 경양식집 같은 데서 할 일없이 잡담으로 세월을 보낸다.

이제 노인들도 사회적 역할을 수행해야 한다. 이 역할이 과거의 직업과 연관되는 것이면 더욱 좋다. 이 역할은 본인도 즐거워야 하고, 사회적으로도 가치 있는 일이어야 한다. 자녀의 부양책임이 약화되는 경향이 강해지면서 노인집단의 경제력이 노년기에 매우 중요한 요인이 되었다. 따라서 노인이 노후 생활을 영위하는데 만족스럽기 위해서는 경제력이 뒷받침되어야 한다. 또한 저 출산·고령화사회의 문제는 앞으로 사회적 책임을 기대하기도 어려운 상황일 수 있다. 이러한 불안감은 노년기에 겪게 되는 소득의 감소에 따라 빈곤으로 치닫게 될 수 있다. 그리고 이런 불안감은 노인의 생활 만족도에 민감하게 영향을 미친다. 노년기 생활에 있어서 일정 정도 경제적으로 안정된 상황에 있는 노인들은 비교적 자신의 노년기 생활에 대한 만족감을 느낀다. 그러나 그렇지 못한 경우의 노인들은 생활 만족감에서 심각한 훼손을 경험하게 된다.

인간이 생존하기 위해서는 일할 수 있는 권리를 보장 받아야한다. 나이가 많다는 이유로 취업의 기회가 배제되는 일이 있어서는 안 된다. 그것은 생존권의 침해이다.[33]

일은 단순한 생계유지의 수단이 아니라 자기표현을 실현하는 것으로, 일이야말로 사회적 관계를 맺게 해주는 촉매이다. 노인이 일을 하지 못하는 것은 단순히 일을 못하는 것으로 그치는 것이 아니라 자존감의 상실을 초래할 수 있다.[34] 노인의 일은 생계유지라는 기본적인 목적 외에도 건강유지 및 여가 활동을 통한 자아실현과 관련된 욕구충족과 직결된다. 뿐만 아니라, 노인의 생활보장을 위한 사회적 부양부담을 절감시키는 효과를 얻을 수 있다.[35] 노인의 경제적인 능력은 다양한 삶의 활동 기회를 높여, 성공적인 노년기를 보내는 데 중요한 자산이 된다.[36] 오늘 우리 사회는 근로자들의 평균 은퇴 연령이 낮아졌다. 그에 따라 노후가

---

33 이미란, 「노인취업 활성화 정책에 관한 연구」, 계명대학교 여성학대학원 석사 학위 논문 (2001), 13쪽.

34 임양택, 『생명공동체 교육과 노인의 희망』(쿰란출판사, 1998), 95쪽.

35 김오현, 「노인소득보장제도의 활성화 방안 연구」, 동국대학교 대학원 석사 학위 논문 (2000), 11쪽.

36 조해경, 「성공적 노화에 관한 연구」, 연세대학교 대학원 박사 학위 논문(2002) 참조; K. L. Chou & I. Chi, "Successful Aging and the Young-old, Old-old, and Oldest-old Chinse", *International Journal of Aging and Human Development* 54(1), pp.1-14 참조.

그저 '쉬는 것'을 의미하지 않게 되었다. 젊은 시절 지식과 경험을 바탕으로 지속적으로 일을 해나갈 수 있는 기회를 만드는 것이 필요하다. 특히 평균수명의 연장에 따라, 10~20년 정도 더 살게 되었으니 인생의 2모작 혹은 3모작을 준비해야 한다.

　다음은 어느 여성 노인의 실제 취업을 통한 보람된 노년기의 이야기이다. 경기도 군포에 위치한 '자연 어린이집' 아이들은 월요일마다 기다리는 사람이 있다. 이곳에 보육교사로 근무하는 박정옥 씨(65)이다. 박씨는 아이들을 대상으로 예절교육과 NIE신문활용교육[37]를 가르치고 있다. 나이를 잊고 산다는 박씨의 퇴직 후 도전하는 삶에 대한 이야기이다. 고등학교 가정교사로 또 진로상담부장으로 근무하던 박씨는 지난 2000년 8월 정년퇴직했다. 30년 넘게 교직에 몸담아온 박씨에게 가르치는 직업은 천직이었다. 그도 그럴 것이 퇴직 후에 박씨는 손자들이 자라는 모습을 보면서, '이젠 아이들에게 관심을 가져야겠다.'고 생각했고, 생각은 이내 실천으로 옮겨졌다. 2002년부터 일명 '할머니 보육교사'로 활동, 어느 새 인기 할머니 강사로 입지를 굳혔다.[38] 퇴직 후 '어떻게 하면 아이

---

37 신문활용교육(NIE; Newspaper In Education)은 Newspaper In Education의 두문자어로 신문을 생활속에서 친숙하게 받아들이고, 교육에 활용하자는 프로그램으로서 보통 신문활용교육이라고 한다. NIE 운동은 1955년 미국교육협회가 아이오와 주의 데모인 레지스터 신문과 협력해 신문을 교재로 활용하면서 생겨난 말이다. 여기서 어린이와 청소년의 사회성을 길러 주는 데 큰 효과를 거두자, 미국의 모든 지역으로 번져 지금은 유럽. 오스트레일리아. 일본 등 선진국으로 확산돼 있다. 우리나라는 1994년 한국신문편집인협회가 교육부에, 신문을 교육 교재로 활용하는 NIE운동의 구체적인 실천 방안을 마련해 줄 것을 촉구하면서 이 운동에 불을 당겼다. NIE교육의 목표는, 세상을 바라보는 눈을 길러주고 그 속에서 나와의 관련성을 찾아내 내 삶에 적용시키며, 전문화 사회에서의 다양성을 이해하고 서로 교류하는 나눔의 사회를 인식하는데 있다고 본다. 영국의 NIE협회는 NIE 교육의 목적을 다음과 같이 정의 내렸다. 1. 다양하고 현실적이며 비용이 적게 드는 보조적인 교육 자료의 제공 2. 역사적 기록과 정보에 대한 일상적인 접촉 3. 적극적인 독서를 통한 실용적인 단어의 문장력의 증대 4.학생들의 개인적, 사회적 교육이 추진 5.다양한 미디어 중 하나인 신문에 대한 이해를 촉진 6 신문의 제작 과정에 대한 이해 7. 실질적인 청중을 대상으로 목적 있는 글쓰기 기회제공이다. 허병두, 『신문활용교육이란 무엇인가』(중앙 M&B, 1997), 8쪽 참조.

38 보육교사가 되려면 보육교사 양성소에서 지정된 교과목을 이수하면 3급, 전문대학이나 대

들에게 다가갈 수 있을까?'고민하던 박씨는 동화구연 자격증을 땄고 그에 따른 손 유희도 익혔다. 동화 속에 등장하는 소품도 직접 만들었다. 박씨가 가르치는 모든 활동에 동화구연은 양념 같은 요소로 아이들을 집중시키고 즐겁게 만들고 있다. 그것은 오로지 할머니로서 쌓인 그만의 노하우다. 더불어 가르치는 예절교육과 NIE도 모두 통합교육의 맥락에서 나온다. 그녀의 말이다. "제 나이는 잊은 지 오랩니다. 하루 24시간이 모자랄 정도로 바쁘게 움직이거든요. 내가 할 수 있는 일이라면 끊임없이 도전합니다. 특히 보육교사일은 전문직으로 일하시던 분들이 경험을 바탕으로 많은 관심을 보이고 있습니다. 유아교육에 대해 새롭게 배우고, 자기가 갖고 있던 노하우도 활용할 수 있는 일이죠."[39]

이제 노인의 이해는 소비적인 차원의 복지 수혜자에서 벗어나, 적극적인 복지 차원에서 적합한 일자리를 창출·제공·교육하는 발상의 전환이 필요하다. 노인 노동력의 사회적 참여는 사회보장비 절감 효과를 얻을 수 있을 뿐 아니라 국가경제의 생산성과 경쟁력의 향상을 이룰 수 있다. 또한 오랜 동안 쌓인 노인들의 연륜과 지식을 사장시키는 손실을 줄임으로써 국가 경제의 생산성과 경쟁력을 향상시킬 수 있다.

2. 새로운 고용 양상

우리는 나이에 대한 기존 관념으로부터 탈피해야한다. 오늘날은 젊은 근로 인력만을 선호하던 고용 양상이 노인 노동력을 활용하는 방향으로

학이나 대학원이나 학점은행제에서 지정 교과목을 이수하면 보육교사 2급을 취득할 수 있다. 그러나 보육교사 정년은 원장이 65세, 교사가 60세로 고령 노인이 정규 보육교사로 근무하기는 연령상 어려움이 있다. 보조교사가 되려면 중고령여성(50~70세)을 보육보조교사로 양성하고 활용하기 위한 교육 프로그램을 이수하면된다. 교육내용은 아동보육실무와 기능교육(구연동화/storytelling, 한자/전통예절 등)으로 나뉜다.

39 「당당한 여성노인, 보육교사 박정옥 씨」, 『미즈내일』, 328호(2007년 5월호).

급격히 바뀌고 있다. 노인 노동과 관련된 핵심 사안은 정년제 문제이다. 우리보다 먼저 고령화 현상을 경험한 선진국들은 탄력적인 정년 제도를 시행하고 있다.

미국은 이미 연령차별금지법으로 기계적인 연령에 따른 정년제를 원칙적으로 금지하였다. 유럽연합EU도 연금 제도에 대한 종합보고서에서 '연금제도 파멸을 막기 위해서는 노동인구를 늘려야 하며, 그러기 위해서는 근로자들이 65세 이후에도 일하도록 해야 한다'고 촉구했다. 영국도 지난 2002년 말에 발표한 연금제도 개선 방안에도 연금 수령을 5년간 연기해 70세부터 국가 연금을 받는 근로자는 거액의 일시불을 주는 방안 등으로 65세 이후에도 일하도록 하는 각종 유인책을 담고 있다. 이제는 많은 기업들이 근로자의 조기 퇴직을 유도해 온 것에서 벗어나, 정년피크제와 같은 탄력적인 정년제를 도입하고 노인 인력을 적극적으로 활용한다. 이런 현상은 노인 근로자들은 건강상의 이유로 결근이 잦고, 의료비 부담이 크다고 하는 고정관념이 깨진 요인이 크다. 실제로는 노인 근로자들은 젊은 세대와 비교할 때, 자신의 일에 대한 책임의식이 강하고, 이직률이 낮고, 인내심과 침착함으로 업무 수행능력도 뛰어난 경우가 많았다. 그 결과 노인 취업률은 매해 증가하고 있다. 고령화사회를 대비하기 위해, 노인복지 제도를 다듬어 나감과 동시에 노인 취업 기회를 확대할 노동시장정책을 추진해 나가야 할 것이다.

노인에게 적합한 고용형태와 관련하여 다음과 같은 안을 생각해 볼 수 있다. 노인 고용은 촉탁직이나 계약직 등의 고용형태로 하되, 근로시간은 정규직 근로시간에 비하여 단시간 일하는 형태의 고용을 확대하여 그들의 건강상태에 맞는 수순으로 일하면서 자신의 평생에 설쳐 쌓은 능력과 노하우를 활용할 기회를 연장시켜 나가야 한다.[40] 이제는 기대 수명이 늘어나는 만큼 기대 근로 연수도 함께 늘어나는 '생산적 고령화 시스템'을 만들어야 한다. 노인은 은퇴 이후에도 일하는 것이 자신은 물론 사회의 생산성 유지와 향상에도 유익하다. 지금까지 노인 근로에 대한 기업들의 관심은 대개 값싼 노동력의 차원이었다. 그러나 이제는 이런 사고의 틀을 깨야 한다. 노인 근로 인력의 숙련된 기술과 노하우가 기업의 성장 동력원이 될 수 있다. 그러나 아직도 많은 기업이 노인 근로 인력 활용을 기피하려는 경향이 강하다. 이것은 노인 의 특성에 대한 인식 부족이거나 노인 특성에 맞는 직무 개발이 소홀한 점이 크다. 이와 관련하여 노인에게 적합한 일자리를 전체 산업에 맞게 창출하고, 고용 연장을 위한 정년제도의 탄력적인 정비를 통한 노동 시장 구조를 혁신할 필요가 있다.

3. 잠재적인 노인의 역량

고령화사회의 도래는 눈부신 의료기술의 발달과 식생활 개선에 힘입은 결과라 할 수 있다. 노인세대의 평균 수명 증가와 건강 상태 호전으로 병약하여 일할 수 없는 노인들의 비중은 점점 줄어들고 있다. 미국의 경우 65세 이상의 노인 중, 양로원이나 요양원 같은 복지 시설에 거주하는 사람은 5% 미만으로 대부분의 노인들은 건강한 생활을 한다. 더욱이 고령화사회의 노인들의 교육수준은 현재의 노인보다 월등히 높을 것으로 전망된다. 앞으로 노년기를 맞게 될 현재 35~39세, 40~44세 연령군의 학력 수준은 현재 65세 이상 노인이 비해, 현저히 높은 수준이다.

우리나라도 고령화사회에 맞게 노인을 잠재적인 노동자원으로 보는 관점의 전환이 필요하다. 지금까지 노인이라고 하면 치매라든가 와상[40]

---

40 장지연, 「고령화사회에 대한 기독교의 조명」, 장지연 외, 『고령화 시대의 도래와 문제점』 (기독교학문연구소, 2002) 참조.

床노인 같은 허약한 노인, 혹은 굶주리고 헐벗은 독거노인을 연상해 왔다. 그러나 실제로는 이러한 노인들은 극소수이고, 대부분의 노인들은 신체적·정신적으로 건강하게 자립생활을 영위하고 있다.[41] 현대사회의 노인들은 이전 세대보다 신체적으로 건강하고 높은 교육수준과 경제적인 자립도를 가지고 있다. 이러한 노인의 역량 강화는 앞으로 더 강해질 것이다. 앞으로 새롭게 노인이 될 인구 집단은 이전 세대에 비해 상대적으로 높은 교육수준과 향상된 건강상태 등 노동력의 측면에서 질적인 향상이 나타날 것으로 예상된다. 이는 필연적으로 노동시장 참여 욕구의 증가로 연결될 것이다.[42]

지금까지는 신세대와 구세대를 구분하는 가장 일반적인 기준이 컴퓨터 사용 능력이었다. 현재 30~40대는 컴맹 세대가 아니고, 빠르게 발전하는 신기술에 익숙한 사람들이다. 이들의 성향은 노년이 되어도 변하지 않을 것이며, 특히 '지식정보사회'라고 말하는 미래사회에서 결코 그 영향력이 줄어들지 않을 것이다. 미래학자들은 다가오는 사회를 '지식 정보 사회'로 제시하면서, 이러한 사회에서는 '정보information' 위에 '지혜wisdom'가 필요함을 강조하였다. 지식과 정보가 많은 것도 중요하지만 이것들을 유용하게 쓸 수 있도록 유도하는 방향을 제시하는 지혜가 필요하다. 이런 점에서 지식과 정보에 '연륜'을 겸비한 지혜를 갖춘 노인층의 역량은 높게 평가할 만하다.

---

41 강춘근, 「노인의 사회참여와 자원봉사」, 장지연 외, 『고령화사회에 대한 기독교적 조망』 (기독교학문연구소, 2002) 참조.
42 정경희·오영희, 「노인의 교육수준 변화 및 정책적 함의」, 『보건복지포럼』, 41(2000년 2월), 참조.

4. 노인 일자리 창출 프로그램을 위한 몇 가지 사례

▌1▐ 세대통합 운영을 통한 일자리 창출

노인세대는 생애를 통해 축척된 많은 지혜를 자녀세대에 전수에 주고 싶은 욕구와 제 2의 전환기를 맞아 성숙한 자아를 실현시키고자 하는 욕구를 동시에 지니고 있다. 그러나 노년기는 사회적 접촉범위가 좁아진다. 이에 대해 지역사회복지실천으로 발상을 전환하는 방안도 구체적으로 검토해 볼 필요가 있다. 대가족의 전통을 잃어버린 오늘 우리에게, 양로원과 어린이집의 만남은 고령화사회의 노인 일자리 창출뿐 아니라 맞벌이 기혼여성들의 자녀양육의 부담을 줄여, 저출산을 해소하는 방안도 될 수 있다.

노인 참여형 보육사업의 대표적 사례로는 지역아동센터 및 어린이집 등 보육시설에서 보육교사의 업무를 도우는 '보육교사 도우미사업', 보육시설이나 교육기관에서 한자, 민요, 동화 구연 등을 가르치는 '1-3세대 강사파견 사업', 영유아 성장마사지사업 등이 있다. 지금까지 노인복지정책은 무의탁 저소득 노인의 의식주 문제 해결에 초점을 뒀지만, 앞으로는 고령화사회에 대한 준비로 사회참여 등 정책적인 준비를 해야 할 때이다. 급증할 것으로 예상되는 노인인력을 활용해 노인복지와 이들에 대한 사회적 부담을 줄일 수 있는 방안을 모색해야 한다.

최근 여러 지자체에서는 노인들을 일정기간 교육하여 어린이집에 보육교사 보조로 채용하는 방식이 진행되고 있고 이에 대한 논의도 활발하다. 울산의 경우, 고령화와 저출산 등 사회문제 해결을 위해 '노인 참여형 보육사업'을 활성화해나가고 있고 그 논의도 활발하다. 울산 북구청에서는 노인 일자리 사업의 일환으로 2012년 보육교사 도우미사업을 실시하여 노인뿐 아니라 일선 어린이집으로부터 호응을 얻었다.[43]

울산발전연구원이 2013년 8월 13일 발간한 경제사회브리핑에서 이윤형은 "노인 참여형 보육 사업은 노인을 보육에 참여시켜 일자리를 제공하고, 보육시설은 인력부족과 보육교사의 업무과중 등 부담을 줄일 수 있다."면서 "성장기 아이들에게도 노인과의 소통으로 전통문화 및 가치관을 배우는 계기가 마련될 수 있다."고 밝혔다.[44]

일본에서는 탁아 문제의 대안으로 '패밀리 서포트Family Support 제도'를 내놓았다. 이는 좀 더 가정적인 분위기에서 아이를 맡기고 싶어 하는 부모를 위해 옆집이나 주변 이웃이 아이를 돌봐주는 제도이다. 이는 좀 더 가정적인 분위기에서 아이를 맡기고 싶어 하는 부모를 위해 옆집이나 주변 이웃이 아이를 돌봐주는 제도이다. 이를 발전적으로 응용하여, 아이를 갖고 싶은 사람이 안심하고 아이를 낳아 맡기고 직장생활을 할 수 있는 가족적인 분위기의 노인과 어린이집의 접목을 생각해 볼 수 있다.

양로원과 어린이집의 만남을 통해 대가족의 전통을 잃어버린 현실을 보완하고, 세대 간의 통합도 가능하게 하는 방안이 될 수 있을 것이다. 이를 발전적으로 응용하여, 아이를 갖고 싶은 사람이 안심하고 아이를 낳아 맡기고 직장생활을 할 수 있는 가족적인 분위기의 노인과 어린이집의 접목을 생각해 볼 수 있다. 양로원과 어린이집의 만남을 통해 대가족의 전통을 잃어버린 현실을 보완하고, 세대 간의 통합도 가능하게 하는 방안이 될 수 있을 것이다. 지역사회복지시설로 양로원과 보육원이 집과 같은 편안함을 제공한다면 그야말로 최상의 복지시설일 것이다. 양로원과 어린이집을 함께하여 아이와 노인이 식사도 같이 하고, 잔치도 열고, 소풍도 함께 가는 밀착된 생활을 통해, 노인은 바깥 세상에 대한 감각을 유지하고, 아이들은 부모와 떨어져 있다는 불안감을 해소할

---

43 「노인 보육교사 도우미 호응」, 〈울산매일〉(2012년 8월 2일).
44 「노인 참여형 보육으로 고령화·저출산 해법을」, 〈경상일보〉(2013년 8월 13일).

수 있다. 좀 더 친해지면 노인들은 아이들의 대모·대부를 자청하게 되고, 친부모 이상의 애정을 갖고 아이들을 돌보게 되어 아이들의 정서발달에도 도움이 될 것이다.

오늘날 핵가족사회의 문제는 자녀를 하나 혹은 둘만 낳다보니 자기밖에 모르는 소황제小皇帝, 소공주小公主로 양육하는 경우가 많다. 양로원과 어린이집이 함께하는 지역사회복지시설을 통해, 직장에 나가야하는 기혼여성들은 아이를 맡기는 것에 급급해하지 않아도 된다. 아이들은 노인들을 통해, 사회성과 전통문화를 배우고, 핵가족의 한계를 보완하는 대가족의 공동체성을 배울 수 있다. 노인들도 아이들의 재롱을 보면서 밝고 활기찬 에너지를 느낄 수 있고, 자신들의 자녀양육 경험을 살려 아이들을 돌보면서 보람과 자존감을 가질 수 있다. 특히 노인 중에는 다양한 삶의 경험과 직업의 경륜이 있어 어린이들의 사회화에도 도움을 줄 수 있을 것이다. 더욱이 앞으로 노인의 고학력화는 어린이들을 돌보는 차원을 넘어 지식·정보 사회에 필요한 전문지식 그리고 경륜에서 베어 나오는 삶의 지혜도 배울 수 있다. 이러한 어린이들의 성장은 국가발전의 성장 동력이 될 것이다.

▮2▮ 노인의 집을 활용한 대학생 하숙집

독일 뮌헨에서는 재택 서비스의 특별한 방식으로 노인 일자리를 창출한 사례가 있다.[45] 이 프로그램은 노인과 대학생을 연결해주는 것으로 1996년부터 시작되어 오늘에 이른다. 노인과 대학생을 연결해주는 매개 역할은 지역의 노인회와 대학의 학생회에서 맡고 있다. 처음엔 노인과 학생을 연결해주는 이 일을 했을 때 쉽지 않았다. 자신의 집에 낯선 사

---

45 편집부, 「저출산, 고령화 시대의 목회」, 『기독교사상』, 557(2005년 5월), 22-45쪽 참조.

람을 선뜻 받아들이는 것은 큰 결심이 요구되는 일이다. 뮌헨 지역 노인회는 사회복지사를 통해 노인들을 교육하고, 상담도 하게 한다.

이렇게 하여 1년에 약 20건 정도의 결연을 맺고 있다. 이것은 뮌헨대학과 가까운 거리에 있는 노인들의 집에 대학생이 약간의 방값을 내는 대신, 노인이 하기 힘든 일을 해주는 방식으로 상보적인 형태를 띤다. 학생들의 입장에서는 방값이 저렴한 장점이 있고, 부모의 품과 고향을 떠나 객지에서 생활하는데 다정한 분위기로 정서적 안정감을 가질 수 있고, 체류비용을 절약할 수 있어서 좋다. 노인들은 외로움을 달래줄 말벗이 생겨서 좋고, 갑자기 쓰러지거나 긴급한 일이 발생할 때, 급히 병원에 연락을 취해주거나 가족에게 연락하는 일 등을 해줄 대학생이 있어 좋다. 그야말로 서로 필요한 부분을 충족하고, 교환하는 상생의 시스템이다. 노인과 학생의 대화를 통해 전통과 현대의 통합도 이룰 수 있다. 우리나라의 지방자치단체나 지역 교회들도 이러한 노인의 집을 활용하여 세대간 융합을 모색하는 방안도 고려해 볼 수 있다.

▮3▮ 퇴직자들의 목사직 전환

퇴직 고령자들의 목사직 전환제를 생각해 볼 수 있다. 독일의 경우, 무보수 명예설교 사역자들이 많다. 이들은 직업전선에 속해서 봉사하는 사람들과 은퇴이후 봉사하는 사람들로 구성되어 있다. 이들은 대부분 목사가 가지지 못하는 특별한 의사소통기법을 가지고 있다. 왜냐하면 무보수 명예 설교자 대부분이 교사, 공무원, 저널리스트, 언론인, 교육자 또는 그와 비슷한 일들을 하거나 했던 사람으로서 자신의 지식, 능력, 그리고 경험을 설교 안에 가져오기 때문에, 듣는 이로 히여금 많은 공감대를 형성할 수 있기 때문이다. 그리고 특별히 목사가 다루지 못하는 지식적인 전문분야를 가지고 설교에 인용하기 때문에 목사의 그것보다 설교 내용의 폭이 넓다. 독일 교회의 재정적·지역적인 어려움으로 인해 설교 사역에 있어서 평신도의 활동은 점차 늘어나고 이를 위해 사역봉사자들을 지속적으로 교육하고 양성하고 있다.[46]

이러한 독일의 무보수 설교봉사는 우리나라에서도 고려해 볼 수 있다. 현재 우리나라 농촌교회는 이촌향도離村向都로 인해 교인의 수가 줄어드는 추세인데다가 그나마 남아있는 교인들의 대다수가 노인들인 경우가 많다. 우리나라 대부분의 개신교 교단은 목사의 자격으로 신학대학원 이상의 학력을 의무화하고 있다. 이런 이유로 농촌교회 목사도 신학대학원 졸업 이상자들로 30대 초반 이상의 기혼자가 많다. 이에 따른 문제는 농촌교회 목사들이 가족을 책임지는 가장들인데 농촌 교회의 현실은 줄어든 교인 수와 대다수의 교인들이 고령자들이기에 재정이 열악할 수밖에 없다. 그에 따라, 목사의 생활비도 적을 수밖에 없다.

이렇게 농촌교회의 현실은 신학대학원 졸업 이상의 고학력 젊은 목사들이 기본적인 생활도 어려운 처지다보니, 교인들도 적정 생활비를 책임져주지 못하기에 목사를 대함에 마음이 편하지 않다. 농촌교회의 어려움은 재정적인 측면 이외에도 정서적인 측면도 어려운 실정이다. 이는 젊은 목사와 다수의 노인 교인 사이의 세대 갈등을 말한다.

이러한 문제를 해소하는 방안으로 공무원이나 교사 등 고학력자들이 40-50대 명예퇴직을 한다거나 정년퇴직을 준비하는 기간에 야간이나 계절제방학 등 일정기간 집중교육나 학점은행제나 원격 등의 방법으로 신학대학원 과정을 마치게 하는 방안을 모색해볼 수 있다. 이렇게 신학대학원을 마친 퇴직자들이 귀농歸農하여 농촌교회 목사로 봉직하는 방안도 생각해 볼 수 있다. 이런 목사들은 퇴직 후 연금수혜가 가능하기에 기존의

---

46 김정희, 『기독교노인 교육』, 263쪽.

젊은 목사들보다는 경제적인 면에서 여유가 있다. 자녀양육의 책임에서도 자유롭고, 귀농을 통해 정서적 안정감도 가질 수 있다.

또한 오랜 직장과 사회생활을 통해 풍부한 인간 이해력과 교회에서 오랫동안 교인생활을 해온 경험으로 노인 교인들을 이해하는 데 유익할 것이다. 농촌교회의 노인 교인들도 목사의 생활비 지급에 대한 부담이 적고, 비슷한 연령대로 공유하는 부분이 많기에 정서적인 측면에서도 유익할 것이다.

나오는 말

우리나라보다 먼저 고령화사회를 경험한 선진국들은 복지중심 지원 대책으로 일관하던 복지정책과 더불어 최근 일하는 노인을 양성하기 위해 노력하고 있다. 많은 연구 결과, 노년기에도 경제활동을 하는 경우 육체적·정신적으로 건강하고, 장수하는 것을 알 수 있다. 이를 통해 노년기에도 적절한 일이 필요함을 알 수 있다. 이제 우리는 노년기의 일에 대한 의식 전환이 필요하다. 노년기는 인간의 성숙한 면모를 보여 주어야 하는 결실의 시기이다. 그래서 노인은 보호를 받고 도움을 받기보다는 노인에게는 이러한 긍지와 보람이 필요하다. 그러므로 나이가 많다는 한 가지 이유만으로 사람이 불행하다거나 억눌리는 소외의 대상이 되었다고 볼 수만은 없다. 생물학적인 연한의 장단이 행복의 유일조건일 수는 없다. 인간의 노동은 직장에서 은퇴를 한다고 해서 중단되는 것이 아니다. 은퇴 이후 노동은 생세유시나 이기적인 욕망에서 벗어나 참된 자아를 실현하는 일을 찾고, 사회적으로 보람된 일을 할 수도 있는 시기이다.

필자는 고령화사회에 따른 노인의 일자리가 필요하고, 이에 대한 노인 일자리 창출의 시안을 제시하였다. 필자가 제시한 세 가지 일자리 창출 프로그램은 젊은 세대들과 경쟁적인 일이 아닌 블루오션의 영역이다. 이러한 노인 일자리 창출 프로그램을 통해 고령화사회에 따른 경제적인 부담을 줄여 나갈 수 있고, 세대 간의 긴장 완화에도 도움을 줄 수 있다. 노인들도 경험과 지혜를 바탕으로 하는 것이기에 일을 잘 수행할 수 있다. 고령화사회에 따라서, 노인의 일은 선택이 아닌 사회적인 필요성이 제기되는 시점에 이르렀고, 노인들의 취업욕구도 높다.[47] 이제는 노인 일자리 창출을 위한 연구도 연령층과 학력과 성별 등의 특성에 맞게 일자리의 종류 및 환경을 창출해 나가야한다. 노인들도 적극적인 자세로 준비하는 자기변혁의 노력이 필요하고, 이를 지원하는 노인취업 알선 및 고용촉진을 위한 지원정책과 취업을 위한 교육도 필요하다. 이에는 보건복지당국 뿐만 아니라 지역자치단체와 기업체가 함께 해나가야 실효성이 크다.

노인 일자리를 창출·유지하고, 개발·훈련·교육·배치 전 과정을 지속적·체계적으로 관리하기 위한 정보 체계도 구축해야한다. 노인 일자리 창출사업 수행기관 등에서 제공되는 각종 서비스도 한 곳에 데이터베이스로 모아 통합 관리하면, 분산된 사업 및 자원관리로 인한 낭비를 막고 자원의 효율적인 이용 및 관리도 가능하다. 노인 고용 프로그램도 체계화해 나가야한다. 노인의 경력·직종·지위 별로 다양한 일자리가 제공되도록 하고, 노인의 능력에 맞는 전문적 직업훈련도 해야 한다. 이를 위해 국가 차원의 현실적인 지원 대책과 함께 지방자치단체의

---

47 전정희, 「고령자 고용정책에 관한 연구」, 고려대학교 대학원 석사 학위 논문(2009), 84-85쪽 참조; 김한구, 「고령자 고용촉진 활성화방안에 관한 연구」, 중앙대학교 대학원 박사 학위 논문(2004), 144쪽 참조.

행·재정적 역할도 강화되어야한다. 고령화사회를 맞아 노인 자신의 의식 개혁과 사회적 의식 개혁도 이루어져야 한다. 우선 노인 스스로 '어르신'[48]으로 대접받으려는 자세보다는 생산 활동인구의 한 축으로써 능력을 갖춰나가겠다는 적극적인 자세를 지녀야 한다. 이와 함께 노인을 바라보는 사회적 인식도 바뀌어야 한다. 글의 가장 중요한 주장이라고 할 수 있는 일자리 창출 프로그램이 실제로 한국의 혹은 세계의 노인의 복지문제를 얼마나 해결할 수 있는지에 대한 정치한 논의가 거의 없는 상태로 많은 보완이 필요하다. 글의 주요한 주장에 대해서는 보다 더 설득력 있는 논의가 필요한 것으로 생각된다.

마지막으로 청춘과 노년이 나이로만 규정되는 것이 아님을 인식하면서 노인 개인의 의식과 사회적 의식개혁을 생각해보는 시를 함께 나누고자한다.

청춘

사무엘 울만

청춘이란
인생의 어떤 시기가 아니라 마음가짐이다.
장밋빛 볼, 붉은 입술, 부드러운 무릎이 아니라
강인한 의지, 풍부한 상상력, 불타오르는 열정을 말한다.

---

48 원래는 남의 아버지를 높여 부를 때 사용하는 말이었다. '어른'보다 더 격이 높은 느낌을 주며, 아버지보다 연세가 더 높으신 어른을 지칭할 때도 사용한다. 요즘은 노인의 대용어로 쓰이기도 한다. 평균 연령이 늘어나는데 빈해 경제적 생산능력이 무엇보다 중요한 사회가 되고, 시대별로 급격하게 달라지는 필요 지식 등으로 인해 나이가 많은 사람이라는 뜻 자체가 점점 더 부정적인 의미로 받아들여지기도 한다. 이러한 현상은 세계적인 추세이다. 이에 따라 미국에서 old man 대신 senior citizen을 즐겨 쓰고, 일본에서 老人 대신에 年寄 즐겨 쓰기도 한다.

청춘이란
인생의 깊은 샘에서 솟아나는 신선한 정신이다.

청춘이란
두려움을 물리치는 용기와 안이함을 선호하는 마음을 뿌리치는 모험심
을 뜻한다. 때로는 스무살 청년보다 예순살 노인이 더 청춘일 수 있다.
나이를 더해 가는 것만으로 사람은 늙지 않는다.
이상을 잃어버릴 때 비로소 늙는 것이다.
세월은 피부에 주름살을 늘게 하지만 열정을 잃어버리면 마음이 시든다.
고뇌, 공포, 실망에 의해서 기력은 땅을 기고 정신은 먼지가 된다.

예순이든 열여섯이든 인간의 가슴에는 경이로움에 이끌리는 마음, 어
린아이와 같은 미지에 대한 끝없는 탐구심, 인생에 대한 즐거움과 환
희가 있다.
그대에게도 나에게도 마음 한가운데 무선탑이 있다. 인간과 신으로부
터 아름다움, 희망, 기쁨, 용기, 힘의 영감을 받는 한 그대는 젊다.

그러나
영감이 끊어져 정신이 싸늘한 냉소의 눈에 덮히고,
비탄의 얼음에 갇힐 때 스물이라도 인간은 늙는다.
머리를 높이 쳐들고 희망의 물결을 붙잡는 한 여든이라도 인간은 청춘
으로 남는다.

참고문헌

국내물

강춘근, 「노인의 사회참여와 자원봉사」, 장지연 외, 『고령화사회에 대한 기독교적 조망』(기독교학문연구소, 2002).

기상편집부, 「저 출산, 고령화 시대의 목회」, 『기독교사상』, 557(2005년 5월).

김성은, 「노년층의 사회 재통합을 위한 교회 노인 교육」, 한국기독교교육학회 편, 『21세기 기독교교육의 과제와 전망』(한국장로교출판사, 1997).

김오현, 「노인소득보장제도의 활성화 방안 연구」, 동국대학교 대학원 석사 학위 논문(2000).

김용하, 「경로연금 도입과 정책과제」, 『보건복지포럼』, 통권 제13호(1997).

김태현, 『노년학』(교문사, 1994).

김한구, 「고령자 고용촉진 활성화방안에 관한 연구」, 중앙대학교 대학원 박사 학위 논문(2004).

권육상, 『최신노인복지론』(유풍출판사, 2001).

「당당한 여성노인, 보육교사 박정옥 씨」, 『미즈내일』, 328호(2007년 5월호).

송영민, 「노인복지 정책과 담론」, 『성공회대학논총』, 17(2003).

이미란, 「노인취업 활성화 정책에 관한 연구」, 계명대학교 여성학대학원 석사 학위 논문(2001).

이인수, 『노년기 생활과학』(양서원, 2001).

이효범, 『새로운 효』(공주대학교 출판부, 2004).

임양택, 『생명공동체 교육과 노인의 희망』(쿰란출판사, 1998).

장지연, 「고령화사회에 대한 기독교의 조명」, 장지연 외, 『고령화 시대의 도래와 문제점』(기독교학문연구소, 2002).

전정희, 「고령자 고용정책에 관한 연구」, 고려대학교 대학원 석사 학위 논문(2009).

정경희·오영희, 「노인의 교육수준 변화 및 정책적 함의」, 『보건복지포럼』, 41(2000년 2월).

조성남 외, 『고령화사회와 중산층 노인의 사회활동』(집문당, 1998)

조해경, 「성공적 노화에 관한 연구」, 연세대학교 대학원 박사 학위 논문(2002).

주선애, 「교회노인 교육과정」, 대한예수교장로회 총회교육부 편, 『한국교회와 노인목회』(한국장로교출판사, 1995).

피터 피터슨, 강연희 역, 『노인들의 사회 그 불안한 미래』(에코리브르, 2002).

황선욱, 「고령화자 취업관련 지원체계에 관한 연구」, 『노인복지연구』, 12(2001).

허병두, 『신문활용교육이란 무엇인가』(중앙 M&B, 1997).

신문류

「창조적 공존을 통한 고령사회 대비」, ‹경인일보›(2009년 2월 3일).

「우리나라 인구 2050년 641만명 감소」, ‹연합뉴스›(2009년 7월 10일).

「노후 대비 ‘안전망’ 부상… 세제혜택등 정부 지원도 한몫」, ‹서울경제신문›(2009년 12월 10일).

「노인자살률 10년 사이 2배 이상 늘어」, ‹메디컬투데이›(2011년 9월 30일).

「노인 보육교사 도우미 호응」, ‹울산매일›(2012년 8월 2일).

「‘65세 노인’은 옛말…노인 기준연령 75세로 조정예정」, ‹헤럴드생생›(2012년 9월 12일).

장규석, 「고령층 절반 이상, “연금 없어..돈 필요해 일한다”」, ‹CBS노컷뉴스›(2013년 7월 18일).

「요즘 부모들 “아들아, 내 한몸 챙기기도 바쁘다”」, ‹동아일보›(2013년 7월 24일).

「노인 참여형 보육으로 고령화·저출산 해법을」, ‹경상일보›(2013년 8월 13일).

인터넷류

국가통계포털(http://kosis.kr/)

국외물

R. C.Atchley, *Social Forces and Aging: An Introduction to Social Gerontology* (Belmont, London: Wadsworth Publishing Co, 1991).

K.L. Chou & I. Chi, *Successful aging and the young-old, old-old, and oldest-old chinse, International Journal of Aging and Human Development*, 54(1).

D. O. Cowgill & L. Holmes, *Aging and Modernization* (New York: Appleton Century Crafts, 1972).

Emile Durkheim, *Suicide: A Sociogical Study* (Glencoe, Il: Free Press, 1975).

D. Harwood & R. Jacoby. “Suicidal Behaviour among the Elderly.” Keith Hawton ed. *International Handbook of Suicide and Attempted Suicide* (John Wiley & Sons Ltd., 2000).

Lowy Louis, *Social Work with the Aging* (New York: Harper & Row Publishers, 1979).

J. M. Maxwell, *Group Service Well-being for Older People in Kurtz* (New York: Social Work Books, 1960).

현실사회윤리학의 토대 놓기

제12부

정보화사회에 따른 대학교육의 개선에 대한 소고[*]

들어가는 말

　오늘 우리는 많은 사람들이 상상으로 그려왔던 새로운 21세기, 뉴밀레니엄 시대를 살고 있다. 우리가 사는 이 세상은 20세기 중반 이후부터 통신 및 컴퓨터의 급격한 발전으로 인하여 우리가 꿈꾸던 미래는 새로운 모습의 사회, 즉 정보화사회로 나타나고 있다. 이에 따라 여러 선진국들이 앞 다투어 정보화사회의 기초가 되는 기반구조의 형성을 국가발전과 경쟁력의 차원에서 서둘러 준비해 왔으며, 오늘날 수많은 국가들이 정보화사회로 전환하는 것을 목표로, 경쟁적으로 정보화사회로 이행을 서두르고 있다.

　이러한 정보통신망의 발달은 새로운 만남의 장을 마련해 주게 된다. 그에 따라 사람과의 만남이 활발해질 것이고, 뜻을 같이 하는 사람들끼리 가상공간 내에서 하나의 그룹을 만들게 됨으로 수많은 소규모 공동체가 자리를 잡게 될 것이다. 과거에는 생각지도 못했고 상상으로만 사

* 이 글은 순천향대학교 인문과학연구소에서 간행하는 한국연구재단 등재후보학술지『순천향인문논총』, 27집(2010)에 게재한 것을 수정·보완한 것이다.

능했던 일들이 우리의 현실이 된 상황, 이것은 바로 정보화사회의 결정체인 컴퓨터에 의한 인터넷이 있기에 가능하다. 지구촌의 모든 나라가 초고속 통신망으로 연결된다면 컴퓨터 모니터 안에서는 그 모든 일들을 같은 시간에 보고 느낄 수 있는 시대가 되고, 지역이나 인종·종교를 뛰어 넘어 모든 정보를 공유하고 제공하는 세상, 바로 정보화 시대가 되었다.

이에 따라 정보화사회를 새로운 사회의 양상으로 규정하기도 하고, 현대 사회의 연장으로 받아들이기도 한다. 또한 많은 사람들이 정보화사회가 가져올 부정적인 영향으로 비인간화, 기계의 종속화 등에 대해 심각한 우려를 표명하고 있다. 피트릭은 정보사회를 주도하는 현대기술에 대하여, 인간의 개성·자율성·자발성·비합리성·자유 등을 파괴하는 사상적 근원으로 본다. 기술이 발달할수록 개인의 자아의식, 인간 삶의 목적, 자유의지, 윤리적 책임의식 등이 신비스럽고 매력이 있다는 기술에 대한 이해와 더불어 퇴색해 가고 있음을 지적한다.[1]

그러나 정보화사회는 이미 우리에게 선택의 문제로 남아 있지 않다. 정보화사회는 돌이킬 수 없는 움직임이며, 우리의 모든 생활 영역에 영향을 미치고 있다. 엘룰은 기술사회의 물질지향성은 인간의 자유를 약속하는 것 같으나 결코 인간에게 자유를 증대시켜 주지는 않는다고 단언한다, 그는 기술사회의 자동등재적 성격에 이끌려 살아가는 인간의 미래를 근심하였다. 그는 이제 누구도 이 기술문명을 정지시킬 수 없다고 본다.[2]

1 E. D. Pytlik, *Technology, Change and Society*. Worceter: Davis Publications, Inc. (1978). pp.12-13 참조; 마르쿠제도 이제는 폭력에 의한 지배가 아닌 기술에 의한 지배의 시대가 펼쳐질 것을 말한다. 헤르베르트 마르쿠제, 박병진 역, 『일차원적 인간』(한마음사, 2009), 19쪽.
2 Jaque Ellul(1954). *Technological Society*, tr. John Wilkinson (New York: Vantage Books, 1964), p.35.

이러한 시점에서 변하는 사회에 맞게 교육 체제도 함께 변화해야 한다. 정보화사회를 주도해야 할 입장에 있는 정보화 교육 또한 이러한 시대의 흐름에 따라 정보기술의 교육적 활용 방법에 관한 연구에 관심이 증대되고 있다. 아울러 교육기관을 비롯한 각종 사회단체와 연구기관 단체들과 종교단체들도 이러한 정치, 사회, 문화적 조류에 편승하여 정보화사회에 적합한 미래교육과 관련한 연구에 가세하고 있다.

오늘의 시대는 정보와 컴퓨터 통신 체제의 확산으로 지식의 창출과 습득, 축적과 이용 능력이 상대적 우위를 갖게 되는 가운데 정보를 선택·종합·분석하는 문제가 정보화사회를 현명하게 살아가기 위한 인간의 기본 자질이 되었고, 새로운 정보와 기술이 끊임없이 쏟아져 나오는 현실 속에서 평생 학습의 태도는 지속적인 삶을 위한 필수적인 요소가 되고 있다.

흔히 오늘날의 세계 변화를 정보화·세계화·지방화라는 말로 함축하여 제시하곤 한다. 이 세 낱말 중에서도 핵심은 정보화다. 정보가 가장 중시되고 정보의 신속한 입수와 체계적인 관리 및 그 활용 능력이 가장 중시되면서 우리의 일상생활과 인간관계, 그리고 사회조직 및 제도까지도 영향을 미치고 있다. 이와 같이 발전하는 컴퓨터 세계는 인간의 대면 욕구를 약화시킬 것이다. 개개인의 컴퓨터와 대면하는 시간은 점점 더 길어질 것이다. 그에 따라 인간은 더욱 기계화되고 타인과의 관계는 그만큼 축소될 것이고, 공동체적인 성격은 갈수록 희미해질 것이다. 정보화사회의 교육에 대한 논의로는 미디어 교육이 강조되고 있다. 이러한 미디어 교육은 교육 환경을 보다 개방적이면서 개별화시켜 학생들이 능동적으로 정보를 구하고 아이디어를 교환하며, 자신의 학습과정을 스스로 관리할 수 있도록 하여 학습과정이 학생중심으로 구성될 수 있도록 해준다.

오늘날 대학의 사회적 사명은 급속히 변하고 있다. 흔히 대학은 상아 탑이라 일컬으며 사회로부터 격리된 학문의 전당으로만 인식되었지만, 이제는 사회와 밀접한 관련을 맺으며 사회발전을 위해 봉사하는 평생교 육기관으로 거듭나고 있다. 평생학습 시대의 대학은 연구의 이념뿐만 아니라 교육을 통한 사회적 기여가 더욱 강조된다. 그런 점에서 오늘날 원격 대학교는 기존의 대학과는 다른 특성화·차별화될 수 있는 나름의 변화를 모색하여, 정보화사회에 맞는 평생교육기관화에 주력해야 할 것 이다. 이런 노력을 통해 평생학습중심대학으로서 새로운 평생교육시대 를 선도하는 대학의 위상을 정립해 나가야 할 것이다.

 정보화사회의 이해

1. 일반적인 이해

이러한 정보화사회를 말하기 전에 먼저 '정보란 무엇인가'에 대해서 살펴보려고 한다. 정보情報에 대한 사전적 의미는 '정황의 알림'이다. 정 보를 글자 그대로 해석하면 정情은 '의미 등의 내용'을 보報는 '알리는 형 식'이다. 즉, 정보란 '의미'와 '형식'의 두 가지 혼합체를 말한다. 알리고자 하는 내용을 어떤 형태로 표현한 것이면 모두 정보가 될 수 있다. 정보 는 관측이나 측정을 통해 수집된 데이터를 실제 문제에 도움이 될 수 있도록 해석하고 정리한 지식을 통칭하는 개념이다.

정보의 전달 처리는 원래 사람이 담당했지만, 통신기술 또는 컴퓨 터·자동제어의 발달로 인해 새로운 정보의 개념이 형성되었다. 정보를 생산·전달하는 것은 제어하기 위해서이며, 이용하기 쉽게 하기 위해

보존기록, 기억·가공정보처리도 행한다. 현대적 의미에서의 정보의 특징은 그 표현형식과 의미내용이 분리될 수 있는 것이다. 20세기 초에 이미 언어학자 소쉬르는 언어를 기호로 보고 시니피앙의미하는 것과 시니피에에의미되는 것로 구별했으며, 수학과 공학에서는 의미내용을 일반적으로 취급하는 것이 불가능하므로 이것을 사상捨象한 표현형식만을 취급한다. 이와 같이 의미내용을 분리한 부호코드만을 취급하는 경우의 정보를 '기술적 정보'라고 한다. 그러나 일반적으로 쓰이는 정보의 개념은 기술적 정보만이 아닌 의미내용을 포함한 것으로서 이해된다. '정보수집'이라고 할 때의 정보는 부호만이 아니라 그 부호가 가진 의미내용을 가리키는 것이다. 다시 말해서 인간의 행동, 사회의 존속에 있어 의미 있는 것에 대한 '앎'이 정보라고 생각되고 있다. 인문·사회 과학에서의 정보의 개념도 이와 유사하다. 이것은 '실용주의'적 의미면에서 본 '가치적 정보'라고 할 수 있다. 가치적 정보에는 다음과 같은 특징이 있다.

첫째, 시간적 차원을 가졌다는 점이다. 시간과 함께 가치가 감소하고예보는 그 시각이 지나면 가치가 없어짐, 미래의 시간이 반영되는미래의 목표를 위한 결정에 필요한 정보가 가치를 결정함 것이다.

둘째, 많은 복사 또는 복제를 행할 수 있다는 점이다. 물건의 경우는 복제하면 가짜가 되지만, 펀치 테이프, 비디오 테이프, 녹음 테이프 등은 원본과 동일한 가치를 지닌다. 또한 복사하여 양도·전달해도 정보원情報源이 가진 정보는 그대로 남게 된다.

셋째, 정보의 수신자도 노력을 해야 한다는 점이다. 필요한 의미내용을 얻기 위해서는 대량의 정보 중에서 필요한 정보를 가려내야 하며, 그것을 해독할 수 있어야 한다. 선사를 위해서는 네이퍼베이스가, 후자를 위해서는 번역기가 개발되고 있다.

현재 정보전달의 매체는 대단히 다양화하고 속도와 양도 커지고 있으며, 이에 따라 정보처리의 속도와 기억용량도 점차 커지고 있다. 정보의 질의 향상과 변환 기술의 발전을 위해서는 입출력 기구와 번역의 자동화가 개발목표로 되어 있으며, 정보의 양에 대해서는 충실도와 고도화가 기술적 과제로 되어 있다. 앞으로 정보개념이 수행하고 있는 역할은 통신·컴퓨터·자동제어 등에 한하지 않고 보다 광범한 분야에 이를 것이다.

최근 많은 정보제공업체가 새롭게 창립되거나 규모를 확장해 가는 것은 정보가 앞으로는 실체적인 상품으로서 가치를 창출해 나가는 중요한 근거가 될 것이라는 사실을 말해준다. 그러나 하나하나의 정보는 그 자체만으로는 제대로 힘을 발휘할 수 없다. 만약 가정에서 일 년 동안 일간지를 정성스럽게 모아 놓았다고 가정 해보자. 그 신문의 내용 가운데는 엄청난 정보가 담겨져 있다. 하지만 그것이 '정보다운 정보'가 되려면 원하는 내용이 언제, 어느 일자, 몇 면에 그 기사가 있다는 것을 알 수 있어야 참다운 정보가 될 수 있다. 이 정보가 인덱스index되고 검색이 가능하며 가공할 수 있는 수준에 이를 때에 비로소 정보다운 정보가 되는 것이다. 이러한 과정이 바로 가장 초보 수준의 '정보화'이다. 그렇다면 정보화사회란 무엇일까?

정보화사회는 정보가 정치적·경제적·사회적으로 결정적인 중요성을 갖는 사회를 말한다. 그것은 우선 정보가 화폐가치를 갖는 사회이다. 또한 정보의 생산·저장·전달에 관한 기술의 비약적인 발전을 수반하는 사회이다. 특히, 컴퓨터나 전자통신 기술의 발전이 정보화를 가속하였다. 다음으로 그것은 정보산업의 성립을 가능케 하는 사회이기도 하다. 그리고 마지막으로 이것이 가장 중요한 요소이지만 사람들이 정보의 가치·의의를 인식하고 일상생활에서 결정적인 역할을 하고 있다는 것을 인식하고 있는 사회이다.

인터넷의 급속한 발달로 필요한 정보를 간단하고 저렴하게 입수할 수 있다. 그 의미에서는 장미 빛의 미래가 약속되어 있는 것처럼 보인다. 그러나 정보화사회는 한편으로 정보조작이나 정보 관리의 위험성도 내포하고 있다. 정보자원의 혜택을 받은 엘리트는 정보과정을 유리하게 조작할 수 있다. 사전에 일정의 가치를 기준으로 하여 정보를 가공·은폐·과잉 표현·대량 투하할 가능성이 있다. 정보폭발이라든가 정보홍수라고 평가되는 현상 속에서 오히려 정말로 필요한 정보를 입수할 수 없거나 각각의 정보의 진위眞僞를 평가할 수 없거나 그것 때문에 무관심 층이 증가 한다는 사태가 발생할 위험이 항상 존재한다. 성숙한 정보화 사회를 구축하기 위해서는 정보공개의 철저화나 정보자원의 사회화 등과 함께 정보인식 능력의 훈련이 필요하다.

우리가 살고 있는 지금 이 시대는 '정보화사회', '멀티미디어 사회'라고 지칭하는 그야말로 정보가 힘인 사회이다. 토플러는 정보화사회를 만들어 낸 주역이 바로 '제3의 기술 혁명'으로 등장한 멀티미디어이며, 이 새로운 매체가 삶의 전 영역에서 가져올 변화를 제3의 물결이라고 보았다. 토플러는 산업사회는 소비자가 생산자를 위해 존재하는 시대였지만, 앞으로의 시대는 생산자와 소비자가 하나가 되는 프로슈머prosumer의 시대가 될 것이라고 될 것이라고 하였다. 정보 시대의 새로운 정보 체계의 방향은 이전의 발신자 중심에서 수신자 중심으로 그 중심이 이동된다.[3]

제3의 물결의 시대는 컴퓨터와 통신의 결합으로 정보 혁명이 일어나고 정보 사회화가 이루어진다.[4] 그야말로 정보가 가장 중요한 사회이다. 정보화사회는 정보화 과정을 포괄하는 개념으로 '정보 가치의 생산과 이용을 중심으로 발전하는 사회'라고 할 수 있다.[5] 또한 지금까지 산업

---

3 앨빈 토플러, 이계행 감역, 『제3의 물결』(한국경제신문사. 1989), 28쪽.
4 이종각, 『교육사회학 총론』(동문사, 1996). 300쪽.

사회의 인간 활동의 중심이 노동과 자본으로 이루어졌다면, 정보화사회는 인간 활동이 정보 및 통신 기술이 제공하는 서비스의 지원을 받아 이루어지는 사회를 말한다. 여기서 정보란 인간의 지적활동의 결과로 얻어지는 무형의 생산물을 가리키며,[6] 정보화사회에서는 이 정보가 새로운 자본이 된다.

2. 정보화사회의 특성

▌1▌ 기술적인 측면

정보화사회를 주도하고 있는 기술 발달의 특징은 장소와 시간적 제약에서 벗어나 언제 어디서나 기술을 사용할 수 있는 이동성이 있고 여러 가지 인터페이스interface[7]들이 사용자 편의를 고려하여 개발되며 이전의 기술을 기초로 각종 첨단 기술들은 상승효과를 가지면서 더욱 빠르게 발전한다. 이러한 정보기술의 발달방향에서 뚜렷하게 드러나는 방향으로 '매체 통합화'를 들 수 있다.

통합화된 매체는 일반적으로 '멀티미디어'라고 부른다. 이는 멀티미디어Multimedia, 문화어: 말티메디아, 다매체 또는 다중 매체多重 媒體는 Multum과 Medium를 합친 낱말이며, 여러 형식의 정보 콘텐츠와 정보 처리보기: 텍스트, 오디오, 그래픽, 애니메이션, 비디오, 상호 작용를 사용하여 사용자에게 정보를 제공하고 즐거움을 주는 미디어를 뜻한다. 초기의 컴퓨터에서는 문자만 처리할 수 있었지만 입력과 출력의 기술 향상으로 음향, 영상으로

---

5 엄창일, 『새로운 사회 정보화사회』(부산대학교 출판부, 1998), 211쪽.
6 권태환·조형제 편, 『정보사회의 이해』(미래미디어, 1997), 15쪽.
7 하나의 시스템을 구성하는 2개의 구성 요소로 하드웨어, 소프트웨어 또는 2개의 시스템이 상호 작용할 수 있도록 접속되는 경계(boundary) 또는 이 경계에서 상호 접속하기 위한 하드웨어, 소프트웨어, 조건, 규약 등을 포괄적으로 지칭하는 개념이다.

되어있는 다양한 매체를 처리할 수 있게 되었다.

멀티미디어 매체들은 영상과 소리를 많이 사용하기 때문에 정보의 양이 크고 이것들을 처리하기가 매우 까다롭고 복잡하며, 이것들을 처리하기 위해서는 고속의 전송선로를 제공하기 위한 교환기술과 영상과 음성 신호의 처리기술이 필요하다. 멀티미디어는 전자 매체를 사용하여 멀티미디어 콘텐츠를 저장하고 경험하는 데 쓰인다. 멀티미디어는 넓게 보면 미술의 전통적인 복합 매체와 비슷하다. 리치 미디어rich media는 상호 작용 멀티미디어와 같은 뜻을 가진 낱말이다. 멀티미디어는 컴퓨터 정보가 전통 매체인 텍스트와 그래픽을 더불어 텍스트, 오디오, 스틸 이미지, 애니메이션, 비디오, 상호 작용을 통해 표현될 수 있다는 뜻을 가진다. 하이퍼미디어는 하나의 특별한 멀티미디어 응용을 가리킨다.

일반적으로 멀티미디어는 독립적이고 개별적인 한 가지 이상의 미디어들이 상호 결합된 시스템으로서 TV, 오디오, 비디오 등의 다양한 매체가 통합적으로 사용되는 환경을 의미해 왔다. 그러나 컴퓨터 및 통신기술의 발달과 디지털화 현상에 힘입어 컴퓨터가 주도적 구성요소에 포함됨으로써, 오늘날에는 멀티미디어를 주로 컴퓨터와 관련지어 생각한다. 이러한 컴퓨터중심 멀티미디어 시스템에서는 화면표시장치 및 통제도구로서의 컴퓨터를 사용하여 문자, 사진, 그래픽, 음향 등의 다양한 형태의 자료를 컴퓨터를 통해 통합적으로 사용한다.

오늘날은 이러한 멀티미디어 개념에 주제어나 문서간의 연결을 통하여 상호작용과 문자정보의 역동적인 제시가 가능한 '하이퍼텍스트'가 상호 결합되어 '하이퍼미디어hypermedia'의 개념으로 발전하고 있다. 하이퍼미디어는 형태가 다른 미디어를 동시에 전달하고 표현하는 방법이다. 이는 문자, 음성, 영상, 애니메이션 등 형태가 다른 여러 가지 미디어를 같은 환경에 연결시켜 조작이 가능하도록 한 새로운 미디어 시스템이다. 전자매체 이용자가 본문 중에서 한 단어를 선택하면 그 단어와 관련된 추가 정보를 얻도록 해주는 컴퓨터 프로그램 특성 가운데 하나가 하이퍼링크이다.

하이퍼링크를 통해 얻어지는 추가적인 정보로는 그 단어의 정의나 같은 문서 안에서의 관련 참조 등이 있다. 이때 연결되는 추가적인 정보가 텍스트뿐만 아니라 다른 미디어 형태인 사진이나 소리 혹은 동영상과 연결되기도 하는데 이를 하이퍼 미디어라 한다. 즉, 하이퍼 미디어는 서로 다른 미디어가 같은 환경에서 이용될 수 있도록 연결된 미디어 시스템으로 문서와 문서 또는 단어와 단어의 연결기능을 갖고 있는 하이퍼텍스트 개념을 확장하여, 단어의 연결 기능 뿐 아니라 그림·음성·동영상 등 저장된 모든 데이터 파일들을 연결하고 검색은 물론 다양한 형태의 매체들을 통해 재생, 편집할 수 있는 상호 연결·통합적 개념을 말한다.[8]

멀티미디어의 개념은 기술의 발달로 인하여 언제라도 변화될 수 있는 여지를 안고 있다. 이러한 상황을 대변하는 현상은 매스미디어, 뉴미디어, 멀티미디어라는 용어들 사이에는 상당한 개념차이가 있음에도 혼용해서 사용하고 있는 데에서 알 수 있다. 이를 미디어 정의에 따른 분류를 표로 정리하면 다음과 같다.

미디어 종류	대인對人미디어	매스미디어	뉴미디어	멀티미디어
코드	말 : 대화, 면접, 전화 글 : 편지, 통신문 그림 : 회화, 그림엽서	말 : 라디오, 음반 글 : 신문, 잡지 그림 : 텔레비전	말 : 쌍방향 CATV 글 : 전자우편, 팩시밀리, 워드프로세서 그림 : 화상전화	말, 글, 그림의 분류가 불가능 : 3개의 코드가 하나로 통합되어 있다.

8 윤준수, 『인터넷과 커뮤니케이션 패러다임의 대전환』(커뮤니케이션북스, 1998), 26쪽.

멀티미디어는 다른 미디어들과는 구별되는 특징을 가지고 있다. 이러한 멀티미디어에 대한 특징을 바로 이해한다면 정보화사회 속에 살고 있는 멀티미디어 세대에 대한 효과적인 정보화교육을 수행할 수 있다. 멀티미디어 기술은 언제, 어디서 누구와도 다양한 형태의 정보를 쉽게 주고받을 수 있는 고도의 정보사회를 실현 가능하게 함으로써 직접 사람과 대면하거나, 필요한 장소에 가야 하는 기존의 대인관계에 많은 변화를 일으킬 것으로 보인다.

▌2▐ 사회구조의 변화

정보화사회의 가장 큰 변화의 주체는 바로 '지식정보'라고 할 수 있다. 지식정보는 오늘날 양적인 면에서 가장 큰 변화를 보이고 있는 것 중의 하나다. 이에 대한 토플러의 말이다. "1,500년 이전에는 유럽에서 1년에 대략 1,000권의 출판물을 발행했지만, 1960년대 중반에는 하루에 출판되는 책이 1,000권에 달했다."[9]

최근에는 3-5년마다 인간의 지식이 두 배로 늘어나고 있다. 21세기에 접어들어서는 가속화되어 11시간마다 두 배로 증가될 것이다.[10] 이러한 정보화사회의 급격한 변화는 컴퓨터와 뉴미디어, 통신기술 등을 포함하는 정보기술의 혁명적인 발달에 의해 촉진되었다. 정보기술의 발달은 사회의 정보화를 유도하다가 사회전반에 확산되어 이른바 '정보의 사회화'가 진행되고 있다. 즉, 생산을 위한 경제의 영역에서 뿐 아니라 정치, 사회, 문화, 가치관 개인의 일상생활 등 사회전반에 걸쳐 정보기술과 정보가치를 중심으로 광범한 변화가 일어나 '정보의 사회화'와 '사회의 정

---

9 앨빈 토플러, 장을병 역, 『미래의 충격』(범우사, 1997), 42쪽.
10 허운나, 「새로운 교육 패러다임의 필요성과 교육정보화」, 크리스챤 아카데미 편, 『정보화 시대, 교육의 선택』(대화출판사, 1997), 36쪽.

보화'가 동시에 진행되는 사회가 바로 정보화사회이다.[11]

이런 정보화사회의 도래로 인한 사회적인 측면의 변화에 대한 견해들은 다양화의 심화, 가치관의 변화, 사회 복잡성의 증가, 정보 기술에 의한 사무 및 조직의 자동화, 정치 질서의 민주화, 시간과 공간의 의미 변화 등을 들 수 있다.[12] 이러한 정보화에 따른 사회변동의 모습은 아래와 같다.[13]

	기존의 패러다임	새로운 패러다임
중심적 특징	에너지 및 자원집약형 대량생산기술	지식집약형 다품종·소량생산기술
정부정책	시장보호와 정부 개입의 사회기반시설(도로)	자유화와 규제완화
산업구조	제조업, 재화 취급 중심	서비스업, 정보처리중심
기업 활동	독점과 수직적 통합	경쟁과 네트워크적 협력
고용구조	육체노동자 중심	경영자, 전문직, 기술직 중심
노사관계	연공급·직무급 중심 : 중앙 집중적 단체교섭	직능급 중심 : 분산적 단체교섭
국제관계	냉전체제, 보호주의 무역	시장의 세계화, 기업의 세계화

정보화사회는 컴퓨터와 데이터 통신망으로 발전된 현대 과학기술을 사용하지만 그 내면에 있는 중요한 가치는 인간중심의 정보력, 즉 인간이 만들어 내는 사고를 중심으로 이루어진다. 이러한 정보화사회는 창의적인 개인을 존중하는가 하면 전체적인 공존의 네트워크로 상호 보완성을 가지고 있어 인간이 만들어내는 민주주의와 사회주의의 평등 사고를 동시에 만족시킬 수 있는 새로운 사회를 그려 가고 있다. 또한 정보화사회는 어느 사회보다도 폭넓은 정보의 확산으로 인해 지식정보의 평

11 임희섭, 『정보화사회의 사회구조 : 정보화사회와 우리』(소화, 1995), 238쪽.
12 이종각. "앞의 책", 301-303쪽 참조; 권태환·조형제 편, "앞의 책", 18-23쪽 참조.
13 권태환·조형제, "앞의 책", 48쪽.

준화가 가속화되었다. 대중이 정치, 경제, 사회, 문화의 각 부문에 걸친 정보를 속속들이 접하게 되고 정보의 균등화로 사람들의 지적인 수준이 고르게 된 것이다. 이에 따라 사회구조를 산업 사회의 피라미드 체제에서 수평적인 관계로 만들어 갈 것이다.[14]

이러한 정보화사회의 수평적인 사회 구조 속에서는 더 이상 대중은 지배자에 의해서 조작된 상징을 대중매체를 통해서 일방적으로 받아들이지 않게 된다. 정보통신 기술의 발달은 대중이 각종 정보의 접근기회를 확대하였고, 멀티미디어의 쌍방향 통신 매체의 성격은 정보화사회의 모든 분야에서 대중의 참여의 폭을 넓혀주었다. 즉, 정보화사회는 정보화로 인한 수평적인 사회구조로 전환시켜 다원적이고 분권화 된 시민사회의 성격을 갖는다.

정보화사회에서 우려되는 일은 정보격차의 문제이다. 정보 격차는 지식 정보 사회에서 초래되는 정보의 불평등 현상을 말하는 것으로 오늘날 이 문제가 사회문제로 대두되고 있다. 정보 통신 기술이 발달함에 따라 지식 정보 사회는 하루가 다르게 변화하고 있다. 이렇게 급변하는 지식 정보 사회는 정보를 가진 자와 못 가진 자, 정보를 잘 활용하는 자와 활용하지 못 하는 자로 구분되는 정보 격차를 만들어내고 있다. 정보의 가치가 중요시되면서 정보는 소득·재산·권력·지식과 같은 사회적 자원이 되었다. 그러므로 정보 격차는 경제적·사회적 격차를 더욱 심화시키게 된다. 즉 경제적·사회적 지위가 높을수록 많은 정보를 차지하게 되고, 많은 정보를 차지할수록 경제적·사회적 지위는 더 높아진다. 반대로 경제적·사회적 지위가 낮을수록 정보를 적게 차지하고, 정보를 적게 차지할수록 사회적 지위는 낮아지게 된다.

---

14 이영제, 『정보화사회와 기독교』(컴퓨터선교회, 1993). 178쪽.

정보는 지식과 돈을 낳는 자원이지만 사용하는 사람의 활용능력에 따라 상이한 가치를 지닌다. 뿐만 아니라, 사회경제적 차이도 정보기술의 획득 기회에 차이를 가져오는 요인이 된다. 따라서 정보자원을 잘 활용할 수 있는 능력과 지위를 갖는 집단과 그렇지 못한 집단 사이의 질적, 양적 격차는 정보화가 고도화 될수록 더욱 심화될 것이다. 이러한 정보격차의 결과는 특정계층이나 지역 또는 국가 사이의 정보 불평등과 정보종속의 문제를 유발할 것이다. 그러므로 평등한 정보화사회가 이루어지기 위해서는 정보이용의 대중화와 접근기회 및 분배의 평등화가 이루어져야 한다.

▌3▌ 가상현실과 사이버 스페이스의 대두

정보기술의 발달에 힘입은 정보화사회의 도래가 필연적인 것으로 인식되면서 정보화사회의 인간생활과 문화에 대한 관심이 증가하고 있다. 정보화사회의 제도적 모습과 사회구조에 대응하는 개념으로 정보화에 기반을 둔 생활양식을 일반적으로 정보문화라고 개념화한다. 그러나 정보문화는 다음과 같은 두 가지 상이한 의미를 갖고 있다.[15]

하나는 문화변동[16]의 관점에서 정보문화를 조망하는 것으로 '정보매

---

15 한국정보화센터 편, 『정보문화』(한국정보문화, 1996), 32-37쪽 참조.
16 문화 변동은 다른 문화와의 접촉에 의해서 새로운 문화 요소가 전파되며 발생한다. 또한 문화는 새로운 문화 요소의 등장인 발명과 발견에 의해서 변화한다. 최근의 문화 변동은 전 지구화 및 과학 기술의 발전으로 한 사회에서 발명된 새로운 문명의 이기가 단기간 내에 전 세계의 문화에 영향을 미치게 된다. 이러한 점에서 오늘날의 문화 변동은 발명과 전파 또는 발견과 전파의 상호작용에 의해서 발생한다고 할수 있다. 문화 변동의 다양성은 다음과 같다. 첫째, 문화 융합은 특정 사회의 고유문화가 외래문화와 접촉한 결과, 새로운 문화가 등장하게 되는 현상을 가리킨다. 둘째, 문화 동화는 외래문화의 유입 결과, 기존의 문화가 외래문화에 완전히 흡수되어 해체되거나 소멸되어 버리는 현상을 의미한다. 셋째, 문화공존은 외래문화가 유입되지만 기존의 문화와 뒤섞이거나 흡수되지 않고, 하위문화로서 그 사회 내부에 독립성을 유지하면서 존재하는 경우를 의미한다. 넷째, 문화의 반등 및 복고는 외래문화의 유입으로 인해 기존 고유문화의 정체성이 위협을 받을 경우, 외래문화를 거부하고 고유문화를 강화하려는 움직임을 의미한다.

체의 사용으로 기존의 문화가 된 것'이라는 의미이다. 컴퓨터의 사용이 인간관계에 어떠한 영향을 미치게 되는가에 대한 논의나 정보화로 인한 일상생활의 변화에 대한 논의 등이 이런 입장에 근거한 것이다. 또 하나는 컴퓨터와 네트워크로 형성된 사이버 스페이스Cyberspace[17]의 문화를 정보문화라고 한다. 이 관점은 정보문화를 현실의 문화와는 구별되는 또 다른 하나의 문화로 인식한다. 정보화사회에서는 컴퓨터를 매개로 하는 커뮤니케이션을 바탕으로 컴퓨터 네트워크 망으로 연결된 '사이버 스페이스'가 새로운 의사소통 공간으로 등장한다. 정보문화를 사이버 문화의 관점에서 보면 정보기술의 발달이 완전히 새로운 문화를 만들어 낸다. 컴퓨터와 네트워크로 형성되는 사이버 스페이스는 해방공간이다.

이 사이버 스페이스에서 활동하는 사람들은 시·공간의 구속에서 자유로울 뿐 아니라 문화적 구속에서도 자유롭다.[18] PC통신이나 인터넷으로 구성되는 사이버 스페이스에서는 시간과 공간의 제약이 없다. 미국에서 일어나고 있는 일은 같은 시간에 우리나라에서도 파악할 수 있고, 은행에 가지 않고도 컴퓨터 앞에서 은행 업무를 처리할 수 있으며, 순식간에 무수히 많은 사람들에게 공간적인 제한 없이 동일한 메시지를 전

---

17 사이버 스페이스(cyberspace)는 물리적인 위치와는 전혀 관계없이 사람들이 컴퓨터와 통신을 통해 완전히 상호 연결되어 있는 것이다. 윌리엄 깁슨은 1984년 자신의 소설에서 가끔 "Neuromancer"라는 용어를 사용함으로써 이 용어를 만들고 보급시켰다고 알려져 있다.
18 이와 연관된 신조어가 네티즌(netizen)이다. 통신망으로 이루어진 가상공간에서 활동하는 사람들이라는 뜻으로 통신망을 뜻하는 네트워크(network)와 시민을 뜻하는 시티즌(citizen)의 합성어이다. 이들은 급속히 확산된 인터넷을 이용해 전 세계를 드나들면서 자신이 원하는 지식이나 정보를 자유자재로 구하고 사용할 뿐 아니라 남에게 전달할 수도 있는 사람들이다. 그들은 익명성이 보장되어 신분이나 재산에 관계없이 하나의 가상 인격체로 당당히 생활할 수 있을 뿐 아니라, 시간적·공간적 제한이 거의 없어 현실 세계보다 더 큰 정보를 생산하거나 발신할 수 있는 능력을 가지고 있다. 따라서 단순히 컴퓨터를 조작할 줄 모르는 '컴맹'의 반대 개념인 통신망 사용자의 의미가 아니라, 하나의 공동체적 의미를 가지고 사회적 관계를 적극적으로 형성해 나가는 주체적인 사람들이다. 즉 시티즌이 산업혁명을 주도한 주체였다면 네티즌은 정보화사회를 이끄는 주체 세력이라 할 수 있다. 비슷한 용어로 '누리꾼'이라는 말은 1999년 국립국어원에서 네티즌을 순화한 단어로서, 세상을 뜻하는 '누리'와 전문인을 뜻하는 '꾼'의 합성어이다.

달할 수 있다. 따라서 물리적으로 구분되고 시·공간적인 거리개념을 갖는 현실 세계는 점점 위축되고 사이버 스페이스가 그것을 대신하게 된다. 이제 사이버 스페이스는 더 이상 가상공간이 아니다. 의미상의 실제 공간real space이 되어가고 있다. 가상공간이 실제 공간화 되어 가고 있다는 것은 새로운 세상에 대한 기대와 우려가 현실화되고 있다는 것을 의미한다.

컴퓨터 네트워크 망으로 이루어진 새로운 의사소통구간인 사이버 스페이스는 물리적인 시·공간 개념을 초월하여 정보의 가교架橋 역할을 함으로써, 인간의 개별적·집단적 의식에 일대 혁명을 가져왔다. 사이버 세계에서는 대규모 동시접속과 동시전달의 예와 마찬가지로 대규모 정보증식의 경우에도 그것을 기술적으로 가능하게 하는 문화, 그것을 구현하는 문화, 그것을 좀 더 확대하는 문화가 있다. 이러한 문화들이 복합적으로 작용하면서 사이버 세계에서의 정보증식과 관련된 현실은 끊임없이 변하고 있다. 사이버 세계에서 정보증식과 관련되어 있는 문화는 무한증식의 추구를 특징으로 한다.[19] 즉, 새로운 의사소통 공간 속의 인간은 정치, 이데올로기의 장벽을 넘어서서 세계를 하나로 볼 수 있는 열린 눈을 갖게 하였으며, 지구촌의 문제를 온 인류가 함께 의식할 수 있게 하는 계기를 마련했다.

시·공간의 극복 이외에도 사이버 스페이스가 갖는 새로운 의사소통 구조는 다량·다형식의 상호작용적 의사소통을 가능하게 하였다. 실명實名을 드러내지 않아도 되는 익명匿名으로 인해, 사회적 편견이나 심리적인 부담감에서 벗어난 상태에서 활발하고 적극적인 의사소통을 가능하게 한다.[20] 이러한 요소들로 인해 오늘날 사이버 스페이스를 자유롭게

---

19 조용환·윤여각·이혁규, 『문화와 교육』(한국방송통신대학교출판부, 2006), 216쪽.
20 임정훈, 「인터넷을 활용한 가상수업에서의 교수-학습 활동 및 교육 효과연구 : 한국방송통

다룰 수 있는 사람은 그만큼 독립성과 자율성을 가질 수 있고, 이동성과 유연성의 능력을 지닌다.[21]

사이버 스페이스는 그 의사소통의 관계에 있어서 바람직하지 않은 방향으로 변화되는 경향이 있으며, 한편으로는 도덕성이 위협받는 공간이 되어가는 경향 때문에 우려의 목소리가 일고 있다. 얼굴과 얼굴을 맞대고 주고받는 의사소통이나 육체적 접촉이 없기에, 이에 따른 도덕불감증으로 인한 탈도덕화의 근본적인 원인이 된다. 최근 우리 사회에 '악플'로 인한 심각한 사회문제와 타인의 지적재산을 무단 도용하거나 개인의 신상정보를 사업적 목적으로 유출하는 문제가 발생하고 있다. 90년대 초 개봉된 '네트'는 현대인의 삶이 어떻게 통제되고 조작될 수 있는지를 흥미롭게 보여주었다. 이처럼 사이버 공간은 익명성에 의한 여러 가지 어두운 모습도 보여주고 있다.[22]

이러한 익명성에 따른 어두운 측면을 밝게 하기 위해서 사용 개방성과 신뢰성 그리고 책임감과 윤리의식이 중요한 선결문제로 대두되고 있다. 왜냐하면 사이버공간에서 체득된 도덕적 무감각이 곧바로 실제공간으로 전이(轉移)될 수 있고, 그것으로 인해 파급될 영향력이 매우 심각할 것이라는 전망 때문이다.

근본적으로 이러한 것들이 전제되지 않는 한 사이버 스페이스 상에서 주체간의 인간관계는 공허할 수밖에 없다. 물론 이러한 것들이 해소된다고 해도 사이버 스페이스가 근본적으로 현실공간을 대체할 수는 없다. 사이버 스페이스는 인간과 인간의 직접적인 대면과 접촉을 통해 느낄 수 있는 분위기, 친근감 그리고 촉감적 정서 등을 비롯하여 땀을 흘

신대학교 인터넷 가상수업 교과목 '고전시가강독'사례를 중심으로」, 『교육공학연구』, 14권 2호(한국교육공학회, 1998년 6월호), 106-107쪽 참조.
21 이남복, 「정보사회의 가능성과 한계」, http://alpha94.chongju.ac.kr/~nbyie/forum.
22 박종대·이태하·김석수, 『현대인의 삶과 윤리』(민지사, 2000), 185-189쪽 참조.

리면서 산에 오르는 동안 볼 수 있는 생생한 자연의 빛과 소리, 냄새가 어우러진 교감을 얻을 수는 없다. 그럼에도 사이버 스페이스가 확장되어 가는 추세는 거스를 수 없는 하나의 조류潮流가 되었다. 조류의 흐름이 거세질수록 현실과 사이버의 이중적 주체는 두 세계의 방향타를 모두 굳건히 잡아야 한다. 왜냐하면 사이버 스페이스의 영역이 확대될수록 현실공간의 고유 가치 또한 그만큼 상대적으로 중요하기 때문이다.[23]

정보화사회에 특징적으로 대두되는 또 하나의 세계는 바로 가상현실 virtual reality[24]이다. 가상현실은 컴퓨터를 단순히 상징처리기 수준에서 일약 현실생성기 수준으로 개념적 전환을 가져온 중요한 철학적 함의를 지닌 하이테크 정보기술이다. 가상현실은 사이버 스페이스와 유사한 맥락을 지니고 있으며, 개념적 유사성 때문에 사이버 스페이스와 가상현실이라는 용어는 자주 혼용되어 쓰이는 경향이 있다. 그러나 사이버 스페이스가 인간의 시각 및 청각적 매개를 중심으로 주로 온라인상에서 몰입되는 가상적 상황이라면, 가상현실은 인간의 시각·청각·운동감각 등 인간의 총체적 감각을 몰입시킴으로써 보다 실감나게 하는 3차원적 공간상의 가상적 상황이라고 구분할 수 있다. 이러한 가상현실 시스템은 가공의 것을 마치 현실적인 것처럼 만들 수 있는데, 현실보다 더 실감나는 것일 수도 있다. 따라서 그 시스템 속에 들어간 사람은 그 상황을 실제인 것처럼 보고 듣고 느끼게 된다는 점에서 쉽게 몰입되는 경향이 있다. 사이버 세계는 우리가 직접 만져 볼 수 없는 가상세계이지만

---

23 디지털화가 대세라고 해도 아날로그의 의미가 결코 무시될 수는 없다. 이어령은 '디지로그'라는 신조어를 통해 두 개의 방식이 혼합되어 나타나는 현상을 설명하였다. 디지털 시대의 단점을 아날로그적인 사고와 삶의 방식으로 보완해나가야 함을 말했다. 이어령, 『디지로그』(생각의 나무, 2006) 참조.

24 가상현실이 공식적으로 일반화된 것은 컴퓨터지원 디자인(CAD) 소프트웨어 회사인 오토데스크와 전자컴퓨터 회사인 VPL이 1989년 6월 7일 '가상현실'이라는 신기술을 공표한 것으로 비롯되었다.

간접적으로 만져 볼 수 있고, 보고 듣고 느낄 수도 있는 현실 세계이기도 하다. 또한 사이버 세계는 우리의 육체가 직접 몸담을 수 없는 세계라는 점에서 가상세계이지만, 인간이 만든 세계라는 점에서 현실 세계이기도 하다.[25]

이러한 특징으로 인해 가상현실의 적용범위는 전쟁연습에서 게임, 운전연습, 전문 직업훈련에 이르기까지 매우 광범위하다. 특히 외과 의사나 조종사 훈련을 시키는 경우와 같이 실제적인 체험을 하기에는 현실적으로 어렵거나 위험하고 비용이 많이 드는 상황에서 이러한 가상현실은 매우 유용하다.

가상훈련 비행기 조종훈련 시스템의 경우를 보면, 사용자는 시스템 속에서 시각데이터를 입체적으로 보고 청각데이터를 입체적으로 들으면서, 눈앞에 펼쳐진 화면에 나타난 공항활주로 혹은 구름 속을 조종간을 잡고 조종할 수 있을 뿐만 아니라, 비행기가 비행할 때와 비슷한 체감을 느끼게 된다고 한다. 현재 거의 대부분의 대형 항공사들이 조종사 훈련을 위해 이 시스템을 활용하고 있다.[26]

가상현실은 분명 많은 비전을 제시해 주고 있다. 그러나 분명한 것은 이러한 비전 또한 양면성을 지니고 있다는 사실이다. 비행 시뮬레이션 환경의 이점은 분명하다. 인간의 생명을 담보함이 없이 실수를 극복하는 학습을 하도록 해준다. 그러나 한편으로 이러한 환경에 익숙해진 사람은 실제 전쟁에서도 인간의 생명을 게임 환경에서 그랬던 것처럼 대수롭지 않게 여길 수도 있다.

이러한 측면에서 볼 때, 현실적 실체가 아닌 가상의 기술적 공간 속

---

25 조용환 · 윤여각 · 이혁규, "앞의 책", 204쪽.
26 황승연, 「정보사회의 교육혁신」, 정보사회학회 편, 『정보사회의 이해』(나남, 1998), 412-413쪽 참조.

에서 인간이 감지하는 가상인식이 과연 현실 세계 인간의 가치관과 사회질서에 어떤 결과를 초래할 것인지는 아무도 단언할 수 없다. 다만 우리가 확신하는 것은 가상현실 또한 현실 세계를 토대로 인간이 만들고, 인간의 의지에 의해 사용된다는 점이며, 그것은 궁극적인 주체가 결국 현실 세계안의 인간이라는 사실을 깨닫게 해준다.

 정보화사회의 대학 교육방향

1. 정보화사회에 따른 교육의 변화

정보화의 새로운 물결과 그에 따른 기술의 발달은 사회의 모든 영역에 영향을 미치고 결국 인간에게 새로운 방식의 삶의 태도와 능력을 요구하고 있다. 학습자 역시 교육의 많은 부분을 컴퓨터 등을 통해 활용하고 있으며, 교육의 기본이 되는 인간관계 또한 변화가 일어나고 있다. 학생들은 정보화사회의 다양한 정보를 읽고 해석하여 공부하며, 정보매체 등을 통하여 실시되는 교육적인 기능은 그 영향력이 갈수록 커지고 있다.[27]

교수자의 역할도 지식의 전달적 기능에서 탈피하여 지식을 기초로 학습자들이 스스로의 자아를 계발하도록 하는 보조자의 역할을 수행하게 되었다. 이에 따라 대학 교육도 학습자로 하여금 이미 학교가 정한 교육

---

[27] 유목민들은 많은 가축을 길러서 생계를 유지하기 때문에 한 곳에서 풀을 다 먹이면 풀이 있는 다른 곳으로 이동하는 삶을 살게 된다. 우리는 필요한 정보들을 탐색하기 위해 사이버 세계의 한 장에서 다른 장으로 이동하게 된다. 정보에 대한 수요가 다양하게 발생하는 한 이러한 이동은 불가피한 것이다. 조용환 · 윤여각 · 이혁규. "앞의 책", 210쪽.

과정의 틀 안에서만 이루어지지는 않고 있으며 지식의 전달만이 학교교육의 주된 사명이라는 인식을 버리고 실생활에 필요한 학문과 기술과 지혜를 배우는 실제적인 배움터로 자리를 잡아가고 있다.

정보기술이 모든 사회 변화를 가속화시키는 이 때, 이제는 학습자로 하여금 스스로의 관심분야에 대한 정보들을 선택·종합·분석하여 실천하게 하는 능력을 배양하도록 하는 것이 중요한 과제이다. 또한 새로운 정보들이 끊임없이 쏟아져 나오는 현실 속에서 평생학습의 태도를 지속적으로 길러주는 것도 필요하다. 정보화사회의 시대적인 흐름에 따라 대학교육 역시 다음과 같은 측면의 교육 패러다임의 변화가 일어나고 있다.

첫째, 교육의 시간적·공간적 확대이다. 교육공간이 더 이상 사각형의 강의실에 국한되지 않는다. 교과목에 따라서 칠판강의가 이루어지고 있기도 하지만 컴퓨터 통신과 인터넷 검색 등으로 인한 교육공간의 변화가 일어나고 있다. 뿐만 아니라 교육의 시기도 정보통신기기를 이용하여 가상대학[28]이나 원격 대학[29] 등이 활용되고, 교육도 전 생애로 확대된다.

둘째, 교육내용의 다양화이다. 정보화사회의 교육내용은 학교에서 만들어 놓은 교과서나 교수들의 강의 속에만 있는 고유의 것이 아니라 공공의 데이터베이스에 누구나 채워 넣을 수 있고, 누구든지 꺼내볼 수 있도록 열려져 있다. 교육내용인 정보는 세계 어느 곳에서나 접속이 가능

---

[28] Open Cyber University-가상대학으로서 교육이념, 참여대학, 구성과 조직, 학사일정, 강좌 목록 등 소개. www.yahoo.co.kr: 가상대학.

[29] 컴퓨터나 정보통신 기술을 활용하여 사이버 공간에서 교수, 학습활동 및 제반 학사관리 업무를 수행하는 고등교육 체제로 사이버대학, 디지털대학이라고도 불린다. 오프라인 못지 않게 다양한 전공을 갖추고 있으며 경희사이버대학교의 NGO전공, 세종사이버대학교의 호텔관광경영학과·부동산경영학과, 한국사이버대학교의 상담학부·사회복지학부, 국제디지털대학교의 뷰티디자인학·아동교육학 등 특화된 분야도 많은 편이다.

하게 되어 지식과 정보의 습득이 획일적이지 않으며 특정한 사람에게만 주어지는 것도 아니다.

셋째, 교육 주체의 변화이다. 과거에는 학교 교육의 주체가 교사였다. 미성숙한 학생들을 대상으로 하는 교육이라는 가정 아래에서 교사가 교육의 주체가 되는 것은 당연한 일이었고 교사는 학습의 주도적인 위치에서 know-how에 관한 지식을 학생에게 전달하는 교육의 주체였다. 그에 따라, 학생은 수동적으로 그 지식을 암기하는 것이 교육이었다. 그러나 정보화사회에서 요구하는 교육에서는 이런 형태의 교육은 더 이상의 의미를 상실한다. 정보화사회의 교육 유형에서 교사는 학생들이 스스로 깨닫고 이해하는데 도움을 주는 know-where에 관한 안내자일 뿐이다.

넷째, 교육방법의 변화이다. 컴퓨터 통신기술의 발달로 인해 종래의 획일적인 주입식 교육방법으로부터 학생들이 직접 참여하고 토론하고 실천적인 대안을 찾아 연구하는 방법으로 변화되고 있다. 웹상에 있는 전자교재를 이용하여 필요한 자료를 검색하거나 그와 관련된 내용들 역시 검색엔진을 이용하여 활용하고 있으며 전자메일 등을 통하여 보고서를 제출하는 등의 변화가 일어나고 있다.

이러한 변화의 내용들을 종합해 볼 때, 이제 정보사회의 교육내용은 교육자에게만 존재하는 것이 아니라 모든 사람들에게 공유될 것이고 교육자가 피교육자에게 전달하는 것이 아니라 '바로 항상 그곳에 있는 것'이 될 것이다. 하지만 이러한 정보화사회의 교육의 변화는 시간이 지날수록 그러한 정보를 선용하여 활용할 수 있는 '사람', 바로 인간적이며 도덕적인 관념에 더 숙달된 사람을 필요로 할 것이다. 왜냐하면, 정보기술은 어디까지나 하나의 도구에 불과하며 과학문명의 발달만으로 누구나 원하는 낙원세계를 건설할 수는 없기 때문이다. 그러므로 과학문명을 선용할 수 있는 인간의 도덕문명, 물질문명을 선용할 수 있는 인간의 정신문명의 발달이 선행되지 않고서는 도리어 더 참혹한 세계가 될 수도 있는 것이 우리가 직면한 정보화사회이다. 이에 따라 대학은 기존의 교육 환경에 안주할 수 없는 새로운 교육체제의 전환을 모색할 수밖에 없다.

2. 새로운 교육체제의 전환

▌1▌ 개인의 발전을 위한 평생교육능력

오늘 우리는 하루가 다르게 발전하는 과학기술의 문명 속에서 심각한 불균형에 처해 있으며, 인간의 정체성과 존엄성 또한 과학기술의 권위와 새로운 정보기술의 위세 앞에 점차 위협을 받고 있다. 컴퓨터는 이미 우리 삶의 중심에 있으며 점점 그 영역을 넓혀가고 있다. 인간의 이성은 날이 갈수록 컴퓨터의 논리력과 기억력에 의존하고 있다. 이제 우리는 이러한 편리함으로 스스로 문제를 해결하는 능력을 잃어 갈 위기에 처할 수도 있다. 정보화사회가 진행되면서 예전에는 없었던 해킹 등 각종 사이버 범죄가 생겼고, 심한 컴퓨터 매체에 대한 의존으로 컴퓨터 중독증[30]이라는 병까지 생겼다. 이는 곧 컴퓨터가 우리의 생활에 얼마나 영향을 미치고 있는지 보여주는 실례일 것이다.

새로운 정보와 기술이 끊임없이 쏟아져 나오는 현실 속에서 평생학습의 태도는 새로운 시대를 맞이한 삶을 살고 있는 우리에게 필수적인 요소이다. 오늘의 정보화 시대는 거스를 수 없는 분명한 현실이다. 그에 따라 평생 교육에 대한 필요성에 대한 의식 또한 모두가 인지하고 있는 현실이다. 평생교육은 결코 형식적인 학교 교육으로 끝나는 것이 아니

---

30 컴퓨터 중독(Computer addiction)는 일상 생활을 간섭할 정도로 컴퓨터를 과다하게 사용하는 장애를 가리킨다. 세부 분야로 인터넷 중독, 컴퓨터 게임 중독이 있다.

다. 전생애에 걸친 과정이다. 그러므로 학습자에게 마지막 교육과정에서 강조해야 할 것이 바로 평생학습에 대한 능력을 길러주는 것이다. 이러한 능력은 평생학습에 대한 학습태도와 학습하는 방법에 대한 두 가지의 관점에서 비롯된다.

먼저 평생학습에 대한 학습태도는 무엇보다도 이해하고 알고 깨닫는 일 자체의 즐거움을 발견하는데 그 기반을 둔다. 공자孔子는『논어論語』,「학이편學而編」첫 구절에 "배우고 때로 익히면 또한 기쁘지 아니한가學而時習之 不亦說乎"라는 표현으로 평생학습의 즐거움을 예찬한 바 있다. 인간은 근본적으로 학습에 대한 욕구를 가지고 있으므로, 이것은 누구에게나 잠재되어 있는 요소이다. 그러므로 교육은 학습을 통해 스스로 이해하고 알고 깨달아 실행하는 일 자체에 대한 즐거움과 성취감을 줄 수 있도록 구성되어야 한다.

또한 새로운 지식과 정보가 폭발적으로 증가하는 정보화사회에서는 지속적인 평생학습이 중요하기 때문에, 단편적인 지식을 일시적으로 배우기보다는 학습하는 방법 자체에 대한 학습이 강조되고 있다. 다시 말해서 잡은 물고기를 주는 것이 아니라 물고기를 잡는 방법을 알려주는 것이 중요하다는 탈무드의 비유처럼, 학습방법에 대한 학습이 중요하다. 학습에 대한 방법은 어렵지 않다. 다만 학습에 대한 욕구와 관심만 있다면 누구나 인터넷을 활용하여 무한한 배움의 장을 만날 수 있다. 더욱이 멀티미디어에 의한 인터넷교육은 시간과 공간을 초월하여 교육이 가능하도록 도와준다. 그래서 교육이 학교나 가정의 한정된 장소뿐만 아니라 사회의 어느 곳에서도 가능하도록 하며 또한 교과과정에 의존하지 않는 문제해결 중심의 정보탐색기능을 제공함으로써 정해진 시간의 학습이라는 개념을 무의미하게 만든다.[31]

이제 이 시대의 교육은 학교의 틀이 아닌 평생교육의 틀에서 이해하게 되었다. 따라서 인터넷이 가능한 PC만 있다면 언제 어디서나 늘 웹 상에 있는 무한한 배움의 정보들을 만날 수 있으며 그 정보들을 근거로 평생학습에 대한 향학열을 불태우게 될 것이다.

▌2▌ 정보화사회에 따른 정보윤리교육

정보화사회를 이끌어 가기 위한 정보의 습득과 활용 등을 통해서 궁극적으로 우리가 이루고자 하는 것은 결국 미래사회에 적응하기 위함이다. 그래서 정보의 활용능력은 바로 미래사회에 적응하는 능력에 비례한다. 그러므로 정보화 마인드를 통해, 이 시대가 요청하는 전문능력을 갖춰 수준 높은 정보 활용 능력을 배양해 나가야 한다. 고도로 전문화되는 정보화사회에서 새삼스럽게 교양을 강조하는 이유는 과학기술 지상주의와 전문적 능력에 대한 지나친 강조가 자칫 인간의 부조화를 초래하고 건전한 인격발달을 해칠 수 있기 때문이다. 이러한 경향은 삶 속에서 사람이 해야 할 고유의 영역이 점점 기술의 몫으로 대체되어 가고 있다는 것을 의미하며, 기술의 편리성이 사람의 삶을 풍요롭게 한다고 하지만 한편으로 마약과 같은 중독성으로 인간의 자아와 주체성을 점점 마비시킬 수도 있다는 것을 암시한다.

정보 기술의 발달은 삶의 효율성이 증대되는 차원으로만 이해될 수는 없으며, 윤리·도덕적 문제를 함께 고려해야 한다. 정보화 기술의 사용법 교육에만 집착할 것이 아니라, 그것을 다루는 사람의 건전한 가치관과 윤리의식을 고양하는 것이 무엇보다 중요한 선결 문제이다. 정보 접근의 기회가 크게 확장된 정보화사회에서 기본적으로 준수해야 하는 지식과 태도를 갖는 것은 새로운 시대를 살아가는 데 필요한 윤리의 문세

---

31 나일주·정인성, 『교육공학의 이해』(학지사, 1996). 213쪽.

로 부각되어야 한다. 그러므로 컴퓨터나 각종 대중매체를 올바로 사용할 수 있는 가치관을 갖게 하는 것이 그것들을 이용하는 기술의 습득보다 중요하다.

급변하는 정보화사회의 학교교육에서도 반드시 포함되어야 할 기초교육의 내용을 살펴보면 다음과 같다.[32]

첫째, 기본기술Basic Skills이다. 기본기술은 읽기, 쓰기, 셈하기, 듣기, 말하기 능력이다.

둘째, 사고 기술Thinking Skills이다. 사고기술에는 창조적 사고, 의사결정, 문제해결, 학습방법 등의 인식인데 정보화사회를 살아가는 사람들에게 바른 정보화 마인드를 갖게 하고 또한 새로운 지식과 기술을 얻기 위하여 효율적으로 학습할 수 있는 기법을 갖게 하는 것이다.

셋째, 인간적 자질Personal Qualities이다. 여기에는 책임감, 긍정적인 자아관, 사회성 그리고 정확하게 자신을 평가하고 개인적인 목적을 달성하기 위한 자기관리 등을 말한다.

이를 위한 정보통신윤리교육IT Ethics Education, Cyber Ethics Education은 정보화사회를 살아가는 사회 구성원으로서 갖추어야 할 올바른 가치관과 행동양식을 심어주는 것이다. 이는 정보통신 기술을 사용하는데 필요한 교육이라기보다 정보화사회를 살아가는데 필요한 인성 함양 및 가치관 교육이기 때문에 학교에서 진행되고 있는 모든 교육 활동에서 함께 이루어져야만 하는 생활 교육이다. 또한 정보통신윤리교육은 '실천교육'으로서의 성격을 갖는다. 단지 정보통신윤리에 대한 지식을 전달하여 이성적으로만 옳고 그름을 인지하게 하는 교육이 아니라 실생활에 직접 적용하여 실천할 수 있도록 하는데 목적을 두어야 한다.

---

32 OECD, *School and Business : a new partnership* (Paris: OECD, 1992), p.27.

▌3▌ 정보화사회에 따른 정보인문학의 등장

오늘날 문화콘텐츠는 다양하게 이해되고 있다. 방송 관계자는 드라마와 같은 방송 프로그램을, 음원 사업자는 대중음악을, 모바일 서비스 프로바이더는 스마트폰 상에서 동작하는 게임 프로그램을 우선 연상할 것이다. 우리가 생각하는 '문화콘텐츠'는 무엇인가? 이에 대해 인문지식이 곧 문화콘텐츠임을 강조하는 시각들이 있다. 즉, 인문지식은 문화콘텐츠의 '소재'일 뿐만 아니라, 그 자체로 문화콘텐츠일 수 있다는 것이다. 스마트폰이 만들어내고 있는 새로운 형태의 문화적 소비 현장을 들여다보면 이를 쉽게 이해할 수 있다. 모바일 기기의 이용자들은 디지털 환경에서 영화나 드라마와 같은 영상물을 보면서 그 내용과 관련된 다양한 정보들을 끊임없이 탐색하고, 새로운 지식을 얻고 새로운 즐길 거리를 발견한다. 유적지를 탐방하면서 역사를 배우고 전통문화를 체험하는 활동의 양상도 예전과는 다르다. 방문자의 손에는 스마트폰이 들려 있고, 그것을 안내판의 한 구석이나 안내지도에 표시되어 있는 QR 코드 이미지에 비출 때마다 방문지에 관한 풍부한 정보가 쏟아진다. 인터넷, 모바일, IPTV 등 오늘날의 정보기술이 만들어낸 정보 통신 플랫폼은 지식이 곧 문화가 될 수 있는 여건을 만들어 주고 있다. 학술과 창작, 전문성과 대중성, 사실과 허구의 경계를 자유롭게 넘나드는 새로운 형태의 문화 향유가 가능해진 것이다. 놀이와 학습을 구분할 필요 없이 그것들이 한데 어우러진 복합적인 현상이 지식 정보화 시대인 오늘날의 '문화'이다.

문학과 인문콘텐츠학 사이의 협업은 어떻게 추구될 수 있을까? 인문콘텐츠학계와 전통적인 인문학계가 공동으로 관심으로 가져야 할 과제로서 새롭게 등장한 것이 '디지털 인문학Digital Humanities'이다. 디지털 인문학이란 정보기술Information Technology의 도움을 받아 새로운 방식으로 수행하는 인문학 연구와 교육, 그리고 이와 관계된 창조적인 저작 활동을 일컫는 말이다. 이것은 전통적인 인문학의 주제를 계승하면서 연구 방법 면에서 디지털 기술을 활용하는 연구, 그리고 예전에는 가능하지 않았지만 컴퓨터를 사용함으로써 시도할 수 있게 된 새로운 성격의 인문학 연구를 포함한다. 단순히 인문학의 연구 대상이 되는 자료를 디지털화 하거나, 연구 결과물을 디지털 형태로 간행하는 것보다는 정보 기술의 환경에서 보다 창조적인 인문학 활동을 전개하는 것, 그리고 그것을 디지털 매체를 통해 소통시킴으로써 보다 혁신적으로 인문 지식의 재생산을 촉진하는 노력이다.

미국과 유럽 등 서구 사회에서는 이탈리아의 예수회 신부 부사Roberto Busa, 1913-2011가 아퀴나스Thomas Aquinas의 저작을 위시한 중세 라틴어 텍스트의 전문 색인을 전자적인 방법으로 편찬한 것을 디지털 인문학의 효시로 보고 있다. 이를 계기로 인문학 연구의 새로운 방법에 눈을 뜨게 된 미국과 유럽의 인문학자들은 컴퓨터의 활용을 여러 방면으로 모색하기 시작했다. 초기에는 인문학 전산화Humanities Computing, 또는 전산 인문학Computational Humanities이라는 이름으로, 텍스트 및 언어 자원의 색인·통계 처리를 위주로 하였으나, 정보 기술 환경의 급속한 진화와 더불어 그 활용 범위를 데이터베이스와 멀티미디어, 그리고 대규모 원시 데이터에서부터 전자적인 방법으로 의미 있는 사실을 찾아내는 데이터 마이닝Data Mining, 그 결과를 그래픽으로 보여주는 시각화Visuali-zation로 넓혀 갔다.

유럽과 미국의 여러 대학에서 창의적인 인문학 연구자들에 의해 자발적으로 시작된 디지털 인문학은 정부 및 민간단체의 재정적인 지원에 힘입어 보다 광범위하게, 적극적으로 추진되기 시작했다. 미국의 경우, 인문학재단NEH; National Endowment for the Humanities이 2008년에 설립한 디지털 인문학 지원단ODH; Office of the Digital Humanities의 연구비 지원을 비롯하여, 맥아더 재단MacArthur Foundation의 HASTAC Digital Media and Learning Grants, 구글Google의 Digital Humanities Research Awards, 앤드류 맬론 재단Andrew Mellon Foundation의 디지털화 프로젝트 지원 사업 등이 미국의 대학 사회에서 디지털 인문학 연구가 급진적으로 확산되는 계기를 마련하였다.

정보 인문학은 인문학과 문화산업의 사이에서 부가가치의 선순환을 일으키는 펌프 역할을 한다. 기초적인 인문학 연구의 산물을 지식 콘텐츠로 조직화하고 이를 통해 문화산업적 콘텐츠의 생산을 돕는 것, 그렇게 해서 인문지식의 사회적 수요를 제고하고 인문학 연구가 더욱 활성화 될 것이다.

▌4▌ 정보화사회와 인문교양교육의 변화

인문학人文學, humanities은 인간의 조건에 관해 탐구하는 학문이다. 자연 과학과 사회 과학이 경험적인 접근을 주로 사용하는 것과는 달리, 분석적이고 비판적이며 사변적인 방법을 폭넓게 사용한다. 인문학의 분야로는 철학과 문학, 역사학, 고고학, 언어학, 종교학, 여성학, 미학, 예술, 음악, 신학 등이 있으며, 크게 문·사·철문학, 역사, 철학로 요약되기도 한다. 서양의 학문 전통에서 고전학은 고전고대의 문화, 즉 고대 그리스와 로마 문화로 불린다. 고전 연구는 예전에는 인문과학의 토대의 하나로 간주되었으나, 20세기 동안에 그 중요성은 감소하였다. 그럼에도 불구하고, 철학과 문학과 같은 인문과학에서 고전적 관념들의 영향은 여전히 강하게 남아있다. 즉, 고전은 초기 세계의 주요 문명에서 쓰인 기본적인 책들이다. 서양 이외의 주요 전통에서, 고전은 인도에서는 베다와 우파니샤드, 중국에서는 공자와 노자 장자의 저서, 이집트의 사자의 서와 마찬가지로 메소포타미아에서는 함무라비 법전과 길가메시 서사시와 같은 책들을 가리킨다.

서양에서, 인문과학에 대한 연구는 시민들에 대한 광범위한 교육의 기준으로써, 고대 그리스까지 거슬러 올라갈 수 있다. 로마 시대 동안에, 4과기하학, 산술, 천문학 그리고 음악와 함께, 3학문법, 수사학 그리고 논리학을 포함하여, 7가지의 자유 인문 학문의 개념이 만들어졌다. 이들 과목들은 인문과학에서 기술들 또는 "행위의 방법들"로써 강조되어, 중세 교육의 중요한 부분이 되었다. 르네상스 시대에 하나의 중요한 전환이 발생했으며, 그때 인문과학은 전통적인 분야로부터 문학 및 역사와 같은 분야로의 전환에 상응하는, 실용적이기보다는 오히려 학문적인 과목으로 간주되기 시작하였다. 20세기에는, 민주사회에서 평등원칙에 더 적합한 용어로써, 인문과학을 재정의 하려는 포스트모더니즘 운동에 의해 재차 논의되었다.

최근의 인문학 열풍을 두고 인문학 르네상스라는 말이 나올 정도다. 하지만 정작 인문학의 기초를 다지고, 후속 세대를 양성해야 할 대학의 인문학은 수년간 쇠락의 길을 걷고 있다. 본격적인 인문학 책은 잘 팔리지 않는 출판시장의 현실도 인문학 열풍의 이면을 보여준다. 대학은 인문학과를 중심으로 폐지나 통폐합이 수년간 이어지고 있다. 최근 한남대가 철학과를 폐지하고, 철학상담학과를 신설했다. 이 학교는 독일어문학과 등도 폐지했다. 배재대 국문과는 '외국어로서의 한국어학과'와 합쳐져 한국어문학과로 통합됐다. 서원대도 국문과를 폐지하거나 통폐합했다. 이밖에 10여개 대학이 인문, 예술쪽 학과를 통폐합했다. '인문학 열풍'이 불고 있으나 일부 대학 내 인문 관련 학과가 폐지되는 등 대학 내 기초 인문학은 사실상 고사되고 있어 인문학 열풍의 한계를 드러낸다. 대학들이 인문학과를 통폐합하거나 '철학상담과' 같은 실용적으로 들리는 이름의 학과를 신설하는 것은 취업률·입학률 때문이다. 대학원

인문학도 붕괴 지경이다. 대학원은 학문후속세대 양성도 제대로 못하고 있다. 국내에서 학위를 받은 인문학 박사가 외국대학 박사보다 많지만, 교수 채용에선 외국 박사 비율이 높다.

인문한국HK 사업도 시한폭탄이다. 매년 수 백 억원의 예산이 투입되는 HK 사업은 대학이 박사 학위 소지자를 교수나 연구자로 채용하는 제도다. 정년을 보장받지 못한 HK 연구교수들은 1~2년 단위로 재계약을 해야 하고, 일자리를 잃는 경우도 있다. 정년을 보장받은 HK 교수들도 불안해한다. HK 사업 핵심은 한국연구재단이 10년간 HK 교수 인건비를 지원하고, 그 뒤에 대학이 자체 고용하는 게 핵심이다. 대학별로 이르면 2017년부터 이들을 직접 고용해야 한다. 하지만 대학이 직접 고용을 회피할 것이라는 우려가 이미 나오고 있다. 이 같은 제도권 인문학 위기 속에서 정부와 대학은 '인문학'을 여전히 보조적이고 기능적인 수단으로 여긴다.

이러한 인문학의 위기는 바람직하고 장기적인 정보화사회를 구축해 나가기 위해서는 시급하게 개선해야할 사회 문제이다. 왜냐하면 인문학적 토대가 없는 정보화사회는 그야말로 사상누각砂上樓閣일 뿐이다.

우리나라의 대표적인 기업군을 형성하는 삼성그룹의 신입사원 채용 트렌드가 이전과는 달리 변화양상을 보이고 있다. 삼성은 대학 졸업 후 곧바로 적용이 가능한 실제적이고 실용적인 인재를 중시하던 것에서 벗어나 보다 장기적인 인재 상을 모색하고 있다. 이렇게 변화를 추구하게 된 배경에는 하나의 중요한 사건이 있었다. 수년 전, 이탈리아에서 세계 휴대전화 경시대회가 열렸다. 미국 애플사와 세계 시장을 두고 용호상박하던 스마트폰계의 강자인 삼성은 세계 최고의 기술로 가장 성능이 좋은 제품을 만들었다고 자부하였다. 그러나 결과는 하위로 밀려나고 말았다. 이 사건은 삼성은 물론 다른 경쟁사들에게도 하나의 큰 충격이었다. 분명 기술적인 측면에서는 삼성이 매우 우수하였다. 그러나 삼성은 그에 못지않은 중요한 측면을 생각하지 못했다. 그것은 바로 성능 못지않게 중요한 사용자의 마음이었다. 즉, 사용자는 그저 실용적인 필요에 의해서만 스마트폰을 구입하지 않는다. 스마트폰은 마치 우리 몸의 하나의 구성요소처럼 매우 가까이에서 일상생활에서 매우 중요하다. 그러므로 여기엔 사람의 기호와 마음이 연결되는 모양과 색깔과 휴대할 때의 느낌과 같은 감성적인 측면이 중요하다. 그저 우수한 기능과 편리함만으로는 사람을 끌어당길 수가 없다. 그래서 요즘 나온 말이 휴먼터치human touch이다.

휴먼 터치는 인간적인 접근에 대한 매스컴 용어로 사용된다. 이 말은 인간성, 인정 등에 소비자를 구매하게하거나 인간적인 공감을 불러일으키려는 광고표현의 방법을 말한다. 상품 그 자체에 별다른 매력이 없거나, 그 이점에 관하여 설명해도 주의를 끌지 못하는 경우에는 카피작성에 있어서 특별한 표현방법을 사용하지 않는 한 소비자의 구매력이 떨어진다. 그러므로 이러한 상품의 광고에서는 감동을 일으키는 생활정경이나 인간미 넘치는 사진, 어린이나 여성, 연애, 모험과 같은 흥미로운 표현재료를 사용해서 소비자의 공감을 얻으면서 소비자의 구매력을 끌어내야 한다. 이와 같이 인간적인 친근감이나 호감을 품게 하는 것을 휴먼 터치, 그리고 이러한 인간적인 흥미를 느끼게 하는 광고카피를 휴먼 인터레스트 카피human interest copy라고 한다.

이제 기업은 휴먼 터치를 제대로 활용하지 못하면 시장에서 살아남지 못한다. 이와 같은 휴먼 터치는 단기간의 실용적 지식으로는 얻을 수 없다. 인간의 정신문화의 근본을 파헤치고 인간의 궁극적인 관심과 깊이를 고민해보는 과정 속에서 얻어진다. 이것이 바로 기업에서도 인문학이 요구되는 이유이다.

최근 내한하여 인문교양교육을 강조한 미국 스탠퍼드대 인문학분야 러셀 버만 교수의 말이 주목을 끈다. 그는 2013년 7월 26일 제주 해비치 호텔에서 열린 전국 경제인연합회 제주하계포럼에서 '인문학적 상상력을 통한 비즈니스 가치 창출'을 주제로 강연했다. 여기서 버만 교수는 "갑자기 창조경제가 등장한 것이 아니라 인간은 항상 종교, 철학, 전통 문화 등을 통해 가치를 창출해 왔다"며 "창의성이란 이미 경제에 내재돼 있는 것으로 인간의 상상력을 구현하고 가치를 창출하는 방식으로 나타난다"고 말했다. 그는 "인문학의 핵심은 현재 기업들이 직면한 도전과제와 정확히 일치하는데, 바로 상상력, 혁신, 실행 세 요소"라며 "기업이 신입사원을 뽑을 때 인문학 인재를 뽑아야 기업 내 지적 다양성의 부재 문제를 해결할 수 있다"고 설명했다. 그는 "지금은 과거의 방식을 고수하면 패배자가 될 수밖에 없는 상황"이라며 "기업 내 공학자들이 시인이 될 수 있도록 도와주고 사내에 시인을 영입해 보라"고 제안했다. 이처럼 그는 사내 인문학 전문가의 중요성을 역설하면서 "대부분의 교육이 좌뇌와 우뇌중 한쪽만 키우고 있는데, 우리에겐 좌뇌와 우뇌를 조화롭게 완벽하게 발달시킨 학자가 필요하다"고 밝혔다. 버만 교수는 이와 함께 직원의 창의성을 키우기 위해 사내에 인문학 교육 프로그램을 운영하고, 창의적 아이디어를 낼 수 있는 사내 모임 활성화를 권하면서 "회사 직원들에게 서로 반박할 수 있는 사고를 키워주는 것이 중요하다"고 강조했다.[33]

우리나라가 지난 세기말에 IMF라는 국가난국을 경험하고, 지금까지도 초유의 국가위기를 겪고 있는 근본적인 원인은 '문명사적 전환기의 문화 상실과 지체 현상'때문이나. 정치, 경제, 사회 등 제반 분야에서 당

---

33 「신입 사원 인문학 인재 뽑아라」, 〈한국일보〉(2013년 7월 26일).

대의 사회변동과 환경변화에 적응하고 대처해 나갈 수 있는 문화적 패러다임을 창출해 내지 못했기 때문이다. 나라가 어렵고 사회가 혼란할 때에 더욱 절실한 분야는 어려움을 극복하고 혼란을 수습할 수 있는 지혜와 단결된 의지를 결집할 철학과 문화이다. 산업이 고도화되고 세계가 다양성을 추구하며 첨단과학이 발달할수록 우리에게 필요한 것은 기술과 과학의 사용을 잘 통제하고 인간과 조화롭게 조절할 수 있는 판단력과 양심을 가지게 하는 철학과 문화이다. 즉, 인문학이다. 철학과 인문학의 존재 가치는 작게는 한 사람이 어떻게 살아가야 하느냐의 문제에서부터 크게는 한 국가의 나아갈 좌표를 좌우한다. 한 나라의 정치지도자는 정치적 행위를 수행할 때는 반드시 자신의 가치관에 입각해서 하기 마련이다. 정치지도자에게 있어 국가가 지향해야 할 목표와 어떤 형태의 사회, 어떤 종류의 삶이 가장 바람직한 것인가를 판단하는 문제는 이미 정치의 영역을 넘어서는 부분인 것이다. 그것은 바로 정치지도자와 그를 선택하는 국민의 가치관에 속하는 부분, 즉 인문학의 영역이다.

1980년대까지만 하더라도 문화란 소수의 엘리트 계층과 부유층의 전유물이었다. 그러던 것이 1990년대에 접어들면서 중산층의 소득향상과 매스미디어의 보급으로 대중문화가 거대한 시장을 형성하면서 막강한 사회적 영향력을 행사하게 되었다. 그리고 대중문화 종사자들은 관객들로부터 스포트라이트를 받으며 영웅으로 추앙 받는 반면, 전통적인 시, 소설, 수필, 희곡, 철학 분야의 지식창조문화 종사자들은 사회로부터 점점 소외되고 있는 실정이다. 그러나 세계 1위, 2위 경제대국이자 제1위의 채권국인 일본에는 대중문화의 한 축에 국내외의 각종 지식정보를 쉽게 소개한 문고판 문화가 자리하고 있다. 대중들의 간편한 것, 쉬운 것, 즐거운 것을 좋아하는 속성에 발 빠르게 대응한 결과이다. 일본뿐만 아니라 기초가 튼튼한 정치, 경제, 사회 시스템을 구축한 독일과 프랑스, 영국 등 구미 선진국에서도 대중문화의 또 다른 한편에는 지식창조 문화가 자리하고 있다. 하지만 우리나라의 신문과 방송 등 언론은 새로운 인문학계의 인재를 발굴하지 않았고 기존의 인문학계는 자기혁신을 하지 않았다. 이미 오래 전에 도태되었어야 할 인물과 인문학이 우리나라의 중추를 이루고 있는 것이다. 그러니 우리나라가 총제적인 위기를 겪고 있는 것은 자명한 이치이다.

문화, 즉 인문학은 '사회발전을 위한 이성적 프로그램'이며 인간능력의 개발을 위한 지적이고 윤리적인 활동이다. 또한 우리가 살아가는데 필요한 부수적인 장식이 아니라 우리 사회가 지향해야할 주체적인 이상이며 목표이다. 이제 우리 사회도 우리에게 걸 맞는 새로운 문화적 패러다임을 구축해 나가야 한다. 현 시대에는 우리 모두가 지식의 창조자, 문화의 생산자가 되어야 한다. 스스로가 창조하고 생산한 지식과 문화를 가공하고 편집하여 시장에 내놓기도 하고 선물하는 진정한 생활문화시대가 열려야 한다. 이러한 생활문화시대의 주역은 개개인을 문화의 생산자로 소비자로 디자인시켜나가는 북 컨설턴트와 언론매체 종사자들이다. 머지않아 문화가 인간적 삶의 전부가 되어 버릴 것이기에 말이다. 지금처럼 현대인들로부터 정치적 이데올로기가 점점 외면 받고 나면, 인간이 자아를 찾아 영유해 나아가는 일은 인문학에 의해서만 가능하기 때문이다.

최근 인문학의 위기와 기존의 인문교양교육에 대한 비판과 개선을 위한 다양한 논의와 대책들도 나오고 있으니 그나마 다행한 일이다. 자연과학기술 전공자가 인문학 과목을 수강하는 제도적 장치를 마련하는 대학들이 늘고 있다. 이에 따라 자연과학기술 전공자들이 인문학교과목을 이수하도록 인증 제도를 마련하거나 융합강좌 개설을 하고 있다. 실제로 공학과 인문학의 융합을 추구하는 연구센터도 있다. 일부 대학은 새로운 시대에 맞게 교육과정을 개선해나가는 노력을 하고 있다. 이제 하나의 전공, 혹은 직업으로 평생을 보장받는 시대는 지났다. 이른바 '멀티플레이어'를 필요로 하는 시대에서는 세계를 다양한 관점에서 해석할 수 있는 능력이 필요하다. 또 문제를 해결하는 것뿐만 아니라 문제를 던질 수 있는 사고력도 중요하다. 이런 것들은 교양교육을 통해 이루어지기 때문에, 지식인이나 대학인의 일생에서 교양교육은 매우 중요한 의미를 갖는다. 양질의 교양교육을 통해 창의적인 인재를 육성해 나갈 수 있다.

일부 대학의 인문계열 학과들은 '실사구시'형으로 커리큘럼을 대폭 수정하거나 새로운 영역을 개척하는 방식으로 '취업난'과 '인문학의 위기'를 동시에 극복하고 있다. 기본적으로 대학의 국문과 커리큘럼은 옛날 경성제국대학 시절 문리과에 뿌리를 두고 있는 것으로 이는 원래 학자를 양성하기 위한 목적이었다. 그러나 급변하는 현실 속에선 수많은 직업이 빠르게 분화하고 다양한 수요가 창출되는 만큼 '화석화'된 지식을 전달하는 데 그치지 않고 학생들이 다양한 취업경로를 고려할 수 있도록 할 필요가 있다. 이런 방식의 학과 교육으로 인해 많은 대학에서 국어국문학과를 폐지하거나 통폐합하고 있다. 그러나 서강대학교 국어국문학과는 발상을 전환하여 새롭게 반신을 모색하였다. 2007학년도 신입생부터 적용하는 것을 목표로 최근 '모듈 교육과정'을 개발해 냈다. 졸업생 전부가 순수문학 작가나 학자가 되지 않는다는 현실을 감안해 좀 더 실용적이고 특성화된 '뉴 버전'의 인문학 교육을 강화하겠다고 나선 것이다.

서강대 국문과의 교육 과정은 크게 세 가지 트랙으로 나뉜다. 대학원에 진학하거나 유학을 가 학업을 계속할 이들을 위한 '학문형 경로', 국문학의 기본 소양을 바탕으로 사회 각 분야로 취업을 모색할 '실용형 경로', 경영학이나 신문방송학 등 타 전공을 복수로 취득할 수 있는 '다多전공형 경로'이다. 입학생들은 2학년에 올라가면서 자신의 적성에 맞춰 경로를 선택, 전공기초·일반전공·전공심화·실용지식 과목들 중 희망하는 수업(모듈)들을 골라 졸업학점을 채우면 된다. 물론 국어학입문이나 고전문학사, 언어학, 한문(학) 등과 같은 전통 과목들이 배재된 것은 아니다. 그러나 국문학이 실제 사회 각 분야에 맞닿을 수 있는 광대영역으로까지 확대된 것만은 확실하다. '소설과 영화', '언론문장작법', '언어와 컴퓨터', '광고카피와 제작', '출판인턴십', '독서와 논술', '문학과 문화콘텐츠', '기사작성', '이야기 창작', '외국어로서의 한국어 교육' 등 강좌 이름만 보면 전공을 가늠하기 어려울 정도다. 이러한 전공들은 철저하게 현장에 초점을 맞춘다. '출판인턴십'에서 학생들은 실제 출판 현장으로 나가 기획·교정·제책·홍보·마케팅 업무를 맡을 수 있도록 전반적인 실무능력을 연습하게 되며 '독서와 논술'에서는 초·중·고생을 대상으로 독서·논술 지도를 할 수 있도록 교수법을 전수받는다.

건국대 EU문화정보학과는 아예 인문학과 경영학의 접목을 시도한 경우다. 이 전공은 일부 교수들의 거센 반발을 무릅쓰고 지난해 독문과와 불문과를 없애는 대신 탄생했다. 2007년 2학년생 전공자 16명을 선발한 EU문화정보학 전공은 '유럽의 유행패션', 'EU inter-cultural management' 등의 강좌를 포함하고 있다. 명품 브랜드를 만들어 내는 유럽 선진국 국가들의 럭셔리 상품 전략은 무엇인지, 국제교역에서 해당 지역의 언어와 문화, 사회철학은 어떻게 접목돼야 하는지 등을 고찰한다. 월마트, 까르푸 등이 국내에서 싱공하지 못한 가장 큰 원인은 '문화저인 접근'에서 실패했기 때문이다. 세계 각 지역의 언어와 문학, 철학, 역사, 사회 시스템을 공부한 인문학도들이 '고상한 인문학'만을 추구하지 말고 영역의 벽을 파괴한 후 시선을 넓히면 새로운 지구촌사회의 주역이 될 수도 있다.

오늘날 시대적인 상황에서 폭넓은 기초 및 인문교양교육은 인간과 세계에 대한 이해를 증진하고 올바른 가치관과 철학적 태도를 길러줌으로써 필요한 자질을 갖게 하고, 편협한 지식이나 편견으로부터 벗어나 보다 넓은 이해를 가지고 종합적이고 자유롭게 사고할 수 있는 힘을 길러 줄 것이며, 네트워크를 통해 열린 지구촌사회에서 다양한 가치관 문화를 이해하고 더불어 살아가는 지혜를 제공해 줄 것이다. 인간 스스로가 자신의 존재와 삶을 반성적으로 성찰할 수 있는 능력을 겸비해나가야 노동 상품화 시대에서 자기 생명성을 회복할 수 있다.[34] 그러므로 이러한 폭넓은 교양교육은 과학기술 중심사회가 될수록 정보화사회를 위협하는 각종 범죄 등의 위험을 극복하기 위해 고등교육기관이 담당해야 하는 더욱 더 긴급하고 중요하다.

▮5▮ 교수의 정보능력 함양

이 시대의 컴퓨터교육은 컴퓨터를 다룰 줄 아는 지식과 기능의 신장에만 초점을 둘 것이 아니라 실제 대학교육에서와 실제생활에서 창의적이고 다양한 방법으로 컴퓨터를 활용할 수 있는 능력을 신장하는데 주력해야 한다. 이를 위해서 교수들의 컴퓨터 활용능력이나 지식이 현재 학생들의 실력보다 상위에 있어야 함은 당연하다. 그러나 변화하는 세상에 민감한 학생들은 시대적으로 요청되어지는 지식과 기능을 익혀가고 있는데 반해, 교수들은 관심을 가지고 있기는 하면서도 구체적인

---

[34] 한숭희, 「인문학과 평생교육-평생교육 맥락에서의 인문학습의 새 지평」, 『2008년 겨울 정기학술대회, 인문학과 평생교육』(한국방송통신대학교 통합인문학연구소 정기학술대회 자료집, 2008년 12월 5일). 10-11쪽 참조.

배움의 기회를 갖지 못하는 것이 현실이다. 그러므로 대학당국에서는 교육정보화에 대한 교수와 학생들의 적극적인 관심과 참여를 유도해 나가는 것이 필요하다. 이를 위해서는 다음과 같은 방안을 모색해볼 수 있다.

첫째, 정보사냥대회나 개인홈페이지 경연대회 등과 같은 다양한 행사에 적극적으로 참여하도록 유도하거나 아니면 교내에서 행사를 자체적으로 운영하여 관심을 갖도록 유도하는 방법이 있다. 이러한 행사에서 수상하면 인사고과에 인센티브를 제공하고, 성과금을 지급하는 등 정보능력 향상을 위한 지원책을 마련해야한다.

둘째, 학교 홈페이지 등에 정보화 관련 메뉴나 건의함을 설치하여 교육정보화와 관련된 여러 교수들의 의견과 학생들의 의견을 지속적으로 수렴하고 반영될 수 있는 체제를 마련해야 한다.

셋째, 교육정보화의 주체가 되는 교수의 정보소양과 정보 마인드를 형성하고 외적 자질을 갖출 수 있도록 하기 위해 필요한 주제를 정하여 다양한 교육을 받게 해야 한다. 이를 위해 교수정보화연수원과 같은 기구를 만들어 교수를 위한 다양한 정보화 교육을 제공하고, 우수한 정보화 능력 활용 교수의 개인 홈페이지나 전자칠판 등을 볼 수 있도록 하고, 다양한 콘텐츠를 공유하도록 해야 한다.

넷째, 컴퓨터를 활용해서 강의를 하거나 연구를 수행하는 경우 필요한 장비와 소프트웨어를 적극 지원해야한다. 이를 위한 교육공학센터 같은 것을 만들 필요가 있다.[35]

---

[35] 우리나라의 대표적인 원격대학인 한국방송대학교의 정보화관련 부설기관으로 원격교육연구소와 정보전산원과 디지털미디어센터가 있다. 그러나 교수를 위한 정보화교육전문 교수학습지원센터는 없다. 이 세 가지를 아우르면서 원격고등교육을 담당하는 교수들을 교육하고, 지원하는 센터를 만들어야할 것이다. 아니면 이 세 기관 중, 한 곳에서 교수를 위한 정보화교육을 지원하는 체계적인 시스템을 구축해 나가할 것이다. 한국방송통신대학교 편, 『대학생활안내』(한국방송통신대학교, 2009) 참조.

현재 우리나라 교육계는 초·중·고교 교원들을 대상으로 정보 통신 및 정보 처리 기술을 교수·학습활동과 학사업무 등에 활용할 수 있는 능력을 평가하며, 효율적인 업무 수행을 위해서 자율적인 정보 소양을 함양하는 풍토를 조성하고 교육 정보화를 촉진시키기 위한 '교원 정보 활용능력 평가제도'를 실행하고 있다. 이와 같이 교육정보화를 위해서 교수들도 학생들과 마찬가지로 끊임없는 자기계발을 통해 시대적으로 뒤쳐지지 않도록 늘 정진해야한다.

▌6▌ 학습의 효율성을 위한 인터넷 활용

재래식 학교의 교수 방법은 전적으로 교수자의 강의에 의존하는 방법 이었고, 책상과 칠판을 벗어나지 못했다. 그러나 네트워크화된 고성능 컴퓨터 시스템의 등장은 교수·학습방법의 형태에 근본적인 변화를 초 래했다. 이러한 컴퓨터 중심 정보기술은 워드프로세스, 하이퍼미디어, 인터넷 및 컴퓨터통신 그리고 가상현실의 네 가지로 나누어 살펴볼 수 있다. 그 중에서 컴퓨터 매개 커뮤니케이션으로 상징되는 인터넷 및 컴 퓨터 통신은 시·공간적 제한을 극복하고 일대일, 다대다 등 다양한 방 식의 상호작용 의사소통을 가능하게 함으로써 교수·학습방법에 일대 혁신을 가져왔다. 컴퓨터매개 커뮤니케이션은 '전자 게시판', '전자우편', '컴퓨터회의', '파일전송' 등의 기능뿐만 아니라 '월드 와이드 웹www : World Wide Web'의 형태로 인터넷의 존재하는 다양한 형태의 각종 정보를 검색, 이용할 수 있게 함으로써 협동학습 및 원격교수, 학습을 현실화시 키고 있다.[36]

하나의 예로 교사들이 연수를 위한 각종 사이버원격 연수원의 경우 동

---

36 최성희, 「교육에서 컴퓨터 통신의 활용」, 김영수·강명희·정재삼 편저, 『21세기를 향한 교육공학의 이론과 실제』(교육과학사, 1997), 253쪽.

영상 강의를 통해 인터넷 학습의 활용을 보여 준다. 여기엔 유명 강사들의 강의를 체계적으로 공부할 수 있으며 출석과 학점관리가 사이버 공간에서 이루어진다. 사이트의 특성상 유료와 무료로 강의를 수강할 수 있는데 이런 연수의 증가는 첨단문명의 이기利器를 활용, 교육에 필요한 학문적인 지식 습득뿐만 아니라 교양을 쌓아갈 수 있도록 유도해나간다.

이들 사이버 교원연수는 강의내용을 인터넷 동영상으로 직접 중계하는 원격강의 교육시스템을 도입하여 동영상으로 교수의 강의가 진행되는 동안 화면 좌측에 강의노트가 작동돼 입체적인 교육 효과를 얻을 수 있도록 하고 있다. 이에는 각 시도교육청 별로 교원연수원과 교육정보화연수원이 있고, 각 대학들의 교원연수원과 사설 사이버대학들과 사이버연수원과 학점은행제 사이버교육기관들이 경쟁적으로 다양한 콘텐츠를 개발하여 서비스의 질을 높이고 있다.

이들 교육기관은 컴퓨터 활용능력을 익히기 위한 교육 사이트로 유료와 무료로 워드, 액셀, 파워포인트, 액세스, 나모웹에디터, 포토샵, 홈페이지 기초, 각종 서버, 그래픽, 등의 자료가 풍부하게 있어서 활용만 한다면 누구나 컴퓨터 자체에 대한 활용능력을 갖추게 되어 있다.

이러한 각종 사이트를 통해서 정보를 검색하고 학습하는 학생들에게 교수는 수업의 전개자로서 관련정보의 학습내용과 토론의 주제 등을 제공하고 데이터의 수집에 대하여 조언하며, 학습일정을 조절하는 등 전체적인 학습과정의 조정, 혹은 안내자의 역할을 담당하게 한다. 이와 같은 멀티미디어[37]나 통신의 활용은 학생들이 주어진 과제를 스스로 탐색해 나가야 하며 자신의 학습 정도에 따라서 자신이 학습의 속도를 조절할 수 있으므로 개별학습을 가능하게 한다. 이런 인터넷을 통한 멀티미

---

37 멀티미디어 교육은 텍스트, 사운드, 그래픽, 동영상 등이 멀티미디어 자료를 통합, 확장하여 상호 활용할 수 있도록 멀티미디어 시스템을 교육에 적용시킨 것을 말한다.

디어 교육을 강의에 효과적으로 활용하기 위해서는 교과과정이 교육내용의 목표와 교수들의 요구에 적용할 수 있도록 설계되어야 할 것이다.

▮7▮ 정보화에 따른 대학의 변화

이제는 대학의 역할도 정보화 시대에 맞게 새롭게 변화해야만한다. 새로운 교육적 패러다임의 전호나기를 맞아 대학이 취해야할 방안으로는 다음과 같은 것들이 있다.

첫째, 기본적으로 교육정보화에 필요한 시설을 갖추어야 한다. 대학 당국에서 정책적으로 지원해야 할 부분은 전산실 공용 PC의 사양과 인터넷 전용선의 속도를 높여야 한다. 홈페이지 등의 제작과 관리 및 각종 프로그램을 익히기 위한 교육용 소프트웨어의 구비 역시 필요하다.

둘째, 대학에서 진행할 전산교육은 컴퓨터나 각종 프로그램 등 정보기기 자체에 대한 학습보다는 정보기기를 활용하여 대학수업 및 실생활에 필요한 능력을 익히게 해야 한다. 이는 정보화사회를 이끌어 가기 위한 정보화 마인드의 함양을 중심으로 이루어져야 한다는 말이다. 따라서 컴퓨터를 비롯한 정보기기를 통해서 정보를 이해하고 판단하며, 필요한 정보의 선택, 처리 등의 활용능력과 새로운 정보의 창조 및 전달할 수 있는 능력의 배양이 정보화사회의 교육 목표가 되어야 한다.

셋째, 교육의 패러다임, 즉 교육에 관한 고정적이고 불변적인 생각의 변화가 필요하다. 시대의 흐름에 따라 대학에서도 이른바 'NNet Work세대'의 학생들을 맞이하게 되었다. 저마다의 개성이 강하고, 창의적이며, 고정된 틀과 형식에 얽매이기 싫어하는 학생들에게 보다 시·공간을 초월하는 수업방법을 개발해나가야 한다. 대학의 교과과정도 이론교육과 동시에 학생들의 자발적인 학습참여를 유도하기 위한 실습 등 실천위주의 역동적인 교육으로 진행되어야한다. 여기에 학생들의 자발적인 학습참여 방법과 인터넷과 정보기기의 활용을 전제로 하는 교육과정이 추가 된다면 학습의 질적인 향상을 가져올 수 있다.

넷째, 학생중심의 교육과정으로 교과 과정이 편성되어야 한다. 이는 평생학습을 위해서 내용적인 지식의 습득 못지않게 '학습하는 방법 자체'가 중요한 학습내용으로 요구되는데, 이런 학생중심의 교육과정은 두 가지의 의미가 있다. 하나는 짜여 있는 계획에 의한 일방적인 교육이 아닌 학생의 욕구와 필요에 관심을 기울이는 차원의 의미로 이런 교육은 발달된 정보기술의 교육적 활용으로 인해 가능성이 높아졌다. 다른 하나는 교수와 학생이 제자리를 찾아가는 의미이다. 평생학습에서 요구되는 능력은 자기주도적인 학습능력이다. 이 능력을 갖추기 위해 학생을 늘 가르침의 대상으로만 여겨서는 안 된다. 이제는 수요자 중심의 교육시스템으로써, 학생중심의 교육과정 편성, 교육콘텐츠 계발, 학생의 필요에 민감한 교육을 모색해 나가야한다.

나오는 말

21세기는 평생학습의 지식정보화시대이다. 학력學歷보다 학력學力이 강조되며, 나이에 관계없이 모든 사람이 자신의 삶을 풍요롭게 하기 위하여 끊임없이 배우는 시대이다. 정보화사회란 정보가 사회 속에서 중심적인 요소가 되는 사회이며 컴퓨터와 통신 분야가 급격하게 발전된 사회이다. 따라서 많은 사람들의 아이디어 교환과 공유, 상호작용이 시·공간을 초월하여 이루어지게 됨으로써 교육에도 새로운 방식이 요구되고 있다. 교육의 정보화는 정보화사회에서 교육시스템의 변화를 총칭하는 것으로 기존교육의 틀과 방식은 물론, 개개인의 의식과 행동을 정보화사회에 맞게 재구성하고 나아가 이를 활용하여 평생학습사회의 적응력의 배양에 초점을 맞추는 모든 노력들이라고 할 수 있다.

우리가 예견했던 미래사회는 이미 현실이 되었고, 컴퓨터와 인터넷은 하루하루 빠르고 복잡하게 제공되고 있다. 무엇보다도 중요한 것은 '생각의 변화'이다. 오늘날의 대학은 쉼 없는 개선과 열린 마인드로 체계적인 교육을 해나가야 한다. 정보화사회를 이끌어 나갈 실력 있는 이 시대의 지성인을 양성해 나가야한다. 이를 위해 대학은 새로운 시대에 맞게 교수와 학생이 서로 성장하는 '교학상장敎學相長'[38]의 시스템으로 대학의 모습을 개선해나가야 한다.

학생은 자발적인 주체로 학습에 참여하고, 교수는 단순한 지식의 전달자에서 벗어나 학생의 공부를 도와주는 보조자, 촉진자, 안내자, 혹은 관리자로 그 역할을 수행해 나가야 한다. 이를 통해 대학은 사회와 격리된 세계가 아닌 사회 속에서 사회와 함께 평생학습사회를 이루어가게 될 것이다. 이렇게 될 때, 대학은 배우는 즐거움이 있는 곳, 인생의 가치를 높이는 곳, 만남을 귀하게 여기는 곳, 사람을 소중히 생각하는 곳으로 자리매김될 것이다.

---

38 敎學相長(교학상장)은 고대 중국의 유가 경전인 『예기』, 「학기」에 나오는 말로 우리나라 여러 교육연수원 등이나 각급 학교에 가면 표석으로 많이 애용한다. "知不足한 然後에 能自反也요, 知困然後에 能自强也니 故로 敎學相長也니라.(지부족한 연후에 능자반야요, 지곤연후에 능자강야니 고로 교학상장야니라.)"에서 따온 말로 그 뜻은 이와 같다. 글이 나오고, 그 뜻은 부족함을 안 연후에 스스로 반성할 수 있고, 막힘을 안 연후에 스스로 힘쓸 수 있으니, 그러므로 남을 가르치는 일과 스승에게서 배우는 일이 서로 도와서 자기의 학업을 증진시킨다.

참고문헌

국내물

권태환·조형제 편, 『정보사회의 이해』(미래미디어, 1997).

나일주·정인성, 『교육공학의 이해』(학지사, 1996).

박종대·이태하·김석수, 『현대인의 삶과 윤리』(민지사, 2000).

조용환·윤여각·이혁규, 『문화와 교육』(한국방송통신대학교출판부, 2006).

이남복, 「정보사회의 가능성과 한계」, http://alpha94.chongju.ac.kr/~nbyie/forum.

이종각, 『교육사회학 총론』(동문사, 1996).

이어령, 『디지로그』(생각의 나무, 2006).

이영제, 『정보화사회와 기독교』(컴퓨터선교회, 1993).

임정훈, 「인터넷을 활용한 가상수업에서의 교수-학습 활동 및 교육 효과연구 : 한국
　　　　방송통신대학교 인터넷 가상수업 교과목 '고전시가강독'사례를 중심
　　　　으로」, 『교육공학연구』, 14권 2호(한국교육공학회, 1998년 6월호).

임희섭, 『정보화사회의 사회구조 : 정보화사회와 우리』(소화, 1995).

엄창일, 『새로운 사회 정보화사회』(부산대학교 출판부, 1998).

윤준수, 『인터넷과 커뮤니케이션 패러다임의 대전환』(커뮤니케이션북스, 1998).

최성희, 「교육에서 컴퓨터 통신의 활용」, 김영수·강명희·정재삼 편저, 『21세기를
　　　　향한 교육공학의 이론과 실제』(교육과학사, 1997).

한국방송통신대학교 편, 『대학생활안내』(한국방송통신대학교, 2009).

한국정보화센터 편, 『정보문화』(한국정보문화, 1996).

한숭희, 「인문학과 평생교육-평생교육 맥락에서의 인문학습의 새 지평」, 『2008년 겨
　　　　울 정기학술대회, 인문학과 평생교육』(한국방송통신대학교 통합인
　　　　문학연구소 정기학술대회 자료집, 2008년 12월 5일).

허운나, 「새로운 교육 패러다임의 필요성과 교육정보화」, 크리스챤 아카데미 편,
　　　　『정보화 시대, 교육의 선택』(대화출판사, 1997).

황승연, 「정보사회의 교육혁신」, 정보사회학회 편, 『정보사회의 이해』(나남, 1998).

신문류

「사설-사이버 대학의 진출과 시스템 점검」, 〈한국방송대학보〉(2009년 9월 28일).

「신입 사원 인문학 인재 뽑아라」, ‹한국일보›(2013년 7월 26일).

인터넷류

가상대학 홈페이지, 「Open Cyber University-가상대학으로서 교육이념, 참여대학, 구성과 조직, 학사일정, 강좌목록 등 소개」, www.yahoo.co.kr:가상대학.

국내번역물

헤르베르트 마르쿠제, 박병진 역, 『일차원적 인간』(한마음사, 2009).
앨빈 토플러, 장을병 역, 『미래의 충격』(범우사, 1997).
__________, 이계행 감역, 『제3의 물결』(한국경제신문사, 2009).

국외물

Jaque Ellul(1954), *Technological Society*, tr. John Wilkinson (New York : Vantage Books, 1964).
OECD, *School and Business : a new partnership* (Paris : OECD, 1992).
E. D. Pytlik, *Technology, Change and Society* (Worceter : Davis Pulications, Inc, 1978).

찾아보기

지은이 **한승진**

사랑공동체

아내 이희순과 4남매(사랑, 겨레, 가람, 벼리)

나고 자람

1969년 서울출생, 서울 동구로초·구로중·구로고 졸업

한의 가방끈

성공회대 신학과(신학사)

상명대 국어교육과(문학사)

한국방송대 국문과(문학사)

한국방송대 교육과(교육학사)

한국방송대 가정학과(가정학사)

한국방송대 청소년교육과(교육학사)

학점은행제 사회복지학(행정학사)

학점은행제 아동학(문학사)

학점은행제 청소년학(문학사)

한신대 신학대학원 기독교윤리(신학 석사)

고려대 교육대학원 도덕윤리교육(교육학 석사)

중부대 원격대학원 교육상담심리(교육학 석사)

중부대 인문산업대학원 교육학과(교육학 석사)

공주대 대학원 윤리교육학과(교육학 박사)

그 외 가방끈

장로회신학대 교육전도사 교육과정 마침

서울대 종교교사 자격과정 마침

원광대 전문상담교사 자격과정 마침

기장총회교육원 선교대학원(교단인정 목회학석사)
강남총회신학연구원 대학원(교단인정 목회학석사)

현재 진행 가방끈

공주대 특수교육대학원 중등특수교육학과

지난 일

구세군 안양교회 교육전도사
구로 섬돌야학 대검반 교사
종교·철학 1급 정교사 자격연수 강사

하는 일

익산 황등중학교 교목, 교사
익산 황등교회 아동부 목사
기독교 수필가 활동(월간 〈창조문예〉 신인작가상으로 등단)
한국종교학회와 서강대 생명문화연구소 학술 논문 심사
고등학교 종교 교과서를 공동 집필(교육부 주관 사업)
주간 〈크리스챤신문〉과 월간 〈기독교교육〉에 연재

함께 글샘 아우른 공동집필본

공공성의 윤리와 평화(손규태 교수 정년퇴임기념논문집)
오직 한분뿐인 스승 예수(기장교목협의회 설교집)

혼자 글샘 아우른 단행본

사랑한다 내 딸 사랑아
아빠와 함께읽는 성경이야기
사람은 잇대어 살아야해요
사랑하며 살래요
참교육 참사랑의 학교
쉽게 읽는 기독교윤리

고령화사회의 현실과 효윤리

함께 읽는 기독교윤리

노동의 현실과 사회윤리

하늘 향해 웃음 짓고

소통 길잡이

esea-@hanmail.net

http://cafe.daum.net/hanlove0602

현실사회윤리학의 토대 놓기

초판인쇄 2013년 11월 28일
초판발행 2013년 12월 09일

저 자 한승진
발행처 박문사
발행인 윤석현
등 록 제2009-11호

주소 서울시 도봉구 창동 624 - 1 북한산현대홈시티 102 - 1106
전화 (02) 992 - 3253 (대)
전송 (02) 991 - 1285
전자우편 bakmunsa@daum.net
홈페이지 http://www.jncbms.co.kr
책임편집 김선은

ISBN 978 - 89 - 98468 - 12 - 5 93190   값 31,000원